개정증보판

T A X   A F F A I R S

취득세 신고프로그램을 활용하여
신고사례를 해설한

2025년

취득세 신고실무와
중과세 해설

천명철 · 권수 · 박창연 · 장보원 공저

SAMIL | 삼일인포마인

2025년 개정판 서문

독자 여러분들의 사랑에 힘입어 기존의 "취득세 실무와 중과세 해설"을 "취득세 신고실무와 중과세 해설"로 업데이트하여 2025년 개정판을 출간하게 되어 영광입니다.

지난 2024년은 다사다난했다는 진부한 표현으로는 감당할 수 없을 정도로 정치, 사회, 문화, 경제적으로 부정적인 사건들이 많았습니다.

부동산 시장도 전반적으로 침체 국면이었으므로 취득세 세수도 상당 부분 줄어든 것으로 이해하고 있습니다.

그러나 2025년 청사의 해에는 대한민국 경제가 활성화되어 부동산 시장도 침체 국면에서 벗어나기를 기원합니다.

저자는 2025년도에 그간 수기로 작성해 왔던 취득세 신고서 등을 전자로 작성하고 검증할 수 있도록 "취득박사"라는 취득세 신고검증 전산프로그램을 제안하고 공동개발하였습니다.

그리고 전산프로그램 개발을 함께 한 네오아이시의 박창연 이사를 공저자로 영입하여 기존의 취득세 신고 사례를 전산프로그램을 이용하여 확인할 수 있도록 본서 내용에 매뉴얼 방식으로 담았습니다.

취득세는 연간 25조 전후의 세수가 부과·징수되는 대표적인 지방세입니다. 그럼에도 불구하고 수기 방식으로 신고 실무가 이뤄지다 보니 신고에 따른 오류 검증이 불가능하고 사후관리도 쉽지 않았으며 전문가 그룹이 다양하게 형성되지 않은 것이 현실입니다.

모쪼록 본서를 통해 취득세를 이해하시고 취득세 신고 시 참고가 되기를 진심으로 바랍니다. 늘 사업번창하시고 가족들과 행복하시고 건강하시길 바랍니다. 감사합니다.

2025년 2월 저자 장보원, 천명철, 권수, 박창연

초판 서문

취득세는 우리의 일상생활과 밀접한 관련이 있다. 주택이나 자동차 등을 구입할 때 개인, 법인, 남녀노소 구분 없이 누구나 납부하는 세금이기 때문이다.

지방자치단체 입장에서도 취득세는 매우 중요한데 지방세 11개 세목 중 취득세는 대표적인 세목으로, 지방세 세입 중 26.4%(전국 약 24조 원)를 차지하는 중요한 재원이다.

하지만 취득세는 지방세 이의신청(전국 1,033건) 중 56.1%, 지방세 심판청구(3,543건) 중 82.2%를 차지하여 다른 세목에 비해 법적 분쟁과 쟁점이 많은 세목이기도 하다.

이는 각종 중과세를 포함한 복잡한 취득세율 구조와 난해한 지방세법령, 방대한 행정법령 등 해석의 차이에서 비롯된다고 생각된다. 게다가 2020년 8월부터 다주택 세대와 법인이 취득하는 주택에 대해 최고 20%의 취득세율이 적용되기 때문에 관련 쟁점은 앞으로 더 많아질 것으로 예상된다.

저자는 위와 같은 문제의식을 바탕으로 세무전문가를 포함한 독자들의 취득세에 대한 쉽고 바른 이해를 돕고자 이 책을 집필하게 되었다.

이에 취득세 과세대상과 과세표준 등 일반적인 사항을 먼저 설명하고, 다주택 세대와 법인의 주택 중과세와 과밀억제권역 내 법인의 부동산 중과세 및 고급오락장 등 사치성재산에 대한 중과세로 나누어 서술하였다.

특히 문답 형식을 빌어 중과세 세율 등 해당 규정의 원리와 연혁을 소개하고, 그와 관련하여 현장에서 주로 쟁점이 되는 다양한 사례를 수록하여 이해를 돕고자 하였다.

예를 들어 현재의 복잡한 취득세율 구조는 그 제도의 연혁을 살펴보아야 이해하기 쉽다.

2011년부터 구 취득세와 구 등록세 2개 세목이 통합되었는데, 구 취득세는 세율 2%로 단순했지만 구 등록세는 등기원인에 따라 다양한 세율 형태였기 때문에 현행 취득세도 등기원인에 따라 세율이 다르다.

또한 취득 행위와 등기 행위에 부과하던 2개의 다른 성격의 세목이 통합되면서 종전의 세부담을 유지하기 위해 세율 특례 등 관련 제도가 파생되었다. 아울러 구 등록세는 1976년까지 국세로서 수도권과밀억제 등 국가 정책 세제로서의 역할이 있었고, 이러한 부분이 현재에도 이어져 오고 있음을 안다면 중과세 규정을 이해하는데 도움이 될 수 있다.

그리고 취득세와 관련한 조문은 복잡하고 길어서 한번 읽어서는 바로 이해하기 어렵기 때문에, 취득세 과세대상이나 중과요건 등은 해설과 함께 표 형태로 정리하여 설명하였다.

한편, 최근 다주택자의 주택 취득세 중과세와 관련하여 주택 수의 판정, 일시적 2주택의 판단 등은 양도소득세의 일정 부분을 차용해 오면서도 서로 규정 적용의 차이가 있기 때문에 국세법의 해당 규정과 비교하여 이해를 도왔다.

취득세 중과세 중 과밀억제권역(대도시) 내 법인의 중과는 표준세율을 기준으로 중과 기준세율(2%)을 더하거나 빼는 방식의 세율 구조로 처음부터 이해하기는 매우 어렵다. 이에 취득세 중과대상과 중과세율의 산출내역은 물론, 실무에서 쟁점으로 부딪치는 법인 지점의 설치 이전과 이후에 취득의 단계 등으로 구분 설명하여 이해를 돕고자 하였다.

끝으로 사치성재산에 대한 중과세는 고급주택과 별장, 골프장, 고급오락장 등 순으로 서술하면서 관련 내용을 충실히 반영하였다.

위와 같은 취득세 전반을 문답 형식을 빌어 설명하면서도 숙지하여야 할 최신의 판례 및 심판 사례, 해석 사례, 운영기준 등을 본문 내용에 맞춰 수록하고자 노력하였으며, 이 책의 집필작업이 2020년 하반기부터 시작되었으나, 2021년 초에 출간되는바 2021년부터 시행되는 지방세법령의 개정사항을 충실히 반영하고자 노력하였다.

다만, 한 가지 독자들께서 유의할 것은 이 책에 저자들의 주관이 다소 가미되어 있기 때문에 해당 규정의 해석과 관련해서는 구체적인 사실관계에 비추어 그 결과가 달라질 수 있다는 점을 이해하기 바란다.

마지막으로 취득세를 완전하게 알기는 어렵지만, 이 책을 통해 세무전문가를 포함한 독자들께서 취득세에 대한 이해를 높이고 일상생활에서 부딪치는 다양한 취득세의 쟁점을 해결하는데 도움이 되었으면 한다.

앞으로 독자들의 많은 채찍질과 아낌없는 조언을 부탁드린다.

2021년 1월 저자 천명철, 권수, 장보원

차 례

차 례

차 례

차례

차 례

차 례

제4장 사치성재산 취득세 중과세 · 545

차 례

차 례

제 1 장

일반적인 취득세

제 **1** 절

취득세 과세대상

Q1

취득세란 무엇인가?

1 취득세의 개념

취득세란 부동산·차량 등 재화의 이전이라는 사실 자체를 포착하여 이에 담세력을 인정하고 부과하는 유통세의 일종이다(대법원 2017. 6. 8. 선고 2015두49696 판결 등 참조). 즉, 부동산·차량 등의 소유권 이전 등 취득행위를 과세객체로 하여 부과하는 세금으로서 취득자가 물건을 사용·수익·처분함으로써 얻을 수 있는 이익을 포착하여 과세하는 조세와는 다른 성격을 가지고 있다.[1]

또한 현재의 취득세는 종전의 등록세가 취득세에 통합되었기 때문에 등기·등록에 대한 수수료적 성격도 함께 가지고 있다. 2010년까지는 취득세와 함께 등기행위 자체를 과세대상으로 하는 등록세가 별도 존재하였는데, 2011년부터 지방세 세목 체계 간소화 차원에서 취득과 관련된 등록세의 과세대상은 취득세의 과세대상으로 통합되고 취득과 관련 없는 등록세의 나머지 과세대상은 등록면허세로 개편되었다.

즉, 종전의 등록세 중 취득이 수반되는 보존·이전등기 등 소유권 변동에 관련된 등록세는 취득세로 통합되고 법인 설립과 자본금 증자등기를 비롯해 저당권·전세권 등 재산의 취득이 수반되지 아니하는 것은 등록면허세로 한 것이다. 이와 같이 종전 등록세가 취득세로 통합된 점을 고려하면 현행 취득세의 성격은 재산권이나 기타 권리의 취득에 관한 사항을 등기 또는 등록함으로써 권리를 확인해 주는 행정행위에 대한 수수료적 성격도 내포하

---

1) 과거 일본과 우리나라 소수설에 의하면, 취득세는 재산세의 일종으로 재산의 취득시점에서 재산세를 미리 징수하는 성격의 조세라는 주장도 있다.

고 있는 것이다.

현행 취득세 = 종전 취득세 + 취득과 관련된 종전 등록세

2011년부터 취득세와 등록세가 통합되면서 납세자들의 실질적인 세부담 변동이 없도록 하기 위하여 대부분의 과세대상에 대해 종전 2개 세목의 세율을 단순히 합하여 현행과 같은 세율로 정해져 있다. 예를 들어, 건축물의 신축이나 상속에 대한 취득세 세율이 현행 2.8%인데 이는 종전 취득세 2%에 종전 등록세 0.8%가 합쳐진 것이다. 또한 법인의 본점용 신축 등 취득세 중과세의 경우에도 종전 취득세 또는 등록세 세율에 종전 취득세 또는 등록세 중과세 세율이 합쳐져 현재와 같은 중과적용 세율이 설정되어 있는 것이다. 즉, 현행 취득세 중과세의 경우에도 종전 취득세와 등록세가 통합되기 전에 부담한 수준과 동일하도록 중과세 세율이 정해져 있는 것이다.

| 취득세 · 등록세 통합 개요 |

구분		통합 전		통합 후
세목		취득세	등록세	취득세
과세대상		취득행위	등기행위	취득행위
세율 예시	신축	2.0%	0.8%	2.8%
	매입	2.0%	2.0%	4.0%
	상속	2.0%	0.8%	2.8%
	증여	2.0%	1.5%	3.5%

2 취득세의 성격

취득세는 '취득'이라는 특정시점(stock)을 기준으로 과세하는 성격의 세금이라는 점에서 특정기간(flow) 과세기준인 양도소득세와 대비된다. 따라서 과세물건을 취득한 때에 납세의무가 성립하고, 일단 적법하게 취득이 성립된 이후에 해약 등이 되더라도 그 해약 등은 장래를 향해서 효력이 있는 것이지 이미 적법하게 성립한 취득에는 소급하여 영향을 미치지 않는 것이 일반적인 원칙이다. 즉, 취득세는 원칙적으로 취득시점을 기준으로 납세의무 성립에 따른 중과세 세율적용 여부나 비과세 · 감면 등의 여부도 결정되기 때문에, 취득행위가 있기 전에 취득세 부담에 관한 사전 검토 또는 의사결정이 필요한 이유이다.

조세의 분류에 따르면 취득세는 지방자치단체가 과세권을 갖는 지방세에 해당하며, 지방자치단체 중 특별시세, 광역시세, 도세에 속한다. 조세수입의 용도를 특정하지 아니한 보통세에 속하고 담세자와 법률상 납세의무자가 같은 직접세이며, 납세자의 인적사정을 고려하지 않는 물세적 성격이 강하다고 볼 수 있다. 과세표준이 금액이고 세율이 천분비나 백분비인 종가세이며, 독자적인 세원에 부과하는 독립세에 해당한다.

취득세의 성격과 변천 등에 관한 대법원 판례를 살펴보면 다음과 같다.

○ 대법원 1993.9.28. 선고 92누16843 판결

지방세법상 취득세는 재화의 이전이라는 사실 자체를 포착하여 거기에 담세력을 인정하고 부과하는 유통세의 일종으로서 취득자가 물건을 사용·수익·처분함으로써 얻을 수 있는 이익을 포착하여 부과하는 것이 아니므로 지방세법 제105조 제1항의 '취득'이란 취득자가 실질적으로 완전한 내용의 소유권을 취득하는가의 여부에 관계없이 소유권 이전의 형식에 의한 취득의 모든 경우를 포함하고(당원 1984.11.27. 선고 84누52 판결, 1987.7.7. 선고 87누22 판결, 1988.4.25. 선고 88누919 판결, 1992.5.12. 선고 91누10411 판결 등), 또 취득세는 취득행위를 과세객체로 하여 부과하는 행위세로서 그에 대한 조세채권은 취득행위라는 과세요건사실이 존재함으로써 등기 등록 여부와는 상관없이 당연히 발생하는 것이므로(당원 1988. 10.11. 선고 87누377 판결, 1991.5.14. 선고 90누7906 판결) 같은 법 제105조 제2항은 중기의 취득에 있어서 중기관리법의 규정에 의한 등록을 이행하지 아니한 경우라도 사실상 취득한 때에는 취득한 것으로 본다고 규정하고 있다.

○ 대법원 2018.4.26. 선고 2017두74672 판결

지방세법이 2010.3.31. 법률 제10221호로 전부 개정되기 전에는 등기가 필요한 부동산의 취득과 관련하여 취득을 과세대상으로 한 취득세와 등기행위 자체를 과세대상으로 한 등록세가 별도로 존재하였으나, 그 개정에서 세목 체계를 간소화하기 위해 취득과 관련된 등록세의 과세대상을 취득세의 그것에 통합하고 이러한 통합 취득세의 세율을 취득세와 등록세의 그것들을 합산한 것으로 조정하였으며, 취득과 관련이 없는 등록세의 나머지 과세대상에 대하여는 별도의 세목인 등록면허세를 신설하였다. 그렇다면 종래와는 달리 부동산을 상속한 경우 통합 취득세의 과세대상이 되는 외에는 별도로 등록면허세의 과세대상이 될 여지가 없으므로, 그 세율을 정할 때 상속에 따른 등기가 마쳐지지 않았다는 이유로 별도의 세목인 등록면허세에 관한 세율을 고려하거나 반영할 이유가 없다.

★
취득세의 연혁
- 1909년 토지·가옥소유권 취득세와 저당권 취득세 신설
- 1926년 부동산 취득세로 변경
- 1950년 등록세(국세) 신설
- 1952년 부동산 취득세를 취득세로 변경
- 1972년 과밀억제권역 내 등록세 중과, 사치성재산 취득세 중과 신설
- 1977년 등록세의 지방세 전환(지방세이던 유흥음식세는 부가가치세로 흡수)
- 1999년 취득세 등 중과세율 완화, 비업무용 토지 중과 폐지(2000)
- 2011년 취득세와 등록세 통·폐합, 저당권 등은 등록면허세로 이관

3 취득세 세수 규모

2023년 기준 취득세의 세수 규모는 24조 3,235억 원으로 전체 지방세 112조 4,609억 원 중 21.6%에 해당하여 지방세 세목 중 큰 비중을 차지하고 있다. 2023년 취득세는 2021년 33.7조 원, 2022년 27.7조 원 보다는 줄어든 수준이나 시·도의 중요한 자주재원이 되고 있다. 시·도별로는 2023년 기준 경기도가 7.8조 원으로 가장 크고 서울시 5.1조 원, 인천시 1.9조 원, 부산시 1.4조, 충남·경남 각 1.1조 원 등 규모이다. 취득세 물건별 세수 현황을 살펴보면 아래에서와 같이 토지와 주택이 가장 큰 규모이고 건축물과 차량이 그 뒤를 잇고 있다.

| 취득세 과세물건별 세수 현황 |　(단위: 억 원)

계	토지	건축물	주택	차량	기타
243,225	59,555	45,091	76,540	58,441	3,608

2023년도 취득세 중과세 규모는 총 13,663억 원이며, 법인의 주택 취득 등 중과가 8,357억 원으로 가장 크고, 대도시 내 본·지점에 대한 중과세가 3,062억 원 등 규모이다.

| 취득세 중과세 규모 |

구분	계	법인의 주택 취득 등	대도시 내 본점·사무소	대도시 내 공장 신·증설	사치성재산
건수(건)	22,250	16,745	4,562	12	931
금액(억 원)	13,663	8,357	3,062	2	2,242

(자료) 행정안전부(2024), 지방세 통계연감

취득세 과세대상과 취득의 개념

1 취득세 과세대상

취득세 과세대상은 부동산(토지·건축물), 차량, 기계장비(건설기계 등), 입목, 항공기, 선박, 광업권, 어업권, 골프·콘도미니엄·종합체육시설이용·승마회원권 등을 취득하는 행위와 토지의 지목변경, 선박·차량·기계장비 종류변경 등 취득으로 간주되는 행위이다.

지방세법 제7조 납세의무자 등에서 취득세는 부동산, 차량, 기계장비, 항공기, 선박, 입목, 광업권, 어업권, 양식업권, 골프회원권, 승마회원권, 콘도미니엄회원권, 종합체육시설이용회원권 또는 요트회원권(이하 "부동산등"이라 한다)을 취득한 자에게 부과한다고 규정하고 있다. 따라서 취득세 과세대상 물건은 아래에서 열거된 부동산등이라 할 수 있고, 이는 지방세법 제6조 정의에서 다음과 같이 규정하고 있다.

★
① 부동산: 토지 및 건축물을 말한다.
- 토지: 「공간정보의 구축 및 관리 등에 관한 법률」에 따라 지적공부(地籍公簿)의 등록대상이 되는 토지와 그 밖에 사용되고 있는 사실상의 토지를 말한다.
- 건축물: 「건축법」 제2조 제1항 제2호에 따른 건축물(이와 유사한 형태의 건축물을 포함한다)과 토지에 정착하거나 지하 또는 다른 구조물에 설치하는 레저시설, 저장시설, 도크(dock)시설, 접안시설, 도관시설, 급수·배수시설, 에너지 공급시설 및 그 밖에 이와 유사한 시설(이에 딸린 시설을 포함한다)로서 대통령령으로 정하는 것을 말한다.

② 차량: 원동기를 장치한 모든 차량과 피견인차 및 궤도로 승객 또는 화물을 운반하는 모든 기구를 말한다.

③ 기계장비: 건설공사용, 화물하역용 및 광업용으로 사용되는 기계장비로서 「건설기계관리법」에서 규정한 건설기계 및 이와 유사한 기계장비 중 행정안전부령으로 정하는 것을 말한다.

④ 항공기: 사람이 탑승·조종하여 항공에 사용하는 비행기, 비행선, 활공기(滑空機), 회전익(回轉翼) 항공기 및 그 밖에 이와 유사한 비행기구로서 대통령령으로 정하는 것을 말한다.

⑤ 선박: 기선, 범선, 부선(艀船) 및 그 밖에 명칭에 관계없이 모든 배를 말한다.

⑥ 입목: 지상의 과수, 임목과 죽목(竹木)을 말한다.

⑦ 광업권: 「광업법」에 따른 광업권을 말한다.

⑧ 어업권: 「수산업법」 또는 「내수면어업법」에 따른 어업권을 말한다.

⑨ 양식업권: 「양식산업발전법」에 따른 양식업권을 말한다.

⑩ 골프회원권: 「체육시설의 설치·이용에 관한 법률」에 따른 회원제 골프장의 회원으로서 골프장을 이용할 수 있는 권리를 말한다.

⑪ 승마회원권: 「체육시설의 설치·이용에 관한 법률」의 규정에 의한 회원제 승마장의 회원으로서 승마장을 이용할 수 있는 권리를 말한다.

⑫ 콘도미니엄회원권: 「관광진흥법」에 따른 콘도미니엄과 이와 유사한 휴양시설로서 「관광진흥법 시행령」 제23조 제1항에 따라 휴양·피서·위락·관광 등의 용도로 사용되는 것으로서 회원제로 운영하는 시설을 이용할 수 있는 권리를 말한다.

⑬ 종합체육시설이용회원권: 「체육시설의 설치·이용에 관한 법률」에 따른 회원제 종합 체육시설업에서 그 시설을 이용할 수 있는 회원의 권리를 말한다.

⑭ 요트회원권: 「체육시설의 설치·이용에 관한 법률」에 따른 회원제 요트장의 회원으로서 요트장을 이용할 수 있는 권리를 말한다.

이와 같이 부동산뿐 아니라 골프회원권 등 각종 권리도 취득세 과세대상에 포함되는데, 그렇다면 아파트 분양권이나 조합원 입주권, 미준공 건축물도 취득세 과세대상일까? 먼저 아파트 분양권은 위에서 열거되어 있지 않으므로 분양권을 취득하더라도 납세의무가 없다. 하지만 조합원 입주권은 통상 종전 조합원으로부터 토지 지분 등을 취득해야만 조합원이 될 수 있기 때문에 조합원 입주권 자체는 취득세 과세대상이 아니지만, 그 토지 지분 등을 취득함에 따른 취득세는 발생하게 된다. 또한 미준공 건축물은 위에 열거된 건축물이 아니므로 취득세 과세대상이 아니다.

2 취득의 개념

(1) 취득의 유형

취득세는 위의 과세대상 물건을 취득하는 때에 납세의무가 성립하는데(지기법 제34조), 결국 취득세는 과세대상 물건과 취득이라는 행위가 결합되어 동시에 충족되었을 때에 비로소 취득세 납세의무가 발생한다고 할 수 있는 것이다.

"취득"이란 지방세법 제6조 정의에서 매매, 교환, 상속, 증여, 기부, 법인에 대한 현물출자, 건축, 개수(改修), 공유수면의 매립·간척에 의한 토지의 조성 등과 그 밖에 이와 유사한 취득으로서 원시취득(수용재결로 취득한 경우 등 과세대상이 이미 존재하는 상태에서 취득하는 경우는 제외한다), 승계취득 또는 유상·무상의 모든 취득을 말한다고 규정하고 있다.

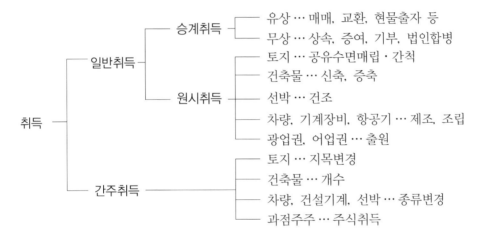

이러한 "취득"을 강학상 구분해 보면 부동산등의 최초 취득인 '원시취득'과 소유권의 변동이 수반되는 '승계취득' 및 소유권의 변동이 없더라도 취득으로 간주되는 '간주취득'으로 구분할 수 있다.

원시취득이란 토지의 공유수면매립·간척, 건축물의 신축·증축·개축·재축·이축, 선박의 건조, 차량·기계장비·항공기의 제조 또는 조립, 광업권·어업권의 출원, 「민법」상 시효취득이 이에 해당한다고 볼 수 있다.

승계취득이란 유상승계취득인 매매·교환·현물출자와 무상승계취득인 증여·기부·상속으로 구분할 수 있다.

간주취득이란 지방세법이 창설한 취득의 유형으로 토지의 지목변경, 건축물의 개수, 차량·기계장비·선박의 종류변경, 과점주주의 주식취득을 규정하고 있다.

대법원 판례(대법원 2016두34783 판결)는 원시취득과 승계취득에 대해 다음과 같이 정의한 바 있다.

> ○ 대법원 2016.6.23. 선고 2016두34783 판결
>
> 지방세법에 있어서의 '원시취득'은 일응 강학상 개념대로 해석하여야 할 것인바, 통상 원시취득은 어떤 권리가 타인의 권리에 기함이 없이 특정인에게 새로 발생하는 것이라 일컬어지며, 이에 대응하는 개념으로 어떤 권리가 타인의 권리에 기하여 특정인에게 승계적으로 발생하는 승계취득이 있다. 원시취득과 승계취득을 구별짓는 중대한 차이가 승계취득한 권리는 전의 권리의 제한 및 하자를 승계하나 원시취득은 그러하지 않는다는 것이다.
>
> 그런데 공익사업을 위한 토지 등의 취득 및 보상에 관한 법률 제45조 제1항에 의하면, 토지수용의 경우 사업시행자는 수용의 개시일에 토지나 물건의 소유권을 취득하며 그 토지나 물건에 관한 다른 권리는 소멸한다는 것인바, 위와 같은 원시취득과 승계취득의 차이에 착안하여 토지 수용에 의한 소유권 취득은 토지소유자와 수용자와의 법률행위에 의하여 승계취득하는 것이 아니라 법률의 규정에 의하여 원시취득하는 것으로 설명되고 있다(대법원 2001.1.16. 선고 98다58511 판결 등 참조).
>
> 수용재결에 의한 사업시행자의 부동산 취득이 건물의 신축, 공유수면의 매립 또는 개간 등 과세객체가 새로이 생성되는 경우와는 차이가 있을 수 있지만 지방세법상 원시취득을 위의 경우로 한정하는 명시적 규정이 없는 이상, 원시취득과 승계취득을 구별짓는 중요한 개념표지에 따라 원시취득에 해당한다고 볼 수밖에 없고(부동산의 시효취득의 경우에도 종전에 없던 것이 새로 생성된 경우는 아니지만 이를 승계취득으로 보지는 않는다), 토지수용에 따른 등기가 소유권보존등기가 아닌 소유권이전등기의 형식으로 경료된다거나 종전 소유자가 양도소득세를 부담한다는 사정만으로 달리 볼 것은 아니다.

다만, 지방세법은 2016년 12월 27일 법 개정 시 '수용재결로 취득한 경우 등 과세대상이 이미 존재하는 상태에서 취득하는 경우'는 원시취득의 정의에서 제외하도록 하였으며, 동 개정규정은 2017년 1월 1일 이후 납세의무가 성립하는 분부터 적용한다.

(2) 취득의 의미

지방세법에서 말하는 "취득"이란 취득자가 소유권이전 등기·등록 등 완전한 내용의 소유권을 취득하는가의 여부에 관계없이 사실상의 취득행위(잔금지급, 연부금 완납 등) 그 자체를 말하는 것으로 해석된다(지방세법 운영예규 법6-8).

부동산등의 취득은 관계법령에 따른 등기·등록 등을 하지 아니한 경우라도 사실상 취득하면 각각 취득한 것으로 본다. 즉, 취득자가 소유권이전 등기·등록 등 완전한 내용의 소유권을 취득하는가의 여부에 관계없이 사실상의 취득행위(잔금지급, 연부금완납 등) 그 자체를 취득으로 보는 것이다. 유상승계 및 무상승계, 연부 취득의 경우 취득일 전에 등기 또는 등록을 한 경우에는 그 등기일 또는 등록일에 취득한 것으로 본다(지령 제20조 제5항).

○ **부동산 취득의 의미** (헌법재판소 2022.3. 31. 선고 2019헌바107 결정)

취득세는 본래 재화의 이전이라는 사실 자체를 포착하여 거기에 담세력을 인정하고 부과하는 유통세의 일종으로서, 취득자가 재화를 사용·수익·처분함으로써 얻을 수 있는 이익을 포착하여 부과하는 것이 아니므로 취득자가 실질적으로 완전한 내용의 소유권을 취득하는가의 여부에 관계없이 사실상의 취득행위 자체를 과세객체로 한다(대법원 2004.11.25. 선고 2003두13342 판결 참조).

그렇다면 '사실상 취득'이란 어떤 의미일까? 대법원 역시 "사실상의 취득이라 함은 일반적으로 등기와 같은 소유권 취득의 형식적 요건을 갖추지는 못하였으나 대금의 지급과 같은 소유권 취득의 실질적 요건을 갖춘 경우를 말하는데, 매매의 경우에 있어서는 사회통념상 대금의 거의 전부가 지급되었다고 볼 만한 정도의 대금지급이 이행되었음을 뜻한다고 보아야 하고, 이와 같이 대금의 거의 전부가 지급되었다고 볼 수 있는지 여부는 개별적·구체적 사안에 따라 미지급 잔금의 액수와 그것이 전체 대금에서 차지하는 비율, 미지급 잔금이 남게 된 경위 등 제반 사정을 종합적으로 판단하여야 한다."라고 판시하여, 심판대상조항에 관한 구체적 해석의 지침을 제시하고 있다(대법원 2014.1.23. 선고 2013두18018 판결, 헌법재판소 2022.3.31. 선고 2019헌바107 결정 참조).

유상승계 취득에서 잔금의 일부만 남기고 있는 경우 사실상 취득일까? 매매의 경우에 있어서는 사회통념상 대금의 거의 전부가 지급되었다고 볼 만한 정도의 대금지급이 이행되었음을 뜻한다고 보아야 하고, 이와 같이 대금의 거의 전부가 지급되었다고 볼 수 있는지 여부는 개별적·구체적 사안에 따라 미지급 잔금의 액수와 그것이 전체 대금에서 차지하는 비율, 미지급 잔금이 남게 된 경위 등 제반 사정을 종합적으로 고려하여 판단하여야 한다(대법원 2014.1.23. 선고 2013두18018 판결 참조).

○ **대법원 2010.10.14. 선고 2008두8147 판결**

원고가 분양대금을 할인받기 위하여 이 사건 아파트 분양대금의 중도금과 잔금 일부 합계 7억 5,880만 원을 6회에 걸쳐 약정된 지급기일 이전에 미리 지급하여 합계 53,569,764원을 할인받음으로써 잔금 중 13,570,236원만 남게 된 점, 미지급 13,570,236원은 거래관행상 대금이 모두 지급된 것으로 볼 수 있을 정도로 적은 금액이라고 보기 어려운 점 등 제반 사정을 종합하여 보면, 이 사건 아파트의 사용 승인일인 2006.6.26.에 원고가 사회통념상 이 사건 아파트 분양대금의 거의 전부를 지급한 것으로 볼만한 정도의 대금지급이 이행된 것은 아니라고 봄이 상당하다. 따라서 미지급 잔금이 전체 분양대금의 1.478%에 불과하다는 사정만을 들어 아파트를 사실상 취득하였다고 판단한 것은 무리가 있다.

○ **대법원 2006.12.21. 선고 2006두15301 판결**

매매계약에 따른 매매대금의 98.4%인 104,277,750원을 지급하고 잔대금 지급기일인 2002. 9. 23.이 경과된 후에도 나머지 1.6%인 1,691,750원의 잔금만을 지급하지 아니한 채 이 사건 매매계약에 따른 권리의무를 ○○○에게 양도하였는데, 이러한 경우 이와 같은 금액의 잔금 미납을 이유로 하여서는 ○○○○공사로부터 계약해제를 당할 여지가 없다고 할 것인바(또한 원고가 스스로 소유권이전등기를 원할 경우에는 위 남은 잔금을 지급하고 소유권이전등기를 청구할 수 있는 상태이다), 원고로서는 잔금을 대부분 납부한 2002.11.14. 이후에는 대금을 완납하였을 때와 마찬가지로 소유권 취득의 실질적 요건을 갖춤으로써 이 사건 토지를 사실상 취득하였다 할 것이다.

(3) 명의신탁과 취득

명의신탁과 취득의 관계를 설명하면 다음과 같다. 「부동산 실권리자명의 등기에 관한 법률」에 의한 명의신탁약정은 판례(대법원 2010.10.28. 선고 2010다52799 판결 외 다수)에 따라 다음과 같이 구분하고 있으며, 현행 취득세 과세 또한 이에 따라 구분 적용되고 있다.

★
- 계약명의신탁: 명의신탁자와 명의수탁자가 명의신탁약정을 맺고 명의수탁자가 당사자가 되어 매도자(선의·악의)와 매매계약을 체결
- 3자간 등기명의신탁: 명의신탁자와 명의수탁자가 명의신탁약정을 맺고 명의신탁자가 당사자가 되어 매도자와 매매계약을 체결

"계약명의신탁"의 경우에는 매도자가 명의신탁약정을 인지하였는지 못하였는지에 따라 선의와 악의인 경우로 다시 구분되지만, 이와 관계없이 명의신탁자는 명의수탁자에게 소유권이전등기청구를 할 수 없으며, 매도자에게 어느 청구도 할 수 없어 명의신탁자에게는 취득세 납세의무가 없다 할 것(대법원 2012.10.25. 선고 2012두14804 판결)이나, "3자간 등기명의신탁"인 경우에는 명의신탁자는 매도자에게 소유권이전등기를 청구하거나 이에 대한 보전을 위해 매도자를 대위하여 명의수탁자에게 무효인 명의의 등기말소청구가 가능하여 사실상의 취득자에 해당하므로 취득세 납세의무가 있다 할 것이다(감심 2012-154, 2012.10.18. 결정).

아울러, 명의수탁자의 기존 부동산의 (형식적) 취득에 따른 취득세는 지방세법상 사실상 취득 또는 형식상 취득에 해당되어 기납부한 세액의 환급은 불가하다(세제 13039-2013. 10.25.).

○ 「부동산실명법」 위반(명의신탁)에 대한 취득세 과세방안:
행정안전부 지방세운영과-296(2013.1.29.)
- (종류) 일반적으로 명의신탁 약정은 계약명의신탁과 3자간 등기명의신탁으로 구분(대법원 2010.10.28. 선고 2010다52799 판결 등 다수)

계약명의신탁	3자간 등기명의신탁
명의신탁자 / 명의신탁 약정 / 매도자 — 계약 — 명의수탁자 / 소유권이전등기	계약 — 명의신탁자 / 명의신탁 약정 / 매도자 — 명의수탁자 / 소유권이전등기
① 매도자 ↔ 명의수탁자(선의: 유효, 악의: 무효)	① 매도자 ↔ 명의수탁자(무효)
② 명의신탁자 ↔ 명의수탁자(무효)	② 명의신탁자 ↔ 명의수탁자(무효)
③ 매도자 ↔ 명의신탁자(관계 없음)	③ 매도자 ↔ 명의신탁자(유효)
※ 명의신탁자: 취득세 납세의무 없음.	※ 명의신탁자: 취득세 납세의무 있음.

3 취득의 구분이 필요한 이유

"취득"에 대해 원시취득과 승계취득 등으로 구분이 필요한 것은 그 취득의 형태나 성격에 따라 각기 다른 취득세 세율이 적용되어 세부담이 달라지기 때문이다. 예를 들면, 건축물을 신축한 경우 취득세 세율은 2.8%인데 비해 건축물을 매매로 승계취득한 경우에는 4.0%의 세율이 적용된다.

원시취득(2.8%)과 승계취득(4.0%) 세율 적용에 관한 대표적 분쟁 사례로 경매를 통한 부동산 취득이 원시취득에 해당하는지 여부라고 할 수 있다. 조세심판원에서는 부동산을 경락받아 취득하여 종전 권리의 제한 및 하자를 승계하지 아니한 점 등에 비추어 원시취득으로 보는 것이 타당하다고 결정한바 있으나(2018지0309, 2018.5.16.), 대법원에서는 경매에 의한 부동산 취득은 승계취득에 해당한다고 명확히 하였다(2020두46639 외).

취득세가 구 등록세와 통합되기 이전에는 취득세 세율은 2%로 동일하고, 등록세는 보존등기와 이전등기 등 그 등기원인과 형태에 따라 각기 다른 세율이 정해져 있었지만, 구 등록세가 취득세로 단순 통합되면서 현재의 취득세 세율이 다양화되어 있는 것이다. 이에 따라 취득의 형태나 성격에 따라 최저 1%에서 최고 4%까지 각각의 차등 세율이 적용되며, 중과세 대상 과세물건에 해당되는 경우 최고 20%의 세율까지 적용될 수 있다.

> ○ 미완성 건물을 취득한 후 추가공사를 하여 사용승인을 받은 경우 위 건물이 취득세 과세대상이 되는 취득시기? (대법원 2006.12.21. 선고 2006두15301 판결)
>
> 미완성 건물을 매수하여 소유권이전등기를 마친 것만으로 취득세 과세대상인 건축물의 취득이 있었다고 보기 어렵고, 미완성 건물에서는 추가공사를 완료하여 사용승인을 받은 시점에 비로소 이를 취득하였다고 봄이 타당하고, 또한 경매로 주택의 용도로 건축 중인 미완성 건물 및 그 부속토지인 토지를 매수하고 그에 관한 소유권이전등기를 마쳤다고 하더라도, 소유권이전등기 당시 미완성 건물은 건축물대장에 주택으로 기재되지도 않았고, 주거에 적합한 구조로 되어 있었다고 보기도 어려우며, 미완성 건물에 관하여 추가공사를 완료하고 사용승인을 받음으로써 비로소 취득세 과세대상이 되는 취득이 있다 할 것인데, 그 취득은 '건축물대장에 주택으로 기재된 건축물을 유상거래를 원인으로 취득'한 것이 아니므로, 이 사건 미완성 건물이나 그 부속토지는 유상거래를 원인으로 취득세율 규정에 따른 취득세율이 적용된다고 볼 수는 없다.

○ 경매를 통한 부동산 취득이 원시취득에 해당하는지 여부
  (대법원 2020두46639, 2020.11.26. 판결)

경매는 채무자 재산에 대한 환가절차를 국가가 대행해 주는 것일 뿐 본질적으로 매매의 일종에 해당하고(대법원 1993.5.25. 선고 92다15574 판결 등 참조), 민법 제578조도 경매가 사법상 매매임을 전제로 매도인의 담보책임에 관한 규정을 두고 있음. 또한 부동산 경매 시 당해 부동산에 설정된 선순위 저당권 등에 대항할 수 있는 지상권이나 전세권 등은 매각으로 인해 소멸되지 않은 채 매수인에게 인수되며, 매수인은 유치권자에게 그 유치권의 피담보채권을 변제할 책임이 있는 등(민사집행법 제91조 제3, 4, 5항, 제268조) 경매 이전에 실정된 당해 부동산에 대한 제한이 모두 소멸되는 것이 아니라 일부 승계될 수 있음. 따라서 경매에 의한 부동산 취득은 민법상 '원시취득'이 아닌 '승계취득'에 해당한다고 보아야 하고, 대법원도 일관되게 그와 같은 입장을 견지해 오고 있음(강제경매의 경우 대법원 2013.11.28. 선고 2013도459 판결, 대법원 2005.4.29. 선고 2004다71416 판결 참조, 임의경매의 경우 대법원 1987.9.22. 선고 87누476 판결 참조).

○ 경락으로 이 건 부동산의 소유권을 취득한 것이 원시취득에 해당하는지 여부
  (조심 2018지0309, 2018.5.16.)

청구법인은 2016.12.27. 법률 제14475호로 「지방세법」이 개정되어 원시취득의 정의 규정을 신설되기 전인 2014.9.15. 이 건 부동산을 취득하였으므로 이 건 부동산의 취득이 원시취득에 해당하는지 여부는 개정 전의 「지방세법」 규정에 의하여 판단되어야 하는 점, 대법원은 위 판결에서 「공익사업을 위한 토지 등의 취득 및 보상에 관한 법률」에 따른 수용재결의 효과로서 수용에 의한 사업시행자의 소유권 취득은 토지 등 소유자와 사업시행자와의 법률행위에 의한 승계취득이 아니라 법률의 규정에 의한 원시취득에 해당하고, 토지수용에 따른 등기가 소유권보존등기가 아닌 소유권이전등기의 형식으로 경료된다거나 종전 소유자가 양도소득세를 부담한다는 사정만으로 달리 볼 것은 아니라고 판결(대법원 2016.6.23. 선고 2016두34783 판결)한 점, 청구법인은 이 건 부동산을 경락받아 취득하여 종전의 권리의 제한 및 하자를 승계하지 아니한 점 등에 비추어, 이 건 부동산을 원시취득하였다고 보는 것이 타당함.

과세요건이란 납세의무의 성립에 필요한 법률상의 요건을 말하는데, 이러한 과세요건은 일반적으로 과세대상, 납세의무자, 과세표준, 세율로 구분한다. 과세요건은 각 세법에 구체적으로 명시되어 있는바, 취득세를 중심으로 살펴보면 다음과 같다.

(1) 납세의무자

세법에 의하여 국세 또는 지방세를 납부할 의무가 있는 자를 말한다. 이러한 납세의무자는 법률상의 의무자로서 실제 세부담을 지는 재정학상의 담세자와는 다른 개념이다. 취득세에 국한해서는 부동산등을 취득한 자가 이에 해당한다고 볼 수 있다.

(2) 과세물건과 그 귀속

과세물건이란 조세법에서 과세대상으로 정하고 있는 소득·수익·재산·행위 또는 거래 등의 사실을 말한다. 그리고 과세물건의 귀속이란 이러한 과세물건과 납세의무자와의 구체적 결합관계를 의미한다. 취득세에 국한해서는 부동산, 차량, 기계장비, 항공기, 선박, 입목, 광업권, 어업권, 양식업권, 골프회원권, 승마회원권, 콘도미니엄회원권, 종합체육시설이용회원권 또는 요트회원권이 과세물건이며 이러한 부동산등의 취득에 대해 과세한다.

(3) 과세표준

과세표준이란 세법에 의하여 직접적으로 세액산출의 기초가 되는 과세물건의 수량 또는 가액이다. 이것을 화폐단위로 측정하여 금액으로 나타내는 세목을 종가세라고 하고, 화폐단위 외 수량이나 면적, 무게, 분량 등의 단위로 측정하여 나타내는 세목을 종량세라 한다. 취득세에 국한해서는 취득 당시의 가액으로 규정하고 있는바 종가세라 볼 수 있다.

(4) 세율

세율이란 과세표준에 대한 세액의 비율을 말한다. 종가세인 경우에는 세율이 백분비 또는 천분비 등으로 표시되며, 종량세의 경우에는 세율이 단위당 금액으로 표시된다. 취득세에 국한해서는 천분비로 표시되고 있다.

취득세 과세대상 중 건축물의 범위는 어디까지인가?

1 토지와 건축물

부동산을 취득한 자는 취득세 납세의무가 있고(지법 제7조 제1항), 부동산은 토지 및 건축물을 말한다(지법 제6조 제2호).

(1) 토지

토지는 「공간정보의 구축 및 관리 등에 관한 법률」에 따라 지적공부(地籍公簿)의 등록대상이 되는 토지와 그 밖에 사용되고 있는 사실상의 토지를 말한다(지법 제6조 제3호).

(2) 건축물

건축물은 「건축법」 제2조 제1항 제2호에 따른 건축물(이와 유사한 형태의 건축물 포함)과 토지에 정착하거나 지하 또는 다른 구조물에 설치하는 레저시설, 저장시설, 도크(dock)시설, 접안시설, 도관시설, 급수·배수시설, 에너지 공급시설 및 그 밖에 이와 유사한 시설(이에 딸린 시설을 포함한다)로서 대통령령으로 정하는 것을 말한다(지법 제6조 제4호). 즉, 건축물이란 ① 건축법에 의한 건축물(유사한 건축물 포함)과 ② 토지에 정착하는 등의 각종 시설물을 합쳐 건축물로 정의하고 있다.

2 건축법에 의한 건축물과 이와 유사한 건축물

"건축물"이란 토지에 정착(定着)하는 공작물 중 지붕과 기둥 또는 벽이 있는 것과 이에 딸린 시설물, 지하나 고가(高架)의 공작물에 설치하는 사무소·공연장·점포·차고·창고, 그 밖에 건축법 시행령 [별표 1] 용도별 건축물의 종류(부록 참조)로 정하는 것을 말한다(건축법 제2호 제1항 제2호, 동법 시행령 제3조의5).

따라서 건축물이란 ① 공작물 중 지붕과 기둥 또는 벽이 있는 것, ② 이에 딸린 시설물(담장, 옹벽, 굴뚝과 각종 건축설비 등), ③ 지하나 고가(高架)의 공작물에 설치하는 사무소·공연장·점포·차고·창고 등을 포함하는 개념이다.

건축물에 "이와 유사한 형태의 건축물"도 포함되므로 비록 건축허가를 받지 아니한 불법 또는 무허가 건축물이라 하더라도 취득세 과세대상에 해당되는 것이다.

3 레저시설 등 각종 시설물이란?

토지에 정착하거나 지하 또는 다른 구조물에 설치하는 레저시설, 저장시설, 도크(dock)시설, 접안시설, 도관시설, 급수·배수시설, 에너지 공급시설 및 그 밖에 이와 유사한 시설(이에 딸린 시설을 포함한다)로서 다음에 정하는 시설을 말한다(지법 제6조 제4호, 지령 제5조 제1항·제2항).

(1) 시설의 종류

★

> ① 레저시설: 수영장, 스케이트장, 골프연습장(「체육시설의 설치·이용에 관한 법률」에 따라 골프연습장업으로 신고된 20타석 이상의 골프연습장만 해당한다), 전망대, 옥외스탠드, 유원지의 옥외오락시설(유원지의 옥외오락시설과 비슷한 오락시설로서 건물 안 또는 옥상에 설치하여 사용하는 것을 포함한다)
> ② 저장시설: 수조, 저유조, 저장창고, 저장조(저장용량이 1톤 이하인 액화석유가스 저장조 제외[2]) 등의 옥외저장시설(다른 시설과 유기적으로 관련되어 있고 일시적으로 저장기능을 하는 시설을 포함한다)

---

2) 저장조 중 1톤 이하 소형 LPG 저장조의 경우 취사, 난방 등 서민생활에 이용되는 점을 고려하여 2022년부터 과세대상에서 제외되었다.

③ 도크(dock)시설 및 접안시설: 도크, 조선대(造船臺)

④ 도관시설(연결시설 포함): 송유관, 가스관, 열수송관

⑤ 급수·배수시설: 송수관(연결시설 포함), 급수·배수시설, 복개설비

⑥ 에너지 공급시설: 주유시설, 가스충전시설, 환경친화적 자동차 충전시설, 송전철탑 (전압 20만 볼트 미만을 송전하는 것과 주민들의 요구로 「전기사업법」 제72조에 따라 이전·설치하는 것은 제외한다)

육지에서 바다 방향으로 직각으로 돌출되어 있고 바다 위에 강관으로 기둥을 박고 그 상부표면을 콘크리트로 포장한 요트 계류장 시설은 잔교 또는 잔교와 유사한 구조물로서 취득세 과세대상에 해당한다(행안부 지방세운영과-345, 2017.4.14.).

또한 송전철탑은 송전선로의 일부로서 전기사업법에 의한 인가를 받아야만 설치할 수 있으므로, 구 「지방세법 시행령」 제73조 제4항에서 정한 '건축허가를 받아 건축하는 건축물'에 준하는 것으로 해석함이 상당하고, 그 취득시기 역시 위 규정에 따라 정해지는 것이라고 할 것이다(대법원 2009.9.10. 선고 2009두5350 판결).

한편, 전기차 충전시설이 건축물을 신축하면서 건축물에 부착 또는 전기 배관 등 건축물과 유기적으로 연결되어 설치된 경우라면, 해당 건축물의 신축과 관련된 비용으로 보아 취득세 과세표준에 포함하는 것이 타당하다(행안부 지방세운영-74, 2018.1.10).

(2) 그 밖에 이와 유사한 시설

★

① 잔교(棧橋)(이와 유사한 구조물 포함)

② 기계식 또는 철골조립식 주차장

③ 차량 또는 기계장비 등을 자동으로 세차 또는 세척하는 시설

④ 방송중계탑(「방송법」 제54조 제1항 제5호에 따라 국가가 필요로 하는 대외방송 및 사회교육방송 중계탑은 제외)

⑤ 무선통신기지국용 철탑

공사현장에서 사용되는 문형 또는 터널형이 아닌 소규모 세륜시설에 과세할 경우 「지방세법 시행령」 제5조 제2항에서의 입법취지에 맞지 않는 점 등을 종합적으로 판단할 때, 소규모 세륜시설은 취득세 과세대상 시설에 포함되지 않는다(행안부 지방세운영과-3116, 2015.10.5.).

○ 조선소 내 선박의장용 안벽의 취득세 과세대상 여부 회신

   (행안부 부동산세제과-3888, 2022.11.29.)

'잔교'를 타 시설들과 구분하는 것이 어려운 점을 고려하여, '14.1.1. 「지방세법 시행령」 개정을 통해, 사용목적 및 용도 등과 관계 없이 "잔교식 안벽" 등 잔교 및 이와 유사한 구조를 가진 시설의 경우에도 지방세법상 과세대상으로 보며,−해당 구조물은 그 구조가 해안선이 접한 육지에서 직각으로 돌출한 접안 시설로서 바다 위에 기둥을 박고 그 상부표면에 콘크리트로 포장하였는바, 이는 잔교의 정의 및 개정경위, 관련 사례 등을 고려할 때 지방세법상 과세대상으로 볼 수 있는 잔교형식의 구조물(선박의장용 안벽)로 판단됨.

○ 태양광발전시설의 취득세 과세대상 해당 여부 질의 회신

   (행정안전부 지방세운영과-682, 2017.10.17.)

건축물 준공 후에 옥상 또는 옥외 주차장에 20kW 이상의 발전시설을 설치하여 건축물의 유지관리에 사용하는 경우라면, 해당 건축물과 유기적으로 연결되어 건축물의 효용가치를 증가시키는 건축물에 딸린 시설로서 취득세 과세대상 개수에 해당한다고 할 것이다.

○ 공장의 일부 탱크, 배관설비 등이 취득세 과세대상에 해당여부

   (부동산세제과-2594, 2023.7.13.)

지방세법 제6조 제2호·제4호에 따르면 취득세 과세대상인 부동산 중 "건축물"이란 「건축법」 제2조 제1항 제2호에 따른 건축물(이와 유사한 형태의 건축물을 포함)과 토지에 정착하거나 지하 또는 다른 구조물에 설치하는 레저시설, 저장시설, 도크(dock)시설, 접안시설, 도관시설, 급수·배수시설, 에너지 공급시설 및 그 밖에 이와 유사한 시설(이에 딸린 시설을 포함)을 말하는 것임.

이 중 "저장시설"이란 수조, 저유조, 저장창고, 저장조(저장용량이 1톤 이하인 액화석유가스 저장조는 제외한다) 등의 옥외저장시설(다른 시설과 유기적으로 관련되어 있고 일시적으로 저장기능을 하는 시설을 포함)을 말하고, 도관시설(연결시설 포함)은 송유관, 가스관, 열수송관을 말하며, 급수·배수시설은 송수관(연결시설 포함), 급수·배수시설, 복개설비를 말하는 것임.

한편, 위와 같은 시설들이 공장 내에서 다른 생산설비와 유기적인 관계를 가지고 일체를 이루면서 특정물품을 제조하거나 가공하는데 그 효용을 하는 경우라면 생산설비로서 취득세 과세대상으로 볼 수는 없음.

따라서, 본 사안과 같이 석유화학제품을 생산하는 공장 내에 위치하고 있는 탱크, 사일로,

드럼 등에 대한 취득세 과세 여부는 과세관청이 현장 확인 등을 통해 해당 시설들이 일시적인 저장기능을 하지 않고 다른 생산설비들과 유기적인 관계를 가지고 일체를 이루면서 생산설비의 일부로서 제품의 생산이나 가공에 기여하는지의 여부를 판단하여 결정해야 할 사안임.

○ 해상설치구조물(SPM)의 취득세 과세대상 여부 (행정안전부 지방세운영과-2214, 2018.9.21.)

【질의】 해상에서 유조선의 원유를 육상으로 이송하기 위하여 송유관과 연결된 해상설치구조물(SPM)을 취득한 경우 이에 대해 취득세를 과세할 수 있는지 여부

【회신】 해상설치구조물인 SPM은 해저 송유관과 일체의 시설로 보아야 하는 취득세 과세대상이며, 이에 따라 취득비용은 해저 송유관의 과세표준에 포함되어야 할 것임.

○ 지하수 관정에서 지하수를 취수한 후 배관, 집수장, 생산설비를 통해 제품생산 용도로만 사용하는 경우 해당 지하수 관정이 취득세 과세대상인지 여부
  (행정안전부 지방세운영과-2405, 2018.10.12.)

해당 지하수 관정이 지하수를 공급하는 급수기능을 발휘하고 있다면 과세대상이 아닌 다른 생산설비와 연결하여 사용된다 하더라도 취득세 과세대상에 해당됨.

○ 일반에 전기를 공급하기 위한 변전소의 변압기 부대시설인 수냉각설비가 구내의 변전배전시설에 해당하는지 여부 (대법원 2006.7.28. 선고 2006두7416 판결)

「지방세법」 제104조 제10호가 건축물의 부수시설물 설치에 대하여 이를 건물의 개수에 포함시켜 과세하는 것은 이것이 건축물에 부합 또는 부착됨으로써 건축물과 일체가 되어 당해 건축물의 효용가치를 증대시키기 때문인바, 이와 같은 입법 취지를 고려하면, 「지방세법 시행령」 제76조 제8호가 규정하고 있는 '구내의 변전배전시설'이라 함은 건물구내에서 시설의 유지관리를 위하여 사용되는 전력의 전압변경을 위한 시설과 배전을 위한 시설을 의미한다고 할 것이고(구 「지방세법 시행령」 제76조 제1항 제7호, 구 지방세법 시행규칙 제40조의3 제3호가 규정하고 있는 건물 및 구축물에 부속 또는 부착 설치된 구내의 변전배전시설도 마찬가지이다), 이 사건과 같이 일반의 수요에 공하기 위한 변전배전시설 등은 이러한 의미에서의 건축물의 부수시설물이 아니라고 할 것이다. 따라서 위 각 아파트 지층 등에 설치된 변전소의 변압기의 부대설비인 수냉각설비 역시 건축물의 부수시설물이 아니라 할 것이므로, 이를 건축물의 부수시설물로 보고 행한 피고들의 이 사건 각 과세처분은 위법함.

(주의) 한국전력공사가 일반에 공하기 위하여 아파트 지하에 설치한 변전소의 변압기, 수냉
각시설 등은 건축물의 부수시설물이 아니므로 취득세 과세대상에 해당하지 아니함
(대법원 2006.7.28. 선고 2006두7416 판결).

○ '환경친화적 자동차 충전시설'로 보아 취득세 과세대상이 되는지 여부
(부동산세제과‒977, 2024.3.7.)
○ 「지방세법 시행령」(대통령령 제30318호, 2019.12.31. 일부 개정) 제5조 제1항 제6호에서
는 전기자동차(플러그인 하이브리드 포함)에 전기를 충전시키기 위한 일체의 설비, 수
소전기자동차에 수소가스 등을 저장하여 차량이나 타 용기에 공급하기 위한 일체의 시
설을 취득세 과세대상으로 명확히 하기 위하여 "환경친화적 충전시설"이 추가되었고,
– 이에 행정안전부는 건축물 신축에 수반하지 않고 충전시설을 단독 또는 기존 건축물
에 추가 설치하는 경우도 취득세 과세 대상에 해당한다고 판단한바 있음(부동산세제
과‒516, 2020.3.6. 참조).
○ 따라서, "환경친화적 충전시설"이 타법에 의해 한정되지 않더라도 지방세법상 환경친화
적으로 자동차를 충전하는 모든 시설은 취득세 과세대상으로 보는 것이 타당하다고 판
단됨.

○ 건축물의 부대설비인지 여부 (조심 2021지2322, 2023.3.28.)
어떤 철제구조물이 건축물의 바닥 또는 벽면에 나사와 볼트로 연결되어 있어 나사와 볼트
를 제거하는 방법으로 이를 건축물과 분리하여 철거하고 이설할 수 있도록 설계 및 시공되
어 있는 것인 경우에는 이를 건축물과 일체가 되어 건축물 고유의 기능과 효용을 증대시키
는 부대설비로 보기는 어렵다할 것이므로 이러한 기준에 따라 위 규정의 주체구조부(主體
構造部)와 하나가 되어 건축물로서의 효용가치를 이루고 있는 지를 판단하여야 할 것이고,
어떤 시설물이 동력을 이용하여 물품을 자동으로 분류하여 이송시키는 시스템 설비로서
그 자체로 물품의 분류 및 이송이라는 고유한 효용을 가지고 있다면, 그 시설물이 건축물
내에 설치되었다는 사실만으로 건축물의 효용을 증대시키는 부대설비에 해당한다고 보기
어렵다 할 것임.

○ 전자파 측정설비 등이 이 건 건축물의 일부로서 취득가격에 포함되는지 여부
  (조심 2021지0838, 2022.12.19.)

전자파 측정설비와 전자파 계측장비 및 그 부대설비 쟁점설비 등은 이 건 건축물의 주체구조부와 하나가 되는 부대설비 등으로 볼 수 없음.

○ 변전소를 증축하면서 설치한 전력구의 공사비가 변전소 건축물의 취득가액에 포함되어야 하는지 (조심 2023지0246, 2024.10.2.)

「전기사업법」 및 같은 법 시행규칙에 규정된 변전소 및 송전선로의 정의 등을 고려하면 전력구는 변전소보다는 송전선로에 부수되는 시설물에 가까운 것으로 판단되고, 송전선로는 취득세 과세대상으로 규정되어 있지 않은 것으로 보이는 점 등에 비추어 쟁점전력구는 쟁점건축물과는 별개의 지하구축물로서 취득세 과세대상에 해당하지 아니하며, 이에 따라 쟁점공사비는 쟁점건축물과 별개의 물건의 공사비로서 쟁점건축물의 취득세 과세표준에 포함될 수 없다고 보는 것이 타당함.

○ 반도체 생산설비 중 하나인 케이블을 지지·보조하는 설비인 케이블트레이가 취득세 과세대상인지 (조심 2021지2359, 2024.4.29.)

케이블트레이는 케이블을 받치는 선반과 같은 구조물로서 「지방세법」 제6조 제4호에서 규정하고 있는 건축물로 보기 어렵고, 「건축법」 제2조 제1항 제4호에서 규정하고 있는 건축설비에도 해당하지 않는 점 등에 비추어 쟁점케이블트레이를 건축물의 취득세 과세대상에서 제외하는 것이 타당함.

건축과 개수의 차이점과 취득세의 과세 여부

1 건축과 개수의 차이점

지방세법 제6조(정의)에서 "취득"이란 매매, 교환, 상속, 증여, 기부, 법인에 대한 현물출자, 건축, 개수(改修), 공유수면의 매립·간척에 의한 토지의 조성 등과 그 밖에 이와 유사한 취득으로서 원시취득(수용재결로 취득한 경우 등 과세대상이 이미 존재하는 상태에서 취득하는 경우는 제외한다), 승계취득 또는 유상·무상의 모든 취득을 말한다고 규정하고 있다.

이러한 "취득"을 강학상 구분해 보면 부동산등의 최초 취득인 '원시취득'과 소유권의 변동이 수반되는 '승계취득' 및 소유권의 변동이 없더라도 취득으로 간주되는 '간주취득'으로 구분할 수 있다.

원시취득이란 토지의 공유수면매립·간척, 건축물의 신축·증축·개축·재축·이축, 선박의 건조, 차량·기계장비·항공기의 제조 또는 조립, 광업권·어업권의 출원, 「민법」상 시효취득이 이에 해당한다고 볼 수 있다.

승계취득이란 유상승계취득인 매매·교환·현물출자과 무상승계취득인 증여·기부·상속으로 구분할 수 있다.

간주취득이란 지방세법이 창설한 취득의 유형으로 토지의 지목변경, 건축물의 개수, 차량·기계장비·선박의 종류변경, 과점주주의 주식취득을 규정하고 있다.

이에 원시취득의 일종인 건축물의 신축·증축·개축·재축·이축을 포함하는 건축과 간주취득의 일종인 건축물의 개수는 건축물의 취득세 과세 여부 및 세율 적용 등에 여러 가지

영향을 미친다. 이하 건축과 개수의 개념을 살펴보면 다음과 같다.

2 건축의 개념

"건축"이란 건축법 제2조 제1항 제8호에 따른 건축을 말한다(지법 제6조 제5호). 건축법 제2조 제1항 제8호에 따른 건축이란 건축물을 신축·증축·개축·재축(再築)하거나 건축물을 이전하는 것을 말하며, 구체적으로는 다음과 같다(건축법 시행령 제2호 제1호 내지 제4호).

구 분	내 용
① 신축	건축물이 없는 대지(기존 건축물이 해체되거나 멸실된 대지 포함)에 새로 건축물을 축조(築造)하는 것(부속건축물만 있는 대지에 새로 주된 건축물을 축조하는 것을 포함하되, 개축 또는 재축하는 것은 제외한다)을 말한다.
② 증축	기존 건축물이 있는 대지에서 건축물의 건축면적, 연면적, 층수 또는 높이를 늘리는 것을 말한다.
③ 개축	기존 건축물의 전부 또는 일부(내력벽·기둥·보·지붕틀 중 셋 이상이 포함되는 경우를 말한다)를 해체하고 그 대지에 종전과 같은 규모의 범위에서 건축물을 다시 축조하는 것을 말한다.
④ 재축	건축물이 천재지변이나 그 밖의 재해(災害)로 멸실된 경우 그 대지에 연면적 등 종전 규모 이하의 요건을 모두 갖추어 다시 축조하는 것을 말한다.

한편, 건축물 중 조작(造作) 설비, 그 밖의 부대설비에 속하는 부분으로서 그 주체구조부(主體構造部)와 하나가 되어 건축물로서의 효용가치를 이루고 있는 것에 대하여는 주체구조부 취득자 외의 자가 가설(加設)한 경우에도 주체구조부의 취득자가 함께 취득한 것으로 보아 취득세 납세의무가 있다(지법 제7조 제3항).

다만, 존속기간 1년 미만의 임시흥행장, 공사현장사무소 등(사치성재산 제외) 임시건축물은 취득세 비과세 대상이며, 존속기간이 1년을 초과하는 경우에는 취득세를 부과한다(지법 제9조 제5항).

3 개수의 개념

"개수"란 다음의 어느 하나에 해당하는 것을 말한다(지법 제6조 제6호).

(1) 「건축법」 제2조 제1항 제9호에 따른 대수선

「건축법」 제2조 제1항 제9호에 따른 "대수선"이란 건축물의 기둥, 보, 내력벽, 주계단 등의 구조나 외부 형태를 수선·변경하거나 증설하는 것으로서 다음의 어느 하나에 해당하는 것으로서 증축·개축 또는 재축에 해당하지 아니하는 것을 말한다(건축법 시행령 제3조의2).

★
1. 내력벽을 증설 또는 해체하거나 그 벽면적을 30제곱미터 이상 수선 또는 변경하는 것
2. 기둥을 증설 또는 해체하거나 세 개 이상 수선 또는 변경하는 것
3. 보를 증설 또는 해체하거나 세 개 이상 수선 또는 변경하는 것
4. 지붕틀(한옥의 경우에는 지붕틀의 범위에서 서까래는 제외한다)을 증설 또는 해체하거나 세 개 이상 수선 또는 변경하는 것
5. 방화벽 또는 방화구획을 위한 바닥 또는 벽을 증설 또는 해체하거나 수선 또는 변경하는 것
6. 주계단·피난계단 또는 특별피난계단을 증설 또는 해체하거나 수선 또는 변경하는 것
7. 다가구주택의 가구 간 경계벽 또는 다세대주택의 세대 간 경계벽을 증설 또는 해체하거나 수선 또는 변경하는 것
8. 건축물의 외벽에 사용하는 마감재료(법 제52조 제2항에 따른 마감재료를 말한다)를 증설 또는 해체하거나 벽면적 30제곱미터 이상 수선 또는 변경하는 것

(2) 건축물 중 시설을 수선하는 것

건축물 중 레저시설, 저장시설, 도크(dock)시설, 접안시설, 도관시설, 급수·배수시설, 에너지공급시설 및 그 밖에 이와 유사한 시설(이에 딸린 시설을 포함한다)을 수선하는 것을 말한다.

(3) 건축물에 딸린 시설물을 설치하거나 수선하는 것

건축물에 딸린 다음의 시설물을 한 종류 이상 설치하거나 수선하는 것을 말한다(지령 제6조).

★

1. 승강기(엘리베이터, 에스컬레이터, 그 밖의 승강시설)
2. 시간당 20킬로와트 이상의 발전시설
3. 난방용·욕탕용 온수 및 열 공급시설
4. 시간당 7천560킬로칼로리급 이상의 에어컨(중앙조절식만 해당한다)
5. 부착된 금고
6. 교환시설
7. 건물의 냉난방, 급수·배수, 방화, 방범 등의 자동관리를 위하여 설치하는 인텔리전
   트 빌딩시스템 시설
8. 구내의 변전·배전시설

다만, 「주택법」 제2조 제3호에 따른 공동주택의 개수(「건축법」 제2조 제1항 제9호에 따른 대수선은 제외한다)로 인한 취득 중 개수 당시 주택의 시가표준액이 9억 원 이하인 주택과 관련된 개수에 대해서는 취득세를 부과하지 아니한다(지법 제9조 제6항, 지령 제12조의2).

4 사례 검토

위와 같이 지방세법상 건축과 개수를 구체적으로 정의하고 있는바, 각종 건축행위가 취득세 과세물건에 해당하는지 여부에 대한 사례를 살펴보면 다음과 같다.

> ○ 건축물 개수에 대한 납세의무 해당 여부 (조심 2019지1665, 2019.10.29.)
> 「지방세법」 제7조 제2항은 취득물건의 소유자 또는 양수인을 각각 취득자로 한다고 규정하고 있는바, 신탁재산인 이 건 건축물을 개수하는 경우에 그 취득세 납세의무는 해당 건축물의 소유자인 이 건 수탁자에게 있다 할 것이고, 청구법인을 건축주로 하여 이 건 개수와 관련된 허가를 받았다 하더라도 달리보기는 어렵다 할 것이므로 처분청이 청구법인을 이 건 개수에 대한 취득세 납세의무자로 보아 이 건 취득세 등을 부과한 처분은 잘못이 있다고 판단됨.

○ 골프장 내 시설 및 시설물 개수 해당 여부 (부동산세제과 - 1443, 2023.4.13.)

회원제 골프장 내 기존 건축물과 일체가 되어 있는 급수·배수시설 등의 노후화로 인한 기능향상을 위해 수선하고, 난방용·욕탕용 온수 및 열공급시설 등 시설물을 설치하는 경우는 「지방세법」에 따른 개수에 해당하므로 구분등록 여부와 관계없이 「지방세법」 제15조 제2항에 따른 취득세 중과세율을 적용하는 것이 타당하다고 판단됨.

○ 문화재 개수 관련 취득세 과세대상 여부 (부동산세제과 - 4050, 2022.12.12.)

건축법은 공공의 이익을 위해 건축물의 건축(신축·증축 등), 개수(대수선) 등의 개념과 그러한 행위에 대해 일정한 인·허가 절차와 의무 등 제반사항을 정하고 있으며, 문화재의 경우에는 문화재라는 건축물 특성상 제반 의무에 대하여 건축법 적용을 배제하고 문화재법에 따른 적용을 받도록 한 것으로,

취득세 과세대상으로서의 건축법상 개수의 의미는 개수행위 자체를 한정하여 지방세법상 취득세 과세대상으로 보는 것이 타당하다고 판단됨.

따라서, 문화재보호법에 따른 지정문화재도 건축물의 개수(대수선), 증축에 대해서는 취득세 과세대상이라고 사료됨.

○ 건물 4면 유리벽 교체공사의 대수선 여부 (행심 2006 - 463호, 2006.10.30.)

건물 4면의 유리벽으로의 교체는 외벽 마감재의 재질이 조적벽인 외벽을 철거하고(일부는 남겨두었음) 조적벽과 저반사 칼라복층유리로 교체된 사실로 볼 때, 건물 4면의 외벽교체는 구조물의 하중을 견디어 내는 내력벽을 해체하여 수선 또는 변경한 것이 아니라 비내력벽을 교체한 것으로 보아야 하겠고, 지하층을 주차장 등으로 변경하면서 건축물의 주요구조부로서 건물에 작용하는 토압을 받는 내력벽인 외벽을 철거하였다고는 하나 그 면적이 30㎡에 미치지 아니한 사실(도면 7m×3.6m)로 볼 때, 이 또한 내력벽의 벽면적을 30제곱미터 이상 해체하여 수선 또는 변경한 것에 해당되지 아니하므로 청구인은 지방세법령에서 취득세 과세대상으로 정하고 있는 대수선에 해당하는 공사를 하였다고 보기는 어렵다 하겠으므로 처분청이 외벽 교체 및 지하층의 내력벽 철거를 취득세 과세대상인 대수선에 해당된다고 보아 이 부분에 대하여 취득세 등을 부과한 처분은 잘못임.

※ 2019.10.22. 건축법 시행령 제3조의2 제7호 미관지구 외벽관련규정 삭제됨.

○ 태양광발전시설의 취득세 과세대상 해당 여부 (지방세운영과 - 682, 2017.10.17.)

건축물 준공 후에 옥상 또는 옥외 주차장에 20kW 이상의 발전시설을 설치하여 건축물의 유지관리에 사용하는 경우라면, 해당 건축물과 유기적으로 연결되어 건축물의 효용가치를 증가시키는 건축물에 딸린 시설로서 취득세 과세대상 개수에 해당한다고 할 것이다.

○ 시설용 발전시설에 대한 취득세 과세대상 여부 (지방세운영과 - 3115, 2015.10.5.)

「지방세법」 제6조 제6호 다목에서 "개수"는 건축물에 딸린 시설물을 한 종류 이상 설치하거나 수선하는 것으로 규정하고 있으며, 「지방세법 시행령」 제6조 제2호 및 제8호에서는 시간당 20킬로와트 이상의 발전시설과 구내의 변전 배전시설을 규정하고 있는바, "20킬로와트 이상의 발전시설"은 일반조명, 보일러 가동, 급·배수 등 건물의 유지관리에 사용할 목적으로 설치한 시설을 말하며, 공장 등에서 주로 생산시설의 가동을 위하여 설치한 발전시설은 제외(지방세운영과 - 4095, 2009.9.28.)된다고 할 것이며, "구내의 변전·배전시설"이라 함은 건물구내에서 시설의 유지관리를 위하여 사용되는 전력의 전압변경을 위한 시설과 배전을 위한 시설을 의미한다고 할 것이고, 일반의 수요에 공하기 위한 변전 배전시설 등은 이러한 의미에서의 건축물의 부수시설물이 아니라 할 것(대법원 2006.7.28. 선고 2006두7416 판결)이므로, 쟁점시설물이 건축물의 유지관리 목적이 아닌 생산시설의 일부로 사용되는 경우라면 취득세 과세대상에서 제외된다고 할 것이다.

○ 농업협동조합법에 의하여 설립된 조합이 금고를 설치하여 고유업무에 사용하는 경우 취득세 감면 여부 (행안부 세정13407 - 262, 2003.4.9.)

지방세법 제266조 제5항의 규정에 의거 농업협동조합법에 의하여 설립된 조합이 고유업무(법령에서 개별적으로 정하는 업무와 법인등기부에 목적사업으로 정하여진 업무를 말한다)에 직접 사용하기 위하여 취득하는 부동산에 대하여는 취득세 등을 면제하도록 규정하고 있으므로, 농업협동조합법에 의하여 설립된 조합이 금고를 설치하여 고유업무에 사용하는 경우로서 지방세법 제104조의 규정에 의한 개수에 해당되게 된 경우라면 개수는 건물을 취득한 것으로 의제하는 것이므로 개수에 따르는 취득세는 면제대상이 됨.

◦ 대수선에 따른 취득세 시가표준액 산정 시 잔가율 적용 여부

　(행안부 지방세운영과 - 1424, 2018.6.19.)

개수로 인해 취득이 이루어진 이후가 되어야 물건의 사용으로 인한 가치감소분을 반영하는 잔가율 적용 대상이 되는 점 등을 종합해 볼 때, 대수선으로 인한 취득세 시가표준액 산정 시 경과연수에 따른 잔가율을 적용하지 않아야 한다.

◦ 쟁점공사를 개수(대수선, 방화구획 설치공사)로 보아 과세한 처분의 당부

　(조심 2020지0939, 2023.8.22.)

처분청은 쟁점공사를 개수(대수선, 방화구획 설치공사)로 보아 취득세 과세대상이라는 의견이나, 청구법인은 시설개선공사기간을 단축하고자 취득세 과세대상이 아닌 내부개량공사와 취득세 과세대상이 되는 방화구획설치공사를 동시에 실시하면서, 방화구획설치공사와 관련된 방화문 및 셔터비용, 그 밖에 내화구조를 지니고 있는 자재비용 및 부재료, 이에 따른 공사비 등 취득세 과세대상이 되는 방화구획설치공사비에 대하여 이미 취득세 과세표준에 포함하여 취득세를 신고·납부하였고, 쟁점공사(내부개량공사)의 대부분은 공항의 미관 개선 및 여객터미널 공간 확보를 목적으로 행해진 것으로, 이는 「지방세법」 및 「건축법」에서 규정하고 있는 대수선에 해당하지 아니한 것으로 보이는 점, 처분청은 2023.4.7. 쟁점공사비 OOO원 중 OOO원만을 대수선 공사비로 보아야 한다는 추가의견서를 제출한 점 등에 비추어 처분청이 쟁점공사비 OOO원 중 OOO원을 대수선 공사비로 보아 이 건 취득세를 부과한 처분은 잘못이 있다고 판단된다.

부동산 외 각종의 취득세 과세물건의 해당 여부

취득세는 부동산, 차량, 기계장비, 항공기, 선박, 입목, 광업권, 어업권, 양식업권, 골프회원권, 승마회원권, 콘도미니엄회원권, 종합체육시설이용회원권 또는 요트회원권(이하 "부동산등"이라 한다)을 취득한 자에게 부과하는바, 앞서 살펴본 부동산을 제외한 차량 등의 개념을 살펴보면 다음과 같다(지법 제7조 제1항).

(1) 차량

"차량"이란 원동기를 장치한 모든 차량과 피견인차 및 궤도로 승객 또는 화물을 운반하는 모든 기구를 말한다(지법 제6조 제7호). 차량에는 태양열, 배터리 등 기타 전원을 이용하는 기구와 디젤기관차, 광차 및 축전차 등이 포함된다(지방세법 운영예규 법6-1). 다만, 지방세법 시행령에서는 "원동기를 장치한 모든 차량"이란 원동기로 육상을 이동할 목적으로 제작된 모든 용구(총 배기량 50cc 미만이거나 최고정격출력 4킬로와트 이하인 이륜자동차는 제외한다)를 말한다고 제한적으로 규정하고 있다.

"궤도"란 「궤도운송법」 제2조 제1호에 따른 궤도[3]로서(지령 제7조 제1항, 제2항), 공중에 설치한 밧줄 등에 운반기를 달아 여객 또는 화물을 운송하는 것과 지상에 설치한 선로에 의하여 여객 또는 화물을 운송하는 것을 말한다(지방세법 운영예규 법6-2).

---

[3] "궤도"란 사람이나 화물을 운송하는 데에 필요한 궤도시설과 궤도차량 및 이와 관련된 운영·지원 체계가 유기적으로 구성된 운송 체계(공중에 설치한 밧줄 등에 운반기를 달아 여객 또는 화물을 운송하는 것과 지상에 설치한 선로에 의하여 여객 또는 화물을 운송하는 것)를 말하며, 삭도(索道)를 포함한다(궤도운송법 제2조 제1호, 지방세법 운영예규 법6-2).

(2) 기계장비

"기계장비"란 건설공사용, 화물하역용 및 광업용으로 사용되는 기계장비로서 「건설기계관리법」에서 규정한 건설기계 및 이와 유사한 기계장비 중 행정안전부령으로 정하는 것(별표 1 별첨)을 말한다(지법 제6조 제8호, 지칙 제3조). 다만 "기계장비"에는 단순히 생산설비에 고정부착되어 제조공정 중에 사용되는 공기압축기, 천장크레인, 호이스트, 컨베이어 등은 제외한다(지방세법 운영예규 법6-3).

(3) 항공기

"항공기"란 사람이 탑승·조종하여 항공에 사용하는 비행기, 비행선, 활공기(滑空機), 회전익(回轉翼) 항공기 및 그 밖에 이와 유사한 비행기구로서 대통령령으로 정하는 것(현재 규정 없음)을 말한다(지법 제6조 제9호). 다만, "항공기"에는 사람이 탑승, 조정하지 아니하는 원격조정장치에 의한 항공기(농약살포 항공기 등)는 제외된다(지방세법 운영예규 법6-6).

(4) 선박

"선박"이란 기선, 범선, 부선(艀船) 및 그 밖에 명칭에 관계없이 모든 배를 말한다(지법 제6조 제10호). 따라서 "선박"에는 해저관광 또는 학술연구를 위한 잠수캡슐의 모선으로 이용하는 부선과 석유시추선도 포함한다(지방세법 운영예규 법6-7).

(5) 입목

"입목"이란 지상의 과수, 임목과 죽목(竹木)을 말한다(지법 제6조 제10호). 이러한 "입목"은 집단적으로 생육되고 있는 지상의 과수·임목·죽목을 말한다. 다만, 묘목 등 이식을 전제로 잠정적으로 생립하고 있는 것은 제외한다(지방세법 운영예규 법6-4).

(6) 광업권

"광업권"이란 「광업법」에 따른 광업권을 말한다(지법 제6조 제11호).

(7) 어업권

"어업권"이란 「수산업법」 또는 「내수면어업법」에 따른 어업권을 말한다(지법 제6조 제12호).

(8) 양식업권

"양식업권"이란 「양식산업발전법」에 따른 양식업권을 말한다(지법 제6조 제13호).

(9) 골프회원권

"골프회원권"이란 「체육시설의 설치·이용에 관한 법률」에 따른 회원제 골프장의 회원으로서 골프장을 이용할 수 있는 권리를 말한다(지법 제6조 제14호). 이하 골프회원권, 콘도미니엄회원권, 승마회원권, 종합체육시설이용회원권 및 요트회원권의 가액에는 보증금, 입회비가 포함된다(지방세법 운영예규 법6-5).

(10) 승마회원권

"승마회원권"이란 「체육시설의 설치·이용에 관한 법률」에 따른 회원제 승마장의 회원으로서 승마장을 이용할 수 있는 권리를 말한다(지법 제6조 제15호).

(11) 콘도미니엄회원권

"콘도미니엄회원권"이란 「관광진흥법」에 따른 콘도미니엄과 이와 유사한 휴양시설로서 「관광진흥법 시행령」 제23조 제1항에 따라 휴양·피서·위락·관광 등의 용도로 사용되는 것으로서 회원제로 운영하는 시설을 이용할 수 있는 권리를 말한다(지법 제6조 제16호, 지령 제8호).

(12) 종합체육시설이용회원권

"종합체육시설이용회원권"이란 「체육시설의 설치·이용에 관한 법률」에 따른 회원제 종합체육시설업에서 그 시설을 이용할 수 있는 회원의 권리를 말한다(지법 제6조 제17호).

(13) 요트회원권

"요트회원권"이란 「체육시설의 설치·이용에 관한 법률」에 따른 회원제 요트장의 회원으로서 요트장을 이용할 수 있는 권리를 말한다(지법 제6조 제18호).

참고로 행정안전부령이 정하는 과세대상 기계장비에 대해 살펴보면 다음과 같다.

■ 지방세법 시행규칙 [별표 1]

과세대상 기계장비의 범위(제3조 관련)

건설기계명	범 위
1. 불도저	무한궤도 또는 타이어식인 것
2. 굴착기	무한궤도 또는 타이어식으로 굴삭장치를 가진 것
3. 로더	무한궤도 또는 타이어식으로 적재장치를 가진 것
4. 지게차	들어올림장치를 가진 모든 것
5. 스크레이퍼	흙·모래의 굴삭 및 운반장치를 가진 자주식인 것
6. 덤프트럭	적재용량 12톤 이상인 것. 다만, 적재용량 12톤 이상 20톤 미만의 것으로 화물운송에 사용하기 위하여 「자동차관리법」에 따라 자동차로 등록된 것은 제외한다.
7. 기중기	강재의 지주 및 상하좌우로 이동하거나 선회하는 장치를 가진 모든 것
8. 모터그레이더	정지장치를 가진 자주식인 것
9. 롤러	① 전압장치를 가진 자주식인 것 ② 피견인 진동식인 것
10. 노상안정기	노상안정장치를 가진 자주식인 것
11. 콘크리트 배칭 플랜트	골재저장통·계량장치 및 혼합장치를 가진 모든 것으로서 이동식인 것
12. 콘크리트 피니셔	정리 및 사상장치를 가진 것
13. 콘크리트 살포기	정리장치를 가진 것으로 원동기를 가진 것
14. 콘크리트 믹서트럭	혼합장치를 가진 자주식인 것 (재료의 투입·배출을 위한 보조장치가 부착된 것을 포함한다)
15. 콘크리트 펌프	콘크리트 배송능력이 시간당 5㎥ 이상으로 원동기를 가진 이동식과 트럭 적재식인 것
16. 아스팔트 믹싱 플랜트	골재공급장치·건조가열장치·혼합장치·아스팔트 공급장치를 가진 것으로 원동기를 가진 이동식인 것
17. 아스팔트 피니셔	정리 및 사상장치를 가진 것으로 원동기를 가진 것
18. 아스팔트 살포기	아스팔트 살포장치를 가진 자주식인 것
19. 골재 살포기	골재 살포장치를 가진 자주식인 것
20. 쇄석기	20킬로와트 이상의 원동기를 가진 것
21. 공기압축기	공기토출량이 분당 2.84㎥(㎠당 7킬로그램 기준) 이상인 것

건설기계명	범 위
22. 천공기	크롤러식 또는 굴진식으로서 천공장치를 가진 것
23. 항타 및 항발기	원동기를 가진 것으로서 해머 또는 뽑는 장치의 중량이 0.5톤 이상인 것
24. 자갈채취기	자갈채취장치를 가진 것으로 원동기를 가진 것
25. 준설선	펌프식·바켓식·딧퍼식 또는 그래브식으로 비자항식인 것
26. 노면측정장비	노면측정장치를 가진 자주식인 것
27. 도로보수트럭	도로보수장치를 가진 자주식인 것
28. 노면파쇄기	파쇄장치를 가진 자주식인 것
29. 선별기	골재 선별장치를 가진 것으로 원동기가 장치된 모든 것
30. 타워크레인	수직타워의 상부에 위치한 지브를 선회시켜 중량물을 상하, 전후 또는 좌우로 이동시킬 수 있는 정격하중 3톤 이상의 것으로서 원동기 또는 전동기를 가진 것
31. 그 밖의 건설기계	제1호부터 제30호까지의 기계장비와 유사한 구조 및 기능을 가진 기계류로서 행정안전부장관 또는 국토교통부장관이 따로 정하는 것

○ 전기이륜자동차의 취득세 과세 제외 여부 (행안부 지방세운영과‑283, 2013.1.28.)

배기량이 50cc 미만이거나 최고정격출력이 4킬로와트 이하인 경우 경형이륜자동차로 분류하고 배기량 50cc 미만의 이륜자동차를 취득세 과세대상에서 제외하는 것은 주로 생계활동에 사용되고 있으므로 납세부담 경감을 통한 서민생활 지원에 그 목적이 있다. 배기량이 50cc 미만과 최고정격출력이 4킬로와트 이하인 경우를 경형이륜자동차로 분류할 때 최고정격출력 4킬로와트 이하인 전기이륜자동차도 취득세 과세대상에서 제외된다.

○ 지게차가 취득세 과세대상인지 (조심 2015지2040, 2016.3.22.)

「건설기계관리법」 제2조 제1항 제1호, 같은 법 시행령 제2조 및 [별표 1]에 따르면 전동식으로 솔리드타이어를 부착한 지게차의 경우 건설기계의 범위에서 제외하고 있고, 청구인은 이 건 지게차의 경우 「건설기계관리법」상 신고대상이 아니므로 취득세 과세대상이 아니라고 주장하나, 「지방세법」 제6조 제8호, 같은 법 시행규칙 제3조 및 [별표 1]에 따르면 들어올림장치를 가진 모든 지게차를 과세대상 기계장비로 규정하고 있으므로 이 건 지게차는 취득세 과세대상에 해당된다고 할 것이다.

○ 벌채를 전제로 취득한 수목이 취득세 과세대상 입목에 해당되는지
  (대법원 2017.8.23. 선고 2017두43999 판결)
벌채를 전제로 취득한 수목은 입목이 아니라 원목이라고 할 것이므로 취득세 과세대상에 해당되지 않는다.

○ 쇄석기가 취득세 과세대상 기계장비에 해당하는지 (부동산세제과-687, 2022.3.11.)
암석이나 흙을 구입(직접 채굴·채취하지 않음) 후 쇄석기를 이용하여 골재(또는 모래)를 생산·판매하는 경우, 해당 쇄석기를 취득세 과세대상 기계장비로 볼 수 있는지 검토한 바, 해당 사업에서 사용되는 파쇄기는 비록 사업주체가 제조업을 영위한다 하더라도 취득세 과세대상 기계장비로 보는 것이 타당하다고 판단됨.

○ 종합체육시설 이용회원권의 취득세 과세여부 (부동산세제과-1243, 2021.5.7.)
○○호텔의 회원모집 경위, 개별 회원들의 회원권 회원가입 신청 및 이용약관, 회원들의 수영장, 골프연습장, 헬스장 등 체육시설 이용 현황 등을 종합하여 고려했을 때, 쟁점 회원권은 지방세법상 취득세 과세 대상인 종합체육시설 이용회원권으로 보는 것이 타당함.

제 **2** 절

취득의 시기

취득세 납세의무 성립과 취득의 시기

1 취득세 납세의무의 성립

강학상 조세의 납세의무는 성립과 확정, 소멸이라는 일련의 과정을 거치는데, 이를 도식적으로 표현하면 다음과 같다.

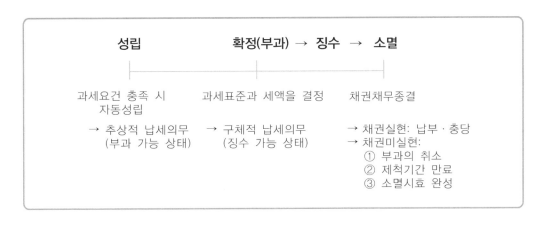

"납세의무의 성립"은 세법이 규정하고 있는 과세요건이 충족됨으로써 자동으로 성립된다. 지방세법 제7조(납세의무자 등)에서 취득세는 부동산, 차량, 기계장비, 항공기, 선박, 입목, 광업권, 어업권, 양식업권, 골프회원권, 승마회원권, 콘도미니엄회원권, 종합체육시설이용회원권 또는 요트회원권을 취득한 자에게 부과한다고 규정하고 있다. 따라서 부동산등 과세대상 물건의 취득자를 납세의무자로 하여 해당 부동산등의 취득하는 때 취득세 납세의무가 성립하는 것이다(지기법 제34조 제1항).

이와 같이 "납세의무의 성립"이란 과세요건의 충족으로 조세채권·채무관계가 자동성립된 사실은 명백하나, 과세표준과 세액이 확정되지 않아서 이행채무의 금액을 알지 못하는 상태의 추상적 납세의무를 의미한다. 이후 신고 또는 부과라는 납세의무의 확인절차에 의하여 과세표준과 세액이 확정되게 되는데, 이렇게 확정된 납세의무를 구체적 납세의무라한다.

2 취득시기의 의미

취득세는 과세물건을 취득하는 때 납부할 의무가 성립한다(지기법 제34조 제1항). 따라서 "취득의 시기"란 취득세의 납세의무 성립 여부를 판단하는 기준일에 해당하는 것이며, 과세물건의 취득 여부를 판단하는 기준일에 해당한다.

또한 취득시기는 취득세 납세의무를 이행하기 위한 기산일로서 법령의 적용기준일 등 다음과 같은 기준일로 적용되므로 매우 중요한 의미를 갖는다.

★
① 취득세 납세의무를 정하는 법령의 적용기준: 과세표준액과 세율 등
② 취득세 납세지의 관할기준: 이동성 있는 과세물건은 지방자치단체 간 분쟁소지
③ 납세의무자의 판단기준: 제2차 납세의무자 성립과 납세의무 승계범위 등 결정기준
④ 취득세 신고납부기간 및 부과시기의 기준: 부과제척기간의 판단기준
⑤ 취득세 비과세·감면의 결정 및 사후관리에 따른 추징 여부의 판단기준일

매매 등 유상승계취득의 경우 원칙적으로 사실상의 잔금지급일에 취득한 것으로 보도록 규정하고 있으므로, 부동산에 관한 매매계약이 성립하고 그에 따른 잔금지급이 이루어지면 취득세의 과세대상이 되는 사실상의 취득행위가 존재하게 되어 그에 대한 조세채권이 당연히 성립하는 것이고, 그 다음에는 그 후 합의에 의하여 계약을 해제하고 그 부동산을 반환하는 경우에도 이미 성립한 조세채권의 행사에 원칙적으로 영향을 줄 수 없는 것이다(대법원 2016. 1. 14. 선고 2015두51439 판결 참조).

3 취득의 시기 규정

지방세법에서 무상취득과 유상승계취득, 원시취득, 취득으로 보는 경우를 적용하는 경우 취득물건의 취득유형별 취득시기 등에 관하여 필요한 사항은 대통령령으로 정하도록 2021.12.28. 신설되었다(시행 2023.1.1.). 세부적인 취득의 시기에 관하여는 지방세법 시행령 제20조에서 아래와 같이 규정하고 있으며, 취득유형별 취득세 과세표준 체계 개편과 함께 취득의 시기에 관한 규정도 2021.12.31. 일부 개정되어 2023.1.1.부터 시행되고 있다.

★
지방세법 시행령 제20조【취득의 시기 등】
① 무상취득의 경우에는 그 계약일(상속 또는 유증으로 인한 취득의 경우에는 상속 또는 유증 개시일을 말한다)에 취득한 것으로 본다. 다만, 해당 취득물건을 등기·등록하지 않고 다음 각 호의 어느 하나에 해당하는 서류로 계약이 해제된 사실이 입증되는 경우에는 취득한 것으로 보지 않는다. (개정 2021.12.31.)
1. 화해조서·인낙조서(해당 조서에서 취득일부터 60일 이내에 계약이 해제된 사실이 입증되는 경우만 해당한다)
2. 공정증서(공증인이 인증한 사서증서를 포함하되, 취득일부터 60일 이내에 공증받은 것만 해당한다)
3. 행정안전부령으로 정하는 계약해제신고서(취득일부터 60일 이내에 제출된 것만 해당한다)
② 유상승계취득의 경우에는 다음 각 호에서 정하는 날에 취득한 것으로 본다.
(개정 2021.12.31.)
1. 사실상의 잔금지급일
2. 사실상의 잔금지급일을 확인할 수 없는 경우에는 그 계약상의 잔금지급일(계약상 잔금지급일이 명시되지 않은 경우에는 계약일부터 60일이 경과한 날을 말한다). 다만, 해당 취득물건을 등기·등록하지 않고 다음 각 목의 어느 하나에 해당하는 서류로 계약이 해제된 사실이 입증되는 경우에는 취득한 것으로 보지 않는다.
  가. 화해조서·인낙조서(해당 조서에서 취득일부터 60일 이내에 계약이 해제된 사실이 입증되는 경우만 해당한다)
  나. 공정증서(공증인이 인증한 사서증서를 포함하되, 취득일부터 60일 이내에 공증받은 것만 해당한다)
  다. 행정안전부령으로 정하는 계약해제신고서(취득일부터 60일 이내에 제출된 것만 해당한다)
  라. 부동산 거래신고 관련 법령에 따른 부동산거래계약 해제등 신고서(취득일부터

60일 이내에 등록관청에 제출한 경우만 해당한다)

③ 차량·기계장비·항공기 및 선박(이하 이 조에서 "차량등"이라 한다)의 경우에는 다음 각 호에 따른 날을 최초의 취득일로 본다. (개정 2021.12.31.)

1. 주문을 받거나 판매하기 위하여 차량등을 제조·조립·건조하는 경우: 실수요자가 차량등을 인도받는 날과 계약서상의 잔금지급일 중 빠른 날

2. 차량등을 제조·조립·건조하는 자가 그 차량등을 직접 사용하는 경우: 차량등의 등기 또는 등록일과 사실상의 사용일 중 빠른 날

④ 수입에 따른 취득은 해당 물건을 우리나라에 반입하는 날(보세구역을 경유하는 것은 수입신고필증 교부일을 말한다)을 취득일로 본다. 다만, 차량등의 실수요자가 따로 있는 경우에는 실수요자가 차량등을 인도받는 날과 계약상의 잔금지급일 중 빠른 날을 승계취득일로 보며, 취득자의 편의에 따라 수입물건을 우리나라에 반입하지 않거나 보세구역을 경유하지 않고 외국에서 직접 사용하는 경우에는 그 수입물건의 등기 또는 등록일을 취득일로 본다. (개정 2021.12.31.)

⑤ 연부로 취득하는 것(취득가액의 총액이 법 제17조의 적용을 받는 것은 제외한다)은 그 사실상의 연부금 지급일을 취득일로 본다.

⑥ 건축물을 건축 또는 개수하여 취득하는 경우에는 사용승인서(「도시개발법」 제51조 제1항에 따른 준공검사 증명서, 「도시 및 주거환경정비법 시행령」 제74조에 따른 준공인가증 및 그 밖에 건축 관계 법령에 따른 사용승인서에 준하는 서류를 포함한다. 이하 이 항에서 같다)를 내주는 날(사용승인서를 내주기 전에 임시사용승인을 받은 경우에는 그 임시사용승인일을 말하고, 사용승인서 또는 임시사용승인서를 받을 수 없는 건축물의 경우에는 사실상 사용이 가능한 날을 말한다)과 사실상의 사용일 중 빠른 날을 취득일로 본다.

⑦ 「주택법」 제11조에 따른 주택조합이 주택건설사업을 하면서 조합원으로부터 취득하는 토지 중 조합원에게 귀속되지 아니하는 토지를 취득하는 경우에는 「주택법」 제49조에 따른 사용검사를 받은 날에 그 토지를 취득한 것으로 보고, 「도시 및 주거환경정비법」 제35조 제3항에 따른 재건축조합이 재건축사업을 하거나 「빈집 및 소규모주택 정비에 관한 특례법」 제23조 제2항에 따른 소규모재건축조합이 소규모재건축사업을 하면서 조합원으로부터 취득하는 토지 중 조합원에게 귀속되지 아니하는 토지를 취득하는 경우에는 「도시 및 주거환경정비법」 제86조 제2항 또는 「빈집 및 소규모주택 정비에 관한 특례법」 제40조 제2항에 따른 소유권이전 고시일의 다음 날에 그 토지를 취득한 것으로 본다.

⑧ 관계 법령에 따라 매립·간척 등으로 토지를 원시취득하는 경우에는 공사준공인가일을 취득일로 본다. 다만, 공사준공인가일 전에 사용승낙·허가를 받거나 사실상 사용하는 경우에는 사용승낙일·허가일 또는 사실상 사용일 중 빠른 날을 취득일로 본다.

⑨ 차량·기계장비 또는 선박의 종류변경에 따른 취득은 사실상 변경한 날과 공부상 변경한 날 중 빠른 날을 취득일로 본다.

⑩ 토지의 지목변경에 따른 취득은 토지의 지목이 사실상 변경된 날과 공부상 변경된 날 중 빠른 날을 취득일로 본다. 다만, 토지의 지목변경일 이전에 사용하는 부분에 대해서는 그 사실상의 사용일을 취득일로 본다.

⑪ 삭제 (2017.12.29.)

⑫ 「민법」 제245조 및 제247조에 따른 점유로 인한 취득의 경우에는 취득물건의 등기일 또는 등록일을 취득일로 본다. (신설 2021.12.31.)

⑬ 「민법」 제839조의2 및 제843조에 따른 재산분할로 인한 취득의 경우에는 취득물건의 등기일 또는 등록일을 취득일로 본다. (신설 2015.7.24., 2021.12.31.)

⑭ 제1항, 제2항 및 제5항에 따른 취득일 전에 등기 또는 등록을 한 경우에는 그 등기일 또는 등록일에 취득한 것으로 본다.

★

지방세법 운영예규 법7-2【취득의 시기】

1. 금융회사로부터 융자금을 받아 건축한 주택을 승계취득하는 경우에는 금융회사의 융자금이 건축주로부터 분양받은 자의 명의로 대환되는 때를 취득시기로 보며, 그 이전에 등기한 경우에는 이전등기일이 취득시기가 된다.

2. 차량·기계장비를 할부로 취득하는 경우는 할부금지급시기와 관계없이 실수요자가 인도받는 날과 등록일 중 빠른 날이 취득시기가 된다.

3. 현물출자를 통해 법인 설립을 하는 경우 재산의 취득시기는 법인설립 등기일이다.

4. 「지방세법 시행령」 제20조 제10항에서 지목이 사실상 변경이란 건축공사 등과 병행되는 경우로서 토지의 형질변경을 수반하는 경우에는 건축 등 그 원인되는 공사가 완료된 때를 취득의 시기로 본다.

5. 건축주가 임시사용승인일, 사실상 사용일, 사용승인서교부일 이전에 입주자로부터 잔금을 받은 경우에는 임시사용승인일, 사실상 사용일, 사용승인서교부일이 건축주의 원시취득일과 분양받은 자의 승계취득일이 된다.

6. 취득세 과세물건을 취득함에 있어 그 대금을 약속어음으로 받은 경우에는 대물변제일, 어음결제일과 소유권이전등기일 중 빠른 날이 취득시기가 된다.

7. 아파트·상가 등 구분등기대상 건축물을 원시취득함에 있어 1동의 건축물 중 그 일부에 대하여 임시사용승인을 받거나 사실상 사용하는 경우에는 그 임시사용승인을 받은 부분 또는 사실상 사용하는 부분과 그렇지 않은 부분을 구분하여 취득시기를 각각 판단한다.

8. 주택조합 등이 조합원으로부터 신탁받은 금전으로 매수하는 부동산에 대하여는 사실상의 잔금지급일 또는 등기일 중 빠른 날에 이를 취득한 것으로 본다.

일반적 취득 유형별 취득의 시기

1 무상승계취득의 취득시기

(1) 상속 또는 유증의 취득시기

상속 또는 유증의 경우에는 상속 또는 유증 개시일에 취득한 것으로 본다(지령 제20조 제1항). 상속의 범위는 피상속인이 상속인에게 한 유증과 포괄유증을 포함한다(지법 제7조 제6항). 즉, 상속인이 아닌 자에게 포괄유증을 한 경우에도 상속으로 보아 상속에 따른 세율 및 신고기한을 적용하여야 한다. 포괄유증은 특정 재산이 아닌 상속재산 전체의 일정지분을 유증하는 것으로, 특정 재산(당해 재산에 대한 부채 포함)만을 유증하는 경우는 상속에 해당하지 아니하고 그 외 무상승계취득에 해당하며 유증개시일이 취득시기가 된다.

(2) 증여 등 무상승계취득

증여 등 무상취득의 경우에는 그 계약일에 취득한 것으로 본다(지령 제20조 제1항). 무상취득의 취득일 전에 등기 또는 등록한 경우에는 그 등기일 또는 등록일에 취득한 것으로 본다(지령 제20조 제14항). 다만, 해당 취득물건을 등기·등록하지 않고 다음의 어느 하나에 해당하는 서류로 계약이 해제된 사실이 입증되는 경우에는 취득한 것으로 보지 않는다(지령 제20조 제1항).

★
　① 화해조서·인낙조서(해당 조서에서 취득일부터 60일 이내에 계약이 해제된 사실이 입증되는 경우만 해당)
　② 공정증서(공증인이 인증한 사서증서를 포함하되, 취득일부터 60일 이내에 공증받은 것만 해당)
　③ 취득일부터 60일 이내에 계약해제신고서(지칙 별지 제1호의3 서식)를 제출하는 경우

2 유상승계취득의 취득시기

(1) 사실상의 잔금지급일

　종전에는 유상승계취득 중 법인장부 등에 의해 취득가격이 증명되는 취득인 경우에만 사실상의 잔금지급일에 취득한 것으로 보았으나, 2023년부터 개인·법인 모두 매매 등 유상승계취득의 경우에는 원칙적으로 사실상의 잔금지급일에 취득한 것으로 본다(지령 제20조 제2항). 다만, 유상승계취득의 취득일 전에 등기 또는 등록한 경우에는 그 등기일 또는 등록일에 취득한 것으로 본다(지령 제20조 제14항).

　유상승계취득 중 사실상의 잔금이 확인되는 취득의 경우에는 취득일로부터 60일 이내에 화해조서, 공정증서, 계약해제신고서 등에 의해 계약해제사실 등이 입증 또는 공증되더라도 취득한 것으로 보는 것에 유의할 필요가 있다. 예를 들면, 법인이 법인장부에 따라 취득가격이 증명되는 취득을 한 이후 60일 이내에 계약해제 신고서를 제출하여도 당초 취득신고에 영향이 없는 것이다.

　한편, 사실상의 취득이란 일반적으로 등기와 같은 소유권 취득의 형식적 요건을 갖추지 못하였으나 대금 지급과 같은 소유권 취득의 실질적 요건을 갖춘 경우를 말한다(대법원 2022. 4. 28. 선고 2022두31396 판결 등 참조). 또한 매매의 경우 사회통념상 대금 거의 전부가 지급되었다고 볼 만한 정도로 대금지급이 이행되었음을 뜻한다. 즉, 매매대금 거의 전부가 지급되었다고 볼 수 있는지는 사안에 따라 미지급 잔금 액수와 그것이 전체 대금에서 차지하는 비율, 미지급 잔금이 남게 된 경위 등 제반 사정을 종합적으로 고려하여 판단하여야 한다(대법원 2014. 1. 23. 선고 2013두18018 판결, 대법원 2018. 3. 22. 선고 2014두43110 전원합의체 판결 등 참조). 하지만, 매매대금 중 잔금의 일부분만 남은 경우에 해당 사실상의 취득시기 여부를 판단하는데 여전히 분쟁소지가 있는 실정이다.

취득세 과세물건을 취득함에 있어 그 대금을 약속어음으로 받은 경우에는 대물변제일, 어음결제일과 소유권이전등기일 중 빠른 날이 취득시기가 된다(지법 운영예규 법7-2).

(2) 사실상의 잔금지급일을 확인할 수 없는 경우

유상승계취득의 경우 사실상의 잔금지급일에 취득한 것으로 본다. 이 때 신고인이 제출한 자료로 사실상의 잔금지급일을 확인할 수 없는 경우에는 계약상의 잔금지급일에 취득한 것으로 보고, 계약상의 잔금지급일이 명시되지 않은 경우에는 계약일부터 60일이 경과한 날을 취득일로 본다(지령 제20조 제2항).

종전의 법인장부 등에 의해 취득가격이 증명되는 취득 외와 달리 2023년부터 사실상의 잔금지급일을 확인할 수 없는 경우로 변경됨에 따라 사실상의 잔금지급일을 확인할 수 없는 경우의 해당 여부에 대해 과세권자·납세자 간 분쟁소지가 있을 것으로 보여진다.

다만, 해당 취득물건을 등기·등록하지 않고 다음의 어느 하나에 해당하는 서류로 계약이 해제된 사실이 입증되는 경우에는 취득한 것으로 보지 않는다(지령 제20조 제2항).

★
① 화해조서·인낙조서(해당 조서에서 취득일부터 60일 이내에 계약이 해제된 사실이 입증되는 경우만 해당)
② 공정증서(공증인이 인증한 사서증서를 포함하되, 취득일부터 60일 이내에 공증받은 것만 해당)
③ 취득일부터 60일 이내에 계약해제신고서(지칙 별지 제1호의3 서식)를 제출하는 경우
④ 부동산 거래신고 관련 법령에 따른 부동산거래계약 해제등 신고서(취득일부터 60일 이내에 등록관청에 제출한 경우만 해당)

3 원시취득의 취득시기

(1) 건축물의 원시취득

건축물을 건축 또는 개수하여 취득하는 경우에는 사용승인서를 내주는 날과 사실상의 사용일 중 빠른 날을 취득일로 본다. 여기에서 사용승인서란 「도시개발법」 제51조 제1항에 따른 준공검사증명서, 「도시 및 주거환경정비법 시행령」 제74조에 따른 준공인가증 및 그

밖에 건축 관계 법령에 따른 사용승인서에 준하는 서류를 포함한다. 다만, 사용승인서를 내주기 전에 임시사용승인을 받은 경우에는 그 임시사용승인일을 취득일로 보고, 사용승인서 또는 임시사용승인서를 받을 수 없는 건축물의 경우에는 사실상 사용이 가능한 날을 취득일로 본다(지령 제20조 제6항).

아파트·상가 등 구분등기대상 건축물을 원시취득함에 있어 1동의 건축물 중 그 일부에 대하여 임시사용승인을 받거나 사실상 사용하는 경우에는 그 임시사용승인을 받은 부분 또는 사실상 사용하는 부분과 그렇지 않은 부분을 구분하여 취득시기를 각각 판단한다(지법 운영예규 법7-2).

만약 건축주가 임시사용승인일, 사실상 사용일, 사용승인서교부일 이전에 입주자로부터 잔금을 받은 경우에는 임시사용승인일, 사실상 사용일, 사용승인서교부일이 건축주의 원시취득일과 분양받은 자의 승계취득일이 된다. 또한, 금융회사로부터 융자금을 받아 건축한 주택을 승계취득하는 경우에는 금융회사의 융자금이 건축주로부터 분양받은 자의 명의로 대환되는 때를 취득시기로 보며, 그 이전에 등기한 경우에는 이전등기일이 취득시기가 된다(지법 운영예규 법7-2).

(2) 매립·간척 등 토지 원시취득

관계 법령에 따라 매립·간척 등으로 토지를 원시취득하는 경우에는 공사준공인가일을 취득일로 본다. 다만, 공사준공인가일 전에 사용승낙·허가를 받거나 사실상 사용하는 경우에는 사용승낙일·허가일 또는 사실상 사용일 중 빠른 날을 취득일로 본다(지령 제20조 제8항).

만약, 공유수면 매립토지를 승계취득하기로 약정한 경우 당해 토지의 취득일은 매립공사 준공 후 잔금을 지급한 경우에는 잔금지급일이 되고, 공사 준공 전에 잔금을 지급하였다면 준공일이 취득일이 되는 것이다(행안부 지방세정팀-6329, 2006.12.18.).

○ 미완성 건물을 그 부지와 함께 경매로 취득한 후 추가공사를 하여 사용승인을 받은 경우의 취득시기 등 (대법원 2018.7.11. 선고 2018두33845 판결)

미완성 건물을 매수하여 소유권이전등기를 마친 것만으로 취득세 과세대상인 건축물의 취득이 있었다고 보기 어렵고, 미완성 건물에서는 추가공사를 완료하여 사용승인을 받은 시점에 비로소 이를 취득하였다고 봄이 타당하고, 또한 경매로 주택의 용도로 건축 중인 미완성 건물 및 그 부속토지인 토지를 매수하고 그에 관한 소유권이전등기를 마쳤다고 하더라도, 소유권이전등기 당시 미완성 건물은 건축물대장에 주택으로 기재되지도 않았고, 주거에 적합한 구조로 되어 있었다고 보기도 어려우며, 미완성 건물에 관하여 추가공사를 완료하고 사용승인을 받음으로써 비로소 취득세 과세대상이 되는 취득이 있다 할 것인데, 그 취득은 '건축물대장에 주택으로 기재된 건축물을 유상거래를 원인으로 취득'한 것이 아니므로, 이 사건 미완성 건물이나 그 부속토지는 유상거래를 원인으로 취득세율 규정에 따른 취득세율이 적용된다고 볼 수는 없다.

○ 산업단지 사업시행자의 무상양도 공공시설에 대한 취득시기 등 (대법원 2022.4.28. 선고 2022두31396 판결)

사업시행자가 무상양도 공공시설을 취득하는 시기는 「산업입지법」 제26조 제4항에 따른 사업 준공인가일이며, 이에 따른 취득세 과세표준은 그 통지를 한 때의 시가표준액임.

○ 후불제 이자의 취득가액 포함 여부에 따른 취득시기 판단 (대법원 2022.8.25. 선고 2022두42778 판결)

취득세는 취득자가 재화를 사용·수익·처분함으로써 얻을 수 있는 이익을 포착하여 부과하는 것이 아니고 취득자가 실질적으로 완전한 내용의 소유권을 취득하는지 여부와 관계없이 사실상의 취득행위 자체를 과세객체로 하는 것이므로(대법원 2021. 5. 27. 선고 2017두56032 판결 등 참조), 원고가 2018. 3. 29. 구 지방세법상 취득세의 과세표준이 되는 취득가격에 해당하는 분양공급계약상의 공급대금과 발코니 확장대금의 합계액을 주식회사 ○○하우징에게 납부한 이상, 원고가 아파트 분양공급계약의 내용에 따라 후불제이자까지 완납하여야 이 사건 아파트에 대한 완전한 소유권을 행사할 수 있었는지 여부와 무관하게 사실상의 잔금지급일은 2018. 3. 29.로 보아야 한다.

○ 쟁점토지의 취득일을 이 건 정비사업의 사업시행인가일 또는 관리처분계획인가일로 보아야 하므로 취득세 부과제척기간이 경과하였는지 (조심 2021지1978, 2021.7.20.)

「도시 및 주거환경정비법」 제65조 제4항에서 용도폐지되는 정비기반시설은 그 정비사업이 준공인가되어 관리청에 준공인가통지를 한 때에 사업시행자에게 귀속 또는 양도된 것으로 본다고 명시하여 그 소유권변동시기를 명확히 규정하고 있는 점 등에 비추어 청구법인이 쟁점토지를 취득한 시기는 청구법인이 이 건 정비사업의 관리청인 처분청에 준공인가 통지를 한 2017.5.31.이라 할 것(대법원 2020.1.6. 선고 2019두53075 판결, 같은 뜻임)인바, 처분청이 이 건 경정청구를 거부한 처분은 달리 잘못이 없다고 판단됨.

○ 이행판결에 따른 증여의 취득시기 (부동산세제과 - 3597, 2024.10.21.)

乙의 증여를 원인으로 한 취득의 시기는 증여일이 아니라 이행판결에 따라 丙으로부터 乙에게 소유권을 이전한 날('22.11.30.)이다.

○ 변론없이 종결된 법원 판결문상의 증여일을 취득시기로 볼 수 있는지
 (조심 2023지4383, 2024.5.7.)

일반적으로 소유권에 다툼이 있어 법원에 소를 제기하여 승소판결로 취득하는 경우 법원의 판결은 소유권을 원시적으로 창설하는 것이 아니고 소유권의 취득사실을 확인하고 이를 확정하여 준다는 의미가 있다 하겠으므로 통상 법원 판결문상에 나타나는 명백한 취득시기는 인정하여야 할 것이나, 청구인의 경우 판결문(대전지방법원 서산지원 2019.9.24. 선고 2019가단2805 판결)에서 당사자가 변론기일에 출석하지 아니하여 상대방이 주장하는 사실을 명백히 다투지 아니하여 그 사실을 자백한 것으로 간주한 판결임이 확인되므로 법원 판결문상의 내용 자체가 진정한 사실관계에 부합된다고 인정하기는 어렵다 할 것임(조심 2008지809, 2009.8.25. 같은 뜻임).

계약해제 유형별 취득세 납세의무의 성립

계약의 해제란 유효하게 성립하고 있는 효력을 당사자 일방의 의사표시에 의하여 그 계약이 처음부터 있지 않았던 것과 같은 상태로 되돌리는 법률행위를 말한다. 유상승계취득과 무상승계취득에 있어서 계약이 해제되는 경우 취득한 것으로 보지 아니하는 경우가 있는바, 이하 해제의 유형과 유형별로 취득세 납세의무의 성립의 관계를 살펴보고자 한다.

1 계약해제의 유형

해제는 해제권자의 일방적 의사표시로 성립하는 법률행위이며 단독행위인데, 이에는 약정해제와 법정해제가 있다. 즉, 해제는 해제권의 행사에 의하여 이루어지며 계약당사자가 전에 맺었던 계약을 체결하지 않았던 것과 같은 효과를 발생시킬 것을 내용으로 하는 합의해제와는 구별된다.

(1) 약정해제

납세자가 계약을 체결할 때에 「장차 이 계약을 해제할 수 있도록 한다」고 약정하고, 나중에 그 계약을 약정에 따라 해제하는 것을 약정해제라고 한다(민법 제543조).

(2) 법정해제

계약일반에 대하여 인정되는 법정해제권은 채무불이행을 원인으로 하여 발생한다. 채무불이행은 이행지체와 이행불능, 불완전이행의 세 가지가 있는바, 「민법」이 직접규정하고 있는 것은 채무자에게 이행지체가 있는 경우(민법 제544조, 제545조)와 이행불능이 생긴 경우(민법 제546조)이다.

(3) 합의해제(해제계약)

계약당사자가 새로운 계약에 의하여 계약의 효력을 소멸시키는 것을 합의해제라고 하는 바, 합의해제는 일종의 계약이므로 「민법」 제543조 이하의 해제규정은 적용될 여지가 없으며 그 효과에 있어서 소급효는 제3자의 권리를 해하지 못한다.

2 계약해제 유형별 취득세 납세의무 성립의 관계

(1) 약정해제 및 법정해제

취득 후 60일 이내(무상취득은 취득일이 속하는 달의 말일부터 3개월 이내)에 약정해제 및 법정해제에 의한 원인으로 계약이 해제된 사실이 화해조서, 인낙조서, 공정증서, 행정안전부령으로 정하는 계약해제신고서, 부동산 거래신고 관련 법령에 따른 부동산거래계약 해제등 신고서에 의하여 입증되는 경우에는 취득한 것으로 보지 아니한다. 따라서 이 경우 취득세 납세의무는 성립하지 아니한다.

(2) 합의해제

매매계약이 합의해제된 경우 행자부 심사례는 부동산 등에 대한 매매계약을 체결하고 계약이 이행되지 아니한 상태에서 해제가 되었다면 취득일(계약상 잔금지급일)로부터 60일 이내에 계약이 해제된 사실을 처분청에 신고하고 그 사실이 확인되면 취득으로 보지 아니한다(행심 2001-65, 2001.2.27.).

(3) 해제 전 등기·등록한 경우

유상승계취득 및 무상승계취득에 있어서 원칙적인 취득시기 전에 등기를 한 경우에는 취득으로 간주하게 되는 것인바, 계약해제는 유효하게 성립된 취득세 납세의무에 영향을 미치지 아니한다(세정-4634, 2004.12.18.).

(4) 해제 후 반환에 의한 취득의 경우

소유권이전등기의 원인이었던 양도계약을 소급적으로 실효시키는 합의해제 약정에 기초하여 소유권이전등기를 말소하는 원상회복 조치의 결과로 소유권을 취득한 것은 부동산의 취득에 해당하지 아니한다(대법원 1993.9.14. 선고 93누11319 판결). 이는 등기·등록의 이행 여부와 관계 없이 해제 후 반환되는 모든 경우에 취득으로 보지 않는다는 의미이다.

3 계약유형별 계약해제 적용기준

(1) 무상취득

증여·상속·유증 등 무상취득의 경우에는 해당 취득물건을 등기·등록하지 않고 취득일부터 취득일이 속하는 달의 말일부터 3개월 이내에 해당 서류로 계약이 해제된 사실이 입증되는 경우에는 취득한 것으로 보지 않는다(지령 제20조 제1항).

★

① 화해조서·인낙조서(해당 조서에서 취득일부터 취득일이 속하는 달의 말일부터 3개월 이내에 계약이 해제된 사실이 입증되는 경우만 해당한다)
② 공정증서(공증인이 인증한 사서증서를 포함하되, 취득일부터 취득일이 속하는 달의 말일부터 3개월 이내에 공증받은 것만 해당한다)
③ 행정안전부령으로 정하는 계약해제신고서(취득일부터 취득일이 속하는 달의 말일부터 3개월 이내에 제출된 것만 해당한다)

(2) 유상취득

유상승계취득의 경우에는 해당 취득물건을 등기·등록하지 않고 아래의 어느 하나에 해당하는 서류로 계약이 해제된 사실이 입증되는 경우에는 취득한 것으로 보지 않는다(지령 제20조 제1항).

★

① 화해조서·인낙조서(해당 조서에서 취득일부터 60일 이내에 계약이 해제된 사실이 입증되는 경우만 해당한다)
② 공정증서(공증인이 인증한 사서증서를 포함하되, 취득일부터 60일 이내에 공증받은 것만 해당한다)

③ 행정안전부령으로 정하는 계약해제신고서(취득일부터 60일 이내에 제출된 것만 해당한다)

④ 부동산 거래신고 관련 법령에 따른 부동산거래계약 해제등 신고서(취득일부터 60일 이내에 등록관청에 제출한 경우만 해당한다)

○ 공증인이 인증한 사서증서는 특별한 사정이 없는 한 지방세법 시행령 제73조 제2항 단서에 정한 "화해조서, 인낙조서, 공정증서 등"에 포함되어 취득일로부터 30일 이내에 계약이 해제된 사실을 입증할 수 있는 서류에 해당한다고 본 사례
(대법원 2008.12.24. 선고 2008두17806 판결)

【판결요지】 공증인이 사서증서를 인증한 경우에 공증인법에 규정된 절차를 제대로 거치지 않았다는 사실이 주장·입증되는 등의 특별한 사정이 없는 한, 공증인이 인증한 사서증서의 진정성립은 추정되는 것이므로(대법원 1992.7.28. 선고 91다35816 판결 등 참조), 공증인이 인증한 사서증서는 특별한 사정이 없는 한 지방세법 시행령 제73조 제2항 단서에서 정한 '화해조서, 인낙조서, 공정증서 등'에 포함되어 취득일로부터 30일 이내에 계약이 해제된 사실을 입증할 수 있는 서류에 해당한다고 보아야 한다.

○ 개인 간 부동산 매매계약에 의하여 부동산을 취득한 후 계약서상 잔금지급일로부터 2년이 경과한 후 매매계약 해제에 관한 화해조서를 작성하여 해제사실을 입증하는 경우 취득세 납세의무가 있는지 여부 (행자부 도세과-715, 2008.5.1.)

【사실관계】
• 2006.1.7.: 매매계약서상 잔금지급일
• 2006.3.10.: 신고·납부하지 아니하여 보통징수 방법에 의한 부과고지
• 2007.10.18.: 체납세액 납부
• 2008.1.8.: ○○법원 ○○지원에서 화해조서 작성

【회신】 귀 문과 같이 개인 간의 매매계약에 의하여 취득신고를 하였다가 부동산의 소유권 등기를 하지 아니한 상태에서 매매계약을 합의해제하면서 계약서상 잔금지급일인 2006.1.7.부터 2년이 경과한 시점인 2008.1.8.에 매매계약 해제에 관한 화해조서를 작성하여 계약 해제 사실을 입증한다 하더라도 취득일로부터 30일 이내에 작성되지 않은 화해조서로 해제 사실을 신고하는 경우까지 취득한 것으로 보지

아니한다고 할 수 없으므로(행정자치부 심사결정 제2006-1148, 2006.12.27.), 이미 성립된 취득세 납세의무에는 아무런 영향 없음.

○ 취득일(잔금지급일)부터 60일 이내에 매매계약을 해제한 사실을 취득일부터 60일이 경과하여 입증한 경우 취득세 부과 여부

부동산에 대한 소유권이전등기가 이루어지지 않은 상태에서 매매계약서상 잔금지급일부터 60일 이내에 매매계약을 해제한 사실이 화해조서 등으로 입증되는 경우에는 취득일부터 60일이 경과한 후 해제 사실을 신고하더라도 취득한 것으로 보지 아니함.

○ 매대대금 완납 후 매매계약을 합의해제한 경우라도 취득세 납세의무 있음
　(대법원 2013.11.28. 선고 2011두27551 판결)

유상승계취득의 경우 사실상의 잔금지급일 등을 원칙적인 취득시기로 보도록 규정하고 있으므로, 부동산에 관한 매매계약을 체결하고 매매대금을 모두 지급하면 소유권이전등기를 마치지 아니하였더라도 취득세의 과세대상이 되는 사실상의 취득행위가 존재하게 되어 그에 대한 조세채권이 당연히 성립하고, 그 후 합의에 의하여 매매계약을 해제하고 그 부동산을 반환하였더라도 이미 성립한 조세채권의 행사에 영향을 줄 수 없다(대법원 1998.12.8. 선고 98두14228 판결 등 참조).

※ (사실관계 요약) 원고들은 2008.9.10. 사건 토지에 대한 매매대금 전부를 경기도에 지급하였다. 이후 원고들은 경영상의 어려움 등을 이유로 경기도에 이 사건 부동산에 대한 매매계약의 해제를 요청하였고, 원고들과 경기도는 2009.5.27. 이 사건 부동산에 대하여 원고들 앞으로 소유권이전등기가 마쳐지지 아니한 상태에서 위 매매계약을 합의해제 하였다.

○ 당초 증여계약을 합의해제하고 소유권이전등기 말소 후 다시 증여계약을 체결한 경우 취득세 납세의무 (행자부 지방세정팀-1718, 2006.4.28.)

【회신】 "갑과 을"이 증여를 받아 부동산 소유권이전등기가 되었다가 당초의 부동산 증여계약을 합의해제하여 당해 소유권이전등기를 말소한 후 다시 "갑과 병"이 증여를 받아 부동산 소유권이전등기가 된 경우, "갑과 을"은 당초의 증여계약에 따른 취득세 납세의무가 있으며, 다시 체결한 증여계약에 따라 "갑과 병"에게도 각각 취득세 납세의무가 있는 것임.

○ 등기완료 후 30일 이내 계약해제 입증 시 취득 여부 (행자부 지방세정팀 - 158, 2005.12.21.)

【질의】 증여계약을 원인으로 소유권이전등기를 완료 후 증여계약을 해제하였을 경우 기 납부한 취득세 및 등록세가 환부대상이 되는지

【회신】 증여계약 후 소유권이전등기를 완료하였다면 취득일로부터 30일 이내에 계약이 해제되었다는 사실이 화해조서 등에 의거 입증되더라도 기 납부한 취득세와 등록세는 환부되지 않는 것임.

○ 소유권이전등기가 말소됨으로써 당초 소유자에게 소유권이 원상회복되는 것은 취득이 아니므로 취득세 납세의무가 성립되지 않는 것임 (행자부 도세과 - 215, 2008.3.28.)

【질의】 법원의 소송에 의한 원인무효 판결로 소유권이 환원된 경우와 당사자 간의 합의 해제약정에 의한 소유권이전등기 말소로 인하여 당초 소유자에게 원상회복되는 경우 취득세 납세의무가 있는지 여부

【회신】 갑과 을이 대물변제 계약에 의하여 소유권이전등기를 경료하였다가 계약의 위법 성 등으로 소송에 의한 원인무효 판결에 의하여 소유권이 원상회복되는 경우와 당사자 간 매매계약을 소급적으로 실효시키는 합의해제의 약정에 의하여 소유권 이전등기가 말소됨으로써 당초 소유자에게 소유권이 원상회복되는 등, 원상회복 조치의 결과로 소유권을 취득하는 것은 지방세법 제104조 제8호에서 규정하는 취 득에 해당된다고 볼 수 없으므로(대법원 1993.9.14. 선고 93누11319 판결), 그 소유권 을 환원받은 당초 소유자는 취득세 납세의무가 성립되지 않는 것으로 생각됨.

○ 소유권이 원상회복되는 경우 취득세 납세의무 (행자부 지방세정팀 - 5267, 2007.12.7.)

【회신】 증여계약에 의해 소유권이전등기를 경료하였다가 당초 증여계약을 소급적으로 실 효시키는 합의해제의 약정에 의하여 소유권이전등기가 말소됨으로써 당초 소유자 에게 소유권이 원상회복되는 경우라면 지방세법 제104조 제8호에서 규정하는 취 득에 해당된다고 볼 수 없어 소유권을 환원받는 자(증여인)는 새로운 취득세 납 세의무가 성립되지 않는 것임.

○ 등기, 등록된 경우의 계약해제 (대법원 2006.2.9. 선고 2005두4212 판결)

【판결요지】 구 지방세법 시행령 제73조 제1항 제2호 단서는 그 규정 취지가 계약상 잔금지급일(계약상 잔금지급일이 명시되지 아니한 경우에는 계약일로부터 30일이 경과되는 날)에 실제로 잔금이 지급되지 않은 상태에서 계약이 해제되어 사실상 취득하였다고 보기 어려운 경우까지 계약상 잔금지급일에 취득한 것으로 보아 취득세를 과세하게 되는 불합리한 점을 보완하기 위한 것인 점에 비추어, 같은 시행령 제73조 제1항 제1호에 의한 사실상의 잔금지급이 이루어지거나 같은 조 제3항에 의한 등기를 마침으로써 취득이 이루어진 경우에는 그 적용이 없음.

○ 법원에서 당사자 간 합의해제를 통한 소유권이전등기 말소하라는 판결을 받은 경우 매수인이 납부한 취득세는 환부되지 아니하는 것임 (지방세운영과 – 1920, 2009.5.13.)

【질의】 법원에서 당사자 간 합의해제를 통한 소유권이전등기 말소하라는 판결을 받은 경우 매수인이 기 납부한 취득세 환부 여부

【회신】 실체적인 법률관계에 있어서 그 소유권을 취득한 것이라고 볼 수 없는 원인무효의 등기명의자는 취득세의 납세의무자가 될 수 없다 할 것(대법원 2007.1.25. 선고 2006두14384 판결)이나, 귀 문의 경우 부동산을 취득·등기한 후 법원에서 당사자 간 합의해제를 통한 소유권이전등기 말소하라는 판결을 받은 경우라면 당사자 간의 의사표시로 인한 매매계약의 취소판결에 해당되어 이미 적법하게 성립한 취득세 등의 납세의무에 영향을 줄 수 없다 할 것이므로 매수인이 기 납부한 취득세는 환부대상에 해당되지 않는다고 판단

○ 지방세법 운영예규 법7 – 1 **【납세의무】**

① 양도담보계약해제, 명의신탁해지로 취득하는 경우에는 그 취득의 방법·절차에 불구하고 그 권리의 인수자가 취득하는 경우로 보아 취득세의 납세의무가 있다.

② 유상 및 무상취득을 불문하고 적법하게 취득한 다음에는 그 후 합의에 의하여 계약을 해제하고 그 재산을 반환하는 경우에도 이미 성립한 조세채권의 행사에 영향을 줄 수 없다(무상취득 및 개인 간 유상취득에 있어 60일 이내 계약해제 사실을 입증하는 경우는 제외. 다만, 소유권이전등기를 경료되지 않은 경우에 한한다).

○ 계약해제 시 매도자의 취득세 납세의무 성립 여부 질의 회신
  (행안부 지방세운영과‑2043, 2015.7.9.)
매도인(A)에게서 매수인(B)으로 소유권이전등기한 부동산이 계약해제를 사유로 매도인(A)에게 환원된 경우에는 매도인(A)이 취득세 과세대상 부동산을 취득한 것으로 볼 수 없음.

○ 대금완납 후 경락인이 집행법원에 경매에 의한 매매계약 해제 의사표시를 하여 집행법원이 매각허가를 취소하고 매수인에게 매각대금을 반환하였다면 경락인에게 이미 성립된 취득세 납세의무에는 영향이 없는 것임 (지방세운영과‑1405, 2009.4.8.)

【질의】 법원의 부동산 강제경매에서 매각허가결정에 따라 부동산을 경락받고 경락대금을 완납한 후 경매취소로 기 납부한 매각대금을 환급받았을 경우 취득세 납세의무

【회신】 강제경매와 관련하여 민사집행법 제121조, 제126조 규정을 보면 집행법원에서는 매각허가에 대하여 이의 등 불허가할 사유가 없을 경우에는 매각허가결정을 하여야 하고, 동법 제127조, 제128조, 제130조에서 매각허가결정이 확정된 뒤에 밝혀진 경우에는 매수인은 대금을 낼 때까지 매각허가결정의 취소신청 및 매각허가결정에 대한 항고를 할 수 있고 항고심을 거쳐야 하고, 제135조, 제142조에서 매각허가결정이 확정되면 대금의 지급기한을 정하고 납부하도록 하면서 매수인은 매각대금을 다 낸 때에 매각의 목적인 권리를 취득하게 된다고 규정하고 있음.
민사집행법에 따른 강제경매개시 절차에 따라 매각허가에 따른 이의신청, 항고절차 등을 모두 거쳐 적법하게 매각(경락)허가결정이 확정된 후 경매법원이 지정한 대금지급기일에 경락대금을 완납함으로써 그 경매절차가 유효하게 이루어진 상태에서 취득하였다면 경락대금을 완납한 시점에 당해 부동산을 사실상으로 취득한 것이라 하겠고, 대금완납 이후 경락인이 집행법원에 경매에 의한 매매계약 해제 의사표시를 하여 집행법원이 매각허가를 취소하고 매수인에게 매각대금을 반환하였다면 그 강제경매 자체의 무효로 인한 것이 아닌 이상 경락인에게 이미 성립된 취득세 납세의무에는 영향을 줄 수 없는 것이라고 판단됩니다만, 이 경우 원인무효에 해당하는지 여부는 과세권자가 구체적인 사실관계를 확인하여 판단할 사항임.

특이한 취득 유형별 취득의 시기

1 차량 · 기계장비 · 항공기 · 선박의 제조 등

차량 · 기계장비 · 항공기 및 선박을 주문을 받거나 판매하기 위하여 차량등을 제조 · 조립 · 건조하는 경우에는 실수요자가 차량등을 인도받는 날과 계약서상의 잔금지급일 중 빠른 날을 최초의 취득일로 본다(지령 제20조 제3항). 즉, 신규로 차량등을 제조하는 경우 부동산과 달리 이를 원시취득으로 보지 않아 취득세를 부과하지 않는 것이다.

또한 차량 · 기계장비 · 항공기 및 선박을 제조 · 조립 · 건조하는 자가 그 차량등을 직접 사용하는 경우에는 그 차량등의 등기 또는 등록일과 사실상의 사용일 중 빠른 날을 최초의 취득일로 본다(지령 제20조 제3항).

차량 · 기계장비를 할부로 취득하는 경우는 할부금지급시기와 관계없이 실수요자가 인도받는 날과 등록일 중 빠른 날이 취득시기가 된다(지법 운영예규 법7-2).

2 특이한 유상승계취득의 취득시기

(1) 연부에 의한 취득

"연부(年賦)"란 매매계약서상 연부계약 형식을 갖추고 일시에 완납할 수 없는 대금을 2년 이상에 걸쳐 일정액씩 분할하여 지급하는 것을 말한다(지법 제6조 제20호).

이와 같이 연부로 취득하는 것(취득가액의 총액이 지방세법 제17조의 면세점 규정을 적용받는 것은 제외한다)은 그 사실상의 연부금 지급일을 취득일로 본다(지령 제20조 제5항).

따라서 '취득가액의 총액'이 50만 원을 초과하면 매 연부금 지급액이 50만 원 미만이라 하더라도 취득세를 징수하여야 함에 유의하여야 한다. 다만, 연부로 취득하기 전에 등기 또는 등록을 한 경우에는 그 등기일 또는 등록일에 취득한 것으로 본다(지령 제20조 제14항).

또한 일시취득 조건으로 취득한 부동산에 대한 대금지급방법을 연부계약형식으로 변경한 경우에는 계약변경 시점에 그 이전에 지급한 대금에 대한 취득세의 납세의무가 발생하며, 그 이후에는 사실상 매 연부금지급일마다 취득세를 납부하여야 한다(지법 운영예규 법7-5).

> ○ 토지를 연부취득함에 있어 각 취득시기(각 연부금 지급일) 이후에 발생한 이자비용을
> 취득세 과세표준에서 제외 여부 (조심 2021지2399, 2022.6.23.)
> 쟁점토지의 연부취득에 따른 취득세 과세표준에 매 연부금 지급일 후에 발생한 쟁점이자비용은 포함될 수 없다고 보는 것이 타당함(조심 2020지3831, 2022.1.26. 외 다수, 같은 뜻임).

(2) 수입에 따른 취득

수입에 따른 취득은 해당 물건을 우리나라에 반입하는 날(보세구역을 경유하는 것은 수입신고필증 교부일)을 취득일로 본다. 다만, 차량 등의 실수요자가 따로 있는 경우에는 실수요자가 차량등을 인도받는 날과 계약상의 잔금지급일 중 빠른 날을 승계취득일로 보며, 취득자의 편의에 따라 수입물건을 우리나라에 반입하지 않거나 보세구역을 경유하지 않고 외국에서 직접 사용하는 경우에는 그 수입물건의 등기 또는 등록일을 취득일로 본다(지령 제20조 제4항).

(3) 일반분양분 주택조합용 토지의 취득시기

「주택법」 제11조에 따른 주택조합이 주택건설사업을 하면서 조합원으로부터 취득하는 토지 중 조합원에게 귀속되지 아니하는 토지를 취득하는 경우에는 「주택법」 제49조에 따른 사용검사를 받은 날에 그 토지를 취득한 것으로 보고, 「도시 및 주거환경정비법」 제35조 제3항에 따른 재건축조합이 재건축사업을 하거나 「빈집 및 소규모주택 정비에 관한 특례법」 제23조 제2항에 따른 소규모재건축조합이 소규모재건축사업을 하면서 조합원으로부터 취득하는 토지 중 조합원에게 귀속되지 아니하는 토지를 취득하는 경우에는 「도시 및 주거환경정비법」 제86조 제2항 또는 「빈집 및 소규모주택 정비에 관한 특례법」 제40조 제2항에 따른

소유권이전 고시일의 다음 날에 그 토지를 취득한 것으로 본다(지령 제20조 제7항).

(4) 골프장회원권 등의 취득시기

골프회원권, 콘도미니엄회원권, 승마회원권 및 종합체육시설이용회원권을 사업자로부터 최초로 취득하는 경우의 취득시기는 회원권에 대한 대금완납 후에 당첨자결정이 된 때에는 당첨자결정일이, 당첨자결정 후에 대금을 납입하는 때에는 잔금지급일이 된다(지법 운영예규 법7-4).

> ○ 골프회원권 입회기간 자동갱신을 새로운 취득으로 볼 수 있는지 여부
> (대법원 2017.3.30. 선고 2016두63323 판결)
> 골프회원권 등의 입회기간 연장일을 취득일이라고 규정하고 있더라도 골프회원권 입회기간 자동갱신의 경우 취득세 담세력의 근거가 되는 재화의 이전을 수반하지 아니하므로 새로운 취득이라고 할 수 없다.

(5) 토지거래허가를 받지 아니한 경우 취득시기

지방세법 제20조 제1항 취득세 신고 및 납부규정에서 「부동산 거래신고 등에 관한 법률」 제10조 제1항에 따른 토지거래계약에 관한 허가구역에 있는 토지를 취득하는 경우로서 같은 법 제11조에 따른 토지거래계약에 관한 허가를 받기 전에 거래대금을 완납한 경우에는 그 허가일이나 허가구역의 지정 해제일 또는 축소일에 토지를 취득한 것으로 보는 간주규정을 두고 있다.

> ○ 토지거래허가를 받지 아니하고 잔금을 납부한 경우 취득의 시기
> (행자부 지방세정팀-6096, 2006.12.6.)
> 「국토의 계획 및 이용에 관한 법률」 제118조 제6항은 토지거래허가를 받지 아니하고 체결한 토지거래계약은 그 효력을 발생하지 아니한다고 규정하고 있음. 당해 토지의 거래대금을 완납하였다 하더라도 토지거래허가를 받지 아니한 경우에는 취득한 것으로 볼 수 없다고 할 것이므로 당해 토지의 취득일은 토지거래허가를 받은 날 또는 토지거래허가구역 지정이 해제되는 날이 되는 것임(대법원 1997.11.11. 선고 97다8427 판결, 감사원 감심 2001-130, 2001.10.30. 참조).

(6) 공탁한 경우의 취득시기

법원의 조정조서로 조정은 되었으나 부동산의 소유권이전을 받을 자가 해당 부동산에 대한 조정가액의 잔금을 공탁한 경우라도 그 공탁물은 언제라도 회수할 수 있으므로 공탁의 경우 취득시기는 공탁물수령일과 소유권이전등기일 중 빠른 날로 한다.

> ○ 공탁을 하였다고 하여 부동산을 취득했다 볼 수 없으므로 공탁물수령일과 소유권이전등기일 중 빠른 날을 부동산의 취득시기로 보아야 하는 것임
> (행자부 지방세정팀 - 1108, 2005.6.10.)

(7) 공매방법에 의한 취득시기

공매방법에 의한 취득인 경우에는 그 사실상 취득가격을 과세표준으로 그 사실상의 잔금 지급일에 취득하는 것으로 보는 것이나, 여기에서의 "공매"라 함은 국가기관·지방자치단체가 강제권한에 기하여 행하는 매매로서 국세징수법 및 지방세법에 의한 압류재산을 환가하기 위한 매각과 민사소송법에 의한 경매 등을 의미하는 것이므로 관계법령에서 규정하지 아니한 경우에는 적용되지 아니하며, 공매를 제외한 수의계약의 경우에도 이를 적용할 수 없다 할 것이다.

(8) 대물변제의 취득시기

대물변제는 본래의 채무에 갈음하여 다른 급부를 현실적으로 하는 때에 성립하는 요물계약으로서, 다른 급부가 부동산의 소유권이전인 때에는 그 소유권이전등기를 완료하여야만 대물변제가 성립되어 기존 채무가 소멸하는 것이므로, 채권자로서는 그 소유권이전등기를 경료하기 이전에는 소유권취득의 실질적인 요건을 갖추었다고 할 수 없어 소유권이전등기를 경료한 때를 취득시기로 보는 것(대법원 1999.11.12. 선고, 98두17067 판결 참조)이다.

다만, 대물변제로 받은 다른 급부가 취득세 과세대상 부동산등에 해당하고 대물변제의 이행으로 인하여 채권이 소멸되는 경우에는, 취득세 과세대상 대물변제 물건을 취득하고 그에 대한 매매대금을 지급한 것으로 볼 수 있어 취득세 과세객체인 사실상의 취득에 해당한다고 할 수 있다(지방세운영과 - 993, 2016.4.19.).

(9) 소액잔금의 취득시기

사실상 취득가액이 입증되는 사실상의 잔금지급일이 취득시기가 된다. 그런데 분양권 등에 의한 부동산 취득에 있어서 소액잔금을 남기고 분양권 등을 전매하는 경우가 발생하기도 한다. 이에 대해 부동산 취득에 있어 사실상 잔금이 지급되었는지에 있어서 과세관청과 납세자 간에 다툼이 발생하기도 한다. 이러한 경우 사실상의 잔금지급이 이뤄지지 않은 경우로 판시한 바도 있다.

○ 총 분양대금 중 소액 잔금(분양대금의 1.5%)을 남긴 경우 사실상 주택을 취득한 것으로 보아야 한다고 한 사례 (행심 2007 – 86, 2007.2.26.)

행정심판에서는 분양대금의 1.5%를 남겨놓고 매각한 경우 사실상 취득한 것으로 판단하였으나, 위 사건은 행정소송이 제기되어 대법원에서 사실상 취득하지 아니하였다고 판단하여 처분청이 최종적으로 패소함.

> **대법원 판결 요지(대법원 2010.10.4. 선고 2008두8147 판결)**
> 사실상 취득이라 함은 일반적으로 등기와 같은 소유권취득의 형식적 요건을 갖추지는 못하였으나 대금의 지급과 같은 소유권취득의 실질적 요건을 갖춘 경우를 말하는데, 매매의 경우에 있어서는 사회통념상 대금의 거의 전부가 지급되었다고 볼 만한 정도의 대금지급이 이행되었음을 뜻한다고 보아야 하고, 대금의 거의 전부가 지급되었다고 볼 수 있는지 여부는 개별적·구체적 사안에 따라 미지급 잔금의 액수와 그것이 전체 대금에서 차지하는 비율, 미지급 잔금이 남게 된 경위 등 제반 사항을 종합적으로 고려하여 판단하여야 함.
> 이 건의 경우 잔금 67,040,000원 중 선납부로 53,469,764원을 할인받고 13,570,236원만 남게 된 것이고 거래관행상 대금이 모두 지급된 것으로 볼 수 있을 정도의 적은 금액이라고 보기 어려운 점 등 제반 사정을 종합할 때 사회통념상 분양대금의 거의 전부를 지급한 것으로 볼 만한 정도의 대금지급이 이행된 것은 아님.

---

(10) 판결에 의한 취득시기

판결 자체는 취득원인이 될 수 없다. 판결문에 나타난 사실관계를 파악하여 취득원인 및 취득시기를 판단하여야 한다. 그러나 판결문 중 화해·포기·인낙 또는 의제자백에 의한 경우는 소송청구 취지나 소장에 기재되어 있는 잔금지급일 등은 사실상 잔금지급일로 볼 수 없고 취득시기가 될 수도 없으며, 신고가액과 시가표준액 중 높은 금액이 과세표준이 되며, 이 경우는 판결 확정일이 취득시기가 된다. 그리고 이행판결의 경우는 소유권이전등기일이 취득시기가 된다.

○ 법원의 소유권이전등기 이행 확정판결에 따른 취득시기 및 부과 제척기간 기산일
  (행자부 지방세정팀 - 386, 2005.4.22.)
  【회신】 서울중앙지방법원 2004가단○○○○호의 「피고는 원고들에게 소송물(수원시 ○○구 ○○동 463-2 도로 1,534㎡)에 관하여 상속지분별로 진정명의회복을 원인으로 한 소유권이전등기절차를 이행하라(선고일 2004.12.16, 확정일 2005.1.11.)」 이행확정판결은 그 확정판결로부터 기판력(실질적 확정력)이 있으며, 원고는 피고(등기명의인)에 대하여 소유권이전등기청구권을 가지게 되나 상속인들의 소송물(수원시 ○○구 ○○동 463-2 도로 1,534㎡)에 대한 취득시기는 소유권이전등기일이 됨.

(11) 종물 및 체비지 등의 취득시기

주체구조부와 일체가 되는 종물의 취득시기는 그 주체구조부의 취득시기를 기준으로 판단하는 것이며, 도시개발사업자가 환지처분 전에 체비지 지정을 하여 이를 제3자에게 처분하는 경우에는 체비지를 양수한 자가 체비지에 대한 잔금을 지급하였거나 처분청이 체비지대장에 이를 등재한 때가 취득시기가 된다.

○ 체비지에 대한 취득 시점 (대법원 2021.12.16. 선고 2021두49468 판결)
체비지는 환지처분이 공고된 날의 다음 날에 시행자가 해당 소유권을 원시취득하고, 환지처분 공고 전에 체비지를 매수한 자는 소유권이전등기를 마친 때에 그 소유권을 원시취득한 시행자로부터 이를 승계취득하게 된다고 봄이 타당함.

3 특이한 무상승계취득의 취득시기

(1) 점유시효 취득

「민법」 제245조 및 제247조에 따른 점유로 인한 취득의 경우에는 취득물건의 등기일 또는 등록일을 취득일로 본다(지령 제20조 제12항). 그동안 법원 판례 및 행정안전부 유권해석에서는 점유로 인한 취득일을 시효완성일로 본 반면, 조세심판원에서는 판결확정일 또는

등기일을 취득시기로 결정[4)]하여 과세실무 및 납세자의 혼선이 있었으나, 2021년 말 지방세법 시행령 개정으로 점유시효 취득에 따른 취득시기가 명확해진 것이다.

(2) 재산분할

「민법」 제839조의2 및 제843조에 따른 재산분할로 인한 취득의 경우에는 취득물건의 등기일 또는 등록일을 취득일로 본다(지령 제20조 제13항). 공유물 분할과 명의신탁 해지에 다른 취득시기도 소유권이전등기일이 된다.

(3) 공유물 분할

공유물 분할에 따른 취득시기는 소유권이전등기일이다.

○ **공유물 분할 취득의 시기** (행정안전부 지방세운영과 - 24, 2018.1.4.)
협의 또는 판결에 따라 공유물 분할이 이루어지는 경우, 그 취득시기는 등기일로 보아야 할 것임.

---

(4) 명의신탁 해지

명의신탁 해지에 따른 취득시기는 소유권이전등기일이다.

○ **명의신탁 해지 소유권이전등기절차를 이행하라는 법원의 판결에 따른 취득의 시기는 소유권이전등기일임** (행자부 지방세정팀 - 4697, 2006.9.26.)
【회신】 명의신탁관계를 해지한 단계이거나, 명의신탁해지를 원인으로 한 소유권이전등기 청구의 소에서 승소판결을 받고 그로 인한 소유권이전등기를 마치지 아니한 경우에는 지방세법 제105조 제1항의 "부동산의 취득"에 해당되지 아니함은 물론, 소유권 취득의 실질적 요건을 갖추었다고 볼 수 없다는 판례(대법원 2002.7.12. 선고 2000두9311 판결)를 고려할 때 소유권이전등기절차이행청구의 소를 제기하여 승소판결을 받은 경우 당해 부동산의 취득일은 확정판결일이 아니라 소유권이전등기를 한 날로 보는 것이 타당하다고 판단됨.

---

4) ① 시효완성일: 행정안전부, 대법원 2004.11.25. 선고 2003두13342 판결 등
  ② 판결확정일: 조심 2010지0534, 2011.3.10. 등
  ③ 소유권이전등기일: 조심 2008지601, 2009.3.17. 등

간주취득에 따른 취득시기

간주취득이란 지방세법이 창설한 취득의 유형으로 토지의 지목변경, 건축물의 개수, 차량·기계장비·선박의 종류변경, 과점주주의 주식취득을 규정하고 있다. 간주취득의 유형별 취득시기는 다음과 같다.

1 토지의 지목변경

토지의 지목변경에 따른 취득은 토지의 지목이 사실상 변경된 날과 공부상 변경된 날 중 빠른 날을 취득일로 본다. 다만, 토지의 지목변경일 이전에 사용하는 부분에 대해서는 그 사실상의 사용일을 취득일로 본다(지령 제20조 제10항). 여기에서 지목이 사실상 변경된 날이란 건축공사 등과 병행되는 경우로서 토지의 형질변경을 수반하는 경우에는 건축 등 그 원인되는 공사가 완료된 때를 취득의 시기로 본다(지법 운영예규 법7-2).

토지의 지목(地目)이란 토지의 주된 용도에 따라 토지의 종류를 구분하여 지적공부에 등록한 것을 말하며(공간정보의 구축 및 관리 등에 관한 법률 제2조 제24호), 지목의 종류는 다음과 같이 28개로 구분하고 있다(공간정보의 구축 및 관리 등에 관한 법률 제67조).

★

「공간정보의 구축 및 관리 등에 관한 법률」 제67조 ① 지목은 전·답·과수원·목장용지·임야·광천지·염전·대(垈)·공장용지·학교용지·주차장·주유소용지·창고용지·도로·철도용지·제방(堤防)·하천·구거(溝渠)·유지(溜池)·양어장·수도용지·공원·체육용지·유원지·종교용지·사적지·묘지·잡종지로 구분하여 정한다.

공간정보의 구축 및 관리 등에 관한 법률상 지목이란 "토지의 주된 용도에 따라 토지의 종류를 구분하여 지적공부에 등록한 것"이므로, "토지의 지목을 사실상 변경"한다는 것은 사실상 토지의 주된 용도를 변경하는 것을 말하는데, 그 변경이 있는지 여부는 토지의 형질 변경 유무뿐만이 아니라 상하수도공사, 도시가스공사, 전기통신공사 유무를 비롯하여 여러 사정을 종합하여 객관적으로 판단되어야 한다(대법원 2006.7.13. 선고 2005두12756 판결).

공간정보의 구축 및 관리 등에 관한 법률 시행령 제67조 제1항을 보면, 지목변경을 신청할 수 있는 경우를 다음과 같이 규정하고 있다.

★
1. 국토의 계획 및 이용에 관한 법률 등 관계 법령에 따른 토지의 형질변경 등의 공사가 준공된 경우
2. 토지나 건축물의 용도가 변경된 경우
3. 동법 제86조에 따른 도시개발사업 등의 원활한 추진을 위하여 사업시행자가 공사 준공 전에 토지의 합병을 신청하는 경우

또한 공간정보의 구축 및 관리 등에 관한 법률 제81조에서는 토지소유자는 지목변경을 할 토지가 있으면 그 사유가 발생한 날부터 60일 이내에 지적소관청에 지목변경을 신청하여야 한다고 규정하고 있는데, 이를 종합해 보면 공사준공일 이후 60일 이내에 지목변경을 신청하는 것으로 이해하면 될 것이다.

○ 사실상 지목변경 시 취득시기 (행정안전부 부동산세제과 - 4051, 2022.12.12.)
일반적으로 동일 건축주(토지소유자)로서 직접 건축허가에서 토지조성, 건축물의 준공까지의 일련의 과정을 거쳐 건축에 이른 경우라면 건축물 준공일을 지목변경일로 보는 것이 합리적이나, 토지조성공사부터 건축과정까지 다양한 사정을 고려한다면 반드시 건축물 준공일을 지목변경일로 한정된다고 볼 수는 없으므로 건축물 준공일이 아닌 쟁점토지를 택지로서 사실상 사용이 가능한 시점에 사실상 지목변경이 이루어진 것으로 보는 것이 타당함.

2 건축물의 개수

"개수"란 「건축법」 제2조 제1항 제9호에 따른 대수선 등을 말하는데(지법 제6조 제6호), 건축물을 개수하여 취득하는 경우에는 사용승인서를 내주는 날과 사실상의 사용일 중 빠른 날을 취득일로 본다(지령 제20조 제6항). 여기에서 사용승인서는 「도시개발법」 제51조 제1항에 따른 준공검사증명서, 「도시 및 주거환경정비법 시행령」 제74조에 따른 준공인가증 및 그 밖에 건축 관계 법령에 따른 사용승인서에 준하는 서류를 포함하며, 사용승인서를 내주기 전에 임시사용승인을 받은 경우에는 그 임시사용승인일을 말하고, 사용승인서 또는 임시사용승인서를 받을 수 없는 건축물의 경우에는 사실상 사용이 가능한 날이 사용승인서를 내주는 날이 된다.

개수의 취득시기는 「건축법」 이외의 다른 법령에 따라 허가 등을 받는 경우에도 적용하는 것이 타당하다고 할 것이다(대법원 2009.9.10. 선고 2009두5343 판결).

3 차량 · 기계장비 · 선박의 종류변경

차량 · 기계장비 또는 선박의 종류변경에 따른 취득은 사실상 변경한 날과 공부상 변경한 날 중 빠른 날을 취득일로 본다(지령 제20조 제9항). 선박 · 차량 및 기계장비의 종류변경은 선박의 선질(船質) · 용도 · 기관 · 정원 또는 최대적재량의 변경이나 차량 및 기계장비의 원동기 · 승차정원 · 최대적재량 또는 차체의 변경으로 한다(지령 제15조).

4 과점주주의 간주취득

법인의 주식 또는 지분을 취득함으로써 과점주주 중 대통령령으로 정하는 과점주주가 되었을 때에는 과점주주는 해당 법인의 부동산등을 취득한 것으로 보며, 과점주주의 취득시기는 과점주주가 된 때(설립 시 제외)이다(지법 제7조 제5항). 과점주주가 된 때는 주식을 취득한 때이며 이때 납세의무가 성립한다.

과점주주가 되는 시기는 특별한 사정이 없는 한 사법상 주식 취득의 효력이 발생한 날을 의미한다. 즉, 주식의 양도는 당사자의 의사표시만으로 효력이 발생할 수 있기 때문에 반드시 주식대금을 모두 지급한 때에 주식을 취득하였다고 볼 것은 아니기 때문이다(대법원 2013.3.14. 선고 2011두24842 판결 참조).

○ 법인의 자기주식 소각으로 인하여 과점주주의 지분율 증가(75%→99%) 후 주식을 추가 취득(1%)하는 경우, 간주취득세 부과비율 (행정안전부 부동산세제과‑2138, 2022.7.7.)

법인의 자기주식 소각으로 인하여 과점주주의 지분율 증가(75%→99%) 후 주식을 추가 취득(1%)하는 경우, 주식 취득 후의 비율 100%에서 주식 취득 전의 비율 99%를 차감한 1%를 적용하는 것이 타당하다고 판단됨.

○ 영농조합법인 조합원의 출자액이 50%를 초과한 경우 과점주주에 대한 간주취득세를 과세할 수 있는지 여부 (행정안전부 지방세운영과‑2581, 2018.10.31.)

농업인인 조합원과 그의 특수관계인의 출자총액이 50%를 초과하며 조합의 소유관계가 무력화될 정도로 실질적 권리행사가 가능한 경우 영농조합법인의 조합원에 대한 간주취득세가 과세됨.

○ 과점주주가 되는 날에 부동산 취득이 이뤄진 경우 취득세 납세의무 (부동산세제과‑681, 2024.2.20.)

과점주주가 된 시기와 취득시기 간 선후관계에 따라 취득세 부담 범위가 달라지나 단순한 일자 비교만으로 선후관계를 판정할 법적 근거가 없으며, '시각'이 아닌 '날'을 기준으로 과점주주가 된 시기나 취득시기를 정한 것으로 해석할 수 없기에 취득세 납세의무가 성립하지 않는 것으로 판단됨.

제 **3** 절

납세의무자

취득세 납세의무자

1 개 요

취득세는 부동산등 과세물건을 취득한 자에게 부과하는 것으로, 민법 등 관계 법령에 따른 등기·등록 등을 하지 아니한 경우라도 사실상 취득하면 취득세 납세의무가 있는 것으로 본다. 또한 법률적으로 완전한 취득이 이루어지지 아니하더라도 사실상의 취득행위가 있으면 취득세 납세의무가 있다. 게다가 간주취득 규정을 창설하여 취득세 과세물건을 실지 취득하지 아니한 경우에도 요건에 부합하면 취득세 납세의무를 지우고 있다. 이하 취득세 납세의무자에 대해 분설하면 다음과 같다.

2 본래의 납세의무자

취득세는 부동산, 차량, 기계장비, 항공기, 선박, 입목, 광업권, 어업권, 양식업권, 골프회원권, 승마회원권, 콘도미니엄회원권, 종합체육시설이용회원권 또는 요트회원권(이하 "부동산등"이라 한다)을 취득한 자에게 부과한다(지법 제7조 제1항).

3 의제 납세의무자

(1) 건축물의 건축에 있어서 주체구조부 취득자 외의 자가 부대설비를 가설한 경우

건축물 중 조작(造作) 설비, 그 밖의 부대설비에 속하는 부분으로서 그 주체구조부(主體

構造部)와 하나가 되어 건축물로서의 효용가치를 이루고 있는 것에 대하여는 주체구조부 취득자 외의 자가 가설(加設)한 경우에도 주체구조부의 취득자가 함께 취득한 것으로 본다 (지법 제7조 제3항).

(2) 선박·차량과 기계장비의 종류변경 및 토지의 지목변경의 경우

선박, 차량과 기계장비의 종류를 변경하거나 토지의 지목을 사실상 변경[5]함으로써 그 가액이 증가한 경우에는 취득으로 본다(지법 제7조 제4항).

토지의 지목변경의 경우 「도시개발법」에 따른 도시개발사업(환지방식만 해당)의 시행으로 토지의 지목이 사실상 변경된 때에는 그 환지계획에 따라 공급되는 환지는 조합원이, 체비지 또는 보류지는 사업시행자가 각각 취득한 것으로 본다(지법 제7조 제4항 후단. 2023년 신설). 즉, 환지의 경우 조합원이 납세의무가 있고, 체비지 또는 보류지는 사업시행자가 납세의무가 있다.

(3) 법인의 과점주주가 된 경우

법인의 주식 또는 지분을 취득함으로써 지방세기본법 제46조 제2호에 따른 과점주주 중 대통령령으로 정하는 과점주주[6]가 되었을 때에는 그 과점주주가 해당 법인의 부동산등(법인이 「신탁법」에 따라 신탁한 재산으로서 수탁자 명의로 등기·등록이 되어 있는 부동산등

---

5) 토지의 지목변경에 대하여 취득세를 과세한 시장·군수·구청장은 재산세 과세대장에 지목변경 내용을 등재하고 관계인에게 통지하여야 한다(지령 제10조).
6) 대통령령으로 정하는 과점주주란 「지방세기본법」 제46조 제2호에 따른 과점주주 중 주주 또는 유한책임사원(이하 "본인"이라 한다)의 특수관계인이 다음의 어느 하나에 해당하는 과점주주를 말한다(지령 제10조의2 ①).
   1. 「지방세기본법 시행령」 제2조 제1항 각 호의 사람
   2. 「지방세기본법 시행령」 제2조 제2항 제1호의 사람(주주 또는 유한책임사원인 경우로 한정한다)
   3. 「지방세기본법 시행령」 제2조 제3항 제1호 가목에 따른 법인 중 본인이 직접 해당 법인의 경영에 대하여 지배적인 영향력을 행사하고 있는 경우 그 법인
   4. 「지방세기본법 시행령」 제2조 제3항 제2호 가목에 따른 개인·법인 중 해당 개인·법인이 직접 본인인 법인의 경영에 대하여 지배적인 영향력을 행사하고 있는 경우 그 개인·법인
   5. 「지방세기본법 시행령」 제2조 제3항 제2호 나목에 따른 법인 중 본인이 직접 또는 제4호에 해당하는 자를 통해 어느 법인의 경영에 대하여 지배적인 영향력을 행사하고 있는 경우 그 법인

   위 제3호부터 제5호까지에 따른 법인의 경영에 대한 지배적인 영향력의 기준에 관하여는 「지방세기본법 시행령」 제2조 제4항 제1호 가목 및 같은 항 제2호를 적용한다. 이 경우 같은 항 제1호 가목 및 제2호 나목 중 "100분의 30"은 각각 "100분의 50"으로 본다.

을 포함한다)을 취득(법인 설립 시에 발행하는 주식 또는 지분을 취득함으로써 과점주주가
된 경우에는 취득으로 보지 아니한다)한 것으로 본다. 이 경우 과점주주의 연대납세의무에
관하여는 「지방세기본법」 제44조(연대납세의무)를 준용한다(지법 제7조 제5항).

(4) 리스자산의 수입의 경우

외국인 소유의 취득세 과세대상 물건(차량, 기계장비, 항공기 및 선박만 해당한다)을 직
접 사용하거나 국내의 대여시설 이용자에게 대여하기 위하여 소유권을 이전받는 것을 조건
으로 입차하여 수입히는 경우에는 수입하는 자가 취득한 것으로 본다(지법 제7조 제6항).

(5) 상속으로 인하여 취득하는 경우

상속(피상속인이 상속인에게 한 유증 및 포괄유증과 신탁재산의 상속을 포함한다)으로
인하여 취득하는 경우에는 상속인 각자가 상속받는 취득물건(지분을 취득하는 경우에는
그 지분에 해당하는 취득물건을 말한다)을 취득한 것으로 본다. 이 경우 상속인의 납부의무
에 관하여는 「지방세기본법」 제44조(연대납세의무) 제1항 및 제5항을 준용한다(지법 제7조
제7항).

(6) 시설대여업자가 건설기계나 차량의 시설대여를 하는 경우

「여신전문금융업법」에 따른 시설대여업자가 건설기계나 차량의 시설대여를 하는 경우로
서 같은 법 제33조 제1항에 따라 대여시설이용자의 명의로 등록하는 경우라도 그 건설기계
나 차량은 시설대여업자가 취득한 것으로 본다(지법 제7조 제9항).

(7) 지입차량과 지입기계장비의 경우

기계장비나 차량을 기계장비대여업체 또는 운수업체의 명의로 등록하는 경우(영업용으
로 등록하는 경우로 한정한다)라도 해당 기계장비나 차량의 구매계약서, 세금계산서, 차주
대장(車主臺帳) 등에 비추어 기계장비나 차량의 취득대금을 지급한 자가 따로 있음이 입증
되는 경우 그 기계장비나 차량은 취득대금을 지급한 자가 취득한 것으로 본다(지법 제7조
제10항).

(8) 상속재산의 재분할의 경우

상속개시 후 상속재산에 대하여 등기·등록·명의개서(名義改書) 등(이하 "등기등"이라 한다)에 의하여 각 상속인의 상속분이 확정되어 등기등이 된 후, 그 상속재산에 대하여 공동 상속인이 협의하여 재분할한 결과 특정 상속인이 당초 상속분을 초과하여 취득하게 되는 재산가액은 그 재분할에 의하여 상속분이 감소한 상속인으로부터 증여받아 취득한 것으로 본다. 다만, 다음의 어느 하나에 해당하는 경우에는 그러하지 아니하다(지법 제7조 제13항).

★
① 취득세 신고·납부기한 내에 재분할에 의한 취득과 등기등을 모두 마친 경우
② 상속회복청구의 소에 의한 법원의 확정판결에 의하여 상속인 및 상속재산에 변동이 있는 경우
③ 「민법」 제404조에 따른 채권자대위권의 행사에 의하여 공동상속인들의 법정상속분 대로 등기등이 된 상속재산을 상속인 사이의 협의분할에 의하여 재분할하는 경우

(9) 택지공사가 준공된 토지에 정원 또는 부속시설물 등을 조성·설치하는 경우

「공간정보의 구축 및 관리 등에 관한 법률」 제67조에 따른 대(垈) 중 「국토의 계획 및 이용에 관한 법률」 등 관계 법령에 따른 택지공사가 준공된 토지에 정원 또는 부속시설물 등을 조성·설치하는 경우에는 그 정원 또는 부속시설물 등은 토지에 포함되는 것으로서 토지의 지목을 사실상 변경하는 것으로 보아 토지의 소유자가 취득한 것으로 본다. 다만, 건축물을 건축하면서 그 건축물에 부수되는 정원 또는 부속시설물 등을 조성·설치하는 경우에는 그 정원 또는 부속시설물 등은 건축물에 포함되는 것으로 보아 건축물을 취득하는 자가 취득한 것으로 본다(지법 제7조 제14항).

(10) 신탁재산의 위탁자 지위의 이전이 있는 경우

「신탁법」 제10조에 따라 신탁재산의 위탁자 지위의 이전이 있는 경우에는 새로운 위탁자가 해당 신탁재산을 취득한 것으로 본다. 다만, 위탁자 지위의 이전에도 불구하고 신탁재산에 대한 실질적인 소유권 변동이 있다고 보기 어려운 「자본시장과 금융투자업에 관한 법률」에 따른 부동산집합투자기구의 집합투자업자가 그 위탁자의 지위를 다른 집합투자업자에게 이전하는 경우에는 그러하지 아니하다(지법 제7조 제15항, 지령 제11조의3).

○ 신탁계약상의 위탁자 지위 양도 시 납세의무 (대법원 2024두56382, 2025.1.23.)

신탁계약상 신탁재산에 대한 실질적 소유권이 수탁자 또는 수익자 등 위탁자 이외의 자에게 귀속된다 하더라도, 신탁재산에 대한 위탁자 지위 이전이 있는 경우 원칙적으로 위탁자에게 취득세 납세의무가 있다고 보는 것이 조세법률주의 원칙에 부합한다.

○ 자기의 공유지분을 경락받아 취득하는 경우 납세의무 (조심 2011지0053, 2011.11.9.)

자기 소유의 부동산 소유자가 경락자의 지위에서 경락대금을 납부하였다 하더라도 이를 취득이라고 볼 수 없는 것이 타당하다.

○ 미준공 건축물 공매취득 시 지목변경 취득세 납세의무자 등에 대한 질의 회신
  (행안부 지방세운영과-1701, 2010.4.26.)

A법인이 소유권보존등기된 미준공 건축물과 토지를 함께 공매 취득하여 취득의 시기가 도래하지 않아 취득세가 과세되지 않고 공매 취득가액에서 미준공 건축물 가액은 취득세 과세표준에서 제외되며 A법인이 미준공 건축물과 그 부속토지를 공매 받은 후 미준공 건축물에 대한 나머지 공사를 진행한 후 사용승인 받는다면 지목이 변경된 시점의 소유자인 A법인이 취득세 납세의무자이며 지목변경에 소요된 비용이 입증되는 경우 비용을 과세표준으로 해야 한다.

주택조합과 재개발 · 재건축사업의
취득세 납세의무

1 주택조합등의 취득세 납세의무

★

「주택법」 제11조에 따른 주택조합과 「도시 및 주거환경정비법」 제35조 제3항 및 「빈집 및 소규모주택 정비에 관한 특례법」 제23조에 따른 재건축조합 및 소규모재건축조합 (이하 "주택조합등"이라 한다)이 해당 조합원용으로 취득하는 조합주택용 부동산(공동주택과 부대시설 · 복리시설 및 그 부속토지를 말한다)은 그 조합원이 취득한 것으로 본다. 다만, 조합원에게 귀속되지 아니하는 부동산(이하 "비조합원용 부동산"이라 한다)은 제외한다(지법 제7조 제8항).

위 조항에 따라 주택조합등이 취득하는 조합주택용 부동산은 조합원이 취득한 것이 되고, 비조합원용 부동산의 경우에는 조합이 취득한 것이 된다.

왜냐하면 주택조합등은 그 소유의 자금으로 조합원의 건물을 신축하는 것이 아니라 절차에 따라 조합원으로부터 각자 부담할 건축자금을 제공받아 조합원의 자금으로 이를 건축하는 것이므로, 건축 절차의 편의상 조합 명의로 그 건축허가와 준공검사를 받았다고 하더라도 그 건물의 소유권은 특단의 사정이 없는 한 건축자금의 제공자인 조합원들이 원시취득한 것이기 때문이다(대법원 1994.6.24. 선고 93누18839 판결).

이 경우 주택조합등이 취득하는 비조합원용 부동산의 취득시기는 다음과 같다.

★

「주택법」제11조에 따른 주택조합이 주택건설사업을 하면서 조합원으로부터 취득하는 토지 중 조합원에게 귀속되지 아니하는 토지를 취득하는 경우에는 「주택법」제49조에 따른 사용검사를 받은 날에 그 토지를 취득한 것으로 보고, 「도시 및 주거환경정비법」제35조 제3항에 따른 재건축조합이 재건축사업을 하거나 「빈집 및 소규모주택 정비에 관한 특례법」제23조 제2항에 따른 소규모재건축조합이 소규모재건축사업을 하면서 조합원으로부터 취득하는 토지 중 조합원에게 귀속되지 아니하는 토지를 취득하는 경우에는 「도시 및 주거환경정비법」제86조 제2항 또는 「빈집 및 소규모주택 정비에 관한 특례법」제40조 제2항에 따른 소유권이전 고시일의 다음 날에 그 토지를 취득한 것으로 본다(지령 제20조 제7항).

위와 같이 주택조합등은 비조합원용 부동산인 "일반분양분" 공동주택과 상가부분에 대하여 취득세 납세의무가 있으며 대지권에 대해서 무상승계취득한 것으로 보아 사업 종료 후 3.5%의 취득세를 신고·납부해야 한다. 이 때 신탁등기된 면적 중 일반분양분 해당 면적에 대하여만 취득세 납세의무가 있는데(대법원 2015.9.3. 선고 2015두47065 판결 참조) 주택조합등에 과세되는 일반분양분 토지면적 중 조합의 추가매입 토지의 경우 비조합원용 부동산의 취득면적은 다음과 같이 산정한다(지령 제11조의2).

$$\text{과세면적} = \text{일반분양분 토지의 면적} \times \frac{\text{법 제7조 제8항에 따른 주택조합등이 사업 추진 중에 조합원으로부터 신탁받은 토지의 면적}}{\text{전체 토지의 면적}}$$

또한 "일반분양분" 공동주택과 상가부분의 건물 신축에 대해서도 이를 원시취득으로 보아 주택조합 등이 취득세를 신고·납부해야 하는데 과세표준은 공사도급금액을 면적별로 안분한 가액이 되며, 세율은 원시취득에 따라 2.8%가 적용된다.

2 도시개발사업과 정비사업의 취득세 납세의무

★

「도시개발법」에 따른 도시개발사업과 「도시 및 주거환경정비법」에 따른 정비사업의 시
행으로 해당 사업의 대상이 되는 부동산의 소유자(상속인 포함)가 환지계획 또는 관리
처분계획에 따라 공급받거나 토지상환채권으로 상환받는 건축물은 그 소유자가 원시취
득한 것으로 보며, 토지의 경우에는 그 소유자가 승계취득한 것으로 본다. 이 경우 토지
는 당초 소유한 토지 면적을 초과하는 경우로서 그 초과한 면적에 해당하는 부분에 한
하여 취득한 것으로 본다(지법 제7조 제16항).

「도시개발법」에 따른 "도시개발사업"이란 도시개발구역에서 주거, 상업, 산업, 유통, 정
보통신, 생태, 문화, 보건 및 복지 등의 기능이 있는 단지 또는 시가지를 조성하기 위하여
시행하는 사업을 말하고, 「도시 및 주거환경정비법」에 따른 정비사업은 주거환경개선사업,
재개발사업, 재건축사업으로 구분된다. 위 조항에 따라 다음과 같이 재개발·재건축조합원
의 취득세를 정리해 볼 수 있다.

3 조합원의 취득세 납세의무

재개발·재건축에 따른 신축 아파트의 사용승인이 있게 되면 조합원 지분에 대하여는 조
합원이 아파트의 보존등기권리자가 된다.

이때 해당 조합원의 토지의 경우 신탁의 해지로 자기지분만큼 취득한 것에 한해서는 취득
세가 비과세되는 것이나, 증가된 면적이 있는 경우에는 이를 승계취득으로 보아 취득세가
과세하는 것이며, 신축 건물에 대해서는 공사도급금액을 면적별로 안분한 가액을 과세표준
으로 하여 원시취득에 따른 취득세율 2.8%로 과세한다. 다만, 2022년 이전 관리처분받은 재
개발의 경우에는 추가 분담금을 과세표준으로 하여 원시취득에 따른 2.8%로 과세한다.

2020.8.12. 이후 취득하는 다주택 세대의 주택 취득세 중과세는 유상취득과 무상취득에
한하여 적용되므로 조합원입주권에 의한 신축 아파트의 취득은 원시취득에 해당하여 주택
수와 관계없이 2.8%의 취득세율이 적용된다.

그리고 재개발 원조합원에 한하여 다음과 같이 취득세 감면이 적용된다.

구분		2019년 말 이전 사업시행인가	2020년 이후 사업시행인가
감면요건		정비구역지정고시일 이전 취득	정비구역지정고시일 이전 취득 & 1가구 1주택
감면율	전용 60㎡ 이하	면제	75%
	전용 85㎡ 이하	면제	50%

한편, 조합원으로부터 조합원입주권을 취득한 사람(승계조합원)은 전 조합원으로 하여금 조합 신탁등기를 해지하게 한 후 이전등기하고(이때 대지지분에 대한 취득세를 신고납부해야 한다) 그 후 다시 조합 앞으로 신탁을 원인으로 하여 소유권이전등기를 하여야 하며, 신축 아파트의 사용승인이 있으면 앞서 서술한 바와 같이 건물 보존등기에 따른 취득세를 부담한다.

4 일반분양자의 취득세 납세의무

일반분양자는 주택조합등으로부터 신축 아파트를 유상승계취득하는 것이므로 취득세 납세의무가 있다. 유상승계취득의 경우 사실상의 잔금지급일에 취득하는 것으로 보아 잔금지급일로부터 60일 이내에 취득세를 신고·납부하여야 한다.

이때 유상승계취득하는 일반분양자가 다주택 세대의 주택 취득세 중과세에 해당되는지 여부를 파악하여 1~3% 일반세율 또는 8%, 12%(사치성 재산에 중복적용되는 경우 16%, 20%) 중과세율을 적용하여야 한다.

과점주주의 간주취득과 사례

1 과점주주 간주취득의 배경

　법인의 주식 또는 지분을 취득함으로써 「지방세기본법」 제46조 제2호에 따른 과점주주 중 대통령령으로 정하는 과점주주(이하 "과점주주"라 한다)가 되었을 때에는 그 과점주주가 해당 법인의 부동산등(법인이 신탁법에 따라 신탁한 재산으로서 수탁자 명의로 등기·등록이 되어 있는 부동산등 포함)을 취득한 것으로 본다. 법인 설립 시에 발행하는 주식 또는 지분을 취득함으로써 과점주주가 된 경우에는 취득으로 보지 아니한다. 또한 이 경우 과점주주의 연대납세의무에 관하여는 「지방세기본법」 제44조를 준용한다(지법 제7조 제5항).

　과점주주에 대해 당해 법인이 소유하고 있는 부동산등 취득세 과세대상 물건을 소유주식 비율만큼 취득한 것으로 간주하여 취득세의 납세의무가 발생하는 것이다. 이른바 과점주주의 간주취득이라고 칭하는 이 제도는 과점주주가 취득세 과세물건을 직접 취득한 것이 아님에도 불구하고 주식취득을 자산의 취득으로 간주하는데 그 이유는 첫째, 과점주주로서 당해 법인의 자산을 임의로 처분하거나 관리운용할 수 있는 지위에 서게 되면 실제 자기의 재산과 다를 바 없으므로 이에 담세력이 있다 할 것이고(대법원 1994.5.24. 선고 92누11138 판결) 둘째, 부동산등을 직접 취득하지 않고 주식취득을 통해 우회적으로 부동산등을 취득함으로써 취득세 납세의무를 회피하는 것을 방지하기 위한 취지이며 셋째, 비상장 법인의 주식 또는 지분을 특정인이 독과점하는 것을 억제하여 주식의 분산을 촉진함에 있다 할 수 있다.

　과점주주 간주취득세는 비상장법인의 자산을 양도하는 방법의 일환으로 주식 또는 지분을 양도하는 경우, 그 거래가 일반 개인 간 과세물건의 취득행위와 유사하고, 법인의 과점주주가 될 경우 당해 법인의 자산에 대한 관리·처분권을 취득하게 되므로 실질적으로 당해 법인의 자산을 취득한 것이나 다름없게 되어 공평과세 및 실질과세원칙상 비상장법인의 과점주주에 대하여 취득세를 과세토록 하는 것이다(헌법재판소 2006. 6. 29. 선고 2005헌바45 전원재판부 결정 참조).

2 과점주주의 요건과 범위

(1) 과점주주의 요건

취득세 납세의무가 있는 과점수주는 법인의 주식 또는 지분을 취득함으로써 「지방세기본법」 제46조 제2호에 따른 과점주주 중 대통령령으로 정하는 과점주주가 되었을 때에는 그 과점주주가 해당 법인의 부동산등을 취득한 것으로 간주하여 납세의무가 부여되는 것이다(지법 제7조 제5항).

먼저 「지방세기본법」 제46조 제2호에 따른 과점주주란 주주 또는 유한책임사원 1명과 그의 특수관계인 중 「지방세기본법 시행령」으로 정하는 자로서 그들의 소유주식의 합계 또는 출자액의 합계가 해당 법인의 발행주식 총수 또는 출자총액의 100분의 50을 초과하면서 그에 관한 권리를 실질적으로 행사하는 자들을 말하며, 이 중 「지방세법 시행령」에서 정하는 과점주주가 되었을 때 해당 법인의 부동산등을 취득한 것으로 간주하여 납세의무가 발생한다.

과점주주 요건	① 비상장법인의 주주·사원(유가증권시장, 코스닥시장 상장법인 제외*)
	② 주식 또는 지분을 취득(의결권 없는 주식은 제외)
	③ 주식보유비율이 50% 초과
	④ 특수관계인의 지분은 집단성을 고려하여 합산

* 지방세기본법 제46조 및 동법 시행령 제24조 제1항

(2) 과점주주의 범위

「지방세법 시행령」에서 정하는 과점주주란 「지방세기본법」 제46조 제2호에 따른 과점주주 중 주주 또는 유한책임사원(이하 "본인"이라 한다)의 특수관계인이 다음의 어느 하나에

해당하는 과점주주를 말한다(지령 제10조의2 제1항).

★
① 「지방세기본법 시행령」 제2조 제1항 각 호의 사람
② 「지방세기본법 시행령」 제2조 제2항 제1호의 사람(주주 또는 유한책임사원인 경우로 한정한다)
③ 「지방세기본법 시행령」 제2조 제3항 제1호 가목에 따른 법인 중 본인이 직접 해당 법인의 경영에 대하여 지배적인 영향력을 행사하고 있는 경우 그 법인
④ 「지방세기본법 시행령」 제2조 제3항 제2호 가목에 따른 개인·법인 중 해당 개인·법인이 직접 본인인 법인의 경영에 대하여 지배적인 영향력을 행사하고 있는 경우 그 개인·법인
⑤ 「지방세기본법 시행령」 제2조 제3항 제2호 나목에 따른 법인 중 본인이 직접 또는 제4호에 해당하는 자를 통해 어느 법인의 경영에 대하여 지배적인 영향력을 행사하고 있는 경우 그 법인

특수관계인이 따른 법인의 경영에 대한 지배적인 영향력의 기준에 관하여는 ① 법인의 발행주식총수 또는 출자총액의 100분의 50 이상을 출자한 경우와 ② 법인의 출연재산(설립을 위한 출연재산만 해당)의 100분의 50 이상을 출연하고 그중 1명이 설립자인 경우이다(지령 제10조의2 제2항).

이와 같이 「지방세법 시행령」의 과점주주와 「지방세기본법 시행령」[7]의 특수관계인의 범위는 종전과 달리 조금 차이가 있는데, 이는 2023년에 지방세법령이 개정되면서 차이가 발생한 것으로, 이를 비교하면 다음과 같다.

① 혈족·인척 등 친족관계 축소(지방령 §10의2 ① 1)

개정 전	개정 후(2024.3.26.)
1. 6촌 이내의 혈족	1. 4촌 이내의 혈족
2. 4촌 이내의 인척	2. 3촌 이내의 인척
3. 배우자 등	3. 좌동

---

7) 그동안 지방세기본법령과 국세기본법령상 특수관계인의 범위에 차이가 있었으나, 2023년 3월 지방세기본법령의 개정으로 동일하게 되었다.

② 경제적 연관관계 명확화(지방령 §10의2 ① 2)

개정 전	개정 후(2023.3.14.)
임원과 그 밖의 사용인	임원과 사용인(주주·유한책임사원인 경우로 한정)
본인 재산으로 생계를 유지하는 자	삭 제
위의 자들과 생계를 함께하는 친족	

③ 경영지배관계 범위 구체화(지방령 §10의2 ①)

개정 전		개정 후(2023.3.14.)
본인이 개인	• 본인이 직접 지배하는 법인 • <u>본인의 친족관계·경제적 연관관계에 해당하는 자를 통하여 지배하는 법인</u>	(3호) 본인이 직접 지배하는 법인
본인이 법인	㉮ • 본인을 직접 지배하는 개인·법인 • <u>본인을 친족관계·경제적 연관관계에 해당하는 자를 통하여 지배하는 개인·법인</u>	(4호) 본인을 직접 지배하는 개인·법인
	• 본인이 직접 지배하는 법인 • <u>본인의 경제적 연관관계에 해당하는 자 및 ㉮의 자를 통하여 지배하는 법인</u>	(5호) 본인이 직접 지배하는 법인 또는 4호의 자를 통해 지배하는 법인

④ 경영지배관계의 의미 명확화(지방령 §10의2 ②)

  ○ (개정 전) 법인의 경영에 대하여 지배적인 영향력을 행사하는 경우, "출자지배"와 "사실상 지배"(임면권의 행사, 경영방침의 결정)로 구분

  ⇒ (개정 후) 제1항 제3호부터 제5호까지에 따른 법인의 경영에 대한 지배적인 영향력의 기준에 관하여는 「지방세기본법 시행령」 §2 ④ 1호 가목 및 같은 항 제2호를 적용. 다만, 지배적인 영향력을 행사하는 기준을 출자·출연 비율이 각각 "50%"인 경우로 한정

지방세기본법 시행령	지방세법 시행령
제2조(특수관계인의 범위) ① 「지방세기본법」 (이하 "법"이라 한다) 제2조 제1항 제34호 가목에서 "혈족·인척 등 대통령령으로 정하는 친족관계"란 다음 각 호의 어느 하나에 해당하는 관계(이하 "친족관계"라 한다)를 말한다. 1. 4촌 이내의 혈족 2. 3촌 이내의 인척	제10조의2(과점주주의 범위) ① 법 제7조 제5항 전단에서 "대통령령으로 정하는 과점주주"란 「지방세기본법」 제46조 제2호에 따른 과점주주 중 주주 또는 유한책임사원(이하 "본인"이라 한다)의 특수관계인이 다음 각 호의 어느 하나에 해당하는 과점주주를 말한다. 1. 「지방세기본법 시행령」 제2조 제1항 각 호의

지방세기본법 시행령	지방세법 시행령
3. 배우자(사실상의 혼인관계에 있는 사람을 포함한다) 4. 친생자로서 다른 사람에게 친양자로 입양된 사람 및 그 배우자·직계비속 ② 법 제2조 제1항 제34호 나목에서 "임원·사용인 등 대통령령으로 정하는 경제적 연관관계"란 다음 각 호의 어느 하나에 해당하는 관계(이하 "경제적 연관관계"라 한다)를 말한다. 1. 임원과 그 밖의 사용인 2. 본인의 금전이나 그 밖의 재산으로 생계를 유지하는 사람 3. 제1호 또는 제2호의 사람과 생계를 함께하는 친족 ③ 법 제2조 제1항 제34호 다목에서 "주주·출자자 등 대통령령으로 정하는 경영지배관계"란 다음 각 호의 구분에 따른 관계(이하 "경영지배관계"라 한다)를 말한다. 1. 본인이 개인인 경우 　가. 본인이 직접 또는 그와 친족관계 또는 경제적 연관관계에 있는 자를 통하여 법인의 경영에 대하여 지배적인 영향력을 행사하고 있는 경우 그 법인 　나. 본인이 직접 또는 그와 친족관계, 경제적 연관관계 또는 가목의 관계에 있는 자를 통하여 법인의 경영에 대하여 지배적인 영향력을 행사하고 있는 경우 그 법인 2. 본인이 법인인 경우 　가. 개인 또는 법인이 직접 또는 그와 친족관계 또는 경제적 연관관계에 있는 자를 통하여 본인인 법인의 경영에 대하여 지배적인 영향력을 행사하고 있는 경우 그 개인 또는 법인 　나. 본인이 직접 또는 그와 경제적 연관관계 또는 가목의 관계에 있는 자를 통하여 어느 법인의 경영에 대하여 지배적인 영향력을 행사하고 있는 경우 그 법인 　다. 본인이 직접 또는 그와 경제적 연관관계,	사람 2. 「지방세기본법 시행령」 제2조 제2항 제1호의 사람(주주 또는 유한책임사원인 경우로 한정한다) 3. 「지방세기본법 시행령」 제2조 제3항 제1호 가목에 따른 법인 중 본인이 직접 해당 법인의 경영에 대하여 지배적인 영향력을 행사하고 있는 경우 그 법인 4. 「지방세기본법 시행령」 제2조 제3항 제2호 가목에 따른 개인·법인 중 해당 개인·법인이 직접 본인인 법인의 경영에 대하여 지배적인 영향력을 행사하고 있는 경우 그 개인·법인 5. 「지방세기본법 시행령」 제2조 제3항 제2호 나목에 따른 법인 중 본인이 직접 또는 제4호에 해당하는 자를 통해 어느 법인의 경영에 대하여 지배적인 영향력을 행사하고 있는 경우 그 법인 ② 제1항 제3호부터 제5호까지에 따른 법인의 경영에 대한 지배적인 영향력의 기준에 관하여는 「지방세기본법 시행령」 제2조 제4항 제1호 가목 및 같은 항 제2호를 적용한다. 이 경우 같은 항 제1호 가목 및 제2호 나목 중 "100분의 30"은 각각 "100분의 50"으로 본다.

지방세기본법 시행령	지방세법 시행령
가목 또는 나목의 관계에 있는 자를 통하여 어느 법인의 경영에 대하여 지배적인 영향력을 행사하고 있는 경우 그 법인 라. 본인이 「독점규제 및 공정거래에 관한 법률」에 따른 기업집단에 속하는 경우 그 기업집단에 속하는 다른 계열회사 및 그 임원 ④ 제3항 제1호 각 목, 같은 항 제2호 가목부터 다목까지의 규정을 적용할 때 다음 각 호의 구분에 따른 요건에 해당하는 경우 해당 법인의 경영에 대하여 지배적인 영향력을 행사하고 있는 것으로 본다. 1. 영리법인인 경우 　가. 법인의 발행주식총수 또는 출자총액의 100분의 30 이상을 출자한 경우 　나. 임원의 임면권의 행사, 사업방침의 결정 등 법인의 경영에 대하여 사실상 영향력을 행사하고 있다고 인정되는 경우 2. 비영리법인인 경우 　가. 법인의 이사의 과반수를 차지하는 경우 　나. 법인의 출연재산(설립을 위한 출연재산만 해당한다)의 100분의 30 이상을 출연하고 그중 1명이 설립자인 경우	

　2023년에 과점주주를 구성하는 특수관계의 범위를 지방세법 시행령에 직접 규정하면서 친족관계는 지방세기본법 시행령과 동일하게 적용하고, 경제적 연관관계는 임원 및 사용인 중 주주로 한정하며, "생계"와 관련된 특수관계인은 제외하였다. 또한 경영지배관계의 경우 직접 지배관계로 한정하되, 특수관계 성격이 높은 형제회사는 포함하고, 경영지배관계의 범위를 출자지배(50% 이상) 관계만 인정하고 사실상 지배관계는 제외하였다.

③ 과점주주 취득세 납세의무의 범위

(1) 최초로 과점주주가 된 경우

법인의 과점주주가 아닌 주주 또는 유한책임사원이 다른 주주 또는 유한책임사원의 주식 또는 지분(이하 "주식등"이라 한다)을 취득하거나 증자 등으로 최초로 과점주주가 된 경우에는 최초로 과점주주가 된 날 현재 해당 과점주주가 소유하고 있는 법인의 주식등을 모두 취득한 것으로 보아 과점주주의 간주취득규정에 따라 취득세를 부과한다(지령 제11조 제1항). 다만, 법인 설립 시에 발행하는 주식 또는 지분을 취득함으로써 과점주주가 된 경우에는 취득으로 보지 아니한다(지법 제7조 제5항).

(2) 이미 과점주주가 된 자의 지분비율이 증가한 경우

이미 과점주주가 된 주주 또는 유한책임사원이 해당 법인의 주식등을 취득하여 해당 법인의 주식등의 총액에 대한 과점주주가 가진 주식등의 비율이 증가된 경우에는 그 증가분을 취득으로 보아 과점주주의 간주취득규정에 따라 취득세를 부과한다. 다만, 증가된 후의 주식등의 비율이 해당 과점주주가 이전에 가지고 있던 주식 등의 최고비율보다 증가되지 아니한 경우에는 취득세를 부과하지 아니한다(지령 제11조 제2항).

또한, 과점주주 집단내부 및 특수관계자 간의 주식거래가 발생하여 과점주주가 소유한 총 주식의 비율에 변동이 없다면 과점주주 간주취득세의 납세의무는 없다. 즉, 과점주주 집단 내부에서 주식이 이전되는 경우와 당해 법인의 주주가 아니었던 자가 기존의 과점주주와 친족 기타 특수관계에 있거나 그러한 특수관계를 형성하면서 기존의 과점주주로부터 그 주식의 일부 또는 전부를 이전받아 새로이 과점주주가 되는 경우가 이에 해당된다(지법 운영예규 법7-3).

(3) 재차 과점주주에 해당하는 경우

과점주주였으나 주식등의 양도, 해당 법인의 증자 등으로 과점주주에 해당되지 아니하는 주주 또는 유한책임사원이 된 자가 해당 법인의 주식등을 취득하여 다시 과점주주가 된 경우에는 다시 과점주주가 된 당시의 주식등의 비율이 그 이전에 과점주주가 된 당시의 주식등의 비율보다 증가된 경우에만 그 증가분만을 취득으로 보아 취득세를 부과한다(지령 제11조 제3항).

(4) 연대납세의무

과점주주의 연대납세의무에 관하여는 「지방세기본법」 제44조를 준용한다(지법 제7조 제5항).

○ 지방세법 운영예규 법7 – 3【과점주주의 납세의무】

1. 과점주주에 대한 취득세를 과세함에 있어 대도시 내 법인 본점 또는 주사무소의 사업용 부동산 등에 대하여는 중과세를 하지 아니한다.
2. 과점주주의 납세의무성립 당시 당해 법인의 취득시기가 도래되지 아니한 물건에 대하여는 과점주주에게 납세의무가 없으며, 연부취득 중인 물건에 대하여는 연부 취득시기가 도래된 부분에 한하여 납세의무가 있다.
3. 과점주주 집단내부 및 특수관계자간의 주식거래가 발생하여 과점주주가 소유한 총주식의 비율에 변동이 없다면 과점주주 간주취득세의 납세의무는 없다.
   예시1. 과점주주 집단 내부에서 주식이 이전되는 경우
   예시2. 당해 법인의 주주가 아니었던 자가 기존의 과점주주와 친족 기타 특수관계에 있거나 그러한 특수관계를 형성하면서 기존의 과점주주로부터 그 주식의 일부 또는 전부를 이전받아 새로이 과점주주가 되는 경우

4 과점주주 성립일 및 과세대상

(1) 과점주주가 되는 시기

'주주'가 되는 시기나 주식의 '소유' 여부를 결정할 때도 취득세에서의 취득시기에 관한 규정이 그대로 적용된다고 보기는 어려우며, '주주'나 '과점주주'가 되는 시기는 특별한 사정이 없는 한 사법상 주식 취득의 효력이 발생한 날을 의미한다고 할 것이다. 따라서 주식의 양도는 지명채권의 양도에 관한 일반원칙에 따라 당사자의 의사표시만으로 효력이 발생한다(대법원 2020.5.28. 선고 2020두35189 판결).

(2) 취득세 과세대상

과점주주에 대한 취득세는 주식의 취득 그 자체에 대하여 과세하는 것이 아니라 해당 법인이 소유하고 있는 취득세 과세대상 물건을 취득한 것으로 간주하는 것이다. 취득세 과세대상 물건은 부동산, 차량, 기계장비, 항공기, 선박, 입목, 광업권, 어업권, 양식업권, 골프회원권, 승마회원권, 콘도미니엄회원권, 종합체육시설이용회원권 또는 요트회원권이며(지법 제7조 제1항), 이러한 물건을 해당 법인이 과점주주 납세의무성립 당시에 소유하고 있어야 과점주주의 취득세 납세의무가 발생하는 것이다.

해당 법인의 부동산등에는 법인이 「신탁법」에 따라 신탁한 재산으로서 수탁자 명의로 등기·등록이 되어 있는 부동산등을 포함한다(지법 제7조 제5항).

또한, 과점주주의 납세의무성립 당시 당해 법인의 취득시기가 도래되지 아니한 물건에 대하여는 과점주주에게 납세의무가 없으며, 연부취득 중인 물건에 대하여는 연부 취득시기가 도래된 부분에 한하여 납세의무가 있다(지법 운영예규 법7-3). 만약 연부계약에 따른 최종 잔금이 지급되기 전 그 계약이 해제된 경우 해당 납세자가 처음부터 연부취득 중인 물건을 취득하지 않은 것으로 보아야 하므로, 연부취득 중 성립했던 과점주주 간주취득세 역시 성립하지 않는 것으로 보아 기 신고·납부한 과점주주 간주취득세는 경정청구에 따른 환급대상으로 보아야 할 것이다(행안부 지방세운영과-869, 2019.4.2.).

5 과세표준 및 세율

(1) 과세표준

과점주주에 대한 취득세 과세표준은 주식 취득 당시 그 법인의 자산총액을 기준으로 산정한다. 이에 따라 과점주주가 취득한 것으로 보는 해당 법인의 부동산등에 대한 과세표준은 그 부동산등의 총가액을 그 법인의 주식 또는 출자의 총수로 나눈 가액에 과점주주가 취득한 주식 또는 출자의 수를 곱한 금액으로 한다. 이 경우 과점주주는 조례로 정하는 바에 따라 과세표준 및 그 밖에 필요한 사항을 신고하여야 하되, 신고 또는 신고가액의 표시가 없거나 신고가액이 과세표준보다 적을 때에는 지방자치단체의 장이 해당 법인의 결산서 및 그 밖의 장부 등에 따른 취득세 과세대상 자산총액을 기초로 전단의 계산방법으로 산출한 금액을 과세표준으로 한다(지법 제10조의6 제4항).

$$\text{과세표준} = \text{해당 법인의 부동산등의 총가액} \times \frac{\text{과점주주가 취득한 주식수}}{\text{발행주식총수}}$$

한편, 지방세법 제10조의6 제4항 후단에서 "조례로 정하는 바"란 취득세 과세표준 및 그 밖에 필요한 사항을 확인할 수 있도록 법 제7조 제5항에 해당되는 과점주주가 다음의 증빙서류를 갖추어 해당 과세대상의 납세지를 관할하는 구청장·군수에게 신고하는 것을 말한다(부산광역시 시세 조례 제4조).

★
① 법인의 본점 또는 지점의 소재지
② 주주 또는 사원명부(변경된 내용을 포함한다)
③ 재산목록의 취득연월일과 취득원인
④ 과세표준과 그 산출근거
⑤ 주식 또는 출자지분의 변동 상황 등 그 밖의 참고사항

(2) 적용세율

과점주주의 취득에 해당하는 취득세는 중과기준세율(2%)을 적용하여 계산한 금액을 그 세액으로 한다(지법 제15조 제2항). 따라서 과점주주에 대한 취득세 세율은 취득세 2%와 농어촌특별세 0.2%로 합계 2.2%가 된다. 또한 대도시 내 법인 본점 또는 주사무소의 사업용 부동산등에 대하여는 취득세 중과세율을 적용하지 아니한다(지법 운영예규 법7-3).

(3) 세액산출

취득세액 = 법인의 취득세 과세대상 물건의 장부가액 × 과점비율 × 세율(2%)

6 과점주주 취득세 면제

부실금융기관으로부터 주식 또는 지분을 취득하는 경우 등 다음의 어느 하나에 해당하는 경우에는 「지방세법」 제7조 제5항에 따라 과점주주가 해당 법인의 부동산등을 취득한 것으로 보아 부과하는 취득세를 면제한다(지특법 제57조의2 제5항).

★
① 「금융산업의 구조개선에 관한 법률」에 따른 제3자의 인수, 계약이전에 관한 명령 또는 계약이전결정을 받은 부실금융기관으로부터 주식 또는 지분을 취득하는 경우
② 금융기관이 법인에 대한 대출금을 출자로 전환함에 따라 해당 법인의 주식 또는 지분을 취득하는 경우
③ 「독점규제 및 공정거래에 관한 법률」에 따른 지주회사(금융지주회사 포함)가 되거나 지주회사가 같은 법 또는 주식을 취득하는 경우
④ 「예금자보호법」 제3조에 따른 예금보험공사 또는 정리금융회사가 같은 법 제36조의

5 제1항 및 제38조에 따라 주식 또는 지분을 취득하는 경우
⑤ 한국자산관리공사가 「한국자산관리공사 설립 등에 관한 법률」 제26조 제1항 제1호 가목에 따라 인수한 채권을 출자전환함에 따라 주식 또는 지분을 취득하는 경우
⑥ 「농업협동조합의 구조개선에 관한 법률」에 따른 농업협동조합자산관리회사가 인수한 부실자산을 출자전환함에 따라 주식 또는 지분을 취득하는 경우
⑦ 「조세특례제한법」 제38조 제1항 각 호의 요건을 모두 갖춘 주식의 포괄적 교환·이전으로 완전자회사의 주식을 취득하는 경우
⑧ 「자본시장과 금융투자업에 관한 법률」에 따른 증권시장으로서 대통령령으로 정하는 증권시장에 상장한 법인의 주식을 취득한 경우

7 과점주주의 사전 사후관리

과점주주의 취득세 과세자료를 확인한 시장·군수·구청장은 그 과점주주에게 과세할 과세물건이 다른 특별자치시·특별자치도·시·군 또는 구에 있을 경우에는 지체 없이 그 과세물건을 관할하는 시장·군수·구청장에게 과점주주의 주식등의 비율, 과세물건, 가격명세 및 그 밖에 취득세 부과에 필요한 자료를 통보하여야 한다(지령 제11조 제4항).

○ 과점주주 취득세 부과의 근거 및 요건 (대법원 2016.3.10. 선고 2011두26046 판결)
법인의 과점주주에 대하여 법인의 재산을 취득한 것으로 보아 취득세를 부과하는 것은 과점주주가 되면 법인의 재산을 사실상 임의처분하거나 관리운용할 수 있는 지위에 서게 되어 실질적으로 재산을 직접 소유하는 것과 크게 다를 바 없다는 점에서 담세력이 있다고 보기 때문이므로, 위 조항에 의하여 취득세의 납세의무를 부담하는 과점주주에 해당하는지는 주주명부상의 주주 명의가 아니라 주식에 관하여 의결권 등을 통하여 주주권을 실질적으로 행사하여 법인의 운영을 지배하는지를 기준으로 판단하여야 한다.

○ 쟁점주식을 취득한 것은 명의신탁 해지이므로 과점주주 취득세 납세의무가 성립하지 않는다는 청구주장의 당부 (조심 2021지5822, 2023.4.11.)
이미 과점주주가 된 주주 또는 유한책임사원이 해당 법인의 주식 등을 취득하여 해당 법인의 주식 등의 총액에 대한 과점주주가 가진 주식 등의 비율이 증가된 경우에는 해당 과점주주가 이전에 가지고 있던 주식 등의 최고비율보다 증가되지 아니한 경우에는 취득세를

부과하지 아니한다고 규정하고 있는바, 청구인과 명의신탁으로 인정받은 CCC, 동생인 DDD, 배주자인 EEE가 1997년말 소유한 주식이 OOO주로 발행주식 OOO주의 98.125%에 해당되어 이 건 법인에 대한 과점주주 취득세를 부과할 경우 과거 최고 지분율 98.125%를 초과한 1.875%에 대하여만 과점주주 취득세를 부과하는 것이 타당하다고 판단된다.

○ 회생절차 중 신설회사(물적분할)의 주식취득시 간주취득세 여부 (대법원 2023.11.16. 선고 2023두49240 판결)

이 사건 신설회사의 관리인에게는 주식 인수가 완료될 경우 법원에 회생절차 종결을 신청하는 업무외에 수행할 업무는 없었고, 이 사건 신설회사에 대한 회생절차종결결정의 효력에 따라 그 무렵부터 이 사건 신설회사 관리인의 권한은 소멸하였음. 원고는 이 사건 신설회사의 대표이사 및 사내이사, 감사를 원고 측의 임직원으로 선임하였고, 주식 인수 이후부터 신설회사의 회생절차종결결정시까지 주주권 행사가 제한되었거나 이 사건 신설회사의 관리인이 이 사건 변경회생계획을 수행하면서 원고의 주주권 행사를 제한하였다고 볼 만한 사정은 없음. 또한 원고는 "법인설립 시에 발행하는 주식을 취득함으로써 과점주주가 된 경우"에 해당되지 않고 창원3공장을 출자한 ○○○엑스중공업이 이에 해당함. 결국 원고가 간주취득세를 납부할 의무가 있음.

○ 과점주주였던 청구인이 쟁점주식 전부를 양도하여 주주가 아니었다가 다시 과점주주가 된 경우 과점주주 취득세 납세의무가 있는지? (조심 2016지0860, 2016.12.28.)

「지방세법 시행령」제11조 제3항에서 규정한 '과점주주에 해당하지 아니하게 되었다가'에는 일반주주뿐만 아니라 주식의 전부양도로 인하여 주주가 아니게 된 경우도 포함되는 것으로 해석하는 것이 문언에 부합한 것으로 보이는 점 등에 비추어 청구인에게 과점주주로 인한 취득세 납세의무가 성립되었다고 보기는 어렵다 할 것이다.

○ 주식양도양수계약서상 양수인이 사실상 주주가 아니라는 주장에 대한 당부 (대법원 2016.10.27. 선고 2016두43763 판결)

주식양도양수계약서상의 양수인 명의에도 불구하고 주식등변동상황명세표상의 양수인을 사실상의 주주로 보아 과세하는 처분은 정당함.
가사 이 사건 주식의 양수인이 원고가 아닌 안ㅁ홍이라고 하더라도, 피고가 주주등의 변동에 따른 과세당국의 적정한 과세실현을 위하여 세무관서에 제출할 것이 요구되는 법정서류인 '주식등변동상황명세서'에 원고가 이 사건 주식을 취득하였다고 기재되어 있음에 근거하여 이 사건 처분에 이른 이상 이 사건 처분의 위와 같은 하자는 사실관계의 자료를 정확히 조사하여야 비로소 그 하자 유무가 밝혀질 수 있었으므로 이러한 하자는 외관상 명백하다고 할 수도 없다.

○ 금전소비대차계약 체결에 대한 담보로서 제공한 회사 주식을 원고가 양도받은 경우 과점주주로 보아 납세의무가 있는지? (대법원 2024.8.29. 선고 2024두42116 판결)

원고는 이 사건 주식에 관한 주주권을 실질적으로 행사하여 이 사건 회사의 운영을 지배하는 자에 해당하지 않는다고 봄이 상당하므로 원고는 지방세법 제7조 제5항 간주취득세 납세의무를 부담하는 과점주주에 해당하지 않음 - 이 사건 주식 평가액은 대여금채권 원리금을 현저히 상회하는 수준인 점, 원고는 과세예고 전 이 사건 주식 전부를 다시 양도한 점에 비추어, 원고는 이 사건 주식을 담보 목적으로 취득하였다고 봄이 타당함 - 원고가 체결한 소비대차계약에서 원고는 이 사건 회사의 주식에 대해 일체 담보 외에 경영상의 관여, 주식의 처분, 배당 등 일체의 행위를 할 수 없으며 담보의 권한만 부여한다고 정하고 있어, 이 사건 회사에 대해 의결권을 행사하거나 이 사건 주식을 처분하는 것이 불가함 - 이 사건 주식이 원고에게 양도된 이후에도 회사의 대표이사, 사내이사 및 감사도 변함이 없었고, 원고가 이 사건 회사의 등기사항전부증명서상 어떠한 직위도 부여받은 바 없음.

○ 의결권 없는 쟁점주식을 취득한 것으로 볼 수 있는지 여부
  (조심 2021지2435, 2022.10.19.)

정리절차개시 후에 비로소 과점주주가 된 청구법인으로서는 과점주주로서의 주주권을 행사할 수 없게 되는 점 등에 비추어 청구법인은 의결권이 없는 쟁점주식을 취득한 것으로 볼 수 있어 과점주주 취득세 등의 납세의무가 있다고 보기 어려우므로 처분청이 청구법인의 경정청구를 거부한 처분은 잘못이 있다고 판단됨.

○ 수익증권 거래를 통한 간접투자의 경우에도 과점주주 지분의 취득으로 볼 수 있는지
   여부 (조심 2021지2316, 2022.8.10.)

「지방세법」 제7조 제5항 및 「지방세기본법」 제46조 제2호에서 비상장법인 발행주식 총수
의 100분의 50을 초과하여 취득하여 과점주주가 된 경우 등에 과점주주 취득세 등의 납세
의무가 성립하는 것으로 규정되어 있는 점, 청구법인은 이 건 주식발행법인의 주식 50%와
이 건 투자신탁이 발행한 수익증권 100억 원 중 50억 원을 취득한 사실이 확인되는 점, 쟁
점수익증권은 신탁의 이익을 분배받을 수 있는 채권적 권리로서 이 건 주식발행법인의 지
분증권과 성격을 달리하므로 쟁점수익증권을 취득하였다고 하여 이 건 주식발행법인의 주
식을 취득한 것으로 보기는 어려운 점 등에 비추어, 청구법인은 이 건 주식발행법인의 주
식 50%를 초과하여 취득한 사실이 나타나지 아니하여 과점주주 취득세의 납세의무가 성
립한 것으로 보기 어려우므로 처분청이 이 건 취득세 등을 부과한 처분은 잘못이 있다고
판단됨.

○ 유상감자에 따른 과점주주 간주취득세 납세의무 발생 여부에 관한 회신
   (부동산세제과-2606, 2024.7.30.)

법인의 기타 주주들이 유상감자를 함에 따라 기존주주가 주식 또는 지분의 취득없이 지분
율 상승으로 과점주주가 되는 경우 주식등의 취득행위가 없으므로 간주취득세 납세의무가
성립하지 않음.

○ 주식 이동 후 과점주주 간주취득세 납세의무 발생 여부에 대한 회신
   (부동산세제과-2136, 2024.6.25.)

본인 1명과 「지방세기본법 시행령」 제2조 제3항 제2호 나목에 따른 법인 중 본인이 직접
또는 제4호에 해당하는 자를 통해 어느 법인의 경영에 대하여 지배적인 영향력을 행사하고
있는 경우에는 과점주주 집단으로서 간주취득에 따른 납세의무가 있는 것인바,-본 사안의
경우 B,C(개인)가 각각 50%씩 출자한 丙법인이 '23. 12월경 甲법인의 지분 47.2%를 취득
하면서 이미 甲법인의 주식 7%를 보유한 B와 4%를 보유한 C와 함께 甲법인에 대해 총
58.2% 지분을 취득한 것으로 丙법인을 기준으로 과점주주 집단을 형성한 것에 해당되므로
이 경우에는 과점주주 간주취득에 따른 납세의무가 있다고 보는 것이 타당하다고 판단됨.

원인무효, 상속 등 사례별 취득세 납세의무

1 취득세 납세의무의 원칙

「지방세법」 제6조 제1호에서 「취득」이라 함은 취득자가 소유권이전등기·등록 등 완전한 내용의 소유권을 취득하는가의 여부에 관계없이 사실상의 취득행위(잔금지급, 연부금 완납 등) 그 자체를 말하는 것이다(지방세법 운영예규 법6-8).

따라서 사실상 취득행위가 발생하면 추후 새로운 사실의 발생으로 인하여 취득세 납세의무가 소멸되는 것은 아니다. 지방세법 운영예규 법7-1을 참고하면 다음과 같다.

★
지방세법 운영예규 법7-1【납세의무】
1. 양도담보계약해제, 명의신탁해지로 취득하는 경우에는 그 취득의 방법·절차에 불구하고 그 권리의 인수자가 취득하는 경우로 보아 취득세의 납세의무가 있다.
2. 유상 및 무상취득을 불문하고 적법하게 취득한 다음에는 그 후 합의에 의하여 계약을 해제하고 그 재산을 반환하는 경우에도 이미 성립한 조세채권의 행사에 영향을 줄 수 없다(무상취득 및 개인 간 유상취득에 있어 60일 이내 계약해제 사실을 입증하는 경우는 제외. 다만, 소유권이전등기를 경료되지 않은 경우에 한한다).

이와 같은 법리는 다음과 같이 매매가격이 수정되는 경우에도 적용된다고 볼 수 있다.

○ 매매계약에 따른 소유권이전등기가 마쳐진 이후 매매계약에서 정한 조건이 사후에 성취되어 대금감액이 이루어진 경우 구 지방세기본법에 따른 경정청구를 통해 취득세

감액을 구할 수 있는지 여부 (대법원 2018.9.13. 선고 2015두57345 판결)

입주지정만료일부터 2년이 지난 시점에 아파트 시세가액이 분양대금에 미치지 못할 경우 분양대금의 10% 범위 내에서 시세 하락분을 분양대금과 상계하기로 하는 아파트 분양계약 특별조건 약정이 있었고, 원고들이 분양받은 아파트 소유권이전등기를 마치며 당초 분양대금을 기준으로 취득세를 신고·납부한 이후, 실제 입주지정만료일부터 2년이 지난 시점에 아파트 시세가 하락하여 약정대로 시세 하락분 상당이 분양대금에서 감액된 경우, 이러한 사유는 취득행위 당시의 과세표준을 기준으로 한 원고들의 취득세 납세의무에 영향을 미치지 않아 후발적 경정청구 사유에 해당하지 않음.

2 원인무효인 경우 취득세 납세의무

원인무효 등에 의한 경우에는 취득세 납세의무 자체가 성립하지 않는다고 볼 수 있다. 다만, 원인무효의 판단에 대한 유권해석 및 판례를 소개하면 다음과 같다.

○ 법원 판결에서 법률상 원인무효에 해당하여 소유권이전등기의 말소절차를 이행하라는 확정판결을 받고 소유권말소등기를 이행하고 있지 않은 경우 기 납부한 취득세 환부판단시점은 판결확정일이 되는 것임 (지방세운영과-1710, 2009.4.29.)

【질의】 법원의 판결에서 법률상 원인무효에 해당하여 소유권이전등기의 말소절차를 이행하라는 확정판결을 받고 소유권말소등기를 이행하고 있지 않은 경우, 매수자의 취득 부동산에 대한 원인무효로 기 납부한 취득세 환부판단시점을 판결확정일로 보아야 하는지 또는 소유권등기일로 보아야 하는지 여부

【회신】 실체적인 법률관계에 있어서 그 소유권을 취득한 것이라고 볼 수 없는 원인무효의 등기명의자는 취득세의 납세의무자가 될 수 없다 할 것(대법원 2007.1.25. 선고 2006두14384 판결)이므로, 귀 문의 경우 부동산을 취득·등기한 후 법원에서 법률상 원인무효에 해당하여 소유권이전등기의 말소등기 절차를 이행하라는 확정판결을 받은 경우 원인무효 사유로 그 말소를 명하는 판결이 확정된 시점에 매수인의 해당 부동산 취득은 법률상 무효가 되어 취득으로 볼 수 없는 것이라 하겠으므로 소유권말소등기가 이행되지 않은 상태라 하더라도 기 납부한 취득세는 원인무효 확정판결일로부터 5년 이내에 지방세 환부청구를 할 수 있는 것으로 사료되나, 이에 해당하는지는 과세권자가 판결문 등을 구체적으로 확인하여 판단할 사항임.

○ 증여인 간 소유권이전등기말소회복등기에 관한 판결은 말소된 동 등기의 회복에 대한 것이므로 증여계약에 의한 소유권이전등기는 원인무효가 아닌 것임
(행자부 지방세정팀-4192, 2006.9.4.)

【질의】 증여계약에 의한 소유권이전등기를 경료한 후 증여계약을 해지를 원인으로 소유권이전등기를 말소하고 증여자에게 소유권을 환원한 경우 수증인이 납부한 취득세와 등록세의 환부 여부

【회신】 증여계약에 의하여 당해 토지의 소유권이전등기를 경료한 경우에는 증여계약의 해제에 의한 소유권이전등기말소 여부에 관계없이 취득세와 등록세 납세의무는 적법하게 성립한 것이므로, 증여계약의 무효 여부를 다투는 소송에서 증여계약에 의한 당해 소유권이전등기가 원인 무효임이 판결로서 확정되는 경우에는 취득행위 자체가 소급하여 무효가 되므로 이미 납부한 취득세는 환부되는 것이나, 등록세는 공부에 등기하는 행위에 대한 행위세이므로, 등기 당시 적법하게 등기된 이상 향후 특별한 사정에 의하여 등기가 말소되었다 하더라도 납부한 등록세는 환부되지 않음. 증여인 간의 소유권이전등기말소회복등기(제주지방법원 2002가합34)에 관한 판결은 증여계약 자체의 무효를 다투는 것이 아니라, 말소된 소유권이전등기의 회복을 다투는 것이므로, 당해 판결의 결과로 귀 문의 증여계약에 의한 소유권이전등기가 원인 무효라고 볼 수는 없다고 판단됨.

○ 사해행위의 취소 및 소유권원상회복을 구하는 소송을 제기한 결과 법원에서 소유권이전등기의 말소절차를 이행하라는 판결을 받은 경우 이미 납부한 취득세는 환부대상이 아닌 것임 (지방세운영과-705, 2008.8.20.)

【질의】 원고 갑(정리금융공사)과 피고 을, 병, 정, 무의 사해행위취소 소송에서 법원판결(대구지방법원 2007.7.4. 선고 2006가합3374 판결)에서 을과 병 사이에 각 부동산에 관하여 2005.12.21. 체결된 매매계약을 취소하고 정은 병에게 2005.12.22. 마친 소유권이전등기의 말소등기절차를 이행하고, 병은 을에게 2006.1.2. 마친 소유권이전등기 말소등기절차를 이행하라는 사해행위취소판결을 받은 경우

【회신】 갑이 을, 병, 정, 무를 상대로 사해행위의 취소 및 소유권원상회복을 구하는 소송을 제기한 결과 법원에서 정은 병에게, 병은 을에게 소유권이전등기의 말소절차를 이행하라는 판결을 받은 경우 당초 부동산 매매계약이 원인무효가 된 것이 아니고 그 매매계약이 취소된 것이므로 매수자인 병과 정은 부동산 취득 당시 계약상의 잔금지급일 또는 등기일에 취득세 납세의무가 적법하게 성립된 것(구 행정자치부

세정-2950, 2004.9.8. 참조)이므로 이미 납부한 취득세는 환부대상이 아니라 할 것임. 소유권이전 소송에 따른 원상회복결정은 소송 당사자 간에만 그 효력이 발생할 뿐이지 직접 권리를 취득하는 것이 아니므로 원상회복을 구하는 판결을 받아 그 등기 명의가 원상회복되었다 하더라도 소유권이전등기 확정 판결이전 사실상 납세의무자에게 부과된 납세의무에는 영향을 미칠 수 없는 것(대법원 2000.1.28. 선고 98두11458 판결)이므로, 사해행위의 취소와 동시에 소유권이전등기 말소판결을 받았다 하더라도 소유권이행 판결이전에 과세기준일 현재 사실상의 소유자에게 부과된 재산세는 환부대상이 아니라 하겠으며, 또한 지방법원의 사해행위취소 판결의 불복으로 고등법원에 항소하여 소유권의 귀속자체에 대해 분생 중에 있는 경우 2008년도 재산세 납세의무자는 과세기준일(2008.6.1.) 현재 사실상의 소유자인 정이 재산세 납세의무자가 되는 것으로 판단됨.

○ 계약해제 시 매도자의 취득세 납세의무 성립 여부 질의 회신
 (행정자치부 지방세운영과 - 2043, 2015.7.9.)

【질의】 A에서 B로의 소유권이전등기 후 계약해제 사유로 소유권이 다시 A에게 환원 된 경우 A의 취득세 납세의무 성립 여부

【회신】 이미 자기 앞으로 소유권을 표상하는 등기가 되어 있었던 자가 원인무효 등기의 외관을 제거하고 소유권을 원상회복할 경우 취득세 과세대상 부동산을 취득한 것으로 볼 수 없다고 할 것임.
 ※ 기존 유권해석(지방세운영과 - 3006, 2013.11.20.) 소급 변경

○ 진정명의 회복 관련 감심 결정사항 (2015년 감심 제373호, 2015.7.16.)

【쟁점】 진정명의 회복을 원인으로 소유권이전등기된 경우에 취득세 과세대상이 되는 부동산의 취득세 해당하는지 여부

【회신】 청구인이 이 사건 부동산의 소유권을 다시 취득한 것이 아니라 이 사건 부동산에 대한 매매계약을 소급적으로 실효시키는 것에 기초하여 이 사건 부동산에 대한 소유권이전등기를 말소하는 원상회복 조치의 결과로 청구인 명의로 이 사건 부동산의 소유권이전등기가 경료된 것이므로 이는 구「지방세법」제6조 제1호의 취득세 과세대상이 되는 부동산의 취득에 해당하지 않는다 할 것임.

3 상속의 경우 취득세 납세의무

상속에 따른 취득세 납세의무는 재산을 상속받은 상속인들이다. 상속인 상호 간에는 연대 납세의무가 있으므로 취득세 신고 후 미납하거나 미신고한 경우는 상속인 전체에게 부과고지 하여야 한다(지법 제7조 제7항 후단). 상속인의 범위는 피상속인이 상속인에게 한 유증과 포괄유증을 포함한다. 즉, 상속인이 아닌 자에게 포괄유증을 한 경우는 상속으로 보아 상속에 따른 세율 및 신고기한을 적용하여야 한다. 포괄유증은 특정 재산이 아닌 상속재산 전체의 일정지분을 유증하는 것으로, 특정 재산(당해 재산에 대한 부채 포함)만을 유증하는 경우는 상속에 해당하지 아니한다. 상속과 관련한 유권해석 및 판례를 소개하면 다음과 같다.

○ 법정지분 상속 취득 신고 시 법정상속인 전원의 신고의무 여부
 (행정자치부 지방세운영과 - 3252, 2016.12.28.)

【질의】 피상속인의 상속재산에 대해 상속인 간 협의가 이루어지지 않아 법정지분대로 취득세를 신고하고자 할 경우, 법정상속인 전원의 지분별 신고가 있어야 하는지 여부

【회신】 법정상속인 간 협의가 되지 않아 법정상속지분별로 취득세를 신고하려는 경우, 법정상속인 중 1인 이상이 상속재산의 전체에 대해 취득세를 신고할 수 있다고 할 것임.

○ 상속인의 연대납세의무 (대법원 2012.6.14. 선고 2012두4357 판결)

상속으로 인하여 상속재산을 공동으로 취득함으로써 납세의무가 성립하는 취득세는 그 공동상속인이 연대하여 납부할 의무가 있고, 이때 과세관청은 연대납세의무자의 납세의무를 구체적으로 확정시키는 효력을 지닌 납세고지를 연대납세의무자인 공동상속인 각자에게 개별적으로 하여야 할 것이지만, 부과금액에 대하여는 연대채무의 일반 성질에 비추어 연대납세의무자인 공동상속인 각자에게 취득세 전액을 부과할 수 있다고 할 것임(대법원 2000.10.13. 선고 2000두4200 판결 등 참조).

○ 지방세법 운영예규 법7 - 7【상속에 따른 납세의무자】

매매계약 체결 후 잔금지급이 이루어지기 전에 매도인이 사망하고 매수인에게 소유권이전등기가 되는 경우에도 매도인의 상속인에게 상속에 따른 취득세 납세의무가 있다.

○ 상속재산의 분할은 상속이 개시된 때에 소급하여 효력이 있는 것이므로 상속인이 상속개시일 현재 자경농민 요건을 충족한다면 취득세의 비과세 대상에 해당되는 것임 (지방세운영과 - 2196, 2008.11.17.)

【질의】 자경농민인 아버지의 사망으로 농지를 농지원부상 세대원으로 함께 등재되어 있었던 어머니가 상속하는 경우 취득세 비과세 해당 여부

【회신】 농지를 자경하던 아버지의 사망(2005.3.) 후, 6월 이내에 상속으로 인한 취득신고를 하지 아니하는 경우 상속자에게 취득세가 부과되나, 그 이후 상속재산 분할협의를 통하여 농지원부상 세대원으로 함께 등재되어 있던 어머니에게 상속하는 경우라면, 상속재산의 분할은 상속이 개시된 때에 소급하여 그 효력이 있다 할 것(대법원 2004.7.8. 선고 2002다73203)이므로 상속인(어머니)이 상속개시일 현재 위 규정의 자경농민 요건을 충족한다면 취득세의 비과세 대상에 해당된다고 할 것임.

○ 공동상속인이 상속부동산에 대해 분할협의한 경우 상속재산분할로 취득하는 상속인의 취득시기는 상속개시일이 되며, 취득일로부터 6개월이 경과한 후에 상속재산분할협의를 하였다면 가산세를 포함한 금액으로 취득세를 납부하여야 하는 것임 (지방세운영과 - 21, 2008.6.4.)

【질의】 ① 피상속인으로부터 상속받은 도로를 추후 기부채납하고자 하는 경우 상속 취득세가 비과세되는지 여부
② 상속재산 협의분할이 이루어지지 않는 경우 취득세 납세의무자는 주된 상속자인지 아니면 상속재산 지분별로 납부하여야 하는지 여부 및 과세표준
③ 취득신고기한 경과 후 상속재산을 분할협의하여 취득하게 되는 상속인의 자진신고·납부기한 및 가산세 부담 여부

【회신】 ① 피상속인으로부터 상속받은 부동산(도로)을 추후 지방자치단체에 기부채납할 예정이라 하더라도 부동산 취득 당시 지방세법 제106조 제2항에서 규정하는 국가·지방자치단체 등에 귀속 또는 기부채납을 조건으로 취득하는 부동산에 해당하지 않는다면 상속에 따른 취득세 납세의무는 있는 것으로 생각
② 공동상속인이 상속재산을 지분으로 취득하는 경우 상속재산 분할협의가 이루어지지 않은 이상 상속인 각자가 상속지분에 대해 취득세 납세의무가 있는 것이며, 이때 적용되는 취득세 과세표준액은 시가표준액이 되는 것임.
③ 민법 제1013조 제1항에서 공동상속인은 언제든지 그 협의에 의하여 상속재산을 분할할 수 있고 같은 법 제1015조에서 상속재산의 분할은 상속이 개시된 때에

소급하여 효력이 있는 것으로 규정하고 있으므로, 귀 문의 경우 공동상속인이 상속부동산에 대하여 분할협의를 한 경우 상속재산분할로 인하여 취득하는 상속인의 취득의 시기는 상속개시일이 되는 것이며, 취득일로부터 6개월이 경과한 후에 상속재산 분할협의를 하였다면 가산세를 포함한 금액으로 취득세를 납부하여야 함.

○ 상속포기를 하지 않은 이상 상속이 이루어진 것이며, 상속재산이 주택이고 주된 상속자인 경우는 주택을 소유한 것으로 보아 1가구 1주택 여부를 판단하여야 한다고 본 사례 (행심2007 - 253, 2007.4.30.)

민법 제997조에서 상속은 사망으로 인하여 개시되며, 같은 법 제1019조 제1항에서 상속인은 상속개시가 있음을 안 날로부터 3월 내에 단순승인이나 한정승인 또는 포기를 할 수 있으며, 같은 법 제1026조 제2호에서 상속인이 제1019조 제1항의 기간 내에 한정승인 또는 포기를 하지 아니한 때 상속인이 단순승인을 한 것으로 본다는 규정에 따라 이 사건 별도주택의 상속개시일은 청구외 ○○○이 사망한 1995.5.9.이며 같은 법 제1000조 제1호에서 피상속인의 직계비속이 제1순위 상속인이라는 규정에 따라 청구인이 이 사건 별도주택의 제1순위 상속인이 되고 1995.5.9.로부터 3월 이내에 한정승인 또는 포기를 했다는 것을 청구인이 주장하고 있지 아니하고 있는 사실로 미루어 볼 때, 청구인은 이 사건 별도주택에 대해 단순승인을 한 것으로 간주되므로, 지방세법 제104조 제8호에서 취득세의 과세대상이 되는 상속에 의한 부동산 취득에 대한 납세의무가 성립됨.

○ 상속 포기자에 대한 대위등기 시 취득세 납세의무 없음 (지방세운영과 - 467, 2011.1.27.)

【질의】 피상속인의 채권자인 금융기관이 경매진행을 하기 위해 상속대위등기를 하여 소유권이전 등기를 하였으며, 당해 부동산에 소유권이전 등기된 상속인들이 상속포기를 하였으나 상속인 명의로 등기된 당해 부동산의 경매개시결정문을 수령하여 경매를 진행하고 낙찰이전이 된 경우의 취득세 납세의무에 대한 질의

【회신】 가. 「민법」 제1019조 제1항에서 규정하고 있는 "상속개시 있음을 안 날"로부터 3개월 이내에 가정법원에 상속포기 신고를 하여 법원으로부터 상속포기 결정을 받은 경우, 상속인은 민법 제1042조 규정에 의거 상속 개시된 때에 소급하여 처음부터 상속인의 지위는 소멸되며, 비록 채권자 대위등기에 의하여 상속인으로 소유권이 변경되었다 하더라도 취득세의 납세의무는 없다 할 것임.

나. 지방세법에 있어서 부동산 취득이란 취득자가 실질적으로 완전한 내용의 소유

권을 취득하는가의 여부에는 관계없이 소유권 이전의 형식에 의한 부동산 취득의 모든 경우를 포함한다 할 것인바, 상속재산이 채권자 대위등기 후 경매로 매각되어 상속재산에 대하여 재산권을 행사할 수 없다 하더라도 민법에서 규정하고 있는 기간 이내에 상속을 포기하지 않았다면 등기 여부에 관계없이 상속으로 인하여 성립한 취득세 납세의무에는 영향을 줄 수 없음.

○ 지방세법 운영예규 법7-6【대위등기 납세의무자 등】
1. "갑"소유의 미등기건물에 대하여 "을"이 채권확보를 위하여 법원의 판결에 의한 소유권 보존등기를 "갑"의 명의로 등기할 경우의 취득세 납세의무는 "갑"에게 있다.
2. 법원의 가압류결정에 의한 가압류등기의 촉탁에 의하여 그 전제로 소유권보존등기가 선행된 경우 취득세 미납부에 대한 가산세 납세의무자는 소유권보존등기자이다.

○ 상속 재분할로 인한 지분 초과 취득세 증여 간주규정 (법 제7조)

⑬ 상속개시 후 상속재산에 대하여 등기·등록·명의개서(名義改書)등(이하 "등기등"이라 한다)에 의하여 각 상속인의 상속분이 확정되어 등기등이 된 후, 그 상속재산에 대하여 공동상속인이 협의하여 재분할한 결과 특정 상속인이 당초 상속분을 초과하여 취득하게 되는 재산가액은 그 재분할에 의하여 상속분이 감소한 상속인으로부터 증여받아 취득한 것으로 본다. 다만, 다음 각 호의 어느 하나에 해당하는 경우에는 그러하지 아니하다. (2014.1.1. 신설)
1. 제20조에 따른 신고·납부기한 내에 재분할에 의하여 취득한 경우
2. 상속회복청구의 소에 의한 법원의 확정판결에 의하여 상속인 및 상속재산에 변동이 있는 경우
3. 「민법」 제404조에 따른 채권자대위권의 행사에 의하여 공동상속인들의 법정상속분대로 등기등이 된 상속재산을 상속인 사이의 협의분할에 의하여 재분할하는 경우

〈개정내용〉
국세의 경우 상속등기 후 재분할을 하는 경우 증여세를 과세하나 취득세의 경우 이에 대한 규정이 없어 운영상의 혼란 야기
※ 상속등기 5년 경과 후 재분할 협의 시 당초 상속자의 취득세 환급 및 새로운 상속자에게 대한 과세 여부(부과제척기간 도과) 혼란 야기

〈적용요령〉
「지방세법」이 개정됨에 따라 재분할되더라도 취득이 소급하여 무효가 되지 않음. 따라서 재분할로 인해 지분이 적어지는 상속자에게는 환급 불가

※ 상속지분 감소자: 지분의 양도
　상속지분 증가자: 지분의 취득(무상). 다만, 상속등기가 경료되지 않은 경우에는 기존대로 운영

4 기타 여러 가지 유형별 취득세 납세의무

취득 유형이 다양하고 취득 전후의 사정에 따라 취득세 납세의무 여부가 달라지는바, 기타 여러 가지 유형별 취득세 납세의무 여부에 대한 관련해석 및 판례를 소개하면 다음과 같다.

○ 자기소유 부동산을 경락으로 취득한 것은 취득세 과세대상 아님
　(조심 2011지53, 2011.11.9.)
경매절차에서 공유자 우선매수신청권을 행사하여 쟁점 토지를 경락받은 이상, 청구법인이 경락받은 쟁점 토지 중 자기 소유의 지분을 초과하지 않는 범위 내의 지분은 취득세의 과세대상 아님.

○ 신탁재산의 위탁자 지위 이전에 대한 취득세 과세대상에 해당되는지 여부 (대법원 2024.9.12. 선고 2024두43294 판결)
신탁재산에 대한 위탁자의 지위를 변경한 경우 ① 새로운 위탁자인 원고가 신탁재산을 취득한 것으로 보는 것이 타당하며, ② 위탁자의 지위 이전에 대한 대가가 신탁재산의 실질가치를 전혀 반영하지 못하고 있는 점을 고려할 때, 시가표준액을 과세표준으로 삼는 것이 타당함. 1) 위탁자의 지위 변경이 실질적인 소유권 변동이 있다고 보기 어렵다는 주장에 대한 판단 – 신탁재산에 대한 위탁자 지위 이전이 있는 경우 원칙적으로 위탁자에게 취득세 납세의무가 있다고 보는 것이 조세법률주의 원칙에 부합함. 해당 과세 규정은 신탁 종료시 새로운 위탁자가 소유권을 이전받은 경우 신탁재산에 대한 취득세 비과세 규정에 따라 취득세가 과세되지 않는 등 과세 공백을 메우기 위하여 특별히 마련된 창설적 조항임을 고려할 필요 2) 위탁자 지위 이전에 대한 대가로 10만 원을 지급한 바, 취득세 면세점인 50만 원 이하에 해당하며, 시가표준액 적용은 부당하다는 주장에 대한 판단 – 해당 과세 규정은 '새로운 위탁자가 단지 위탁자의 지위만을 취득하는 것이 아니라 신탁재산 자체를 취득한 것으로 본다'는 취지임. 이 사건 변경계약에 따른 양도대금은 10만 원은 이 사건 부동산의 실질가치를 전혀 반영하지 못하고 있으므로 취득가격에 부합하지 않음.

○ 신탁 종료에 따른 소유권이전등기 전 취득세 납세의무자가 위탁자인지 아니면 수탁자인지 여부 (행정안전부 지방세운영과‒1798, 2018.8.9.)

【질의】 신탁종료계약 후 그에 따른 소유권이전등기를 마치기 전에 지목변경으로 인한 간주취득이 발생한 경우 그 취득세에 대한 납세의무자가 위탁자인지 아니면 수탁자인지 여부

【회신】 취득세 납세의무가 성립되기 이전에 신탁재산 귀속증서를 통해 해지계약이 이루어졌다 하더라도 위탁자 명의로 소유권이전등기가 이루어지기 전에 발생한 취득세의 납세의무자는 수탁자로 보아야 할 것임.

○ 지방세법 운영예규 법7‒8【신탁재산 지목변경에 따른 납세의무자】

「신탁법」에 따라 신탁 등기가 되어 있는 토지의 지목이 변경된 경우 지목변경에 따른 취득세 납세의무는 수탁자에게 있다.

○ 가설건축물 승계취득 시 존속기간 판단 기준 (행정자치부 지방세운영과‒3159, 2016.12.19.)

【질의】 존속기간이 1년 미만의 가설건축물을 승계취득한 후 철거하지 않은 채 새로이 존속기간을 1년 이하로 축조신고한 경우, 승계취득자의 취득세 납세의무 여부

【사실관계】
• (A법인 가설건축물 축조신고) 2014.11.24.~2015.10.30.(존치기간 1년 이내)
• (A법인→B법인) 2015.9.9. 유상승계
• (B법인 가설건축물 축조신고) 2015.11.9.~2016.9.30.(존치기간 1년 이내)

【회신】 해당 가설건축물을 승계취득하여 철거 없이 사용한 경우에 있어, 종전 건축주의 취득 시(축조신고서상 존치기간의 시기(始期)와 사실상 사용일 중 빠른 날)부터 철거 등으로 사실상 사용이 불가능하게 되는 날까지의 기간이 1년을 초과하는 경우라면, 승계취득일을 취득일로 보아 취득세를 신고·납부하여야 할 것임.

○ 지방세법 운영예규 법9‒1【임시용 건축물】

임시용 건축물에 대한 "존속기간 1년 초과" 판단의 기산점은 「건축법」 제20조 규정에 의하여 시장·군수에게 신고한 가설건축물 축조신고서상 존치기간의 시기(그 이전에 사실상 사용한 경우에는 그 사실상 사용일)가 되고, 신고가 없는 경우에는 사실상 사용일이 된다.

○ 증여등기 이행불능 관련 취득세 부과취소 가능 여부
 (행정자치부 지방세운영과 - 3252, 2016.12.28.)

【질의】 증여계약에 의해 취득세를 신고·납부하였으나, 등기 전 증여자의 사망으로 증여 등기를 이행하지 못하고 상속등기를 하여야 하는 경우, 기 신고·납부한 증여 취득세를 부과취소(환급)할 수 있는지 여부

【회신】 기 납부한 증여에 대한 취득세는 환급할 수 없다고 할 것이며, 다만, 상속을 원인으로 등기 시, 기 성립한 본인의 증여 지분까지는 취득세 납세의무가 없다고 할 것임.

○ 지역주택조합 승계조합원 취득세 납세의무 여부
 (행정안전부 지방세운영과 - 816, 2017.10.27.)

【질의】 기존조합원으로부터 자금을 확보하지 않고 조합이 직접 자금을 조달하여 토지를 취득한 후 기존조합원으로부터 타인에게 조합원의 지위가 승계된 경우, 그 승계조합원의 토지지분에 대한 취득세 납세의무 성립 여부

【회신】 승계조합원은 사업토지에 대한 토지지분을 기존조합원으로부터 승계취득한 것이므로 해당 토지지분에 대한 취득세 납세의무(토지대금 + 프리미엄 포함)가 있다고 할 것임.

○ 외국인 소유 항공기를 직접 사용하기 위해 수입하는 경우 취득세 납세의무가 있는지 여부 (법제처 21 - 0624, 2021.12.7.)

외국회사 소유의 항공기를 직접 사용하기 위하여 운용리스 방식으로 수입하는 경우는 「지방세법」 제7조 제6항에 따라 수입하는 자가 취득한 것으로 보는 "임차하여 수입하는 경우"에 해당하지 않음.

제 **4** 절

과세표준

취득세 과세표준은 어떻게 산정할까?

1 취득세 과세표준의 개요

과세표준이란 세액을 산정하기 위한 기초로서 그 단위는 금액, 가격, 수량 등으로 표시되며, 과세표준에 세율을 곱하여 세액이 결정되고 세율과 더불어 납세자가 부담하여야 할 세금을 결정하기 때문에 과세표준을 제2의 세율이라고도 한다. 지방세기본법(제2조)에서 "과세표준"이란 지방세법에 따라 직접적으로 세액산출의 기초가 되는 과세물건의 수량·면적 또는 가액(價額) 등을 말한다고 규정하고 있다.

한편, 종전에는 취득 당시의 가액에 대해 취득자 납세의무자가 신의성실원칙에 입각하여 신고한 가액으로써 이를 과세표준으로 적용하되, 그 신고가 없거나 그 신고가액이 시가표준액보다 적을 때에는 그 시가표준액으로 한다고 하면서, 법인 등 특정한 경우 사실상 취득가액을 인정했고, 무상취득의 경우 지급대가가 없으므로 시가표준액을 과세표준으로 하였으나,

2023년부터는 취득세 과세표준의 실질적 가치반영강화를 위해 과세표준 체계가 변경되어(법률 제18655호 2021.12.28. 지방세법 개정, 2023.1.1. 시행), 유상취득 시 법인과 개인 구분 없이 사실상 취득가액을 과세표준으로 하고, 무상취득(상속은 제외)의 경우에는 종전 시가표준액이 아닌 "시가인정액"을 적용함으로써 취득세 과세표준에 과세대상 물건의 실질 가치를 반영할 수 있도록 개정·보완하였다.

2 2023년부터 변경된 취득세 과세표준체계

2023년부터는 취득 당시의 가액에 대해 취득 원인의 유형에 따라 각각 별도로 적용하도록 하고 있는데, ① 증여 등 무상승계취득의 경우 "시가인정액"을 원칙으로 하되, 시가표준액을 예외적으로 적용하고, ② 유상승계취득의 경우 개인과 법인 모두 사실상의 취득가격을 적용한다. ③ 원시취득의 경우 종전과 같이 사실상의 취득가격을 적용하되, 개인이 건축하여 취득당시가액을 확인하기 어려운 경우에는 시가표준액을 적용하며, ④ 과세표준특례로서 차량·기계장비를 유상승계취득 시 사실상의 취득가격과 시가표준액 중 더 높은 금액을 적용한다(지법 제10조의2~제10조의7).

무상승계취득(상속은 제외) 시 과세표준이 되는 "시가인정액"이란 2023년부터 도입된 개념으로서 취득시기 현재 불특정 다수인 사이에 자유롭게 거래가 이루어지는 경우 통상적으로 성립된다고 인정되는 가액으로서 매매사례가액, 감정가액, 공매가액 등 대통령령으로 정하는 바에 따라 시가로 인정되는 가액을 말한다(지법 제10조의2 제1항).

취득세 과세표준에 대해 종전의 규정과 2023년부터 변경·적용되는 과세표준의 내용을 요약정리하면 다음과 같다.

| 2023년 적용 취득세 과세표준체계 주요 변경내용 |

종전의 취득세 과세표준			변경된 취득세 과세표준	

○ 과세표준을 "신고한 가액" 적용
  - 신고가액이 없거나, 시가표준액보다 신고가액이 적은 경우: 시가표준액
  - 유상취득: 사실상 취득가격 일부 인정
  - 무상취득: 시가표준액(시가 불인정)
			○ 취득원인별로 조문체계 명확화
			  - 무상·유상·원시·과세특례·간주취득
			○ 유상취득 시 실제거래가액 신고 인정 및 무상취득 시 시가인정액 제도 도입 적용
			  - 시가인정액: 매매사례가, 감정가액 등	

조	항	조문 내용	조	조문 내용
§10	①	과세표준: 취득 당시의 가액	§10	과세표준 기준: 취득 당시의 가액

	②	취득 당시의 가액
		  - 납세자가 신고한 가액. 다만, 개인이 시가표준액보다 적게 신고한 경우 시가표준액
		  ※ 무상취득은 시가표준액
			§10-2	무상취득(상속·증여·기부)
				  1) 원칙: 시가인정액(상속 제외)
				  2) 예외: 시가표준액
				  3) 부담부증여: 채무 외(무상취득)+채무액(유상취득)

	③	원시취득
		  - (원칙) 신고한 가액
		  - (예외) 시가표준액
			§10-3	유상취득(부동산등 승계)
				  1) 원칙: 사실상의 취득가격
				  2) 예외: 부당행위계산부인

종전의 취득세 과세표준			변경된 취득세 과세표준	

조	항	조문 내용	조	조문 내용
§10	③	개수·지목변경·구조변경 취득 과세표준 - (원칙) 증가한 가액 - (예외) 시가표준액	§10-4	원시취득(신축·증축·재축 등) 1) 원칙: 사실상의 취득가격 2) 예외: 시가표준액
	④	과점주주 간주취득 과세표준 - 원칙: 원가* 　* 법인장부상 부동산등 가액 　　× 주식지분	§10-5	과세표준 특례에 따른 취득 ① 차량·건설기계 취득 　1) 유상: 사실상의 취득가격 　2) 무상: 시가표준액 ② 법인 합병·분할, 대물변제·교환· 　양도담보 등 취득 　1) 원칙: 시가인정액 　2) 예외: 시가표준액
	⑤	사실상 취득가격 ② 단서 인정 - 국가, 지자체로부터 취득 - 외국으로부터 수입 - 판결문, 법인장부 입증가격 - 공매 취득	§10-6	간주취득 ① 개수·지목·구조변경 　1) 원칙: 사실상의 취득가격 　2) 예외: 부당행위계산부인 ② 과점주주 　1) 원칙: 원가*
	⑥	개인 건축·대수선 과세표준 ② 단서 인정 - 법인장부상 90% 입증 시 인정		* 법인장부상 부동산등 가액 　　× 주식지분
	⑦	사실상 취득가격 ② 단서 일부 - 실거래 및 국세조사가액 통보, 신고가액보다 높은 경우 추징, 적은 경우 환급 적용 안함.	§10-7	취득의 시기 시행령 위임
	⑧	취득의 시기 시행령 위임		

예를 들면 주택을 증여로 취득하는 경우 2022년까지는 시가표준액(공동주택가격, 개별주택가격)이 과세표준액으로 적용되었으나, 2023년 이후에는 시가인정액(매매사례가액, 감정가액 등)이 적용된다. 일반적으로 시가인정액이 시가표준액보다 높으므로 세율이 동일하다는 전제하에 그 과세표준액 차이에 해당하는 만큼의 취득세 부담이 증가하게 된다고 할 수 있다.

3 시가표준액이란?

시가표준액이란 부동산등의 시가 그 자체는 아니지만 취득세와 재산세 등 세목별 과세표준의 기준이 되는 물건의 적정가액으로서 지방세심의위원회의 심의를 받아 지방자치단체의 장이 결정·고시한 가액을 말하며, 토지 및 주택과 그 이외의 과세물건으로 나누어 시가표준액을 규정하고 있다(지법 제4조).

구 분	시가표준액 산정
주택(부속토지 포함)	공시된 개별주택가격 및 공동주택가격
토지	개별공시지가
오피스텔	표준가격기준액(동별) × 용도지수 × 층지수 × 면적 × 가감산율
비주거용 건축물	건물신축가격기준액(80만 원) × 구조지수 × 용도지수 × 위치지수 × 경과연수별 잔가율 × 면적 × 가감산율
건축물 외 과세물건	기준가격 × 경과연수별 잔가율

(1) 토지 및 주택의 시가표준액

토지 및 주택에 대한 시가표준액은 「부동산 가격공시에 관한 법률」에 따라 공시된 가액(價額)이다. 다만, 개별공시지가 또는 개별주택가격이 공시되지 아니한 경우에는 특별자치시장·특별자치도지사·시장·군수·구청장이 같은 법에 따라 국토교통부장관이 제공한 토지가격비준표 또는 주택가격비준표를 사용하여 산정한 가액으로 하고, 공동주택가격이 공시되지 아니한 경우에는 대통령령으로 정하는 기준에 따라 특별자치시장·특별자치도지사·시장·군수·구청장이 산정한 가액으로 한다(지법 제4조 제1항).

따라서 토지와 주택에 대한 시가표준액은 「부동산 가격공시에 관한 법률」에 따라 매년 공시된 가액(價額)으로서 토지 공시지가 및 주택공시가격이 된다. 개별공시지가 또는 개별주택가격 등이 공시되지 아니한 경우에는 일정한 기준에 따라 지방자치단체의 장이 산정한 가액이 된다. 한편, 주택을 토지와 건축물로 구분해 취득하는 경우에는 토지의 개별공시지가와 건축물의 시가표준액 비율로 안분하여 산정할 수 있을 것이다(행안부 지방세운영과-3160, 2016.12.19.).

한편 표준주택가격은 「부동산 가격공시에 관한 법률」 제16조에 따라 국토교통부에서 매년 공시기준일(1월1일) 현재의 적정가격을 조사·산정하고 공시(1월말)하고 있고, 개별주택가격은 같은 법 제17조에 따라 표준주택가격을 기준으로 주택가격 비준표를 사용하여 산정 후 공시(4월말)한다.

취득세는 납세의무 성립시점에 취득 당시의 가액이 과세표준이 되어야 하는데, 그 취득 당시의 가액은 최대한 객관성을 담보해야 하므로 취득시점에 「부동산 가격공시에 관한 법률」에 따른 표준주택가격이 공시되었다면, 그 공시가격에 주택가격비준표를 사용하여 산정함이 타당하다. 다만, 공시기준일과 표준주택가격 공시일 사이에 납세의무가 성립한 경우에는 당해연도 표준주택가격이 없으므로, 전년도 표준주택가격을 사용하여 산정한다(부동산세제과-1870, 2021.7.12. 참조).

★

- 공동주택 또는 단독주택의 공시가격 조회 : 한국부동산원 부동산 공시가격 알리미 (https://www.realtyprice.kr)

(2) 토지·주택 외 건축물, 선박, 항공기 등

토지 및 주택 외 건축물, 선박, 항공기 및 그 밖의 과세대상에 대한 시가표준액은 거래가격, 수입가격, 신축·건조·제조가격 등을 고려하여 정한 기준가격에 종류, 구조, 용도, 경과연수 등 과세대상별 특성을 고려하여 대통령령으로 정하는 기준에 따라 지방자치단체의 장이 결정한 가액이다(지법 제4조 제2항). 여기에서 건축물에는 새로 건축하여 건축 당시 개별주택가격 또는 공동주택가격이 공시되지 아니한 주택으로서 토지부분을 제외한 건축물을 포함한다.

① 오피스텔

행정안전부장관이 고시하는 표준가격기준액에 오피스텔의 용도별·층별 지수와 오피스텔의 규모·형태·특수한 부대설비 등의 유무 및 그 밖의 여건에 따른 가감산율(加減算率)을 적용하여 산정한다(지령 제4조 제1항 제1호).

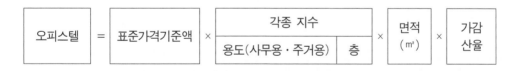

※ 표준가격기준액은 동별 단위면적당 가격으로 시세변동률 등을 반영하여 행정안전부에서 산정하여 매년 1월 1일 고시하는데, 2025년도 전국 총 25,500동의 평균 표준가격기준액은 850,000원/㎡이다.

표준가격기준액이 고시되지 않은 경우 ① 「지방세법」 제6조 제5호 및 제6호 가목에 따라 (건축 및 대수선) 납세의무가 성립하는 경우에는 아래 오피스텔 외 건축물 시가표준액 계산식에 따라 산정하고 ② 그 외 사유로 납세의무가 성립하는 경우에는 한국지방세연구원에서 산정한 가액을 표준가격기준액으로 보아 계산한다.

② 오피스텔 외 건축물

주택과 오피스텔 외의 건축물은 건설원가 등을 고려하여 행정안전부장관이 산정·고시하는 건물신축가격기준액에 건물의 구조별·용도별·위치별 지수, 건물의 경과연수별 잔존가치율, 건물의 규모·형태·특수한 부대설비 등의 유무 및 그 밖의 여건에 따른 가감산율 등의 사항을 적용하여 산정한다(지령 제4조 제1항 제1호의2).

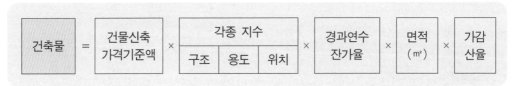

※ 건물신축가격기준액은 건물을 신축하기 위한 단위면적당 건축비용으로 행정안전부에서 7개 유형으로 구분하여 단가를 고시하는데, 2025년도 상업용 건축물의 건물신축가격기준액은 830,000원/㎡이다.

시장·군수·구청장이 위 방식에 따라 관할 구역 내 건축물의 시가표준액을 산정하며, 산정한 건축물의 시가표준액에 대하여 행정안전부령으로 정하는 절차에 따라 10일 이상 건축물의 소유자와 이해관계인의 의견을 들어야 한다(지령 제4조의2 제1항·제2항).

★

건축물 시가표준액 조회
- 서울 지역 : ETAX → ETAX 이용안내 → 조회/발급 → 주택 외 건물시가표준액 조회
- 서울 외 지역 : WeTAX → 지방세 정보 → 시가표준액 조회

③ 차량

차량의 종류별·승차정원별·최대적재량별·제조연도별 제조가격(수입하는 경우에는 수입가격) 및 거래가격 등을 고려하여 정한 기준가격에 차량의 경과연수별 잔존가치율을 적용한다(지령 제4조 제1항 제3호).

※ 물건별 기준가격은 차량·기계장비 등 기타물건의 종류·형식별 제조가격, 거래가격 등을 고려하여 매년 정한 가격을 말한다.

④ 선박

선박의 종류·용도 및 건조가격을 고려하여 톤수 간에 차등을 둔 단계별 기준가격에 해당 톤수를 차례대로 적용하여 산출한 가액의 합계액에 선박의 경과연수별 잔존가치율, 급랭시설 등의 유무에 따른 가감산율의 사항을 적용하여 산정한다(지령 제4조 제1항 제2호).

⑤ 기계장비

기계장비의 종류별·톤수별·형식별·제조연도별 제조가격(수입하는 경우에는 수입가격) 및 거래가격 등을 고려하여 정한 기준가격에 기계장비의 경과연수별 잔존가치율을 적용한다(지령 제4조 제1항 제4호).

⑥ 입목(立木)

입목의 종류별·수령별 거래가격 등을 고려하여 정한 기준가격에 입목의 목재 부피, 그루 수 등을 적용한다(지령 제4조 제1항 제5호).

⑦ 항공기

항공기의 종류별·형식별·제작회사별·정원별·최대이륙중량별·제조연도별 제조가격 및 거래가격(수입하는 경우에는 수입가격)을 고려하여 정한 기준가격에 항공기의 경과연수별 잔존가치율을 적용한다(지령 제4조 제1항 제6호).

⑧ 광업권

광구의 광물매장량, 광물의 톤당 순수입가격, 광업권 설정비, 광산시설비 및 인근 광구의 거래가격 등을 고려하여 정한 기준가격에서 해당 광산의 기계 및 시설취득비, 기계설비이전비 등을 뺀다(지령 제4조 제1항 제7호).

⑨ 어업권·양식업권

인근 같은 종류의 어장·양식장의 거래가격과 어구 설치비 등을 고려하여 정한 기준가격에 어업·양식업의 종류, 어장·양식장의 위치, 어구 또는 장치, 어업·양식업의 방법, 채취물 또는 양식물 및 면허의 유효기간 등을 고려한다(지령 제4조 제1항 제8호).

⑩ 골프회원권, 승마회원권, 콘도미니엄회원권, 종합체육시설이용회원권 및 요트회원권

분양 및 거래가격을 고려하여 정한 기준가격에 「소득세법」에 따른 기준시가 등을 고려한다(지령 제4조 제1항 제9호).

⑪ 토지에 정착하거나 지하 또는 다른 구조물에 설치하는 시설

종류별 신축가격 등을 고려하여 정한 기준가격에 시설의 용도·구조 및 규모 등을 고려하여 가액을 산출한 후, 그 가액에 다시 시설의 경과연수별 잔존가치율을 적용한다(지령 제4조 제1항 10호).

⑫ 건축물에 딸린 시설물

종류별 제조가격(수입하는 경우에는 수입가격), 거래가격 및 설치가격 등을 고려하여 정한 기준가격에 시설물의 용도·형태·성능 및 규모 등을 고려하여 가액을 산출한 후, 그 가액에 다시 시설물의 경과연수별 잔존가치율을 적용한다(지령 제4조 제1항 제11호). 이때 건축물에 딸린 시설물의 시가표준액을 적용할 때 그 시설물이 주거와 주거 외의 용도로 함께 쓰이고 있는 건축물의 시설물인 경우에는 그 건축물의 연면적 중 주거와 주거 외의 용도 부분의 점유비율에 따라 시가표준액을 나누어 적용한다(지령 제4조 제2항).

○ 주택을 분리 취득하는 경우 취득세 시가표준액 질의 회신
   (행안부 지방세운영과 – 3160, 2016.12.19.)

주택을 분리 취득 시 취득세 과세표준을 안분하는 법규정은 없으나, 토지, 건축물 등을 한꺼번에 취득하여 취득가격이 구분되지 아니하는 경우에는 시가표준액 비율로 나누도록 하는 규정(시행령 §19 ①)이 있어, 주택의 토지와 건축물을 한꺼번에 주택가격으로 공시하여 취득가격이 구분되지 않는다면 공시된 주택가격을 시가표준액 비율로 안분하는 것이 합리적으로 보이는 점 등을 종합해 볼 때, 공시된 주택가격을 기준으로 지방세법 제4조에 따른 토지의 공시지가와 건축물의 시가표준액 비율로 안분하여 산정하는 것이 타당하다.

○ 건축물 시가표준액 산정의 적정성 여부 (조심 2022지0462, 2023.1.10.) → 재조사

시가가 확인되는 쟁점건물에 대하여 '건축물 등 시가표준액 결정고시(제2020–241호)'에 따라 시가표준액에 감산율을 적용하여야 함에도 처분청에서 감산율을 적용한 사실이 확인되지 아니하는 점 등에 비추어 처분청이 쟁점건물에 대하여 감산율을 적용하지 아니하고 「지방세법」 제10조 제2항에 따라 시가표준액을 과세표준으로 본 것은 잘못이 있다 할 것임. 다만, 위 감정평가서에서 확인된 쟁점건물의 면적이 공부상 면적과 같지 아니하므로 청구인들이 취득한 쟁점부동산의 시가표준액을 재조사하고 그 결과에 따라 쟁점건물에 적용될 감산율을 결정하여 그 과세표준 및 세액을 경정하는 것이 타당하다고 판단됨.

Q2

증여 무상취득의 과세표준

1 시가인정액 제도란?

증여 취득에 대한 취득세 과세표준은 종전에는 시가표준액을 적용하였지만, 2023년부터 시가인정액으로 변경되었는데, 이와 같은 변경은 공평과세 실현과 실질가치 반영 강화, 국세(증여세)와의 정합성 등 제고를 위하여 부동산을 증여 취득하는 경우 시가[8] 수준으로 과세하기 위한 취지이다(행정안전부, 2023년 취득세 과세표준체계 개선에 따른 운영 매뉴얼).

취득세 과세표준은 취득 당시의 가액으로 부동산등을 무상으로 취득하는 경우 과세표준은 취득시기 현재 불특정 다수인 사이에 자유롭게 거래가 이루어지는 경우 통상적으로 성립된다고 인정되는 "시가인정액"으로 적용한다(지법 제10조의2 제1항). 다만, 상속에 따른 무상취득의 경우에는 시가표준액을 적용한다(지법 제10조의2 제2항).

여기에서 말하는 "시가인정액"이란 취득일 전 6개월부터 취득일 후 3개월 이내의 기간(이하 "평가기간")에 취득 대상이 된 부동산등에 대하여 매매, 감정, 경매 또는 공매한 사실이 있는 경우의 가액으로서 아래에서 정하는 가액을 말한다(지령 제14조 제1항).

---

8) 시가(時價)란 취득시기 현재 불특정 다수인 사이에 자유롭게 거래가 이루어지는 경우 통상적으로 성립된다고 인정되는 가액(지법 제10조의2 제1항, 상증세법 제60조 제2항), 건전한 사회 통념 및 상거래 관행과 특수관계인이 아닌 자 간의 정상적인 거래에서 적용될 것으로 판단되는 가격(법인세법 제52조 제2항)을 말한다.

★

① 취득한 부동산등의 매매사실이 있는 경우 그 거래가액. 다만,「소득세법」제101조 제1항 또는「법인세법」에 따른 특수관계인과의 거래 등으로 그 거래가액이 객관적으로 부당하다고 인정되는 경우는 제외한다.

② 취득한 부동산등에 대하여 둘 이상의 감정기관이 평가한 감정가액이 있는 경우 그 감정가액의 평균액. 다만, 다음 각 목의 가액은 제외하며, 해당 감정가액이 법 제4조에 따른 시가표준액과 제3항에 따른 시가인정액의 100분의 90에 해당하는 가액 중 적은 금액(이하 "기준금액")에 미달하는 경우나 기준금액 이상인 경우에도「지방세기본법」제147조 제1항에 따른 지방세심의위원회의 심의를 거쳐 감정평가 목적 등을 고려하여 해당 감정가액이 부적정하다고 인정되는 경우에는 지방자치단체의 장이 다른 감정기관에 의뢰하여 감정한 가액으로 하며, 그 가액이 납세자가 제시한 감정가액보다 낮은 경우에는 납세자가 제시한 감정가액으로 한다.
가. 일정한 조건이 충족될 것을 전제로 해당 부동산등을 평가하는 등 취득세의 납부목적에 적합하지 않은 감정가액
나. 취득일 현재 해당 부동산등의 원형대로 감정하지 않은 경우 그 감정가액

③ 취득한 부동산등의 경매 또는 공매 사실이 있는 경우 그 경매가액 또는 공매가액. 여기에서 경매는「민사집행법」에 따른 경매를 말한다.

위 규정은 국세법과 2가지가 다른데, 우선 지방세법의 증여취득일은 증여계약일인 반면, 국세법의 증여일은 증여재산의 등기, 등록접수일이다. 다만, 일반적으로 법무사가 증여계약서를 대리작성하고 서류를 갖춰 등기접수하는 시일의 차이가 크지 않아 크게 쟁점이 될 부분은 아니라고 판단된다.

두 번째로 국세와 달리 수용으로 인한 보상가액은 위 시가인정액에서 제외되고 있는데, 보상가액은 취득가액이 아닌 양도가액이라는 점에서 증여에서는 나타나기 어렵지 않나 사료된다(상증세법 제60조 제2항 참조).

한편, 당해 부동산에 대한 거래가액 등 시가인정액이 없는 경우에는 유사 부동산의 매매·감정 등 가액을 시가인정액으로 본다. 즉, 시가인정액으로 인정된 가액이 없는 경우에는 취득한 부동산등의 면적, 위치 및 용도와 시가표준액이 동일하거나 유사하다고 인정되는 다른 부동산등에 대한 시가인정액을 해당 부동산등의 시가인정액으로 본다(지령 제14조 제5항).

2 시가인정액 적용 예외 – 상속 및 1억 원 이하 증여 등

증여로 취득하는 경우 과세표준는 원칙적으로 시가인정액을 적용하지만, 예외적으로 시가표준액 1억 원 이하인 부동산등을 무상취득하는 경우에는 시가인정액과 시가표준액 중에서 납세자가 정하는 가액을 취득당시가액으로 한다(지법 제10조의2 제2항 제2호, 지령 제14조의2). 또한 상속에 따른 무상취득의 경우에도 시가인정액이 아닌 시가표준액을 취득당시가액으로 한다(지법 제10조의2 제2항 제1호).

따라서 1억 원 초과 또는 상속이 아닌 무상취득의 경우에는 시가인정액 적용을 원칙으로 하지만, 시가인정액을 산정하기 어려운 경우에도 시가표준액을 취득당시가액으로 적용한다(지법 제10조의2 제2항 제3호).

○ **(사례) 시가표준액 1억 원 이하의 시가인정액 예외 적용**

① 甲이 단독주택(시가표준액 1.6억 원)을 乙에게 50% 증여하는 경우, 시가표준액 1억 원 이하 부동산에 해당하는지 여부
　⇒ 시가표준액 1억 원 이하인 부동산등의 판단기준은 실제 취득하는 부동산으로 판단하므로(지법 §10의2 ②Ⅱ), 지분에 해당하는 시가표준액이 0.8억 원으로 시가표준액 1억 원 이하 부동산에 해당

② 甲이 단독주택(시가표준액 1.6억 원, 건물 0.7억 원, 토지 0.9억 원)을 丙에게 건물만 증여하는 경우, 시가표준액 1억 원 이하 부동산에 해당하는지 여부
　⇒ 시가표준액 1억 원 이하인 부동산등의 판단기준은 실제 취득하는 부동산으로 판단하므로, 건물에 해당하는 시가표준액이 0.7억 원으로 시가표준액 1억 원 이하 부동산에 해당

---

3 시가인정액의 산정

(1) 시가인정액 평가기간의 적용

거래가액과 감정가액 등이 시가인정액으로 적용되기 위해서는 평가대상 부동산의 취득일을 기준으로 정해진 "평가기간" 이내에 해당하여야 한다(지법 제10조의2 제1항, 지령 제14조 제1항).

위 평가기간은 원칙적으로 취득일 전 6개월부터 취득일 후 3개월의 기간을 말하며, 예외적으로 취득일 전 2년부터 취득세 신고·납부기한의 만료일부터 6개월 이내 기간의 가액 중 지방세심의위원회의 심의를 거쳐 확장·적용한다(지령 제14조 제1항·제3항).

앞 문단의 후단은 상속세 및 증여세법상 원칙적인 재산평가기간 외 과거 및 미래의 평가액을 지방세법에서도 동일하게 규정한 것으로 사료되며, 상속세 또는 증여세와 같이 결정기한 내(증여세 6개월, 상속세 9개월) 국세청 내부기준에 의해 소급감정하는 경우가 있는 것을 고려하여, 취득세가 비록 신고납부세목이지만 관할 지방자치단체는 현재 소급감정을 위한 별도 예산 마련을 준비 중인 것으로 알고 있다. 물론 증여세에 있어서 국세청이 소급감정했다면 이를 지방세심의위원회의 심의를 거쳐 과세표준에 적용할 수 있을 것으로 사료된다.

거래가액 등의 가액이 평가기간 이내의 가액인지에 대한 판단은 매매계약일 등 아래의 구분에 따른 날을 기준으로 하며, 시가인정액이 둘 이상인 경우에는 취득일 전후로 가장 가까운 날의 가액(그 가액이 둘 이상인 경우에는 평균액)을 적용한다(지령 제14조 제2항).

| 매매등 가액유형별 평가기간 내 판단기준일 |

가액유형	판단기준일
• 매매사례가액	• 매매계약일
• 감정가액	• 가격산정 기준일과 감정가액평가서 작성일 ※ 두 개의 날이 모두 평가기간 내에 해당해야 함.
• 경·공매가액	• 경매가액 또는 공매가액이 결정된 날 ※ 「민사집행법」 제128조에 따른 매각허가결정일

(2) 시가인정액에 대한 적용순서

시가인정액에 대한 우선순위는 해당 부동산에 대한 매매가액 등이 유사부동산에 대한 매매사례가액보다 우선 적용되며, 해당 부동산에 대한 매매가액, 감정가액, 공매가액은 같은 순위이다. 또한 평가기간 중 시가인정액으로 보는 가액이 둘 이상인 경우에는 취득일(증여계약일)을 전후하여 가장 가까운 날에 해당하는 가액을 적용하며, 가장 가까운 날에 해당하는 시가인정액이 둘 이상인 경우 그 평균액을 적용한다(지령 제14조).

매매사례가액 등을 시가인정액으로 적용하기 위한 평가기간과 적용순서는 ① 원칙적 평가기간의 매매등 가액 ⇒ ② 확장된 평가기간의 매매등 가액 ⇒ ③ 원칙적 평가기간의 유사 매매등 가액 ⇒ ④ 확장된 평가기간의 유사 매매등 가액 ⇒ ⑤ 시가인정액 산정이 어려운 경우 시가표준액을 적용하는 것이다(지법 제10조의2 제1항·제2항, 지령 제14조 제1~6항).

① 원칙적 평가기간의 매매등 가액

취득일 전 6개월부터 취득일 후 3개월 내에 당해 부동산의 매매사례가액, 감정가액, 경·공매가액을 적용하며, 평가기간 이내의 가액인지의 판단은 매매계약일, 가격산정기준일과 감정가액평가서 작성일, 경매가액 또는 공매가액이 결정된 날을 기준으로 한다. 다만, 평가기간 중 시가인정액으로 보는 가액이 둘 이상인 경우에는 취득일을 전후하여 가장 가까운 날에 해당하는 가액을 적용한다(지령 제14조 제2항).

② 확장된 평가기간의 매매등 가액

취득일 전 2년 이내의 기간 중 평가기간에 해당하지 않는 기간에 매매등이 있거나 평가기간이 지난 후에도 취득세 신고·납부기한의 만료일부터 6개월 이내의 기간 중에 매매등이 있는 경우에는 지방세심의위원회에서 심의·의결된 당해 부동산의 매매등 시가인정액으로 적용한다(지령 제14조 제3항).

납세자 및 지방자치단체의 장 모두 지방세심의위원회에 확장된 평가기간의 매매등 가액을 시가인정액으로 심의요청할 수 있으며, 심의요청을 받은 지방세심의위원회는 취득일로부터 평가기간까지의 기간 중에 시간의 경과와 주위환경의 변화 등을 고려할 때 가격변동의 특별한 사정이 없다고 인정하는 경우에는 매매등의 가액을 시가인정액으로 심의·의결할 수 있다(지령 제14조 제3항·제4항).

○ 기준－2020－법령해석재산－0170, 2021.8.18.
평가기간 내에 유사매매사례가액이 있는 경우에도 증여받은 당해 재산의 매매가액에 대하여 「상속세 및 증여세법 시행령」 제49조 제1항 각 호 외의 부분 단서를 적용할 수 있으며, 당해 재산의 매매가액이 있는 경우에는 유사매매사례가액을 적용하지 않는 것임.

③ 유사 부동산의 매매등 가액

앞 "①~②"에 따라 시가인정액으로 인정된 가액이 없는 경우에는 취득한 부동산 등의 면적, 위치, 종류 및 용도와 법 제4조에 따른 시가표준액이 동일하거나 유사하다고 인정되는 다른 부동산등("유사부동산등")의 거래가액, 감정가액, 경매·공매가액을 해당 부동산

등의 시가인정액으로 본다(지령 제14조 제5항). 다만, "유사부동산등 평가기간"은 취득일 전 1년부터 취득세 신고·납부기한의 만료일까지의 가액으로 한정한다.

④ 확장된 평가기간의 유사 부동산의 매매등 가액

위의 "유사부동산등" 규정에도 불구하고 납세자 또는 지방자치단체의 장은 부동산등의 취득일 전 2년부터 취득세 신고·납부기한의 만료일까지의 기간 중 유사부동산등 평가기간에 해당하지 않는 기간에 유사부동산등의 매매등이 있는 경우에는 지방세심의위원회에 해당 매매등의 가액을 시가인정액으로 인정하여 줄 것을 심의요청할 수 있다(지령 제14조 제6항).

위의 심의요청을 받은 지방세심의위원회는 부동산등의 취득일부터 유사부동산등의 매매 계약일 등 기간 중에 시간의 경과와 주위환경의 변화 등을 고려할 때 가격변동의 특별한 사정이 없다고 인정하는 경우에는 확장된 평가기간 중의 유사부동산등의 매매등의 가액을 시가인정액으로 심의·의결할 수 있다(지령 제14조 제7항).

한편, 국세의 경우에도 법령상 유사매매사례가액은 평가기준일 전 6개월부터 신고일까지의 매매사례가액[9]으로 한정한다. 다만, 유권해석으로 확장된 평가 기간의 유사매매사례가액을 인정하고 있는데 쟁점이 될 소지가 있다고 판단된다.

> ○ 서면 - 2019 - 상속증여 - 3948, 2020.4.21.
> 평가기간에 해당하지 아니하는 기간으로서 평가기준일 전 2년 이내의 기간 중에 유사한 재산의 매매등이 있는 경우에는 상증령 제49조의2 제1항에 따른 평가심의위원회의 심의를 거쳐 시가로 인정되는 가액에 포함시킬 수 있는 것임.

⑤ 시가인정액 산정이 어려운 경우

상속 또는 시가표준액이 1억 원 이하인 부동산의 무상취득에 해당하지 아니하는 경우로써 시가인정액을 산정하기 어려운 경우에는 시가표준액을 적용한다(지법 제10조의2 제2항 제3호).

---

9) 상속세 및 증여세법 시행령 제49조 ④ 제1항을 적용할 때 기획재정부령으로 정하는 해당 재산과 면적·위치·용도·종목 및 기준시가가 동일하거나 유사한 다른 재산에 대한 같은 항 각 호의 어느 하나에 해당하는 가액[법 제67조 또는 제68조에 따라 상속세 또는 증여세 과세표준을 신고한 경우에는 평가기준일 전 6개월부터 제1항에 따른 평가기간 이내의 신고일까지의 가액을 말한다]이 있는 경우에는 해당 가액을 법 제60조 제2항에 따른 시가로 본다. (2019.2.12. 개정)

참고 **시가인정액의 평가기간 및 적용순서**

1. 당해 부동산 매매등 시가인정액의 평가기간

확장된 평가기간 ② | 평가기간 ① | 확장된 평가기간 ②

취득일 전 2년 | 취득일 전 6개월 | 취득일 | 취득일 후 3개월* | 취득 신고·납부기한 만료일부터 6개월

* 무상취득의 신고·납부기한은 취득일이 속하는 달의 말일부터 3개월인 점과 비교(지법 제20조 제1항)

2. 유사 부동산의 매매등 시가인정액의 평가기간

확장된 평가기간 ④ | 유사부동산 등 평가기간 ③

취득일 전 2년 | 취득일 전 1년 | 취득일 | 신고일 | 신고·납부기한

※ 해당 재산의 매매등 시가인정액이 확인되는 경우, 취득일을 기준으로 더 가까운 날에 유사 부동산의 매매등 시가인정액이 있더라도 해당 재산의 매매등 시가인정액을 우선으로 적용(지령 제14조 제5항)

4 당해 부동산 매매등 시가인정액의 유형

(1) 거래가액

취득한 부동산 등의 매매사실이 있는 경우 그 거래가액을 시가인정액으로 본다. 다만, 「소득세법」 제101조 제1항 또는 「법인세법」에 따른 특수관계인과의 거래 등으로 그 거래가액이 객관적으로 부당하다고 인정되는 경우는 제외한다(지령 제14조 제1항 제1호). 특수관계인은 혈족·인척 등 친족관계와 임원·사용인 등 경제적 연관관계, 주주·출자자 등 경영지배관계를 말한다.

특수관계인 간의 거래로 그 취득에 대한 조세부담을 부당하게 감소시키는 행위 또는 계산을 한 것으로 인정되는 경우(부당행위계산)에는 시가인정액을 취득당시가액으로 결정할 수 있다. 이 경우 부당행위계산은 특수관계인으로부터 시가인정액보다 낮은 가격으로 부동산을 취득한 경우로서 시가인정액과 사실상 취득가격의 차액이 3억 원 이상이거나 시가인정액의 100분의 5에 상당하는 금액 이상인 경우로 한다(지법 제10조의3 제2항, 지령 제18조의2).

아울러 매매가액에 대한 평가기간 내의 가액 판단기준일은 매매계약일이 된다(지령 제14조 제2항).

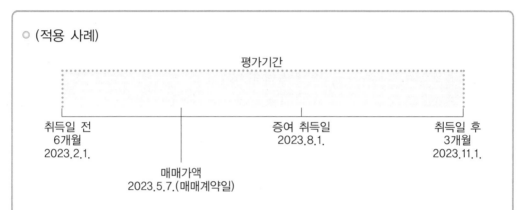

○ (적용 사례)

① 甲이 A부동산을 매매로 취득하고(매매계약일 2023.5.7.), 甲이 乙에게 A부동산을 증여할 경우(증여계약일 2023. 8. 1.) 乙의 증여 취득에 따른 시가인정액으로 매매가액(매매계약일 2023.5.7.)을 적용할 수 있는지?
⇒ 매매계약일이 2023.5.7.인데, 이는 평가기간(2.1.~11.1.) 내에 있으므로 해당 매매가액을 시가인정액으로 적용 가능

② 甲이 제3자로부터 분양권(5억 원)을 프리미엄 비용(2억 원)을 더해 매매로 취득(매매계약일 2023.5.7.)하고 입주한 뒤, 甲이 乙에게 아파트를 증여(증여계약일 2023.8.1.)한 경우 乙의 증여 취득에 따른 시가인정액은?
⇒ 甲이 분양권 취득 시 지출했던 프리미엄 비용을 포함한 7억 원은 무상취득한 乙의 매매가액으로 인정되므로, 乙의 시가인정액으로 적용

③ 甲이 분양권으로 신축아파트를 취득(분양취득) 후 2개월 소유하다가, 甲이 乙에게 아파트를 무상증여할 경우 분양가액을 시가인정액으로 볼 수 있는지?
⇒ 만약 분양계약 당시 분양가액이 3년 전 가액이라면 시가인정액으로 볼 수 없음.

(2) 감정가액

① 감정가액이 시가인정액으로 인정되기 위한 조건

첫째, 납세자가 취득세 과세표준을 감정가액으로 신고하려는 경우에는 둘 이상의 감정기관에 감정을 의뢰하고 그 결과를 첨부하여 신고하는 경우 그 감정가액을 시가인정액으로 본다(지법 제10조의2 제3항, 지령 제14조 제1항). 둘 이상의 감정기관이 평가한 감정가액은 그 감정가액의 평균액이 시가인정액이 된다(지령 제14조 제1항 제2호). 다만, 시가표준액이 10억원 이하인 부동산이거나 법인 합병·분할 및 조직변경을 원인으로 취득하는 부동산인 경우에는 하나의 감정기관이 평가한 감정가액을 시가인정액으로 본다(지령 제14조의3 제1항). 여기에서의 감정기관은 공신력 있는 감정기관을 말하며, 공신력 있는 감정기관이란 「감정평가 및 감정평가사에 관한 법률」 제2조 제4호의 감정평가법인 등을 말한다(지령 제14조 제1항, 지칙 제14조의5).

둘째, 감정가액이 평가기간 이내의 가액이어야 한다. 즉, 가격산정기준일과 감정가액평가서 작성일이 평가기간 이내에 있어야 한다(지령 제14조 제2항 제2호). 이를 소급감정을 막기 위한 취지라서 해석하기도 하지만, 이는 평가기간 내 시가인정액(1순위)이 되는 요건이지, 납세자의 소급감정을 부인하는 규정은 아니다.

만약 A부동산을 2023.8.1. 증여로 취득한 경우에 가격산정기준일은 2023.1.5.이고 감정가액평가서작성일은 2023.3.20.인 경우라면 평가기간인 취득일 전 6개월인 2023.2.1.부터 취득일 후 3개월 이내에 있지 아니하므로 그 감정가액은 시가인정액(1순위)으로 적용하기 어렵다고 하겠다.

셋째, 해당 감정가액이 시가표준액에 미달하는 경우나 시가표준액 이상인 경우에도 지방세심의위원회의 심의를 거쳐 감정평가 목적 등을 고려하여 해당 감정가액이 부적정하다고 인정되는 경우에는 지방자치단체의 장이 다른 감정기관에 의뢰하여 감정한 가액으로 하며, 이 경우 그 가액이 납세자가 제시한 감정가액보다 낮은 경우에는 납세자가 제시한 감정가액으로 한다(지령 제14조 제1항 제2호).

② 시가인정액으로 인정되지 않는 감정가액의 범위

첫째, 취득세 납부목적에 부적합한 감정가액이다. 즉, 일정한 조건이 충족될 것을 전제로 해당 부동산 등을 평가하는 등 취득세의 납부 목적에 적합하지 않은 감정가액은 제외된다

(지령 제14조 제1항 제2호). 만약 증여세를 납부하기 위해 감정평가한 경우 이를 인정할 것인 가? 감정가액 적용에 있어 지방세법과 상속·증여세법의 내용이 동일하므로 특별한 이유 가 없는 한 취득세 과세표준인 시가인정액으로 볼 수 있을 것이다.

둘째, 취득일 현재 해당 부동산등의 원형대로 감정하지 않은 경우 그 감정가액도 제외된 다(지령 제14조 제1항 제2호).

셋째, 감정가액이 시가표준액에 미달하는 경우나 시가표준액 이상인 경우에도 지방세심 의위원회의 심의를 거쳐 감정평가 목적 등을 고려하여 해당 감정가액이 부적당하다고 인정 되는 경우에는 제외된다(지령 제14조 제1항 제2호).

> ○ 시가의 개념 및 감정가격을 시가로 보기 위한 요건
>   (대법원 2003.5.30. 선고 2001두6029 판결)
> 구 상속세법(1996.12.30. 법률 제5193호로 전문 개정되기 전의 것) 제9조 제2항에서 말하 는 '시가'라 함은 원칙적으로 정상적인 거래에 의하여 형성된 객관적 교환가격을 의미하지 만 이는 객관적이고 합리적인 방법으로 평가한 가액도 포함하는 개념이므로, 거래를 통한 교환가격이 없는 경우에는 공신력 있는 감정기관의 감정가격도 시가로 볼 수 있고, 그 가 액이 소급감정에 의한 것이라 하여도 달리 볼 수는 없다 할 것이나, 위와 같이 감정가격을 시가로 볼 수 있기 위해서는 어디까지나 감정이 적정하게 이루어져 객관적이고 합리적인 방법으로 평가되었다는 점이 인정되어야 한다.

> ○ 담보목적으로 감정한 가액의 시가 인정 여부
>   (국세청 서면인터넷방문 상담4팀 – 1971, 2005.10.25.)
> 평가대상 자산을 담보로 제공하기 위하여 감정한 경우로서 담보로 제공되지 아니한 경우 에도 「부동산 가격공시및 감정평가에 관한 법률」에서 정하는 적정한 방법으로 평가한 감 정가액인 경우에는 시가로 인정될 수 있으며, 이에 해당하는지 여부는 평가대상 재산의 위 치·지형·주변환경 등 객관적 가치에 영향을 미치는 제요인을 감안하여 적정하게 감정 평가하였는지 여부 등 구체적인 사실을 확인하여 판단할 사항임.

(3) 경매 및 공매가액

취득한 부동산등의 경매 또는 공매 사실이 있는 경우 그 경매가액 또는 공매가액을 시가인정액으로 본다(지령 제14조 제1항 제3호). 이 경우 평가기간 내의 가액 판단기준일은 경매가액 또는 공매가액이 결정된 날이다(지령 제14조 제2항 제3호).

(4) 자본적지출액의 가산

시가인정액을 산정할 때 평가기간 내의 가액 판단기준일이 부동산등의 취득일 전인 경우로서 판단기준일부터 취득일까지 해당 부동산등에 대한 자본적지출액(「소득세법 시행령」 제163조 제3항에 따른 자본적지출액을 말한다)이 확인되는 경우에는 그 자본적지출액을 매매등 시가인정액에 더할 수 있다(지령 제14조 제9항).

여기에서 자본적지출액이라 함은 다음 각 호의 어느 하나에 해당하는 것으로서 그 지출에 관한 소득세법 제160조의2 제2항에 따른 증명서류를 수취·보관하거나 실제 지출사실이 금융거래 증명서류에 의하여 확인되는 경우를 말한다(소득세법 시행령 제163조 제3항).

★
① 소득세법 시행령 제67조 제2항의 규정을 준용하여 계산한 자본적지출액
② 양도자산을 취득한 후 쟁송이 있는 경우에 그 소유권을 확보하기 위하여 직접 소요된 소송비용·화해비용 등의 금액으로서 그 지출한 연도의 각 소득금액의 계산에 있어서 필요경비에 산입된 것을 제외한 금액
③ 「공익사업을 위한 토지 등의 취득 및 보상에 관한 법률」이나 그 밖의 법률에 따라 토지 등이 협의 매수 또는 수용되는 경우로서 그 보상금의 증액과 관련하여 직접 소요된 소송비용·화해비용 등의 금액으로서 그 지출한 연도의 각 소득금액의 계산에 있어서 필요경비에 산입된 것을 제외한 금액. 이 경우 증액보상금을 한도로 한다.
④ 양도자산의 용도변경·개량 또는 이용편의를 위하여 지출한 비용(재해·노후화 등 부득이한 사유로 인하여 건물을 재건축한 경우 그 철거비용을 포함한다)
⑤ 「개발이익환수에 관한 법률」에 따른 개발부담금(개발부담금의 납부의무자와 양도자가 서로 다른 경우에는 양도자에게 사실상 배분될 개발부담금상당액을 말한다)
⑥ 「재건축초과이익 환수에 관한 법률」에 따른 재건축부담금(재건축부담금의 납부의무자와 양도자가 서로 다른 경우에는 양도자에게 사실상 배분될 재건축부담금상당액을 말한다)
⑦ 위에 준하는 비용으로서 기획재정부령이 정하는 것

5 유사 부동산의 매매등 시가인정액의 적용

앞에서의 규정에 따라 시가인정액으로 인정된 가액이 없는 경우에는 취득한 부동산등의 면적, 위치, 종류 및 용도와 시가표준액이 동일하거나 유사하다고 인정되는 다른 부동산등에 대한 시가인정액을 해당 부동산등의 시가인정액으로 본다(지령 제14조 제5항). 따라서 당해 물건에 대한 매매등 시가인정액이 있는 경우에는 유사 부동산의 매매등 시가인정액은 적용하지 않는 것이다.

(1) 유사 부동산의 인정 범위

① 공동주택가격이 있는 공동주택인 경우

다음의 요건을 모두 충족하는 주택을 말한다(지령 제14조 제6항, 지칙 제4조의3 제4항).

★
- 평가대상 주택과 동일한 공동주택단지 내에 있을 것
- 평가대상 주택과 주거전용면적의 차이가 평가대상 주택의 주거전용면적의 100분의 5 이내일 것
- 평가대상 주택과 공동주택가격의 차이가 평가대상 주택의 공동주택가격의 100분의 5 이내일 것

다만, 해당 주택이 둘 이상인 경우에는 평가대상 주택과 공동주택가격 차이가 가장 적은 주택을 말한다.

이 단서 조항이 문제인데, 유사매매사례가액이 다수인 경우 취득일과 가장 가까운 유사매매사례가액이 먼저인지, 아니면 평가대상 주택과 차이가 가장 적은 주택이 먼저인지 여부이다.

결론적으로 유사매매사례가액이 다수인 경우는 평가대상 주택과 차이가 가장 적은 주택이 다수인 경우에 판단규정일 뿐, 우선 적용은 평가대상 주택과 차이가 가장 적은 주택을 찾아내는 것이다. 이는 유사 부동산의 재산평가 실무상 매우 조심해야 할 부분인바, 평가기준일과 가장 가까운 매매사례가액을 찾는 것이 아니라, 면적 및 기준시가 차이가 가장 적은 주택의 매매사례가액을 찾는 것이 맞는 것이다.

② 공동주택가격이 없는 공동주택과 그 외의 재산

공동주택가격이 없거나 그 외의 재산인 경우에는 평가대상 재산과 면적·위치·용도 및 시가표준액이 동일하거나 유사한 다른 재산을 말한다(지칙 제4조의5 제2항).

(2) 유사 부동산의 시가인정액 평가기간

평가기간은 취득일 전 6개월부터 취득일 후 3개월 내가 원칙이나, 유사 부동산의 경우 취득일 전 1년부터 지방세법 제20조 제1항에 따른 신고·납부기한의 만료일까지의 가액으로 한정된다(지령 제14조 제5항).

(3) 유사 부동산 적용 사례

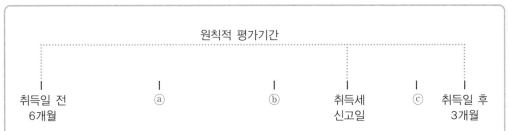

○ 甲이 A부동산을 증여로 취득(증여계약일 2023.8.1.)하고 2023.8.2.에 취득세를 신고할 경우, A부동산 당해 물건에 대한 매매사례가액등은 없고 유사한 부동산에 대한 매매사례가액 B, C, D가 있는 경우라면 A부동산에 적용되는 시가인정액은? (B, C, D부동산은 A부동산과 동일 조건의 부동산으로 가정한다)

ⓐ B부동산: 매매계약일(2023.2.4.), 매매가액(7억 원)
ⓑ C부동산: 매매계약일(2023.6.28.), 매매가액(6억 5천만 원)
ⓒ D부동산: 매매계약일(2023.8.3.), 매매가액(8억 원)

⇒ ① 부동산에 대한 시가인정액 평가기간은 취득일 전 6개월(2023.2.1.)부터 취득세 신고일(2023.8.2.)까지 이므로, 평가기간 이내의 가액 중 매매계약일이 취득일에 가장 가까운 날의 금액인 ② C부동산의 매매가액(6억 5천만 원)을 시가인정액으로 적용해야 함(D부동산은 신고일 이후 매매사례가액으로 시가인정액이 아님).

(4) 가산세 적용

무상취득에 따른 취득세를 신고하지 아니한 경우에는 무신고가산세 및 납부불성실가산세 포함하여 취득세를 과세하는 것이나, 납세의무자가 당초 신고기한 내에 시가인정액으로 취득세를 신고·납부한 후, 과세권자가 경정하여 직권 부과하기 전에 다른 시가인정액으로 수정신고하는 경우에는 과소신고가산세를 부과하지 아니한다. 다만, 과세관청의 안내에도 불구하고 납세자가 수정신고하지 않을 경우에는 과소신고가산세를 부과한다.

납부불성실가산세에 있어서도 신고기간 내 정당하게 취득세를 신고 및 "등기"를 하고, 이후 과세관청이 조사한 새로운 시가인정액으로 수정되어 취득일이 속하는 달의 말일부터 3개월 이내에 수정신고하는 경우라면 납부불성실가산세도 가산세 감면의 "정당한 사유"가 있는 것으로 보아 감면을 적용한다. 또한, 과세관청의 요청에 따라 지방세심의위원회의 심의를 거쳐 시가인정액으로 결정된 경우에는 이를 "정당한 사유"가 있는 것으로 보아 감면을 적용한다.

6 부담부증여 취득의 과세표준

증여자의 채무를 인수하는 부담부(負擔附)증여의 경우에는 그 채무액에 상당하는 부분은 부동산등을 유상으로 취득하는 것으로 본다. 다만, 배우자 또는 직계존비속으로부터의 부동산등의 부담부증여의 경우에는 원칙적으로 증여로 취득한 것으로 본다(지법 제7조 제12항).

이에 따라 증여자의 채무를 인수하는 부담부증여의 경우 유상으로 취득한 것으로 보는 채무액에 상당하는 부분(채무부담액)에 대해서는 유상승계취득에서의 과세표준을 적용하고, 취득물건의 시가인정액에서 채무부담액을 뺀 잔액에 대해서는 무상취득에서의 과세표준을 적용한다(지법 제10조의2 제6항).

부담부증여의 경우 유상으로 취득한 것으로 보는 채무액에 상당하는 부분(채무부담액)의 범위는 시가인정액을 그 한도로 한다(지령 제14조의4 제1항). 다만, 시가인정액을 산정하기 어려운 경우에는 시가표준액을 과세표준액으로 적용하며(지법 제10조의2 제2항), 채무액에 상당하는 부분인 채무부담액은 취득자가 부동산등의 취득일이 속하는 달의 말일부터 3개월 이내에 인수한 것을 입증한 채무액으로서 다음과 같이 확인되는 금액을 말한다(지령 제14조의4 제2항).

★

① 등기부 등본으로 확인되는 부동산등에 대한 저당권, 가압류, 가처분 등에 따른 채무부담액
② 금융기관이 발급한 채무자 변경 확인서 등으로 확인되는 금융기관의 금융채무액
③ 임대차계약서 등으로 확인되는 부동산등에 대한 임대보증금액
④ 그 밖에 판결문, 공정증서 등 객관적 입증자료로 확인되는 취득자의 채무부담액

구 분	시가표준액	채무액	매매등 가액
사례 A	4억 원	3억 원	5억 원
사례 B	3억 원	4억 원	5억 원

※ 매매등 가액은 신고단계에서 확인되지 않은 가액으로 향후 매매등 가액이 확인되거나 과세관청의 요청으로 감정가액 등이 심의·의결을 거쳐 추후 확인되는 가액으로 가정

① 사례 A: 시가인정액을 시가표준액 4억 원으로 본다면 채무액 3억 원은 유상취득, 1억 원은 무상취득. 만약, 향후 시가인정액이 5억 원으로 확인되는 경우 그 차액에 대해 추후 취득세가 추징될 수 있음.

② 사례 B: 시가표준액 3억 원보다 채무액 4억 원이 더 높으므로 시가표준액이 시가인정액이 될 수 없음. 전체 4억 원이 유상취득. 만약, 향후 시가인정액이 5억 원으로 확인되는 경우 4억 원은 유상취득, 1억 원은 무상취득으로 추후 취득세가 추징될 수 있음.

7 시가인정액의 지방세심의위원회 심의결정

납세자 또는 지방자치단체의 장은 매매사례가액 등에 불구하고 취득일 전 2년 이내의 기간 중 평가기간에 해당하지 않는 기간에 매매등이 있거나 평가기간이 지난 후에도 취득세

신고·납부기한의 만료일부터 6개월 이내의 기간 중에 매매등이 있는 경우에는 지방세심의위원회에 해당 매매등의 가액을 매매사례가액 등의 가액으로 인정하여 줄 것을 심의요청할 수 있다(지령 제14조 제3항).

위의 심의요청을 받은 지방세심의위원회는 취득일부터 매매계약일 등까지의 기간 중에 시간의 경과와 주위환경의 변화 등을 고려할 때 가격변동의 특별한 사정이 없다고 인정하는 경우에는 위의 기간 중의 매매등의 가액을 매매사례가액 등 가액으로 심의·의결할 수 있다(지령 제14조 제4항).

8 시가불인정 감정기관 지정 및 그 기간

(1) 시가불인정 감정기관 지정

납세자가 취득세를 신고를 할 때 과세표준으로 감정가액을 신고하려는 경우에는 둘 이상의 감정기관(10억 원 이하의 부동산등인 경우 하나의 감정기관)에 감정을 의뢰하고 그 결과를 첨부하여야 한다(지법 제10조의2 제3항). 이에 따른 신고를 받은 지방자치단체의 장은 감정기관이 평가한 감정가액이 다른 감정기관이 평가한 감정가액의 100분의 80에 미달하는 등의 사유에 해당하는 경우에는 1년의 범위에서 기간을 정하여 해당 감정기관을 시가불인정 감정기관으로 지정할 수 있다(지법 제10조의2 제4항).

"감정기관이 평가한 감정가액이 다른 감정기관이 평가한 감정가액의 100분의 80에 미달하는 등의 사유에 해당하는 경우"란 납세자가 제시한 감정가액(원감정가액)이 지방자치단체의 장이 다른 감정기관에 의뢰하여 평가한 감정가액(재감정가액)의 100분의 80에 미달하는 경우를 말한다(지령 제14조의3 제2항). 지방자치단체의 장은 감정가액이 앞의 사유에 해당하는 경우에는 부실감정의 고의성과 원감정가액이 재감정가액에 미달하는 정도 등을 고려하여 1년의 범위에서 행정안전부령으로 정하는 기간 동안 원감정가액을 평가한 감정기관을 시가불인정 감정기관으로 지정할 수 있다. 이 경우 지방세심의위원회의 심의를 거쳐야 한다(지령 제14조의3 제3항).

시가불인정 감정기관의 지정 기간은 지방자치단체의 장으로부터 시가불인정 감정기관 지정 결과를 통지받은 날부터 기산하며, 지방자치단체의 장은 지방세심의위원회의 회의를 개최하기 전에 시가불인정 감정기관 지정 내용 및 법적 근거, 의견제출기한 등의 내용을 해당 감정기관에 통지하고, 의견을 청취해야 한다(지령 제14조의3 제4항·제5항). 또한 지방자치단체의 장이 시가불인정 감정기관을 지정하는 경우에는 시가불인정 감정기관의 명칭(상호) 등을 지방세통합정보통신망과 게시판, 인터넷홈페이지에 공개하여야 한다(지령 제14조의3 제6항, 지칙 제4조의5 제4항).

아울러, 위에 따라 시가불인정 감정기관으로 지정된 감정기관이 평가한 감정가액은 그 지정된 기간 동안 시가인정액으로 보지 아니한다(지법 제10조의2 제5항).

(2) 시가불인정 감정기관의 지정 기간

시가불인정 감정기관의 지정 기간은 다음의 구분에 따른 기간으로 하되, "①, ②"에 모두 해당하는 경우에는 해당 기간 중 가장 긴 기간으로 한다(지칙 제4조의5 제3항).

★
① 고의 또는 중대한 과실로 다음의 어느 하나에 해당하는 부실감정을 한 경우: 1년
   가. 평가대상 재산의 위치·지형·이용상황·주변환경 등 객관적 가치에 영향을 미치는 요인을 사실과 다르게 조사한 경우
   나. 「감정평가 및 감정평가사에 관한 법률」 제2조 및 제25조 제2항을 위반한 경우
   다. 납세자와 담합하여 취득세를 부당하게 감소시킬 목적으로 감정평가한 경우
② 원감정가액이 재감정가액에 미달하는 경우: 재감정가액에 대한 원감정가액의 비율에 따른 다음의 기간
   가. 100분의 70 이상 100분의 80 미만인 경우: 6월
   나. 100분의 60 이상 100분의 70 미만인 경우: 9월
   다. 100분의 60 미만인 경우: 1년

○ 산업단지 사업시행자의 무상양도 공공시설의 취득시기 및 취득세 과세표준
　(대법원 2022.4.28. 선고 2022두31396 판결)

사업시행자가 무상양도 공공시설을 취득하는 시기는 「산업입지법」 제26조 제4항에 따른 사업 준공인가일이며, 이에 따른 취득세 과세표준은 그 통지를 한 때의 시가표준액임.

(저자주) 현재는 취득일 전후로 가장 가까운 날의 적격 감정평가액이 있다면 감정평가액이 과세표준이 될 것임.

○ 공공용지 협의 취득가액을 시가인정액으로 적용할 수 있는지 여부 (부동산세제과-2668, 2024.8.2.)

공공용지의 협의 취득가액은 ① 토지 수용 시에 우선적으로 협의 취득 절차를 거치고, 그 협의가 성립되지 않거나 할 수 없는 경우에 수용의 절차를 거쳐야 한다는 점, ② 당사자 간 합의에 따른 사법상 매매행위인 협의 취득은 토지수용법에 손실보상의 기준을 따르지 않고 매매대금을 정할 수 있다는 점, ③ 토지수용법에 따른 협의 취득에 따른 보상의 적정가격 산정에 있어 지가변동률, 생산자물가상승률, 위치·형상·환경·이용상황 등이 반영된 시장가치를 반영하고 있다는 점 등을 종합적으로 고려하여 공공용지의 협의 취득가액은 매매사례가액과 실질적 차이가 없는 것으로 보아 시가인정액으로 보는 것이 타당할 것으로 판단됨.

유상승계취득의 과세표준

1 유상승계취득의 과세표준 적용원칙

부동산등을 유상거래로 승계취득하는 경우 취득당시가액은 취득시기 이전에 해당 물건을 취득하기 위하여 납세의무자 등 아래의 자[10]가 거래 상대방이나 제3자에게 지급하였거나 지급하여야 할 일체의 비용으로서 대통령령으로 정하는 사실상의 취득가격이다(지법 제10조의3 제1항). 여기에서 유상거래라 함은 매매 또는 교환 등 취득에 대한 대가를 지급하는 거래를 말하며, 사실상의 취득가격이란 해당 물건을 취득하기 위하여 거래 상대방 또는 제3자에게 지급했거나 지급해야 할 직접비용과 간접비용의 합계액을 말한다.

★
① 납세의무자
②「신탁법」에 따른 신탁의 방식으로 해당 물건을 취득하는 경우에는 같은 법에 따른 위탁자
③ 그 밖에 해당 물건을 취득하기 위하여 비용을 지급하였거나 지급하여야 할 자로서 대통령령으로 정하는 자

---

10) 2024년부터 취득자 외 취득에 관여한 자가 취득을 위해 지출한 비용도 과세표준에 포함하도록 개정되었다(지법 제10조의3 제1항). 이는 종전에는 유상승계취득 과세표준에 비용 지급 주체의 명시 없이 거래상 대방 또는 제3자에게 지급했거나 지급해야 할 일체의 비용으로만 규정되어 취득자가 지급한 비용만 포함되는 것으로 해석될 소지가 있었으나, 그 지급 주체를 납세의무자 외 신탁법에 따른 위탁자와 그 밖에 해당 물건을 취득하기 위하여 비용을 지급하였거나 지급하여야 할 자라고 명확히 규정한 것이다(※ 이 개정 규정은 2024년 4월 1일부터 시행).

다만, 지방자치단체의 장은 특수관계인 간의 거래로 그 취득에 대한 조세부담을 부당하게 감소시키는 행위 또는 계산을 한 것으로 인정되는 경우(부당행위계산)에는 위의 적용원칙에 불구하고 시가인정액을 취득당시가액으로 결정할 수 있다(지법 제10조의3 제2항).

종전에는 부당행위계산부인 규정을 법인세법, 소득세법 상 부당행위계산부인 규정에 의해 통보되는 부당행위에 대한 취득세 과세표준 계산을 재계산하는 경우였다면 개정 이후에는 지방세법상 부당행위계산부인 요건에 해당하면 시가인정액을 취득당시가액으로 결정할 수 있다.

2 사실상의 취득가격이란?

(1) 사실상의 취득가격의 범위

부동산등을 유상거래로 승계취득하는 경우 취득당시가액은 취득시기 이전에 해당 물건을 취득하기 위하여 거래 상대방이나 제3자에게 지급하였거나 지급하여야 할 일체의 비용으로서 대통령령으로 정하는 사실상의 취득가격이다(지법 제10조의3 제1항).

대통령령으로 정하는 사실상의 취득가격이란 해당 물건을 취득하기 위하여 거래 상대방 또는 제3자에게 지급했거나 지급해야 할 직접비용과 아래 9개 항목에 해당하는 간접비용의 합계액을 말한다. 다만, 취득대금을 일시급 등으로 지급하여 일정액을 할인받은 경우에는 그 할인된 금액으로 하고, 법인이 아닌 개인이 부동산등을 취득한 경우에는 건설자금이자, 할부이자, 중개보수 등 3개 항목의 금액에 대하여는 사실상 취득가격의 범위에서 제외된다(지령 제18조 제1항).

★
① 건설자금에 충당한 차입금의 이자 또는 이와 유사한 금융비용(개인 제외)
② 할부 또는 연부(年賦) 계약에 따른 이자 상당액 및 연체료(개인 제외)
③ 「농지법」에 따른 농지보전부담금, 「문화예술진흥법」 제9조 제3항에 따른 미술작품의 설치 또는 문화예술진흥기금에 출연하는 금액, 「산지관리법」에 따른 대체산림자원조성비 등 관계 법령에 따라 의무적으로 부담하는 비용
④ 취득에 필요한 용역을 제공받은 대가로 지급하는 용역비·수수료(건축 및 토지조성공사로 수탁자가 취득하는 경우 위탁자가 수탁자에게 지급하는 신탁수수료를 포함한다)

⑤ 취득대금 외에 당사자의 약정에 따른 취득자 조건 부담액과 채무인수액
⑥ 부동산을 취득하는 경우 「주택도시기금법」 제8조에 따라 매입한 국민주택채권을 해당 부동산의 취득 이전에 양도함으로써 발생하는 매각차손. 이 경우 행정안전부령으로 정하는 금융회사 등 외의 자에게 양도한 경우에는 동일한 날에 금융회사 등에 양도하였을 경우 발생하는 매각차손을 한도로 한다.
⑦ 「공인중개사법」에 따른 공인중개사에게 지급한 중개보수(개인 제외)
⑧ 붙박이 가구·가전제품 등 건축물에 부착되거나 일체를 이루면서 건축물의 효용을 유지 또는 증대시키기 위한 설비·시설 등의 설치비용
⑨ 정원 또는 부속시설물 등을 조성·설치하는 비용
⑩ "①"부터 "⑨"까지의 비용에 준하는 비용

(2) 사실상의 취득가격에서 제외되는 비용

위 사실상 취득가격의 범위에도 불구하고 부가가치세 등 다음 5개 항목의 비용에 대하여는 사실상 취득가격에 포함하지 않는다(지령 제18조 제2항).

★

① 취득하는 물건의 판매를 위한 광고선전비 등의 판매비용과 그와 관련한 부대비용
② 「전기사업법」, 「도시가스사업법」, 「집단에너지사업법」, 그 밖의 법률에 따라 전기·가스·열 등을 이용하는 자가 분담하는 비용
③ 이주비, 지장물 보상금 등 취득물건과는 별개의 권리에 관한 보상 성격으로 지급되는 비용
④ 부가가치세
⑤ "①"부터 "④"까지의 비용에 준하는 비용

(3) 법인 장부 등의 작성과 보존

취득세 납세의무가 있는 법인은 취득당시가액을 증명할 수 있는 장부와 관련 증거서류를 작성하여 갖춰 두어야 한다. 이 경우 다음의 장부 및 증거서류를 포함하여야 한다(지법 제22조의2 제1항, 후단의 규정은 2024.4.1.부터 시행).

★
① 사업의 재산 상태와 그 거래내용의 변동을 기록한 장부 및 증거서류
② 「신탁법」에 따른 수탁자가 위탁자로부터 취득세 과세대상 물건의 취득과 관련하여 지급받은 신탁수수료와 그 밖의 대가가 있는 경우 이를 종류·목적·용도별로 구분하여 기록한 장부 및 증거서류

지방자치단체의 장은 취득세 납세의무가 있는 법인이 법인 장부 등의 작성 및 보존의무를 이행하지 아니하는 경우에는 산출된 세액 또는 부족세액의 10%에 상당하는 금액을 징수하여야 할 세액에 가산한다(지법 제22조의2 제2항).

3 특수관계인 간 유상승계취득

특수관계인 간의 거래로 그 취득에 대한 조세부담을 부당하게 감소시키는 행위 또는 계산을 한 것으로 인정되는 경우(부당행위계산)에는 유상승계취득의 과세표준 적용원칙에 불구하고 시가인정액을 취득당시가액으로 결정할 수 있다(지법 제10조의3 제2항).

2021.12.28. 개정 전에는 법인세법·소득세법상의 부당행위계산부인에 해당하는 경우로 한정하여 적용하던 규정을 개정하여 지방세법상 부당행위계산 유형에 해당하면 유상승계취득의 과세표준 적용원칙에 불구하고 시가인정액을 취득당시가액으로 결정할 수 있다.

(1) 부당행위계산의 유형

특수관계인 간의 거래로 그 취득에 대한 조세부담을 부당하게 감소시키는 행위 또는 계산을 한 것으로 인정되는 경우, 즉 부당행위계산은 특수관계인으로부터 시가인정액보다 낮은 가격으로 부동산을 취득한 경우로서 시가인정액과 사실상 취득가격의 차액이 3억 원 이상이거나 시가인정액의 100분의 5에 상당하는 금액 이상인 경우를 말한다(지령 제18조의2).

(2) 특수관계인이란?

특수관계인이란 「소득세법」 제101조 제1항 또는 「법인세법」에 따른 특수관계인을 말한다(지령 제14조 제1항 제1호). 소득세법상 특수관계인은 ① 혈족·인척 등 친족관계와 ② 임원·사용인 등 경제적 연관관계, ③ 주주·출자자 등 경영지배관계로 나누어 규정하고 있다(국세기본법 제2조 제20호).

특수관계인 중 먼저 친족관계로서 ① 4촌 이내의 혈족, ② 3촌 이내의 인척, ③ 배우자(사실상의 혼인관계에 있는 자를 포함), ④ 친생자로서 다른 사람에게 친양자 입양된 자 및 그 배우자·직계비속, ⑤ 본인이 「민법」에 따라 인지한 혼인 외 출생자의 생부나 생모(본인의 금전이나 그 밖의 재산으로 생계를 유지하는 사람 또는 생계를 함께하는 사람으로 한정) 중 어느 하나에 해당하는 관계를 말한다(국기령 제1조의2 제1항).

임원·사용인 등 경제적 연관관계란 ① 임원과 그 밖의 사용인, ② 본인의 금전이나 그 밖의 재산으로 생계를 유지하는 자, ③ "①" 및 "②"의 자와 생계를 함께하는 친족에 해당하는 관계를 말하며, 경영지배관계란 법인의 경영에 대하여 지배적인 영향력을 행사하고 있는 경우 그 개인 또는 법인을 말한다(국세기본법 시행령 제1조의2 제2항·제3항).

법인세법상 특수관계인은 법인과 경제적 연관관계 또는 경영지배관계 등의 관계에 있는 자로서 다음에 해당하는 관계에 있는자를 말한다. 이 경우 본인도 그 특수관계인의 특수관계인으로 본다(법인법 제2조 제12호, 법인령 제2조 제5항).

★
① 임원의 임면권의 행사, 사업방침의 결정 등 해당 법인의 경영에 대해 사실상 영향력을 행사하고 있다고 인정되는 자와 그 친족(「국세기본법 시행령」 제1조의2 제1항)
② 소액주주등이 아닌 주주 또는 출자자(비소액주주등)와 그 친족
③ 다음의 어느 하나에 해당하는 자 및 이들과 생계를 함께하는 친족
  가. 법인의 임원·직원 또는 비소액주주등의 직원(비소액주주등이 영리법인인 경우에는 그 임원을, 비영리법인인 경우에는 그 이사 및 설립자를 말한다)
  나. 법인 또는 비소액주주등의 금전이나 그 밖의 자산에 의해 생계를 유지하는 자
④ 해당 법인이 직접 또는 그와 "①"부터 "③"까지의 관계에 있는 자를 통해 어느 법인의 경영에 대해 「국세기본법 시행령」 제1조의2 제4항에 따른 지배적인 영향력을 행사하고 있는 경우 그 법인
⑤ 해당 법인이 직접 또는 그와 "①"부터 "④"까지의 관계에 있는 자를 통해 어느 법인의 경영에 대해 「국세기본법 시행령」 제1조의2 제4항에 따른 지배적인 영향력을 행사하고 있는 경우 그 법인
⑥ 해당 법인에 100분의 30 이상을 출자하고 있는 법인에 100분의 30 이상을 출자하고 있는 법인이나 개인
⑦ 해당 법인이 「독점규제 및 공정거래에 관한 법률」에 따른 기업집단에 속하는 법인인 경우에는 그 기업집단에 소속된 다른 계열회사 및 그 계열회사의 임원

○ 감정평가액을 부인하고 법인장부상 취득가액을 과세표준으로 적용 여부
(조심 2017지0532, 2018.1.2.)

청구법인은 쟁점부동산의 당초 취득세 신고가액이 「법인세법」상의 부당행위계산부인대상이므로 과세표준을 감정평가액 등으로 경정하여야 한다고 주장하나, 「지방세법」 제10조 제5항 본문에서 「소득세법」 제101조 제1항 또는 「법인세법」 제52조 제1항의 부당행위계산부인대상에 따른 거래의 경우 취득세 과세표준을 법인장부 등 사실상의 취득가액 적용대상에서 제외한다고 규정한 것은 모든 조세가 아니라 취득세를 부당하게 감소시킨 경우에만 적용된다고 해석하는 것이 타당하므로 쟁점부동산에 대한 당초 신고가액으로 인하여 취득세가 감소되지 아니한 이 건에 적용하기는 곤란한 점, 부당행위계산부인대상에 해당한다 하여 법인장부상의 취득가액을 특별히 조작하거나 오기하였다고 인정할 것은 아닌 점, 취득세 등의 납세의무가 적법하게 성립한 후에 소급감정을 하여 법인장부상의 가액을 변경하였다 하더라도 이미 성립한 납세의무에는 영향을 줄 수 없는 점 등에 비추어 청구주장을 받아들이기는 어렵다고 판단된다.

○ 특수관계인 간 저가 매매계약 체결 시 부당행위계산부인 적용
(대법원 2019.2.14. 선고 2018두60694 판결)

구 지방세법 제10조 제5항이 '다음 각 호의 취득(증여·기부, 그 밖의 무상취득 및 소득세법 제101조 제1항 또는 법인세법 제52조 제1항에 따른 거래로 인한 취득은 제외한다)에 대하여는 제2항 단서 및 제3항 후단에도 불구하고 사실상의 취득가격 또는 연부금액을 과세표준으로 한다'며, 소득세법 및 법인세법의 특정 규정을 지방세법상 사실상의 취득가격 또는 연부금액을 과세표준으로 삼을 수 있는 '취득'에서 배제하는 판단의 기준으로 정하고 있는 것은 특수관계인 간의 부당거래를 이용하여 조세의 부담을 부당하게 감소시킴으로써 지방세를 탈루하는 것을 방지하기 위함이다.

상기 부당행위계산부인의 대상이 되는 거래는 양도인에게는 '저가양도'로, 그 거래의 상대방이 되는 양수인에게는 '저가양수'로 나타나는바, 구 지방세법 제10조 제5항은 그 적용이 배제되는 경우로서 문언적으로도 "소득세법 제101조 제1항 또는 법인세법 제52조 제1항에 따른 거래로 '인한' 취득"이라고만 표현하고 있을 뿐인 데다가, 자산을 저가양도한 거주자나 법인이 부담하게 되는 소득세 또는 법인세와 저가양수한 해당 거래의 상대방이 부담하는 취득세는 납세의무자나 과세주체 및 과세요건을 달리하는 각 독립적인 세금이고, 취득세의 경우 취득가액을 적게 신고하여야 조세부담이 감소된다는 점을 고려하면 매수인의 부당한 저가양수 행위는 지방세법으로 규제할 필요성이 크며, 부당행위계산부인의 대상이 되는 거래의 상대방인 양수인도 오히려 그 적용 대상에 포함하고 있는 것으로 보아야 한다.

○ 취득가액이 조작되었다는 특별한 사정이 인정되지 아니하는 법인장부 가액의 과세표준 인정 여부 (대법원 2019.6.27. 선고 2019두37714 판결)

원고가 이 사건 부동산에 대한 지방세감면신고를 함에 있어서 임○○ 등 출자자로부터 시가보다 높은 금액에 취득하기로 한 이 사건 부동산의 가액을 원고의 법인장부에 취득가액으로 기재하였다고 하여 그 가액이 형식상의 가액에 불과한 것으로 되는 것이 아니라고 할 것이고, 위 취득가액이 조작되었다는 등의 특별한 사정이 인정되지 아니하는 한 이는 위 부동산에 대한 사실상의 취득가액이 된다. 나아가 구 지방세법 제10조 제5항의 '법인세법 제52조 제1항에 따른 거래로 인한 취득'이란 과세권자가 부당행위계산부인 규정을 적용하여 법인의 소득금액을 계산한 경우의 해당 거래로 인한 취득을 의미하므로, 납세자인 원고가 임의로 부당행위계산부인 규정을 적용하여 취득가액의 재계산을 주장할 수는 없다.

○ 공용부분 체납관리비의 취득가액 포함 여부 (대법원 2022.12.1. 선고 2022두42402 판결)

경매절차에서 구분건물의 매수인은 체납관리비의 승계 여부와 관계없이 매각대금을 다 내면 매각의 목적인 권리를 취득하고(민사집행법 제135조), 전 소유자가 체납한 공용부분 관리비 채무를 인수하는 것은 경매절차에서 매각되는 구분건물을 취득하기 위한 법정매각조건에도 해당하지 않는다. 따라서 특별한 사정이 없는 한 매수인이 집합건물법 제18조에 따라 승계하는 공용부분 체납관리비는 경매절차에서 취득하는 구분건물과 대가관계에 있다고 보기 어렵다. 이 사건 체납관리비는 원고가 이 사건 부동산을 취득하기 위하여 인수한 채무라기보다는 이 사건 부동산을 취득함에 따라 비로소 부담하게 된 채무에 불과하다고 볼 수 있다.

○ 채권으로 매매대금 지급 및 체비지 환지 전 매도 승계 취득의 경우 과세표준 (대법원 2022.11.10. 선고 2022두50380 판결)

이 사건 각 부동산에 대한 '사실상의 취득가격'은 위에서 본 바와 같이 이 사건 매매계약에서 정한 매매대금인 ○○○,○○○원으로 보아야 하므로, 원고가 주장하는 법인장부에 따라 증명되는 가격이 이 사건 각 부동산에 관한 '사실상의 취득가격'이라고 할 수 없다.

◦ **LED 전광판 설치공사 비용이 건축물 과세표준에 포함되는지 여부**
   (조심 2019지2358, 2019.12.26.)

관계 법령에 따르면 미관지구 내에서의 건축물의 외부형태를 변경하는 것으로서 증축 등에 해당하지 아니하는 것은 대수선으로서 취득행위에 포함되는 것으로 규정하고 있는 점, 청구법인은 이 건 LED 전광판 설치공사를 위하여 건축물의 유리 외벽을 철거하고 외벽에 볼트, 내·외부비계, 캔틸레버보 및 트러스구조물 등을 고정하여 구조물을 설치한 후 많은 수의 LED 패널을 단단하게 고정하는 등 일련의 공사를 시행하면서 관련 비용 ○○○을 지출하였는바, 이는 건축물 옥상에 설치하는 일반적인 옥상광고물처럼 비교적 적은 비용으로 손쉽게 탈부착하는 것과는 차이가 있는 점 등에 비추어 이 건 LED 패널을 해당 건축물의 일부를 구성하는 것으로 보는 것이 타당하다고 할 것이다.

◦ **조경공사 및 옥상간판, 방송시스템 설치비용이 취득가액에 포함되는지 여부**
   (대법원 2017.8.18. 선고 2017두46257 판결) → 취소

조경공사비는 취득가액에 포함되나, 옥상 LED 간판 및 잔넬 간판, 방송시스템 및 특수조명 공사비는 건축물 취득가액에 포함되지 않는다.

건축물을 신축하면서 그에 부합되거나 부수되는 시설물을 함께 설치하는 경우라면 그 설치비용 역시 해당 건축물에 대한 취득세의 과세표준이 되는 취득가격에 포함된다. 한편, 어떠한 동산이 민법 제256조에 의하여 부동산에 부합된 것으로 인정되기 위해서는 그 동산을 훼손하거나 과다한 비용을 지출하지 않고서는 분리할 수 없을 정도로 부착·합체되었는지 여부 및 그 물리적 구조, 용도와 기능면에서 기존 부동산과는 독립한 경제적 효용을 가지고 거래상 별개의 소유권의 객체가 될 수 있는지 여부 등을 종합하여 판단하여야 한다. 위 간판은 쉽게 탈·부착이 가능하고 그 용도 또한 건물 소유자 또는 사용자를 광고하는 것일 뿐 이 사건 건물의 객관적 가치 증가에 이바지한다고 보기 어려워 이 사건 건물에 부합 또는 부속되었다고 할 수 없고, 그 부착 당시 이 사건 건물의 소유자는 코·랩이었고 위 간판의 소유자는 원고이었으므로 그 소유자가 달라 위 간판을 이 사건 건물의 종물에 해당한다고 보기도 어렵다(민법 제100조 제1항 참조).

원시취득의 과세표준

1 원시취득의 과세표준 적용원칙

부동산등을 원시취득하는 경우 취득당시가액은 사실상 취득가격이다(지법 제10조의4 제1항). 사실상 취득가격은 유상승계취득의 과세표준 적용방식과 동일하다. 따라서 개인이 원시취득하는 경우에도 사실상 취득가격을 적용하는 것이며, 만약 그 신고가액이 시가표준액보다 낮더라도 사실상 취득가격으로 입증되는 경우라면 적용 가능하다.[11]

다만, 법인이 아닌 개인이 건축물을 건축하여 취득하는 경우로서 사실상 취득가격을 확인할 수 없는 경우의 취득당시가액은 시가표준액으로 한다(지법 제10조의4 제2항). 사실상 취득가격을 확인할 수 없는 경우란 취득가격 입증 제출서류 미비 등으로 신고가액인 사실상 취득가격에 대한 객관성을 상실한 경우라고 할 수 있겠다.

2 신축 등 원시취득의 과세표준 적용방법

(1) 사실상 취득가격의 적용

앞에서 살펴본 바와 같이 사실상 취득가격이란 해당 물건을 취득하기 위하여 거래 상대방 또는 제3자에게 지급했거나 지급해야 할 직접비용과 건설자금이자 등의 간접비용의 합계액을 말한다. 다만, 취득대금을 일시급 등으로 지급하여 일정액을 할인받은 경우에는 그 할인된 금액이 된다(지령 제18조).

---

11) 2022.12.31.까지는 개인이 건축물을 건축하는 경우로서 취득가격 중 100분의 90을 넘는 가격이 법인장부에 따라 입증되는 경우에는 그 입증된 취득가격을 과세표준으로 하도록 했었다.

법인이 건축하여 원시취득하는 경우 사실상 취득가격은 법인장부를 통해 확인되므로 종전과 같은 방식으로 적용한다. 개인이 건축한 경우로서 법인 도급공사에 의해 건축하는 경우에는 종전과 같이 도급가액 등을 사실상 취득가격으로 적용하며, 개인이 직접 시공하거나 공사별로 개별공사를 통해 신출하는 경우에는 신축에 소요된 비용을 입증서류 등을 통해 사실상의 취득가격으로 적용한다.

또한 임시사용승인을 받아 사용하는 신축건물에 대한 취득세 과세표준은 임시사용승인일을 기준으로 그 이전에 당해 건물취득을 위하여 지급하였거나 지급하여야 할 비용을 포함한다. 또한, 신축건물의 과세표준에는 분양을 위한 광고선전비(신문, TV, 잡지 등 분양광고비)는 제외하고 건축물의 주체구조부와 일체가 된 것은 과세표준으로 포함한다. 분양하는 건축물의 취득시기 이전에 당해 건축물과 빌트인(Built-in) 등을 선택품목으로 일체로 취득하는 경우 취득가액에 포함한다(지법 운영예규 법10-1).

아울러 기존 건물 철거비[12] 등을 건물 자산계정이 아닌 비용계정에 계상하였다 하더라도 건축과 관련이 있다면 취득가격에 산입해야 하며, 건축물과 일체가 되어 건축물의 효용가치를 증가시키는 시설물도 취득가격에 포함한다.[13]

(2) 건축물에 부수되는 정원 또는 부속시설물을 조성·설치한 경우

「공간정보의 구축 및 관리 등에 관한 법률」 제67조에 따른 대(垈) 중 「국토의 계획 및 이용에 관한 법률」 등 관계 법령에 따른 택지공사가 준공된 토지에 정원 또는 부속시설물 등을 조성·설치하는 경우에는 그 정원 또는 부속시설물 등은 토지에 포함되는 것으로서 토지의 지목을 사실상 변경하는 것으로 보아 토지의 소유자가 취득한 것으로 본다. 다만, 건축물을 건축하면서 그 건축물에 부수되는 정원 또는 부속시설물 등을 조성·설치하는 경우에는 그 정원 또는 부속시설물 등은 건축물에 포함되는 것으로 보아 건축물을 취득하는 자가 취득한 것으로 보도록 하고 있다(지법 제7조 제14항). 따라서 건축물에 부수되는 정원 또는 부속시설물 등을 조성·설치한 비용은 건축물의 취득가격에 포함되는 것이다.

---

12) 기존 건축물 철거비용은 건축물 신축공사의 특성상 지출이 필수적으로 요구되는 비용으로서, 건축물을 취득하기 위하여 필요·불가결한 준비행위 또는 그 수반행위에 소요된 것으로, 위 건축물의 취득비용에 포함된다고 할 것(서울고법 2011.10.27. 선고 2011누8484 판결 참조)이다.
13) 건축물을 신축하면서 그에 부합되거나 부수되는 시설물을 함께 설치하는 경우라면 그 설치비용 역시 당해 건축물에 대한 취득세의 과세표준이 되는 취득가격에 포함(대법원 2013.7.11. 선고 2012두1600 판결 등)되어야 한다.

또한, 공동주택 단지 내 조경과 도로는 「건축법」 등에 따라 일정 규모 이상의 공동주택을 건축하는 경우 의무적으로 설치해야 하는 점, 해당 공동주택을 분양하는 경우 별도로 분리할 수 없는 점 등을 고려할 때 공동주택 건축물의 부수된 시설물로 보아야 할 것이어서, 공동주택 신축 시 조경공사비와 도로포장비는 신축 공동주택의 취득가격에 포함된다고 보아야 할 것이다(행안부 지방세운영과-3161, 2018.12.28. 참조).

(3) 각종 부담금을 부담한 경우

사실상의 취득가격은 해당 물건을 취득하기 위하여 거래 상대방 또는 제3자에게 지급했거나 지급해야 할 직접비용과 해당 간접비용으로서 농지보전부담금 등 관계 법령에 따라 의무적으로 부담하는 비용은 간접비용에 포함된다(시령 제18조 제1항 제3호). 따라서 법령에 따라 부담한 각종 부담금은 취득가액에 포함되겠지만, 부담금의 성격 등을 감안하여 건축물 또는 토지 중 어느 취득가액으로 보아야 하는지가 쟁점이 되곤하는데 어느 쪽의 과세표준으로 구분되는지에 취득세 산출세액이 달라진다.

그동안의 사례에 비추어 볼 때 농지전용부담금과 산지전용부담금은 지목변경 간주취득의 취득가액으로 보고 있지만, 다른 각종 부담금은 일률적으로 정하기보다는 취득시점을 기준으로 부담금 비용의 성격과 부담의 주체 등을 고려하여 구분할 필요가 있다.

★
① 상수도원인자부담금, 폐수종말처리시설부담금은 산업단지 조성 공사에 따른 토지의 지목변경을 위하여 필요한 비용(감심 2021-125, 2023.2.14.)
② 상·하수도원인자부담금은 발전소 취득가격 포함(조심 2016지0492, 2016.8.9.)
③ 기반시설부담금은 지목변경 과세표준에 포함(조심 2021지5580, 2022.11.9.)
④ 학교용지부담금은 건축물의 과세표준에 포함(대법원 2020두38836, 2020.9.9.)
⑤ 광역교통시설부담금은 아파트 취득비용(조심 2015지0257, 2015.5.11.)
⑥ 대체산림자원조성비, 대체초지조성비, 농지보전부담금, 개발제한구역훼손(보전)부담금 및 생태계보전협력금은 지목변경 비용(대법원 2016두61907, 2018.3.29.)
⑦ 광역교통개선대책분담금, 하수도원인자부담금, 폐기물처리부담금은 건축물 신축비용(대법원 2016두61907, 2018.3.29.)

한편, 「학교용지 확보 등에 관한 특례법」에 따라 학교 용지를 취득하여 기부채납함으로써 학교용지부담금을 면제받는다고 하더라도, 해당 기부채납 비용(학교용지 취득 비용)은 본 건물의 취득을 위하여 '의무적으로 부담하는 비용'에 해당하므로 취득세 과세표준이 되는 취득가격에 포함된다고 보고 있다(행안부 지방세운영과－3861, 2015.12.11.).

> ◉ 건설자금충당 차입금이자의 취득가격 포함 여부 및 증명책임
> (대법원 2018.3.29. 선고 2014두46935 판결)
>
> 구 지방세법이 건설자금에 충당한 차입금의 이자를 취득세의 과세표준에 포함하도록 규정하는 것은 그것이 취득을 위하여 간접적으로 소요된 금액임을 근거로 한다(대법원 2010.4.29. 선고 2009두17179 판결 등 참조). 그렇다면 어떠한 자산을 건설 등에 의하여 취득하는 데에 사용할 목적으로 직접 차입한 자금의 경우 그 지급이자는 취득에 소요되는 비용으로서 취득세의 과세표준에 포함되지만, 그 밖의 목적으로 차입한 자금의 지급이자는 납세의무자가 자본화하여 취득가격에 적정하게 반영하는 등의 특별한 사정이 없는 한 그 차입한 자금이 과세물건의 취득을 위하여 간접적으로 소요되어 실질적으로 투자된 것으로 볼 수 있어야 취득세의 과세표준에 합산할 수 있다고 할 것이다. 또한 과세요건사실의 존재 및 과세표준에 대한 증명책임은 과세관청에 있으므로, 그 밖의 목적으로 차입한 자금의 지급이자가 과세물건의 취득을 위하여 소요되었다는 점에 관하여도 원칙적으로 과세관청이 그 증명책임을 부담한다고 보아야 한다.

> ◉ 사업부지 취득 후 발생한 이자비용은 취득세 과세표준에서 제외
> (조심 2015지1945, 2017.9.8.) → 재조사
>
> 청구법인이 제출한 자료에 의하면 쟁점이자비용은 이 건 건축물 사업부지 취득과 관련하여 발생한 차입금의 이자로 나타나고 이 건 건축물 사업부지 취득(2006.11.) 이후에 발생된 사실이 확인되므로 청구법인이 이 건 건축물 사업부지 취득 이후에 발생된 쟁점이자비용을 기업회계기준에 따라 법인장부에 계상하였다 하더라도 이 건 건축물 신축을 위하여 충당한 이자 등으로 볼 만한 객관적인 입증이 없는 한 이를 이 건 건축물 신축에 따른 취득세 과세표준에 포함하기는 어렵다 할 것임. 다만, 쟁점이자비용이 이 건 건축물 신축과 관련하여 금융기관으로부터 대출을 받아 발생한 이자비용인지 여부가 불분명하므로 금융기관으로부터 차입한 대출금의 이자인지 여부를 재조사하여 이 건 건축물의 과세표준에 포함할지 여부를 결정하는 것이 타당하다고 판단됨.

○ 조기 상환된 대출금에 대해 주택도시보증공사에 지급한 보증수수료가 과세표준에 해당하는지 여부 (대법원 2020.5.14. 선고 2020두33572 판결)
토지 취득 이후 보증수수료의 일부를 반환받았다 하더라도 이러한 사정은 당초의 취득세 과세표준을 기초로 성립한 조세채권에 아무런 영향을 미치지 않음.

○ 신탁보수를 건축물의 취득세 과세표준에서 제외 여부 (조심 2022지0244, 2022.12.22.)
쟁점신탁보수를 이 건 제1~3건축물의 취득세 과세표준에서 제외하는 경우 실질적인 건축주로 볼 수 있는 입장에서 건축과 관련하여 수탁자 명의로 신축하는 경우와 위탁자 명의로 신축하는 경우 동일한 건축물에 대하여 과세표준이 상이한 것은 과세형평상 불합리한 측면이 있는 점 등에 비추어, 쟁점신탁보수는 거래의 형식이나 명칭에 관계없이 그 실질 내용에 따라 이 건 건축물을 신축하기 위한 비용으로서 취득세 과세표준에 포함된다고 보는 것이 타당하다 할 것임.

○ 토지매수대금을 대출받기 위하여 지출한 주택도시보증공사 보증수수료가 토지 취득가격에 포함되는지 여부 (대법원 2020.4.9. 선고 2019두62628 판결)
보증수수료는 토지를 취득하기 위하여 제3자에게 지급한 비용이므로 토지의 취득가격은 보증수수료를 포함하여 산정하여야 함.

○ 조합사무실 임차료 등이 공동주택의 취득비용에 포함되는지 여부
  (조심 2018지1597, 2019.7.11.) → 경정
조합사무실임차료는 공동주택의 취득과 무관한 비용이므로 취득세 과세표준에서 제외되어야 하고, 시행사수수료, 이자비용, 감정평가수수료, 법률자문수수료 및 토지신탁보수는 공동주택 취득을 위한 직·간접비용이므로 취득세 과세표준에 포함되어야 한다.

○ 개발사업시행자가 구역 내 건물 소유자로부터 취득한 지상물에 대한 보상용역비, 감정평가수수료, 지적측량비 등이 과세표준에 포함되는지 여부
  (대법원 2020.8.27. 선고 2020두39044 판결)

토지에 정착된 건축물에 대한 보상금을 제외하는 것을 넘어, 토지에 정착된 건축물을 취득세 부과 대상 부동산에서 제외하거나 건축물에 대한 보상비를 건축물 취득에 따른 취득세의 과세표준에서 제외하는 등의 규정으로 확대하여 해석할 수는 없음.

○ 주택재건축조합 조합원용 부동산의 취득세 과세표준 산정 시 총 공사금액을 안분계산하는지 여부 (조심 2008지1047, 2009.4.8.)

구 지방세법 제105조 제10항에서 주택재건축조합이 조합원용으로 취득하는 조합주택용 부동산은 그 조합원이 취득한 것으로 본다고 규정하는바, 주택재건축조합원이 취득한 주택의 취득세 과세표준 산정 시 총 공사금액을 공동주택 총 연면적에서 조합원 소유의 개별 주택 연면적이 차지하는 비율로 안분계산하는 것이 정당하다.

○ 다락 등에 대한 건축물 취득가격 포함 여부 (행안부 지방세운영과-1094, 2014.3.31.)

건축물과 일체를 이루며 효용과 편익을 제공하는 다락, 발코니 등은 취득자가 설치하지 않은 경우라 할지라도 그 설치비용이 건출물 취득가격에 포함되는 것이 타당하다.

○ 조경공사비가 건축물의 취득세 과세표준에 포함되는지 여부
  (조심 2021지0738, 2021.12.29.)

조경공사비는 건축물의 부대설비 공사비라기보다는 토지의 구성부분으로 보는 것이 타당한 점 등에 비추어 볼 때, 쟁점조경공사비는 쟁점건축물의 취득가격에 포함되지 아니한다고 봄이 타당하다고 판단됨.

○ 전산통신네트워크 공사비의 신축 건축물 취득가격 포함 여부
  (행안부 지방세운영과 - 514, 2014.2.14.)

백본 스위치 등 전산통신네트워크 장치가 건축법상의 건축설비에 해당하므로, 설치공사비 또한 취득가격에 포함되는 것이 타당하다.

○ 조경비용과 포장공사비를 건축물 취득세 과세표준에 포함하는지에 대한 적용기준
  (행안부 지방세운영과 - 3161, 2018.12.28.)

공동주택 단지 내 조경과 도로는 건축법 등에 따라 일정 규모 이상의 공동주택을 건축하는 경우 의무적으로 설치해야 하는 점, 해당 공동주택을 분양하는 경우 별도로 분리할 수 없는 점 등을 고려할 때 공동주택 건축물의 부수된 시설물로 보아야 할 것이어서, 공동주택 신축 시 조경공사비와 도로포장비는 신축 공동주택의 취득가격에 포함된다고 보아야 할 것입니다. 라. 다만, 지방세법 제7조 제14항에서 지목이 '대(垈)'인 토지 중 국토의 계획 및 이용에 관한 법률 등 관계 법령에 따른 택지공사가 준공된 토지의 지목을 건축물과 그 건축물에 접속된 정원 및 부속시설물의 부지로 사실상 변경함으로써 그 가액이 증가한 경우에는 취득으로 보도록 규정(2016.1.1. 시행)하고 있는데, - 지방세법 제7조 제14항의 입법취지는 지목이 대(垈)인 택지 위에 조경 및 도로포장 공사 등을 하는 경우 토지의 실질적 가액이 상승함에도 형식상 지목변경을 수반하지 않아 간주 취득세를 과세하지 못하는 납세자 간 조세 불형평을 해소하기 위한 것이며, - 조세법률주의의 원칙상 과세요건이거나 비과세요건 또는 조세감면요건을 막론하고 조세법규의 해석은 특별한 사정이 없는 한 법문대로 해석하여야 할 것(대법원 2003.1.24. 선고 2002두9537 판결 등 다수)이므로, - 택지공사가 준공된 토지에 직접 건축물을 신축하거나 분양받은 토지에 건축물을 신축하는 경우로써 단지 내 조경 및 도로 공사에 따라 공동주택 부속토지의 가액이 증가하였다면 지방세법 제7조 제14항에 따른 지목변경에 따른 간주취득을 한 것으로서, 그 비용은 토지에 대한 취득세의 과세표준에 포함되어야 할 것임.

○ 조합원 이주비 대출이자의 과세표준 포함 여부 (대법원 2022.9.29. 선고 2022두45944 판결)

이주비 그 자체와 같이 보상 성격으로 지급된 금원이 아니고, 조합원들이 이주하기 위하여 필요한 비용을 금융기관으로부터 대출받는데 드는 비용을 원고가 지원해준 것으로서, 구 지방세법 시행령 제18조 제1항 제5호에서 정한 '취득대금 외에 당사자의 약정에 따른 취득자 조건 부담액'으로서 취득가격에 포함되는 간접비용에 해당한다고 보인다.

○ 기반시설분담금의 일부를 재정비지구지정 해제로 인하여 반환받은 경우 후발적 경정
   청구의 사유로 보아 취득세 환급 가능 여부 (조심 2016지0994, 2017.3.22.)

재정비촉진지구의 지정해제로 인하여 처분청으로부터 반환받은 쟁점분담금을 취득세 등의
과세표준에서 제외할 수 있는지 여부에 대하여 살피건대, 이 건 공동주택 취득가액의 일부
가 되었던 쟁점분담금을 청구인이 반환받은 이상「지방세기본법」제51조 제1항 및 제2항,
같은 법 시행령 제30조 제1호에 의한 경정청구의 사유에 해당한다 할 것이므로 이를 취득
세 등의 과세표준에서 제외하는 것이 타당하다고 판단된다.

 ※ 반대해석: 행안부 지방세운영과-2444, 2016.9.22.

○ A타워 취득세 과표에 ○○역 공사비용 포함 여부 및 과표산정 방식
   (대법원 2024.8.29. 선고 2024두43089 판결)

○○역과 이 사건 건축물과의 연결통로 신설에 관한 비용을 제외한 나머지 공사비용은 ○
○역 자체의 효용을 증대시키는 것일 뿐이므로 취득가격에 포함되지 않음.-□호선 ○○역
혼잡도 시설개선 공사의 범위는 ○○역 내선 승강장 확장, 내부계단 신설, 편의시설 설치,
역무기기 교체 등으로 한정되는바, 이 사건 건축물과는 직접적인 관련성이 없음-교통영향
분석·개선대책 의무이행 사항에 연결통로 공사만이 포함된 점을 고려하면 이 사건 비용
전부를 의무적 부담 비용으로 볼 수 없음-피고의 도시계획시설 변경고시에서 ○호선 ○
○역 출입구 및 환기구 이전, 내부시설 위치변경, 공공보행 통로 설치 등은 보행환경 개선
및 지하철 이용 편의 증진을 목적으로 하고 있음.

신축 취득가액 관련 간접비용 등 해석 사례

※ 발생되는 사례와 차이가 있을 수 있으므로, 실제 적용할 경우에는 각 사례의 원문 확인 필요

비용 항목		참고 해석	취득세 과세대상			
			토지	건물	지목 변경	기타
가설공사(흙막이공사 등)		대법원 98두6364(99.12.10.)	–	○	–	–
감정평가수수료		조심 2015지298(15.6.10.)	○	○	–	–
건설자금이자		부동산세제과－2307(20.9.4.)	○	○	○	○
국민주택채권, 채권 매각차손		지방세운영과－2656(11.6.9.)	○	○	–	–
냉장고 설치비용		조심 2011지300(12.2.9.)	–	○	–	–
명도비		대법원 2010두24586(11.2.24.)	×	×	–	–
문화재발굴비용		조심 2012지0553(12.12.10.)	–	○	–	–
미술장식품		지령 §18①Ⅲ	–	○	–	–
바닥포장공사, 우물파기공사		대법원 98두6364(99.12.10.)	–	×	–	–
부가가치세(취득자 외의 자가 부담)		조심 2017지0320(17.6.5.)	–	○	–	–
부담금	광역교통시설부담금	대법원 2011두29472(12.1.16.)	–	○	–	–
	개발부담금 및 산정비용	세정－3885(05.11.21.)	–	×	–	–
	급수공사부담금	지방세운영－2657(08.12.23.)	–	×	–	–
	기반시설부담금	조심 2011지623(12.7.10.)	–	○	–	–
	농지전용부담금	지방세운영－902(08.7.10.)	–	×	○	–
	도로원인자부담금	조심 2013지268(13.12.23.)	–	–	–	○
	상수도원인자부담금	지방세운영－2416(10.5.20.)	–	○	–	–

비용 항목		참고 해석	취득세 과세대상			
			토지	건물	지목변경	기타
	자연하천정비공사부담금		–	×	–	–
	폐기물부담금	부동산세제-154(21.1.12.)	–	–	○	–
	하수도원인자부담금	세정-2007(06.5.18.)	–	○	–	–
	학교용지부담금	지방세운영-3861(15.12.11.)	–	○	–	–
상수도인입비(시설공사비)		조심 2013지715(13.11.26.)	–	×	–	–
시행사 발생 비용		지방세운영-1845(16.7.14.)	–	○	–	–
약정에 따른 취득자 조건 부담액 등		조심 2014지637(14.10.27.)	○	○	–	–
옵션공사비		대법원 2013두7681(13.9.12.)	–	○	–	–
연체료(법인 건축주)		대법원 2014두41640(14.12.24.)	–	○	–	–
이주비, 보상금 및 유사비용		지령 §18②Ⅲ	–	×	–	–
보상용역비		대법원 2020두39044(20.8.27.)	–	○	–	–
조경공사 단지 내 포장공사	지목변경 수반 시	조심 2008지483(08.12.9.)	–	×	○	–
	지목변경 미수반	지방세심사 2007-459(07.8.27.)	–	×	×	–
	건축물 수반 시	지방세운영-3161(18.12.28.)	–	○	–	–
	옥상조경	조심 2008-610(09.4.7.)	–	○	–	–
저장시설의 부수시설		부동산세제-1310(19.12.24.)	–	○	–	–
출장비		지방세운영-111(09.1.8.)	○	○	–	–
철거비		지방세운영-1552(16.6.17.)	○	○	–	–
컨설팅수수료		대법원 2009두22034(11.1.13.)	○	○	–	–
하자보수충당금(건축주 도급공사 시)		대법원 2007두17373(10.2.11.)	–	○	–	–
할부이자(법인 건축주)		지령 §18①Ⅱ	–	○	–	–
현장 관련 비용		지방세운영-480(08.6.18.)	–	○	–	–

신축건물 취득세 사전점검표(신축비용 A to Z)

이 표는 신(증)축을 원인으로 건축물을 취득한 납세의무자의 취득세 성실신고를 돕기 위하여 서울시·자치구에서 제공하는 사전 점검표입니다.

☞ 신고편의를 위한 행정서비스로 법적 구속력이 없음을 알려드립니다.

☞ 자료) https://etax.seoul.go.kr/index.html?20220106

Ⅰ. 기본점검사항

○ 취득세는 납세의무자가 취득물건의 과세표준, 세율, 세액을 결정하여 신고·납부하는 세목입니다.

   ※ 신(증)축 취득세 일반세율: 취득세 2.8%, 지방교육세 0.16%, 농어촌특별세 0.2%

   ※ 취득세 중과세율(대도시 본점용 신·증축): 취득세 6.8%, 지방교육세 0.16%, 농특세 0.6%

○ 건축물의 취득일과 신고·납부기한은?

   - 취득일은 건축물 신·증축(대수선 포함)의 경우 (임시)사용승인일과 사실상 사용일 중 빠른 날입니다.

   - 신고·납부기한은 취득일로부터 60일 이내이며, 다만 그 이전에 등기하는 경우 그 등기일까지 취득세를 납부하여야 합니다.

○ 취득세 과세표준의 범위

   - 건축물을 건축하거나 개수한 경우 그로 인하여 증가한 가액(취득가액)을 취득세 과세표준으로 합니다.

   - 건축물이 단일용도가 아닌 경우 용도별 과세표준 산출을 위한 안분방법은 신축건축물 과세표준 안분절차를 참고하시기 바랍니다.

Ⅱ. 신축 과세표준 점검표

○ **작성방법: 일괄도급과 부분도급·직접공사의 경우로 구분**

※ 부분도급이란 부분도급(건축주 법인), 법인에게 부분도급(건축주 개인), 개인에
게 부분도급(건축주 개인)인 경우가 해당됩니다.

1. 법인에게 일괄도급한 경우

○ 일괄도급

구 분	항 목	과세표준액	비 고
법인에게 일괄도급	소 계		
	도급공사 계약금액		
	각종 부담금		별도 지급한 경우
	도급공사 외 지급수수료		
	건설자금이자		

2. 부분도급·직접공사한 경우

| A. 총괄표(표제부) | 와 | B. 도급공사 외 비용(B) | 에 해당부분을 작성하시면 됩니다.

(1) 총괄표(표제부)

구 분	항 목	과세표준액	비 고
도급공사 (A)	소 계 (A)		
	설계		부가가치세 제외
	감리		부가가치세 제외
	건축공사		부가가치세 제외
	추가공사 1		부가가치세 제외
	추가공사 2		부가가치세 제외
	기타		
도급공사 외 비용(B)	소 계 (B)		별도서식 작성(B)
	재료비		
	노무비		
	경 비		
합 계	(A) + (B)		
공사 제외 비용	(C)		신축 과세표준 확인사항 참조
총 계	(A) + (B) - (C)		

※ 신축건물 사용계획서, 공사 관련 계약서 및 공사비내역서, 법인장부 등 첨부

(2) 도급공사 외 비용(B)

 - 세부항목으로 분류하기 어려운 경우 중분류 소계 "①+②+③"만 작성하시면 됩니다.

대분류	중분류	세부항목	해당유무	비 고
재료비 ①	직접재료비	주요재료비		
		부분품비		
	간접재료비	소모재료비		
		소모공구, 기구, 비품구입비		
		가설재료비		
	가구 등 옵션 품목			이동식, 취득일 이후 설치된 것은 제외
	미술품 등			건축물과 일치하여 설치 시에만 포함됨.
	기타 재료비			
	소 계			
노무비 ②	직접노무비	기본급		
		제수당		
		상여금		
		퇴직급여 충당금		
		인정상여		
	간접노무비	기본급		
		제수당		
		상여금		
		퇴직급여 충당금		
		인정상여		
	소 계			
경비 ③	지급수수료	감정평가료		
		건설자금이자		취득일까지 일자 계산
		건설기계대여금지급보증		
		건설하도급대금지급보증		
		공사이행보증서발급		
		관리형토지신탁수수료		
		교통영향분석수수료		
		금융자문수수료		
		대출수수료		
		법무법인수수료		

대분류	중분류	세부항목	해당유무	비 고
경비 ③	지급수수료	분양보증보험료		미포함
		시행·시공자문수수료		
		신탁수수료		
		연체료		법인만 포함
		일반경계복원조사수수료		
		자산실사수수료		
		전기안전관리대행수수료		
		주변환경조사수수료		
		지반조사수수료		
		친환경건축물인증용역비		
		컨설팅수수료		
		할부이자		법인만 포함
		건물에너지효율등급 인증용역비		
		기타 취득 관련 수수료		
	각종부담금	과밀부담금		
		개발부담금		미포함
		광역교통시설부담금		
		기반시설부담금		
		농지보전부담금		
		대체농지(산지)조성비		
		학교용지부담금		
		환경개선부담금		
		도로원인자부담금		
		상·하수도원인자부담금		
		기반시설설치부담금		
		기타 법령상 의무적으로 부담하는 취득 관련 부담금		
	외주가공비 (부분도급)	토공사 (절토, 성토, 굴착 등)		
		전기공사		
		인테리어공사		취득 이후 공사한 경우 제외
		정보통신설비공사		취득 이후 공사한 경우 제외
		엘리베이터공사		
		에스컬레이터공사		
		소방공사		

대분류	중분류	세부항목	해당유무	비 고
경비 ③	외주가공비 (부분도급)	설계비		
		배관공사		급수공사비
		냉난방공사		
		골조공사		
		감리비		
		옥상조경공사비		
		기타 외주공사비		
	보상비	지장물 철거보상비		미포함
		건물 철거보상비		
		이주비		미포함
	선기수도료	전력비		
		수도광열비		
	운반비	운송비		
		하역비		
		상하차비		
		조작비 등		
	감가상각비	건물 감가상각비		
		기계장치 감가상각비		
		기타 감가상각비		
	수리수선비	건물 수리비		
		기계장비 수리비		
		차량운반구 수리비		
		공구 및 기구 수리비		
	지급임차료	건물임차료		
		토지임차료		
		장비임차료		
		기술임차료		
		기타임차료		
	보험료	산업재해보험료		
		고용보험료		
		국민건강보험료		
		국민연금보험료		
		공사손해보험료		
		기타 보험료		
	채권매입액			
	공과금			
	폐기물처리비			

대분류	중분류	세부항목	해당유무	비 고
경비 ③		기존 건축물 철거비		
		도서인쇄비		
		기계경비		
		특허권사용료		
		기술료		
		연구개발비		
		품질관리비		
		가설물설치비		
		안전관리비		
		건설근로자 퇴직공제부금비		
		관급자재관리비		
		복리후생비		
		보관비		
		소모품비		
		기타경비		
	여비교통 통신비	여비		
		차량유지비		
		전신전화비		
		우편료 등		
	세금	등록면허세		
		재산분 주민세		
		종업원분 주민세		
		균등분 주민세		
		인지세		
	분담금	지역난방공사분담금		미포함
		가스공사분담금		미포함
		급수공사분담금		미포함
		전기공사분담금		미포함
	소 계			

건축물 신축 취득세 신고 내역 체크리스트

1 필수 제출서류

도급계약서 및 설계·감리계약서, 도급 공사원가명세서 및 계정별원장(법인), 세금계산서, 부담금 및 건설자금이자 등 송금내역서·영수증(고지서)

도급 여부	공사명	세부내역	구비서류	공사별 도급액(원)
	국민주택채권 매각차손		영수증	
☐	토지형질변경 (지목변경공사)	지목변경 취득세 대상으로 건물 취득세와 구분하여 신고 하시기 바랍니다.	별첨 참조	
☐	건설자금이자 (건물분)	☐	대출은행 수납확인서	
☐	기존건물 철거비	☐		

도급 여부	공사명	세부내역		구비서류	공사별 도급액(원)
☐	건축공사 ※ 건축공사 표준시방서 참조	가설공사 파일 및 토공사 (흙파기공사, 지정·기초공사) 골조(철콘)공사 조적 및 미장공사 타일 및 석·목공사 방수·방습공사 지붕·외벽공사 유리·창호공사 수장공사 도장공사 단열공사 기타공사	☐ ☐ ☐ ☐ ☐ ☐ ☐ ☐ ☐ ☐ ☐	공사원가명세서 및 계정별원장, 세금계산서	
☐	건축기계 설비공사 ※ 건축기계설비공사 표준시방서 참조	급배수위생설비공사 공기조화설비공사 배관설비공사 덕트설비공사 자동제어설비공사 소화설비공사 가스설비공사 승강기설비공사 방진내진설비공사	☐ ☐ ☐ ☐ ☐ ☐ ☐ ☐ ☐	공사원가명세서 및 계정별원장, 세금계산서	
☐	건축물 방재 설비공사 ※ 건축전기설비공사 표준시방서 참조	소방전기설비공사 피뢰설비공사 접지설비공사 방범설비공사 항공장애표시등설비공사 항공등화설비공사 기타 ( )	☐ ☐ ☐ ☐ ☐ ☐	공사원가명세서 및 계정별원장, 세금계산서	
☐	설계비			계약서 및 세금계산서	
☐	감리비			계약서 및 세금계산서	

도급 여부	공사명	세부내역		구비서류	공사별 도급액(원)
☐	각종 부담금 및 공과금	농지보전부담금 대체산림자원조성비 상하수도원인자부담금 광역교통시설부담금 신축 관련 제세공과금 (도로점용료, 등록면허세 등)	☐ ☐ ☐ ☐ ☐	공사원가명세서 및 계정별원장, 세금계산서, 고지서 및 송금내역서	
☐	시설물	승강기 빌전시설(20KW/h 이상) 난방·욕탕용 온수 및 열공급시설 중앙소설식 에어컨 (7,560kcal/h급 이상) 인텔리전트빌딩시스템 시설 구내 변전·배전시설 주차시설	☐ ☐ ☐ ☐ ☐ ☐ ☐	세금계산서 및 공사계약서 ※ 도급 미포함분	

② 지목변경이 있는 경우 제출서류

건물 도급공사에 포함 시 공사원가명세서 및 계정별원장에 지목변경에 대한 부분은 구분 표시하여 제출

지목변경	세부내용		구비서류	지출액(원)
주요 형질변경	절토 성토 정비 포장 매립	☐ ☐ ☐ ☐ ☐	공사원가명세서 및 계정별원장, 세금계산서	
관련 비용	토목설계비	☐	고지서 및 송금내역서	
	토목관련인허가비용	☐		
	농지전용부담금 산지전용부담금	☐ ☐	고지서 및 송금내역서	
	조경공사	☐		
	토목측량비	☐	세금계산서	
	건설자금이자(토지)	☐	대출은행 수납확인서	
	기타 직·간접비용	☐		

무상·유상·원시취득의 과세표준에 대한 특례

1 차량 및 기계장비 취득의 과세표준

앞에서 본 부동산 무상취득과 유상취득, 원시취득의 경우와 달리 차량 또는 기계장비를 취득하는 경우의 취득가액은 다음의 구분에 따른 가격 또는 가액을 그 과세표준으로 한다 (지법 제10조의5 제1항). 다만, 차량 또는 기계장비를 유상승계취득하는 경우로서 사실상 취득가격에 대한 신고 또는 신고가액의 표시가 없거나 그 신고가액이 시가표준액보다 적은 경우에는 취득당시가액은 시가표준액을 적용한다(지법 제10조의5 제1항 제2호).

구 분	취득당시가액 적용
① 차량·기계장비 무상취득	시가표준액
② 차량·기계장비 유상취득	사실상 취득가격
③ 차량 제조회사가 생산한 차량을 직접 사용하는 경우	사실상 취득가격

따라서 차량 또는 기계장비 취득의 과세표준은 종전과 동일하며, 유상승계 취득 시 사실상의 취득가격과 시가표준액을 비교하여 높은 금액을 적용하고, 무상취득의 경우 시가표준액을 적용하면 된다.

한편, 천재지변으로 피해를 입은 차량 또는 기계장비를 취득하여 그 사실상 취득가격이 시가표준액보다 낮은 경우 등 대통령령으로 정하는 경우 그 차량 또는 기계장비의 취득당시가액은 대통령령으로 정하는 바에 따라 달리 산정할 수 있다(지법 제10조의5 제2항). 대통령령으로 정하는 경우란 천재지변, 화재, 교통사고 등으로 중고 차량이나 중고 기계장비의 가액이 시가표준액보다 하락한 것으로 시장·군수·구청장이 인정하는 경우를 말하며, 차량 또는 기계장비의 취득이 이에 해당하는 경우 취득 당시의 가액은 사실상 취득가액으로 적용한다(지령 제18조의3 제1항·제2항).

2 대물변제·교환·양도담보 등 취득의 과세표준

대물변제, 교환, 양도담보 등 유상거래를 원인으로 취득하는 경우 취득당시가액의 산정 및 적용은 다음과 같다(지법 제10조의5 제3항). 다만, 특수관계인으로부터 부동산등을 취득하는 경우로서 부당행위계산을 한 것으로 인정되는 경우 취득당시가액은 시가인정액으로 한다(지령 제18조의4 제1호).

(1) 대물변제

대물변제의 경우 대물변제액이 과세표준액이 된다. 다만, 대물변제액 외에 추가로 지급한 금액이 있는 경우에는 그 금액을 포함하며, 대물변제액이 시가인정액보다 적은 경우 취득당시가액은 시가인정액으로 한다(지령 제18조의4 제1호 가목).

(2) 교환취득

교환은 당사자 쌍방이 금전 이외의 재산권을 상호이전할 것을 약정함으로써 그 효력이 생긴다(민법 제596조). 또한 교환이라 함은 당사자 쌍방이 금전 이외에 재산권을 서로 이전할 것을 약정함으로써 성립하는 계약으로, 이에 기초해서 두 개의 양도행위가 행하여지며 양자는 서로 상환성과 대가성을 갖는다고 할 수 있다.

교환으로 취득하는 경우 과세표준액은 교환을 원인으로 이전받는 부동산등의 시가인정액과 이전하는 부동산등의 시가인정액 중 높은 가액이다. 다만, 상대방에게 추가로 지급하는 금액과 상대방으로부터 승계받는 채무액이 있는 경우 그 금액은 가산하고, 상대방으로부터 추가로 지급받는 금액과 상대방에게 승계하는 채무액이 있는 경우 그 금액은 차감한다(지령 제18조의4 제1호 나목).

(3) 양도담보

양도담보로 취득하는 경우의 과세표준액은 양도담보에 따른 채무액이 된다. 만약 채무액 외에 추가로 지급한 금액이 있는 경우 그 금액을 포함한다. 다만, 그 채무액이 시가인정액보다 적은 경우 취득당시가액은 시가인정액으로 한다(지령 제18조의4 제1호 다목).

3 법인 합병 · 분할 취득의 과세표준

법인의 합병 · 분할 및 조직변경을 원인으로 취득하는 경우 과세표준액은 시가인정액이 된다. 다만, 시가인정액을 산정하기 어려운 경우 취득당시가액은 시가표준액을 적용한다 (지령 제18조의4 제2호). 일반적으로 법인 합병 · 분할의 경우 감정평가를 거치므로 시가인정 액을 산정하기 어려운 경우로 보기는 어렵다.

한편, 감정을 거치지 않은 경우로서 시가인정액으로 볼 매매사례가액이 없는 경우에는 법인의 장부가액이 아닌, 시가표준액을 과세표준으로 하는 점도 유의하여야 한다.

4 주택조합 등이 취득하는 부동산의 과세표준

(1) 비조합원용으로 취득하는 부동산의 과세표준

주택조합과 재건축조합 등이 해당 조합원용으로 취득하는 조합주택용 부동산은 그 조합 원이 취득한 것으로 보지만, 조합원에게 귀속되지 아니하는 부동산(비조합원용 부동산)은 제외된다(지법 제7조 제8항 단서). 따라서 비조합원용 부동산은 주택조합 등이 취득한 것이 되는데, 이 경우의 취득세 과세표준액은 어떻게 산정할까?

「도시 및 주거환경정비법」 제2조 제8호의 사업시행자, 「빈집 및 소규모주택 정비에 관한 특 례법」 제2조 제1항 제5호의 사업시행자 및 「주택법」 제2조 제11호의 주택조합이 지방세법 제7 조 제8항 단서에 따른 비조합원용 부동산 또는 체비지 · 보류지를 취득한 경우 다음 계산식에 따라 산출한 가액이 과세표준액이 된다(지법 제10조의5 제3항 제3호, 지령 제18조의4 제3호).

• 가액 = A × [B − (C × B / D)]

A: 해당 토지의 제곱미터당 분양가액
B: 해당 토지의 면적
C: 사업시행자 또는 주택조합이 사업 진행 중 취득한 토지면적(조합원으로부터 신탁받은 토지는 제외한다)
D: 해당 정비사업 대상 토지의 전체 면적

---

(2) 사업시행자가 체비지 또는 보류지를 취득한 경우

「도시개발법」에 따른 도시개발사업의 시행으로 사업시행자가 체비지 또는 보류지를 취득한 경우에는 다음 계산식에 따라 산출한 가액이 과세표준액이 된다(지법 제10조의5 제3항 제3호, 지령 제18조의4 제4호).

> **• 가액 = A × [B - (C × B / D)] - E**
>
> A: 해당 토지의 제곱미터당 분양가액
> B: 해당 토지의 면적
> C: 사업시행자가 사업 진행 중 취득한 토지면적
> D: 해당 정비사업 대상 토지의 전체 면적
> E: 법 제7조 제4항 후단에 따른 토지의 지목 변경에 따른 취득가액

(3) 조합원이 토지를 취득한 경우

「도시개발법」에 따른 도시개발사업과 「도시 및 주거환경정비법」에 따른 정비사업의 시행으로 해당 사업의 대상이 되는 부동산의 소유자(상속인 포함)가 환지계획 또는 관리처분계획에 따라 공급받거나 토지상환채권으로 상환받는 건축물은 그 소유자가 원시취득한 것으로 보며, 토지의 경우에는 그 소유자가 승계취득한 것으로 본다. 이 경우 토지는 당초 소유한 토지 면적을 초과하는 경우로서 그 초과한 면적에 해당하는 부분에 한하여 취득한 것으로 본다(지법 제7조 제16항).

이에 따라 조합원이 당초 소유한 토지 면적을 초과하는 경우로서 그 초과한 면적에 해당하는 부분의 토지를 취득한 경우에는 다음 계산식에 따라 산출한 가액이 과세표준액이 된다(지법 제10조의5 제3항 제3호, 지령 제18조의4 제4호).

• 가액 = (A × B) - C

A: 해당 토지의 제곱미터당 분양가액
B: 해당 토지 면적
C: 지방세법 제7조 제4항 후단에 따른 토지의 지목 변경에 따른 취득가액

○ **교통사고 차량의 중고자동차 법인장부가액 인정 범위 질의 회신**
  (행안부 부동산세제과 - 1157, 2019.12.6.)

사고차량에 대한 법인장부가액을 취득세 과세로 예외적으로 인정하는 경우는 해당 차량의 가치가 시가표준액의 50% 이하로 하락하는 등 그 가치가 현저히 하락한 것이 입증되는 경우에 한정되므로, 사고차량을 취득 및 수리 등을 하여 종전보다 차량의 가치가 상승하게 되는 경우까지 법인장부가액을 취득세 과세표준로 인정하기는 어려움.

○ **법인이 분할하는 경우 취득세 과세표준 적용** (부동산세제과 - 2133, 2023.6.8.)

「지방세법」 제10조의5 제3항에서 법인이 합병·분할 및 조직변경을 원인으로 취득하면서 감정가액으로 과세표준 신고를 하는 경우에 대해서는 법 제10조의2 제3항에 따라 하나의 감정기관이 평가한 감정가액으로 하는 것이 타당하다고 판단됨.

○ **법인이 현물출자로 취득하는 경우의 과세표준** (부동산세제과 - 1485, 2023.12.28.)

해당 법인의 경우 A법인으로부터 분할한 법인으로서 A법인으로부터 인수한 자산·부채의 가액을 기업회계기준에 따라 기록하였으므로 법인장부가액을 사실상 취득가격으로 볼 수 있으나, 법인장부가액으로 취득가격이 증명되지 않는다고 하더라도 신고 가액과 시가표준액 중 높은 것을 과세표준으로 결정하며 납세자가 신고하지 않은 감정가액을 취득가격으로 할 수 없는 점(대법원 2009두22614, 2011.8.18.) 등을 고려할 때 감정가격을 과세표준으로 할 수 없다고 판단됨.

○ 수익자의 위탁자 채무변제에 대한 대물변제 해당 여부 (부동산세제과‑1428, 2024.4.18.)

대물변제는 채무자가 본래의 채무이행에 갈음하여 다른 급여를 함으로써 채무를 소멸시키는 계약을 말하는 것이나, 본 사안은 신탁부동산의 매매대금에 우선수익자가 위탁자의 채무를 대신하여 변제한 금액 외에 미지급공사비가 포함되어 있고, 그 대금 중 일부는 신탁관계에서의 우선수익권 정산금 지급채무와 상계한 점 등을 고려했을 때 대물변제로 보기 어렵다고 판단됨.

○ 사업시행자의 체비지 취득세 과세표준 (지방세특례제도과‑2308, 2022.10.12.)

구 지방세특례제한법 부칙 제17조 제1항 및 제74조 제1항 관련, 법인인 재개발사업 사업시행자가 취득하는 체비지(건축물)의 경우에는 위 지방세법령 규정에 따라 취득시기 이전에 해당 건축물을 취득하기 위하여 거래상대방 또는 제3자에게 지급하였거나 지급하여야 할 직·간접비용의 합계액에 체비지 비율을 곱하여 산출한 가액을 취득세 과세표준으로 적용하는 것이 타당하다고 판단됨.

간주취득 및 부동산등 일괄취득의 과세표준

1 토지 지목변경의 과세표준

토지의 지목을 사실상 변경함으로써 그 가액이 증가한 경우에는 취득으로 간주하여 취득세 납세의무가 있고(지법 제7조 제4항), 토지의 지목을 사실상 변경한 경우의 취득당시가액은 그 변경으로 증가한 가액에 해당하는 사실상 취득가격이 취득세 과세표준액이 된다(지법 제10조의6 제1항).

위 사실상 취득가격의 범위에는 지목변경에 수반되는 농지전용부담금, 대체농지조성비, 대체산림조림비는 과세표준에 포함되며, 취득일 이후 발생하는 「개발이익 환수에 관한 법률」에 따른 개발부담금(공사가 완료되어 발생하는 수익을 전제로 부담함)은 제외한다(지법 운영예규 법10-1).

또한 「공간정보의 구축 및 관리 등에 관한 법률」 제67조에 따른 대(垈) 중 「국토의 계획 및 이용에 관한 법률」 등 관계 법령에 따른 택지공사가 준공된 토지에 정원 또는 부속시설물 등을 조성·설치하는 경우에는 그 정원 또는 부속시설물 등은 토지에 포함되는 것으로서 토지의 지목을 사실상 변경하는 것으로 보아 그 조성·설치비용을 과세표준액에 포함한다(지법 제7조 제14항).

다만, 위에 불구하고 사실상 취득가격을 확인할 수 없는 경우의 취득당시가액은 아래와 같이 지목변경 전·후의 토지에 대한 시가표준액을 비교하여 그 차액이 과세표준액이 된다(지법 제10조의6 제2항, 지령 제18조의6 제1호).

○ 토지의 지목이 사실상 변경된 때를 기준으로 "①"의 가액에서 "②"의 가액을 뺀 가액

① 지목변경 이후의 토지에 대한 시가표준액(해당 토지에 대한 개별공시지가의 공시기준일이 지목변경으로 인한 취득일 전인 경우에는 인근 유사토지의 가액을 기준으로 「부동산 가격공시에 관한 법률」에 따라 국토교통부장관이 제공한 토지가격비준표를 사용하여 시장·군수·구청장이 산정한 가액을 말한다)

② 지목변경 전의 토지에 대한 시가표준액(지목변경으로 인한 취득일 현재 해당 토지의 변경 전 지목에 대한 개별공시지가를 말한다. 다만, 변경 전 지목에 대한 개별공시지가가 없는 경우에는 인근 유사토지의 가액을 기준으로 「부동산 가격공시에 관한 법률」에 따라 국토교통부장관이 제공한 토지가격비준표를 사용하여 시장·군수·구청장이 산정한 가액을 말한다)

2 건축물 개수의 과세표준

건축물을 개수하는 경우 취득당시가액은 부동산등의 원시취득하는 경우와 동일하다. 즉, 취득 당시의 가액은 사실상 취득가격을 적용한다(지법 제10조의6 제3항, 제10조의4). 다만, 법인이 아닌 자가 건축물을 건축하여 취득하는 경우로서 사실상 취득가격을 확인할 수 없는 경우의 취득당시가액은 시가표준액이 된다(지법 제10조의4 제2항).

3 과점주주 간주취득의 과세표준

지방세법 제7조 제5항 전단에 따라 대통령령이 정하는 과점주주(이하 "과점주주"라 한다)가 취득한 것으로 보는 해당 법인의 부동산등의 취득당시가액은 해당 법인의 결산서와 그 밖의 장부 등에 따른 그 부동산등의 총가액을 그 법인의 주식 또는 출자의 총수로 나눈 가액에 과점주주가 취득한 주식 또는 출자의 수를 곱한 금액으로 한다(지법 제10조의6 제4항).

이 경우 과점주주는 조례로 정하는 바에 따라 취득당시가액과 그 밖에 필요한 사항을 신고하여야 하는데, 조례에서 취득세 납세의무자에 해당하는 과점주주는 다음의 사항을 확인할 수 있는 증빙서류를 갖추어 취득물건의 소재지를 관할하는 구청장에게 신고하여야 한다고 규정하고 있다(지법 제10조의6 제4항, 서울특별시 시세 조례 제5조).

① 법인의 본점 또는 지점의 소재지
② 주주 또는 사원명부(변경된 내용을 포함한다)
③ 재산목록의 취득연월일과 취득원인
④ 취득가격과 산출근거
⑤ 주식 또는 출자지분의 변동 상황 등 그 밖의 참고사항

4 차량 등의 종류변경의 과세표준

선박, 차량 또는 기계장비의 용도 등 선박의 선질(船質)·용도·기관·정원 또는 최대적재량이나 차량 또는 기계장비의 원동기·승차정원·최대적재량·차체를 변경한 경우에도 그 변경으로 증가한 가액에 해당하는 사실상 취득가격이 과세표준이 된다(지법 제10조의6 제1항, 지령 제18조의5). 다만, 개인이 차량의 종류변경 등에 해당하는 경우로서 사실상 취득가격을 확인할 수 없는 경우의 취득당시가액은 시가표준액을 그 가액으로 한다(지법 제10조의6 제2항, 지령 제18조의6 2호).

5 부동산등의 일괄취득의 과세표준

(1) 원칙

부동산등을 한꺼번에 취득하여 각 과세물건의 취득 당시의 가액이 구분되지 않는 경우에는 한꺼번에 취득한 가격을 각 과세물건별 시가표준액 비율로 나눈 금액을 각각의 취득 당시의 가액으로 한다(지령 제19조 제1항). 만약 시가표준액이 없는 과세물건이 포함되어 있으면 부동산등의 감정가액 등을 고려하여 시장·군수·구청장이 결정한 비율로 나눈 금액을 각각의 취득 당시의 가액으로 한다(지령 제19조 제4항).

(2) 주택과 건축물 등을 한꺼번에 취득한 경우

위의 규정에 불구하고 주택, 건축물과 그 부속토지를 한꺼번에 취득한 경우에는 다음의 계산식에 따라 주택 부분과 주택 외 부분의 취득 당시의 가액을 구분하여 산정한다(지령 제19조 제2항).

① 주택 부분

$$\text{전체 취득} \atop \text{당시의 가액} \times \frac{\text{건축물 중 주택 부분의 시가표준액} + \text{부속토지 중 주택 부분의 시가표준액}}{\text{건축물과 부속토지 전체의 시가표준액}}$$

② 주택 외 부분

$$\text{전체 취득} \atop \text{당시의 가액} \times \frac{\text{건축물 중 주택 외 부분의 시가표준액} + \text{부속토지 중 주택 외 부분의 시가표준액}}{\text{건축물과 부속토지 전체의 시가표준액}}$$

(3) 신축 또는 증축으로 한꺼번에 취득한 경우

신축 또는 증축으로 주택과 주택 외의 건축물을 한꺼번에 취득한 경우에는 다음의 계산식에 따라 주택 부분과 주택 외 부분의 취득 당시의 가액을 구분하여 산정한다(지령 제19조제3항).

① 주택 부분

$$\text{전체 취득} \atop \text{당시의 가액} \times \frac{\text{건축물 중 주택 부분의 연면적}}{\text{건축물 전체의 연면적}}$$

② 주택 외 부분

$$\text{전체 취득} \atop \text{당시의 가액} \times \frac{\text{건축물 중 주택 외 부분의 연면적}}{\text{건축물 전체의 연면적}}$$

○ 토지의 지목변경에 따른 취득세 과세표준 및 세액산정 기준
  (대법원 2019.4.24. 선고 2019두31754 판결)

토지의 지목변경에 따른 취득세의 과세표준에 관하여 구 지방세법 시행령(2013.1.1. 대통령령 제24296호로 개정되기 전의 것) 제17조(이하 '쟁점 조항'이라 한다) 본문은 '지목변경 전후 시가표준액의 차액'으로 정하고 있고, 쟁점 조항 단서는 '판결문 또는 법인장부로 토지의 지목변경에 든 비용이 입증되는 경우에는 그 비용'으로 정하고 있다. 피고는 이 사건 토지의 위탁자인 ○○치아의 법인장부를 기준으로 이 사건 토지에 관한 취득세 과세표준을 산정하였으나, ○○치아의 법인장부는 객관적이고 신뢰할 수 있는 자료를 근거로 작성된 것이 아니어서 위 법인장부로 이 사건 토지의 지목변경에 든 비용이 입증되는 경우라고 할 수 없다. 피고는 쟁점 조항 본문에 따라 지목변경 전후의 시가표준액 차액을 과세표준으로 산정하여야 한다. 따라서 쟁점 조항 단서에 따라 ○○치아의 법인장부를 기초로 한 이 사건 부과처분은 위법하여 전부 취소되어야 한다.

○ 이 사건 각종의 부담금이 지목변경으로 인한 간주취득세의 과세표준이 되는 토지의 지목변경에 든 비용에 해당하는지 여부 (대법원 2019.6.13. 선고 2019두36193 판결)

지목변경과는 무관한 비용이고, 나아가 원고는 이 사건 부담금을 산업단지조성원가나 택지 조성원가의 '기반시설 설치비' 항목으로 반영한 후에 이 사건 토지를 분양하였으므로, 향후 이 사건 토지를 분양받은 자들이 건축물을 신축하는 경우 부담하게 될 비용을 미리 부담한 것으로 볼 여지도 있다.

○ 법인 장부가액에도 불구하고 지목변경 과세표준의 시가표준액 적용 여부
  (대법원 2016.3.10. 선고 2015두57888 판결)

지목변경 취득세 등을 과다하게 납부할 특별한 사정이 없는 한 법인의 장부가액을 과세표준으로 봄이 타당하다.

○ 토지 전체를 일괄하여 대금을 정해 매수한 경우라도 취득 부분별로 구분하여 감정한
  가액을 기준으로 과세표준를 산정할 수 있는지 여부
  (대법원 2014.9.26. 선고 2012두16404 판결)
부분별로 구분하지 않고 일괄 대금을 정하여 취득한 경우에는 단위면적당 균일가격으로
볼 수 있으므로, 부분별 감정가액이 아닌 면적비율로 안분하여야 한다.

○ 골프장 지목변경 관련 과세표준 범위 (조심 2014지0964, 2017.5.10.)
(1) 취득세 과세표준 중 통로BOX공사비, 교량공사비는 골프코스와 연계되어 시공된 구조
    물로서 지방세법상 별도의 취득세 과세대상이 아니라 지목변경과 관련된 비용에 해당
    하고, 건설자금이자 중 2011년까지 발생한 분은 건설중인자산계정에 유형자산으로 자
    본화한 것으로 보아 이 건 지목변경에 소요된 비용으로 볼 수 없으나, 2012년 이후에
    발생한 건설자금이자는 이자계정에 계상되어 있고 자본화하지 않은 것이라 지목변경
    에 소요된 비용으로 보이므로 2011년까지 발생한 건설자금이자는 제외한 후 청구법인
    의 신탁비율을 적용하여 이 건 취득세 등의 과세표준을 다시 산출해야 한다.
(2) 스프링클러공사는 급수시설로서 별도의 과세대상에 해당하여 지목변경과는 관련이
    없고 옥외전기공사도 과세대상이 아니라 과세표준에 포함되지도 아니하는 것이나 배
    수공사는 골프코스 조성에 필요한 공사이고 과세대상인 급·배수시설로 보기도 어려
    워 지목변경에 따른 비용에 해당하는 것이므로 지목변경에 따른 과소신고분 총공사비
    중 스프링클러공사비, 옥외전기공사비는 제외한 후 청구법인의 신탁비율을 적용하여
    이 건 취득세 등의 과세표준을 다시 산정하여야 한다.
(3) 청구법인이 산출한 건물분 부가가치세는 명확한 법인장부에 근거하여 산정한 금액이
    아니라 추계방식으로 계산된 금액이라 이를 쟁점토지의 지목변경에 따른 취득세 등의
    과세표준에서 제외하는 것은 지방세법 제10조 제5항 제3호에서 법인장부상 가액을 사
    실상의 취득가격으로 인정하고 있는 것과 배치되는 것으로 판단된다.

○ 법인이 지목변경에 따른 비용이 없는 경우 과세표준 (부동산세제과 – 2669, 2024.8.2.)
법인의 사실상 취득가격이 확인되지 않을 경우에는 지목의 변경 전과 변경 후의 시가표준
액의 차액으로 과세표준을 적용하는 것이 타당할 것으로 판단됨.

취득세 과세표준 관련 쟁점 사례

1 쟁점 및 결정 요지

쟁점	신탁계약에 따라 위탁자로부터 지급받은 쟁점신탁수수료를 쟁점건축물의 취득세 과세표준에 포함하여 취득세 등을 부과한 처분의 당부수를 이 건 건축물의 취득세 과세표준에서 제외하여야 한다는 청구주장의 당부
규정	「지방세법 시행령」(2016.4.26. 대통령령 제27102호로 일부개정된 것) 제18조(취득가격의 범위 등) ① 법 제10조 제5항 각 호에 따른 취득가격 또는 연부금액은 취득시기를 기준으로 그 이전에 해당 물건을 취득하기 위하여 거래 상대방 또는 제3자에게 지급하였거나 지급하여야 할 직접비용과 다음 각 호의 어느 하나에 해당하는 간접비용의 합계액으로 한다. 1. 건설자금에 충당한 차입금의 이자 또는 이와 유사한 금융비용 2. 할부 또는 연부(年賦) 계약에 따른 이자 상당액 및 연체료. 다만, 법인이 아닌 자가 취득하는 경우는 취득가격에서 제외한다. 3. 「농지법」에 따른 농지보전부담금, 「산지관리법」에 따른 대체산림자원조성비 등 관계 법령에 따라 의무적으로 부담하는 비용 4. 취득에 필요한 용역을 제공받은 대가로 지급하는 용역비·수수료 5. 취득대금 외에 당사자의 약정에 따른 취득자 조건 부담액과 채무인수액 6. 부동산을 취득하는 경우 「주택도시기금법」 제8조에 따라 매입한 국민주택채권을 해당 부동산의 취득 이전에 양도함으로써 발생하는 매각차손. 이 경우 행정자치부령으로 정하는 금융회사등(이하 이 조에서 "금융회사등"이라 한다) 외의 자에게 양도한 경우에는 동일한 날에 금융회사등에 양도하였을 경우 발생하는 매각차손을 한도로 한다. 7. 제1호부터 제6호까지의 비용에 준하는 비용

결정	쟁점신탁수수료는 쟁점위탁법인이 쟁점건축물의 신축과 관련한 업무를 청구법인에 위탁하고 그 수행에 대한 대가로 지급한 용역비 등으로서 쟁점건축물의 간접비용에 해당한다고 할 것인 점, 청구법인이 수행한 신탁사무의 내용을 구체적으로 구분할 수 있는 자료가 제출되지 아니한 이상 청구법인이 쟁점건축물의 신축과 관련된 업무를 수행하고 그 대가로 쟁점신탁수수료를 수령한 점 등에 비추어 쟁점건축물의 과세표준에서 쟁점신탁수수료를 제외하여야 한다는 청구주장은 받아들이기 어렵다고 판단됨. 조심 2022지1666, 2022.12.29. 취득세 기각

2 사실관계

① 청구법인은 신탁업을 영위하는 법인으로 2017.6.29. 주식회사 AAA(이하 "쟁점위탁법인"이라 한다)와 관리형 토지신탁계약을 체결하고, 2021.1.28. ○○○소재 건축물 ○○○㎡(이하 "쟁점건축물"이라 한다)를 신축하여 취득한 후, 2021.3.24. 쟁점건축물의 신축가액 ○○○원을 과세표준으로 하여 산출한 취득세 ○○○원, 지방교육세 ○○○원, 농어촌특별세 ○○○원 합계 ○○○원을 신고·납부하였다.

② 이후 처분청은 청구법인에 대하여 세무조사를 실시하여, 청구법인이 쟁점건축물의 취득과 관련하여 신탁수수료 ○○○원(이하 "쟁점신탁수수료"한다) 등 ○○○원을 과세표준에서 누락한 사실을 확인하고 과다 신고한 학교용지부담금 등 ○○○원을 차감한 ○○○원을 과세표준에 포함하여 취득세 등 합계 ○○○원(가산세 포함)을 부과·고지하였다.

3 청구법인 주장 및 처분청 의견

(1) 청구법인 주장

① (주위적 청구) 신탁법상 신탁은 단순히 소유권의 명의만 이전되는 것이 아니라 수탁자에게 신탁재산에 관한 처분의 권한과 의무가 적극·배타적으로 부여되는 것인바, 신탁계약이 체결되면 부동산의 대내외적 소유자는 신탁회사가 되고, 취득세 부과를 위한 과세표준은 위탁법인이 아닌 신탁재산의 소유자인 신탁자를 기준으로 결정되는 것이고,

신탁수수료는 아파트를 취득한 자로서 그 취득세의 부과대상자인 수탁자가 거래 상대방 또는 제3자에게 지급한 비용이라고 할 수 없으므로 신탁수수료가 아파트를 취득하기 위한 비용인지 여부와 무관하게 그 취득세의 과세표준에 포함될 수 없다.

쟁점신탁수수료는 청구법인이 위탁자로부터 건축물 신축과 관련하여 자금관리 등의 신탁을 받은 대가로 지급받은 것으로서 청구법인의 수익에 불과하므로 취득세의 납세의무자인 청구법인이 거래 상대방 또는 제3자에게 지급하는 비용이 아니다.

② (예비적 청구) 대법원은 '수탁자가 지급받은 신탁수수료는 취득세 과세표준에서 제외된다'고 선고하였고, 청구법인은 위 판례를 근거로 쟁점신탁수수료를 과세표준에서 제외하여 건축물 신축에 대한 취득세를 신고·납부하였다.

이후 2021.4.14. 행정안전부는 신탁수수료 등을 취득세 과세표준에 포함한다고 해석하였고, 2022.7.15. 처분청은 세무조사를 통해 쟁점신탁수수료를 취득세 과세표준에 포함하여 취득세 등을 부과하였는데 신고불성실가산세 및 납부불성실가산세의 부과는 신의성실의 원칙에 어긋난 것이므로 위 가산세는 취소되어야 한다.

(2) 처분청 의견

① (주위적 청구) 「지방세법 시행령」 제18조 제1항은 취득세 과세표준인 취득가격에 대하여 취득시기를 기준으로 그 이전에 해당 물건을 취득하기 위하여 거래 상대방 또는 제3자에게 지급하였거나 지급하여야 할 직·간접 비용의 합계액으로 하도록 규정하고 있다.

청구법인은 쟁점건축물의 신축과 관련하여 건축주의 지위에서 건축 도급부터 분양에 이르기까지 취득을 위한 포괄적인 업무를 수행하였고 그 대가로서 쟁점신탁수수료를 지급받았는바, 쟁점신탁수수료는 신탁계약에 따라 이 건 건축물의 신축업무 수행에 따라 발생되는 신탁사업에 필수불가결한 보수로서, 이는 과세대상 물건 취득에 필요한 용역을 제공받은 대가로 지급하는 용역비에 해당하여 취득가격에 포함되는 간접비용에 해당하므로 처분청이 취득세 등을 부과한 처분은 정당하다.

② (예비적 청구) 위와 같이 정당한 과세처분에 기초하여 가산세를 부과하였으므로 가산세 부과가 부당하다는 청구주장 또한 이유 없다.

4 조세심판원 판단

① 청구법인은 쟁점건축물 취득의 납세의무자로서 쟁점신탁수수료는 청구법인이 거래 상대방 또는 제3자에게 지급하는 비용이 아니므로 취득세 과세표준에서 제외되어야 한다고 주장한다.

그러나 청구법인과 쟁점위탁법인 간에 체결한 관리형 토지신탁계약의 내용을 보면, 청구법인이 신탁재산의 범위 내에서 사업주체 또는 건축주로서의 권리를 가지고 의무를 부담하며 각종 용역계약을 체결하여 신탁재산의 범위 내에서 공사대금을 지급하는 점,

수분양자와 분양계약을 체결하고 분양수입금 등 자금관리와 집행업무를 수행하며 쟁점건축물에 대한 사용승인이 이루어진 후에는 시공사로부터 쟁점건축물을 인도받아 소유권보존등기 및 신탁등기 절차를 이행하였다가, 분양대금을 완납한 수분양자에 대하여 소유권이전 절차를 진행하는 등, 청구법인은 사실상 건축주의 지위에서 쟁점건축물의 건축과 관련된 업무를 수행하고 그 대가로 쟁점신탁수수료를 수령한 것으로 볼 수밖에 없는 점,

이에 쟁점신탁수수료는 쟁점위탁법인이 쟁점건축물의 신축과 관련한 업무를 청구법인에 위탁하고 그 수행에 대한 대가로 지급한 용역비 등으로서 쟁점건축물의 간접비용에 해당한다고 할 것인 점,

청구법인이 수행한 신탁사무의 내용을 구체적으로 구분할 수 있는 자료가 제출되지 아니한 이상 청구법인이 쟁점건축물의 신축과 관련된 업무를 수행하고 그 대가로 쟁점신탁수수료를 수령한 점 등에 비추어 쟁점건축물의 과세표준에서 쟁점신탁수수료를 제외하여야 한다는 청구주장은 받아들이기 어렵다고 판단된다.

② 청구법인은 처분청이 쟁점신탁수수료를 과세표준에 포함하여 취득세 등을 부과하였는데 신고불성실가산세 및 납부불성실가산세의 부과는 신의성실의 원칙에 어긋나므로 위 가산세는 취소되어야 한다고 주장한다.

그러나 행정안전부는 '신탁수수료의 경우 신탁사가 위탁자로부터 지급받은 수익으로서 취득세의 납세의무인 신탁사의 입장에서 소요된 비용이 아니더라도 신탁사가 건

축주(납세의무자)의 지위에서 건축 인·허가 등을 수행한다면 관련 제반 비용은 취득세 과세표준에 포함하여야 한다'고 해석한 바, 과세관청은 신탁회사가 지급받는 신탁수수료에 대하여 취득세 과세표준에서 제외한다는 견해를 표명한 사실이 없는 점,

또한 취득세는 신고·납부방식의 조세로서 그 신고·납부에 대한 책임은 근본적으로 납세자에게 있고, 법령의 부지 또는 오인은 가산세를 감면할 정당한 사유에 해당하지 아니한 점 등에 비추어 쟁점신탁수수료를 과세표준에 포함하여 취득세 등을 부과한 이 건 처분이 신의성실의 원칙 등에 반하는 위법한 처분으로 신고불성실가산세 및 납부불성실가산세가 취소되어야 한다는 청구주장을 받아들이기 어렵다.

> ○ 위탁자로부터 지급받은 신탁보수 등이 쟁점건축물의 취득세 과세표준에서 제외되는지
> (조심 2024지0067, 2024.10.14.)
>
> 쟁점비용은 청구법인은 신탁계약에 따라 건축주의 지위에서 쟁점 건축물의 건축과 관련된 업무를 수행하고 그 대가로 수령한 것이므로 다른 제반 경비들과 그 속성 및 지급방식이 다르지 않음에도 지급받는 대상이 청구법인이라는 점만으로 쟁점건축물의 취득가격이 아니라고 보기 어려운 점, 위탁법인이 쟁점건축물의 신축과 관련한 업무를 청구법인에게 위탁하고 이에 대한 대가로 지급한 용역비 등으로서 쟁점건축물의 간접 취득비용에 해당된다고 보는 것이 타당한 점 등에 비추어 처분청이 청구법인에게 이 건 취득세 등을 부과고지한 처분은 잘못이 없는 것으로 판단됨.

제 **5** 절

세율 및 세율의 적용

취득세 세율 및 세율의 적용

1 세율의 개요

세율이란 과세표준에 곱하여 세액을 산출하는 기준으로서 비례세율과 누진세율 등으로 나눌 수 있다. 취득세 세율은 비례세율과 단순누진세율[14]을 취하면서 다른 세목과 달리 과세대상 물건 또는 취득원인 등에 따라 여러 가지 다양한 세율로 규정되어 있다.

이와 같이 취득세 세율이 다양한 구조로 정해진 것은 2011년부터 종전 등록세와 통 · 폐합되면서 납세자 세부담 수준은 변함이 없도록 하기 위하여 기본적으로 종전의 취득세와 등록세 세율을 합하여 취득세 세율을 정하였기 때문이다. 즉, 종전 취득세의 일반세율(2%)에 종전의 등록세 세율이 소유권 보전 · 이전 등 등기원인에 따라 각기 다른 세율을 합하여 통합 취득세 세율이 구성된 것이다.

현행 취득세 세율을 일반세율(표준세율)과 중과세율, 세율특례로 나눌 수 있는데, 구분하여 각각 살펴보면 다음과 같다.

★
취득세 세율의 구분
1. 일반세율: 최저 1~최고 4%
   ① 상속: 농지 2.3%, 농지 외 2.8%
   ② 무상취득: 일반 3.5%, 원시취득 2.8%
   ③ 유상승계: 농지 외 4.0%, 주택 1~3%

---

14) 일반적 누진세율(초과 또는 체차)과 다른 개념으로써 단순누진세율로 표현하였다.

2. 중과세율: 최저 4.4~최고 20%

   ① 다주택자, 법인 등 취득 주택: 8%, 12%

   ② 과밀억제권역 내 부동산: 4.4%, 6.8%, 8%, 8.4%, 12%

   ③ 고급주택 등 사치성재산: 10.8%, 12%, 9~11%, 13~15%

3. 세율특례: 종전 취득세 또는 등록세만 과세한 경우에 적용

   ① 형식적 취득(공유물 분할 등): 표준세율－중과기준세율(2%)

   ② 간주취득(지목변경, 과점주주): 중과기준세율(2%) 적용

2 일반과세 적용세율: 표준세율

취득세 일반세율은 취득 유형에 따라 다양한 구조로 정해져 있는데, 이는 2011년부터 종전의 등록세와 통·폐합되면서 납세자 세부담 수준은 변함이 없도록 하기 위하여 기본적으로 종전의 취득세와 등록세 세율을 합하여 취득세 세율을 정하였기 때문이다. 즉, 종전 취득세의 일반세율(2%)에 종전의 등록세 세율이 소유권 보전·이전 등 등기원인에 따라 각기 다른 세율을 합하여 통합 취득세 세율이 구성된 것이다.

취득·등록 구분		2010년까지		2011년 이후
		취득세	등록세	취득세
상속	농지	1천분의 20	1천분의 3	1천분의 23
	농지 이외 것	1천분의 20	1천분의 8	1천분의 28
무상취득	일반납세자	1천분의 20	1천분의 15	1천분의 35
	비영리사업자	1천분의 20	1천분의 8	1천분의 28
원시취득		1천분의 20	1천분의 8	1천분의 28
신탁 부동산 (수탁자→수익자 이전)	일반납세자	1천분의 20	1천분의 10	1천분의 30
	비영리사업자	1천분의 20	1천분의 5	1천분의 25
공유물·합유물·총유물의 분할		1천분의 20	1천분의 3	1천분의 23
유상취득	농지	1천분의 20	1천분의 10	1천분의 30
	농지 이외 것	1천분의 20	1천분의 20	1천분의 40

다만, 주택 유상거래에 따른 취득세는 정책적 차원에서 낮게 또는 높게 조정하여 왔으므로 위와 동일하게 비교하기는 어려우며, 현재는 유상거래 주택의 일반세율은 취득가액에 따라 1~3%의 세율을 적용하고 있다.

★

원시취득의 경우 왜 상대적으로 낮은 세율을 적용할까?

원시취득의 경우 상대적으로 낮은 세율을 적용하는 취지는 이미 발생한 권리를 이어받는 승계취득에 비하여 새로운 권리를 발생시킴으로써 사회적 생산과 부에 기여하는 바가 크다는 점에 있다고 할 것인데(지방세법이 2016. 12. 27. 법률 제14475호로 개정되면서 '과세대상이 이미 존재하는 상태에서 취득하는 수용재결의 경우'를 원시취득의 세율 적용대상에서 제외한 것도 이와 같은 취지에서 비롯된 것으로 판단된다), 경매의 경우 새로운 권리를 발생시켰다고 볼 수 없는바, 그와 같은 세법상 관점에서 보더라도 이를 원시취득으로 취급할 합리적인 이유가 있다고 볼 수 없다(서울행법 2019.7.11. 선고 2019구합53433 판결).

3 중과대상 적용세율: 중과세율

(1) 과밀억제권역 내 법인과 사치성재산 취득

취득세 일반세율과 달리 정책적 차원에서 특정 과세물건의 경우 높은 세율로 중과세하는 경우가 있다. 먼저 ① 수도권 과밀억제를 위한 목적으로 그 지역 내에서 취득할 때 중과세하는 경우와 ② 골프장·고급주택 등 사치성재산의 억제를 위해 중과세하는 경우, ③ 다주택자 등이 주택을 취득할 때 중과세하는 경우로 나눌 수 있다.

먼저 수도권 과밀억제권역 내에서 ⓐ 법인의 본점 사업용 건축물을 신축 또는 증축하거나 ⓑ 법인 신설 및 지점 설치, 대도시 내로의 전입함에 따른 부동산 취득, ⓒ 공장의 신설 또는 증설에 따른 부동산을 취득하는 경우 취득세를 중과세한다.

고급주택과 골프장·고급오락장·고급선박 등 과세대상을 사치성재산으로 구분하여 이러한 재산을 취득하는 경우 취득세를 중과세하고 있다.

이러한 과밀억제권역 안 취득 및 사치성재산 등 중과대상에 대한 적용세율은 종전 취득세와 등록세가 합쳐진 점을 감안하여 종전 세부담 수준과 동일하도록 설계되어 있다(지법 제13조). 즉, 표준세율(舊 취득세 + 舊 등록세)을 기준으로 중과기준세율(2%)을 더하거나 빼는 방식으로 되어 있다.

구 분	세 율
① 과밀억제권역에서의 본점·주사무소용 부동산 취득 (건물을 신·증축하는 경우와 그 부속토지만 해당) 및 공장을 신·증설하기 위하여 사업용 과세물건의 취득	일반세율 + {중과기준세율(2%) × 2배} ※ 세목통합 전 취득세만 중과대상
② 대도시(과밀억제권역에서 산업단지 제외)에서의 법인의 설립* 등 및 법인 등의 대도시 전입에 따른 대도시 부동산 취득, 대도시(산업단지, 유치지역, 공업지역 제외) 공장 신·증설에 따른 부동산 취득 * 휴면법인을 인수하는 경우를 포함	(일반세율×3배) - {중과기준세율(2%) × 2배} ※ 세목통합 전 등록세만 중과대상
③ "①"과 "②"가 동시에 적용되는 과세물건	일반세율 × 3배
④ 골프장, 고급주택, 고급오락장, 고급선박	일반세율 + {중과기준세율(2%) × 4배}
⑤ "②"와 "④"가 동시에 적용되는 과세물건	(일반세율 × 3배) + {중과기준세율(2%) × 2배}

(2) 다주택자와 법인 등 취득 주택

2020.8.12.부터 다주택자 및 법인의 주택 취득에 대해 취득세를 중과하고 있는데, 개인이 1세대 2주택 이상 취득 시 8%·12%로 중과하고, 법인을 이용한 우회취득 방지를 위해 법인은 1주택 취득부터 12%로 중과하고 있다. 또한, 조정대상지역에 있는 주택으로서 시가표준액이 3억 원 이상인 주택을 증여 등 상속 외의 원인으로 무상취득하는 경우에도 12%의 세율로 중과한다(지법 제13조의2).

구 분	1주택	2주택	3주택	4주택, 법인	무상취득
조정대상지역	1~3%	8% ※ 일시적 2주택 제외	12%	12%	12% (3억 원 이상)
非조정대상지역	1~3%	1~3%	8%	12%	3.5%

4 세율특례 대상 및 세율

종전 취득세와 등록세가 통합되기 전에 취득세 또는 등록세 1개 세목만 비과세가 되는 경우 종전 세부담 수준으로 동일하게 유지되도록 특례세율로 규정한 것으로, 표준세율(종전 취득세 + 등록세)에서 중과기준세율(2%)을 빼주거나 중과기준세율만 적용한다(지법 제15조).

구 분	세 율
① 형식적인 취득으로 등기 또는 등록하는 경우 환매등기 병행 부동산의 매매, 상속(1가구 1주택), 법인 합병, 공유물 분할, 건축물 이전으로 인한 취득, 재산분할로 인한 취득	일반세율 − 중과기준세율(2%) ※ 세목통합 전 등록세만 과세
② 간주취득 등의 세율 특례 건물의 개수로 인한 취득, 선박·차량·기계장비의 종류 변경, 토지의 지목변경, 과점주주 취득세 등	중과기준세율(2%) ※ 세목통합 전 취득세만 과세

★
① 종전 취득세만 비과세된 경우(지법 제15조 제1항): 표준세율 − 중과기준세율(2%)
　예 이혼에 따른 재산분할: 종전 취득세 비과세 + 등록세 1.5% = 1.5%
　　통합 후: 3.5%(표준세율) − 중과기준세율(2%) = 1.5%
② 종전 등록세만 비과세된 경우(지법 제15조 제2항): 중과기준세율(2%) 적용
　예 과점주주 간주취득: 舊 취득세 2% + 舊 등록세 0% = 2%
　　통합 후: 중과기준세율(2%) 적용 = 2%

5 취득세에 대한 부가세(sur-tax)

취득세에는 농어촌특별세와 지방교육세가 부가된다. 2011년부터 취득세 통·폐합에 따라 종전과 같은 수준으로 취득세 세율이 정해졌듯이 농어촌특별세와 지방교육세도 같은 수준으로 부과되도록 하기 위해 복잡한 세율체계를 갖게 되었다.

먼저 농어촌특별세(국세)는 취득세 표준세율을 2%로 하여 산출한 취득세액(감면세액 차감)의 10%(부과분)와 취득세 감면세액의 20%(감면분)에 해당하는 금액이다(농특세법 제5조 제1항). 취득세 통합 이전에는 종전의 취득세(2%)에만 농어촌특별세가 부가되었기 때문에 구 취득세 납부세액의 10%에 해당하는 금액이 농어촌특별세라고 생각하면 이해하기 쉽다. 다만, 주택 중 전용면적 85제곱미터 이하 서민주택을 취득하는 경우에는 농어촌특별세가 비과세된다(농특법 제4조 제11호). 또한 조세특례제한법, 지방세법 및 지방세특례제한법에 따라 취득세를 감면받은 경우에는 그 감면세액의 20%에 해당하는 금액을 농어촌특별세로 함께 납부해야 한다.

취득세에 부가하는 지방교육세는 취득세 표준세율에서 2%를 뺀 세율을 적용하여 산출

한 금액의 20%를 곱한 금액이다. 즉, 지방교육세는 종전의 등록세에만 부가되었기 때문에 종전의 취득세에 해당하는 금액을 빼는 것이다. 예를 들면, 토지를 유상으로 취득해 일반세율이 적용되는 경우라면 0.4%{(4% - 2%) × 20%}의 세율이 적용된다. 다만, 주택을 유상거래로 취득하여 1~3%의 취득세 세율이 적용되는 경우에는 종전의 취득·등록세를 구분하기 어렵기 때문에 그 세율에 50%를 곱한 금액을 기준으로 20%를 적용한다(지법 제151조 제1항). 만약 지방세특례제한법 등에 의해 취득세가 감면대상일 경우에는 취득세 표준세율에서 2%를 뺀 세율에서 감면율을 곱하여 산출한 금액을 기준으로 적용한다. 마찬가지로 종전의 등록세에 해당하는 금액만을 기준으로 지방교육세를 산출한다고 생각하면 된다.

그렇다면 지방세법 제13조에 의한 과밀억제권역 내 법인으로서 중과대상인 경우에는 농어촌특별세와 지방교육세를 어떻게 산출할까? 지방세법 제13조 제1항의 법인 본점 신축의 경우에는 종전의 취득세가 중과되고, 제13조 제2항의 법인설립·지점설치·전입 등에 의한 중과는 종전의 등록세가 중과된 것이었으므로 농어촌특별세는 종전의 취득세(중과 포함)를 기준으로 하고 지방교육세는 종전의 등록세(중과 포함)를 기준으로 생각하면 된다. 예를 들어 법인 본점 신축인 경우 종전 취득세(2%) 3배 중과이므로 이를 기준으로 농어촌특별세(10%)를 산출하고 지점설치 관련 종전 등록세(보존등기 0.8%, 이전등기 2% 등) 3배 중과이므로 이를 기준으로 지방교육세(20%)를 산출하면 되는 것이다.

참고 **취득세의 부가세(sur-tax): 지방교육세, 농어촌특별세**

구 분			취득세	지방교육세	농어촌특별세	합계 세율
건물 원시취득, 상속주택			2.8%	0.16%	0.2%	3.16%
토지(건물철거 또는 나대지)			4.0%	0.4%	0.2%	4.6%
무상취득	일반납세자		3.5%	0.3%	0.2%	4.0%
	비영리사업자		2.8%	0.16%	0.2%	3.16%
유상거래	6억 원 이하	85㎡ 이하	1%	0.1%	–	1.1%
		85㎡ 초과		0.1%	0.2%	1.3%
	6억 원 ~ 9억 원	85㎡ 이하		0.1~0.3%	–	1.1~3.3%
		85㎡ 초과		0.1~0.3%	0.2%	1.3~3.5%
	6억 원 초과	85㎡ 이하	3%	0.3%	–	3.3%
		85㎡ 초과		0.3%	0.2%	3.3%

※ 1. 지방교육세: 구 등록세액의 20% ★(취득세 표준세율 - 2%) × 20%. 다만, 주택 유상거래의 경우 표준 세율(1~3%)에 50%를 곱한 세율로 산출한 금액의 20%
2. 농어촌특별세: 종전 취득세(2%)의 10% ★표준세율을 2%로 하여 산출한 취득세액의 10%

부동산 취득세 일반세율

부동산에 대한 취득세는 지방세법 제11조에서 아래의 표준세율을 적용하여 계산한 금액을 그 세액으로 하고 있다.

1 상속으로 인한 취득

상속으로 취득하는 농지는 1천분의 23, 농지 외의 것은 1천분의 28의 세율을 적용한다(지법 제11조 제1항 제1호). 여기에서 농지라 함은 취득 당시 공부상 지목이 논, 밭 또는 과수원인 토지로서 실제 농작물의 경작이나 다년생식물의 재배지로 이용되는 토지를 말한다.

이 경우 농지 경영에 직접 필요한 농막(農幕)·두엄간·양수장·못·늪·농도(農道)·수로 등이 차지하는 토지 부분을 포함한다. 또한 취득 당시 공부상 지목이 논, 밭, 과수원 또는 목장용지인 토지로서 실제 축산용으로 사용되는 축사와 그 부대시설로 사용되는 토지, 초지 및 사료 밭은 농지로 본다.

> ○ 지방세법 운영예규 법11…시행령21 - 1【농지의 범위】
> 토지에 일시적·잠정적으로 농작물 등을 심어 둔 경우에는 농지의 범위에 포함하지 아니한다.

2 **무상취득**

상속을 제외한 증여, 유증 등 무상취득에 대한 취득세는 1천분의 35의 세율을 적용한다. 다만, 아래의 비영리사업자의 무상취득에 대하여는 1천분의 28로 낮게 과세한다(지법 제11조 제1항 제2호).

> ★
>
> 비영리사업자의 범위 (지방세법 시행령 제22조)
> ① 종교 및 제사를 목적으로 하는 단체
> ②「초・중등교육법」및「고등교육법」에 따른 학교,「경제자유구역 및 제주국제자유도시의 외국교육기관 설립・운영에 관한 특별법」또는「기업도시개발 특별법」에 따른 외국교육기관을 경영하는 자 및「평생교육법」에 따른 교육시설을 운영하는 평생교육단체
> ③「사회복지사업법」에 따라 설립된 사회복지법인
> ④「지방세특례제한법」제22조 제1항에 따른 사회복지법인 등
> ⑤「정당법」에 따라 설립된 정당

한편, 주택을 증여로 취득하는 경우로서 2020.8.12.부터 조정대상지역 내에서 3억 원 이상의 주택을 증여로 취득하는 경우에는 12%의 중과세율을 적용하고 있는데, 다주택자가 조세회피목적으로 명의 분산하는 것을 방지하기 위한 취지로서 1세대 1주택자가 배우자 및 직계존비속에게 증여하는 경우는 제외된다.

3 **원시취득**

원시취득에 대한 세율은 1천분의 28을 적용한다(지법 제11조 제1항 제3호). 원시취득이란 신축과 재축으로 인한 건축물의 취득, 공유수면 매립・간척 등으로 인한 토지의 취득 등을 말하며, 수용재결로 취득한 경우 등 과세대상이 이미 존재하는 상태에서 취득하는 경우는 제외한다.

한편, '경매'에 의한 취득을 원시취득으로 본 사례가 있었으나, 현재 조세심판원에서는 원시취득으로 보기 어렵다는 입장이다. '경매'는 법원이 채권자 및 채무자를 위하여 소유자를 대신하여 부동산등을 경쟁 매각하여 주는 것으로 그 본질은 매매, 즉 유상승계취득에 해당하

고, 그에 따라 「민사집행법」 제91조는 인수주의를 택하여 경락이 있는 경우 원칙적으로 매각 부동산 위의 대항할 수 있는 지상권·지역권·전세권 및 등기된 임차권 등을 인수하게 하는 등 전 소유자의 권리의 제한 및 하자를 승계하도록 규정하면서 예외적으로 매각의 편의를 위하여 해당 부동산등에 설정된 담보권이 소멸하도록 규정하여 그 과정에서 발생하는 이해 관계의 조정을 하고 있는 것으로 보이는 점 등에 비추어 경매절차를 통한 부동산의 취득을 원시취득으로 보기 어렵다는 것이다(조심 2018지1096, 2018.11.2., 조세심판관합동회의 결정).

한편, 법인이 합병 또는 분할에 따라 부동산을 취득하는 경우에는 그 밖의 원인으로 인한 취득의 세율을 적용한다(지법 제11조 제5항). 즉, 농지는 1천분의 30을 적용하고, 농지 외의 것은 1천분의 40을 적용한다.

4 공유물 분할

공유물·합유물·총유물의 분할 또는 부동산 실권리자명의 등기에 관한 법률 제2조 제1호 나목[15]에서 규정하고 있는 부동산의 공유권해소를 위한 지분이전으로 인한 취득(등기 부등본상 본인 지분을 초과하는 경우에는 제외한다)의 경우에는 1천분의 23의 세율을 적용한다(지법 제11조 제1항 제5호).

다만, 공유물·합유물의 분할 또는 「부동산 실권리자명의 등기에 관한 법률」 제2조 제1호 나목에서 규정하고 있는 부동산의 공유권 해소를 위한 지분이전으로 인한 취득(등기부 등본상 본인 지분을 초과하는 부분의 경우에는 제외한다)의 경우에는 중과기준세율(2%)을 뺀 세율을 적용하므로 1천분의 3이 적용된다(지법 제15조 제1항).

> ○ 지방세법 운영예규 법11 - 3 【공유토지를 단독소유로 취득 시 세율】
> 공유로 되어 있는 부동산을 분할등기하는 경우 자기 소유지분에 대하여는 「지방세법」 제11조 제1항 제5호의 세율을 적용하고, 자기 소유지분 초과분에 대하여는 「지방세법」 제11조 제1항 제7호의 세율을 적용한다.

---

15) 부동산의 위치와 면적을 특정하여 2인 이상이 구분소유하기로 하는 약정을 하고 그 구분소유자의 공유로 등기하는 경우를 말한다.

> ○ 지방세법 운영예규 법11 - 4【합유자 소유권 이전 시 세율】
>
> 부동산 합유자 중 일부가 사망하여 잔존 합유재산의 변동이 있는 경우에는 「지방세법」 제11조 제1항 제2호의 세율을 적용한다.

5 매매등 유상승계취득

매매등 유상승계취득에 있어서 농지는 1천분의 30, 농지 외 그 밖의 원인으로 취득한 부동산은 1천분의 40을 적용한다(지법 제11조 제1항 제7호). 그 밖의 원인으로 인한 취득은 매매, 교환 등의 일반적인 거래에 의한 유상승계취득(주택은 제외)을 말한다.

> ○ 지방세법 운영예규 지법11 - 2【부동산 교환 취득의 세율】
>
> 부동산을 상호 교환하여 소유권이전등기를 하는 것은 유상승계취득에 해당하므로 「지방세법」 제11조 제1항 제7호의 세율을 적용하여야 한다.

6 주택의 유상거래 취득

(1) 주택 유상거래의 취득세율

주택을 매매등 유상거래로 취득하는 경우에는 다주택자·법인 등 중과를 제외하고 취득세 기본세율(4%)보다 낮은 세율로서 그 취득가액에 따라 1~3%의 단순누진세율이 적용된다(지법 제11조 제1항 제8호).[16] 여기에서 유상거래라 함은 매도인에게 주택의 취득에 대한 대가를 지급하는 거래를 말한다. 즉, 유상거래를 원인으로 하는 주택의 취득이 아닌 경우에는 1~3%의 세율이 적용되지 아니한다. 또한 취득가액의 6억 원 또는 9억 원이란, 취득 당시 주택의 가액으로 취득자가 신고한 가액 등 취득세 과세표준으로 적용되는 주택의 가액을 말한다.

---

16) 이와 같이 유상거래로 취득하는 주택의 세율이 취득세 기본세율보다 낮게 정해진 것은 2000년 중반부터 단독·공동주택의 공시가격이 시가표준액으로 적용되고 부동산 실거래가신고제 도입에 따라 납세자들의 실질적인 취득세 부담이 늘어났음을 고려하여 주택거래 활성화와 서민 주거생활의 안정차원에서 세율을 낮춰 취득세 부담을 줄여주기 위한 취지이다.

○ 주택 유상거래의 취득세 일반세율
① 취득가액 6억 원 이하 주택: 1%
② 취득가액 6억 원 초과~9억 원 이하 주택: 1.01~2.99%
  • (해당 주택의 취득당시가액 × 2/3억 원 − 3) × 1/100
  • 과세표준액 150만 원마다 0.01%씩 상승
③ 취득가액 9억 원 초과 주택: 3%

(2) 주택유상거래 세율적용 대상 주택

취득세율 1~3%의 세율이 적용대상이 되는 주택은 공부와 현황이 모두 주택인 경우에 해당한다. 여기에서 주택이란 「주택법」 제2조 제1호에 따른 주택으로서 「건축법」에 따른 건축물대장·사용승인서·임시사용승인서 또는 「부동산등기법」에 따른 등기부에 주택으로 기재된 주거용 건축물과 그 부속토지를 말한다고 규정하고 있다.

「주택법」 제2조 제1호에 의한 주택은 세대의 구성원이 장기간 독립된 주거생활을 할 수 있는 구조로 된 건축물의 전부 또는 일부 및 그 부속토지를 말하며, 단독주택과 공동주택을 말한다. 또한 건축법에 따른 건축물대장·사용승인서·임시사용승인서 또는 「부동산등기법」에 따른 등기부에 주택으로 기재되고 건축물대장에 건축물의 용도가 주거용으로 사용하는 건축물과 그 부속토지를 말한다.

(3) 취득가액 6~9억 원 주택의 적용세율

취득 당시의 가액이 6억 원을 초과하고 9억 원 이하인 주택의 경우 2020년부터 위의 계산식에 의거 1.01~2.99% 세율이 적용되며, 이 경우 소수점 이하 다섯째 자리에서 반올림하여 소수점 넷째 자리까지 계산한다.

이와 같은 세율은 종전 6~9억 원 주택세율 2%에서 변경된 것인데, 이는 주택유상거래 세율이 단순누진 체계로서 세율변동 구간에서 거래집중 등 문턱효과가 발생함에 따라 2020년부터 개정된 것이다. 따라서 취득시점을 기준으로 2019년까지의 6억 원 초과 9억 원 이하 주택인 경우에는 개정 전의 세율인 2% 세율이 적용된다.

다만, 「지방세법」 부칙 제14조에서 '이 법 시행 전에 취득당시가액이 7억 5천만 원을 초과하고 9억 원 이하인 주택에 대한 매매계약을 체결한 자가 이 법 시행 이후 3개월(공동주택 분양계약을 체결한 자의 경우에는 3년) 내에 해당 주택을 취득하는 경우에는 제11조 제1항 제8호 나목의 개정규정에도 불구하고 종전의 제11조 제1항 제8호에 따른다.'고 규정하고 있다.

이는 취득가액 6~9억 원 구간의 취득세율이 세분화되면서 과세표준액이 7억 5천만 원을 초과하는 경우 종전 2%에서 2.0~2.99%로 세율이 인상되므로 법 시행 이전에 분양계약을 이미 체결한 경우 납세자 보호를 위해 개정 법 적용을 유예하는 것이다. 하지만 취득세율이 종전 2%에서 1.01~1.99%로 낮아지는 6억 원 초과 7억 5천만 원 이하인 경우에는 납세자에게 유리한 개정된 세율을 적용한다.

(4) 주택유상거래 적용세율 제외 대상

무허가주택 등 위반건축물은 사실상 주택으로 사용하더라도 주택의 유상거래 세율 적용 대상이 되는 주택에서 원칙적으로 제외한다. 다만, 「건축법」(법률 제7696호로 개정되기 전의 것을 말한다)에 따라 건축허가 또는 건축신고 없이 건축이 가능하였던 주택(법률 제7696호 건축법 일부개정법률 부칙 제3조에 따라 건축허가를 받거나 건축신고가 있는 것으로 보는 경우를 포함한다)으로서 건축물대장에 기재되어 있지 아니한 주택의 경우에도 건축물대장에 주택으로 기재된 것으로 보도록 규정하고 있다.

즉, 종전 건축법에 따라 건축허가 또는 신고 없이 건축이 가능한 주택 외에 건축법에 따라 허가를 받거나 신고를 하여야 함에도 이를 이행하지 아니하고 건축 또는 용도변경하여 주택으로 사용하는 건축물, 현황상 주택으로 사용하고 있더라도 공부상 주택이 아닌 무허가주택의 경우에는 주택세율이 아닌 일반세율(4%)을 적용하는 것이다.

또한 재개발·재건축사업에 따라 조합원으로서 주택(건축물)을 취득하는 경우에 주택의 유상거래가 아니고 원시취득에 해당하므로 원시취득에 해당하는 2.8%의 세율이 적용된다.

그리고 주택을 신축 또는 증축한 이후 해당 주거용 건축물의 소유자(배우자 및 직계존비속을 포함한다)가 해당 주택의 부속토지를 취득하는 경우에도 주택의 유상거래 세율을 적용하지 아니한다. 이는 2016년부터 개정된 것으로 주택의 부속토지의 취득시기에 따라 취득세율이 달라지는 불합리함을 제거하기 위한 취지이다.

(5) 1세대 4주택 이상의 한시적 4% 세율 적용

2020년부터 주택유상거래 취득에 따른 취득세 과세표준액 6억 원 초과 9억 원 이하인 주택에 대해 과세표준에 따라 세율을 세분화(1~3%)함과 아울러 1세대 4주택 이상 취득자의 경우 주택유상거래 취득세율(1~3%) 적용을 배제하고 일반세율(4%)을 적용하도록 규정을 신설하였다(지법 제11조 제4항 제2호).

다만, 「지방세법 시행령」 부칙 제5조에 따라 국내에 주택을 3개 이상 소유하고 있는 1세대가 2019년 12월 4일 전에 주택에 대한 매매계약을 체결하고, 그 계약을 체결한 당사자가 이 영 시행 이후 3개월(공동주택 분양계약을 체결한 경우에는 3년) 내에 해당 주택을 취득하는 경우에는 해당 주택을 1세대 4주택 이상에 해당하는 주택으로 보지 않는다.

한편, 2020.8.12. 다주택자와 법인 등에 대한 주택취득세 중과세율(8%, 12%)이 신설되면서 1세대 4주택 이상자에 대한 일반세율(4%) 적용규정이 삭제되었다. 따라서 1세대 4주택 이상 취득에 대한 4% 세율을 적용하는 것은 2020.1.1.부터 2020.8.11.까지에 한정되는 것이다.

7 법인 간 합병 또는 분할

법인이 합병 또는 분할에 따라 부동산을 취득하는 경우에는 유상거래 등으로 인한 취득세율을 적용한다(지법 제11조 제5항).

> ○ 무단용도변경 주거용 건축물의 주택세율 적용 여부 (조심 2014지0584, 2014.5.20.)
> 청구인은 쟁점건축물 중 주택으로 사용되고 있는 부분은 사실상 현황에 따라 주택의 취득세율을 적용하여야 한다고 주장하나, 청구인이 쟁점건축물에서 소매점으로 등재된 부분을 주거용도로 사용한다 할지라도 「지방세법」상의 건축물은 「건축법」에 따른 건축물로 규정하면서 「건축법」에 주택과 근린생활시설을 구분하여 규정하고 있고, 쟁점건축물은 소매점으로 사용되어야 할 부분을 무단으로 용도변경한 것으로 조사되었으며, 주택이 아닌 근린생활시설로 건축되어 공부상 근린생활시설로 등재된 부분에 대하여 주택세율을 적용하는 것은 타당하지 아니하므로 처분청이 경정청구를 거부한 이 건 처분은 잘못이 없는 것으로 판단된다.

○ 유상거래주택 취득 당시의 지분가액별로 표준세율 적용이 가능한지 여부
  (대법원 2017.3.9. 선고 2016두61884 판결)

실질과세의 원칙은, 납세의무자가 소득이나 수익, 재산, 거래 등의 과세요건사실에 관하여 실질과 괴리되는 비합리적인 형식이나 외관을 취한 경우 형식이나 외관에 불구하고 뒤에 숨어 있는 실질에 따라 과세요건이 되는 소득이나 수익, 재산, 거래 등의 발생, 귀속과 내용 등을 파악하여 과세하여야 한다는 조세부과의 원칙을 말한다(대법원 2015.9.10. 선고 2010두1385 판결 등 참조).

앞서 본 바와 같이 원고들처럼 2인 이상이 하나의 주택을 공유지분으로 취득한 경우 각 취득지분의 가액이 아니라 주택 전체의 취득 당시의 가액을 기준으로 개정 「지방세법」 제11조 제1항 제8호에 따라 취득세의 표준세율을 정한 후, 개정 「지방세법」 제11조 제2항에 따라 각 취득지분의 가액을 과세표준으로 하여 위와 같이 산정한 표준세율을 적용하는 방식으로 취득세를 산정하는 것이 관련 조항의 합리적·체계적 해석에 따른 결과이므로, 이러한 결과가 실질과세의 원칙에 반한다고 볼 근거는 없다.

○ 상속인이 상속을 원인으로 농지 외의 부동산을 취득하였으나 등기를 마치지 아니한 경우 취득세율 적용기준 (대법원 2018.4.26. 선고 2017두74672 판결)

매도자의 사망으로 상속등기가 이루어지지 않고 소유권이 이전된 경우, 취득세율은 20/1,000이 아닌 28/1,000으로 적용되어야 한다.

○ 미등기 토지의 소유권보전등기에 따른 취득세율 질의 회신
  (행안부 지방세운영과－181, 2013.4.5.)

○○공사가 미등기 상태인 본 건 토지를 수용하면서 「부동산등기법」 제65조 제4호 등에 따라 자기 명의로 소유권보존등기를 하였다고 하더라도 실질적으로는 본 건 토지를 유상으로 승계취득한 것으로 보아야 하므로, 「지방세법」 제11조 제1항 제7호에 따른 세율을 적용해야 할 것으로 판단됨.

○ 단독주택을 지분 취득한 경우 구분소유적 공유관계를 인정하여 세율을 적용할 수 있는지 여부 (대법원 2024.9.13. 선고 2024두43577 판결)

원고가 이 사건 주택 중 1/2 지분(1층)을 취득한 경우 1층과 2층이 물리적으로 구획되어

있다고 하더라도 구분건물로 표시변경하는 등의 구분소유권의 객체로 하려는 구분행위가 있지 않는 한, 이 사건 주택에 대해 구분소유적 공유관계가 성립하는 것으로 보기는 어려움 (※ 주택 전체에 대한 취득가격을 기준으로 취득세율 적용).

○ 공유물 분할 시 당초 지분권을 초과하는 부분의 취득세율 적용
  (대법원 2016.5.12. 선고 2016두32008 판결)

공유물 분할계약에 따라 특정지분을 단독으로 소유하면서 당초 지분권을 초과하는 부분은 공유물 분할로 볼 수 없어 공유물 분할에 따른 저율의 취득세율을 적용할 수 없다.

○ 공유물 분할에 따른 과세표준 적용 (감심 2013‒133, 2013.9.12.)

구 「지방세법」 제131조 제1항 제5호의 분할로 인하여 받은 부동산이라 함은 공동 소유자 사이에 기존의 지분에 변동이 없이 공유물을 분할하는 경우 그 과정에서 이전받은 부분만을 의미하기보다는 이를 포함하여 소유자의 개별 명의로 등기되는 소유자 각각의 지분 전체를 의미하는 것이 명백하므로, 이 사건의 등록세 과세표준은 이 사건 토지 25,572㎡를 포함하여 청구인 단독명의로 등기된 111,070㎡라 할 것이다.

○ 상속인 아닌 자가 사인증여로 부동산의 소유권을 취득하는 경우 적용될 세율
  (대법원 2013.10.11. 선고 2013두6138 판결)

구 지방세법 제131조 제1항 제1호, 제2호 규정의 문언 내용과 관련 규정의 개정 연혁, 상속인 아닌 자가 사인증여로 인하여 부동산의 소유권을 취득하는 경우를 일반적인 증여로 인하여 부동산의 소유권을 취득하는 경우와 달리 취급할 합리적인 이유를 찾기 어려운 점 등을 종합해 보면, 상속인 아닌 자가 사인증여로 인하여 부동산의 소유권을 취득하는 것은 구 지방세법 제131조 제1항 제2호에서 규정한 '상속 이외의 무상으로 인한 소유권의 취득'에 해당하여 '부동산가액의 1,000분의 15'의 등록세율이 적용된다고 보는 것이 타당하다.

○ 경락으로 인한 취득의 적용세율에 대한 회신 (행안부 지방세운영과‒1556, 2018.7.5.)

경락으로 인한 취득은 원시취득이 아닌 승계취득으로 보아 해당 세율을 적용하여야 한다.

○ 신규 정비기반시설과 용도폐지되는 정비기반시설 교환 시 세율 적용 기준

　　(대법원 2019.4.3. 선고 2017두66824 판결)

구 도시 및 주거환경정비법 제65조 제2항은 '시장·군수 또는 주택공사 등이 아닌 사업시행자가 정비사업의 시행으로 새로이 설치한 정비기반시설은 그 시설을 관리할 국가 또는 지방자치단체에 무상으로 귀속되고, 정비사업의 시행으로 인하여 용도가 폐지되는 국가 또는 지방자치단체 소유의 정비기반시설은 그가 새로이 설치한 정비기반시설의 설치비용에 상당하는 범위 안에서 사업시행자에게 무상으로 양도된다'고 규정하고 있으며, 여기서 용도폐지 정비기반시설의 취득은 교환에 의한 취득으로 보기 어렵고, 그러한 취득이 신설 정비기반시설의 귀속과 상환성 내지 대가성이 있어 유상취득의 실질을 갖는다고 보기도 어렵다 할 것이다. 따라서 사업시행자는 용도폐지되는 정비기반시설을 국가 등으로부터 무상으로 양도받아 취득할 따름이고 따로 그에 대한 대가를 출연하거나 소유권을 창설적으로 취득한다고 볼 사정도 없는 이상, 사업시행자가 정비기반시설을 구성하는 부동산을 취득한 것은 무상의 승계취득에 해당하므로, 그에 따른 과세표준과 구 지방세법 제11조 제1항 제2호(무상취득)에서 정한 취득세 세율(1천분의 35)을 적용하여야 한다.

○ 사용승인을 받지 못한 공동주택에 대한 취득세 적용세율 (조심 2016지1240, 2017.2.2.)

쟁점건축물의 경우 준공 전 입주로 인하여 건축주가 「건축법」 위반으로 고발되었으며 심리일 현재까지 미준공 상태가 지속되고 있어 같은 법에 따른 건축물대장에 주택으로 등재되지 못한 사실이 처분청의 복명서 등 관련 자료에 의해 확인되므로 쟁점건축물을 주택 유상거래 취득세율(1%) 적용대상에 해당하는 것으로 볼 수는 없다.

○ 집합건축물로 등재된 타운하우스(단독주택)의 공용부분 및 단지 내 도로에 대해 주택 유상거래 세율을 적용할 수 있는지 여부 (행안부 지방세운영과-2459, 2016.9.22.)

1필지의 대지권 형태로 주택과 분리되어 거래될 수 없는 단지 내 도로 등에 대해서는 주택의 부속토지로 보아, 「지방세법」 제11조 제1항 제8호의 주택 유상거래 세율이 적용된다고 보는 것이 합리적이라 본다.

부동산 이외 취득세율

부동산 외의 물건에 대한 취득세는 「지방세법」 제12조에서 다음의 표준세율을 적용하여 계산한 금액을 그 세액으로 하도록 규정하고 있다.

(1) 차량

차량이란 원동기를 장치한 모든 차량과 피견인차 및 궤도로 승객 또는 화물을 운반하는 모든 기구를 말하며, 승용자동차 등 차량에 대한 세율은 다음과 같다(지법 제12조 제1항 제2호).

구 분		2010년까지		현행 취득세 세율
		취득세	등록세	
① 비영업용 승용자동차		2%	5%	7%
	경자동차	2%	2%	4%
② 그 밖의 승용자동차		2%	3%	5%
	경자동차	2%	2%	4%
	영업용	2%	2%	4%
	이륜자동차	2%	–	2%
③ 상기 "①" 및 "②" 외의 차량		2%	–	2%

자동차 중 영업용은 「여객자동차 운수사업법」 또는 「화물자동차 운수사업법」에 따라 건설기계대여업의 등록을 하고 일반의 수요에 제공하는 것을 말하며, 비영업용은 개인 또는

법인이 영업용 외의 용도에 제공하거나 국가 또는 지방공공단체가 공용으로 제공하는 것을 말한다.

한편, 비영업용 승용자동차는 구 등록세를 포함한 통합 취득세율(5~7%)이 적용되고 있으나, 2021년부터 기업부설연구소의 연구·개발용 차량, 자율주행 연구·개발용 차량, 전기차 등 친환경·첨단미래형 자동차의 개발·보급용 차량 등 R&D 차량 중 미등록대상 차량은 취득세율 2% 적용 대상으로 명확히 규정되었다(지령 제23조).

승용자동차는 10인 이하를 운송하기에 적합하게 제작된 자동차를 말하고 승합자동차는 11인 이상을 운송하기에 적합하게 제작된 자동차이다(자동차관리법 제3조 제1항). 다만, 다음의 어느 하나에 해당하는 자동차는 승차인원에 관계없이 승합자동차로 본다.

★
① 내부의 특수한 설비로 인하여 승차인원이 10인 이하로 된 자동차
② 국토교통부령으로 정하는 경형자동차로서 승차인원이 10인 이하인 전방조종 자동차
③ 캠핑용자동차 또는 캠핑용트레일러

화물자동차는 화물을 운송하기에 적합한 화물적재공간을 갖추고, 화물적재공간의 총적재화물의 무게가 운전자를 제외한 승객이 승차공간에 모두 탑승했을 때의 승객의 무게보다 많은 자동차를 말하며, 특수자동차는 다른 자동차를 견인하거나 구난작업 또는 특수한 작업을 수행하기에 적합하게 제작된 자동차로서 승용자동차·승합자동차 또는 화물자동차가 아닌 자동차를 말한다.

이륜자동차는 배기량 125cc 이하이거나 최고정격출력 12kW 이하인 이륜자동차를 말한다(지령 제23조 제3항).

○ 지방세법 운영예규 법12-1【부동산 외 취득의 세율】
「지방세법」 제12조 제1항 제2호에서 규정한 자동차란 「자동차관리법」 제2조에 따른 자동차를 말하며, 영업용이란 「지방세법 시행령」 제122조 제1항에 따른 영업용을 말한다.

(2) 선박

선박이란 기선, 범선, 부선(艀船) 및 그 밖에 명칭에 관계없이 모든 배를 말하며, 선박별 취득세 세율은 다음과 같다(지법 제12조 제1항 제1호).

구 분		2010년까지		현행
		취득세	등록세	취득세 세율
가. 등기·등록 대상 선박	상속 취득	2%	0.5%	2.5%
	상속 외 무상취득	2%	1.0%	3.0%
	원시취득	2%	0.02%	2.02%
	수입 또는 주문 건조	2%	0.02%	2.02%
	그 밖의 원인 취득	2%	2.0%	3.0%
나. 소형 선박 및 동력수상레저기구		2%	0.02%	2.02%
다. 가목 및 나목 외의 선박		2%	–	2.0%

선박은 종류에 따라 다음과 같이 구분된다(선박법 제1조의2 제1항).

★

① 기선: 기관을 사용하여 추진하는 선박
② 범선: 돛을 사용하여 추진하는 선박
③ 부선: 자력 항행 능력이 없어 다른 선박에 끌리거나 밀려서 향행하는 선박
④ 소형선박: 톤수 20톤 미만의 기선 및 범선과 총톤수 100톤 미만의 부선
⑤ 등기대상 선박: 총톤수 20톤 이상의 기선과 범선 및 총톤수 100톤 이상의 부선

(3) 기계장비

기계장비란 건설공사용, 화물하역용 및 광업용으로 사용되는 기계장비로서 「건설기계관리법」에서 규정한 건설기계 및 이와 유사한 기계장비 중 행정안전부령으로 정하는 것을 말한다.

기계장비에 대한 취득세 세율은 1천분의 30이다. 다만, 건설기계법에 따른 등록대상이 아닌 기계장비는 1천분의 20을 적용한다(지법 제12조 제1항 제3호). 또한 기계장비가 공유물일 때에는 그 취득지분의 가액을 과세표준으로 하여 세율을 적용한다(지법 제12조 제2항).

(4) 항공기

항공기란 사람이 탑승·조종하여 항공에 사용하는 비행기, 비행선, 활공기(滑空機), 회전익(回轉翼) 항공기 및 그 밖에 이와 유사한 비행기구를 말한다(지법 제6조 제9호).

항공기에 대한 취득세 세율은 「항공안전법」 제7조 단서에 따른 항공기의 경우 1천분의 20이고, 그 밖의 항공기는 1천분의 20.2이다. 다만, 최대이륙중량 5,700킬로그램 이상인 항공기는 1천분의 20.1 세율을 적용한다(지법 제12조 제1항 제4호).

(5) 임목

입목이란 지상의 과수, 임목과 죽목(竹木)을 말하며, 입목에 대한 취득세 세율은 1천분의 20이다(지법 제6조 제11호 및 제12조 제5호).

리조트 진입에 이용되는 사도의 중앙부분에 일렬로 식재되어 있는 가로수 역할을 하는 경우라면 집단성이 있다고 볼 수 없어 취득세 과세대상인 입목에 해당되지 않고, 특정지역에 산발적으로 식재되어 있더라도 집단성이 인정될 수 있는바 리조트 내 건물과 도로 주변에 산발적으로 식재되어 있는 경우에는 특정영역 내에서 집단생육하고 있는 것으로 볼 수 있으므로 취득세 과세대상인 입목에 해당한다(행안부 지방세운영과-1623, 2012.5.24.).

(6) 광업권 또는 어업권

광업권이란 「광업법」에 따른 광업권을 말하며, 어업권이란 「수산업법」 또는 「내수면어업법」에 따른 어업권을 말하는데, 광업권 또는 어업권에 대한 취득세 세율은 1천분의 20이다(지법 제12조 제1항 제6호).

(7) 골프회원권 등

골프회원권, 승마회원권, 콘도미니엄회원권, 종합체육시설이용회원권 또는 요트회원권에 대한 취득세 세율은 1천분의 20을 적용한다(지법 제12조 제1항 제7호).

여기에서 골프회원권이란 「체육시설의 설치·이용에 관한 법률」에 따른 회원제 골프장의 회원으로서 골프장을 이용할 수 있는 권리를 말하며, 승마회원권이란 「체육시설의 설치·이용에 관한 법률」에 따른 회원제 승마장의 회원으로서 승마장을 이용할 수 있는 권리를 말한다. 또한, 콘도미니엄회원권이란 「관광진흥법」에 따른 콘도미니엄과 이와 유사한 휴양시설로서 대통령령으로 정하는 시설을 이용할 수 있는 권리를 말하며, 요트회원권이란 「체육시설의 설치·이용에 관한 법률」에 따른 회원제 요트장의 회원으로서 요트장을 이용할 수 있는 권리를 말한다.

> ○ 시험·연구 목적으로 등록하지 아니한 자동차에 대한 취득세 세율 적용
>   (조심 2013지0597, 2013.12.24.)
>
> 법령의 개정 연혁을 보면, 2010.3.31. 「지방세법」이 개정되기 이전에는 자동차의 경우 1천분의 20의 취득세율을 적용하고, 등록세율의 경우 비영업용 승용자동차와 그 밖의 자동차로 구분하여 등록세율을 각각 적용하도록 규정하고 있다가 2010.3.31. 개정될 당시 취득세와 등록세가 통합됨에 따라 종전과 같은 세부담을 지우기 위하여 이러한 취득세율과 등록세율을 산술합산하여 취득세율을 규정하면서, 종전에 없던 「지방세법」 제12조 제1항 제2호 다목을 신설하였다가 2010.12.27. 이를 다시 개정한 점에서 쟁점자동차와 같이 미등록자동차에 대하여 종전과 동일한 조세부담을 지우기 위하여 이러한 규정을 신설하였다고 볼 수 있고,
>
> 법 조문상 「지방세법」 제12조 제2항 제2호 가목 및 나목의 규정에서는 '자동차'라는 용어를 사용하고 있는데 반하여 다목에서는 차량이라고 규정하고 있고, 자동차의 정의에 대하여 취득세 관련 규정에서는 이를 별도로 정의하고 있지 아니하며, 같은 법 제124조에서 자동차세를 과세대상인 자동차를 정의하면서 「자동차관리법」의 규정에 의하여 등록된 차량으로 규정하고 있을 뿐이고,
>
> 영업용과 비영업용의 구분방법도 취득세 관련 규정에서 이를 별도로 규정하지 아니하고 자동차세와 관련된 규정인 「지방세법 시행령」 제122조 제1항에서 "영업용"이란 「여객자동차 운수사업법」 또는 「화물자동차 운수사업법」에 따라 면허(등록을 포함한다)를 받거나 「건설기계관리법」에 따라 건설기계대여업의 등록을 하고 일반의 수요에 제공하는 것을 말한다고 규정하고 있는 점에서 등록을 하지 아니하는 경우에는 이러한 비영업용인지 영업용인지 여부를 확정할 수 없는 점을 감안하면, 취득세 관련 규정에서 의미하는 자동차란 자동차세 과세대상인 자동차의 정의를 준용하여 해석하는 것이 조문의 전체적인 체계상 합리적이라고 보여진다.
>
> 위와 같은 「지방세법」의 개정연혁과 그 취지 및 조문체계 등을 종합하여 보면, 「지방세법」 제12조 제1항 제2호 다목에서의 '가목 및 나목 외의 차량'이란 취득세 과세대상이 되는 '원동기를 장치한 모든 차량과 피견인차 및 궤도로 승객 또는 화물을 운반하는 모든 기구' 중에서 「자동차관리법」의 규정에 의하여 등록된 차량 이외의 차량을 의미하는 것으로 보아

야 할 것이므로, 처분청이 「자동차관리법」에 의하여 등록되지 아니한 쟁점자동차에 대하여 「지방세법」 제12조 제1항 제2호 가목의 세율을 적용하여 이 건 취득세를 부과한 처분은 잘못이라고 판단된다.

○ 운전면허시험용 차량에 대해 적용할 취득세율 질의에 대한 회신
  (행안부 지방세운영과 - 2697, 2018.11.8.)

운전면허시험용으로 사용되는 차량이 「자동차관리법」에 따라 등록하지 않아도 되는 차량인 경우, 해당 차량에 대한 취득세율은 「지방세법」 제12조 제1항 다목에 따른 세율(1천분의 20)을 적용하는 것이 타당한 것으로 판단됨.

○ 자동차 제조회사가 직접 제조한 쟁점1자동차를 기술 및 제품개발을 위한 시험·연구용으로 사용 및 타사가 제조한 쟁점2자동차를 취득하여 기술 및 제품개발을 위한 시험·연구용으로 사용한데 대하여 취득세를 부과한 처분 (조심 2018지0397, 2018.8.1.)

청구법인이 취득한 이 사건 자동차 중 청구법인이 제조한 자동차의 경우, 청구법인이 원시취득한 자동차이므로 「지방세법」 제7조 제2항에서 규정한 '승계취득인 경우'에 해당하지 아니하므로 그 취득세 납세의무는 성립하지 않는다 할 것임. 다만, 청구법인이 아닌 다른 법인에서 생산한 자동차의 경우, 청구법인이 해당 차량의 소유권을 다른 법인으로부터 넘겨받아 이를 배타적으로 사용·수익·처분한 것으로 보이므로 청구법인이 그 차량을 인도받은 시점에 승계취득한 것으로 보임. 따라서 이 사건 자동차 중 청구법인이 제조한 것으로 확인되는 차량에 대해서 취득세를 부과한 처분은 잘못이나, 다른 법인이 제조한 차량에 대해서 취득세를 부과한 처분은 잘못이 없다고 판단됨.

○ 자금조달을 위해 담보로 항공기의 소유권을 SPC에게 등록이전하였다가 차입금 상환 후 소유권을 다시 환원받은 경우 항공기를 재취득한 것으로 보아 취득세를 부과한 처분의 당부 (조심 2011지0327, 2012.6.8.)

자금조달을 위해 소유권을 이전하였다가 다시 환원받은 경우라고 해도 취득세는 실질적인 소유 여부에 관계없이 소유권 이전의 형식에 의한 취득에 부과되는 것이며, 판매후리스가 형식적 취득으로 지방세법에 규정되지 않았으므로 감면된 취득세를 과세표준으로 하여 농어촌특별세 부과한 처분에 잘못이 없다.

○ 선박 원시취득 시 취득세 납세의무 성립 여부 질의 회신
  (행안부 지방세운영과 – 2071, 2008.11.6.)

주문에 의하여 건조하는 선박은 원시취득에 따른 납세의무는 성립되지 않고 승계취득 시 납세의무가 성립되는 것이므로, 실수요자가 인도받거나 계약상의 잔금을 지급한 날에 승계취득한 자에게 지방세법 제105조 제2항에 의한 취득세 납세의무가 있다.

○ 골프회원권 임차 시 취득세 납세의무 질의 회신
  (행안부 지방세운영과 – 1511, 2008.9.29.)

취득세는 과세물건을 취득하는 때 납세의무가 성립하고 취득세는 부동산·차량·기계장비·입목·항공기·선박·광업권·어업권·골프회원권·승마회원권·콘도미니엄회원권 및 종합체육시설이용회원권의 취득물건 소재지의 도에서 취득자에게 부과하므로, 회원제 골프장의 골프회원권을 소유한 자로부터 회원권을 임차하여 사용하는 경우라면 과세물건을 취득한 것이 아니므로 취득세의 납세의무가 없다.

취득세 세율의 특례

1 세율의 특례 필요성

현행 취득세는 종전의 취득세와 등록세가 통합된 것으로 두 세목이 통합되더라도 종전의 두 세목에 의한 세부담 수준을 그대로 유지하는 것으로 통합 취득세가 설계되었다. 이에 따라 종전의 취득세와 등록세 중 1개 세목만 비과세된 경우에는 종전의 세부담 수준을 유지하기 위하여 표준세율(종전 취득세 + 등록세)에서 중과기준세율(2%)을 빼주거나 중과기준세율만 적용하는 방법으로 특례세율을 규정한 것이다(지법 제15조).

2 중과기준세율(2%)을 차감하는 특례세율

형식적 취득 등 종전 취득세와 등록세 중 취득세는 비과세되고 종전 등록세만 과세되던 경우로서, 아래에 해당하는 취득에 대하여는 「지방세법」 제11조 및 제12조에 의한 표준세율에서 중과기준세율(2%)을 뺀 세율을 적용한다(지법 제15조 제1항).

예를 들면, 법인합병으로 인한 취득인 경우 「지방세법」 제11조 제5항에 따라 제1항 제7호의 유상취득 표준세율 4%에서 중과기준세율(2%)을 뺀 2%의 특례세율을 적용한다. 이는 위에서 본 바와 같이 2010년까지 '취득세 비과세, 등록세 과세'인 과세대상에 대하여 취득세로 통합한 후에도 종전과 같이 과세되는 부분은 과세하고 비과세되는 부분은 비과세하도록 하기 위한 취지이다.

★

① 환매권 행사 등으로 인한 취득
② 상속으로 인한 취득
   • 1가구 1주택
   • 자경농지
③ 법인의 합병으로 인한 취득
④ 공유물 분할 등으로 인한 취득
⑤ 건축물의 이전으로 인한 취득
⑥ 이혼에 따른 재산분할로 인한 취득
⑦ 그 밖의 형식적인 취득 등 대통령령으로 정하는 취득

다만, 앞에서 살펴본 주택유상거래 적용대상인 주택에 대한 취득세는 해당 세율에 50%를 곱한 세율을 적용한다. 이는 주택유상거래 표준세율이 1~3%여서 중과기준세율(2%)을 차감할 경우 마이너스(-) 세율이 적용되어 취득세가 부과되지 않는 경우가 발생할 수 있기 때문에 주택유상거래 표준세율에 50%를 곱하여 적용하도록 하고 있는 것이다. 또한, 취득물건이 대도시 내 법인 설립, 전입, 공장 신·증설 등 부동산 취득의 중과세 적용에 해당하는 경우에는 산출한 세율의 3배를 적용한다.

(1) 환매권 행사 등으로 인한 취득

환매등기를 병행하는 부동산의 매매로서 환매기간 내에 매도자가 환매한 경우의 그 매도자와 매수자의 취득에 대하여는 표준세율에서 중과기준세율(2%)을 차감하여 적용한다(지법 제15조 제1항 제1호).

구 「지방세법」 제110조 제2호 가목에서 환매조건부 매매에 대한 구 취득세를 비과세하였는데, 이는 형식적인 소유권의 이전에 대해 취득세를 부과하지 않는다는 취지이다. 따라서 매수자가 환매조건부로 부동산을 취득한 때에 특례세율을 적용하고, 그 후 매도자가 해당 부동산을 환매기간 내에 환매하지 않는 등 추징사유가 발생하였을 때에는 매수자가 해당 과세표준에 표준세율을 적용하여 산출한 취득세를 신고·납부하면 되는 것으로 해석하는 것이 타당하다(조심 2016지0875, 2016.12.27. 참조).

(2) 상속으로 인한 취득

상속으로 인한 취득 중 1가구 1주택을 취득하는 경우 표준세율에서 중과기준세율(2%)을 차감하여 적용한다(지법 제15조 제1항 제1호). 즉, 주택 상속에 따른 표준세율(2.8%)에서 2%를 차감하면 0.8% 세율이 되는데, 이는 종전 1가구 1주택에 대한 취득세 비과세 및 구 등록세 0.8% 적용세율과 동일하다. 여기에서 1가구 1주택이란 상속인과 주민등록법에 따른 세대별 주민등록표에 함께 기재되어 있는 가족(동거인은 제외)으로 구성된 1가구가 국내에 1개의 주택(고급주택은 제외)을 소유하는 경우를 말한다. 또한 1가구란 세대주의 배우자, 상속인의 미혼인 30세 미만의 직계비속 또는 상속인이 미혼이고 30세 미만인 경우 그 직계존속은 각각 상속인과 같은 세대별 주민등록표에 기재되어 있지 아니하더라도 같은 가구에 속하는 것으로 본다.

1가구 1주택 범위를 판단함에 있어 1주택을 여러 사람이 공동으로 소유하는 경우에는 공동소유자 각각 1주택 소유로 보며, 주택의 부속토지만을 소유한 경우에도 주택소유로 본다. 또한 1주택을 여러 사람이 공동으로 상속받는 경우에는 지분이 가장 큰 상속인을 주택 소유자로 보며, 지분이 가장 큰 상속인이 두 명 이상인 경우에는 그 주택에 거주하는 사람과 나이가 가장 많은 사람의 순으로 주택 소유자를 판정한다.

> ○ 지방세법 운영예규 지법15 – 2 【1가구 1주택 판단】
> 「재외동포의 출입국과 법적 지위에 관한 법률」에 따른 국내거소 신고사실 증명을 주민등록법에 따른 세대별 주민등록표로 보아 1가구 1주택을 적용할 수 없다.

「지방세특례제한법」 제6조 제1항(자경농민의 농지 등 감면)에 따라 취득세의 감면대상이 되는 농지의 상속취득에도 표준세율에서 중과기준세율(2%)을 차감하여 적용한다. 여기에서 취득세 감면대상이 되는 농지란 농업을 주업으로 하는 자로서 2년 이상 영농에 종사한 자, 후계농업경영인이 대통령령으로 정하는 기준에 따라 직접 경작할 목적으로 취득하는 농지(전·답·과수원 및 목장용지) 및 관계 법령에 따라 농지를 조성하기 위하여 취득하는 임야를 말한다.

(3) 법인의 합병으로 인한 취득

「법인세법」제44조 제2항 또는 제3항에 해당하는 법인의 합병으로 인한 취득의 경우에는 표준세율에서 중과기준세율(2%)을 차감하여 적용한다(지법 제15조 제1항 제3호). 즉, 합병에 의한 표준세율(4%)이 아닌 특례세율 2%를 적용한다. 여기에서 「법인세법」제44조 제2항에 해당하는 합병이란, 다음의 요건을 모두 갖춘 적격합병의 경우를 말한다. 따라서 비적격합병인 경우에는 유상취득에 해당하는 표준세율(4%)을 적용하는 것이다.

★

① 합병등기일 현재 1년 이상 사업을 계속하던 내국법인 간의 합병일 것. 다만, 다른 법인과 합병하는 것을 유일한 목적으로 하는 법인으로서 대통령령으로 정하는 법인의 경우는 제외한다.

② 피합병법인의 주주등이 합병으로 인하여 받은 합병대가의 총합계액 중 합병법인의 주식등의 가액이 100분의 80 이상이거나 합병법인의 모회사(합병등기일 현재 합병법인의 발행주식총수 또는 출자총액을 소유하고 있는 내국법인을 말한다)의 주식등의 가액이 100분의 80 이상인 경우로서 그 주식등이 대통령령으로 정하는 바에 따라 배정되고, 대통령령으로 정하는 피합병법인의 주주등이 합병등기일이 속하는 사업연도의 종료일까지 그 주식등을 보유할 것

③ 합병법인이 합병등기일이 속하는 사업연도의 종료일까지 피합병법인으로부터 승계받은 사업을 계속할 것

④ 합병등기일 1개월 전 당시 피합병법인에 종사하는 대통령령으로 정하는 근로자 중 합병법인이 승계한 근로자의 비율이 100분의 80 이상이고, 합병등기일이 속하는 사업연도의 종료일까지 그 비율을 유지할 것

또한 「법인세법」제44조 제3항에 해당하는 전액출자 법인 간 합병은 다음의 경우를 말한다.

★

① 내국법인이 발행주식총수 또는 출자총액을 소유하고 있는 다른 법인을 합병하거나 그 다른 법인에 합병되는 경우

② 동일한 내국법인이 발행주식총수 또는 출자총액을 소유하고 있는 서로 다른 법인 간에 합병하는 경우

다만, 법인의 합병으로 인하여 취득한 과세물건이 합병 후에 합병법인이 피합병법인으로부터 승계받은 사업을 폐지하는 경우와 합병등기일로부터 3년 이내에 「법인세법 시행령」

으로 정하는 피합병법인의 주주 등이 합병법인으로부터 받은 주식 등을 처분하는 경우에는 세율특례 적용대상에서 제외된다(지법 제15조 제1항 제3호 단서).

여기에서 합병으로 인하여 존속하는 법인이 취득하는 소멸법인소유의 과세물건 중 고급오락장 등 합병 전부터 중과세 대상에 해당하는 물건인 경우에는 위 제15조 제1항 제3호 단서규정에 해당되지 않는다. 하지만, 합병으로 인하여 토지나 건축물을 취득한 후 5년 이내에 해당 토지나 건축물이 법 제13조에 의한 본점 사업용이나 공장의 신·증설용 부동산, 골프장·고급주택 또는 고급오락장에 해당하게 된 경우에는 중과세율을 적용한다(지법 제16조 제1항). 이는 본점 사업용 부동산 등 중과회피를 위한 목적으로 법인 간의 합병이 악용되는 것을 방지하기 위하여 특례세율이 적용되지 않게 하는 것이다.

(4) 공유물 분할 등으로 인한 취득

공유물·합유물의 분할 또는 「부동산 실권리자명의 등기에 관한 법률」 제2조 제1호 나목에서 규정하고 있는 부동산의 공유권 해소를 위한 지분 이전의 경우에는 표준세율에서 중과기준세율(2%)을 차감하여 적용한다(지법 제15조 제1항 제4호). 즉, 법 제11조 제1항 제5호에 의한 표준세율(2.3%)에서 2%를 차감한 0.3%의 특례세율이 적용된다.

다만, 등기부등본상 본인 지분을 초과하는 경우에는 제외하며, 공유물 분할 후 분할된 부동산에 대한 단독 소유권 취득 시 과세표준은 단독 소유권을 취득한 그 분할된 부동산 전체의 시가표준액으로 한다.

> ○ 지방세법 운영예규 법15-1 【공유물 분할 합병】
> 1. 공유물의 분할은 공유권 중 자기지분을 분리하는 것이므로 이때 자기지분을 초과하여 분할등기하는 경우 그 초과분에 대해서도 취득세 납세의무가 있다.
> 2. 합병으로 인하여 존속하는 법인이 취득하는 소멸법인소유의 과세물건 중 고급오락장 등 합병 전부터 중과세 대상에 해당하는 물건인 경우에는 「지방세법」 제15조 제1항 제3호 단서규정에 해당되지 않는다.

(5) 건축물의 이전으로 인한 취득

건축물을 동일한 대지 안의 다른 위치로 옮기는 이전으로 인한 취득의 경우에는 표준세율에서 중과기준세율(2%)을 차감하여 적용한다(지법 제15조 제1항 제5호). 여기에서 "이전"이란, 건축물의 주요구조부를 해체하지 아니하고 같은 대지의 다른 위치로 옮기는 것을 말한다(건축법 시행령 제2조). 다만, 이전한 건축물의 가액이 종전 건축물의 가액을 초과하는 경우 그 초과하는 가액은 세율특례를 적용하지 아니한다.

(6) 이혼에 따른 재산분할로 인한 취득

「민법」제834조(협의상 이혼), 제839조의2(재산분할청구권) 및 제840조(재판상 이혼원인)에 따른 재산분할로 인한 취득의 경우에는 표준세율에서 중과기준세율(2%)을 차감하여 적용한다(지법 제15조 제1항 제6호).

이혼에 따른 재산분할로 취득세 과세대상 물건을 취득하는 경우 세율특례를 적용하는 것은 부부가 혼인 중 공동의 노력으로 이룩한 재산을 부부관계 해소에 따라 분할하는 것에 대하여 통상보다 낮은 취득세율을 적용함으로써 실질적 부부공동재산의 청산으로써의 성격을 반영하려는 취지(대법원 2016.8.30. 선고 2016두36864 판결 참조)이다. 그 적용대상을 「민법」제840조에 따른 재산분할로 인한 취득으로만 규정하고 있어, 취득하는 재산이 상대방인 배우자 소유재산으로 한정하는지, 배우자와 관련된 법인소유 재산인지 구분하지 않고 있다. 제3자 명의 재산도 그것이 부부 중 일방에 의하여 명의신탁된 재산 또는 부부의 일방이 실질적으로 지배하고 있는 재산으로서 부부 쌍방의 협력에 의하여 형성된 경우 재산분할의 대상으로 보고 있다(대법원 2002.12.10. 선고 2002므722 판결 참조). 따라서 법원의 결정으로 이혼이 확정된 후 남편을 상대로 재산분할 청구의 소를 제기하여 법원에 의해 재산분할에 대한 조정이 성립되었다면 남편이 운영하던 법인소유 재산을 아내가 취득하는 경우에도 세율특례 적용이 가능하다(부동산세제과 - 3441, 2020.12.9.).

한편, 조세심판원에서는 이혼과정에서 해당 부동산을 재산분할을 원인으로 소유권이전등기절차를 이행하도록 이혼조정이 성립한 후 매매형식으로 취득하였다 하더라도 이를 단순한 재산상의 법률행위가 아닌 이혼에 의한 재산분할의 성격으로 보고 있다(조심 2009지0807, 2010.2.18.).

(7) 그 밖의 형식적인 취득 등 대통령령으로 정하는 취득

그 밖의 형식적인 취득 등 대통령령으로 정하는 취득의 경우 표준세율에서 중과기준세율 (2%)을 차감하여 적용한다. 그 밖의 형식적인 취득 등 대통령령으로 정하는 취득이란 벌채하여 원목을 생산하기 위한 입목의 취득을 말한다(지령 제30조 제1항).

3 중과기준세율(2%)만 적용하는 특례세율

종전 취득세 과세대상이지만 등기·등록이 필요하지 않은 경우에는 납부할 종전 등록세가 없으므로 종전의 취득세만 납부하였다. 즉, 과점주주에 대한 간주취득의 경우에는 종전의 취득세만 납부하면 되는 것이므로 현행 취득세에서 종전과 동일한 부담이 될 수 있도록 취득세 중과기준세율(2%)을 적용하도록 한 것이다.

이에 따라 다음에 해당하는 취득에 대한 취득세는 중과기준세율(2%)을 적용하여 계산한 금액을 그 세액으로 한다(지법 제15조 제2항). 다만, 취득물건이 본점 사업용이나 공장의 신·증설용 부동산의 취득에 해당하는 경우에는 중과기준세율의 3배(2% × 3 = 6%)를 적용하고 골프장 등의 취득에 해당하는 경우에는 중과기준세율의 5배(2% × 5 = 10%)를 각각 적용한다.

★
① 개수로 인한 취득
② 선박·차량과 기계장비의 종류변경 및 토지의 지목변경
③ 과점주주의 간주취득
④ 외국인 소유의 차량 등을 임차하여 수입한 경우
⑤ 시설대여업자의 건설기계 또는 차량 취득
⑥ 취득대금을 지급한 자의 기계장비 또는 차량 취득
⑦ 택지공사가 준공된 토지에 정원 등을 조성·설치하는 경우 토지 소유자의 취득
⑧ 그 밖에 레저시설의 취득 등 대통령령으로 정하는 취득

(1) 개수로 인한 취득

개수로 인한 취득인 경우에는 중과기준세율(2%)을 적용한다(지법 제15조 제2항 제1호). 다만, 개수로 인하여 건축물 면적이 증가할 때에는 그 증가된 부분에 대하여 원시취득으로

보아 과세하므로 세율특례 대상에서는 제외된다.

한편, 개수는 건축법에 따른 대수선과 건축물 중 레저시설, 저장시설 등 이와 유사한 시설로서 지방세법 시행령에서 정하는 시설물의 1종 이상을 설치하거나 수선하는 것을 말하며(지법 제6조), 대수선은 건축물의 기둥, 보, 내력벽, 주계단 등의 구조나 외부 형태를 수선·변경하거나 증설하는 것으로서 대통령령으로 정하는 것을 말한다(건축법 제2조 제1항 제9호).

(2) 선박, 차량 등의 종류변경 및 토지의 지목변경

선박, 차량과 기계장비의 종류를 변경하거나 토지의 지목을 사실상 변경함으로 인한 가액의 증가의 경우에는 중과기준세율(2%)을 적용한다(지법 제15조 제2항 제2호).

(3) 과점주주의 간주취득

「지방세법」 제7조 제5항에 의한 과점주주의 취득, 즉 법인의 주식 또는 지분을 취득하여 과점주주가 된 때 그 과점주주가 해당 법인의 부동산등을 취득한 것으로 간주하는 경우에는 중과기준세율(2%)을 적용한다(지법 제15조 제2항 제3호).

(4) 외국인 소유의 차량 등을 임차하여 수입한 경우

「지방세법」 제7조 제6항에 따른 외국인 소유의 취득세 과세대상 물건(차량, 기계장비, 항공기 및 선박에 한함)의 소유권을 이전받는 조건으로 임차하여 수입하는 경우에는 중과기준세율(2%)을 적용한다. 이 경우 연부로 취득하는 경우로 한정된다.

(5) 시설대여업자의 건설기계 또는 차량 취득

「지방세법」 제7조 제9항에 따른 시설대여업자의 건설기계 또는 차량 취득의 경우에는 중과기준세율(2%)을 적용한다. 여신전문금융업법에 따른 시설대여업자가 건설기계나 차량의 시설대여를 하는 경우로서 같은 법 제33조 제1항에 따라 대여시설이용자의 명의로 등록하는 경우라도 그 건설기계나 차량은 시설대여업자가 취득한 것으로 간주한다.

(6) 취득대금을 지급한 자의 기계장비 또는 차량 취득

「지방세법」 제7조 제10항에 따른 취득대금을 지급한 자의 기계장비 또는 차량 취득의 경우에는 중과기준세율(2%)을 적용한다. 기계장비나 차량을 기계장비대여업체 또는 운수업체의 명의로 등록하는 경우(영업용으로 등록하는 경우로 한정)라도 해당 기계장비나 차량의 구매계약서, 세금계산서, 차주대장 등에 비추어 기계장비나 차량의 취득대금을 지급한자가 따로 있음이 입증되는 경우 그 기계장비나 차량은 취득대금을 지급한 자가 취득한 것으로 간주한다.

(7) 택지공사가 준공된 토지에 정원 등을 조성·설치하는 경우 토지 소유자의 취득

「지방세법」 제7조 제14항 본문에 따른 토지 소유자의 취득의 경우, 즉 「공간정보의 구축 및 관리 등에 관한 법률」 제67조에 따른 대(垈) 중 「국토의 계획 및 이용에 관한 법률」 등 관계 법령에 따른 택지공사가 준공된 토지에 정원 또는 부속시설물 등을 조성·설치하는 경우에는 그 정원 또는 부속시설물 등은 토지에 포함되는 것으로서 토지의 지목을 사실상 변경하는 것으로 보아 토지의 소유자가 취득한 것으로 보는 경우에는 중과기준세율(2%)을 적용한다.

(8) 그 밖에 레저시설의 취득 등 대통령령으로 정하는 취득

그 밖에 레저시설의 취득 등 대통령령으로 정하는 취득의 경우에는 중과기준세율(2%)을 적용한다. 그 밖에 레저시설의 취득 등 대통령령으로 정하는 취득이란, 다음의 어느 하나에 해당하는 취득을 말한다(지령 제30조 제2항).

★
① 시설의 취득
② 무덤과 이에 접속된 부속시설물의 부지로 사용되는 토지로서 지적공부상 지목이 묘지인 토지의 취득
③ 임시건축물의 취득
④ 「여신전문금융업법」에 따라 건설기계나 차량을 등록한 대여시설이용자가 그 시설대여업자로부터 취득하는 건설기계 또는 차량의 취득
⑤ 건축물을 건축하여 취득하는 경우로서 그 건축물에 대하여 소유권의 보존 등기 또는 소유권의 이전 등기에 대한 등록면허세 납세의무가 성립한 후 취득시기가 도래하는 건축물의 취득

◦ 가설건축물의 실제 존속기간이 1년 미만인 경우 취득세 비과세 대상인지 여부
  (조심 2016지1170, 2017.4.4.)

처분청은 이 건 가설건축물의 존치기간을 1년을 연장하였으므로 취득세 과세대상이라는 의견이나, 「지방세법」 제9조 제5항의 임시건축물의 존속기간은 실제 존속기간을 알 수 있는 경우에는 가설건축물신고서상의 존치기간에도 불구하고 실제 존속기간을 기준으로 1년 초과여부를 판단하여야 할 것(대법원 2016.6.9. 선고 2016두34875 판결, 같은 뜻임)인바, 이 건 가설건축물의 경우 2015.5.28.~2015.5.29. 기간 중에 사실상 사용이 가능한 정도로 완공되어 이로부터 1년 이내인 2016.4.22. 철거되었으므로 실제 존속기간이 1년 이하에 해당되는 것으로 보임에도 처분청이 동 가설건축물을 취득세 과세대상으로 보아 청구법인에게 취득세 등을 과세한 이 건 처분은 잘못이 있는 것으로 판단된다.

◦ 열병합발전소 내 시설 취득 시 세율특례 적용 여부 회신
  (행안부 지방세운영과‒3115, 2015.10.5.)

「지방세법」 제16조 제5항에서 "같은 취득물건에 대하여 둘 이상의 세율이 해당되는 경우는 그중 높은 세율을 적용한다"는 규정이 있으나, 이는 표준세율이 둘 이상이면 높은 세율을 적용하라는 것을 의미한다 할 것(세율의 특례규정까지 적용 시 동 규정이 사문화되는 모순 발생)이므로, 취득한 건축물이 「건축법」 제2조 제1항 제2호에 따른 건축물에 해당하면서 「지방세법 시행령」 제5조 제1항에 따른 시설에도 해당되는 경우에 있어, 납세자가 선택적으로 유리한 과세대상으로 신고하더라도 이를 제한할 근거가 없으므로, 납세자가 해당 건축물을 시설로 취득신고를 하였다면 「지방세법」 제15조 제2항에 따른 세율의 특례(중과기준세율, 2%)를 적용할 수 있음.

◦ 환매등기에 따른 취득세 등 비과세 여부 질의 회신 (행안부 지방세정팀‒300, 2006.1.24.)
환매등기를 병행하는 매매로서 환매기간 내에 매도자가 환매 시 매도자와 매수자의 취득에 대하여 취득세를 비과세하므로, 환매등기가 병행된 환매권행사로 연장된 환매기간 내에 취득이 이루어진 것은 비과세 대상(현행 세율특례 적용)이다.

○ 상속으로 주택을 취득할 당시 배우자가 주거용 건축물의 부속토지만을 소유하고 있는 경우 상속으로 인한 1가구 1주택 취득의 세율특례 적용 대상인지 (조심 2015지0493, 2015.4.23.)

주택의 부속토지만을 소유한 경우를 세대원이 장기간 독립된 주거생활을 영위할 수 있는 주택으로 보기는 어려운 것이라 80년이나 경과한 노후주택이 토지의 이용에 크게 도움이 되지 않아 보이므로, 결과적으로 상속으로 취득한 배우자의 부속토지는 주택으로 볼 수 없어 1가구 1주택의 취득에 해당한다.

○ 상속으로 인한 1가구 1주택 세율특례 적용에서 주택 기능을 상실한 주택은 주택 수에서 제외하여야 한다는 주장의 당부 (조심 2015지1163, 2015.10.13.)

쟁점주택의 전기사용량 및 내·외부의 훼손 정도에 비추어 쟁점주택은 세대원이 장기간 독립된 주거생활을 영위할 수 없는 폐가 상태로서 이를 주택으로 보기 어려우므로 처분청이 청구인에게 이 건 상속주택을 취득할 당시 쟁점주택을 소유하고 있다 하여 상속으로 인한 1가구 1주택 세율특례로 경감받은 이 건 취득세를 부과한 처분은 잘못이 있다.

○ 주상복합주택인 쟁점부동산 전부를 주택으로 보아 상속에 따른 1가구 1주택 세율특례 규정을 적용하여야 한다는 청구주장의 당부 (조심 2016지0965, 2016.10.31.)

청구인이 건축물대장상 소매점과 근린생활시설로 되어 있는 쟁점부동산의 일부를 주택으로 사용한다 하더라도 이는 무단으로 용도변경하여 불법적으로 사용하는 행위에 해당하므로 원상복구를 하여야 할 것인 점 등에 비추어 처분청이 경정청구를 거부한 처분은 잘못이 없다.

○ 상속으로 기존 부속토지의 소수지분을 소유한 상태에서 다른 상속으로 인해 주택을 취득한 경우 1가구 1주택 특례세율 적용 여부 (조심 2017지0564, 2018.5.15.)

「지방세법 시행령」이 2015.7.24. 개정되면서 제29조 제3항에서 제1항 뿐만 아니라 제2항을 적용할 때에도 공동으로 상속받는 경우 지분이 가장 큰 상속인만을 주택의 소유자로 보도록 하였는바, 청구인은 이 건 주택의 상속취득일 현재 동 주택과 주택으로 보지 않는 '상속을 원인으로 취득한 기존부속토지의 소수지분 소유자'에 해당되어 1가구 1주택의 특례세율 적용대상자라 할 것이므로, 처분청이 청구인의 경정청구를 거부한 처분은 잘못이 있다고 판단됨.

노동조합 합병 관련 취득세 특례세율 적용 여부에 대한 회신
(행안부 지방세운영과 – 2754, 2018.11.15.)

2015년 「지방세법」 개정으로 법인합병에 대한 특례세율 적용 요건으로 적격합병(「법인세법」 제44조 제2항)이 추가되었는데, 이에 대한 개정 취지는 조세회피 수단으로 합병이 활용되는 사례를 방지하려는 것이었으며 비영리법인의 합병을 특례세율 적용 대상에서 제외하려는 것이 아니었습니다. 또한, 현행 규정을 엄격해석할 경우 영리법인 간 합병에 대하여는 저율의 세제혜택을 부여하고, 비영리법인(노동조합)은 고세율로 과세하는 불합리한 결과에 이르게 됩니다. 따라서 비영리사단법인인 노동조합이 「법인세법」에 따른 적격합병 요건을 엄격하게 충족하지 못하더라도 입법취지 등을 고려하여 「법인세법」에 따른 적격합병 요건에 준하는 기준(주식 또는 출자액 대신 조합원수 등)을 충족하는 경우 이를 취득세 특례세율 적용 대상으로 보는 것이 바람직하다 할 것임.

사치성재산을 합병으로 인해 취득 시 해당 적용세율
(행안부 지방세운영과 – 3603, 2015.11.16.)

합병 전 취득세 중과세율을 적용받았던 소멸법인의 과세물건을 합병으로 존속법인이 취득하는 경우라면, 「지방세법」 제15조 제1항에 따른 세율의 특례 적용 대상이 된다.

공유물 분할에 따른 취득세 과세표준 질의 회신
(행안부 지방세운영과 – 4333, 2011.9.14.)

취득세는 사실상의 취득행위 자체를 과세객체로 하는 것이므로 공동으로 소유하던 공유물을 소유권이전등기를 통해 지분을 정리하는 공유물분할도 취득세 과세대상이 되며 1필지의 공유물을 2필지로 분할 후 지분정리 시 취득세를 납부할 의무가 있고, 각 공유자들의 과세표준은 분할 후 각자의 전체지분으로 하되 지분에 변동이 없다면 1천분의 3의 세율을 적용하여 취득세를 산출한다.

○ 연접하지 않은 공유토지의 분할취득 시 취득세 과세방법 회신
   (행안부 부동산세제과-940, 2020.4.28.)

다수의 공유물을 분할하는 경우는 연접되어 있는 토지(적어도 위치·지가 등 제반조건에 차이가 없는 토지)이거나 집합건물 형태로 되어 있는 때를 한정하여 인정하여야 할 것이므로, 연접하지 않은 다수의 토지로서 공시지가 등 제반조건이 상이한 토지를 분할의 절차없이 각각 취득한 경우, 공유물의 분할이 아닌 교환에 해당되어 0.3%의 특례세율이 아닌 일반 유상거래 취득세율을 적용해야 한다.

○ 배우자로부터 증여받은 것이 아니라 협의이혼 과정에서 사실상의 재산분할로 인하여 취득한 것으로 보아야 한다는 청구주장의 당부 (조심 2014지0805, 2014.11.18.)

2013년 10월에 작성된 협의이혼합의서상 전남편이 청구인에게 재산분할 등을 위하여 쟁점 부동산을 합의이혼 후 증여하기로 한다는 취지의 내용이 기재되어 있는 점, 청구인과 전남편이 협의이혼의사확인을 신청한 의정부지방법원에 양육합의서를 제출한 날인 2013.10.28. 전남편으로부터 쟁점부동산을 증여받기로 하는 계약을 체결한 점, 청구인과 전남편 간에 협의이혼이 성립한 이후에 쟁점부동산 소유권이전등기가 경료된 점 등에 비추어 청구인이 협의이혼을 전제로 한 사실상의 재산분할에 의하여 쟁점부동산을 취득한 것이므로 처분청이 「지방세법」 제15조 제1항 제6호에서 규정한 재산분할로 인한 취득에 대한 특례세율의 적용을 배제하고 취득세 등을 부과한 이 건 처분은 잘못이 있다.

○ 재산분할에 관한 취득세 특례세율이 사실혼 해소 시 재산분할에 대해서도 적용되는지 여부 (대법원 2016.8.30. 선고 2016두36864 판결)

사실혼 해소 관련 재산분할도 지방세법 제15조 제1항 제6호에 따른 '재산분할로 인한 취득' 에 해당됨.

○ 이혼에 따른 재산분할을 원인으로 소유권이전등기한 부동산을 원소유자에게 환원하였다가 같은 사유로 다시 소유권이전등기한 경우 취득세 납세의무 여부
  (조심 2018지1191, 2018.10.30.)

청구인은 이 건 부동산에 대해서 이미 취득세 등을 신고·납부한 후 다시 취득세 등을 납부한 것이므로 이중납부에 해당한다고 주장하나, 「지방세법」에서 규정한 "취득"은 실질적으로 완전한 내용의 소유권을 취득하는지 여부에 관계없이 잔금지급이나 등기가 이루어지면 취득한 것으로 보고 취득세 납세의무가 성립함. 따라서 청구인이 이 건 부동산에 대한 소유권이전등기까지 마친 이상 그 전의 상황을 따져 납세의무성립을 판단할 것은 아니므로 청구주장을 받아들이기 어려움.

○ 법원이 확정한 등기부상 공유지분 초과분까지 특례세율이 적용되는 여부
  (대법원 2017.10.31. 선고 2017두50768 판결)

등기부상 공유지분보다 법원의 확정판결로 특정하여 구분소유하는 면적이 많다고 하더라도 등기부상 공유지분을 초과하는 면적에 대하여는 특례세율을 적용할 수 없다.

○ 공유물 분할로 보아 세율특례를 적용할 수 있는지 (부동산세제과-3009, 2023.8.8.)

공유물의 분할에 대한 법리와 사실관계 등을 고려했을 때, 이 사건 공유물 분할의 경우에는 공유물 분할 후의 자산가액 합계의 비율과 원래의 공유지분 비율의 합계를 비교하여 원래의 공유지분 비율 합계의 범위에 대해서는 공유물 분할로 보아 「지방세법」 제11조 제1항 제5호 및 제15조 제1항 제4호에 따른 세율을 적용하고, 그 범위를 넘어서는 부분에 대해서는 일반적인 취득으로 보아 같은 법 제11조 제1항 제7호에 따른 세율을 적용하는 것이 타당하다고 판단됨.

제 **6** 절

신고와 납부

취득세 신고 · 납부 일반

1 지방세의 징수방법

지방세 징수방법은 보통징수와 신고 · 납부, 특별징수 등 3가지로 나눌 수 있다. 먼저 보통징수는 정부부과방식이라고 하며, 과세관청에서 재산세 등의 과세표준액과 세액 등을 기재한 "납세고지서"를 납세자에게 교부 또는 송달함으로써 징수하는 방식이다. 특별징수는 국세에 있어서의 "원천징수제도"와 유사한 것으로 근로소득에 대한 지방소득세와 같은 지방세를 징수할 때 징수에 편의를 가진 자를 지정하여 납세의무자가 내야 하는 세금을 대신하여 징수하고 과세관청에 납부하여 징수의 편의도모와 납세의무자의 세금납부를 대신하는 징수방법을 말한다.

신고 · 납부는 자기부과방식이라고 하며 납세의무자가 취득세 등의 과세표준액과 세액을 과세관청에 신고하고, 신고한 세금을 납부하는 방법이다. 신고 · 납부하는 지방세에 있어서 납세의무자가 과세표준과 세액을 신고하는 때에 납부의무가 확정된다(지법 제25조 제1항). 만약 신고를 하지 아니한 경우에는 확정되지 않아 보통징수의 방법으로 전환된다.

2 취득세의 신고와 납부

취득세는 신고 · 납부 방법으로 징수하는 세목으로, 취득세 과세물건을 취득한 자는 그 취득한 날부터 60일 이내에 그 과세표준에 「지방세법」 제11~15조까지의 세율을 적용하여 산출한 세액을 신고하고 납부하여야 한다(지법 제20조 제1항). 다만, 상속으로 인한 취득의 경우에는 상속개시일이 속하는 달의 말일부터, 실종으로 인한 경우는 실종선고일이 속하는 달의 말일부터 각각 6개월(외국에 주소를 둔 상속인이 있는 경우에는 각각 9개월)이내에 신고·납부하여야 한다. 그리고 증여 등 무상취득(상속 제외)에 대한 과세표준이 2023년부터 "시가인정액"으로 도입·적용됨에 따라 시가 산정에 따른 소요기간 등이 추가 발생할 수 있기 때문에 무상취득(상속 제외, 부담부 증여 포함)으로 인한 경우는 취득일이 속하는 달의 말일부터 3개월 이내에 취득세를 신고·납부할 수 있도록 기한이 연장되었다(지법 제20조 제1항).

「부동산 거래신고 등에 관한 법률」 제10조 제1항에 따른 토지거래계약에 관한 허가구역에 있는 토지를 취득하는 경우로서 같은 법 제11조에 따른 토지거래계약에 관한 허가를 받기 전에 거래대금을 완납한 경우에는 그 허가일이나 허가구역의 지정 해제일 또는 축소일로부터 60일 이내에 신고·납부하도록 예외규정을 두고 있다.

한편, 종전 등록세가 취득세로 통합되기 전에는 등기·등록하기 전까지 등록세를 신고·납부하도록 규정하고 있었던바, 현행 취득세의 경우에도 위 신고·납부기한 이내에 재산권과 그 밖의 권리의 취득·이전에 관한 사항을 공부(公簿)에 등기하거나 등록[등재(登載)를 포함한다]하려는 경우에는 등기 또는 등록신청서를 등기·등록관서에 접수하는 날까지 취득세를 신고·납부하여야 한다(지법 제20조 제4항).

또한, 2021.1.1.부터 「부동산등기법」 제28조에 따라 채권자대위권에 의한 등기신청을 하려는 채권자(채권자대위자)가 납세의무자를 대위하여 부동산의 취득에 대한 취득세를 신고·납부할 수 있도록 신설되었다(지법 제20조 제5항). 이 경우 채권자대위자는 행정안전부령으로 정하는 바에 따라 납부확인서를 발급받을 수 있다.

○ 지방세법 운영예규 법20-1【신고 및 납부】

토지거래 허가구역 내에서 토지를 취득한 경우 사실상 잔금지급일을 취득일로 본다.
다만, 그 신고·납부는 토지거래 허가 및 해제 등의 사유로 그 매매계약이 확정적으로 유효하게 된 날로부터 60일 이내로 한다.

○ 신고납세방식의 조세에 있어서 납세의무자의 신고행위가 당연무효에 해당하는지 여부
　(대법원 2006.6.2. 선고 2006두644 판결)

취득세 등은 신고납세방식의 조세로서 이러한 유형의 조세에 있어서는 원칙적으로 납세의무자가 스스로 과세표준과 세액을 정하여 신고하는 행위에 의하여 납세의무가 구체적으로 확정되는 것으로서 납세의무자의 신고행위가 중대하고 명백한 하자가 있지 않는 한 당연무효로 되지는 않는바, 여기에서 신고행위의 하자가 중대하고 명백하여 당연무효에 해당하는지의 여부에 대하여는 신고행위의 근거가 되는 법규의 목적, 의미, 기능 및 하자 있는 신고행위에 대한 법적 구제수단 등을 목적론적으로 고찰함과 동시에 신고행위에 이르게 된 구체적 사정을 개별적으로 파악하여 합리적으로 판단하여야 한다.

○ **취득자 모르게 법무사에 위임하여 취득세 신고 시 신고행위 무효인지 여부**
(대법원 2014.11.27. 선고 2014두10967 판결)

취득세와 농어촌특별세는 신고납세방식의 조세로서 이러한 유형의 조세에 있어서는 원칙적으로 납세의무자가 스스로 과세표준과 세액을 정하여 신고하는 행위에 의하여 납세의무가 구체적으로 확정되는 것으로서 납세의무자의 신고행위에 하자가 있더라도 그것이 중대하고 명백하지 않는 한 당연무효로 되지는 않을 뿐 아니라 그 하자가 후행하는 징수처분 등에 그대로 승계되지는 않는 것이고, 여기에서 신고행위의 하자가 중대하고 명백하여 당연무효에 해당하는지의 여부에 대하여는 신고행위의 근거가 되는 법규의 목적, 의미, 기능 및 하자 있는 신고행위에 대한 법적 구제수단 등을 목적론적으로 고찰함과 동시에 신고행위에 이르게 된 구체적 사정을 개별적으로 파악하여 합리적으로 판단하여야 한다(대법원 2006.6.2. 선고 2006두644 판결, 2006.9.8. 선고 2005두14394 판결 등 취지 참조). 취득세 및 농어촌특별세 신고행위는 납세의무자와 과세관청 사이에 이루어지는 것으로서 취득세 및 농어촌특별세 신고행위의 존재를 신뢰하는 제3자의 보호가 특별히 문제되지 않아 그 신고행위를 당연무효로 보더라도 법적 안정성이 크게 저해되지 않는 반면, 과세요건 등에 관한 중대한 하자가 있고 그 법적 구제수단이 국세에 비하여 상대적으로 미비함에도 위법한 결과를 시정하지 않고 납세의무자에게 그 신고행위로 인한 불이익을 감수시키는 것이 과세행정의 안정과 그 원활한 운영의 요청을 참작하더라도 납세의무자의 권익구제 등의 측면에서 현저하게 부당하다고 볼 만한 특별한 사정이 있는 때에는 예외적으로 이와 같은 하자 있는 신고행위가 당연무효라고 봄이 타당하다(대법원 2009.2.12. 선고 2008두11716 판결 취지 참조).

앞서 본 바와 같이 이 사건 신고는 원고 모르게 ○○○로부터 위임을 받은 법무사 ○○○이 한 것이고, ○○○이 원고 명의의 매매계약서를 위조하여 이 사건 부동산에 관한 원고 명의의 소유권이전등기를 마쳤으며, 원고는 이 사건 부동산의 소유권을 취득하지 못하였으므로, 이 사건 신고는 원고의 의사에 기하지 않은 채 이루어진 하자가 있고, 그 하자는 중대하고 명백하므로, 이 사건 신고는 당연무효라고 할 것이니, 이 사건 신고에 터 잡은 이 사건 처분도 무효이다.

3 구비서류

취득세를 신고하려는 자는 행정안전부령으로 정하는 신고서에 취득물건, 취득일 및 용도 등을 적어 납세지를 관할하는 시장·군수·구청장에게 신고하여야 한다. 이 경우 취득세 신고서에 매매계약서, 증여계약서, 부동산거래계약 신고필증 또는 법인 장부 등 취득가액 및 취득일 등을 증명할 수 있는 서류 사본 1부를 첨부하여야 한다.

주택 취득을 원인으로 신고하려는 경우에는 부표가 포함된다. 또한 취득세 감면 또는 비과세에 해당하는 경우 「지방세특례제한법 시행규칙」 별지 제1호 서식의 지방세 감면 신청서, 별지 제8호 서식의 취득세 비과세 확인서 1부를 첨부하여야 한다.

4 신고 또는 납부의무 해태에 따른 가산세

취득세 납세의무자가 신고 또는 납부의무를 다하지 아니한 경우에는 법정 산출세액 또는 그 부족세액에 「지방세기본법」 제53조부터 제55조까지의 규정에 따라 산출한 가산세를 합한 금액을 세액으로 하여 보통징수의 방법으로 징수한다.

신고불성실가산세의 경우 단순 무신고인 경우 납부하여야 할 세액의 20%, 단순 과소신고인 경우 10%이나, 사기·부정에 의한 무신고 또는 과소신고인 경우 40%로 규정하고 있다. 또한 납부불성실가산세의 경우 납부하지 아니한 세액(과소납부 포함)에 법정납부기한의 다음 날부터 자진납부일(납세고지일)까지 기간에 일일 0.022%를 곱하여 산출한다. 다만, 납부할 세액의 75%를 한도로 한다. 한편 납세고지서상 납부기한까지 납부하지 아니한 경우 미납세액의 3%에 매 1개월이 경과할 때마다 미납세액에 월 0.66%를 곱한 금액(최대 60개월)을 납부불성실가산세로 부과한다.

또한 납세의무자가 취득세 과세물건을 사실상 취득한 후 신고를 하지 아니하고 매각하는 경우에는 산출세액에 80%를 가산하되, 등기·등록이 필요하지 아니한 대통령령으로 정하는 과세물건에 대하여는 그러하지 아니하다.

5 납세지

납세지는 과세권자가 누구인지를 정하는 기준이 되면서 납세자의 입장에서 납세의무를 이행하여야 할 장소를 정하는 기준이 된다. 또한 과세권자인 지방자치단체 입장에서는 과세권의 귀속 또는 과세권의 행사범위·대상이라고 할 수 있다. 국세인 경우에는 납세지인 관할 세무서를 달리하여도 크게 문제될 것은 없지만, 지방세는 납세지가 어디인지에 따라 관할 과세권자와 세입의 귀속이 달라지는 문제가 있다.

취득세 과세대상 물건이 부동산인 경우 그 납세지는 해당 부동산의 소재지이다(지법 제8조). 만약 공장 등 건축물이 2개 지방자치단체에 걸쳐 위치하고 있는 경우에는 실제 소재하는 각 지방자치단체별 건물면적비율에 따라 안분 과세한다. 즉, 취득물건이 둘 이상의 시·군·구에 걸쳐 있는 경우 각 시·군·구에 납부할 취득세를 산출할 때 그 과세표준은 취득 당시의 가액을 취득물건의 소재지별 시가표준액 비율로 나누어 계산한다(지령 제12조).

차량인 경우 자동차관리법에 따른 등록지가 취득세 납세지이다. 다만, 등록지가 사용본거지와 다른 경우에는 사용본거지를 납세지로 하고, 철도차량의 경우에는 해당 철도차량의 청소, 유치(留置), 조성, 검사, 수선 등을 주로 수행하는 철도차량기지의 소재지를 납세지로 한다.

기계장비인 경우 건설기계관리법에 따른 등록지(건설기계 소유자의 주소지 또는 건설기계의 사용본거지)가 납세지이다.

항공기는 항공기의 정치장(定置場) 소재지, 즉 항공기를 보관하는 소재지가 납세지이며, 선박은 선적항 소재지가 납세지가 된다. 다만, 선박 수입에 의한 취득세 납세지는 선박을 우리나라에 인취하는 날의 자치단체 소재지가 납세지가 된다.

○ **취득세 신고·납부기한 내에 소유권이전등기한데 대하여 법정신고기한이 취득일부터 60일인지 여부 (조심 2017지0990, 2017.11.23.)**

청구법인이 2016.8.25. 이 건 토지를 취득하여 취득세 등의 신고·납부를 하고 같은 날 등기신청서를 등기관서에 접수하여 소유권이전등기를 경료하였으므로 그 등기일이 취득세 등의 법정신고기한으로 보는 것이 타당(조심 2013지561·562, 2013.9.2., 같은 뜻임)하다 하겠고, 취득일부터 60일 이내에 등기를 하는 것은 납세의무자 스스로 필요에 의하여 기한의 이익을 포기하는 것이라 그 이익을 제한하거나 법익을 부당하게 침해하는 것이 아니라 하겠음.

○ 대도시 내에서 법인 설립 이후 5년 이내에 취득하는 경우 기간 계산 시 초일을 산입하는지 여부 (조심 2018지1090, 2018.11.5.)

「지방세기본법」제23조에서 기간의 계산은 특별한 규정이 있는 것을 제외하고는 민법에 따르도록 규정하고 있고, 민법에서는 초일을 산입하지 않는다고 규정하고 있음. 여기서 특별한 규정은 '~부터 기산한다' 또는 '~일을 산입한다'라고 기산점을 명시적으로 규정한 것만을 의미하고 '~부터'라고 규정한 것은 그 사전적 의미에도 불구하고 초일을 산입한다는 의미로 볼 수는 없음. 「지방세법 시행령」제27조 제3항에서 '설립 이후 5년 이내'라고 규정한 것은 민법과 달리 볼만한 특별한 규정으로 보기 어려우므로 그 설립일의 다음 날부터 5년을 기산하는 것이 타당함.

○ 소유권이전등기 경료 후 취득세를 신고·납부한 경우 가산세 부과처분의 당부 (조심 2017지1004, 2018.3.12.)

「지방세법」제20조 제4항에서 취득세 신고·납부기한 이내에 재산권과 그 밖의 권리의 취득·이전에 관한 사항을 공부(公簿)에 등기하려는 경우에는 등기를 하기 전까지 취득세를 신고·납부하도록 규정하고 있어 취득세 무신고가산세 및 납부불성실가산세를 부과한 처분은 달리 잘못이 없다고 판단됨.

○ 과세표준을 재산정한 납부고지서를 교부한 행위가 행정처분인지 여부 (대법원 2017.4.28. 선고 2017두32364 판결)

당초 신고한 금액보다 인상한 과세표준액을 기초로 하여 산정한 세액을 정하여 납부서를 교부한 것은 취득세 등의 과세표준액과 세액을 피고가 결정하거나 경정한 것이므로, 피고가 원고에게 납부서를 교부한 행위는 안내행위가 아니라 부과처분에 해당한다.

○ 취득세 신고를 하면서 감면신청서를 함께 제출하였으나 과세대상으로 보고 납부고지서를 발부한 행위가 행정처분에 해당되는지 여부 (대법원 2017.1.12. 선고 2016두52651 판결)

취득세 신고에 따른 납부고지서 교부 행위는 납세자 편의도모차원의 사무적 행위에 불과하여 취득세 부과 등의 행정처분이라 할 수 없다.

○ 해상에 설치한 가스관의 취득세 납세지 여부 질의 회신
  (행안부 지방세운영과 – 2285, 2016.9.2.)

부동산의 납세지는 부동산 소재지를 납세지로 규정하고 있는바, 해당 가스관은 배타적 경제수역상 설치한 가스전에서 생산한 천연가스를 육상처리시설까지 운반하기 위한 도관시설에 해당하는 것이므로, 영해 밖으로 연장되는 연결시설에 대해 육상처리시설에 위치한 해당 자치단체를 납세지로 보는 것이 타당하다.

○ 시설대여 중인 기중기의 취득세 납세지 (행안부 지방세정팀 – 3461, 2006.8.3.)

금융리스의 경우 시설대여업자는 리스물건을 대여하는 형태로, 자기 계산과 위험부담 아래 리스이용자는 독립적으로 리스물건을 이용하고 있으므로 시설대여 중인 타워크레인의 취득세 납세지는 리스물건을 주로 관리하는 시설이용자의 주소지로 보아야 한다.

○ 과세예고 통지 없이 과세처분을 할 수 있는지 여부
  (대법원 2022.10.14 선고 2022두47032 판결) → 취소

구 지방세기본법 제88조 제2항은 '지방세징수법 제22조 제1항 각 호에 따른 납기 전 징수의 사유가 있거나 지방세관계법에서 규정하는 수시부과의 사유가 있는 경우(제1호)'에는 과세전적부심사를 거치지 않고 곧바로 과세처분을 할 수 있다고 규정하고 있다. 그러나 이 사건 부과처분의 경우 지방세징수법 제22조 제1항 각 호에 따른 납기 전 징수의 사유가 있는 경우에 해당한다고 볼 수 없을 뿐만 아니라, 지방세관계법에서 수시부과의 사유가 있는 경우로 규정하고 있지도 않다.

취득 후 중과세 대상이 된 경우 등의 신고와 납부

1 취득 후 중과대상 재산이 된 경우 신고와 납부

취득세 과세물건을 취득할 시점에는 중과대상이 아니었으나 취득한 후에 그 과세물건이 중과세 적용대상이 되었을 때에는 중과세 사유발생일부터 60일 이내에 신고·납부하여야 한다(지법 제20조 제2항). 물론 중과세 세율을 적용하여 산출한 세액에서 이미 납부한 세액(가산세는 제외)을 공제한 세액을 신고·납부하는 것이다.

여기에서 중과세 사유발생일이란 다음과 같이 정하고 있다(지법 시행령 제34조).

먼저 「지방세법」 제13조 제1항과 관련하여 대도시에서 법인의 본점 또는 주사무소의 사업용 부동산을 취득한 경우에는 사무소로 최초로 사용한 날이다. 또한 공장의 신설 또는 증설을 위하여 사업용 과세물건을 취득하거나 공장의 신설 또는 증설에 따라 부동산을 취득한 경우에는 그 생산설비를 설치한 날이다. 다만, 그 이전에 영업허가·인가 등을 받은 경우에는 영업허가·인가 등을 받은 날로 한다.

「지방세법」 제13조 제2항과 관련하여 대도시에서 법인 설립, 법인의 지점 또는 분사무소를 설치, 대도시 밖에서 법인의 본점·주사무소·지점 또는 분사무소를 대도시로 전입하는 경우에는 해당 사무소 또는 사업장을 사실상 설치한 날을 말한다.

대도시 중과 제외 업종에 직접 사용할 목적으로 부동산을 취득하여 일반세율 적용대상이 되는 경우에는 과세표준과 세액을 60일 이내 신고하고 납부하면 된다.

2 취득 후 사치성재산이 된 경우 신고와 납부

취득세 과세물건을 취득한 후에 그 과세물건이 골프장, 고급주택, 고급오락장 등 사치성재산으로 중과세율 적용대상이 되었을 때에는 중과세 신고·납부 기산일부터 60일 이내에 신고하고 납부하여야 한다(지법 제20조 제2항). 다만, 중과세 세율을 적용하여 산출한 세액에서 이미 납부한 세액(가산세는 제외)을 공제한 세액을 신고·납부한다. 이와 관련하여 등 중과세 재산에 대한 신고·납부 기산일은 다음과 같다(지령 제34조 제5호).

★
1. 건축물을 증축하거나 개축하여 고급주택이 된 경우
   가. 그 증축 또는 개축의 사용승인서 발급일
   나. 그 밖의 사유로 고급주택이 된 경우는 그 사유가 발생한 날
2. 골프장
   가. 체육시설업으로 등록한 날(변경등록 포함)
   나. 등록을 하기 전에 사실상 골프장으로 사용하는 경우는 사실상 사용한 날
3. 건축물의 사용승인서 발급일 이후에 관계 법령에 따라 고급오락장이 된 경우
   가. 그 대상 업종의 영업허가·인가 등을 받은 날
   나. 영업허가·인가 등을 받지 아니하고 고급오락장이 된 경우는 영업을 사실상 시작한 날
4. 선박의 종류를 변경하여 고급선박이 된 경우: 사실상 선박의 종류를 변경한 날

3 비과세·감면 재산이 감면목적을 위반한 경우의 신고와 납부

지방세법 또는 지방세특례제한법 등 다른 법령에 따라 취득세를 비과세, 과세면제 또는 경감받은 후에 해당 과세물건이 취득세 부과대상 또는 추징대상이 되었을 때에는 그 사유 발생일부터 60일 이내에 해당 과세표준에 해당 세율을 적용하여 산출한 세액에서 이미 납부한 세액(가산세는 제외한다)을 공제한 금액을 세액으로 신고하고 납부하여야 한다(지법 제20조 제3항).

다만, 2020.1.15.부터 감면받은 취득세를 추징할 때에는 이자상당가산액(1일 10만분의 22)이 추가로 가산됨에 유의하여야 한다(지특법 제178조 제2항).

○ **중과세 신고·납부 기산일** (조심 2013지0275, 2013.11.4.)

쟁점부분을 고급오락장으로 사실상 사용하기 시작한 날을 언제로 봄이 타당한지에 대하여 보면, 서울특별시 ○○○의 회신에 의하면 청구인들이 제출한 전자세금계산서 외에는 "주식회사 ○○○"과 ○○○의 내부공사 관련 매입세금계산서 내역이 전혀 나타나지 아니하는 점에 비추어 보면 쟁점외부분에 대하여 영업허가를 받은 시점에 쟁점부분에 대하여도 동시에 고급오락장 내부공사를 시행하였던 것으로 추정되고, 따라서 쟁점부분에 대하여 영업을 사실상 시작한 날도 쟁점외부분에 대하여 영업허가를 받은 날부터인 것으로 봄이 타당하다고 판단된다.

○ **대도시 내 취득세 중과대상 여부 및 중과세액의 신고·납부 기준일**
  (대법원 2013.2.15. 선고 2012두6407 판결)

이 사건 각 토지는 그 취득·등기 시에는 건축허가 등이 없어 판매시설의 부지 지분을 특정할 수 없으므로 그 전체가 구「지방세법」제138조 제1항에 의한 등록세 중과세 대상에서 제외되지만 그 후 이 사건 건물에 대한 건축허가를 받아 그에 따른 착공을 하면 이 사건 각 토지 중 판매시설의 부지 지분이 특정됨과 아울러 그에 관하여 판매시설 부지로의 겸용이 개시되었다고 할 수 있으므로, 이 사건 건물의 건설을 위한 착공 시에 이 사건 각 토지 중 판매시설의 부지 지분이 구「지방세법」제138조 제1항에 의한 등록세 중과세 대상이 된다고 할 것이다.

○ **취득세 중과세분 가산세 적용에 대한 질의 회신** (행안부 지방세운영과-4111, 2011.9.1.)

취득일에는 일반세율 과세대상이나, 취득한 후 중과세 대상이 되는 경우 취득세 일반세율 신고·납부기한 이내에 취득세를 신고·납부하였다 하더라도 중과세율에 대한 신고·납부기한이 경과하였다면 중과세분은 가산세 부과대상에 해당된다.

○ **취득세 중가산세 적용대상 판단** (대법원 2005.10.13. 선고 2004두6136 판결)

건설회사가 농지가 대부분인 토지를 공동으로 매수한 후 농지취득자격이 없어 소유권이전등기를 마치지 않고 있다가 2년 이내에 그 취득의 등기를 하지 아니하고 매각한 경우, 구 지방세법 제121조 제2항에서 정한 중가산세 부과대상에서 제외되지 않는다.

취득세의 추징 및 가산세

1 신고 또는 납부의무의 해태 시 취득세의 추징

취득세 납세의무자가 신고 또는 납부의무를 다하지 아니한 등의 경우에는 산출한 세액 또는 부족세액에 각 가산세를 합한 금액을 세액으로 하여 보통징수의 방법으로 징수한다 (지법 제21조 제1항).

이와 같이 보통징수의 방법으로 징수하는 경우를 추징이라고 하며, 다음과 같은 경우에 발생한다(지법 제21조 제1항 각 호).

★

① 취득세 납세의무자가 정해진 신고 또는 납부의무를 다하지 아니한 경우
② 법인장부 등 사실상 취득가격 및 실거래가 적용 등에 있어 더 높은 과세표준이 확인 된 경우
③ 일시적 2주택으로 신고하였으나 그 취득일로부터 3년 이내에 종전주택을 처분하지 못하여 1주택으로 되지 아니한 경우

다만, 취득세 추징에 있어 당초 신고 · 납부한 세액이 있을 경우 이를 차감하고 과소신고 가산세 및 납부불성실가산세 등을 합산하여 과세한다.

2 가산세의 종류

가산세란 납부의무 이행을 확보하기 위하여 납세자가 신고·납부의무 또는 세법에서 규정하고 있는 각종 납세협력의무를 이행하지 않았을 때 그에 대해 가해지는 과태료(행정벌의 일종)적 성격을 가지는 행정상의 제재라고 할 수 있다. 지방세기본법에서는 이 법 또는 지방세관계법에서 규정하는 의무를 성실하게 이행하도록 하기 위하여 의무를 이행하지 아니할 경우에 이 법 또는 지방세관계법에 따라 산출한 세액에 가산하여 징수하는 금액이라고 규정하고 있다.

지방세기본법에 의한 일반적인 가산세는 무신고·과소신고가산세와 납부지연가산세가 있고, 지방세법에서 취득세에 관하여 무신고매각가산세와 법인장부기록·비치의무위반가산세를 규정하고 있다.

종 류	가산세율		법 규정
과소신고가산세	단순 과소신고	과소신고분(신고하여야 할 세액)의 10%	지기법 제54조
	사기·부정 과소신고	과소신고분 세액의 40%	
무신고가산세	단순 무신고	납부하여야 할 세액의 20%	지기법 제53조
	사기·부정 무신고	납부하여야 할 세액의 40%	
납부지연가산세	납부하지 아니한 세액(과소 포함)×납부기한의 다음 날부터 자진납부일(납세고지일)까지 기간×0.022% (1일) ※ 한도: 납부할 세액의 75%		지기법 제55조
무신고매각가산세 (미등기 전매)	취득세 산출세액의 80%		지법 제21조 제2항
장부기록·비치의무 위반가산세(법인)	취득세 산출세액(또는 부족세액)의 10%		지법 제22조의2 제2항

(1) 무신고가산세

납세의무자가 법정신고기한까지 과세표준 신고를 하지 아니한 경우 그 신고로 납부하여야 할 세액의 100분의 20을 무신고가산세로 부과한다.

(2) 사기·부정한 행위로 인한 무신고가산세

사기나 그 밖의 부정한 행위로 법정신고기한까지 과세표준신고를 하지 아니한 경우는 납부세액의 100분의 40을 무신고가산세로 부과한다.

(3) 과소신고가산세

납세의무자가 법정신고기한까지 과세표준신고를 한 경우로서 신고하여야 할 납부세액보다 납부세액을 적게 신고한 경우 과소신고납부세액의 100분의 10을 과소신고가산세로 부과한다.

(4) 사기·부정한 행위로 인한 과소신고가산세

사기나 그 밖의 부정한 행위로 과소신고한 경우 과소신고납부세액의 100분의 40을 과소신고가산세로 부과한다.

(5) 납부지연가산세

납세의무자가 법정납부기한까지 지방세를 납부하지 아니하거나 납부하여야 할 세액보다 적게 납부한 경우 법정납부기한의 다음 날부터 자진납부일(납세고지일)까지 기간에 1일 10만분의 22를 곱한 금액을 납부지연가산세로 부과한다. 이 경우 가산세는 납부하지 아니한 세액, 과소납부분 세액 또는 초과환급분 세액의 100분의 75에 해당하는 금액을 한도로 한다. 한편 납세고지서상 납부기한까지 납부하지 아니한 경우 미납세액의 3%에 매 1개월이 경과할 때마다 미납세액에 월 0.66%를 곱한 금액(최대 60개월)을 납부불성실가산세로 부과한다.

(6) 미신고 매각에 따른 중가산세

취득세 납세의무자가 취득세 과세물건을 사실상 취득한 후 취득세 신고를 하지 아니하고 매각한 경우에는 산출세액에 100분의 80을 가산한 금액을 세액으로 하여 보통징수의 방법으로 징수한다. 다만, 등기등록이 필요하지 아니한 골프회원권 등 과세물건이나 지목변경, 주식 등의 취득 등에 대하여는 중가산세를 적용하지 아니한다.

(7) 장부기록 · 비치의무위반가산세

취득세 납세의무가 있는 법인은 취득 당시의 가액을 증명할 수 있는 장부와 관련 증거서류를 작성하여 갖춰 두어야 한다. 지방자치단체의 장은 취득세 납세의무가 있는 법인이 장부기록 · 비치 등 의무를 이행하지 아니하는 경우에는 산출된 세액 또는 부족세액의 100분의 10에 상당하는 금액을 징수하여야 할 세액에 가산한다(지법 제22조의2).

3 가산세의 경감

가산세를 부과하는 경우 그 부과의 원인이 되는 사유가 천재지변, 사변(事變), 화재(火災) 등 기한연장 사유에 해당하거나 납세자가 해당 의무를 이행하지 아니한 정당한 사유가 있을 때에는 가산세를 부과하지 아니한다(지기법 제57조 제1항).

또한, 납세의무자가 법정신고기한이 지난 후 수정신고 또는 기한 후 신고 등을 하는 경우에는 일부 가산세에서 일정률에 따른 금액을 감면한다(지기법 제57조 제2항).

★
① 과세표준신고서를 법정신고기한까지 제출한 자가 법정신고기한이 지난 후 2년 이내에 제49조에 따라 수정신고한 경우: 경과기간에 따라 10~90% 감면
② 과세표준신고서를 법정신고기한까지 제출하지 아니한 자가 법정신고기한이 지난 후 6개월 이내에 기한 후 신고를 한 경우: 경과기간에 따라 20~50% 감면
③ 과세전적부심사 결정 · 통지기간 이내에 그 결과를 통지하지 아니한 경우: 50%
④ 양도소득에 대한 개인지방소득세 예정신고기한 이후 확정신고기한까지 과세표준신고 및 수정신고를 한 경우: 50%

한편, 지방세법 제10조에 의한 무상취득 및 법인 합병 · 분할 등의 과세표준 특례규정에 따라 "시가인정액"으로 신고 · 납부하는 경우, 당초 기한 내에 취득세를 시가인정액으로 신고 · 납부한 후 지방자치단체장이 과세표준를 경정하여 직권부과하기 전에 신고한 시가인

정액과 다른 시가인정액으로 수정신고하는 경우에는 가산세를 부과하지 아니한다(지법 제21조 제3항). 즉, 시가인정액으로 수정신고하는 경우에는 가산세 부과에서 제외하는 것이다.

> ○ 가산세 부과 시 납세자의 고의·과실이 고려되는지 여부 및 납세자 법령의 부지 등이 정당한 사유에 해당하는지 여부 (대법원 2014.3.13. 선고 2012두7370 판결)
>
> 세법상 가산세는 과세권의 행사 및 조세채권의 실현을 용이하게 하기 위하여 납세자가 정당한 이유 없이 법에 규정된 신고·납세 등 각종 의무를 위반한 경우에 법이 정하는 바에 따라 부과하는 행정상 제재로서 납세자의 고의·과실은 고려되지 아니하고 법령의 부지·착오 등은 그 의무위반을 탓할 수 없는 정당한 사유에 해당하지 아니한다.

> ○ 면제대상에 해당하여 실제 납부해야 할 취득세가 없음에도 무신고가산세 과세처분의 적정 여부 (조심 2018지0381, 2018.8.21.)
>
> 조세법률주의의 원칙상 과세요건, 비과세요건, 감면요건을 막론하고 조세법규의 해석은 특별한 사정이 없는 한 법문대로 해석할 것이고 합리적 이유 없이 확장해석하거나 유추해석하는 것은 허용되지 아니하는 것인바(대법원 2003.1.24. 선고 2002두9537 판결, 같은 뜻임), 「지방세기본법」 제53조의2에서 무신고가산세가 「지방세법」을 적용하여 산출된 세액의 100분의 20에 상당하는 금액으로 2014.1.1. 개정된 이상 가산세 산출기준은 감면이나 면제가 이루어지기 전인 「지방세법」에 따라 산출한 세액의 100분의 20에 상당하는 금액을 무신고가산세로 하여야 할 것이므로 청구법인이 이 건 법인의 주식을 취득한 후 법정신고기한 내에 취득세를 신고하지 아니한 것에 대하여 「지방세법」에 따라 산출한 세액의 100분의 20에 상당하는 금액을 무신고가산세로 과세한 처분은 달리 잘못이 없다고 판단된다.

> ○ 당초부터 감면대상이 아닌 물건을 감면받은 경우 무신고가산세 적용 여부 (조심 2017지1108, 2018.4.6.)
>
> 「지방세법」 제21조 제1항에서 취득세 납세의무자가 제20조에 따른 신고·납부의무를 다하지 아니하면 제10조부터 제15조까지의 규정에 따라 산출한 세액 또는 그 부족세액에 「지방세기본법」 제53조의2부터 제53조의4까지의 규정에 따라 산출한 가산세를 합한 금액을 세액으로 하여 보통징수의 방법으로 징수한다고 규정하고, 「지방세기본법」 제53조의2 제1항, 제53조의3 제1항 및 제53조의4에서 납세의무자가 법정신고기한까지 과세표준신고를 하지 아니한 경우에는 무신고가산세를, 신고하여야 할 납부세액보다 적게 신고한 경우에는 100분의 10에 상당하는 가산세를, 납부기한까지 지방세를 납부하지 아니한 경우에는 납부불성

실가산세를 부과한다고 규정하고 있으며, 「지방세법」 제20조 제3항은 이 법 또는 다른 법령에 따라 취득세를 비과세, 과세면제 또는 경감받은 후에 해당 과세물건이 취득세 부과대상 또는 추징 대상이 되었을 때에는 그 사유 발생일부터 30일 이내에 산출세액을 신고·납부하도록 규정하고 있는바, 동 규정은 비과세 또는 감면받고 취득한 물건이 사후에 추징대상에 해당하게 된 경우에 적용되는 것으로서 당초부터 감면대상이 아닌 물건을 감면받고 취득한 경우에는 그 적용대상이 아니라 할 것인 점, 청구법인이 이 사건 부동산을 취득한 후 창업중소기업에 대한 취득세 등 감면대상으로 하여 취득세 등을 신고한 사실이 확인되는 점 등에 비추어 「지방세기본법」 제53조의2 제1항의 무신고가산세율(20%)이 아닌 같은 법 제53조의3 제1항의 과소신고가산세율(10%)을 적용하는 것이 타당하다 하겠으므로 처분청이 이 사건 취득세 등을 부과하면서 무신고가산세율을 적용한 것은 잘못이 있다고 판단된다.

○ 감면된 취득세를 추징하는 경우 과소신고가산세 부과 여부 (지방세특례제도과-1002, 2024.4.6)

「舊 지방세기본법」 제54조는 신고하여야 할 납부세액보다 납부세액을 적게 신고한 경우에는 과소신고한 납부세액의 100분의 10에 상당하는 금액을 가산세로 부과한다고 규정하여 납세자가 감면판단을 그르쳐 납부세액을 과소신고한 경우에도 적용되는 것으로 보이는 점, 신고·납부 확정방식의 취득세는 납세자가 스스로 그 과세표준과 세액을 신고하면 그 내용대로 확정되는 점 등을 고려 시 「지방세기본법」 제54조 제1항에 따른 과소신고가산세는 부과되는 것이 타당하다고 판단된다.

○ 본세와 가산세의 합산액만을 기재하는 등 납세고지서에 하자가 있을 경우 과세처분의 적법 여부 (대법원 1997.8.22. 선고 96누14272 판결)

중과세율에 의한 취득세와 가산세를 부과한 과세처분에서, 납세고지서에는 취득세에 관한 지방세법 조항 모두가 기재되어 있을 뿐 위 부과처분에 적용된 구체적인 지방세법 조항이 특정되어 있지 아니하고, 부과내역란에 과세표준액은 기재되어 있으나 세율은 기재되어 있지 아니하며, 세액도 취득세액과 가산세액을 구분하지 아니한 채 그 합계액만을 기재하고 있다면, 이러한 납세고지서는 위 규정에서 요구하는 기재사항을 누락한 하자가 있어 위법하다.

○ 취득세의 가산세 부과처분이 부당하다는 청구주장의 당부 (조심 2020지1370, 2020.11.3.)

이 건 주택의 취득세를 신고·납부하여야 한다는 사실을 안내받지 못하여 그 납세의무를 알 수 없었다고 하더라도 그러한 사실만으로 청구인에게 가산세를 부과하지 않아도 될 만한 정당한 사유가 있다고 보기 어려운 점 등에 비추어, 청구인은 이 건 주택을 취득한 후 60일 이내에 취득세 등을 신고·납부하지 아니하여 「지방세법」 제21조 제1항에 따른 가산세 부과대상으로 보는 것이 타당하므로 처분청이 쟁점가산세를 포함하여 이 건 취득세 등을 부과한 처분은 달리 잘못이 없다고 판단됨.

○ 미등기 전매에 대한 80% 중가산세의 위헌 여부

　(헌재 2001.7.19. 선고 2000헌바86 전원재판부)

취득세 과세대상 물건을 취득한 후 관련규정에 따라 신고·납부한 경우 및 그와 아예 그 취득신고나 이전등기도 하지 않은 채 취득일로부터 2년 이내에 제3자에게 매각하는 경우는 다르게 취급하여야 할 필요가 있고, 특히 미등기 전매의 경우는 취득세 면탈의 의사가 확정적으로 표출된 악의적인 취득자이므로 그러한 경우 통상의 가산세율과 다르게 취급한 것이 평등의 원칙에 반한다고 할 수 없다.

○ 취득세의 가산세 부과처분이 정당한지 여부 (조심 2016지0891, 2017.3.29.)

취득세 납세의무가 발생하지 않은 시점에 쟁점토지에 대하여 신고·납부하여야 할 금액보다 훨씬 상회하는 금액을 선납부한 것으로 보아 청구법인으로 하여금 쟁점토지에 대한 취득세 신고·납부를 기대하기는 어렵다 할 것인 점 등에 비추어 청구법인이 쟁점토지에 대하여 취득세 신고의무를 이행하지 아니하였다 하더라도 가산세를 면할 정당한 사유가 있다고 보는 것이 합리적이라 할 것이다.

제 **7** 절

취득세의 비과세와 감면

Q1

취득세 비과세와 감면의 비교

1 취득세 비과세와 감면

지방세 납세의무는 법정 과세요건을 충족함으로써 성립하는데, 이러한 과세요건사실[17] 중의 하나를 과세요건에서 제외하여 납세의무가 원천적으로 성립하지 않도록 하는 것을 비과세라고 한다. 감면이나 과세면제는 과세요건을 갖추어 성립되거나 확정된 납세의무에 대해 별도의 처분에 의하여 이를 면제하거나 경감하는 것으로 비과세와는 성격이 다르다. 즉, 비과세는 납세의무가 없는 반면 감면은 납세의무는 있으나 한시적으로 경감하는 것이라 할 수 있다.

취득세 비과세에는 국가 등에 대한 비과세와 신탁재산에 대한 비과세 등이 있으며, 이를 지방세법에서 규정하고 있다. 또한 취득세 감면의 경우에는 기업부설연구소에 대한 감면 등 정책적 목적에 의해 여러 종류의 감면이 있으며, 이에 대해 지방세특례제한법과 각 지방자치단체의 감면조례에서 규정하고 있다.

종전에는 지방세법에 비과세와 감면이 모두 규정되어 있었으나, 2011년부터 지방세법 분법으로 지방세법에는 국가·지방자치단체 비과세와 형식적인 취득 비과세(신탁 등)만을 규정하고 있다. 또한 지방세특례제한법에는 종전 취득세 비과세 중 비영리사업자 비과세 등과 면제경감 규정 및 지방자치단체 감면조례 중 감면 일부내용을 규정하였고, 감면조례에는 해당 지방자치단체에 특화된 감면내용을 규정하고 있다.

---

17) 과세요건사실은 과세권자, 납세의무자, 과세물건, 귀속관계, 소속관계, 과세표준, 세율 등 4분 7요소로 구분할 수 있다(송쌍종, 「조세법학총론」, 조세문화사(2017), pp.253~262).

② 비과세 · 감면 규정의 해석원칙

조세법률주의의 원칙상 과세요건이거나 비과세요건 또는 조세감면요건을 막론하고 조세법규의 해석은 특별한 사정이 없는 한 법문대로 해석할 것이고 합리적 이유 없이 확장해석하거나 유추해석하는 것은 허용되지 아니하며, 특히 감면요건 규정 가운데에 명백히 특혜규정이라고 볼 수 있는 것은 엄격하게 해석하는 것이 조세공평의 원칙에도 부합한다(대법원 2003.1.24. 선고 2002두9537 판결 참조). 따라서 위 원칙은 취득세 등 지방세특례와 관련한 모든 법령해석에서 적용되는 원칙으로 비과세 · 감면 관련 쟁점과 사례들을 분석하는데 유념할 필요가 있다.

③ 취득세의 면세점

취득가액이 50만 원 이하인 경우에는 취득세를 부과하지 아니한다(지법 제17조 제1항). 취득세가 소액으로 인한 징세비 등을 고려하여 면세점 규정을 두고 있는 것이다. 일정 금액 이하의 과세대상에 대해 과세에서 제외하는 것이므로, 위에서 본 비과세와는 본래의 성격상 다르지만 실질적인 효과는 동일하다고 할 수 있다.

한편, 취득가액 50만 원의 면세점을 이용하여 취득세 과세를 회피하는 경우를 방지하기 위해 토지나 건축물을 취득한 자가 취득한 날부터 1년 이내에 인접한 토지나 건축물을 취득한 경우 그 전후의 취득에 관한 토지나 건축물의 취득을 각각 1건의 토지나 건축물의 취득으로 보아 면세점 규정을 적용하도록 하고 있다(지법 제17조 제2항).

> ○ 취득세가 100% 감면된 면세점(취득가격 50만 원 이하) 물건 등기 · 등록 시 등록면허세 과세 여부 질의 회신 (행안부 지방세운영과 – 217, 2018.1.29.)
> 취득세가 비과세 · 감면 적용 대상이 되어 납부할 세액이 없는 경우에는 「지방세법」 제23조 제1호 라목의 등기 또는 등록에 해당하지 않는 것으로 보아 등록면허세 납세의무가 없다.

취득세 비과세

1 취득세 비과세의 취지

취득세 비과세 대상은 다음에 해당하는 7가지로 규정하고 있다(지법 제9조).

★

① 국가·지방자치단체 등의 취득
② 국가·지방자치단체 등에 귀속 또는 기부채납 조건으로 취득하는 부동산등
③ 신탁등기가 병행되는 신탁재산의 취득
④ 법령에 따른 동원대상지역 내의 토지의 환매권의 행사로 매수하는 부동산
⑤ 임시건축물의 취득
⑥ 시가표준액 9억 원 이하인 공동주택의 개수로 인한 취득
⑦ 상속개시 이전에 천재지변 등으로 사용할 수 없는 차량의 상속 취득

2 취득세 비과세의 유형

(1) 국가·지방자치단체 등의 취득

국가 또는 지방자치단체, 지방자치단체조합, 외국정부 및 주한국제기구의 취득에 대해서는 취득세를 부과하지 아니한다. 다만, 대한민국 정부기관의 취득에 대하여 과세하는 외국정부의 취득에 대해서는 취득세를 부과한다(지법 제9조 제1항).

한편, 다른 법률에서 국가 또는 지방자치단체로 의제되는 법인(공무원연금관리공단 등)에 대하여 비과세로 판단한 사례[18]가 있었으나, 2014.1.1. 이후에는 이를 제외하도록 명확히

규정되어 있다(지법 제9조 제1항).

반면, 종전에 국립대학 또는 공립대학이었다가 전환된 국립대학법인은 전환 국립대학법인을 별도의 법인으로 보지 아니하고 국립대학법인으로 전환되기 전의 국립학교 또는 공립학교로 본다(지기법 제154조). 즉, 2020.1.1.부터는 전환된 국립대학법인에 대하여 원칙적으로 비과세하며, 다만 전환 국립대학법인이 해당 법인의 설립근거가 되는 법률에 따른 교육·연구 활동에 지장이 없는 범위 외의 수익사업에 사용된 과세대상에 대한 납세의무에 대해서는 그러하지 아니한다.

(2) 국가·지방자치단체 등에 귀속 또는 기부채납 조건으로 취득하는 부동산등

국가, 지방자치단체 또는 지방자치단체조합에 귀속 또는 기부채납을 조건으로 취득하는 부동산 및 「사회기반시설에 대한 민간투자법」 제2조 제1호 각 목에 해당하는 사회기반시설에 대해서는 취득세를 부과하지 아니한다(지법 제9조 제2항).

「사회기반시설에 대한 민간투자법」 제2조 제1호에 의한 사회기반시설이란 각종 생산활동의 기반이 되는 시설, 해당 시설의 효용을 증진시키거나 이용자의 편의를 도모하는 시설 및 국민생활의 편익을 증진시키는 시설로서 도로, 철도, 항만 등 경제활동의 기반이 되는 시설과 유치원, 학교, 도서관 등 사회서비스의 제공을 위하여 필요한 시설 및 공공청사, 방재시설 등 국가·지방자치단체의 업무수행을 위하여 필요한 공용시설 또는 생활체육시설 등 일반 공중의 이용을 위하여 제공하는 공공용 시설을 말한다.

한편, 비과세 대상 기부채납의 방식에는 사회기반시설의 준공 후 일정기간 동안 사업시행자에게 해당 시설의 소유권이 인정되며 그 기간이 만료되면 시설소유권이 국가 또는 지방자치단체에 귀속되는 방식도 포함된다.

그러나 2016.1.1. 지방세법이 개정되면서 국가 등에 귀속되거나 또는 기부채납하는 부동산이라 하더라도 귀속 등의 조건을 이행하지 아니하거나 귀속 등에 대한 반대급부가 있는

---

18) 조심 2011지0750, 2012.4.19. 공무원연금관리공단을 '국가나 지방자치단체'로 보아 재산세 등을 면제할 수 있는지 여부 - 공무원연금관리공단은 공익적 목적을 수행하므로 국가나 지자체로 의제하며, 공무원을 위하여 부동산을 취득·보유하므로 국가 또는 지자체 소유의 재산으로 보아 재산세 과세특례와 지역자원시설세 등을 비과세해야 하므로 부동산에 대해 재산세 과세특례와 지역자원시설세 등을 부과고지한 처분은 잘못이다.

등 아래 중 어느 하나에 해당하는 경우에는 그 해당 부분에 대해서는 취득세를 부과한다.

★
 ① 국가 등에 귀속 등의 조건을 이행하지 아니하고 타인에게 매각·증여하거나 귀속 등을 이행하지 아니하는 것으로 조건이 변경된 경우
 ② 국가 등에 귀속 등의 반대급부로 국가 등이 소유하고 있는 부동산 및 사회기반시설을 무상으로 양여받거나 기부채납 대상물의 무상사용권을 제공받는 경우

 한편, 국가 등에 귀속되거나 기부채납한 것의 반대급부로 국가 등이 소유하고 있는 부동산 또는 사회기반시설을 무상으로 양여받거나 기부채납 대상물의 무상사용권을 제공받는 조건으로 취득하는 부동산 또는 사회기반시설에 대해서는 취득세의 100분의 50을 경감한다(지특법 제73조의2).

(3) 신탁등기가 병행되는 신탁재산의 취득

 「신탁법」에 따른 신탁으로서 신탁등기가 병행되는 신탁재산을 취득하는 경우에는 취득세를 부과하지 아니한다(지법 제9조 제3항). 이 경우에 해당하는 취득으로 ① 위탁자로부터 수탁자에게 신탁재산을 이전하는 경우, ② 신탁의 종료로 인하여 수탁자로부터 위탁자에게 신탁재산을 이전하는 경우, ③ 수탁자가 변경되어 신수탁자에게 신탁재산을 이전하는 경우가 있다. 또한, 여기에서 신탁이란 「신탁법」에 의한 신탁으로서 신탁등기가 병행되는 것을 말하므로 명의신탁해지를 원인으로 하는 취득은 비과세 대상이 아니다.

 한편, 신탁재산의 취득 중 주택조합 등과 조합원 간의 부동산 취득 및 주택조합 등의 비조합원용 부동산 취득은 비과세에서 제외한다.

> ○ 지방세법 운영예규 법9-2【형식적 소유권취득에 대한 비과세 등】
> 「지방세법」 제9조 제3항의 규정에 의한 「신탁」은 「신탁법」에 의한 신탁으로서 신탁등기가 병행되는 것을 말하므로 명의신탁해지를 원인으로 하는 취득은 과세대상이다.

> ○ 지방세법 운영예규 법9-3【비과세 대상인 신탁의 범위】
>
> 「지방세법」 제9조 제3항에서 규정한 「신탁」이라 함은 「신탁법」에 의하여 위탁자가 수탁자
> 에 신탁등기를 하거나 신탁해지로 수탁자가 위탁자에게 이전되거나 수탁자가 변경되는 경
> 우를 말하며, 명의신탁해지로 인한 취득 등은 「신탁법」에 의한 신탁이 아니므로 이에 해당
> 되지 아니한다.

(4) 법령에 따른 동원대상지역 내의 토지의 환매권의 행사로 매수하는 부동산

「징발재산정리에 관한 특별조치법」 또는 「국가보위에 관한 특별조치법 폐지법률」 부칙 제2항에 따른 동원대상지역 내의 토지의 수용・사용에 관한 환매권의 행사로 매수하는 부동산의 취득에 대해서는 취득세를 부과하지 아니한다(지법 제9조 제4항).

(5) 임시건축물의 취득

임시흥행장, 공사현장사무소 등 임시건축물의 취득에 대해서는 취득세를 부과하지 아니한다. 다만, 존속기간이 1년을 초과하는 경우에는 취득세를 부과한다(지법 제9조 제5항).

따라서 존속기간의 1년 초과 여부가 주로 쟁점이 되는데 임시용 건축물에 대한 존속기간 1년 초과 판단의 기산점은 가설건축물 축조신고서상 존치기간의 시기(그 이전에 사실상 사용한 경우에는 그 사실상 사용일)가 되고, 신고가 없는 경우에는 사실상 사용일이 된다. 대법원 판례에서도 존치기간이 아닌 사실상 사용이 가능한 날을 기산점으로 판단하고 있다.

한편, 임시건축물이 중과세 대상재산인 골프장, 고급주택, 고급오락장, 고급선박 등에 해당할 경우에는 존치기간이 1년 미만이라도 취득세를 중과세로 부과한다(지법 제9조 제5항).

> ○ 지방세법 운영예규 법9-1【임시용 건축물】
>
> 임시용 건축물에 대한 "존속기간 1년 초과" 판단의 기산점은 건축법 제20조 규정에 의하
> 여 시장・군수에게 신고한 가설건축물 축조신고서상 존치기간의 시기(그 이전에 사실상
> 사용한 경우에는 그 사실상 사용일)가 되고, 신고가 없는 경우에는 사실상 사용일이 된다.

(6) 시가표준액 9억 원 이하인 공동주택의 개수로 인한 취득

「주택법」에 따른 공동주택의 개수로 인한 취득 중 시가표준액 9억 원 이하인 주택과 관련된 개수로 인한 취득에 대해서는 취득세를 부과하지 아니한다. 다만, 그 개수가 건축법에 따른 대수선으로 인한 취득의 경우는 취득세를 부과한다(지법 제9조 제6항).

(7) 상속개시 이전에 천재지변 등으로 사용할 수 없는 차량의 상속 취득

상속개시 이전에 천재지변·화재·교통사고·폐차·차령초과(車齡超過) 등으로 사용할 수 없는 차량에 대해서는 상속에 따른 취득세를 부과하지 아니한다(지법 제9조 제7항).

천재지변·화재·교통사고 등으로 소멸·멸실 또는 파손되어 해당 자동차를 회수하거나 사용할 수 없는 것으로 시장·군수·구청장이 인정하는 자동차와 자동차해체재활용업자에게 폐차되었음이 증명되는 자동차, 환가가치가 남아 있지 아니하다고 인정되는 차량 중 시·도지사가 해당 자동차의 차령, 법령위반 사실, 보험가입 유무 등 모든 사정에 비추어 해당 자동차가 멸실된 것으로 인정할 경우에 해당하는 자동차를 말하며, 비과세를 받으려는 자는 그 사유를 증명할 수 있는 서류를 갖추어 시장·군수·구청장에게 신청하여야 한다.

○ 반대급부 없이 기부채납을 조건으로 취득하는 부동산으로 취득세 비과세 여부
   (조심 2024지0281, 2024.12.17.)
용도폐지 기반시설인 쟁점부동산을 자신의 부담으로 새로이 신설되는 기반시설로 대체하여 다시 기부채납하는 역할만 하였을 뿐, 이 과정에서 국가 등으로부터 어떠한 이득을 얻거나 반대급부를 받았다고 보기는 어렵다고 할 것(조심 2023지4988, 2024.1.29. 결정, 조심 2021지2922, 2022.11.30. 결정 등, 같은 뜻임)이므로 「지방세법」 제9조 제2항 본문에 따른 취득세 비과세대상으로 보는 것이 타당하다 할 것이다.

○ 국가 등에 귀속 또는 기부채납을 조건으로 취득하는 부동산등에 해당되는지 여부
   (대법원 2018.6.15. 선고 2018두36455 판결)
국가 등에 귀속 또는 기부채납을 조건으로 부동산을 취득하는 것은 취득세가 비과세되기 위해서는 부동산을 취득할 당시에 취득자가 그 부동산을 국가 등에 귀속시키거나 기부채납하는 것이 사실상 확정되어 있어야 한다.

○ 기부채납을 조건으로 취득세가 비과세된 부동산이 과점주주 간주 취득세에 있어서도 비과세되는지 여부 (대법원 2011.1.27. 선고 2009두20816 판결)

국가 등에 기부채납하기로 한 법인의 주식을 취득하여 과점주주가 됨으로써 부동산을 간주취득하는 경우에도 취득 당시 과점주주가 기부채납의 효력에 구속받는 이상은 지방세법 제106조 제2항 소정의 기부채납을 조건으로 취득한 경우에 해당한다.

○ 쟁점신탁계약에 따라 청구인에게 신탁을 원인으로 소유권이전등기가 된 쟁점부동산이 비과세 대상에 해당하는지 여부 (조심 2022지0317, 2023.1.18.)

처분청은 청구인이 개인이자 위탁자·수익자와 친족관계로 쟁점신탁계약과 「신탁법」에 따른 수탁자로서의 의무를 다하지 못할 수 있다는 의견이나, 그러한 사정이 있다고 하여 쟁점신탁계약의 신탁계약을 부인하기는 어렵다 할 것인 점 등에 비추어 「지방세법」 제9조 제3항 제1호에 따라 쟁점부동산은 취득세 비과세 대상에 해당한다 할 것이어서 취득세 등을 환급하여 달라는 청구인의 경정청구를 거부한 이 건 처분은 잘못이 있는 것으로 판단됨.

○ 토지의 취득이 「신탁법」에 의한 신탁으로서 위탁자로부터 수탁자에게 신탁재산을 이전하는 경우에 해당하는지 여부 (조심 2015지0323, 2015.7.2.)

「지방세법」 제110조 제1호 본문 및 가목에서 형식적 취득에 따른 취득세 비과세 여부는 신탁등기가 병행되는 「신탁법」에 의한 신탁으로서 위탁자로부터 수탁자에게 신탁재산을 이전하는 경우의 취득을 말한다고 규정하고 있을 뿐 위탁자가 수탁자에 앞서 소유권이전등기를 하여야 한다는 사항은 규정하고 있지 아니하고, 「신탁법」에 따른 신탁재산의 소유권이전에 대하여 그 수탁자에게 취득세를 비과세하는 이유는 신탁의 활성화를 통하여 쟁점토지와 같은 신탁재산에 신축될 공동주택의 수분양자의 재산권을 보호하는데 있다고 할 것이므로 위탁자의 소유권이전등기가 생략되어 신탁등기가 수탁자의 소유권이전등기에 병행되었다고 하여 그 실질이 「신탁법」에 의한 신탁이 아니라고 보기는 어려운 점 등에 비추어 청구법인과 ○○○은 「신탁법」에 따라 이 건 신탁계약을 체결한 후, 신탁의 목적물인 쟁점토지를 위탁자인 ○○○로부터 수탁자인 청구법인에게 이전하면서 신탁등기가 병행하였다고 보는 것이 타당하다.

○ 제3자에게 명의신탁한 실제 매수인이 제3자를 상대로 한 소송에서 승소하여 진정명의 회복을 원인으로 제3자로부터 매도인에게로 소유권이 이전등기된 경우 매도인을 취득세 납세의무자로 본 처분의 당부 (조심 2010지0535, 2011.6.3.)

이 건 소유권이전등기는 청구인의 의사와 무관하게 이 건 토지의 실제 매수인이자 명의신탁자인 ○○○이 명의수탁자인 ○○○을 상대로 제기한 이 건 토지의 소유권이전등기 청구소송에서 승소함에 따라 2002.6.27.자 매매를 원인으로 2002.10.29. 청구인으로부터 ○○○에게로 경료된 명의신탁의 소유권이전등기를 말소하는 원상회복 조치의 결과이고, 관련 법령에 따라 부동산 명의신탁은 무효이므로 궁극적으로 이 건 토지의 소유권을 명의수탁자인 ○○○으로부터 실제 매수인인 ○○○에게로 이전하기 위한 과정의 일환으로 청구인 앞으로 소유권이전등기된 것에 불과하므로, 이를 「지방세법」 제104조 제8호에서 규정하는 취득세 과세대상이 되는 부동산의 취득으로 볼 수는 없다 할 것이다.

○ 토지에 대하여는 신탁등기, 건축물에 대하여는 소유권보존등기를 한 신탁재산에 대한 신탁법인 과점주주의 간주취득세 비과세 여부 (법제처 11‑0244, 2011.6.23.)

신탁업을 주업으로 하는 비상장법인이 타인으로부터 토지를 신탁받아 신탁등기를 한 후, 신탁법인이 신탁법인 명의로 건축허가를 받아 위탁된 토지 위에 건축물을 신축하고 신탁법인 명의로 소유권보존등기를 하여 일부는 분양하고 나머지 일부는 신탁법인이 보유하던 중, 다른 법인이 신탁법인의 과점주주가 된 경우 과점주주가 된 법인은 신탁받은 토지 및 보존등기한 건축물을 취득한 것으로 이 경우 토지에 대하여는 취득세 비과세 규정이 적용되어 취득세 비과세 대상에 해당하고, 건축물에 대하여는 취득세 비과세 규정이 적용되지 않아 취득세 과세 대상에 해당한다.

○ 가설건축물의 축조신고서상 존치기간을 과세 판단 기준으로 적용 여부 (대법원 2016.6.9. 선고 2016두34875 판결)

건축법상 가설건축물 축조신고서에 기재된 존치기간은 해당 가설건축물을 축조하려는 자가 착공 전에 그 존치기간을 예상하여 기재해 둔 것에 불과하여 해당 가설건축물의 축조 후 철거 시까지 사실상 존속기간과 다를 가능성이 얼마든지 있으므로, 위 가설건축물 축조신고서에 기재된 존치기간을 기준으로 해당 건축물이 위와 같은 특성을 갖는지 여부를 판단할 수는 없다.

○ 가설건축물 승계취득 시 존속기간의 판단 (행안부 지방세운영과 - 3159, 2016.12.19.)

'존속기간'이란 건축법상 가설건축물을 축조하려는 자가 가설건축물 축조신고서에 기재해둔 가설건축물의 존치기간을 의미하는 것이 아니라, '해당 임시건축물이 사실상 존속하는 기간'을 의미하는 것으로서, 그 시기는 사실상 사용이 가능한 날이고, 그 종기는 해당 임시건축물이 철거되는 등으로 사실상 사용이 불가능하게 된 날을 의미한다고 봄이 타당(대법원 2016.6.9. 선고 2016두34875)하다고 할 것이며, 존속기간이 1년을 초과하는 가설건축물을 승계취득하였다면 그 사실상 잔금 지급일이 취득일(행자부 세정 - 1314, 2004.5.27.)이 된다고 할 것입니다. 따라서 해당 가설건축물을 승계취득하여 철거없이 사용한 경우에 있어, 종전 건축주의 취득 시(축조신고서상 존치기간의 시기(始期)와 사실상 사용일 중 빠른 날)부터 철거 등으로 사실상 사용이 불가능하게 되는 날까지의 기간이 1년을 초과하는 경우라면, 승계취득일을 취득일로 보아 취득세를 신고·납부하여야 할 것입니다.

○ 쟁점토지가 국가 등에 기부채납을 조건으로 취득한 부동산에 해당되는지 여부
(조심 2022지0952, 2022.12.20.)

청구법인은 2018.10.24. 이 건 토지의 도시계획선 명시측량을 실시하고, 2018년 11월에는 도시관리계획변경(기부채납) 관련 용역 도급계약 체결을 체결하였던 것으로 보이며, 처분청이 2019.1.8. 건축계획심의 개최를 통지하고, 2019.1.22. 건축위원회를 개최한 사실 등으로 미루어, 쟁점토지의 취득일인 2018.12.10. 이전에 처분청과 기부채납과 관련한 협의가 진행 중이었을 것으로 보는 것이 합리적인 점 등에 비추어 쟁점토지는 국가 등에 기부채납을 조건으로 취득하는 부동산에 해당한다고 할 것이므로 처분청이 이 건 취득세 등에 대한 경정청구를 거부한 처분은 잘못이 있다고 판단됨.

취득세 감면의 특징과 감면대상

1 취득세 감면의 특징

(1) 취득세 성격상 감면 후 사후관리 규정의 적용

취득세 감면은 비과세와 달리 납세의무가 있지만 특정 정책 목적을 위해 그 의무를 한시적으로 경감하는 것으로, 농·어업과 사회복지 등 국가 또는 지방자치단체의 정책적 목적에 따라 여러 가지의 감면 규정을 두고 있다.

취득세는 취득시점이라는 특정시점을 기준으로 과세하는 세목의 성격상 해당 취득 목적을 먼저 확인하여 감면해 주고, 향후 감면 목적에 맞게 활용되고 있는지를 확인하여 조건에 부합하지 아니하는 경우 추징하는 방법으로 대부분의 취득세 감면이 운영되고 있다. 이에 따라 지방세특례제한법 등 개별 감면규정에서 사후관리 규정을 대부분 두고 있으며, 아래와 같은 일반적 사후관리 및 추징규정도 두고 있다.

★

지방세특례제한법 제178조【감면된 취득세의 추징】
① 부동산에 대한 감면을 적용할 때 이 법에서 특별히 규정한 경우를 제외하고는 다음 각 호의 어느 하나에 해당하는 경우 그 해당 부분에 대해서는 감면된 취득세를 추징한다.
1. 정당한 사유 없이 그 취득일부터 1년이 경과할 때까지 해당 용도로 직접 사용하지 아니하는 경우
2. 해당 용도로 직접 사용한 기간이 2년 미만인 상태에서 매각·증여하거나 다른 용도로 사용하는 경우

이와 같이 취득세 감면 후 사후관리 규정에 따라 추징 또는 신고·납부하는 취득세의 적정성 여부에 관해 실무적으로 많은 쟁점이 되곤 한다.

(2) 불확정 개념의 감면용어 존재

위에서 살펴 본 바와 같이 감면규정에 정당한 사유, 직접 사용, 고유업무, 수익사업 등 불확정 개념이 존재한다. 물론 감면목적의 이행을 위한 불가피한 사유 등을 고려하여 정당한 사유를 인정함으로써 납세자를 보호하기 위한 측면도 있지만 용어의 해석을 둘러싼 잦은 분쟁의 대상이 되곤 한다.

지방세특례제한법 제2조에서 '직접 사용'과 '고유업무' 등 용어를 정의하고 있는데, '직접 사용'이란 부동산·차량·건설기계·선박·항공기 등의 소유자(수탁자 포함[19])가 해당 부동산·차량·건설기계·선박·항공기 등을 사업 또는 업무의 목적이나 용도에 맞게 사용(임대하여 사용하는 경우 제외[20])하는 것을 말하며, '고유업무'란 법령에서 개별적으로 규정한 업무와 법인등기부에 목적사업으로 정하여진 업무를 말한다고 규정하고 있다.

또한, 여러 감면규정에서 체비지와 보류지 등 타 법령의 용어를 차용함으로써 실무적으로 이를 해석·적용하는데 어려움이 있고 이 또한 분쟁의 소지로 작용되고 있다.

(3) 해당 지역의 감면조례 확인 필요

지방자치단체는 서민생활 지원, 농어촌 생활환경 개선, 대중교통 확충 지원 등 공익을 위하여 지방세의 감면이 필요하다고 인정될 때에는 조례로 정하는 바에 따라 3년의 기간 이내에서 지방세의 세율경감, 세액감면 및 세액공제를 할 수 있다(지특법 제4조 제1항).[21] 이는 지역적 특성의 반영이 필요한 사항을 조례를 통한 감면으로 활용하기 위한 취지라고 할 수 있다.

---

19) 「지방세법」 개정으로('21.1.1.~) 신탁재산의 경우 재산세 납세의무자(소유자)가 위탁자로 변경됨에 따라 소유자(위탁자)뿐만 아니라 수탁자가 그 재산을 사용하는 경우도 "직접 사용"에 해당하도록 범위가 확대된 것이다.

20) 2023년부터 감면대상인 "직접 사용"의 범위에서 임대는 제외하도록 명확화하되, 지방세특례제한법상 개별 조문에서 임대를 감면대상 목적 사업 또는 업무로 규정한 경우에는 직접 사용의 범위에 포함된다(지특법 §31의3 ①, §31의4 ②, §58의2 ① 2, §59 ②).

21) 다만, 지방세특례제한법에서 정하고 있는 지방세 감면을 확대하는 등의 감면은 할 수 없지만, 재난의 대응이나 경제위기 극복, 취약계층 보호, 해당 지방자치단체의 주요 역점사업 추진 등을 위해 필요한 경우에는 감면할 수 있다(지특법 제4조 제2항).

또한, 개별 감면규정에서 조례로 취득세 등을 추가 경감할 수 있도록 하는 경우도 있다. 예를 들면, 사회복지법인 등에 대한 취득세 감면에서 지방자치단체의 장은 취득세 또는 재산세를 감면에 대해 해당 지역의 재정 여건 등을 고려하여 100분의 50의 범위에서 조례로 정하는 율을 추가로 경감할 수 있도록 규정하고 있다(지특법 제22조 제4항).

따라서 취득세 감면을 적용받거나 사후관리 차원에서 지방세특례제한법 등 해당 감면규정 외에 취득 과세물건이 소재하는 해당 지역의 감면조례 규정도 확인할 필요가 있는 것이다.

(4) 중복 감면의 배제

동일한 과세대상의 동일한 세목에 대하여 둘 이상의 지방세 특례 규정이 적용되는 경우에는 그 중 감면되는 세액이 큰 것 하나만을 적용한다(지특법 제180조). 비록 중복 감면이 배제되더라도 지방세특례제한법 제73조(토지수용 등으로 인한 대체취득에 대한 감면)와 제74조(도시개발사업등에 대한 감면), 제92조(천재지변 등으로 인한 대체취득에 대한 감면) 및 제92조의2(자동이체 등 납부에 대한 세액공제)의 규정과 다른 규정은 두 개의 감면규정을 모두 적용할 수 있다(지특법 제180조).

다만, 제73조(토지수용 등으로 인한 대체취득에 대한 감면)와 제74조(도시개발사업 등에 대한 감면), 제92조(천재지변 등으로 인한 대체취득에 대한 감면) 간에 중복되는 경우에는 그 중 감면되는 세액이 큰 것 하나만을 적용한다(지특법 제180조).

하지만 과세대상 물건이 지방세법 제13조 제5항에 따른 부동산(골프장, 고급주택, 고급오락장, 고급선박)에 해당되는 경우에는 취득세 감면대상에서 제외된다(지특법 제177조).

(5) 취득세 감면분에 대한 농어촌특별세 납부

취득세 감면받은 자는 농어촌특별세를 납부하여야 하는데, 취득세 감면세액의 20%를 납부하도록 하고 있다(농특세법 제5조). 감면 외에 납부되는 취득세가 있는 경우 그 취득세액(2% 세율적용)의 10%를 농어촌특별세로 납부하여야 하며, 여기에서 서민·농가주택, 농지, 차량취득 등의 경우는 제외된다(농특세법 제4조).

2 취득세 감면의 유형

취득세 감면에서 여러 종류의 감면이 있으나, 아래에서 주로 쟁점이 되는 주요한 감면에 대하여만 살펴보도록 한다.

(1) 생애최초 주택 구입에 대한 취득세 감면(지특법 제36조의3)

주택을 소유한 사실이 없는 경우로서 취득가액 12억 원 이하인 주택을 유상거래로 취득하는 경우에는 취득세 산출세액 200만 원 이하인 경우에는 면제하고, 산출세액이 200만 원을 초과하는 경우에는 산출세액에서 200만 원을 공제한다(지특법 제36조의3 제1항 제2호). 감면대상 주택은 주택법 제2조 제1호에 따른 단독주택과 공동주택으로서, 유상거래가 아닌 상속 또는 증여(부담부증여 포함)로 취득하거나 신축 등 원시취득은 감면대상 주택에 해당되지 않는다.

다만, 2025년부터 청년 등의 주거 사다리 역할을 하는 소형주택(아파트 제외)의 공급을 정상화하기 위해 취득세 감면한도가 확대(200만 원 → 300만 원)되었다(지특법 제36조의3 제1항 제1호). 즉, 공동주택(아파트 제외)·도시형 생활주택·다가구주택으로서 전용면적 60㎡ 이하이고 3억 원(수도권 6억 원) 이하인 주택을 생애 최초로 취득하는 경우에는 300만 원 한도로 취득세가 감면되며, 이 경우에는 최소납부세제도 배제된다.

생애최초 주택 구입에 대한 취득세 감면은 본인과 배우자(주소지와 관계 없음)가 주택 취득일 전까지 주택 구입 경험이 없어야 한다. 따라서 가구 내의 다른 구성원(형제·자매 등)이 주택을 보유하였더라도 본인과 배우자가 주택을 취득한 사실이 없다면 취득세 감면이 가능하다. 다만, 다음의 경우에는 주택을 소유한 사실이 없는 것으로 간주된다(지특법 제36조의3 제3항).

★
1. 상속으로 취득한 주택의 공유지분을 처분한 경우
2. 도시지역 외의 지역 등에 소재한 20년 이상 경과 또는 85㎡ 이하 단독주택, 상속주택 소유자가 소재 지역에 거주하다 타 지역으로 이주한 경우(해당 주택을 처분하였거나 감면대상 주택 취득일부터 3개월 이내 처분한 경우로 한정)
3. 전용면적 20㎡ 이하 주택을 소유하고 있거나 처분한 경우. 다만, 전용면적 20㎡ 이하 주택 둘 이상을 소유했거나 소유하고 있는 경우는 제외

4. 시가표준액이 100만 원 이하인 주택을 소유하고 있거나 처분한 경우
5. 전세사기피해주택을 소유하고 있거나 처분한 경우
6. 소형주택 중 취득당시가액이 2억 원(수도권 3억 원) 이하이고 임차인으로서 1년 이상 상시 거주(「주민등록법」에 따른 전입신고를 하고 계속하여 거주하는 것을 말한다)한 주택을 2024년 1월 1일부터 2025년 12월 31일까지의 기간 중에 취득하여 제1항에 따른 감면을 받은 경우. 다만, 제4항에 따라 추징된 경우는 제외한다.

한편, 주택 취득자가 실제 거주해야 하며, 다음의 어느 하나에 해당하는 경우에는 감면된 취득세를 추징한다(지특법 제36조의3 제4항).

★
1. 정당한 사유 없이 주택을 취득한 날부터 3개월 이내에 상시 거주(취득일 이후 「주민등록법」에 따른 전입신고를 하고 계속하여 거주하거나 취득일 전에 같은 법에 따른 전입신고를 하고 취득일부터 계속하여 거주하는 것을 말한다)를 시작하지 아니하는 경우
2. 주택을 취득한 날부터 3개월 이내에 추가로 주택을 취득(주택의 부속토지만을 취득하는 경우를 포함한다)하는 경우. 다만, 상속으로 인한 추가 취득은 제외한다.
3. 해당 주택에 상시 거주한 기간이 3년 미만인 상태에서 해당 주택을 매각·증여(배우자에게 지분을 매각·증여하는 경우는 제외한다)하거나 다른 용도(임대를 포함한다)로 사용하는 경우

(2) 기업부설연구소 등에 대한 감면(지특법 제46조)

기업이 기업부설연구소에 직접 사용하기 위해 취득한 부동산(부속토지는 건축물 바닥면적의 7배 이내)에 대하여 취득세의 35~75%를 경감한다.

★
1. 대기업: 취득세·재산세 각각 35% 경감(과밀억제권역 외 한정)
2. 초기중견기업: 취득세·재산세 각각 50% 경감(3년간 매출액 평균 5천억 원 미만)
3. 중견기업: 취득세·재산세 각각 35% 경감
4. 중소기업: 취득세 60%, 재산세 50% 각각 경감
※ 신성장동력·원천기술 관련 기업부설연구소는 10~15%p 추가 감면

다만, 「독점규제 및 공정거래에 관한 법률」 제14조 제1항에 따른 상호출자제한기업 집단 등이 「수도권정비계획법」 제6조 제1항 제1호에 따른 과밀억제권역 내에 설치하는 기업부설연구소는 제외한다.

또한, 기업부설연구소는 토지 또는 건축물을 취득한 후 1년(건축법에 따른 신·증축 등 2년) 이내에 「기초연구진흥 및 기술개발 지원에 관한 법률」에 따른 기준을 갖추고 미래창조과학부장관에게 신고하여 인정을 받아 기업부설연구소용에 직접 사용하기 위하여 취득하는 부동산을 말하며, 그 부속토지는 건축물의 바닥면적의 7배 이내의 것으로 한정된다.

한편, 감면을 받은 후 연구소 폐쇄 등 다음에 해당되는 경우에는 경감된 취득세 및 재산세를 추징하도록 하고 있다(지특법 제46조 제4항).

★
1. 토지 또는 건축물을 취득한 후 1년(「건축법」에 따른 신·증축 또는 대수선을 하는 경우에는 2년) 이내에 「기초연구진흥 및 기술개발지원에 관한 법률」 제14조의2에 따른 기업부설연구소로 인정받지 못한 경우
2. 기업부설연구소로 인정받은 날부터 3년 이내에 「조세특례제한법 시행령」 제9조 제11항에 따른 신성장동력·원천기술심의위원회로부터 해당 기업이 지출한 신성장동력·원천기술연구개발비의 연구개발 대상 기술이 같은 영 [별표 7]에 해당된다는 심의 결과를 받지 못한 경우(신성장동력·원천기술 분야 기업부설연구소로 추가 감면된 부분에 한정한다)
3. 기업부설연구소 설치 후 4년 이내에 정당한 사유 없이 연구소를 폐쇄하거나 다른 용도로 사용하는 경우

(3) 지식산업센터 등에 대한 감면(지특법 제58조의2)

지식산업센터를 설립하는 자가 ① 사업시설용으로 직접 사용하기 위하여 신축 또는 증축하여 취득하는 부동산(신축 또는 증축한 부분에 해당하는 부속토지 포함)과 ② 사업시설용으로 분양 또는 임대(중소기업을 대상으로 분양 또는 임대하는 경우로 한정)하기 위하여 신축 또는 증축하여 취득하는 부동산에 대해서는 취득세의 35%를 경감한다(지특법 제58조의2 제1항).

다만, 부동산 취득 후 정당한 사유없이 1년이 경과할 때까지 착공하지 아니하는 경우 등 다음의 어느 하나에 해당하는 경우 그 해당 부분에 대해서는 경감된 취득세를 추징한다(지

특법 제58조의2 제1항).

★
1. 직접 사용하기 위하여 취득하는 경우로서 다음의 어느 하나에 해당하는 경우
   • 정당한 사유 없이 그 취득일부터 1년이 경과할 때까지 착공하지 아니한 경우
   • 정당한 사유 없이 그 취득일부터 1년이 경과할 때까지 사업시설용으로 직접 사용하지 아니한 경우
   • 해당 용도로 직접 사용한 기간이 4년 미만인 상태에서 매각·증여하거나 다른 용도로 사용하는 경우
2. 분양 또는 임대하기 위하여 취득하는 경우로서 다음의 어느 하나에 해당하는 경우
   • 정당한 사유 없이 그 취득일부터 1년이 경과할 때까지 착공하지 아니한 경우
   • 그 취득일부터 5년 이내에 사업시설용으로 분양·임대하지 아니하거나 다른 용도로 사용하는 경우

또한, 지식산업센터를 신축하거나 증축하여 설립한 자로부터 최초로 해당 지식산업센터를 분양받은 입주자(「중소기업기본법」 제2조에 따른 중소기업을 영위하는 자로 한정)가 사업시설용으로 직접 사용하기 위하여 취득하는 부동산에 대해서는 취득세의 35%를 경감한다. 다만, 정당한 사유 없이 그 취득일부터 1년이 경과할 때까지 해당 용도로 직접 사용하지 아니하는 경우 또는 해당 용도로 직접 사용한 기간이 4년 미만인 상태에서 매각·증여하거나 다른 용도로 사용하는 경우에는 그 해당 부분에 대해서는 경감된 취득세를 추징한다(지특법 제58조의2 제2항). 아울러 과세기준일 현재 사업시설용으로 직접 사용하는 부동산에 대해서는 해당 부동산에 대한 재산세 납세의무가 최초로 성립한 날부터 5년간 재산세의 35%도 경감된다.

위에서 말하는 지식산업센터란 「산업집적활성화 및 공장설립에 관한 법률」 제2조 제13호에 따라 ① 지상 3층 이상의 집합건축물일 것, ② 공장, 제6조 제2항에 따른 지식산업의 사업장 또는 같은 조 제3항에 따른 정보통신산업의 사업장이 6개 이상 입주할 수 있을 것, ③ 「건축법 시행령」 제119조 제1항 제3호에 따른 바닥면적(지상층만 해당한다)의 합계가 같은 항 제2호에 따른 건축면적의 300퍼센트 이상일 것 등의 요건을 모두 갖춘 건축물을 말한다.

또한, 「산업집적활성화 및 공장설립에 관한 법률」 제28조의5에 의거 지식산업센터에 입주할 수 있는 시설은 ① 제조업, 지식기반산업, 정보통신산업, 그 밖에 대통령령으로 정하는 사업을 운영하기 위한 시설, ② 「벤처기업육성에 관한 특별조치법」 제2조 제1항에 따른 벤

처기업을 운영하기 위한 시설, ③ 그 밖에 입주업체의 생산 활동을 지원하기 위한 시설 등으로 한정되어 있다.

(4) 창업중소기업 등에 대한 감면(지특법 제58조의3)

「중소기업창업 지원법」 제2조 제1호에 따른 창업을 한 기업으로서 창업일로부터 4년 이내(청년창업기업의 경우 5년 이내)에 창업일 당시 업종의 사업을 계속 영위하기 위하여 취득하는 부동산에 대해서는 취득세의 75%를 경감한다(지특법 제58조의3 제1항).

다만, ① 2026년 12월 31일까지 과밀억제권역 외의 지역에서 창업하는 중소기업(창업중소기업)이 창업일부터 4년 이내(청년창업기업은 5년 이내)에 취득하는 부동산과 ② 창업일부터 3년 이내에 벤처기업으로 확인받은 창업벤처중소기업이 최초로 확인받은 날부터 4년 이내에 취득하는 부동산에 한정되며, 창업일 당시 업종의 사업에 과세기준일 현재 직접 사용하는 부동산에 대해서는 3년간 재산세가 면제되고, 그 다음 2년간은 재산세의 50%가 경감된다.

한편, 위에서의 창업이란 기업을 새로 설립하여 사업을 개시하는 것을 말하는데, 다음의 경우에는 창업으로 보지 아니한다(지특법 제58조의3 제6항).

★
1. 합병·현물출자 등 또는 사업의 양수를 통하여 종전의 사업을 승계하거나 종전의 사업에 사용되던 자산을 인수 또는 매입하여 같은 종류의 사업을 하는 경우
2. 거주자가 하던 사업을 법인으로 전환하여 새로운 법인을 설립하는 경우
3. 폐업 후 사업을 다시 개시하여 폐업 전의 사업과 같은 종류의 사업을 하는 경우
4. 사업을 확장하거나 다른 업종을 추가하는 경우
5. 그 밖에 새로운 사업을 최초로 개시하는 것으로 보기 곤란한 경우로서 아래의 경우
    가. 개인사업자가 동종 사업을 영위하는 법인인 중소기업을 새로 설립하여 과점주주 (「지방세기본법」 제46조 제2호에 따른 과점주주를 말한다)가 되는 경우
    나. 해당 법인 또는 해당 법인의 과점주주가 신설되는 법인인 중소기업의 과점주주가 되는 경우(해당 법인과 신설되는 법인인 중소기업이 동종의 사업을 영위하는 경우로 한정한다)
    다. 법인인 중소기업이 회사의 형태를 변경한 이후에도 변경 전의 사업과 동종의 사업을 영위하는 경우

또한, 창업중소기업과 창업벤처중소기업의 범위는 광업, 제조업, 건설업, 출판업 등 「지방세특례제한법」 제58조의3 제4항에서 열거하는 업종을 경영하는 중소기업으로 한정된다. 따라서 골프장을 경영하는 기업 등은 창업중소기업 등에서 제외된다.

창업벤처중소기업은 「벤처기업육성에 관한 특별조치법」 제2조의2 규정에 따라 벤처기업의 요건을 갖춘 중소기업으로서 창업 후 3년 이내에 벤처기업으로 확인받은 기업을 말하며, 수도권과밀억제권역에서 창업을 하더라도 창업 후 위 기간 내에 벤처기업으로 확인받은 기업이면 이에 해당될 수 있다.

다만, ① 정당한 사유 없이 취득일부터 3년 이내에 그 부동산을 해당 사업에 직접 사용하지 아니하는 경우, ② 취득일부터 3년 이내에 다른 용도로 사용하거나 매각·증여하는 경우, ③ 최초 사용일부터 계속하여 2년간 해당 사업에 직접 사용하지 아니하고 다른 용도로 사용하거나 매각·증여하는 경우에 해당하는 경우에는 경감된 취득세를 추징한다. 이 경우 「조세특례제한법」 제31조 제1항에 따른 통합(중소기업 간 통합)을 하는 경우와 같은 법 제32조 제1항에 따른 법인전환을 하는 경우는 제외된다.

(5) 토지수용 등으로 인한 대체취득에 대한 감면(지특법 제73조)

관계 법령에 따라 토지 등을 수용할 수 있는 사업인정을 받은 자에게 부동산등이 매수, 수용 또는 철거된 자가 계약일 또는 해당 사업인정고시일 이후에 대체 취득할 부동산등에 관한 계약을 체결하거나 건축허가를 받고 그 보상금을 마지막으로 받은 날부터 1년 이내[22] 에 종전의 부동산등을 대체할 부동산등을 취득하였을 때에는 취득세를 면제한다.

다만, 새로 취득한 부동산등의 가액 합계액이 종전의 부동산등의 가액 합계액을 초과하는 경우에 그 초과액에 대하여는 취득세를 부과한다.

또한 '부재부동산 소유자'가 부동산을 대체 취득하는 경우에는 취득세를 부과하는데, '부재부동산 소유자'란 계약일 또는 사업인정고시일 현재 1년 전부터 계속하여 주민등록 또는 사업자등록을 하지 아니한 거주자 또는 사업자(법인 포함)를 말한다. 1년 전부터 계속하여 주민등록 또는 사업자등록을 한 경우라도 사실상 거주 또는 사업을 하고 있지 아니한 거주

---

22) 지특법 제6조 제1항에 따른 자경농민 농지의 경우에는 2년 이내 대체취득 시 그 보상금 한도로 취득세를 면제한다. 이때 농지를 대체취득하는 경우로서 자경농민의 요건을 갖춘 경우에 한해 "보상금을 마지막으로 받은 날부터 2년 이내"의 규정을 적용한다(행안부 지방세특례제도과-13, 2021.1.4.).

자 또는 사업자(법인 포함)도 해당되어 취득세가 면제되지 아니한다.

　그리고 대체 취득하는 부동산이 농지 외의 부동산일 경우 매수・수용・철거된 부동산등이 있는 특별시・광역시・특별자치시・도・특별자치도 내의 지역과 매수・수용・철거된 부동산등이 있는 특별자치시・시・군・구와 잇닿아 있는 특별자치시・시・군・구 내의 지역으로 한정된다. 또한 매수・수용・철거된 부동산등이 있는 특별시・광역시・특별자치시・도와 잇닿아 있는 특별시・광역시・특별자치시・도 내의 지역이어야 된다. 이를 요약 정리하면 아래 표와 같다.

구분	수용 등이 된 부동산 소재지 시・도 내의 지역(①)	수용 등이 된 부동산 소재지 시・군・구와 연접한 시・군・구 내의 지역(②)	"①"과 연접한 시・도 내의 지역(③)	"①, ②, ③" 이외의 지역
비농지	면제	면제	면제 (지정지역[23] 이외)	과세
			과세(지정지역)	과세
농지	면제	면제	면제 (지정지역 이외)	면제 (지정지역 이외)
			과세(지정지역)	과세(지정지역)

※ 위 농지에는 자경농민이 농지경작을 위하여 총 보상금액의 50% 미만의 가액으로 취득하는 주택을 포함한다.

○ 종전 감면규정에 의한 조세감면 신뢰 및 공적인 견해 표명 해당 여부
　(대법원 2022.11.17. 선고 2022두50946 판결)
납세의무가 성립하기 전의 원인행위 시에 유효하였던 종전 규정에서 이미 장래의 한정된 기간 동안 그 원인행위에 기초한 과세요건의 충족이 있는 경우에도 특별히 비과세 내지 면제한다거나 과세를 유예한다는 내용을 명시적으로 규정하고 있지 않는 한 납세의무자가 종전 규정에 의한 조세감면 등을 신뢰하였다 하더라도 이는 단순한 기대에 불과할 뿐 기득권에 갈음하는 것으로서 마땅히 보호되어야 할 정도의 것으로 볼 수 없음. 과세관청이 법령 해석을 그르쳐 납세의무자에게 비과세・감면 확인서 등을 잘못 교부하였다 하여도 이는 신뢰보호에 있어서 공적인 견해의 표명에 해당하는 것으로 볼 수 없음.

---

23) 소득세법 제104조의2 제1항에 따른 지정지역

○ 직장어린이집 위탁운영 목적 부동산으로서 취득세 감면 적용 여부
  (지방세특례제도과‑1467, 2024.6.24.)

상시근로자 500명 이상을 고용하고 있어 「영유아보육법」 제14조 제1항에 따라 직장어린이집 설치 의무를 부담하는 자에 해당하고, 「영유아보육법」 제14조 제1항 및 제24조 제3항에 따라 사업주 공동으로 직장어린이집을 설치하고, 이를 위탁하여 운영하기 위해 쟁점 부동산을 취득하였으므로, 「지방세특례제한법」 제19조 제1항에 따라 취득세의 100분의 50을 경감함이 타당함.

○ 기업부설연구소 설치 후 4년 이내 연구소 폐쇄 또는 다른 용도로 사용하는 경우에 해당하는지 여부 (대법원 2019.5.10. 선고 2019두32283 판결)

구 지방세법 제282조의 문언 내용과 취지 등을 고려하면 위 조항이 연구 분야를 구분하여 특정 연구 분야에 대해서만 취득세 및 등록세 면제의 혜택을 주려는 취지는 아닌 것으로 보이고, 나아가 원고가 ☆☆캠퍼스 18, 19층을 당초에 인정받은 명칭 및 내용의 기업부설연구소가 아닌 다른 명칭 및 내용의 기업부설연구소 용도로 사용한 것은 당해 연구소의 연구 분야 등이 변경된 것에 불과하므로 이를 두고 기업부설연구소용이 아닌 다른 용도로 사용하는 경우에 해당한다고 보기 어렵다.

○ 기업부설연구소가 본점 사업용 부동산인지 여부 등 (조심 2018지0293, 2019.10.31.)

쟁점① 쟁점연구소 입·출입 현황에 따르면 대부분 쟁점연구소 소속 직원만이 이용하는 것으로 확인이 되는 점 등에 비추어, 쟁점연구소용 부동산은 관련 법령에 따라 기업의 연구활동만을 전담하는 장소로서 법인의 주된 의사결정을 하는 장소 등을 의미하는 본점 사업용 부동산에 해당하는 것으로 보기는 어려우므로 처분청이 쟁점연구소용 부동산에 대하여 중과세율 적용을 배제해 달라는 청구법인의 경정청구를 거부한 처분은 잘못이 있다고 판단됨.
쟁점② 폐수배출시설 설치 허가증을 보면, 쟁점면적 중 지하 5·6층 폐수처리시설 부분은 쟁점연구소에서 배출되는 폐수만을 처리하는 것으로 보이는 점 등에 비추어, 쟁점면적도 기업부설연구소의 부속시설 및 공용면적으로 보이므로 처분청이 이 건 경정청구 중 쟁점면적에 대한 경정청구를 거부한 처분은 잘못이 있다고 판단됨.
쟁점③ 청구법인은 이 건 건축물의 부속토지 일부인 쟁점토지를 무상으로 취득(법인합병)하였으므로 취득세 과세표준은 시가표준액이 되어야 한다고 주장하나 쟁점토지를 합병으로 인하여 취득했는지 여부가 명확하지 아니하고 청구법인은 쟁점토지의 취득가격을 ○○○원으로 신고한 점 등에 비추어 청구주장을 받아들이기는 어렵다고 판단됨.

쟁점④ 살펴건대, 청구법인은 이 건 건축물 부속토지의 일부인 쟁점① 토지를 취득한 후 5년을 경과하여 본점 사업용으로 사용하였으므로 중과세율 적용대상이 아니라고 주장하나, 청구법인은 2011.11.3. 등에 쟁점① 토지를 취득한 후 그로부터 5년 이내인 2016.4.18. 그 지상에 이 건 건축물을 신축하여 일부를 본점으로 사용한 사실이 확인되는 점 등에 비추어 청구주장을 받아들이기는 어렵다고 판단됨.

○ 지식산업센터를 신축하였으나 5년 이내에 이를 사업시설용으로 직접 사용하지 않을 자에게 분양하거나 임대한 경우 취득세 추징 여부
(대법원 2018.4.10. 선고 2017두74085 판결)

지식산업센터를 신축하였으나 그 취득일부터 5년 이내에 이를 사업시설용으로 직접 사용하지 않을 부동산임대사업자들에게 분양되었고 그 임대사업자들이 원고에게 이 사건 각 호실을 사업시설용으로 사용할 자에게 임대하여야 한다는 계약상의 채무를 부담하고 있다는 사정만으로는 신축자인 원고가 이를 사업시설용으로 직접 사용할 자에게 분양하거나 임대한 것과 마찬가지라고 볼 수는 없으므로 경감받은 취득세는 이 사건 추징규정에 따라 추징할 수 있다고 보아야 한다.

○ 지식산업센터 설립승인을 받은 자에 해당하지 않아 취득세 감면대상이 아닌 것으로 보아 취득세 등을 부과한 처분의 당부 (조심 2014지1363, 2015.9.3.)

"지식산업센터의 설립승인을 받은 자"의 범위에는 「산업집적활성화 및 공장설립에 관한 법률」 제28조의2에 따라 지식산업센터의 설립승인을 받은 자는 물론 설립승인을 받기 전이라 하더라도 토지를 취득한 후 설립승인을 받아 착공을 하려는 자도 포함되는 것으로 보는 것이 감면규정의 법문·입법취지 및 입법연혁상 타당하다고 할 것이라 비록 부동산 취득 당시 지식산업센터 설립승인을 받은 자에 해당하지 않더라도 지방세특례제한법 제58조의2의 취득세 등의 감면대상에 해당한다.

○ 청구법인 대표자가 설립한 법인이 사업용 재산을 취득한 후 청구법인에게 흡수합병된 경우 사업의 확장으로 보아 감면 취득세 추징 여부 (조심 2016지1189, 2017.2.2.)

취득세 등의 면제대상이 되는 "창업"이란 실질적으로 중소기업을 새로이 설립하여 사업을 개시하는 경우를 말하는 것이라 하겠고, 기존 사업을 승계하여 같은 종류의 사업을 운영하거나 사업을 확장하는 등 외형상 명의만 변경한 것에 불과하여 새로운 사업을 최초로 개시

하는 것으로 보기 곤란한 경우에는 「조세특례제한법」상 세액감면의 취지에 부합하는 창업이 아니라 할 것인바, 청구법인과 ○○○법인등기부상 목적사업 중 산업플랜트 제조 등의 업종이 동일한 점, 청구법인과 ○○○대표자 ○○○가 동일하면서 청구법인 주식의 99.93%, ○○○ 주식의 100%를 소유하고 있어 ○○○설립 · 운영에 있어서 실질적인 의사결정을 한 것으로 볼 수 있는 점, ○○○ 2014년 및 2015년 매출의 대부분이 청구법인과 관련한 것으로 나타나고, ○○○ 직원 총 6명(대표자 포함) 중 3명의 급여와 연차수당이 청구법인에서 지급한 것과 동일한 것으로 나타난 점, 청구법인 홈페이지의 회사연혁에서 ○○○사업장을 청구법인의 제2사업장으로 표기한 점, ○○○이 사건 부동산을 취득한 후 1년 9개월만에 청구법인에게 흡수합병되어 해산한 점 등에 비추어 청구법인이 산업플랜트 제조업 등을 영위하던 중 사업의 확장을 위하여 ○○○설립한 것으로 보는 것이 타당하다 하겠다.

○ 창업중소기업이 2년 내 매도 후 말소 시 추징대상 처분에 해당 여부
(대법원 2016.7.7. 선고 2016두38730 판결)

매매계약 해제나 실질적 사용에도 불구하고 2년 이내 소유권이전은 면제세액 추징사유인 처분에 해당된다. 구 조세특례제한법 제120조 제3항 단서의 취득세 추징사유로서 사업용 재산의 '처분'은 취득세 면제사유에 대응하는 것으로서 처분 그 자체가 당초 감면목적에 따른 사용이라고 볼 수 없는 것이므로, 소유권이전의 형식에 의한 처분행위 그 자체를 말하는 것이지 그 후 매매계약이 해제되었다거나 사업용 재산을 실질적으로 사용하고 있는지 여부에 의하여 다르게 볼 것은 아니다.

○ 도서관 용도로 직접 사용한 것으로 볼 수 있는지 (대법원 2024두45245, 2024.9.12.)

① 이 사건 1부동산은 열람실 및 도서관 관련 행사 개최 등 도서관 용도로 직접 사용하였다고 볼 수 있고, ② 이 사건 2부동산은 지상의 건물 소유자가 원고가 아닌 이상 건물 부분을 포함한 이 사건 2부동산을 도서관으로 직접 사용하였다고 볼 수 없고, ③ 이 사건 3부동산은 이 사건 1, 2부동산 지상의 건물 진입도로, 주차장 등으로 사용하고 있으며, 이 사건 2부동산은 도서관 용도로 직접 사용하지 아니하였으므로 이 사건 2부동산의 진입도로 등으로 사용되는 비율만큼은 직접 사용하지 않은 것으로 보는 것이 타당함.

○ 지방세특례제한법 운영예규 법73 - 1 【대체취득 감면 기간】

대체취득 감면 적용기간은 사업인정고시일(사업인정고시일 이전에 사업인정을 받은 자에게 협의매수된 경우에는 그 협의매수 계약일)이 시기(始期)이고, 마지막 보상금을 받은 날로부터 1년 이내가 종기(終期)이다.

○ 지방세특례제한법 운영예규 법73 - 2 【대체취득 부재부동산 소유자의 범위】

농지의 소재지로부터 20킬로미터 이내의 지역이라 함은 해당 농지 소재지로부터 농지소유자가 거주하는 시 · 군 · 구의 경계선까지의 거리가 아닌 농지소유자의 거주지까지의 거리가 20킬로미터 이내의 지역을 의미한다.

○ 상속인이 피상속인이 수령한 수용보상금으로 부동산을 취득한 경우 대체취득에 해당되는지 여부 (조심 2009지0689, 2010.3.12.)

피상속인이 토지수용에 따른 보상금을 수령한 뒤 사망하였으므로 부동산을 상속받은 경우로 볼 수 없는바, 동 보상금으로 대체 부동산을 취득한 여부와 관계없이 감면대상에서 배제하여 취득세 등을 부과한 처분은 타당하다.

○ 사업인정고시일 이후 신탁계약을 체결하고 사업을 시작한 경우 종전토지의 수용에 따른 대체취득 부동산 감면대상에 해당하는지 여부
   (대법원 2020.6.11. 선고 2017두61508 판결)

신탁으로 수탁자에게 이전된 토지에 대한 감면 여부는 취득세 납세의무자인 수탁자를 기준으로 판단하여야 하며, 수탁자가 사업인정고시일 당시 종전 토지의 소유자가 아닌데다 1년 전부터 계속하여 종전 토지의 소재지에서 사업을 영위하지 않은 부재부동산 소유자에 해당하므로 감면규정이 적용되지 않음.

○ 대체취득에 따른 감면대상인 매수 · 수용 또는 철거되는 부동산 기준일이 사업시행계획인가 고시일과 변경인가일 고시일 중 언제인지
   (대법원 2020.2.27. 선고 2019두57084 판결)

부재부동산 소유자에 해당하는지 여부는 '최초 사업인정고시일'을 기준으로 판단함.

○ 토지 취득일부터 3년 이내에 산업단지로 조성하지 아니한 정당한 사유 여부
 (조심 2021지3150, 2022.12.22.) → 취소

쟁점산업단지는 그 지정대상지역의 면적이 252,478㎡에 이르고, 사유지의 비율이 99.4%에 달하여 청구법인이 쟁점산업단지 조성공사를 착공하기 이전에 필수적으로 선행되어야 하는 토지 매수절차가 단기간에 완료되기를 기대하기는 어려워 보이는 점 등에 비추어 청구법인은 쟁점토지를 취득한 후 산업단지로 조성하기 위하여 정상적인 노력을 다하여 쟁점토지를 3년 이내에 산업단지로 조성하지 못한 정당한 사유가 있는 것으로 보이므로 처분청이 이 건 취득세 등을 추징한 처분은 잘못이 있는 것으로 판단됨.

○ 임차법인이 산업단지 감면 부동산을 제조시설 없이 공실상태로 방치한 경우 기 감면한 취득세 등을 추징한 처분의 적법 여부 (조심 2021지5780, 2022.12.22.) → 취소

청구법인은 쟁점토지 취득 후 3년 이내인 2019.12.20.에 그 지상에 건축물을 신축하여 2019.12.30. 쟁점1부동산을 중소기업자로서 제조업을 영위하는 ○○산업에게 임대한 것으로 나타나는 점, 비록 ○○산업이 쟁점부동산을 임차한 후 2021.8.11.에 이르러서야 사업장 소재지를 변경하여 산업용 건축물로서의 사용을 개시한 것으로 나타나나, 중소기업자의 사정으로 산업용 건축물로의 사용개시가 지체되었다고 하여 청구법인에게 그 귀책을 묻는 것이 다소 과도한 측면이 있는 점 등에 비추어 청구법인이 쟁점토지를「지방세특례제한법」제78조 제5항 제1호의 추징사유에 해당한다고 보아 기 감면한 취득세 및 재산세를 부과한 처분에 잘못이 있다고 판단됨.

○ 산업단지 조성사업에 의한 지목변경에 대하여 일반적 경과조치를 적용하여 종전 규정에 따라 취득세를 감면하여야 하는지 (조심 2021지3243, 2021.12.30.)

청구법인은 종전 규정에 따라 지목변경에 따른 취득세가 면제될 것임을 신뢰하고 이 건 산업단지의 사업시행자로 변경지정된 후 지목변경 공사를 계속 이행하였으며, 산업단지에 대한 취득세 면제조항은 1995년에 신설되어 2015년 감면율이 인하될 때까지 약 20년간 계속되었으므로 청구법인이 쟁점토지의 지목변경공사를 완료할 때까지 동 면제조항이 유지될 것이라고 기대하는 것이 무리가 아닌 것으로 보이는 점, 일반적 경과조치는 종전 규정이 시행될 당시에는 납세의무가 성립되지는 아니하였으나 납세자가 종전 규정을 신뢰하고 원인행위를 한 경우 이를 보호하고자 하는데 그 취지가 있다고 보이는 점, 이 건 산업단지의 지목변경과 같이 개정된 법령 시행 후에 과세요건이 완성된 경우에도 종전 규정을 적용하여 납세의무자의 정당한 신뢰를 보호하는 것이 타당하다 할 것인 점 등에 비추어 종전

규정은 일반적 경과조치의 적용 대상에 해당된다 할 것이므로 종전 규정의 시행기간 내에 지목변경 공사에 착공한 쟁점토지에 대하여 종전 규정을 적용하여 취득세를 면제하는 것이 타당하다고 판단된다.

참고 **지방세특례제한법상 취득세 감면내용 요약**

감면분야	감면제도	내 용	대상세목 및 감면율(%)	관련 조문
농어업을 위한 지원	자경농민 농지 감면	직접 경작·조성 목적의 취득 농지 등	취득세(50)	§6 ①
		농업용 창고 등 취득	취득세(50)	§6 ②
		자경농민이 경작할 목적의 면허	등록면허세(100)	§6 ③
		농어촌 지역으로 이주하는 귀농인 농지 취득	취득세(50)	§6 ④
	농기계류 감면	농업용 자동경운기	취득세(100)	§7 ①
		농업용수 공급 관정시설	취득세(100)·재산세(100)	§7 ②
	농지확대개발 감면	농지확대개발 시행 관련 개간농지	취득세(100)	§8 ①
		교환 분합하는 농지 및 임야	취득세(100)	§8 ②
		임업후계자의 임야 교환 및 보전산지 취득 등	취득세(100, 50)	§8 ③
	자영어민 등 감면	직접 어업을 위한 어업권, 어선	취득세(50)	§9 ①
		20톤 미만의 소형어선	취득세(100)	§9 ②
		출원에 의한 어업권	취득세(100)	§9 ③
		어업권 면허 등록(변경)	등록면허세(100)	§9 ③
	농어업인 등 융자 관련 감면	조합이 농어업인 등에 융자할 경우 담보물 등기	등록면허세(50)	§10 ①
		농어업인이 직접 사용하는 사업소	주민세 재산분·종업원분(100)	§10 ②
	농업법인에 대한 감면	농업법인 설립등기 2년 이내 취득 부동산	취득세(75)	§11 ①
		농업법인 영농·유통·가공에 직접 사용 위한 취득 부동산	취득세(50)·재산세(50)	§11 ②
		농업법인 설립등기	등록면허세(100)	§11 ④
	어업법인에 대한 감면	어업법인 영농·유통·가공에 직접 사용 위한 취득 부동산	취득세(50)·재산세(50)	§12 ①
		어업법인의 설립등기	등록면허세(100)	§12 ②
	한국농어촌공사 농업 관련 사업 감면	한국농어촌공사 취득·소유 부동산, 농지, 농업기반시설용 토지 및 시설물	취득세(50)·재산세(50)	§13 ② 1
		한국농어촌공사 「한국농어촌공사 및 농지관리기금법」 제24조의3 제1항에 따라 취득(환매로 취득 포함)하는 부동산	취득세(50, 환매취득 100)	§13 ② 2

감면분야	감면제도	내 용	대상세목 및 감면율(%)	관련 조문
농어업을 위한 지원		한국농어촌공사가 자유무역협정체결 관련 법률에 의한 취득 농지	취득세(50)	§13 ② 3
		한국농어촌공사가 「농어촌정비법」 제2조 제10호 따른 생활환경정비사업에 직접 사용하기 위한 일시 취득 부동산	취득세(25)	§13 ② 4
		한국농어촌공사가 「농어촌공사 및 농지관리기금법」 제24조의2 제2항에 따라 취득하는 농지	취득세(50)	§13 ② 5
	농업협동조합 등의 농어업 관련사업 감면	농업협동조합중앙회 등이 구매·판매 사업 등에 직접 사용하기 위해 취득하는 부동산	취득세(25)·재산세(25)	§14 ①
		농업협동조합 등의 고유업무 직접 사용하기 위해 취득하는 부동산	취득세(100)·재산세(100)	§14 ③
		농협경제지주회사 구판, 생산검사용 부동산	취득세(100)·재산세(100)	§14의3
	한국농수산물유통공사 등의 농어업 관련사업 등에 대한 감면	농수산물 유통공사 등의 농수산물 유통 사업과 교육훈련시설에 직접 사용하기 위해 취득하는 부동산	취득세(50)·재산세(50)	§15 ①
		농수산물 유통 및 적정가격 유지를 위한 농수산물공사	취득세(100), 등록면허세(100)	§15 ②
	농어촌 주택 개량에 대한 감면	주택개량대상자가 해당지역에 거주할 목적으로 취득하는 전용면적 150㎡ 이하 주택 및 부속토지	취득세액 280만 원 이하(100) 취득세액 280만 원 초과(공제)	§16
사회복지를 위한 지원	장애인용 자동차에 대한 감면	1급 내지 3급(시각 4급까지)인 장애인이 보철용·생업활동용으로 사용하기 위해 취득(대체취득)하는 자동차(배기량 2,000cc 이하, 승차정원 7명 이상 10명 이하 승용자동차, 1톤 이하 화물자동차 등)	취득세(100)·자동차세(100)	§17 ①, ②
	한센인 및 한센인 정착농원 지원 감면	한센인이 한센인 정착농원에 85㎡ 이하 주거용 건축물, 축사용 부동산, 재활 직접 사용 부동산	취득세(100)·재산세(100)	§17의2 ①, ②
	한국장애인고용공단에 대한 감면	한국장애인고용공단이 사업에 직접 사용하기 위한 부동산	취득세(25)·재산세(25)	§18
	영유아어린이집 및 유치원에 대한 감면	영유아어린이집 및 유아교육법에 따른 유치원으로 직접 사용하기 위하여 취득한 부동산(설치의무 무관)	취득세(100)·재산세(100)	§19
	아동복지시설에 대한 감면	아동복지법에 따른 지역아동센터를 설치·운영하기 위한 취득 및 사용하기 위한 부동산	취득세(100)·재산세(100)	§19의2

감면분야	감면제도	내 용	대상세목 및 감면율(%)	관련 조문
사회복지를 위한 지원	노인복지시설에 대한 감면	노인복지법 제31조에 따른 무료노인복지시설을 위한 부동산	취득세(100)·재산세(50)	§20 1
		노인의 여가선용을 위해 직접 사용하는 부동산	재산세(100) (재산세 도시지역분 포함)	§20 1
		노인복지법 제31조에 따른 유료노인복지시설에 사용하는 부동산	취득세(25)·재산세(25)	§20 2
	청소년단체 등에 대한 감면	스카우트주관 단체, 한국청소년연맹, 한국해양소년단연맹 등의 고유목적에 직접 사용하는 부동산	취득세(75)·재산세(100)	§21 ① 1, 2, 3, 4
		청소년활동진흥법에 따라 설치허가를 받은 비영리법인이 청소년수련시설을 위해 설치 및 직접 사용하는 부동산	취득세(100)·재산세(50)	§21 ②
	사회복지법인 등에 대한 면제	사회복지사업법 등에 따라 설립된 사회복지법인 등이 사회복지사업을 목적으로 해당 사업에 사용하기 위한 부동산	취득세(100)	§22 ①
		사회복지법인이 의료기관 경영을 위해 취득·사용하는 부동산	취득세(50)·재산세(50)	§22 ⑥
	출산 및 양육 지원을 위한 감면	18세 미만의 자녀 2명 이상 양육하는 자가 양육 목적으로 취득(대체취득)하는 자동차(세부규정 참고)	취득세 (140만 원 한도 내 면제) (2자녀 70만 원 한도)	§22의2 ①, ②
	사회적기업에 대한 감면	사회적기업육성법 제2조 제1호에 따른 사회적기업이 고유업무에 직접 사용 취득 부동산, 법인등기, 사용 부동산	취득세(50)·재산세(25)	§22의4
	권익증진 등을 위한 감면	법률구조법인, 한국소비자원이 그 고유업무에 직접 사용하기 위한 부동산	취득세(100)·재산세(100)	§23 ①, ②
	노동조합에 대한 감면	노동조합 및 노동관계조정법에 따라 노동조합이 고유업무에 직접 사용하는 부동산	취득세(100)·재산세(100)	§26
	근로복지공단 지원을 위한 감면	근로복지공단이 근로자복지증진 등 직접 사용 부동산	취득세(25)·재산세(25)	§27 ①
		근로복지공단이 의료사업 및 재활사업에 직접 사용하기 위하여 취득하는 부동산, 해당법인, 직접 사용 부동산	취득세(75)·재산세(50)	§27 ②
	산업인력 등 지원을 위한 감면	한국산업안전보건공단 등이 교육 및 예방시설에 직접 사용 부동산	취득세(25)·재산세(25)	§28 ②
		한국산업인력공단이 근로자의 평생학습지원 등에 직접 사용 부동산	취득세(25)·재산세(25)	§28 ②

감면분야	감면제도	내 용	대상세목 및 감면율(%)	관련 조문
사회복지를 위한 지원	국가유공자 감면	국가유공자, 5.18민주유공자, 특수임무수행자 대부금 취득 85㎡ 이하 등 부동산	취득세(100)	§29 ①
		대한상이군경회 등 9종이 그 고유 업무에 직접 취득·사용하는 부동산, 해당 단체	취득세(100)·재산세(100)	§29 ②
		국가유공자 자활용사촌 거주자가 자활용사촌 안 부동산	취득세(100)·재산세(100)	§29 ③
		국가유공자 보철용·생업활동용 자동차	취득세(100)·자동차세(100)	§29 ④
	한국보훈복지 의료공단 등에 대한 감면	한국보훈복지의료공단이 재활교육 등 업무에 직접 사용	취득·재산세(25)	§30 ①
		보훈병원	취득·재산세(75)	§30 ②
		독립기념관 업무에 직접 사용 부동산 및 해당 법인	취득·재산세(100)	§30 ③
	공공임대주택 등에 대한 감면	공공임대사업자가 임대할 목적으로 건축 취득하는 임대형기숙사와 공동주택 (건축하기 위한 토지 포함)	60㎡이하 취득세(100) 60~85㎡ 취득세(50) (장기임대)	§31 ①
		공공임대사업자가 임대할 목적으로 건축주로부터 실제 입주한 사실이 없는 임대형기숙사, 공동주택, 오피스텔 취득	60㎡이하 취득세(100) 60~85㎡ 취득세(50) (장기임대)	§31 ②
	장기일반임대주택 등에 대한 감면	임대사업자가 임대할 목적으로 건축 취득하는 임대형기숙사와 공동주택(건축하기 위한 토지 포함)	60㎡이하 취득세(100) 60~85㎡ 취득세(50) (장기임대)	§31의3 ①
		임대사업자가 임대할 목적으로 건축주로부터 실제 입주한 사실이 없는 임대형기숙사와 공동주택, 오피스텔 취득	60㎡이하 취득세(100) 60~85㎡ 취득세(50) (장기임대)	§31의3 ②
	주택임대사업에 투자하는 부동산투자회사 감면	국가 등이 50% 초과하여 출자한 위탁관리부동산투자회사가 임대할 목적으로 건축·매입 위해 취득하는 부동산	취득세(20)	§31의4 ①
		국가 등이 50% 초과하여 출자한 위탁관리부동산투자회사가 2세대 이상 임대목적에 직접 사용(60㎡ 이하)	재산세(40) (재산세 도시지역분 포함)	§31의4 ② 1
		국가 등이 50% 초과하여 출자한 위탁관리부동산투자회사가 2세대 이상 임대 목적에 직접 사용(85㎡ 이하)	재산세(15)	§31의4 ② 2
	공공주택사업자의 임대 목적으로 주택을 매도하기로 약정 체결한 자에 대한 감면	공공주택사업자의 임대가 목적인 주택을 건축하여 공공주택사업자에게 매도하기로 약정을 체결한 자가 해당 주택 등을 건축하기 위하여 취득하는 부동산	취득세(15)	§31의5

감면분야	감면제도	내용	대상세목 및 감면율(%)	관련 조문
사회복지를 위한 지원	소규모공동 주택 취득에 대한 감면	한국토지주택공사가 임대를 목적으로 취득하여 소유하는 1구당 건축면적 60㎡ 이하인 공동주택 및 그 부속토지	취득세(25) · 재산세(25)	§32 ①
	주택공급확대를 위한 감면	40㎡ 이하인 주거용 건축물 및 그 부속토지로서 취득가액이 1억 원 미만이며 1가구 1주택인 경우	취득세(100)	§33 ②
	신축 소형주택 공급 확대를 위한 감면	60㎡ 이하 공동주택(아파트 제외), 도시형 생활주택, 다가구주택 신축	취득세(50)	§33의2
	지방 준공 후 미분양 아파트에 대한 감면	수도권 외 85㎡ 이하 3억원 이하 사용 승인 후 미분양 아파트	취득세(50)	§33의3
	무주택자 주택공급 사업 지원을 위한 감면	한국사랑의집짓기운동연합회가 무주택자에게 분양할 목적으로 취득하는 주택건축용 부동산	취득세(100)	§36
		상기 부동산 중 그 업무에 직접 사용하는 부동산	재산세(100) (재산세 도시지역분 포함)	§36
	생애최초 주택구입 신혼부부 감면	무주택 신혼부부(혼인신고일 기준 5년 이내) 또는 예비신혼부부가 거주목적으로 유상취득하는 생애최초 주택	취득세(50)	§36의2
	생애 최초 구입 주택	아파트 제외 다가구주택 등 소형주택 60㎡ 이하 공동주택(3억/ 6억 원 이하)	취득세(300만 원) 취득세(200만 원)	§36의3
	출산 · 양육을 위한 주택	자녀를 출산한 부모가 상시 거주할 목적으로 출산일로부터 5년 이내에 취득하는 12억 원 이하 1주택	취득세(500만 원)	§36의5
	국립대병원 등에 대한 감면	서울대학교병원을 포함한 6개 병원이 그 고유업무를 위해 직접 사용하는 부동산	취득세(75) · 재산세(75)	§37
	의료법인 등에 대한 과세특례	의료법인이 의료업을 위해 직접 취득 · 사용하는 부동산(특별시 · 광역시 및 도청소재지인 시 지역 내 의료법인은 종전 취득세(1천분의 10)만 감면)	취득세(50) · 재산세(50) (재산세 도시지역분 포함)	§38 ①
		재단법인이 의료업에 직접 사용할 목적으로 취득 · 사용하는 부동산	취득세(30)/감염병(40) 재산세(50)/감염병(60)	§38 ④
		지방의료원이 의료업에 직접 사용하기 위해 취득 부동산, 의료업에 직접 사용 부동산	취득세(75) · 재산세(75)	§38의2

감면분야	감면제도	내 용	대상세목 및 감면율(%)	관련 조문
교육 및 과학기술 등에 대한 지원	국민건강 증진사업자에 대한 감면	인구보건복지협회, 한국건강관리협회, 대한결핵협회의 고유업무를 위해 직접 사용하는 부동산	취득세(75)·재산세(75)	§40
	대한적십자사에 대한 감면	의료사업(간호사업, 혈액사업) 위해 취득하는 부동산	취득세(75)·재산세(75)	§40의3 1
		의료 외 사업에 직접 사용목적의 취득하는 부동산	취득세(25)·재산세(25)	§40의3 2
	학교 및 외국교육기관에 대한 면제	초·중·고등학교 및 외국교육기관을 경영하는 자가 해당사업에 사용하는 부동산	취득세(100)·재산세(100)	§41 ①, ②
		의과대학 부속병원 지방대학 수익용 부동산	취득세(30)·재산세(50) 취득세(50)·재산세(50)	§41 ⑦, ⑧
	기숙사 등에 대한 감면	고등교육법에 따라 학교가 기숙사로 사용하기 위하여 사용하는 부동산	취득세(100)· 재산세(100)· 주민세 재산분(100)	§42 ①
		학생들의 실험·실습용 기기	취득세(100)· 재산세(100)	§42 ②
		산학협력단이 고유업무에 직접 사용하는 부동산	취득세(75)·재산세(75)	§42 ③
	평생교육단체 등에 대한 면제	평생교육단체 해당 사업에 사용하는 부동산, 평생교육시설	취득세(100)· 재산세(100)	§43 ①, ② §44
	박물관 등에 대한 감면	박물관 및 미술관, 도서관, 과학관 직접 사용하는 부동산	취득세(100)· 재산세(100)	§44의2
	학술연구단체 및 장학단체에 대한 감면	학술단체가 학술연구사업에 직접 사용하는 부동산	취득세(100)· 재산세(100)	§45 ①
		장학법인이 장학사업에 직접 사용하는 부동산	취득세(100)· 재산세(100)	§45 ②
		장학법인이 장학금 지급 목적으로 취득·사용하는 임대용 부동산	취득세(80)·재산세(80)	
	기초과학연구 지원을 위한 연구기관 등에 대한 면제	기초과학연구원 등이 그 고유업무에 직접 사용하기 위하여 취득하는 부동산	취득세(100)· 재산세(100)	§45의2
	연구개발 지원을 위한 감면	기업부설연구소용에 직접 사용 부동산 (대기업·중견기업·중소기업 감면율 차등적용 – 신성장동력·원천기술분야 10%p 추가 감면)	취득세(35~60)· 재산세(35~50)	§46
	한국환경공단 등에 대한 감면	한국환경공단이 재활용가능자원물류시설 등 업무를 위해 직접 사용하는 부동산	취득세(25)·재산세(25)	§47 1
		한국환경공단이 재활용산업의 육성지원 등 업무를 위해 직접 사용하는 부동산	취득세(25)·재산세(25)	§47 2

제7절 취득세의 비과세와 감면 _ 289

감면분야	감면제도	내 용	대상세목 및 감면율(%)	관련 조문
교육 및 과학기술 등에 대한 지원	녹색건축 인증 건축물에 대한 감면	녹색건축의 인증 등급이 기준 이상인 경우	취득세(0.03~0.1 범위에서 경감)	§47의2 ① 1
		건축물 에너지효율 등급이 기준 이상인 경우	재산세(0.03~0.15 범위에서 경감, 2018년 일몰, 5년간)	§47의2 ① 2
		신축건축물로서 제로에너지건축물 인증 건축물	취득세(0.15~0.2 범위에서 경감)	§47의2 ②
		신축하는 주거용 건축물로서 에너지절약형 친환경주택	취득세(10)	§47의2 ③
	국립공원관리사업에 대한 감면	국립공원공단이 공원관리사업을 위해 직접 사용하는 부동산	취득세(25) · 재산세(25)	§48
	해양오염방제 등에 대한 감면	해양환경관리공단이 해양오염방제업무 등을 위한 부동산	취득세(25) · 재산세(25)	§49 1
		해양환경관리공단이 오염물질 저장시설 설치 등을 위한 부동산	취득세(25) · 재산세(25)	§49 2
		해양환경관리공단이 해양오염방제용 등으로 제공하기 위한 선박	취득세(25) · 재산세(25)	§49 3
문화 및 관광 등에 대한 지원	종교 및 제사 단체에 대한 면제	종교단체 및 향교가 종교행위 또는 제사 목적 사업에 직접 사용하는 부동산	취득세(100) · 재산세(100)	§50 ①, ②
	문화 · 예술지원을 위한 과세특례	문화예술단체, 체육단체가 그 고유업무를 위해 직접 사용하는 부동산	취득세(100) · 재산세(100)	§52 ①, ②
	체육진흥기관 등에 대한 감면	대한체육회, 대한장애인체육회, 서울올림픽기념국민체육진흥공단 등	취득세(50) · 재산세(50)	§52의2
	사회단체 등에 대한 감면	국민신탁법인이 그 고유업무를 위해 직접 사용하는 부동산	취득세(100) · 재산세(100)	§53
	관광단지 등에 대한 과세특례	관광단지개발사업시행자가 관광단지 개발사업 시행을 위해 취득하는 부동산	취득세(25)	§54 ①
중소기업 등에 대한 지원	기업의 신용보증 지원을 위한 감면	지역신용보증재단법에 따른 신용보증재단이 신용보증업무에 직접 사용하기 위해 취득 · 사용하는 부동산	취득세(50) · 재산세(50)	§56 ③
	기업 합병 · 분할 등에 대한 감면	법인간 적격합병(일반) 중소 · 기술혁신형 합병	취득세율 2% 경감 취득세율 2%, 60% 경감	지법 및 §57의2 ①
		농업협동조합법, 수산업협동조합법, 산림조합법에 따라 설립된 조합 간의 합병	취득세(100) · 등록면허세(50)	§57의2 ② 1
		새마을금고 간의 합병	취득세(100) · 등록면허세(50)	§57의2 ② 2

감면분야	감면제도	내 용	대상세목 및 감면율(%)	관련 조문
중소기업 등에 대한 지원	기업 합병·분할 등에 대한 감면	신용협동조합 간의 합병	취득세(100)·등록면허세(50)	§57의2 ② 3
		법인세법 제46조 제2항에 의한 분할취득 재산	취득세(50)	§57의2 ③ 2
		법인세법 제47조의2에 대한 현물출자 재산	취득세(50)	§57의2 ③ 3
		중소기업 간 통합으로 양수하는 사업용 재산	취득세(50)	§57의2 ③ 5
		특별법에 의한 법인의 조직변경으로 취득하는 사업용 재산	취득세(100)	§57의2 ③ 7
		조특법 제32조 현물출자, 사업양수도에 따라 취득하는 사업용 재산	취득세(50)	§57의2 ④
		「금융산업의 구조개선에 관한 법률」 제10조에 따른 제3자의 인수, 계약이전에 관한 명령 또는 계약이전결정에 따라 부실금융기관으로부터 주식 또는 지분 취득	과점주주 취득세(100)	§57의2 ⑤ 1
		금융기관이 법인 대출금을 출자로 전환함에 따라 해당 법인의 주식 또는 지분 취득	과점주주 취득세(100)	§57의2 ⑤ 2
		「독점규제 및 공정거래에 관한 법률」에 따른 지주회사(금융지주회사 포함)가 되거나 지주회사가 같은 법 또는 「금융지주회사법」에 따른 자회사 주식 취득	과점주주 취득세(100)	§57의2 ⑤ 3
		예금보험공사 또는 정리금융회사가 「예금자보호법」 제36조의5 제1항 및 제38조에 따라 주식 또는 지분 취득	과점주주 취득세(100)	§57의2 ⑤ 4
		한국자산관리공사가 「금융회사부실자산 등의 효율적 처리 및 한국자산관리공사의 설립에 관한 법률」 제26조 제1항 제1호에 따라 인수한 채권을 출자전환함에 따라 주식 또는 지분 취득	과점주주 취득세(100)	§57의2 ⑤ 5
		「농업협동조합의 구조개선에 관한 법률」에 따른 농업협동조합자산관리회사가 같은 법 제30조 제3호 다목에 따라 인수한 부실자산을 출자전환함에 따라 주식 또는 지분 취득	과점주주 취득세(100)	§57의2 ⑤ 6

감면분야	감면제도	내 용	대상세목 및 감면율(%)	관련 조문
중소기업 등에 대한 지원	기업 합병·분할 등에 대한 감면	주식의 포괄적 교환·이전으로 완전자회사의 주식을 취득	과점주주 취득세(100)	§57의2 ⑤ 7
		「자본시장과 금융투자업에 관한 법률」에 따른 증권시장으로서 증권시장에 상장한 법인의 주식 취득	과점주주 취득세(100)	§57의2 ⑤ 8
		사업재편기업 법인 등기	등록면허세(50)	§57의2 ⑧
		금융위원회 인가를 받고 금융회사 간 합병으로 양수받은 재산	취득세(50)·등록면허세(25)	§57의2 ⑩
	기업 재무구조 개선 등에 대한 감면	한국자산관리공사 등이 계약이전결정을 받은 부실금융기관으로부터 양수한 재산	취득세(100)	§57의3 ① 1
		「농업협동조합법」에 따른 조합 등이 적기시정조치 또는 계약이전결정을 받은 부실조합으로부터 양수한 재산	취득세(100)	§57의3 ① 2
		「수산업협동조합법」에 따른 조합 등이 적기시정조치 또는 계약이전결정을 받은 부실조합으로부터 양수한 재산	취득세(100)	§57의3 ① 3
		「산림조합법」에 따른 조합 등이 적기시정조치 또는 계약이전결정을 받은 부실조합으로부터 양수한 재산	취득세(100)	§57의3 ① 4
		「신용협동조합법」에 따른 조합 등이 적기시정조치 또는 계약이전결정을 받은 부실조합으로부터 양수한 재산	취득세(100)	§57의3 ① 5
		「새마을금고법」에 따른 금고가 계약이전결정을 받은 부실조합으로부터 양수한 재산	취득세(100)	§57의3 ① 6
		한국자산관리공사가 국가기관 등으로부터 대행의뢰받은 압류재산의 매각 등을 위한 재산의 매입	취득세(100)	§57의3 ②
		한국자산관리공사가 취득하는 구조조정 등을 도모하는 중소기업이 보유한 자산 취득	취득세(50)	§57의3 ③
		한국자산관리공사에 자산을 매각한 중소기업이 매각일부터 10년 이내에 그 자산을 취득하는 경우	취득세(100)	§57의3 ④
		PFV가 집합투자기구의 자금으로 취득한 기존 부실 PFV의 부동산	취득세(50)	§57의5

감면분야	감면제도	내 용	대상세목 및 감면율(%)	관련 조문
중소기업 등에 대한 지원	벤처기업 등에 대한 과세특례	벤처기업집적시설 또는 신기술창업집적지역을 개발·조성하여 분양 또는 임대할 목적으로 취득하는 부동산	취득세(50)·재산세(50)	§58 ①
		벤처기업집적시설 등에 대한 중과 제외	취득세·재산세(중과 제외)	§58 ②
		신기술창업집적지역에서 산업용 건축물·연구시설 및 시험생산용 건축물로서 공장·지식산업·문화산업 등을 신축하거나 증축하려는 자가 취득하는 부동산	취득세(50)·재산세(50, 3년간) (비수도권 60%, 3년)	§58 ③
		벤처기업육성촉진지구에서 그 고유업무에 직접 사용하기 위하여 취득·사용하는 부동산	취득세(37.5)·재산세(37.5)	§58 ④
	지식산업센터 등에 대한 감면	지식산업센터를 신축하거나 증축하여 사업시설용으로 직접 사용, 분양, 임대하기 위한 취득 부동산과 신축 또는 증축한 지식산업센터	취득세(35)·재산세(37.5)	§58의2 ①
		지식산업센터를 증축, 신축한 자로부터 최초 분양받은 입주자가 직접 사용 취득 부동산	취득세(50)·재산세(37.5)	§58의2 ②
	창업중소기업 등에 대한 감면	수도권과밀억제권역 외의 창업중소기업이 창업일부터 4년 이내에 취득하는 사업용 재산	취득세(75)	§58의3 ① 1
		창업벤처중소기업이 창업일부터 4년 이내 취득하는 사업용 재산	취득세(75)	§58의3 ① 2
		창업중소기업·창업벤처중소기업의 사업용 재산	재산세(3년간 면제, 2년간 50)	§58의3 ②
		창업중소기업의 법인 설립등기	등록면허세(100)	§58의3 ③ 1
		창업벤처중소기업의 법인 설립등기	등록면허세(100)	§58의3 ③ 2
	중소기업진흥공단 등에 대한 감면	중소기업진흥공단이 전문기술인력 양성을 위하여 취득하는 교육시설용 부동산	취득세(25)	§59 ①
		중소기업진흥공단이 중소기업자에게 분양 또는 임대 목적의 취득 부동산	취득세(50)·재산세(50)	§59 ②
		협동화실천계획의 승인을 받은 자가 해당 사업에 직접 사용·분양·임대를 위해 최초로 취득하는 공장용 부동산	취득세(50)·재산세(50, 3년간)	§59 ③

감면분야	감면제도	내 용	대상세목 및 감면율(%)	관련 조문
중소기업 등에 대한 지원	중소기업협동조합 등에 대한 과세특례	중소기업협동조합이 제품의 생산·가공 등을 위하여 취득하는 공동시설용 부동산	취득세(50)	§60 ①
		전통시장 및 상점가 육성을 위한 특별법에 따른 상점가의 상인을 조합으로 하는 협동조합과 사업협동조합이 취득하는 공동시설용 부동산	취득세(75)	§60 ① 단서
		중소기업중앙회가 그 중앙회 및 회원 등에게 사용하게 할 목적으로 신축한 건축물의 취득	취득세 세율 (1천분의 20 적용)	§60 ②
		창업보육센터사업자의 지정을 받은 자가 창업보육센터용으로 직접 사용하기 위하여 취득하는 부동산	취득세(75)·재산세(50)	§60 ③ 1
		학교 등이 운영하는 창업보육센터	취득세(75)·재산세(100) 등	§60 ③ 1, 2
		도지사 등이 지방중소기업에 대하여 경영, 산업기술, 무역정보의 제공 등 종합적 지원 목적으로 설치한 법인이 그 고유업무에 직접 사용하기 위한 취득·사용 부동산, 법인등기	취득세(50)·재산세(50)	§60 ④
	광업지원을 위한 감면	광업권의 설정·이전·변경 면허	등록면허세(100)	§62 ①
		출원에 의한 취득 광업권과 광산용 사용을 위한 취득 지상임목	취득세(100)	§62 ②
수송 및 교통에 대한 지원	철도시설 등에 대한 감면	철도시설공단이 취득하는 철도시설용 부동산	취득세(25)	§63 ①
		국가, 지방자치단체로 귀속되는 차량 및 부동산	취득세(100)·재산세(100)	§63 ②
		한국철도공사가 해당사업용 취득·사용 부동산 및 철도차량	취득세(25)·재산세(50)	§63 ③ 1
			취득세(50)·고속철도차량(25)	§63 ③ 2
		철도건설부지로 편입된 토지의 확정·분할에 따른 토지의 취득 및 분할등기	취득세(100)·등록면허세(100)	§63 ④
		지방공기업법에 따라 설립된 도시철도공사가 그 고유업무에 직접 사용하기 위한 취득 부동산과 철도 차량, 그 법인등기와 구분지상권 등기, 직접 사용 부동산	취득세(100)·등록면허세(100)·재산세(100)(지자체 주식소유비율 한도)	§63 ⑤

감면분야	감면제도	내용	대상세목 및 감면율(%)	관련 조문
수송 및 교통에 대한 지원	해운항만 등 지원을 위한 과세특례	국제선박으로 등록하기 위하여 취득·등록된 선박	취득세 세율 (1천분의 20 경감) 재산세(50)	§64 ①
		연안항로 취항 위한 화물운송용 선박	취득세 세율 (1천분의 10 경감) 재산세(50)	§64 ②
		외국항로에만 취항을 위한 외국항로취항용 선박	취득세 세율 (1천분의 10 경감) 재산세(50, 5년간)	
	항공운송사업 등에 대한 과세특례	국내·국제·소형항공운송사업 또는 항공기사용사업용 항공기	취득세 세율 (1천분의 12 경감) 재산세(50, 5년간)	§65
	교환자동차 등에 대한 감면	자동차 제작결함으로 동일 종류의 자동차등으로 교환받는 자동차	취득세(100)	§66 ①
		말소된 자동차 또는 건설기계의 재등록	등록면허세(100)	§66 ②
		하이브리드 자동차	취득세 (90만 원 한도 내 면제)	§66 ③
		전기자동차로 또는 연료전지자동차	취득세 (140만 원 한도 내 면제)	§66 ④
	경형자동차 등에 대한 과세특례	경형자동차	취득세액 50만 원 이하 취득세(100) 취득세액 50만 원 초과 -공제	§67 ①
		경형승합자동차·경형화물자동차	취득세(100)	§67 ②
		승차 정원 7명 이상 비영업용 승용자동차로서 전방조종자동차	자동차세 (소형일반버스 세율)	§67 ③
	매매용 및 수출용 중고자동차 등에 대한 감면	자동차매매업을 등록한 자, 건설기계매매업을 등록한 자가 취득하는 중고자동차 또는 건설기계	취득세(100)· 자동차세(100)	§68 ①
		무역업자가 수출용으로 취득하는 중고선박, 중고기계장비 및 중고항공기	취득세 세율 (1천분의 20 경감)	§68 ③
		무역업자가 수출용으로 취득하는 중고자동차	취득세(100)	§68 ③
	교통안전 등을 위한 감면	교통안전공단이 자동차의 성능 및 안전도에 관한 시험연구용 및 자동차검사소용 취득 부동산	취득세(25)	§69

감면분야	감면제도	내 용	대상세목 및 감면율(%)	관련 조문
수송 및 교통에 대한 지원	운송사업지원을 위한 감면	여객자동차운송사업자가 시내버스운송사업 등에 사용하기 위해 취득하는 자동차	취득세(50)	§70 ①
		여객자동차운송사업자가 취득하는 전기·수소버스	취득세(100)	§70 ④
	물류단지 등에 대한 감면	물류단지개발사업 시행자가 물류단지 개발을 위한 부동산	취득세(35)·재산세(35)	§71 ①
		물류단지에서 물류사업을 직접하려는 자가 취득하는 물류시설용 부동산 *대규모 점포 제외	취득세(50)· 재산세(35, 5년)	§71 ②
		복합물류터미널사업시행자로 지정된 자가 물류터미널 구조 및 설비 등에 관한 인가받은 공사계획을 시행하기 위한 취득·사용 부동산	취득세(25)·재산세(25)	§71 ③
		도시첨단물류단지 부동산 시행자 입주자	취득세(15+10) 취득세(40+10)	§71의2
	별정우체국에 대한 과세특례	별정우체국 피지정인이 직접 사용하기 위하여 취득하는 부동산	취득세 세율 (1천분의 20 경감)	§72 ①
		별정우체국 및 과세기준일 현재 공용 또는 공공용으로 사용 부동산	재산세(100)	§72 ②
국토 및 지역 개발에 대한 지원	토지수용 등으로 인한 대체취득에 대한 감면	토지수용 등으로 인한 대체취득	취득세(100)	§73 ①
		환매권 행사로 매수하는 부동산	취득세(100)	§73 ③
	기부채납용 부동산 등에 대한 감면	국가 등에 귀속 또는 기부채납의 반대급부로 국가등 소유부동산 무상 양여받거나 무상사용권 제공받는 부동산 등	취득세(100)	§73의2
	도시개발사업 등에 대한 감면	환지계획 및 토지상환채권에 의하여 취득하는 토지·관리처분계획에 의하여 취득하는 토지 및 건축물	취득세(100)	§74 ①
		도시개발사업 시행자가 취득하는 체비지 또는 보류지	취득세(75)	§74 ③
		주거환경개선사업에 따라 취득하는 주택, 체비지 또는 보류지	취득세(75) 취득세(100) 85㎡ 이하	§74 ④
		재개발사업 시행자가 취득하는 부동산	취득세(50)	§74 ⑤ 1, 2
		재개발사업 원조합원이 1가구 1주택 취득	취득세(75) 60㎡ 이하 취득세(50) 85㎡ 이하	§74 ⑤ 3
	도심 공공주택 복합 사업 등에 대한 감면	사업시행자가 수용하는 부동산	취득세(50~100)	§74의2 ③
		사업시행자가 건축하는 주택	취득세(50)	§74의2 ③
		부동산 소유자가 분양받는 주택	취득세(50~75)	§74의2 ③

감면분야	감면제도	내 용	대상세목 및 감면율(%)	관련 조문
국토 및 지역 개발에 대한 지원	지역개발사업에 대한 감면	지역균형개발 및 지방중소기업 육성에 관한 법률에 따라 개발촉진지구 내에서 사업시행자가 고시된 개발사업을 위해 취득하는 부동산	취득세 (100, 2015년 일몰) · 재산세(50, 5년간)	§75
	창업기업 감면	기업도시개발구역 및 지역개발사업구역 내 창업기업	취득세(50) · 재산세(50) 조례	§75의2
	위기지역 내 중소기업 감면	고용위기지역, 고용재난지역, 산업위기대응특별지역 내 기존 중소기업 중 사업전환기업	취득세(50) · 재산세(50, 5년간)	§75의3
	반환공여구역 등에 대한 감면	「주한미군 공여구역주변지역 등 지원특별법」에 따른 반환공여구역 등에 창업 등을 위해 취득하는 부동산	취득세(100) 2023. 1. 1. 시행	§75의4
	인구감소지역에 대한 감면	제조업 등 창업을 위한 부동산 무주택자 또는 1가구 1주택자가 취득하는 주택	취득세(100) 취득세(25+25)	§75의5
	수자원공사의 단지조성용 토지에 대한 감면	한국수자원공사가 상기에 따라 택지개발사업지구 등에 있는 부동산으로서 국가 또는 지방자치단체에 무상으로 귀속될 공공시설물 및 토지와 공공시설용지	재산세(100) (반대급부 有 재산세 50)	§77 ②
	산업단지 등에 대한 감면	산업단지 등 개발사업시행자가 산업단지 등을 조성하기 위하여 취득하는 부동산	취득세(35) · 재산세(35)	§78 ①
		산업단지 등 개발사업시행자가 산업단지 또는 산업기술단지를 개발·조성하여 분양 또는 임대할 목적으로 취득하는 산업용 건축물 등	취득세(35) · 재산세(35, 5년)	§78 ②
		개발사업시행자가 조성공사를 완료한 이후 산업용 건축물의 신·증축으로 취득하는 부동산	취득세(35) · 재산세(35, 5년)	§78 ③ 1
		산업단지 또는 산업기술단지 안에서 신·증축한 산업용건축물 및 조성공사가 끝난 토지	취득세(35) · 재산세(35, 5년)	§78 ③ 2
		사업시행자 외의 자가 산업단지 등 안에서 산업용 건축물 등을 건축하여 취득, 보유하는 부동산	취득세(50) · 재산세(35, 5년)	§78 ④ 1 가, 다

감면분야	감면제도	내 용	대상세목 및 감면율(%)	관련 조문
국토 및 지역 개발에 대한 지원	산업단지 등에 대한 감면	사업시행자 외의 자가 산업단지 등 안에서 산업용 건축물 등을 대수선하여 취득하는 부동산	취득세(25)	§78 ④ 1 나
		한국산업단지공단이 취득하는 부동산	취득세(35)·재산세(50)	§78의2
	외국인 투자에 대한 감면	외국인투자기업, 비영리법인이 사업에 직접 사용하기 위해 취득하는 부동산	취득세 (투자비율의 100)·재산세 (투자비율의 3년 100, 2년 50)	§78의3 ①
		조세감면결정을 받은 외국인투자기업이 직접 사용하기 위해 취득하는 부동산	취득세(100)·재산세(투자비율의 3년 100, 2년 50)	§78의3 ②
		조세감면결정을 받은 외국인투자기업이 사업양수 등 직접 사용하기 위해 취득하는 부동산	취득세(사업개시 3년 이내 50, 그 다음 2년 이내 30, 조세감면결정 이후 사업개시 전 50)·재산세(3년 50, 2년 30)	§78의3 ③
	법인의 지방이전에 대한 감면	법인이 대도시 외의 지역으로 이전하여 해당 사업을 직접 하기 위해 취득하는 부동산	취득세(100)·재산세 (5년 100, 이후 3년 50)	§79 ①
		국내복귀기업 사업용 부동산	취득세(50+50)	§79의2
	공장의 지방이전에 따른 감면	공장을 영위하는 자가 대도시 외의 지역으로 이전한 후 해당사업을 계속 하기 위해 취득하는 부동산	취득세(100)·재산세 (5년 100, 이후 3년 50)	§80 ①
		기회발전특구 내 부동산	취득세(50+50)	§80의2
	공공기관 지방이전에 대한 감면	이전 공공기관 직원, 이전 중앙행정기관 등 공무원, 행정중심복합도시건설청 소속 공무원이 이전지역에서 85㎡ 이하 주거용 건축물과 그 부속토지의 취득	취득세(100)	§81 ③ 2 가
		이전 공공기관 직원, 이전 중앙행정기관 등 공무원, 행정중심복합도시건설청 소속 공무원이 이전지역에서 85㎡ 초과 102㎡ 이하 주거용 건축물과 그 부속토지의 취득	취득세(75)	§81 ③ 2 나

감면분야	감면제도	내 용	대상세목 및 감면율(%)	관련 조문
국토 및 지역 개발에 대한 지원	공공기관 지방이전에 대한 감면	이전 공공기관 직원, 이전 중앙행정기관 등 공무원, 행정중심복합도시건설청 소속 공무원이 이전지역에서 102㎡ 초과 135㎡ 이하 주거용 건축물과 그 부속토지의 취득	취득세(62.5)	§81 ③ 2 다
	주한미군 한국인 근로자 평택 이주에 대한 감면	주한미군기지 이전에 따라 평택시에 거주할 목적으로 취득하는 주택	취득세(85㎡ 이하 면제, 102㎡ 이하 75 경감, 135㎡ 이하 62.5 경감)	§81의2
	시장정비사업에 대한 감면	시장정비사업자가 대지조성 또는 관리 처분계획에 따라 취득하는 부동산	취득세(50) · 재산세(조성기간 50)	§83
		입점상인이 시행자로부터 최초 취득하는 부동산(주택 제외)	취득세(100) · 재산세(5년, 50)	
	한국법무보호복지공단 등에 대한 감면	한국법무보호복지공단 등이 갱생보호사업을 위해 직접 사용하는 부동산	취득세(100) · 재산세(100)	§85 ①
공공행정 등에 대한 지원	지방공기업 등에 대한 감면	지방공기업법에 따라 설립된 지방공사가 그 목적사업에 직접 사용·취득하는 부동산	취득세(50+50) (지자체 주식소유 비율 내)	§85의2 ① 1, 2, 3
		지방공기업법에 따라 설립된 지방공단이 그 고유업무에 직접 사용·취득하는 부동산, 법인등기	취득세(100)	§85의2 ②
		지방자치단체가 출연한 출자법인 또는 출연법인이 그 목적사업에 직접 사용·취득하는 부동산, 법인등기	취득세(50+50)	§85의2 ③
	새마을금고 등에 대한 감면	신용협동조합(중앙회 제외)이 신용사업에 직접 사용하는 부동산	취득세(100) · 재산세(100)	§87 ① 1
		신용협동조합(중앙회 제외)이 복지사업, 조합원 공제사업, 조합원 교육사업에 직접 사용하는 부동산	취득세(100) · 재산세(100)	§87 ① 2
		새마을금고(중앙회 제외)가 신용사업에 직접 사용하는 부동산	취득세(100) · 재산세(100)	§87 ② 1
	새마을운동조직 등에 대한 감면	새마을금고(중앙회 제외)가 문화 복지 후생사업, 회원 교육사업, 지역사회 개발사업에 직접 사용하는 부동산	취득세(100) · 재산세(100)	§87 ② 2
		새마을운동조직이 그 고유업무에 직접 사용하는 부동산, 해당 조직	취득세(100) · 재산세(100)	§88 ①
		한국자유총연맹이 고유업무에 직접 사용하는 부동산	취득세(100) · 재산세(100)	§88 ②
	정당에 대한 면제	정당법에 따른 정당이 해당 사업에 사용하는 부동산	취득세(100) · 재산세(100)	§89 ①, ②

감면분야	감면제도	내용	대상세목 및 감면율(%)	관련 조문
공공행정 등에 대한 지원	마을회 등에 대한 감면	마을회 등 주민공동체의 주민 공동소유를 위해 취득하는 부동산 및 선박	취득세(100)	§90 ①
		마을회 등이 소유한 부동산과 임야, 마을회	재산세(100)	§90 ②
	재외 외교관 자녀 기숙사용 부동산에 대한 과세특례	사단법인 한국외교협회의 재외 외교관 자녀 기숙사용 토지 및 건축물, 부동산 등기	취득세 세율 (1천분의 20 적용) 등록면허세(100)	§91
	천재지변 등으로 인한 대체취득에 대한 감면	천재지변 등으로 건축물 등 그 멸실일 또는 파손일로부터 2년 이내 복구를 위한 건축물을 건축 또는 개수, 선박 건조 또는 종류변경, 건축물·선박·자동차 및 기계장비 대체 취득	취득세(100)	§92 ①
		특별재난지역 사망자 및 유족	취득세(100) 등	§92 ④, ⑤

최소납부세제와 감면세액의 추징

1 최소납부세제의 개념

최소납부세제란 정책적 목적에 따라 면제혜택을 부여하더라도, 납부능력이 있는 일부 면제대상에 대하여는 면제세액의 15%를 부담하게 하는 제도이다. 취득세 면제세액이 200만 원(재산세는 50만 원)을 초과하는 경우에만 해당하는데 과도한 면제혜택을 방지함으로써 국민 개세주의, 조세형평성, 응익성 등을 보장하기 위하여 2015.1.1.부터 시행하고 있다.

「지방세특례제한법」 제177조의2에서 '이 법에 따라 취득세 또는 재산세가 면제(지방세특례 중에서 세액감면율이 100분의 100인 경우와 세율경감률이 「지방세법」에 따른 해당 과세대상에 대한 세율 전부를 감면하는 것을 말한다)되는 경우에는 이 법에 따른 취득세 또는 재산세의 면제규정에도 불구하고 100분의 85에 해당하는 감면율을 적용한다.'고 규정하고 있다. 즉, 취득세의 최소납부세제 적용대상은 취득세가 전액 면제되고, 동시에 취득세 면제세액이 200만 원[24]을 초과하는 경우에 해당한다.

구 분	내 용
적용세율	취득세 면제세액의 15% 납부(즉, 85% 감면율 적용)
적용대상	2025년 1월 현재 총 51건(어린이집 및 유치원 부동산 등)
적용제외	농민·장애인·한센인 등 취약계층과 의료기관 등

---

24) 2022년부터는 편법 쪼개기 등 1건으로 취득한 것으로 볼 수 있는 경우에는 각 산출세액을 합산하여 최소납부세제 해당 여부를 판단하도록 하였다. 즉, 「지방세법」 제6조 제20호에 따른 연부로 취득하는 경우, 1년 이내에 동일한 소유자로부터 부동산을 취득하거나 1년 이내에 연접한 부동산을 취득하는 경우 등은 산출세액을 합산하여 200만 원 초과 여부를 판단한다(지특법 제177조의2 제1항 제1호).

2025년 기준으로 어린이집·유치원 부동산을 비롯해 임대주택, 사회복지법인, 법인의 지방이전 등 다음과 같이 약 51건[25]의 취득세 면제대상에 대하여 최소납부세제가 적용되고 있으며, 농민·장애인·한센인 등 취약계층과 의료기관 등에 대하여는 적용대상에서 제외하여 100% 면제하고 있다.

감면 종류(지특법)	조문	감면 종류(지특법)	조문
어린이집 및 유치원 부동산	§19	문화유산·자연환경 국민신탁법인	§53
청소년단체 등에 대한 감면	§21	공공기관 상법상회사 조직변경	§57의2 ③ 7
한국농어촌공사 (경영회생 지원 환매취득)	§13 ② 2	부실금융기관 등 간주취득세	§57의2 ⑤
노동조합	§26	주거환경개선사업시행자로부터 취득하는 주택(85㎡ 이하)	§74 ④ 3
임대주택(40㎡ 이하, 60㎡ 이하)	§31 ① 1, ② 1, ④ 1	법인의 지방이전	§79 ①
장기일반민간임대주택(40㎡ 이하)	§31의3 ① 1	공장의 지방이전	§80 ①
행복기숙사용 부동산	§42 ①	시장정비사업(입주상인)	§83 ②
박물관·미술관·도서관·과학관	§44의2	평택이주 주한미군 한국인근로자	§81의2
학술연구단체·장학단체· 과학기술진흥단체	§45 ①	사회복지법인	§22 ①, ②
문화예술단체·체육진흥단체	§52 ①	지방공단	§85의2 ②
한국자산관리공사 구조조정을 위한 취득	§57의3 ②	새마을운동조직	§88 ①
경차	§67 ②	정당	§89
지방이전 공공기관 직원 주택 (85㎡ 이하)	§81 ③ 2	마을회	§90
시장정비사업 사업시행자	§83 ①	수소·전기버스	§70 ④
한국법무보호복지공단, 갱생보호시설	§85 ①	장학단체 고유업무 부동산	§45 ② 1
내진설계건축물(대수선) ('21년까지 적용)	§47의4 ① 2	외국인 투자기업 감면 (조특법 적용대상은 제외)	§78의3

25) 2023년 취득세 최소납부세제 적용대상 50건 중 지방농수산물공사와 도시철도공사 감면의 최소납부제 적용시기는 2026.1.1.로 되어 있다.

감면 종류(지특법)	조문	감면 종류(지특법)	조문
국제선박	§64 ①, ②, ③	농협 등 조합 간 합병	§57의2 ②
매매용 중고자동차	§68 ①	농협·수협조합의 부실조합 재산 양수 등	§57의3 ①
수출용 중고자동차	§68 ③	자산관리공사에 자산을 매각한 중소기업이 그 자산을 재취득	§57의3 ④
농협·수협·산림조합의 고유업무부동산	§14 ③	한국자유총연맹	§88 ②
기초과학연구원, 과학기술연구기관	§45의2	반환공여구역 내 창업용 부동산	§75의4
신협·새마을금고 신용사업 부동산 등	§87 ①, ②	인구감소지역내 창업용 부동산	§75의5
지역아동센터	§19의2	내진성능 확인 건축물 취득	§47의4 ①
다자녀 양육자 자동차	§22의2	지방농수산물공사	§15 ②
학생실험실습차량, 기계장비, 항공기 등	§42 ②	도시철도공사	§63 ⑤

2 감면된 취득세의 추징

취득세는 소득세 등 특정기간에 대한 과세가 아니라 취득 당시라는 특정시점을 기준으로 납세의무가 성립하는 세목이므로 감면 또한 취득시점을 기준으로 하여 감면 여부를 판단할 수밖에 없다. 따라서 취득세 감면을 통해 특정한 정책목적을 달성하기 위해서는 사후관리가 필요하게 되며, 취득세 감면의 대부분은 사후관리 요건을 두고 감면 조문별로 용도나 기간, 조건 등을 달리 정하고 있다.

「지방세특례제한법」 제178조의 규정에 의거 개별조문에 별도의 사후관리규정을 둔 경우 외에는 일반적 사후관리규정을 적용하여 감면된 취득세를 추징한다. 즉, 추징사유에 해당하는 경우로서 첫째, 정당한 사유 없이 그 취득일부터 1년이 경과할 때까지 해당 용도로 직접 사용하지 아니하는 경우이고 둘째, 해당 용도로 직접 사용한 기간이 2년 미만인 상태에서 매각·증여[26]하거나 다른 용도로 사용하는 경우이다. 둘째 요건이 첫째 요건과 다른

---

26) "매각·증여"란 지방세를 감면받은 자가 해당 부동산, 차량, 선박 등을 매매, 교환, 증여 등 유상이나 무상으로 소유권을 이전하는 것을 말한다. 다만, 대통령령으로 정하는 소유권 이전은 제외한다(2023년부터

것은 '정당한 사유'라는 용어가 없다는 것인데, 취득세를 감면 후 해당 용도로 2년 이상 직접 사용하지 아니하고 매각·증여하거나 다른 용도로 사용하는 경우에는 정당한 사유의 여부를 묻지 않고 취득세를 추징한다는 것이다.

취득세를 비과세 또는 감면받은 후 취득세의 추징사유가 발생하게 되면 납세자는 그 사유가 발생한 날로부터 60일 이내에 표준세율 등을 적용한 취득세를 신고하고 납부하여야 한다. 만일 60일이 경과하면 신고불성실·납부불성실가산세가 부과될 수 있다. 물론 경감받은 경우로서 이미 납부한 세액이 있을 경우에는 공제한 세액으로 신고·납부한다. 다만, 2020.1.15.부터는 감면받은 취득세를 추징할 때 이자상당가산액(1일 10만분의 22)이 추가로 가산됨에 유의하여야 한다(지특법 제178조 제2항).

○ **최소납부세제의 적용 기준일** (행안부 지방세특례제도과 - 5074, 2018.12.28.)

출산 및 양육 지원을 위한 감면을 규정하고 있는「지방세특례제한법」제22조의2 제1항 및 제2항에서 취득세 등 지방세의 감면요건으로 '등록'을 규정하고 있으므로, 감면요건의 충족 시점인 '등록일'을 기준으로 최소납부세제의 적용 여부를 결정하는 것이 타당함.

○ **법인합병 시 최소납부세제 적용과표에 대한 질의 회신**
　 (행안부 지방세특례제도과 - 1534, 2016.7.5.)

「지방세특례제한법」제177조의2에서 최소납부세제 적용에 대하여 "이 법에 따라 취득세 또는 재산세가 면제되는 경우"라고 규정하고 있어, 합병의 경우 같은 법 제57의2에 의해 산출된 과세표준액에 취득세율(2%)을 적용하여 산출한 세액에 대해 100분의 85에 해당하는 감면율을 적용하는 것이다.

○ **정당한 사유를 별도로 정하고 있지 않는 경우 추징규정 적용 여부**
　 (지방세특례제도과 - 2391, 2020.10.8.)

감면요건 규정 가운데 명백히 특혜규정이라고 볼 수 있는 것은 엄격하게 해석하는 것이 조세공평의 원칙에 부합한다고 할 것이므로, 자치단체의 '강제 수용' 방식이 아닌 '협의'에 의해 매각이 이루어진 경우를 들어 외부적 사유 등 피치 못할 사정인 정당한 사유에 해당할 수 있는지에 대해서는 별론으로 하더라도,「지방세특례제한법」제178조 제1항 제2호에

시행, 지특법 제2조 제1항 제8호의2).

서 2년 내 매각·증여에 '정당한 사유'를 명문으로 두고 있지 않은 이상 그 사유를 불문하고 감면된 취득세는 추징대상이 된다고 할 것임.

○ 자금난으로 이를 매각한 것이 정당한 사유에 해당하는지 여부
　(대법원 1997.6.27. 선고 96누16810 판결)

'정당한 사유'란 그 취득 토지를 고유업무에 사용하지 못한 사유가 행정관청의 사용금지·제한 등 외부적인 사유로 인한 것이거나 또는 내부적으로 토지를 고유업무에 사용하기 위하여 정상적인 노력을 하였음에도 불구하고 시간적인 여유가 없거나 기타 객관적인 사유로 인하여 부득이 고유업무에 사용할 수 없는 경우를 말하는 것이고, 토지의 취득자가 그 자체의 자금사정이나 수익상의 문제 등으로 고유업무에 직접 사용하기를 포기한 경우는 이에 포함되지 아니한다.

○ 건축물 인도를 거부하여 임차인들을 상대로 인도소송을 진행한 것을 직접 사용하지 못한 정당한 사유로 인정할 수 있는지 여부 (조심 2019지2128, 2020.6.2.)

개정된 「상가건물 임대차보호법」에 따라 임차인들과 부동산 인도 여부 및 권리금 인정 여부에 관한 다툼이 발생하여 당시 예상하지 못하였던 인도소송까지 진행되는 등의 사정으로 보아 청구법인이 이 건 건축물 중 적어도 쟁점부동산을 청구법인의 해당 용도에 직접 사용하기 위한 진지한 노력을 다하였다고 보는 것이 합당하다 하겠음.

○ 증여한 지분이 이 건 부동산 전체 중 일부(10%)에 불과함에도 이 건 부동산의 전체에 대하여 취득세를 추징한 것의 당부 (조심 2020지0160, 2020.5.19.)

감면규정은 매각·증여하는 경우에는 감면된 취득세를 추징한다고 규정하고 있어서 그 추징사유가 발생한 지분에 한정하여 추징하는 것이 타당할 것인바(조심 2019지1680, 2019. 7.4., 같은 뜻임), 청구인은 이 건 부동산의 지분 10분의 1만 배우자에게 증여하였고, 쟁점부동산을 여전히 소유하고 있으므로 쟁점부동산에 대해서는 추징사유(매각·증여)가 발생하였다고 볼 수 없으므로 처분청이 쟁점부동산에 대하여 기 감면한 취득세 등을 추징한 처분은 잘못이 있다고 판단됨.

- 임대주택에 대한 감면을 받은 주택을 유예기간 내 현물출자한 경우 추징대상에 해당되는지 여부 (조심 2020지0350, 2020.7.7.)

① 청구인이 쟁점부동산을 취득한 후 임대의무기간(5년) 중 출자법인에게 쟁점부동산을 현물출자하였으므로 추징사유에 해당되는 점 등에 비추어 볼 때 청구인이 전환법인에게 현물출자한 것을 매각으로 보아 처분청이 청구인에게 한 이 건 취득세 등의 부과처분은 달리 잘못이 없다고 판단됨.

② 지방세법령의 부지 또는 착오는 가산세를 면제할 만한 정당한 사유에 해당하지 않는 점 등에 비추어 볼 때 청구인이 쟁점부동산을 출자법인에게 현물출자한 후 30일 이내에 취득세 등을 신고하지 않은 것으로 보아 처분청이 청구인에게 이 건 취득세 등을 부과하면서 쟁점가산세를 포함한 것에는 달리 잘못이 없다고 판단됨.

- 창업중소기업 감면 후 2년 이내에 정당한 사유 없이 직접 사용하지 아니한 경우 취득세 추징의 당부 (조심 2019지2558, 2020.6.23.)

이 건 토지를 취득한 후 골조공사를 완료한 상태에서 특별한 사유 없이 방치하다가 유예기간을 3년 3개월이 경과된 2019.5.9. 공장을 신축한 점, 공사 착공한 때부터 공장 신축 시까지의 일련의 공사 진행 상황을 살펴보더라도 청구법인들이 공장 신축을 위해 진지한 노력을 다하였다고 보기 어려운 점 등에 비추어, 청구법인들은 감면유예 기간 이내에 정당한 사유 없이 이 건 토지를 직접 사용하지 아니한 것으로 보는 것이 타당하므로 처분청이 이 건 취득세 등을 부과한 처분은 달리 잘못이 없다고 판단됨.

- 유예기간 1년 내에 사업용 건축물을 착공하지 못한 데에 정당한 사유가 있는지 여부 (조심 2018지3266, 2019.3.14.)

이 건 토지를 최종적으로 취득한 날부터 1년이 경과한 2018.5.15.에 건축공사를 착공하였다 하더라도 이를 청구법인이 불필요한 준비절차를 거치면서 시간을 허비하였다거나 유예기간 내에 이 건 토지를 고유 업무에 직접 사용하기 위하여 정상적인 노력을 다하지 않았다고 볼 수는 없는 이상, 청구법인이 이 건 토지의 유예기간을 경과한 후 건축물을 착공한데에는 「지방세특례제한법」 제178조 제1호에서 규정한 정당한 사유가 있다고 할 것이므로 처분청이 이 건 취득세 등을 부과한 처분은 잘못이 있다고 판단됨.

○ 동일한 과세대상에 복수의 감면규정이 존재할 경우 하나가 추징대상이 되는 경우에 추징 여부 (대법원 2013.3.28. 선고 2012두27213 판결)

감면규정을 바꾸어 감면주장이 가능하므로 추징을 할 수 없다. 동일한 과세대상에 대하여 조세를 감면할 근거규정이 둘 이상 존재하는 경우에 어느 하나의 감면규정에 정한 감면요건이 충족되고 그 규정에 따른 감면에 대해서는 추징규정이 없거나 추징사유가 발생하지 아니하였다면 나머지 다른 감면규정에 의한 추징처분을 하는 것은 허용되지 아니하는바, 피고가 감면조례에 따라 이 사건 취득세와 등록세를 감면하였거나 추징한 것이 아니라 하더라도, 원고의 이 사건 토지 취득이 감면조례의 감면요건에 해당하는 한, 구 지방세법 제269조 제3항에 의한 추징처분은 허용되지 아니한다.

○ 지식산업센터를 건축할 목적으로 토지를 취득한 후 이를 신탁한 경우 취득세 감면대상에서 제외되는지 여부 (조심 2021지1686, 2022.1.19.)

추징사유로 규정하고 있는 매각이란 소유자가 부동산을 이전할 것과 상대방이 대금을 지급할 것을 약정하여 특정 승계하는 것을, 증여란 소유자가 부동산을 타인에게 무상으로 수여하는 것을 의미한다 할 것이므로 「신탁법」에 의한 신탁은 지특법 제58조의2 제1항 제1호 나목에 규정된 매각과는 법적 성격을 기본적으로 달리하는 것으로 보아야 하므로 이를 매각·증여한 경우에 해당된다고 보기는 어렵다 할 것이다(조심 2018지1181, 2018.12.19. 외 다수).

○ 지식산업센터 설립자가 사업시설용으로 분양하였으나, 수분양자가 사업시설용 이외의 용도로 사용한 경우 기 감면받은 취득세 등을 추징하는 것이 타당한지 여부 (조심 2021지0744, 2022.1.25.)

「지방세특례제한법」 제58조의2 제2항 제1호 나목에서 '다른 용도로 사용하는 경우'를 규정하고 있으나, 이는 지식산업센터 설립자가 아닌 수분양자에게 적용하는 규정이므로 설립자까지 확장하여 적용할 수 없고, 분양 후 사후적으로 발생하는 사유로 인하여 지식산업센터 설립자에게 부여했던 감면혜택까지 추징하는 것은 그 설립자의 관리·의무의 범위를 벗어나는 것이라서 불합리해 보이는 점 등에 비추어 청구법인이 쟁점지식산업센터를 사업시설용이 아닌 다른 용도로 분양·임대한 것으로 보아 처분청이 이 건 취득세 등을 추징한 처분은 잘못이 있다고 판단된다.

○ 쟁점부동산을 취득한 후 1년 내에 해당 목적(물류단지 개발)으로 사용하지 못한 정당한 사유가 있는지 (조심 2023지4190, 2024.8.13.) 취소

여기서 부동산을 직접 사용한다는 것은 '물류단지를 개발하는 것'을 의미한다고 할 것이므로, 청구법인과 같이 쟁점부동산을 취득한 후 1년 내 착공에 이르렀다면, 청구법인이 1년 내에 쟁점부동산을 물류단지를 개발하는 것에 직접 사용한 것으로 봄이 타당하므로, 처음부터 추징사유가 발생하였다고 보기 어려움. 설령 추징사유가 발생한 것으로 보더라도 지연 사유들은 모두 청구법인의 귀책사유에 해당한다고 보기 어렵고, 정당한 사유에 해당한다고 봄이 타당함.

○ 신탁재산 공매를 통한 오피스텔 취득 시 최초 분양 임대주택 해당 여부
  (지방세특례제도과 – 1755, 2024.7.17.)

이 건 오피스텔의 경우는 신축하여 2017.1.18. 사용승인을 받은 후 '19.5월경부터 오피스텔에 전입신고를 하고 거주한 입주자가 있는 것으로 보아, 이미 5년 이상 임대를 하고 있던 것이므로 다른 임대사업자가 이 건 오피스텔을 매입하여 임대하는 것이 주거안정 및 임대주택의 공급을 원활히 하기 위한 것으로 보기 어려우므로 '건축주로부터 최초로 분양받은 경우'에 해당하는 것으로 보기 어려움.

○ 농업법인이 취득시점에 농업경영정보를 등록을 하지 않은 경우 취득세 감면대상 해당 여부 (대법원 2024두42420, 2024.9.12.)

농업회사법인이 영농에 직접 사용하기 위하여 취득하는 부동산으로서 취득세 감경 대상 농업법인은 농어업경영체법에 따른 농업법인 가운데 부동산 취득 시점에 농업경영정보를 '등록한', 즉 등록을 이미 마친 농업법인으로 한정된다고 봄이 타당함.

제 **8** 절

취득세 감면 주요 쟁점 사례

지식산업센터 등에 대한 감면 쟁점 사례

1 쟁점 및 결정 요지

쟁점	지식산업센터 설립자가 시설물 신축으로 취득세를 감면받고 사업시설용으로 분양하였으나, 수분양자가 사업시설용 이외의 용도로 사용한 경우 기 감면받은 취득세 등을 추징하는 것이 타당한지 여부
규정	「지방세특례제한법」 제58조의2(지식산업센터 등에 대한 감면) ① 「산업집적활성화 및 공장설립에 관한 법률」 제28조의2에 따라 지식산업센터를 설립하는 자에 대해서는 다음 각 호에서 정하는 바에 따라 2022년 12월 31일까지 지방세를 경감한다. 1. 「산업집적활성화 및 공장설립에 관한 법률」 제28조의5 제1항 제1호 및 제2호에 따른 시설용으로 직접 사용하기 위하여 신축 또는 증축하여 취득하는 부동산(신축 또는 증축한 부분에 해당하는 부속토지 포함)과 사업시설용으로 분양 또는 임대(「중소기업기본법」 제2조에 따른 중소기업을 대상으로 분양 또는 임대하는 경우로 한정)하기 위하여 신축 또는 증축하여 취득하는 부동산에 대해서는 취득세의 100분의 35를 경감한다. 다만, 다음 각 목의 어느 하나에 해당하는 경우 그 해당 부분에 대해서는 경감된 취득세를 추징한다. 　가. 정당한 사유 없이 그 취득일부터 1년이 경과할 때까지 착공하지 아니한 경우 　나. 그 취득일부터 5년 이내에 매각·증여하거나 다른 용도로 분양·임대하는 경우
결정	위 규정 나목에서 '다른 용도로 사용하는 경우'를 규정하고 있으나, 이는 지식산업센터 설립자가 아닌 수분양자에게 적용하는 규정이므로 설립자까지 확장하여 적용할 수 없고, 분양 후 사후적으로 발생하는 사유로 인하여 지식산업센터 설립자에게 부여했던 감면혜택까지 추징하는 것은 그 설립자의 관리·의무의 범위를 벗어나는 것이라서 불합리해 보이는 점 등에 비추어 청구법인이 쟁점지식산업센터를 사업시설용이 아닌 다른 용도로 분양·임대한 것으로 보아 처분청이 이 건 취득세 등을 추징한 처분은 잘못이 있다. 조심 2021지0744, 2022.1.25. 취득세 취소

2 사실관계

① 청구법인은 2016.11.10. 처분청으로부터 지식산업센터 설립승인을 받고, 2016.12.16. ○○○소재 토지 ○○○㎡(이하 "쟁점토지"라 한다)를 ○○○원에 취득한 후, 「지방세특례제한법」(2015.12.29. 법률 제13637호로 일부 개정된 것) 제58조의2 제1항 제1호에 따라 취득세의 100분의 50을 경감하여 취득세 등 ○○○원을 신고·납부하였다.

② 청구법인은 2017.4.13. 주식회사 ○○○(이하 "수탁자"라 한다)과 관리형토지신탁 계약을 체결하여 쟁점토지를 신탁하였고, 수탁자는 2019.5.14. 쟁점토지 지상에 지식산업센터 ○○○㎡(이하 "이 건 지식산업센터"라 한다) 및 근린생활시설 ○○○㎡를 신축한 후, 「지방세특례제한법」(2019.4.30. 법률 제16413호로 일부 개정된 것) 제58조의2 제1항 제1호에 따라 취득세의 100분의 35를 경감하여 취득세 등 ○○○원을 신고·납부하였다.

③ 처분청은 청구법인에 대한 세무조사 결과, 이 건 지식산업센터 중 제○○○호 외 ○○○호실 ○○○㎡(이하 "쟁점지식산업센터"라 한다)의 수분양자가 입주 후 입주가능 업종을 영위하지 아니한 것을 확인하고, 이 건 지식산업센터 중 쟁점지식산업센터가 차지하는 비율만큼은 쟁점토지에 대해 이미 경감해주었던 취득세를 추징하여야 한다고 보아, 2020.8.25. 청구법인에게 취득세 ○○○원, 지방교육세 ○○○원, 농어촌특별세 ○○○원 합계 ○○○원(이하 "이 건 취득세 등"이라 한다)을 부과·고지하였다.

3 청구법인 주장 및 처분청 의견

(1) 청구법인 주장

① 청구법인으로부터 이 건 지식산업센터의 신축·분양 업무를 위탁받은 수탁자는 쟁점지식산업센터를 분양받은 자들(이하 "수분양자들"이라 한다)과 쟁점지식산업센터를 사업시설용으로 사용하는 내용으로 계약하였고, 그 용도대로 사용하겠다는 계약자 확인서, 사전입주조사서 및 확인사항 등(이하 "계약자 확인서 등"이라 한다)을 받고 분양하였으므로, 청구법인으로서는 쟁점지식산업센터를 사업시설용으로 분양하기 위한 의무를 다한 것이다.

② 수분양자들이 쟁점지식산업센터를 다른 용도로 사용한 것은 이 건 취득세 등 추징사유인 '다른 용도로 분양하는 것'에 해당하지 않으며, 지식산업센터 설립자는 「지방세특례제한법」 제58조의2 제1항에 따라 취득세를 감면받고, 지식산업센터의 수분양자들은 같은 조 제2항에 따라 취득세를 감면받는 것으로 규정하고 있어, 그 감면에 적용되는 조항이 서로 다름에도 이를 연관지어 취득세의 감면 여부를 판단하는 것은 부당하다.

③ 특히, 쟁점지식산업센터 중 제○○○호는 수분양자가 지식산업센터를 사업시설용으로 사용 중에 있다.

(2) 처분청 의견

① 「지방세특례제한법」 제58조의2 제1항의 감면 취지는 지식산업센터를 신축하거나 증축하여 사업시설용으로 직접 사용하거나 사업시설용으로 분양하거나 임대하고자 하는 자에게 세제 혜택을 주어 산업의 집적을 활성화하고 지식산업센터를 원활하게 설립할 수 있도록 지원하려는 것으로서, 지식산업센터를 신축하였으나 이를 사업시설용이 아닌 다른 용도로 분양하거나 임대하는 경우에도 그 혜택을 주려는 것은 아니다.

② 청구법인이 분양계약을 체결하면서 쟁점지식산업센터를 사업시설용으로 사용할 것이라는 계약자 확인서 등을 받았다고 하더라도, 그것은 청구법인과 수분양자들 간의 사법상 계약에 불과한 것이어서 언제든 위배될 여지가 있으며, 수분양자들이 쟁점지식산업센터를 의무 사용기간 내 임대·매각 등을 하여 사업시설용 이외의 용도로 사용하였다면 「지방세특례제한법」 제58조의2 제1항 제1호 나목에 따라 감면된 취득세 등을 추징하는 것이 타당하다.

③ 다만, 쟁점지식산업센터 중 제○○○호는 수분양자가 지식산업센터를 사업시설용으로 사용 중인 것으로 확인된다.

4 조세심판원 판단

「지방세특례제한법」(2015.12.29. 법률 제13637호로 일부 개정된 것) 제58조의2 제1항에서 「산업집적활성화 및 공장설립에 관한 법률」 제28조의2에 따라 지식산업센터의 설립승인을 받은 자에 대해서는 다음 각 호에서 정하는 바에 따라 2016년 12월 31일까지 지방세를 경감한다고 규정하면서, 그 제1호에서 지식산업센터를 신축하거나 증축하여 「산업집적활성화 및 공장설립에 관한 법률」 제28조의5 제1항 제1호 및 제2호에 따른 시설용(이하 이 조에서 "사업시설용"이라 한다)으로 직접 사용하거나 분양 또는 임대하기 위하여 취득하는 부동산과 신축 또는 증축한 지식산업센터에 대해서는 취득세의 100분의 50을 경감한다. 다만, 다음 각 목의 어느 하나에 해당하는 경우 그 해당 부분에 대해서는 경감된 취득세를 추징한다고 규정하고 있고, 그 나목에서 그 취득일부터 5년 이내에 매각·증여하거나 다른 용도로 분양·임대하는 경우를 규정하고 있다.

처분청은 수분양자들이 쟁점지식산업센터를 사업시설용으로 사용하지 않았다면 청구법인이 다른 용도로 이를 분양·임대한 것으로 보아 당초 감면해준 취득세 등을 추징하는 것이 타당하다는 의견이다.

그러나 청구법인은 2016.11.10. 처분청으로부터 이 건 지식산업센터 설립승인을 득한 후, 2016.12.16. 사업시행자의 지위에서 쟁점토지를 취득하였던바, 청구법인은 「지방세특례제한법」 제58조의2 제1항에서 말하는 지식산업센터 설립자에 해당하는 한편,

청구법인은 2017.4.13. 수탁자와 관리형토지신탁 계약을 체결하여 쟁점토지를 신탁한 후 이 건 지식산업센터 신축·분양 업무를 위탁하였고, 수탁자는 쟁점토지 지상에 이 건 지식산업센터를 신축하여 수분양자들에게 분양하면서 수분양자들이 이를 「산업집적활성화 및 공장설립에 관한 법률」 제28조의5 제1항 제1호 및 제2호에 따른 시설용으로 사용하는 것을 조건으로 하여 분양한 것으로 확인되는바, 지식산업센터 설립자인 청구법인이 사업시설용이 아닌 다른 용도로 분양·임대했다고 보기 어려운 점,

「지방세특례제한법」 제58조의2 제2항 제1호 나목에서 '다른 용도로 사용하는 경우'를 규정하고 있으나, 이는 지식산업센터 설립자가 아닌 수분양자에게 적용하는 규정이므로 설립자까지 확장하여 적용할 수 없고, 분양 후 사후적으로 발생하는 사유로 인하여 지식산업센터 설립자에게 부여했던 감면혜택까지 추징하는 것은 그 설립자의 관리·의무의 범위를 벗어나는 것이라서 불합리해 보이는 점 등에 비추어 청구법인이 쟁점지식산업센터를 사업시설용이 아닌 다른 용도로 분양·임대한 것으로 보아 처분청이 이 건 취득세 등을 추징한 처분은 잘못이 있다고 판단된다.

5 유사 사례

○ 지식산업센터 설립자가 감면 후 신탁을 원인으로 한 소유권 이전등기를 '매각·증여'로 보아 지식산업센터 감면세액 추징 인정 여부 (조심 2022지0718, 2023.1.3.) → 취소

지특법 제58조의2 제1항 제1호 나목에서 추징사유로 규정하고 있는 '매각'이란 소유자가 부동산을 이전할 것과 상대방이 대금을 지급할 것을 약정하여 특정 승계하는 것을, '증여'란 소유자가 부동산을 타인에게 무상으로 수여하는 것을 의미한다 할 것이므로 「신탁법」에 의한 신탁은 지특법 제58조의2 제1항 제1호 나목에 규정된 매각과는 법적 성격을 기본적으로 달리하는 것으로 보아야 하므로 이를 매각·증여한 경우에 해당된다고 보기는 어렵다(조심 2018지1181, 2018.12.19. 외 다수, 같은 뜻임) 할 것임.

○ 지식산업센터를 신축하였으나 그 취득일부터 5년 이내에 이를 사업시설용으로 직접 사용하지 않을 자에게 분양하거나 임대한 경우 경감받은 취득세 등을 추징할 수 있는지 여부 (대법원 2018.10.25. 선고 2018두50031 판결) → 기각

지식산업센터를 신축하였으나 그 취득일부터 5년 이내에 이를 사업시설용으로 직접 사용하지 않을 부동산임대사업자들에게 분양되었고 그 임대사업자들이 원고에게 이 사건 각 호실을 사업시설용으로 사용할 자에게 임대하여야 한다는 계약상의 채무를 부담하고 있다는 사정만으로는 신축자인 원고가 이를 사업시설용으로 직접 사용할 자에게 분양하거나 임대한 것과 마찬가지라고 볼 수는 없으므로 경감받은 취득세는 이 사건 추징규정에 따라 추징할 수 있다고 보아야 한다.

○ 수분양자들이 쟁점부동산을 지식산업센터의 사업시설용으로 사용하지 않고 다른 용도로 사용하거나 임대한 경우 그 사업시행자에게 감면한 취득세의 추징 여부 (조심 2022지1039, 2022.10.14.) → 재조사

청구법인이 위의 분양 공고(안)에 따라 입주자격을 갖춘 개인 또는 업체에게 이 건 지식산업센터를 분양한 경우라면 그 후 수분양자들이 지식산업센터의 사업시설용으로 직접 사용하지 않고 다른 용도로 사용하거나 임대하였다고 하여 이미 감면한 취득세 등을 추징하는 것은 이 건 지식산업센터의 신축과 분양에 대한 청구법인의 책임과 한계를 넘어서는 것으로 볼 수 있으므로 처분청은 청구법인이 쟁점부동산을 분양할 당시 그 수분양자들이 「산업집적활성화 및 공장설립에 관한 법률」 제28조의5, 같은 법 시행령 제6조 및 제36조의4 규

정에 의한 입주자격을 갖춘 개인 또는 업체에 해당하는지 여부를 재조사하여 그 결과에
따라 이 건 취득세 등을 경정하는 것이 타당하다고 판단됨.

6 참고사항

2023. 1. 1.부터 지식산업센터 설립자에 대한 취득세 감면 후 미착공 등으로 인한 사후관리 추징요건 규정이 아래와 같이 개정되었다(지특법 제58조의2 제1항 제1호).

종 전	개 정
가. 정당한 사유 없이 그 취득일부터 1년이 경과할 때까지 착공하지 아니한 경우 나. 그 취득일부터 5년 이내에 매각·증여하거나 다른 용도로 분양·임대하는 경우	가. 직접 사용하기 위하여 부동산을 취득하는 경우로서 다음의 어느 하나에 해당하는 경우 　1) 정당한 사유 없이 그 취득일부터 1년이 경과할 때까지 착공하지 아니한 경우 　2) 정당한 사유 없이 그 취득일부터 1년이 경과할 때까지 사업시설용으로 직접 사용하지 아니한 경우 　3) 해당 용도로 직접 사용한 기간이 4년 미만인 상태에서 매각·증여하거나 다른 용도로 사용하는 경우 나. 분양 또는 임대하기 위하여 부동산을 취득하는 경우로서 다음의 어느 하나에 해당하는 경우 　1) 정당한 사유 없이 그 취득일부터 1년이 경과할 때까지 착공하지 아니한 경우 　2) 그 취득일부터 5년 이내에 사업시설용으로 분양·임대하지 아니하거나 다른 용도로 사용하는 경우

창업중소기업 등에 대한 감면 쟁점 사례

1 쟁점 및 결정 요지

쟁점	특수관계회사 간에 흡수합병을 창업으로 보아 취득세 감면을 적용할 수 있는지 여부
규정	「지방세특례제한법」 제58조의3(창업중소기업 등에 대한 감면) ① 「중소기업창업 지원법」제2조 제1호에 따른 창업을 한 기업으로서 다음 각 호의 어느 하나에 해당하는 기업이 대통령령으로 정하는 날(이하 이 조에서 "창업일"이라 한다)부터 4년 이내(대통령령으로 정하는 청년창업기업의 경우에는 5년 이내)에 창업일 당시 업종의 사업을 계속 영위하기 위하여 취득하는 부동산에 대해서는 취득세의 100분의 75를 경감한다. 이 경우 제2호의 경우에는 「벤처기업육성에 관한 특별조치법」제25조에 따라 벤처기업으로 최초로 확인받은 날(이하 이 조에서 "확인일"이라 한다)부터 4년간 경감한다. 1. 2020년 12월 31일까지 수도권과밀억제권역 외의 지역에서 창업한 중소기업(이하 이 조에서 "창업중소기업"이라 한다) 2. 2020년 12월 31일까지 「벤처기업육성에 관한 특별조치법」제2조 제1항에 따른 벤처기업 중 대통령령으로 정하는 기업으로서 창업일부터 3년 이내에 같은 법 제25조에 따라 벤처기업으로 확인받은 기업(이하 이 조에서 "창업벤처중소기업"이라 한다) ⑥ 제1항부터 제4항까지의 규정을 적용할 때 다음 각 호의 어느 하나에 해당하는 경우는 창업으로 보지 아니한다. 1. 합병·분할·현물출자 또는 사업의 양수를 통하여 종전의 사업을 승계하거나 종전의 사업에 사용되던 자산을 인수 또는 매입하여 같은 종류의 사업을 하는 경우. 다만, 종전의 사업에 사용되던 자산을 인수하거나 매입하여 같은 종류의 사업을 하는 경우 그 자산가액의 합계가 「부가가치세법」제5조 제2항에 따른 사업개시 당시 토지·건물 및 기계장치 등 대통령령으로 정하는 사업용자산의 총가액에서 차지하는 비율이 100분의 50 미만으로서 대통령령으로 정하는 비율 이하인 경우는 제외한다.

결정	청구법인은 2017.9.18. 설립된 후 2018.8.13. 벤처기업으로 확인받고 그로부터 4년 이내인 2021.6.30. 쟁점부동산②를 취득하였으므로 이는 「지방세특례제한법」 제58조의3 제1항에 따른 창업감면 대상으로 보는 것이 타당한 점 등에 비추어 청구법인의 사업은 피합병법인의 사업과는 다른 사업으로서 원시적인 사업창출 효과가 있는 창업에 해당한다고 판단되므로 청구법인의 설립이 「지방세특례제한법」 제58조의3 제6항에 따른 창업이 아닌 경우에 해당한다고 보아 처분청이 이 건 감면 거부처분을 한 것은 잘못이 있다고 판단됨.
	조심 2021지3160, 2023.1.19. 취득세 취소

2 사실관계

① 청구법인은 반도체 제조용 기계 제조업 등을 영위할 목적으로 2017.9.18. 설립된 법인으로, 2019.8.30. AAA 주식회사(이하 "피합병법인"이라 한다)를 흡수합병하는 한편, 2020.11.30. ○○○토지 ○○○㎡ 및 건물 ○○○㎡(이하 "쟁점부동산1"이라 한다)를 매매로 취득한 후, 이에 대한 취득세 등을 신고하면서 「지방세특례제한법」 제58조의3에 따라 취득세의 75%를 감면받았다.

② 또한, 청구법인은 2021.6.30. ○○○토지 지상에 건물 ○○○㎡(이하 "쟁점부동산2"라 하고, 쟁점부동산1과 합하여 "쟁점부동산"이라 한다)를 증축하여 취득한 후, 2021.7.20. 이에 대한 취득세 등 ○○○원을 신고하면서 「지방세특례제한법」 제58조의3에 따른 감면(75%)을 신청하였으나, 처분청은 2017.9.18. 청구법인의 설립이 「지방세특례제한법」 제58조의3 제6항에 따라 창업으로 보지 않는 경우에 해당한다고 보아 2021.7.30. 청구법인에게 그 감면이 불가하다는 내용으로 통지하였다.

3 청구법인 주장 및 처분청 의견

(1) 청구법인 주장

① 청구법인과 피합병법인은 주주구성이 유사할 뿐, 완전히 다른 제품을 생산하는 등 그 사업내용은 확연히 다른 법인이므로 2017.9.18. 청구법인의 설립을 '창업'에 해당한다고 보아야 한다.

② 청구법인은 합병 이전에 기업부설연구소 설립 확인, 벤처기업 지정, 국방벤처 협약기업 지정, 특허 및 ISO 보유 등 피합병법인과는 질적으로 다른 차원의 기업형태를 띠고 있었고, 매출액, 종업원수 및 생산설비에서도 청구법인과 피합병법인은 상당한 차이를 나타내고 있었다.

③ 이를 바탕으로 ○○○ 등의 최대주주와 특수관계가 전혀 없는 aaa, bbb 등의 제3의 투자자가 청구법인의 유상증자에 참여하여 주주를 구성하면서 피합병법인의 주주와는 확실히 차이가 있는 법인이었다.

④ 피합병법인은 metal 볼트 및 워셔류 제품 등 저가의 부품을 단순히 생산하는 업체였던 반면, 청구법인은 피합병법인과 완전히 다른 제품을 개발하고 그 제품을 통하여 벤처기업 지정, 특허 취득 등을 진행하였던바, 청구법인과 피합병법인 간의 합병은 특수관계회사 간에 효율을 높이기 위한 단순 흡수합병이었을 뿐이다.

⑤ 2020년 매출 기준으로 피합병법인이 생산하던 metal 볼트 및 워셔류 제품의 비중은 전체 매출액의 약 1/4 정도에 불과하여 2021년에는 그 비중이 약 1/8 수준, 2022년 예상매출액 기준으로는 1/30 수준에 불과할 것으로 예상되는바, 피합병법인과 청구법인의 단순 연계성을 이유로 청구법인의 설립이 창업이 아니라고 보는 것은 지나친 해석인 것이다.

⑥ 합병 이후 청구법인은 ○○○의 ○○○원 유치, ○○○원 및 ○○○원 우선주 투자유치를 받았는데, 이때 투자유치 대상 주력제품은 청구법인이 합병 전부터 생산하던 웨이퍼 식각용 Electrode, Ring 및 Cooling Plate로서 피합병법인이 생산하던 제품과는 내용을 달리 한다.

⑦ 처분청은 쟁점부동산1에 대한 창업중소기업 감면 검토 시 상기와 같은 청구법인과 피합병법인의 사업내용이 다른 점을 인정하여 청구법인의 설립을 '창업'으로 인정한 바 있으며, 그에 따라 쟁점부동산1에 대한 감면을 인정해준 바 있으므로, 담당자가 변경되었다 하여 쟁점부동산2에 대한 감면신청을 거부하면서 쟁점부동산1에 대한 감면까지 추징하겠다고 하는 것은 부당한 처분이라 할 것이다.

(2) 처분청 의견

① 반도체부품 제조 및 판매업으로 2017.9.18. 설립한 청구법인은 2019.8.30. 동종 업종을 영위하던 피합병법인(2015.8.28. 설립)과 합병하였고, 피합병법인의 목적사업과 동일한 내용에 따라 2021.6.30. 쟁점부동산을 취득하여 사용하고 있다.

② 행정안전부는 창업중소기업에 대하여 취득세 등을 감면하는 취지가 중소기업의 창업을 장려·지원하기 위한 목적이며, 중소기업이 해당 사업을 위하여 취득하는 사업용 재산에 대하여 정책적으로 취득세를 면제해주되, 창업의 요건과 범위를 개별적으로 규정하면서 사업의 확장, 다른 업종의 추가 등에 대해서는 새로운 사업을 최초로 개시하는 것이 아니기 때문에 창업의 범위에서 제외하도록 규정한다고 유권해석한 바 있다.

③ 또한, 「지방세특례제한법」 제58조의3 제6항 제1호의 '합병·분할·현물출자·사업양수를 통하여 종전 사업을 승계하거나 종전 사업에 사용되던 자산을 인수·매입하여 같은 종류의 사업을 하는 경우'에서 '인수하여 같은 종류의 사업을 하는 경우'란 피합병법인이 영위하던 사업과 같은 업종을 영위하는 모든 경우를 의미한다고 봄이 타당하다 할 것이므로, 피합병법인의 사업과 동종 업종을 영위하기 위해 설립된 청구법인은 「지방세특례제한법」 제58조의3에서 말하는 '창업'에 해당한다고 보기 어렵다 할 것이다.

4 조세심판원 판단

「지방세특례제한법」 제58조의3 제1항에서 「중소기업창업 지원법」 제2조 제1호에 따른 창업을 한 기업으로서 다음 각 호의 어느 하나에 해당하는 기업이 대통령령으로 정하는 날(이하 이 조에서 "창업일"이라 한다)부터 4년 이내(대통령령으로 정하는 청년창업기업의 경우에는 5년 이내)에 창업일 당시 업종의 사업을 계속 영위하기 위하여 취득하는 부동산에 대해서는 취득세의 100분의 75를 경감한다고 규정하면서, 그 제1호에서 '2020년 12월 31일까지 수도권과밀억제권역 외의 지역에서 창업한 중소기업(이하 이 조에서 "창업중소기업"이라 한다)'을 규정하고 있다.

또한, 같은 조 제6항에서 제1항부터 제4항까지의 규정을 적용할 때 다음 각 호의 어느 하나에 해당하는 경우는 창업으로 보지 아니한다고 규정하면서, 그 제1호에서 '합병·분할·현물출자 또는 사업의 양수를 통하여 종전의 사업을 승계하거나 종전의 사업에 사용되던 자산을 인수 또는 매입하여 같은 종류의 사업을 하는 경우'를 규정하고 있고, 그 제4호에서 '사업을 확장하거나 다른 업종을 추가하는 경우 등 새로운 사업을 최초로 개시하는 것으로 보기 곤란한 경우'를 규정하고 있다.

여기서 창업으로 보지 않는 '사업의 확장'이란 중소기업을 설립하여 사업을 영위하던 기존 사업자가 사실상 동일한 형태의 중소기업을 추가로 설립하여 원시적인 사업창출의 효과가 없는 경우를 의미한다 할 것이고, 그 해당 여부는 사업자등록증 등의 형식적 기재에 의할 것이 아니라 실제 영위하는 사업의 실질적인 내용에 따라 판단하여야 할 것이며, 그 내용을 판단하기 위해서는 한국표준산업분류상의 분류기준을 기초로 한 구체적인 사업내용과 기존 사업자와의 인적·물적 시설의 유사성 등을 종합적으로 고려하여야 할 것이다.

처분청은 피합병법인과 청구법인이 각각 설립되기는 하였지만, 양 법인의 주주 구성이 유사할 뿐만 아니라 동일하게 반도체부품 제조업을 영위하다가 2019.8.30. 청구법인이 피합병법인을 흡수합병한 것으로 볼 때 사실상 청구법인의 설립이 피합병법인의 사업의 확장 등에 해당하여 이를 창업으로 볼 수 없다는 의견이다.

그러나 청구법인은 2017.9.18. 법인을 설립하면서 피합병법인의 사업장 일부를 임차하여 별도의 구분된 공간을 사용한 것으로 보이고, 소속 직원 또한 피합병법인과는 달리 채용하여 운영해 온 것으로 보이며, 생산하는 품목 또한 서로 달라 피합병법인의 종전 자산을 승계하지도 않은 것으로 보이는바, 청구법인이 피합병법인의 물적·인적 시설을 이용하여 피합병법인의 사업과 유사한 사업을 영위할 목적으로 설립되었다고 보기는 어려운 점,

피합병법인은 특허권 등이 불필요한 범용 볼트류를 단순 생산하던 일반 제조업체로서 연간 매출액이 ○○○원 정도에 지나지 않았던 반면, 청구법인은 특허권을 기반으로 하여 반도체 제조공정 중 식각공정에 들어가는 고부가가치 품목을 생산하는 특수 제조업체로서 2021년 연간 매출액이 ○○○원을 넘어서는 등 피합병법인이 영위하던 사업과는 매출규모, 거래처, 벤처기업 승인 여부 등에서 그 사업내용이 확연히 다른 것으로 보이는 점,

2019.8.30. 청구법인이 피합병법인을 흡수합병한 것은 합병시너지를 통해 사업효율을 극대화하기 위한 것으로 보이는 한편, 청구법인의 설립 이후에 일어난 피합병법인과의 합병을 이유로 청구법인의 설립이 창업에 해당하지 않는다고 보기도 어려운 점,

청구법인은 2017.9.18. 설립된 후 2018.8.13. 벤처기업으로 확인받고 그로부터 4년 이내인 2021.6.30. 쟁점부동산②를 취득하였으므로 이는 「지방세특례제한법」 제58조의3 제1항에 따른 창업감면 대상으로 보는 것이 타당한 점 등에 비추어 청구법인의 사업은 피합병법인의 사업과는 다른 사업으로서 원시적인 사업창출 효과가 있는 창업에 해당한다고 판단되므로 청구법인의 설립이 「지방세특례제한법」 제58조의3 제6항에 따른 창업이 아닌 경우에 해당한다고 보아 처분청이 이 건 감면 거부처분을 한 것은 잘못이 있다고 판단된다.

5 유사 사례

○ 대표자의 배우자가 실질적으로 동일한 종류의 사업을 운영하는 경우 중소기업창업지원법령상의 창업개념은 충족하더라도 새로운 사업을 최초로 개시하는 것으로 보기 곤란한 경우에 해당하여 지방세특례제한법 제58조의3에서 정한 창업의 범위에서 제외되는지 여부 (대법원 2022.3.17. 선고 2021두59090 판결) → 기각

창업중소기업에 대한 감면은 중소기업창업 지원법령상 "창업"의 개념을 충족한다고 하더라도 사업 확장이나 다른 업종 추가 등 새로운 사업을 최초로 개시하는 것으로 보기 곤란한 경우는 적용 제외

○ 청구법인의 설립은 새로운 사업을 최초로 개시한 것이 아니라 사업을 확장하는 것에 해당하는지 여부 (조심 2021지5801, 2023.1.5.) → 기각

청구법인은 종전법인과 별개의 법인으로 설립되었지만 실질은 종전법인의 사업을 확장한 경우로 보이므로 처분청이 청구법인의 설립을 새로운 사업을 최초로 개시한 것으로 보지 아니하여 이 건 취득세 등을 부과한 처분은 달리 잘못이 없다고 판단됨.

○ 청구법인이 개인사업자의 종전 사업을 승계한 경우에 해당된다고 보아 창업중소기업에 대한 취득세 감면대상에서 제외한 처분이 적법한지 여부
(조심 2021지5759, 2022.12.15.) → 취소

청구법인이 종전의 사업을 승계하거나, 그 사업에 사용하던 자산을 인수 또는 매입하여 같은 종류의 사업을 영위한 경우에 해당된다고 보기는 어려운 것으로 보임.

산업단지 등에 대한 감면 쟁점 사례

쟁점	산업단지 내에 소재하는 이 건 부동산을 산업용 건축물의 용도인 '물류시설을 설치 및 운영하는 사업'에 직접 사용하는 것으로 볼 수 있는지 여부
규정	「지방세특례제한법」(2010.12.27. 법률 제10417호로 개정된 것) 제78조(산업단지 등에 대한 감면) ④「산업입지 및 개발에 관한 법률」에 따라 지정된 산업단지와 「산업집적활성화 및 공장설립에 관한 법률」에 따른 유치지역 및 「산업기술단지 지원에 관한 특례법」에 따라 조성된 산업기술단지에서 산업용 건축물 등을 신축하거나 증축하려는 자(공장용 부동산을 중소기업자에게 임대하려는 자를 포함한다)가 취득하는 부동산에 대하여는 2012년 12월 31일까지 취득세를 면제하고, 그 부동산에 대한 해당 납세의무가 최초로 성립하는 날부터 5년간 재산세의 100분의 50을 경감(수도권 외의 지역에 있는 산업단지의 경우에는 면제)한다. 다만, 그 취득일부터 3년 이내에 정당한 사유 없이 산업용 건축물 등의 용도로 직접 사용하지 아니하는 경우 또는 그 사용일부터 2년 이상 산업용 건축물 등의 용도로 직접 사용하지 아니하고 매각(해당 산업단지관리기관 또는 산업기술단지관리기관이 환매하는 경우는 제외한다)·증여하거나 다른 용도로 사용하는 경우에 해당 부분에 대하여는 감면된 취득세 및 재산세를 추징한다.
결정	「산업집적활성화 및 공장설립에 관한 법률 시행령」 제6조 제5항 제3호 및 「물류정책기본법」 제2조 제1항 제4호 가목을 보면, 「지방세특례제한법 시행령」 제29조 제2호의2 "그 밖에 물류시설"이란 창고 및 화물터미널을 제외한 화물 운송 및 보관시설 등을 말한다고 보이는 점 등에 비추어 이 건 부동산은 「지방세특례제한법」 제78조 제4항 및 같은 법 시행령 제29조 제1호의 산업용 건축물 등에 해당된다 할 것이다.
	조심 2015지1951, 2017.6.26. 취득세 취소

2 사실관계

① 처분청은 청구법인이 2013.7.19. ○○○에 소재한 ○○○토지 15,284.9㎡(이하 "이 건 토지"라 한다)와 2014.9.1. 그 지상에 신축한 건축물 5,620.27㎡(이하 "이 건 건축물"이라 하고, 이 건 토지를 포함하여 "이 건 부동산"이라 한다)에 대하여 산업단지 내에 산업용 건축물 등을 건축하려는 자가 취득하는 부동산으로 보아「지방세특례제한법」제78조 제4항에 따라 취득세의 100분의 75를 경감하였다.

② 처분청은 청구법인에 대한 세무조사를 실시하여 이 건 부동산은 제조시설이 없이 타 지역에서 생산된 자사제품을 운송·보관·하역하기 위한 건축물로서「지방세특례제한법」제78조 제4항 및 같은 법 시행령 제29조에서 규정하고 있는 산업용 건축물 등의 범위에 해당하지 아니하는 것으로 보아 2015.9.14. 청구법인에게 이 건 부동산에 대하여 기 경감한 취득세 ○○○농어촌특별세 ○○○지방교육세 ○○○합계 ○○○을 부과·고지하였다.

3 청구법인 주장 및 처분청 의견

(1) 청구법인 주장

① 「지방세특례제한법」제78조 제4항에서 산업용 건축물 등을 신축하고자 취득하는 부동산에 대하여 취득세를 면제한다고 규정하고 있고, 같은 법 시행령 제29조 제1호에서 '산업용 건축물 등'이란 공장 및 이와 직접 관련된 유통시설용 건축물이라고 규정하고 있으며, 유통시설용 건축물이란「유통산업발전법」제2조 제1호에 따라 공산품의 도매·소매 및 이를 경영하기 위한 보관·배송·포장 등에 사용되는 건축물을 말한다고 할 것인바, 이를 종합하여 보면, 공장 및 이와 직접 관련된 유통시설용 건축물이란 반드시 공장과 같은 공간(산업단지)에 있어야만 한다거나 당해 산업단지 내 소재하는 공장에서 생산된 공산품만을 유통하기 위한 시설만을 말하는 것이 아니라 공산품의 생산 및 유지·보수에 직접 관련된 유통시설을 말한다고 할 것이므로 자동차 부품 공장을 운영하는 청구법인이 협력업체가 생산한 자동차 A/S용 부품을 고객사에게 납품하기 전까지 보관하는 이 건 부동산은 산업단지 내에 소재하는 산업용 건축물로서 공장의 운영(생산 및 유지보수)과 직접 관련된 유통시설용 부동산이므로 취득세 면제

대상에 해당된다.

② 청구법인의 진주부품사업소인 이 건 부동산은 청구법인이 거래하는 주요 부품을 물류센터 또는 협력업체로부터 이관하여 다른 부품사업소로 이관하거나 관리하고 있는 대리점 등에 발송하고 있고, 진주부품사업소는 진주, 거제, 사천, 통영의 4개 시와 고성, 의령, 남해, 함안, 함양, 하동, 합천, 산청의 8개 군을 관할하고 있으며, 협력업체 등으로부터 공급받은 자동차용 부품을 일정기간 보관하는 용도로 사용하고 있으므로 이는 「지방세특례제한법 시행령」 제29조 제2호의 '물류시설을 설치 및 운영하는 사업'(이하 "이 건 물류사업"이라 한다)에 사용하는 부동산이라고 할 것임에도 처분청이 당해 부동산의 소유자가 자기를 위하여 물류를 보관하는 것은 이 건 물류사업에 해당되지 않는다고 보아 이 건 취득세 등을 추징한 처분은 위의 조항을 지나치게 좁게 해석한 것으로서 부당하다.

③ 설령, 청구법인이 이 건 부동산을 물류사업 용도에 직접 사용하지 않았다고 하더라도 처분청이 이 건 부동산을 물류사업용 부동산으로 보아 취득세를 면제하였을 뿐만 아니라, 그 후 처분청이 하루라도 빨리 이 건 취득세 등(본세)을 부과하였다면 청구법인의 입장에서는 납부불성실가산세를 부담하지 않았을 것이고 이는 처분청의 귀책이라고 할 것인바 이 건 취득세 등 중 가산세는 취소되어야 한다.

(2) 처분청 의견

① 「지방세특례제한법」 제78조 제4항 및 같은 법 시행령 제29조에 따라 감면이 가능한 「산업집적활성화 및 공장설립에 관한 법률 시행령」 제6조 제5항에 따른 "창고업"이라 함은 한국표준산업분류(분류코드 5210, 보관 및 창고업)에서 "수수료 또는 계약에 의하여 타인 또는 타 사업체의 가구, 자동차 목재, 가스 및 석유, 화학물질, 섬유, 곡물, 냉동물, 식품 및 농산물 등 각종 물품의 보관설비를 운영하는 산업활동을 말한다. 물품 보관과 관련된 분류, 선별 등 물류업무를 수행할 수도 있다."라고 규정하고 있으므로 수수료 또는 계약에 의하여 타인 또는 타 사업체의 물품 등을 보관하는 "창고업"을 영위하는 것이 아니라, 단순히 자신의 물품을 보관하는 물류창고 등의 용도로 사용하는 경우에는 창고업을 영위하는 것으로 볼 수 없다(조심 2008지196, 2008.7.2., 같은 뜻임).

② 「지방세특례제한법」에서 "물류시설업"의 정의에 대하여 별도로 규정을 두고 있지 아

니하므로, 물류시설 관련 법령에 따라 해석함이 타당하다 할 것이고, 청구법인이 취득한 사천부품사업소는 제조시설 없이 타지역에서 생산된 자사 및 협력업체의 제품을 보관하면서 다른 부품사업소로 이관하거나 대리점 등에 발송하는 업무를 수행하고 있고, 비록 이 건 부동산이 외관상 물류시설의 형태를 갖추었다고 하더라도, 화주의 수요에 따라 유상으로 화물을 보관하는 물류창고업을 영위하는 것이 아니라 자사에서 제조한 자동차부품을 보관하는 물류창고의 용도로 사용하고 있는 사실에 비추어, 「지방세특례제한법」 제78조 제4항 및 같은 법 시행령 제29조에서 규정한 감면 대상 산업용 건축물 등에 해당한다고 보기 어렵다.

③ 신고·납부방식의 조세에 있어서는 원칙적으로 납세의무자가 스스로 과세표준과 세액을 정하여 신고하는 행위에 의해 납세의무가 구체적으로 확정되는 것으로, 처분청은 청구법인의 감면신청이 적법한 것으로 신뢰하여 취득세 등의 감면결정을 하였고, 추후 관련 자료를 확인한 결과 감면 결정이 적법한 것이 아닌 것으로 확인되는 경우 청구법인의 감면신청에 따라 처분청이 취득세 등을 면제하였다 하더라도 그것이 관계 법령에 어긋나는 것임이 명백한 때에는 그러한 사유만으로 가산세를 면제할 정당한 사유가 있다고 보기는 어렵다.

4 조세심판원 판단

「지방세특례제한법」 제78조 제4항에서 산업단지에서 산업용건축물 등을 신축하거나 증축하려는 자가 취득하는 부동산에 대하여는 2012년 12월 31일까지 취득세를 면제하고, 그 부동산에 대한 해당 납세의무가 최초로 성립하는 날부터 5년간 재산세의 100분의 50을 경감하되 그 취득일부터 3년 이내에 정당한 사유 없이 산업용 건축물 등의 용도로 직접 사용하지 아니하는 경우 또는 그 사용일부터 2년 이상 산업용 건축물 등의 용도로 직접 사용하지 아니하고 매각·증여하거나 다른 용도로 사용하는 경우에 해당 부분에 대하여는 감면된 취득세 및 재산세를 추징한다고 규정하고 있고, 같은 법 시행령 제29조 제2호는 폐기물 수집운반·처리 및 원료재생업, 폐수처리업, 창고업, 화물터미널 또는 그 밖에 물류시설을 설치 및 운영을 위한 사업용 건축물을 산업용 건축물로 규정하고 있으며, 「물류정책기본법」 제2조 제1항 제2호에서 "물류사업"이란 화주의 수요에 따라 유상으로 물류활동을 영위하는 사업으로 화물운송업과 창고 등 물류시설을 운영하는 물류시설운영업 등을 말한다고 규정하고 있고, 같은 항 제4호에서 "물류시설"이란 화물의 운송·보관·하역을 위한 시설 등으로 규정하고 있다.

살펴건대, 「산업집적활성화 및 공장설립에 관한 법률 시행령」 제6조 제5항 제3호 및 「물류정책기본법」 제2조 제1항 제4호 가목을 종합하여 보면, 「지방세특례제한법 시행령」 제29조 제2호의 "그 밖에 물류시설"이란 창고 및 화물터미널을 제외한 화물 운송 및 보관시설 등을 말한다고 보이는 점, '조세법규의 엄격해석원칙'상 「물류정책기본법」 제2조 제1항 제2호의 물류사업(창고업 등)과 그 밖의 물류시설을 설치·운영하는 사업은 다른 업종이라고 보아야 하는 점[창고업 등과 같은 물류사업의 경우 타인(화주)으로부터 대가를 받고 화물을 운송하거나 보관하는 사업인 반면, 그 밖의 물류시설을 설치·운영하는 사업은 그 유상성을 기반으로 하지는 않는다 할 것임], 「물류정책기본법」 제2조 제1항 제4호 가목의 물류시설은 화물의 운송·보관·하역을 위한 시설을 망라하므로 물류사업자 소유의 창고·화물터미널뿐만 아니라 물류사업을 하지 않는 자가 소유하는 화물의 운송·보관·하역시설도 포함되고 여기에는 자기 소유 제품의 운송 및 보관을 위한 물류시설 등도 당연히 포함된다고 보아야 하는 점, 2005.1.5. 「지방세법 시행령」 제224조의2의 공장용 건축물을 산업용 건축물로 개정한 이유가 산업단지 내 물류산업 체계를 합리화하고 물류시설용 부동산에 대한 세제지원을 확대하고자 하는데 있는 것으로 확인되는 점, 이 건 부동산에 보관하고 있는 자동차 부품은 대부분 완성차 업체 또는 완성차 업체가 직영하는 자동차정비공장 등에 공급되어 원자재로 사용되고 있는 점, 자동차 부품의 효과적인 수급 및 물류비용의 절감을 위해서는 공장 소재지와 관계없이 전국 각지의 물류중심지에 이 건 부동산과 같은 물류시설을 설치·운영할 수밖에 없다고 보이는 점, 생산에 필요한 원자재 등을 다른 생산자에게 공급하기 위하여 산업단지 내에 설치한 물류시설은 취득세가 면제되는 산업용 건축물 등에 해당된다고 보는 것이 산업단지 활성화를 위하여 신설 및 개정된 「지방세특례제한법」 제78조 제4항의 입법취지에 부합한다고 보이는 점 등에 비추어 이 건 부동산은 「지방세특례제한법」 제78조 제4항 및 같은 법 시행령 제29조 제1호의 산업용 건축물 등에 해당된다고 할 것이므로 청구법인이 이 건 부동산을 취득한 날부터 3년 이내에 정당한 사유 없이 산업용 건축물 등에 직접 사용하지 않았다고 보아 처분청이 이 건 취득세 등을 부과한 처분은 잘못이 있다고 판단된다.

5 **유사 사례**

○ 산업단지 내에 신축한 은행의 전산센터가 산업용 건축물로서 취득세 감면대상에 해당
하는지 여부 (조심 2020지0165, 2020.8.6.) → 기각

은행의 내부전산센터는 대외적으로 독립적으로 금융정보서비스를 영위하는 사업장이라기
보다는 은행업과 관련된 업무용 건축물에 불과하다고 할 것으로 이러한 은행업과 관련된
건축물을 지특법 시행령 제29조 제1항 제3호의 정보통신사업에 공여되는 산업용 건축물로
보기는 어렵다 하겠음.

○ 가스시설이 이 사건 산업단지 내 입주기업체에 가스를 공급하기 위한 시설이 아니더
라도 취득세의 경감대상이 될 수 있는지
  (대법원 2021.12.25. 선고 2021두42863 판결) → 기각

조세법률주의 원칙상 이 사건 경감조항에 따라 취득세 등의 경감을 받기 위하여 이 사건
가스시설이 산업단지 내의 입주기업체에게 가스를 공급, 지원하기 위한 건축물일 것이라는
요건이 추가로 필요하다고 볼 수 없음.

○ 산업단지 내 쟁점토지를 취득일부터 3년 이내에 직접 사용하지 않았다고 보아 취득세
등을 추징한 처분의 당부 (조심 2022지1242, 2023.8.22.) 취소

이 건 토지에 제2공장을 신축하고 나머지인 쟁점토지를 나대지 상태로 보유하고 있다 하더
라도 실제 쟁점토지 중 체육시설(축구장) 등은 「지방세법 시행규칙」 제52조 제7호에 따라
공장용 건축물에 포함되고 또한 유예기간 이후이기는 하나 2021.8.5. 유량조정시설을 설치
하였고, 2022.8.11. 폐수처리시설을 설치하기 위해 21.5억 원 규모의 도급계약을 체결한 사
실 등에 비추어 이러한 여유공간이 언제든지 당초 취득 목적인 공장의 용도로 사용할 수
있는 토지에 해당되는 것으로 보이는 점, 청구법인이 이 건 토지 중 쟁점토지에 대하여만
별도로 필지를 분할하였거나 별도 구획을 하여 공장 이외의 다른 용도로 사용한 사실이
없고, 쟁점토지를 제3자에게 임대한 사실도 나타나지 아니하는 점 등에 비추어 단일 필지
인 이 건 토지 중 쟁점토지를 추징대상으로 본 것은 합리적이지 않음.

임대주택사업자에 대한 감면 쟁점 사례

쟁점	건설임대주택사업자가 취득한 쟁점토지에 대해 임대사업자등록증상 임대목적물을 쟁점토지 취득일부터 60일 이내에 미기재한 사유로 지특법 제31조 제1항에 따른 감면을 배제한 처분이 부당하다는 청구주장의 당부
규정	「지방세특례제한법」(2020.8.12. 법률 제17474호로 일부 개정되기 전의 것) 제31조(임대주택 등에 대한 감면) ① 「공공주택 특별법」에 따른 공공주택사업자 및 「민간임대주택에 관한 특별법」에 따른 임대사업자(<u>임대용 부동산 취득일부터 60일 이내에 해당 임대용 부동산을 임대목적물로 하여 임대사업자로 등록한 경우를 말한다.</u> 이하 이 항에서 "임대사업자"라 한다)가 임대할 목적으로 공동주택(해당 공동주택의 부대시설 및 임대수익금 전액을 임대주택관리비로 충당하는 임대용 복리시설을 포함한다. 이하 이 조에서 같다)을 건축하는 경우 그 공동주택과 임대사업자가 임대할 목적으로 건축주로부터 공동주택 또는 「민간임대주택에 관한 특별법」 제2조 제1호에 따른 준주택 중 오피스텔(그 부속토지를 포함한다. 이하 이 조에서 "오피스텔"이라 한다)을 최초로 분양받은 경우 그 공동주택 또는 오피스텔에 대해서는 다음 각 호에서 정하는 바에 따라 지방세를 2021년 12월 31일까지 감면한다. 다만, 토지를 취득한 날부터 정당한 사유 없이 2년 이내에 공동주택을 착공하지 아니한 경우는 제외한다.
결정	쟁점토지를 취득할 당시에는 임대목적물이 특정되지 않아 쟁점토지를 취득한 날부터 60일 이내에 임대목적물을 등록하기란 사실상 불가능한 상태로 보이고, 공공지원민간임대주택에 대한 사업계획승인일을 전후하여 그 사업이 구체화 된 시점에야 비로소 임대목적물이 특정되어 청구법인이 임대목적물을 등록할 수밖에 없었던 부득이한 사정이 있었던 것으로 보이므로 청구법인들은 건설임대사업자로서 공공지원민간임대주택을 공급하였던 것이 분명한 이상, 다른 임대사업자와는 다르게 쟁점 규정에 따른 취득세 감면을 인정하는 것이 타당하다고 판단됨.
	조심 2021지2944, 2022.10.14. 취득세 취소

2 사실관계

① 청구법인 주식회사 AAA와 주식회사 AAA개발은 2020.5.27.·2020.6.16.·2020.6.23. ○○○ 외 2필지와 같은 시 ○○○ 외 3필지(7필지를 합하여 이하 "쟁점토지"라 한다)를 총 합계 ○○○원에 각 취득하고 「지방세특례제한법」(2020.8.12. 법률 제17474호로 개정되기 전의 것, 이하 "지특법"이라 한다) 제31조 제1항(이하 "쟁점 규정"이라 한다)에 의한 감면을 적용하여 취득세 등 합계 ○○○원을 각 신고·납부하였다.

② 이후 청구법인들은 2020.7.24.·2020.8.14. 본점 소재지인 ○○○으로부터 「민간임대주택에 관한 특별법」(이하 "민간임대주택법"이라 한다) 제5조 및 같은 법 시행규칙 제2조 제4항에 따라 임대사업자등록증을 신청하여 2020.7.28. 및 2020.8.17. 교부받았다.

③ 한편, ○○○은 2020.12.31.·2021.1.21. 쟁점토지 일원에 대해 공공지원임대주택공급촉진지구 조성 및 지구단위계획을 승인하고 지형도면을 고시하였고, 청구법인들을 동 사업의 사업시행자로 지정(○○○ 제2020-594호, 2020.12.31. 및 ○○○ 제2021-38호, 2021.1.21.)하였으며, 청구법인들은 2020.11.24.·2021.1.8. 쟁점토지 위에 건설(예정) 임대주택을 임대목적물로 하여 당초 임대사업자등록증을 변경·등록하였다.

④ 처분청은 청구법인들이 쟁점토지를 취득일(2020.5.27.·2020.6.16.·2020.6.23.)부터 60일 이내에 임대목적물로 등록하지 아니한 것으로 보아 2021.5.10.·2021.5.13. 청구법인들에게 기 감면을 부인하여 취득세 등 합계 ○○○원을 각 부과·고지(이하 "이건 부과처분"이라 한다)하였다.

3 청구법인들 주장 및 처분청 의견

(1) 청구법인들 주장

① 쟁점 규정을 보면, 임대사업자가 임대목적물을 60일 이내에 등록을 하여야 하는 것으로 규정하고 있으나, 청구법인들과 같은 「주택법」 제4조에 따라 주택건설사업등록증을 득하고 이에 근거하여 임대사업자등록을 한 사업자에게까지 동일하게 적용하는 것은 다음과 같은 민간임대주택사업법의 임대사업자 규정을 잘못 이해하여 기인한 것으로 볼 수 있다.

쟁점 규정 등 지방세법령에서는 임대사업자의 정의를 별도로 두고 있지 아니하여 '민간임대주택법상 임대사업자'의 용어를 차용하고 있는데, 이때 임대사업자는 '임대사업을 목적으로 민간임대주택을 취득하고 법 제5조에 따른 임대사업자등록을 한 자'로 정의된다고 볼 수 있다.

민간임대주택법상 임대사업의 종류는 "민간건설임대주택, 민간매입임대주택, 공공지원민간임대주택, 장기일반주택"으로 크게 구분할 수 있고(제2조), 이때 '공공지원민간임대주택'은 민간임대주택법 제22조에서 지정하는 공공지원민간임대주택 공급촉진기구의 민간건설임대주택을 의미한다.

민간임대주택법 제5조에서는 "주택을 임대하려는 자는 지방자치단체의 장에게 등록을 신청하고(제5조 제1항), 등록 당시 반드시 민간건설임대주택, 민간매입임대주택, 공공지원민간임대주택, 장기일반민간임대주택"으로 종류를 구분하여 등록해야 하고(제5조 제2항), 시·군·구청장은 등록기준에 적합한지를 확인한 후 적합한 경우에는 등록대장에 올리고 신청인에게 등록증을 발급하여야 하며(제5조 제4항 및 같은 법 시행령 제4조 제5항), 위 등록기준에 적합하지 아니하는 등 사유가 존재하면 등록신청을 거부할 수 있고(제7항), 등록 및 신고의 기준과 절차는 대통령령에 위임(법 제6항)하고 있다.

다시 말해서 임대사업자는 위 규정에 따라 민간건설·매입임대주택, 공공지원민간임대주택 등으로 구분하여 등록신청하고, 지방자치단체의 장은 그 등록절차와 기준을 적용하여 수리 여부를 결정하고 있다. 민간임대주택법 시행령 제4조 제1항 제1호 및 제2호, 시행규칙 제2조 제1항을 보면, 임대사업자로 등록을 할 수 있는 자의 범위(이하 "제1방법에 의한 등록")를 다음과 같이 구분하고 있다. 또한 민간임대주택법 시행령 제4조 제1항 제3호 및 시행규칙 제2조 제1항을 보면, 위 '제1방법에 의한 등록'과는 별개로 임대사업자등록("제2방법에 의한 등록")을 다음과 같이 허용하고 있다. 위와 같이 임대사업을 하려는 자는 큰 틀에서 위 제1방법 및 제2방법에 의한 등록을 할 수 있고, 그 등록을 위하여 시행령의 위임을 받은 시행규칙 제2조 제1항에서 정한 서면을 첨부하여 주택 종류를 구별하여 임대사업자신청을 하면 되는 것이며, 지방자치단체의 장은 기준과 요건에 부합하면 신고 수리를 해야 하고 그 임대사업자등록증을 통하여 민간임대주택법의 임대사업자가 되는 것이다.

② 청구법인들은 2020.5.19. · 2020.5.21. 주택건설사업자 등록을 하고 2020.7.24. · 2020.8.14. 위 주택건설사업자등록증을 첨부하여 본점 소재지인 ○○○에게 임대사업자 등록을 신청하였고, ○○○은 2020.7.25. · 2020.8.17. 임대사업자등록증을 발급하였는데, 이는 위 제2방법에 의한 취득에 해당한다.

청구법인들은 2020.5.27. ~ 2020.6.23. 기간 동안 쟁점토지를 취득하고 ○○○은 2020.12.31. · 2021.1.21. 청구법인들을 사업시행자로 지정하고, 쟁점토지 위에 공공지원민간임대주택공급촉진지구를 승인 · 고시(○○○ 제2020-594호, 2020.12.31., 제2021-38호, 2022.1.21.)하였다.

민간임대주택법 시행령 제4조 제7항을 보면, "임대사업자등록증 내용 중 변경사유가 발생하면 그날부터 30일 이내에 임대사업자의 주소지를 관할하는 지방자치단체의 장에게 신고하여야 한다"고 규정하고 있는데, 쟁점토지는 2020.12.31. · 2021.1.21. 공공지원민간임대주택으로 확정되었고, 청구법인들은 사업시행자로서 2020.11.24. · 2021.1.8. 임대사업자등록증에 ○○○와 협의된 내용을 토대로 '주택종류: 공공지원민간임대주택, 주택구분: 건설'로 하여 임대사업자등록증 내용에 대한 변경신청을 하였으며, ○○○도 이를 수리하였다.

③ 처분청은 쟁점토지 취득일부터 60일 이내에 신청하여 발급받은 임대사업자등록증에 위 기재사항이 없고, 이후 임대목적물을 추가한 시점이 취득일부터 60일이 경과하였다는 사유로 이 건 부과처분을 하였다.

하지만, 청구법인들은 2020.7.28. · 2020.8.17. 주택건설사업자등록증을 첨부하여 ○○○구청장에게 쟁점토지의 취득일부터 60일 이내 임대사업자등록증을 신청하여 발급받았고, 물론 쟁점토지는 그 등록증 서식에 '건물'에 대한 기재만 할 뿐이지 토지에 대한 기재할 공간이 없어 임대목적물로 등록하지 못하였을 뿐인데, 이를 고려하지 아니한 채 처분청이 임대사업자등록증에 토지도 기재하였어야 한다고 요구하는 것은 물리적으로 불가능한 행위를 요구하는 것으로서 부당하고, ○○○구청장이 적법하게 발급한 임대사업자등록증의 효력을 부인하는 것이다.

제1방법(매입임대주택 등)에 의한 등록은 임대할 주택을 개별적 · 구체적으로 특정해야 하는 것이므로 그 등록신청서상 첨부된 서류에 "민간임대주택 소재지, 주택구분, 주택종류, 주택유형, 전용면적, 주택 등록일"의 사항 등 임대목적물을 기재하여야 하고, 이를 기재하지 아니하면 임대사업자등록이 거부될 수 있는 것이다. 하지만, 청구법인들과 같은 제2방법(건설임대주택 등)에 의한 임대사업등록 중 주택건설사업자는 주택건설사업등록증을 첨부하여 임대사업등록을 득하는 것일 뿐, 건물 등의 기재사항을 구체적으로 특정하지 아니하는 것으로서 제1방법에 의한 등록과는 달리 볼 수 있다.

만약 임대사업을 하려는 자에게 제1방법에 의한 등록만을 요구한다면, '임대주택의 건설 및 분양을 촉진하여 서민의 장기적인 주거생활의 안정을 도모하는데 한계'가 발생하고, 그러므로 그 한계를 극복할 목적으로 사업자의 특성상 대단위로 주택을 건설·매입하여 임대를 하는 등 주택임대가 당연히 예정되어 있는 사업의 경우에는 이를 완화하여 임대사업자등록증을 부여하고자 제2방법에 의한 임대사업자등록 취득을 별도로 정하고 있는 것이다. 그렇기 때문에 제2방법에 의한 임대사업자등록을 원하는 자는 등록신청서상 임대주택에 대한 구체적인 기재 없이도 개별법령에서 엄격하게 요구하는 인적·물적 요건을 충족하여 관할관청으로부터 허가를 득한 주택건설사업자등록증, 부동산투자회사영업인가증 등을 첨부하여 제출하더라도 임대사업자 자격을 취득할 수 있는 것이다.

위와 같이 볼 때 청구법인들이 2020.7.24.·2020.8.17. 주택건설사업자등록증을 첨부하여 "민간임대주택 소재지, 주택구분, 주택종류, 전용면적, 주택등록일"의 기재가 전혀 없이 ○○○구청장으로부터 취득한 임대사업자등록증은 적법하다 할 것이다. 또한 임대사업자등록의 실질적 수리권한을 지닌 ○○○구청장이 임대목적물 등의 구체적인 기재가 없음에도 불구하고 당초 신고된 임대차등록증을 수리하여 등록증을 발급한 것을 보더라도 적법한 등록으로 인정되는 것이다.

④ 청구법인들은 2020.12.31.·2021.1.21. 쟁점토지가 '공공지원임대주택(역세권 청년주택) 공급촉진지구'로 승인·고시된 즈음인 2020.11.24.·2021.1.8. 임대목적물을 기재하여 임대사업자등록 변경을 적법하게 하였는데, 이 건 부과처분은 이를 부인하는 것으로서 부당하다.

민간임대주택법 제4조 제7항은 "임대사업자 등록사항의 변경사유가 발생하면 30일 이내에 임대사업자 주소지를 관할하는 지방자치단체의 장 또는 해당 민간임대주택의 소재지 관할 지방자치단체의 장에게 변경신고를 하여야 한다"고 규정하고 있다. 쟁점토지는 2020.12.31. · 2021.1.21. 공공지원임대주택공급촉진지구로 고시되었는데, 청구법인은 ○○○와 협의된 내용을 토대로 2020.11.24. · 2021.1.7. 그동안 빈칸으로 되어 있던 임대주택사업자등록증의 각 란에 "민간임대주택 소재지 ○○○ 일원 공공 16평 16세대, 주택구분: 건설, 주택종류: 공공지원 민간임대주택, 주택유형: 아파트, 전용면적, 주택등록일"을 추가로 기재 작성하여 제출하였고 이는 정당한 절차에 의한 것이라 할 수 있다. 또한 위 임대사업자등록 및 변경에 대하여 실질적 심사권을 가지고 있는 지방자치단체의 장이 이를 수리하였으므로 그 적법성이 증명되는 것이라 할 수 있다. 그러나 처분청이 이를 인정하지 아니한 것은 임대사업자의 법리를 오해한 잘못이 있는 것이라 하겠다.

⑤ 쟁점 규정의 입법 취지는 임대주택 건설 및 분양을 촉진하여 서민의 장기적인 주거생활의 안정을 도모하기 위한 것이라는 점을 고려해 보더라도 임대사업자 취득세 감면조항을 악용하거나 악용할 위험이 없다면 가능하면 포섭하는 것이 타당하다. 그런 의미에서 접근해 볼 때, 쟁점 규정에서의 취득일로부터 60일 이내에 임대사업자에 등록할 사항은 건설된 임대용 부동산이나 매입용 임대부동산을 의미하는 것이라고 해석하는 것이 타당하다. 따라서 처분청이 청구법인들에게 이 건 부과처분을 한 것은 부당하다.

(2) 처분청 의견

① 쟁점 규정(지특법 제31조 제1항)은 "「공공주택 특별법」에 따른 공공주택사업자 및 「민간임대주택에 관한 특별법」에 따른 임대사업자(임대용 부동산 취득일부터 60일 이내에 해당 임대용 부동산을 임대목적물로 하여 임대사업자로 등록한 경우를 말한다. 이하 이 조에서 "임대사업자"라 한다)가 임대할 목적으로 공동주택을 건축하는 경우 그 공동주택에 대해서는 지방세를 2021년 12월 31일까지 감면한다"고 규정하고 있다.

② 민간임대주택법 제5조에서 "주택을 임대하려는 자는 구청장 등에게 등록을 신청할 수 있다"고 규정하고 있고, 같은 법 시행령 제4조에서 "제1항에서 법 제5조 제1항에 따라 임대사업자로 등록할 수 있는 자는 다음 각 호와 같다고 규정하면서, 그 제2호 가목에서 "민간임대주택으로 등록할 주택을 건설하기 위하여 「주택법」 제15조에 따른 사업계획승인(이하 "사업계획승인"이라 한다)을 받은 자", 그 제3호 가목에서 "주

택법 제4조에 따라 등록한 주택건설사업자 등"으로 규정하고 있다.

③ 조세법률주의의 원칙에서 파생되는 엄격해석의 원칙은 과세요건에 해당하는 경우는 물론 비과세 및 조세감면요건에 해당하는 경우에도 적용되는 것으로서, 납세자에게 유리하다고 하여 비과세요건이나 조세감면요건을 합리적 이유 없이 확장해석하거나 유추해석하는 것은 조세법의 기본이념인 조세공평주의에 반하는 결과를 초래하게 될 것(대법원 2006.5.25. 선고 2005다19163 판결 참조)이다.

④ 이러한 엄격해석 원칙은 지특법상 비과세 및 조세감면요건에도 해석한다 할 것인데, 쟁점토지에 대하여도 그 취득일부터 60일 이내에 민간임대주택법에 따라 임대목적물로 등록하여야 하고, 설령 등록된 임대사업자가 주택건설사업자라 히더리도 이를 달리 볼 것은 아니다.

⑤ 위 규정에서의 감면 취지를 보더라도 건설임대주택사업자에게 '임대용 부동산 취득일부터 60일 이내에 해당 임대용 부동산을 임대목적물로 하여 등록한 경우'를 매입임대주택사업자의 경우와 달리 해석·적용하는 것은 타당하지 아니하다.

쟁점 규정의 감면 취지는 "임대주택의 건설 및 분양을 촉진하여 서민의 장기적인 주거생활의 안정을 도모하기 위하여 임대사업자가 취득한 임대주택에 대하여 취득세 등 감면의 혜택을 주되, 그 감면 대상 범위를 일정한 기준에 따라 제한하기 위한 것이고, 감면 대상은 민간임대주택으로 등록할 주택을 건설하기 위하여 「주택법」 제15조에 따른 사업계획승인을 받은 자 또는 「주택법」 제4조에 따라 등록한 주택건설사업자 등이다.

또한, 위 주택건설사업자 등은 「민간임대주택에 관한 특별법」 제5조에 따라 임대사업자로 등록을 신청할 수 있는데, 해당 임대사업자 중 임대용 부동산 취득일부터 60일 이내에 해당 임대용 부동산을 임대목적물로 하여 임대사업자로 등록한 자만이 위 지특법 제31조 제1항에 따른 취득세 감면을 받을 수 있는 것이다.

⑥ 즉, 쟁점 규정의 취지는 임대목적물 등록요건을 갖춘 임대사업자의 경우는 지방세를 감면하고, 그렇지 아니한 경우는 처음부터 감면대상에서 제외하여 원칙대로 과세하는 것으로, 청구법인들은 쟁점토지를 취득일부터 60일 이내에 임대목적물 등을 등록

하여야 하는 요건을 갖추지 아니하였으므로 쟁점 규정에 따른 취득세 감면이 적용될 수 없다.

⑦ 쟁점 규정의 개정연혁을 보면, 2016.12.27. 법률 제14477호로 개정되기 전의 지특법 제31조 제1항에서는 민간임대주택법에 따른 감면대상 임대사업자를 '임대용 부동산을 취득일로부터 60일 이내에 임대사업자로 등록한 경우를 포함한다'라고 규정하였다가, 2016.12.27. 개정으로 감면대상 임대사업자를 '임대용 부동산 취득일로부터 60일 이내에 해당 임대용 부동산을 임대목적물로 하여 임대사업자를 등록한 경우를 말한다'로 개정하였다. 위 개정은 개정 전 단순히 '임대용 부동산의 취득'과 '임대사업자 등록'만을 일정 기한 내에 하면 감면 요건을 충족한 것으로 정하였던 것에 비교하여, 그 개정 후 '취득한 해당 부동산(임대용 부동산)을 임대사업의 목적물로 특정하여' 일정한 기한 내에 임대사업자 등록을 하는 경우에만 감면 규정을 적용하도록 하여 감면대상자를 더욱 명확히 하였다고 볼 수 있다.

⑧ 위와 같이 청구법인들은 쟁점주택의 취득일부터 60일 이내에 쟁점토지를 임대목적물로 하여 임대사업자를 등록하지 아니한 이상, 쟁점 규정에 따른 취득세를 감면할 수 없음이 분명하다. 또한, 청구법인들이 주택건설사업계획의 승인을 득하기까지 다소 시일이 소요되어 쟁점토지의 취득일부터 60일 이내에 임대목적물로 등록하지 못할만 한 사정이 있다는 주장에 대하여 개별 임대사업자의 주관적·개별적 사정을 고려하여 법을 해석·적용하는 것은 법적안정성 및 예측 가능성을 해칠 우려가 있으므로 그 주장을 받아들일 수 없다.

4 조세심판원 판단

2020.8.12. 법률 제17474호로 일부 개정되기 전의 지특법 제31조 제1항에서는 "「공공주택 특별법」에 따른 공공주택사업자 및 「민간임대주택에 관한 특별법」에 따른 임대사업자(임대용 부동산 취득일부터 60일 이내에 해당 임대용 부동산을 임대목적물로 하여 임대사업자로 등록한 경우를 말한다. 이하 이 항에서 "임대사업자"라 한다)가 임대할 목적으로 공동주택을 건축하는 경우 그 공동주택에 대해서는 다음 각 호에서 정하는 바에 따라 지방세를 2021년 12월 31일까지 감면하되, 다만 토지를 취득한 날부터 정당한 사유 없이 2년 이내에 공동주택을 착공하지 아니한 경우는 제외한다"고 규정하고 있고, 위 각 호에서는 제1호에

서 "전용면적 ○○○제곱미터 이하인 공동주택 또는 오피스텔을 취득하는 경우에는 취득세를 면제한다"고 되어 있고, 제2호에서 "「민간임대주택에 관한 특별법」 또는 「공공주택특별법」에 따라 8년 이상의 장기임대 목적으로 전용면적 ○○○제곱미터 초과 ○○○제곱미터 이하인 임대주택(이하 이 조에서 "장기임대주택"이라 한다)을 20호(戶) 이상 취득 등의 경우 취득세의 100분의 50을 경감한다"라고 규정하고 있다.

처분청은 청구법인들이 쟁점토지의 취득일부터 60일이 경과하여 임대목적물을 등록하였으므로 쟁점 규정을 위반한 것으로서 이 건 부과처분을 한 것이 타당하다는 의견이나, 아래와 같은 사정들에 비추어 청구법인들이 쟁점토지를 취득하고 60일 이내에 임대사업자등록증상에 임대목적물을 기재하지 아니하였다고 하더라도 쟁점 규정에 따라 취득세를 감면하는 것이 타당하다(조심 2021지396, 2022.5.3., 같은 뜻임) 하겠다.

① 지특법 제31조 제1항의 주택임대사업자에 대한 감면 조항은 임대주택건설 활성화를 통한 서민의 주거안정 지원에 그 취지가 있다 할 것으로, 비록 건설임대사업자가 임대주택용 부지를 취득하면서 바로 임대목적물을 등록하지 않았다 하더라도 장래에 임대주택을 건설하기 위하여 그 부지를 취득하는 것이 명확한 경우라면 그 취득에 대하여 취득세를 감면하는 것이 입법취지에 부합하는 것으로 볼 수 있다(조심 2021지396, 2022.5.23., 같은 뜻임) 하겠다.

② 청구법인들은 2019.10.24.·2020.3.31. 각각 설립된 법인으로 2020.5.19.·2020.5.21. 각각 「주택법」 제4조에 따른 주택건설사업자등록증을 발급받았고, 이후 2020.5.27.·2020.6.16.·2020.6.23. 기간에 쟁점토지를 취득한 후 그날부터 60일 이내인 2020.7.24.·2020.8.14. 임대사업자등록증을 최초로 각각 신청하여 처분청으로부터 등록증을 발급받았다.

③ 청구법인들은 쟁점토지 취득 전인 2020.5.22.·2022.6.16. ○○○에게 쟁점토지 위에 공공지원민간임대주택(역세권 청년주택) 공급촉진지구 지정제안서를 작성·제출하였고, 이후 2020.5.27.·2020.6.16.·2020.6.23. 기간에 쟁점토지를 취득하였으며, 2020.12.31.·2021.1.21. ○○○으로부터 공공지원임대주택건설사업의 시행자로 지정되었던 점 등으로 미루어 볼 때 청구법인들은 역세권 청년주택을 건축하여 임대하는 것을 목적사업으로 하면서 임대주택건설사업 준비를 하고 있었던 것으로 보인다.

④ 다만, 청구법인들이 쟁점토지를 취득할 당시에는 임대목적물이 특정되지 않아 쟁점 토지를 취득한 날부터 60일 이내에 임대목적물을 등록하기란 사실상 불가능한 상태로 보이고, 공공지원민간임대주택에 대한 사업계획승인일(2020.12.31. · 2021.1.21.)을 전후하여 그 사업이 구체화 된 시점에야 비로소 임대목적물이 특정되어 청구법인이 2020.11.24. · 2021.1.8. 임대목적물을 등록할 수밖에 없었던 부득이한 사정이 있었던 것으로 보인다.

⑤ 위와 같이 청구법인들은 건설임대사업자로서 공공지원민간임대주택을 공급하기 위하여 쟁점토지를 취득한 것이 분명한 이상, 다른 임대사업자와는 다르게 쟁점 규정에 따른 취득세 감면을 인정하는 것이 타당하다 하겠다.

따라서 처분청이 청구법인들에게 한 이 건 부과처분은 잘못이 있다고 판단된다.

5 유사 사례

○ 건설임대주택사업자인 청구법인이 취득한 쟁점토지에 대해 임대사업자등록증상 임대 목적물을 미기재한 사유로 감면을 배제한 처분의 당부
  (조심 2021지0396, 2022.5.23.) → 취소
청구법인이 쟁점토지를 취득할 당시에는 청구법인과 서울주택공사가 소유할 임대목적물이 특정되지 않아 쟁점토지를 취득하고 60일 이내에 임대목적물을 등록하기 사실상 불가능한 상태로 보이는 점 등에 비추어 처분청이 청구법인에게 이 건 취득세를 부과한 처분은 잘못이 있다고 판단됨.

○ 변경 등록하지 아니한 임대주택에 대한 취득세 감면 여부 질의 회신
  (행안부 지방세특례제도과-2470, 2016.9.9.)
임대사업자가 부동산 취득일로부터 60일 이내에 추가로 임대물건 변경등록을 하지 않았다면 법조항 문언과 규정 취지 등에 비추어 볼 때 취득세 감면대상에 해당하지 않음.

프로젝트금융투자회사에 대한 감면 쟁점 사례

쟁점	취득세 중과세율 적용 배제 특례를 받은 후 부동산을 해당 용도로 직접 사용한 기간이 2년 미만인 상태에서 매각하였다고 보아 대도시 중과세율을 적용하여 취득세 등을 추징한 처분의 당부
규정	「지방세특례제한법」 제180조의2(지방세 중과세율 적용 배제 특례) ① 다음 각 호의 어느 하나에 해당하는 부동산의 취득에 대해서는 「지방세법」에 따른 취득세를 과세할 때 2021년 12월 31일까지 같은 법 제13조 제2항 본문 및 같은 조 제3항의 세율을 적용하지 아니한다. 1. 「부동산투자회사법」 제2조 제1호에 따른 부동산투자회사가 취득하는 부동산 2. 「자본시장과 금융투자업에 관한 법률」 제229조 제2호에 따른 부동산집합투자기구의 집합투자재산으로 취득하는 부동산 3. 「법인세법」 제51조의2 제1항 제9호에 해당하는 회사가 취득하는 부동산 제178조[감면된 취득세의 추징] ① 부동산에 대한 감면을 적용할 때 이 법에서 특별히 규정한 경우를 제외하고는 다음 각 호의 어느 하나에 해당하는 경우 그 해당 부분에 대해서는 감면된 취득세를 추징한다. 1. 정당한 사유 없이 그 취득일부터 1년이 경과할 때까지 해당 용도로 직접 사용하지 아니하는 경우 2. 해당 용도로 직접 사용한 기간이 2년 미만인 상태에서 매각·증여하거나 다른 용도로 사용하는 경우
결정	이 건 부동산을 해당 용도로 2년 이상 직접 사용하지 않고 매각하였다 하더라도 이에 대하여는 「지방세법」 제13조 제2항에서 규정하고 있는 취득세 중과세율을 적용할 수는 없다고 할 것인바, 처분청이 이와 다른 측면에서 청구법인에게 이 건 취득세 등을 부과한 처분은 잘못이 있다고 판단됨. 조심 2022지1476(2022지1472), 2023.1.9. 취득세 취소

2 사실관계

① 청구법인은 부동산개발사업 등을 통해 그 수익을 주주에게 배당하는 것을 목적으로 하여 2020.5.7. 설립된 프로젝트금융투자회사로서 그 자본금은 ○○○원이다.

② 청구법인은 2020.9.28. 처분청으로부터 이 건 부동산의 소재지에 도시형생활주택(148 세대) 및 근린생활시설을 신축하는 주택건설사업계획승인을 받은 후, 2020.9.29. 이 건 부동산을 취득하고, 그 취득가격 ○○○원에 「지방세법」 제11조 제1항 제7호 나목의 표준세율(1천분의 40)을 적용하여 산출한 취득세 등 ○○○원을 신고·납부하였다.

③ 청구법인은 2020.10.28. 이 건 부동산에 소재하는 종전건축물의 멸실신고서를 처분청에 제출한 후, 2020.12.7. 처분청에 이 건 부동산(토지)에 도시형생활주택 등을 신축하는 착공신고(시공사: AAA 주식회사)를 하였으며, 처분청은 청구법인이 이 건 부동산에 소재하던 종전건축물을 철거함에 따라 2021.1.22. 종전건축물의 건축물대장을 말소하였다.

④ 청구법인은 2021.10.29. 이 건 부동산을 주식회사 BBB에게 매각하였고, BBB는 그 취득가격 ○○○원에 「지방세법」 제11조 제1항 제7호 나목의 표준세율(1천분의 40)을 적용하여 산출한 취득세 등 ○○○원을 신고·납부하였다.

⑤ 처분청은 청구법인이 이 건 부동산을 해당 용도로 직접 사용한 기간이 2년 미만인 상태에서 이를 매각하였으므로 일반적 추징규정 적용 대상이라고 보아 이 건 부동산의 취득가격(○○○원)에 「지방세법」 제13조 제2항의 중과세율(1천분의 80)을 적용하여 산출한 이 건 취득세 등 ○○○원을 청구법인에게 부과하였다.

3 청구법인 주장 및 처분청 의견

(1) 청구법인 주장

① 「지방세특례제한법」에서 지방세의 감면에 대하여는 제2장에서 규정하고 있는 반면, 중과세 배제는 보칙 규정인 제4장에 규정되어 있는바, 지방세 중과세 배제의 경우 지방세 특례에 해당할 뿐 지방세 감면에는 해당되지 아니할 뿐만 아니라 「지방세법」

체계상 중과세 배제는 세액 계산을 하기 전에 하는 사전(事前)적 개념이나 감면은 세액 계산을 한 이후 그 세액에 적용하는 사후(事後)적 개념으로 전혀 다른 개념으로 중과세 배제에 「지방세특례제한법」(2020.1.15. 법률 제16865호로 개정된 것, 이하 같다) 제178조 제1항의 추징규정(이하 "일반적 추징규정"이라 한다)을 적용할 수는 없음에도 청구법인이 이 건 부동산을 해당 용도에 직접 사용한 기간이 2년 미만인 상태에서 이를 매각하였다고 하여 처분청이 이 건 부동산에 대하여 대도시 내 법인의 취득세 중과세율을 적용하여 산출한 이 건 취득세 등을 부과한 처분은 부당하다.

② 「지방세특례제한법」 제178조에서는 "해당 용도"와 "직접 사용"을 각각 규정하고 있는데, 같은 법 제180조의2 제1항에서 규정하고 있는 대도시 내 법인에 대한 취득세 중과 배제 규정은 처음부터 해당(특성) 용도에 사용할 것을 전제하지 않고 있고, 청구법인과 같이 「법인세법」 제51조의2 제1항 제9호에 해당하는 회사(이하 "프로젝트금융투자회사"라 한다)는 직원과 상근 임직원이 없는 이른바 명목회사로서 모든 업무를 외부에 위탁하여 수행하고 있으므로 사실상 「지방세특례제한법」 제2조 제1항 제8호에서 규정하고 있는 "직접 사용"을 할 수 없다.

③ 또한, 「지방세특례제한법」 제180조의2 제1항에서 프로젝트금융투자회사가 취득하는 부동산에 대해 「지방세법」에 따른 취득세를 과세할 때 2021.12.31.까지 같은 법 제13조 제2항 본문 및 같은 조 제3항의 세율을 적용하지 아니한다고 규정하고 있고, 「지방세법」 제13조 제3항 제2호 가목은 대도시 중과 제외 업종에 사용하기 위하여 취득한 부동산을 그 취득일부터 2년 이상 해당 업종 또는 용도에 "직접 사용"하지 아니하고 매각하는 경우 중과세분을 추징한다는 규정으로, 청구법인이 취득한 이 건 부동산의 경우에는 대도시 중과 제외 업종에 대한 사후관리 조항인 「지방세법」 제13조 제3항이 적용되지 아니하므로 청구법인이 이 건 부동산을 2년 이상 해당 용도에 직접 사용하지 않고 매각하였다 하더라도 당초 부과하지 아니한 취득세 중과세분은 추징 대상이 아니라 할 것임에도 처분청이 다른 조항인 일반적 추징규정을 들어 이 건 취득세 등을 부과한 처분은 부당하다.

④ 행정안전부는 프로젝트금융투자회사가 「지방세특례제한법」 제180조의2 제1항에서 규정하고 있는 지방세 중과세율이 적용을 배제받아 취득한 부동산을 「법인세법」 제51조의2 제1항 제9호 각 목에서 열거하고 있는 요건을 위반하지 않은 상태에서 매각한

경우 일반적 추징규정의 적용대상이 아니라고 답변(지방세특례제도과-587, 2022.3.15.)한 바 있음을 볼 때, 이 건 취득세 등은 취소되어야 한다.

(2) 처분청 의견

① 청구법인은 지방세 중과세율 적용 배제 특례의 감면 범위 포함은 「지방세특례제한법」의 문언 및 체계에 반하고, 지방자치단체의 조례로 무분별한 지방세 감면을 방지하기 위하여 규정한 「지방세특례제한법」 제4조 제2항 제2호의 "중과세의 배제를 통한 지방세 감면"을 「지방세특례제한법」을 아우르는 것으로 보아 감면의 의미를 지나치게 포괄적으로 해석하였으므로 이는 부당하다고 주장하나 「지방세특례제한법」 제2조 제1항 제6호에서 "지방세 특례"를 세율의 경감, 세액감면, 세액공제, 과세표준 공제(중과세 배제, 재산세 과세대상 구분전환을 포함)로 각각 규정하고 있는바, 이들은 모두 납세자가 납부하여야 하는 세액을 감소시키는 것으로 넓은 의미에서 모두 감면에 해당된다고 볼 수 있다(조심 2020지1267, 2021.3.29. 참조).

② 지방세에 있어 '감면'이란 매겨야 할 세금(부담)을 덜어주거나 면제하는 것을 말하는 것이고, 프로젝트금융투자회사에 대하여 취득세 중과세 배제를 규정한 「지방세특례제한법」 제180조의2 제1항은 결과적으로 세액이 줄어들어 취득세 부담을 덜어주는 결과가 되므로 감면의 범주에 포함된다 할 것(지방세특례제도과-249, 2020.2.6.)인바, 지방세중과세율 적용 배제는 지방세 감면의 범위에 포함된다고 보아야 한다.

③ 따라서 「지방세특례제한법」 제2조 제1항 제8호에서 "직접 사용"이란 부동산의 소유자가 해당 부동산을 사업 또는 목적이나 용도에 맞게 사용하는 것을 말한다고 규정하고 있고, 일반적 추징규정인 같은 법 제178조 제1항 제2호에서 해당 용도로 직접 사용한 기간이 2년 미만인 상태에서 매각한 경우 감면된 취득세 등을 추징한다고 규정하고 있는 이상, 처분청이 이 건 부동산에 대한 취득세 중과세 배제를 지방세 감면의 하나로 보아 이 건 취득세 등을 부과한 처분은 정당하다.

4 조세심판원 판단

「지방세특례제한법」 제180조의2 제1항 본문 및 제3호에서 프로젝트금융투자회사가 취득하는 부동산에 대해 「지방세법」에 따른 취득세를 과세할 때 2021.12.31.까지 같은 법 제13조

제2항 본문 및 같은 조 제3항의 세율을 적용하지 아니한다고 규정하고 있고, 「지방세법」 제13조 제2항은 대도시 내에서 설립한 법인이 그 설립일부터 5년 이내에 취득하는 부동산에 대하여는 1천분의 80(중과 세율)을 취득세율로 한다고 규정하고 있고, 같은 조 제3항 제2호 가목에서 대도시 중과 제외 업종에 직접 사용하기 위하여 대도시 중과세 적용을 배제받은 부동산을 2년 이상 해당 업종 또는 용도에 직접 사용하지 아니하고 매각하는 경우 그 해당 부분에 대하여는 1천분의 80을 취득세율로 한다고 규정하고 있다.

또한, 「지방세특례제한법」 제2조 제8호에서 "직접 사용"이란 부동산등의 소유자가 해당 부동산등을 사업 또는 업무의 목적이나 용도에 맞게 사용하는 것을 말한다고 규정하고 있고, 같은 법 제178조 제1항 본문 및 제2호에서 부동산에 대한 감면을 적용할 때 이 법에서 특별히 규정한 경우를 제외하고는 그 부동산을 해당 용도로 직접 사용한 기간이 2년 미만인 상태에서 매각·증여하거나 다른 용도로 사용하는 경우 그 부분에 대하여는 감면된 취득세를 추징한다고 규정하고 있다.

이상의 사실관계 및 관련 법령 등을 종합하여 살펴건대, 「지방세특례제한법」 제180조의2 제1항 본문 및 제3호에서 프로젝트금융투자회사가 취득하는 부동산에 대해 「지방세법」 제13조 제2항 본문 및 같은 조 제3항의 세율을 적용하지 아니한다고 규정하였는바, 프로젝트금융투자회사가 취득하는 부동산에 대하여는 대도시 내 부동산에 대한 취득세 중과세 규정뿐만 아니라 그 사후관리 규정도 적용하지 않겠다고 보는 것이 타당한 점, 「지방세특례제한법」 제178조 제1항 본문에서 부동산에 대한 감면을 적용할 때 이 법에서 특별히 규정한 경우를 제외하고 해당 규정을 적용한다고 규정하고 있는데, 같은 법 제180조의2 제1항은 이에 대한 특별한 규정으로 볼 수 있으므로 이 건 부동산에 대하여는 일반적 추징규정인 같은 법 제178조 제1항을 적용할 수는 없다고 보는 것이 타당한 점 등에 비추어 청구법인이 이 건 부동산을 해당 용도로 2년 이상 직접 사용하지 않고 매각하였다 하더라도 이에 대하여는 「지방세법」 제13조 제2항에서 규정하고 있는 취득세 중과세율을 적용할 수는 없다고 할 것인바, 처분청이 이와 다른 측면에서 청구법인에게 이 건 취득세 등을 부과한 처분은 잘못이 있다고 판단된다.

제**2**장

법인과 다주택 세대의
주택 취득세 중과세

제 **1** 절

주택의 일반적인 취득세율

주택의 취득 유형에 따른 취득세 일반세율

1 주택의 취득 유형별 취득세율

주택을 신축하느냐 또는 매매 등으로 취득하느냐에 따라 취득세율은 각기 다르게 적용된다. 즉, 주택의 취득이 원시·승계취득인지 또는 유상·무상취득인지 등 취득의 유형에 따라 취득세 세율은 각기 다르게 정해져 있다.

이와 같이 주택의 취득 유형에 따른 취득세 일반세율을 정리하면 다음과 같다(지법 제11조).

구 분			취득세	지방교육세	농어촌특별세	합계 세율
주택 건물분 원시취득, 주택 상속취득			2.8%	0.16%	0.2%	3.16%
나대지 유상취득			4.0%	0.4%	0.2%	4.6%
무상취득		일반납세자	3.5%	0.3%	0.2%	4.0%
		비영리사업자	2.8%	0.16%	0.2%	3.16%
유상거래	6억 원 이하	85㎡ 이하	1%	0.1%	–	1.1%
		85㎡ 초과		0.1%	0.2%	1.3%
	6억 원 ~ 9억 원	85㎡ 이하	1~3%	0.1~0.3%	–	1.1~3.3%
		85㎡ 초과		0.1~0.3%	0.2%	1.3~3.5%
	9억 원 초과	85㎡ 이하	3%	0.3%	–	3.3%
		85㎡ 초과		0.3%	0.2%	3.5%

2 취득세율의 구조와 취득 유형의 판정

먼저, 취득세 세율이 위와 같이 다양한 구조로 정해져 있는 것은 2011년부터 구 등록세와 취득세가 통·폐합되면서 기본적으로 구 취득세와 등록세 세율을 합하여 현행 취득세 세율이 정해졌기 때문이다. 즉, 취득세를 통·폐합하면서 납세자들의 부담수준은 종전과 동일하게 유지하고자 구 취득세 일반세율(2%)에 구 등록세 세율을 합한 것이다. 이에 따라 구 등록세가 소유권 보전·이전 등 등기원인에 따라 세율이 각각 달랐기 때문에 현행 취득세 세율도 그 등기원인에 따라 각각 다르게 정해져 있는 것이다.

주택의 원시취득과 승계취득은 전 소유자가 있느냐 없느냐에 따라 구분할 수 있다. 주택의 신축과 증축, 개축, 재축 등으로 취득하는 경우 전 소유자가 없는 원시취득으로서 소유권의 보존등기를 하는데, 이에 대한 취득세율은 2.8%가 적용된다.

한편, 주택조합원이 되기 위해 종전 소유자로부터 토지를 취득한 경우에 토지부분은 승계취득으로서 4%의 취득세율이 적용되지만, 조합원으로서 아파트를 신축하는 시점에서 그 건물부분은 원시취득으로서 2.8%의 세율이 적용된다.

반면, 매매 등으로 주택을 전 소유자로부터 승계취득하여 소유권 이전등기를 하게 되면 원칙적인 취득세율은 종전 취득세와 등록세를 합한 4%의 세율이지만, 주택의 유상거래에 있어서는 (법인과 다주택 세대의 취득세 중과세 대상을 제외하고는) 취득 당시의 가액에 따라 일반적으로 1~3%의 세율을 적용한다. 또한, 주택을 상호교환하여 소유권이전등기를 하는 것은 유상승계취득에 해당하므로, 「지방세법」 제11조 제1항 제8호의 세율(1~3%)을 적용하여야 한다(지방세법 운용예규 법11-2 같은 뜻).

주택을 상속으로 취득하게 되면 원칙적 취득세율은 2.8%이나 1가구 1주택으로 취득하는 경우 세율특례가 적용되어 0.8%[27]의 세율이 적용된다. 한편, 증여로 취득하는 경우 원칙적으로 3.5%의 세율이 적용된다. 그러나 2020.8.12.부터 조정대상지역에 있는 주택으로서 시가표준액 3억 원 이상의 주택을 상속 외의 원인으로 무상취득하는 경우에는 12%로 중과세된다.

---

27) 1가구 1주택으로 상속취득인 경우 구 취득세(2%)가 비과세되고 상속에 따른 구 등록세(0.8%)만 부담하는 것이다.

3 취득세의 부가세(sur-tax)

　한편, 취득세에는 지방교육세와 농어촌특별세가 부가되는데 종전 등록세액(2% 세율적용)의 20%를 지방교육세로 부과한다. 이때 주택유상거래 대상 중 취득세 일반세율(1~3%) 적용대상인 경우 그 해당 세율에 50%를 곱한 세율을 적용하여 산출한 금액의 20%를 지방교육세로 징수한다. 이 경우의 지방교육세 세율은 0.1~0.3%가 적용되는 것이다.

　반면, 주택유상거래 중 취득세 다주택 등 중과대상(지법 제13조의2)인 경우 그 중과세율이 아닌 「지방세법」 제11조 제1항 제7호 나목의 세율(4%)에서 중과기준세율(2%)을 뺀 세율을 적용하여 산출한 금액의 20%를 지방교육세로 징수한다. 즉, 취득세 8% 또는 12% 적용대상 주택이더라도 2%(=4%-2%) 세율의 20%인 0.4%가 지방교육세 세율로 적용되는 것이다.

　한편, 농어촌특별세는 취득세 표준세율을 2%로 적용한 산출세액의 10%를 징수하므로 일반적으로 0.2%의 세율이 적용된다. 다만, 전용면적 85제곱미터 이하 서민주택을 취득하는 경우에는 농어촌특별세가 비과세된다(농특법 제4조 제11호).

　반면, 취득세 세율이 8% 또는 12%로 중과되는 경우에 농어촌특별세는 어떻게 될까? 「농어촌특별세법」 제5조 제1항 제6호에서 '「지방세법」 제11조 및 제12조의 표준세율을 100분의 2로 하여 「지방세법」에 따라 산출한 취득세액의 10/100'이라고 규정하고 있는바, 취득세율이 8%인 경우 표준세율(4%)에 중과기준세율(2%)의 2배를 합한 세율이므로 농어촌특별세는 표준세율을 2%로 하여 중과기준세율의 2배를 합한 6%의 10/100인 0.6%의 세율이 적용된다. 취득세율이 12%가 적용되는 경우 농어촌특별세 세율은 1.0%[={2% + (2% × 4)} × 10%]가 적용되게 된다. 다주택 등으로 취득세가 중과되는 경우 농어촌특별세 부담도 증가하게 된다.

구 분		취득세	지방교육세	농어촌특별세	합계 세율
주택 중과세	법인, 단체 등의 취득	12%	0.4%	1%	13.4%
	1세대 2주택 조정지역 내, 1세대 3주택 조정지역 외	8%	0.4%	0.6%	9.0%
	1세대 3주택 조정지역 내, 1세대 4주택 조정지역 외	12%	0.4%	1%	13.4%
	조정지역 내 무상취득	12%	0.4%	1%	13.4%
	법인 등+사치성재산	20%	0.4%	1.8%	22.2%
	1세대 2주택 조정지역 내, 1세대 3주택 조정지역 외 +사치성재산	16%	0.4%	1.4%	17.8%
	1세대 3주택 조정지역 내, 1세대 4주택 조정지역 외 +사치성재산	20%	0.4%	1.8%	22.2%
	조정지역 내 무상취득 +사치성재산	20%	0.4%	1.8%	22.2%

○ **유상거래주택 취득 당시의 지분가액별로 표준세율 적용이 가능한지 여부**
 (대법원 2017.3.9. 선고 2016두61884 판결)

2인 이상이 하나의 주택을 공유지분으로 취득한 경우 각 취득지분의 가액이 아니라 주택 전체의 취득 당시의 가액을 기준으로 개정 「지방세법」 제11조 제1항 제8호에 따라 취득세의 표준세율을 정한 후, 개정 「지방세법」 제11조 제2항에 따라 각 취득지분의 가액을 과세표준으로 하여 위와 같이 산정한 표준세율을 적용하는 방식으로 취득세를 산정하는 것이 관련 조항의 합리적·체계적 해석에 따른 결과이므로, 이러한 결과가 실질과세의 원칙에 반한다고 볼 근거는 없다.

○ **오피스텔에 대한 주택세율 적용 여부 (대법원 2013.11.28. 선고 2013두13945 판결)**

구 지방세특례제한법(2011.6.7. 법률 제10789호로 개정되기 전의 것) 등 관련 규정들의 내용과 구 지방세특례제한법 제40조의2 규정의 입법목적 등을 종합하여 보면, 구 지방세특례제한법 제40조의2에 의하여 취득세에 관한 세액 경감의 대상이 되는 '주택'은 지방세법 제6조 제4호에서 정한 '건축물'과는 구별되는 것으로서 건축법상 오피스텔은 그 '주택'에 포함되지 아니한다고 보아야 한다.

부동산 취득세 세율의 일반적 구조

    취득세의 세율은 표준세율 구조로 이루어져 있으므로 지방자치단체의 장은 조례로 정하는 바에 따라 취득세의 세율을 부동산 취득의 세율(제11조)과 부동산 외 취득의 세율(제12조)에 따른 세율의 100분의 50의 범위에서 가감할 수 있다. 이러한 취득세율은 비례세율 구조로 이루어져 있는데 2010.12.31. 지방세법 개정 전 취득세와 구 등록세가 통합되어 취득세가 될 때 종전의 취득세율과 등록세율을 단순히 합친 세율로 이루어졌다. 참고로 취득세와 합쳐지지 아니한 등록세는 현행 등록면허세로 통합되어 남아 있다. 부동산 취득의 세율에 대해 살펴보면 다음과 같다.

1. 표준세율

    부동산에 대한 취득세는 취득세 과세표준에 다음에 해당하는 표준세율을 적용하여 계산한 금액을 그 세액으로 한다(지법 제11조 제1항).

> ① 상속으로 인한 취득
>   가. 농지: 2.3%
>   나. 농지 외의 것: 2.8%
> ② 상속 외 무상취득: 3.5%. 다만, 대통령령으로 정하는 비영리사업자[28]의 취득은 2.8%
> ③ 원시취득: 2.8%
> ④ 공유물의 분할 또는 부동산 실권리자명의 등기에 관한 법률에서 규정하고 있는 부동산의 공유권 해소를 위한 지분이전으로 인한 취득(등기부등본상 본인 지분을 초과하는 부분의 경우에는 제외한다): 2.3%

---

21) 지방세법 시행령 제22조【비영리사업자의 범위】법 제11조 제1항 제2호 단서에서 "대통령령으로 정하는 비영리사업자"란 각각 다음 각 호의 어느 하나에 해당하는 자를 말한다.
  1. 종교 및 제사를 목적으로 하는 단체
  2. 「초·중등교육법 및 고등교육법」에 따른 학교, 「경제자유구역 및 제주국제자유도시의 외국교육기관 설립·운영에 관한 특별법」 또는 「기업도시개발 특별법」에 따른 외국교육기관을 경영하는 자 및 「평생교육법」에 따른 교육시설을 운영하는 평생교육단체
  3. 「사회복지사업법」에 따라 설립된 사회복지법인
  4. 「지방세특례제한법」 제22조 제1항에 따른 사회복지법인등
  5. 「정당법」에 따라 설립된 정당

⑤ 합유물 및 총유물의 분할로 인한 취득: 2.3%

⑥ 그 밖의 원인(유상거래 등)으로 인한 취득

　가. 농지: 3%

　나. 농지 외의 것: 4%

⑦ "⑥"에도 불구하고 유상거래를 원인으로 주택을 취득하는 경우

　가. 취득당시가액이 6억 원 이하인 주택: 1%

　나. 취득당시가액이 6억 원을 초과하고 9억 원 이하인 주택: 1~3%

　다. 취득당시가액이 9억 원을 초과하는 주택: 3%

2. 표준세율의 적용

(1) 공유물의 경우 과세표준의 산정

상속으로 인한 취득, 상속 외 무상취득, 그 밖의 원인으로 인한 취득과 유상거래를 원인으로 주택을 취득하는 경우의 해당 부동산이 공유물일 때에는 그 취득지분의 가액을 과세표준으로 하여 각각의 세율을 적용한다(지법 제11조 제2항).

(2) 건축(신축과 재축은 제외) 또는 개수로 인하여 건축물의 면적이 증가한 경우

건축(신축과 재축은 제외한다) 또는 개수로 인하여 건축물 면적이 증가할 때에는 그 증가된 부분에 대하여 원시취득으로 보아 2.8%의 세율을 적용한다(지법 제11조 제3항).

(3) 주택을 신축 또는 증축한 이후 해당 부속토지를 취득하는 경우

주택을 신축 또는 증축한 이후 해당 주거용 건축물의 소유자(배우자 및 직계존비속을 포함한다)가 해당 주택의 부속토지를 취득하는 경우에는 유상거래를 원인으로 주택을 취득하는 경우의 세율을 적용하지 아니한다(지법 제11조 제4항).

(4) 법인 간 합병 또는 분할

법인이 합병 또는 분할에 따라 부동산을 취득하는 경우에는 유상거래 등으로 인한 취득세율을 적용한다(지법 제11조 제5항).

3. 조례에 따른 세율 조정

지방자치단체의 장은 조례로 정하는 바에 따라 취득세의 세율을 부동산 취득의 세율(제11조)과 부동산 외 취득의 세율(제12조)에 따른 세율의 100분의 50의 범위에서 가감할 수 있다(지법 제14조). 하지만 현재 부동산 취득세의 세율을 표준세율과 다르게 정하여 적용하는 시·도는 없다.

한편, 「제주특별자치도 설치 및 국제자유도시 조성을 위한 특별법」 제123조에 따라 제주자치도세의 세율은 「지방세법」에 따른 세율(표준세율과 중과기준세율 포함)에 불구하고 도 조례로 정하는 바에 따라 해당 세목 세율의 100분의 100 범위에서 가감 조정할 수 있다. 이에 따라 제주특별자치도세인 취득세 중 현재 항공기와 고급선박 등에 대한 세율을 감산하여 적용하고 있다.[29]

---

29) 「제주특별자치도세 조례」 제6조의6 및 제6조의9, 제6조의10

유상거래로 취득하는 주택의 취득세 표준세율

1 유상거래로 취득하는 주택의 취득세율 개정 연혁

주택거래에 따른 취득세 부담 완화를 통하여 주거안정 및 주택거래 정상화를 도모하기 위하여 2013년 12월 지방세법을 개정하여(2013.12.26. 법률 제12118호) 유상거래를 원인으로 취득하는 주택의 취득세율을 종전 4%에서, 취득가액이 6억 원 이하인 경우에는 1%, 6억 원 초과 9억 원 이하인 경우에는 2%, 9억 원 초과인 경우에는 3%로 인하하고 그 적용시기를 2013년 8월 28일로 소급적용하였다(지법 2013.12.26. 법률 제12118호 부칙 제2조).

그리고 취득세율 인하로 인해 감소되는 지방세수 보전을 위하여 지방소비세의 세율을 종전 5%에서 11%로 인상하였다(지법 2013.12.26. 법률 제12118호 부칙 제3조).

그러나 취득당시가액이 6억 원을 초과하고 9억 원 이하인 주택인 경우 일률적으로 2% 세율을 적용받다보니 6억 원 내외의 주택과 9억 원 내외의 주택 구간에서 급격한 세부담의 증감이 발생하는 문제, 이른바 문턱효과가 발생하였다.

이에 따라 2019.12.31. 지방세법을 개정하여 취득당시가액이 6억 원을 초과하고 9억 원 이하인 주택의 세율을 주택가격에 따라 1~3%로 비례하도록 조정하였다. 다만, 2020.1.1. 전에 취득당시가액이 7억 5천만 원을 초과하고 9억 원 이하인 주택에 대한 매매계약을 체결한 자가 2020.1.1. 이후 3개월(공동주택 분양계약을 체결한 자의 경우에는 3년) 내에 해당 주택을 취득하는 경우(2%보다 높은 취득세율이 나타나는 경우)에는 종전의 규정에 따라 2% 세율을 적용하게 하였다(지법 2019.12.31. 법률 제16855호 부칙 제14조).

❷ 유상거래를 원인으로 주택을 취득하는 경우 세율 구조

(1) 적용대상 주택의 범위

유상거래를 원인으로 부동산을 취득하는 경우에는 통상 농지는 3%, 농지 외의 것은 4%의 취득세율을 적용한다. 그러나 유상거래를 원인으로 주택을 취득하는 경우에는 1~3%의 상대적으로 낮은 취득세율이 적용된다.

이렇게 낮은 취득세 표준세율이 적용되는 주택의 범위는 종전에는 취득 당시 건축물대장에 등재된 주택으로 한정하였다. 그렇다 보니 주택으로 사용승인을 받거나 등기부에 주택으로 기재된 경우라도 건축물대장이 없는 경우 주택 취득세율을 적용받지 못하는 결과가 발생하었다.

이를 해소하고자 2016년 12월 지방세법 개정으로 주택취득세율 적용대상에 건축물대장 없이 등기부에 주택으로 기재된 주택, 사용승인(임시사용승인 포함)을 받은 주택 및 건축허가나 건축신고 없이 건축이 가능한 주택도 포함하도록 보완하였다.

그 결과 취득세 표준세율이 1~3%로 적용되는 주택이란 「주택법」 제2조 제1호에 따른 주택[30])으로서 「건축법」에 따른 건축물대장·사용승인서·임시사용승인서 또는 「부동산등기법」에 따른 등기부에 주택으로 기재된 주거용 건축물과 그 부속토지를 말한다고 규정하면서, 그 기재의 범위에는 「건축법」(법률 제7696호로 개정되기 전의 것을 말한다)에 따라 건축허가 또는 건축신고 없이 건축이 가능하였던 주택(법률 제7696호 건축법 일부개정법률 부칙 제3조에 따라 건축허가를 받거나 건축신고가 있는 것으로 보는 경우를 포함한다)으로서 건축물대장에 기재되어 있지 아니한 주택의 경우에도 건축물대장에 주택으로 기재된 것으로 본다는 의제 규정을 마련하였다(지법 제11조 제1항 제8호 본문). 다만, 건축허가나 건축신고 없이 건축이 불가능한 주택은 이에 해당하지 않으니 유의하여야 한다.

한편, 행정안전부에서는 무허가주택 등 공부상 주택이 아니지만 사실상 이용 현황이 주택인 경우 주택유상거래 취득세율의 적용에 있어 위반건축물 등이 사실상 주택으로 사용하더라도 주택유상거래 세율적용대상이 되는 주택의 범위에 포함하지 않도록 하고 있다. 즉,

---

30) 주택법 제2조 제1호에 따른 "주택"이란 세대(世帶)의 구성원이 장기간 독립된 주거생활을 할 수 있는 구조로 된 건축물의 전부 또는 일부 및 그 부속토지를 말하며, 단독주택과 공동주택으로 구분한다. 단독주택은 단독주택, 다중주택, 다가구주택을 의미하며, 공동주택은 아파트, 연립주택, 다세대주택을 의미한다.

공부와 현황이 모두 주택인 경우에 한하여 주택유상거래 세율을 적용하도록 하고 있다(행안부 지방세운영과-607, 2015.2.23.).

또한 주택의 건축물이 철거가 진행 중인 경우 주택으로 볼 수 있을 것인지도 쟁점인데, 「도시 및 주거환경 정비법」에 따른 재개발·재건축 사업이 진행되고 있는 경우 "주택의 건축물이 사실상 철거·멸실된 날, 사실상 철거·멸실된 날을 알 수 없는 경우에는 공부상 철거·멸실된 날"을 기준으로 주택 여부를 판단한다(행안부 지방세운영과-1, 2018.1.2.).

즉, 취득일 현재 주택 재건축 구역 내 해당 부동산이 관리처분계획인가 이후 이주가 완료되었으나, 건축물관리대장상 주택으로 등재되어 있고 주택의 구조 및 외형이 그대로 유지되고 있는 경우 주택으로 보아 취득세율을 적용하는 것이다.

(2) 유상거래 원인으로 취득하는 주택

유상거래를 원인으로 주택을 취득하는 경우에 적용되는 세율이므로 유상거래를 원인으로 취득하였는지 여부가 중요한데, 실무상 주로 쟁점이 되는 사항으로 직계존비속 간 유상거래를 하였는지 여부이다.

「지방세법」 제7조 제11항에서 '배우자 또는 직계존비속의 부동산등을 취득하는 경우에는 증여로 취득한 것으로 본다.'라고 규정하면서 공매 등으로 취득한 경우이거나 그 취득을 위하여 대가를 지급한 사실이 증명되는 경우 등은 유상으로 취득한 것으로 보도록 하고 있다.

이에 행정안전부는 "직계비속이 직계존속으로부터 주택을 매수하면서 소득증명이 있더라도 대금지급 사실 또는 채무승계 사실이 없는 이상 해당 전세보증금에 대해서는 유상거래로 볼 수 없다"고 해석(행정안전부 지방세운영과-279, 2017.8.30.)하는 반면, 조세심판례(조심 2020지0324, 2020.5.11.)에서는 "주택을 취득하고 매매대금을 지급할 수 있는 소득이 증명된다고 볼 수 있는 점 등에 비추어 볼 때 처분청이 청구인의 전세보증금에 대하여 직계존비속간 그 대가를 지급한 사실이 증명되지 않는 증여취득으로 보고 한 취득세 등 부과처분은 잘못이 있다"고 판단한 바 있다.

한편, 부담부(負擔附)증여의 경우에는 그 채무액에 상당하는 부분은 부동산등을 유상으로 취득하는 것으로 보되, 배우자 또는 직계존비속으로부터의 부담부증여의 경우에는 증여로 취득한 것으로 보지만 공매 등으로 취득한 경우이거나 그 취득을 위하여 대가를 지급한 사실이 증명되는 경우 등은 유상으로 취득한 것으로 보도록 하고 있다.

서울행정법원에서는 직계존비속 간의 부동산 거래(부담부증여)에서 부모의 부채를 그의 자녀가 승계 시 해당 부채에 상당하는 금액을 유상거래로 볼 수 있는지 여부에 대하여 부담부증여 계약체결 이전에 소유하고 있던 재산 혹은 아파트 수증 이전에 증여받은 재산 그 밖에 원고의 재산이 있어 보증금 상당액을 반환할 수 있는 정도에 이른다는 점이 증명되어야 한다고 판시(서울행정법원 2019.7.12. 선고 2018구합79100 판결 참고)한바 있다.

(3) 취득세율의 적용

① 취득당시가액이 6억 원 이하인 주택: 1%
② 취득당시가액이 6억 원을 초과하고 9억 원 이하인 주택: 1~3%
③ 취득당시가액이 9억 원을 초과하는 주택: 3%

(4) 지분으로 취득한 주택의 취득당시가액의 산정

취득세율의 적용을 보면 취득당시가액에 따라 취득세율이 달라진다. 그런데 주택을 지분으로 취득하게 되는 경우에는 그 주택의 원본가격에 지분에 상당하는 가액으로 취득하게 되다 보니 취득당시가액의 해석을 지분가액으로 할지, 전체 주택의 가액으로 할지에 대해 다툼의 여지가 있었다.

이를 명확히 하고자 2015년 7월 지방세법을 개정하여 지분으로 취득한 주택의 취득 당시의 가액은 다음 계산식에 따라 산출한 전체 주택의 취득당시가액으로 한다고 명문화하였다(지법 제11조 제1항 제8호 후단).

$$\text{전체 주택의 취득당시가액} = \text{취득 지분에 따른 취득당시가액} \times \frac{\text{전체 주택의 시가표준액}}{\text{취득 지분의 시가표준액}}$$

다만, 이는 세율의 적용 문제이지 과세표준의 문제는 아니다. 상속으로 인한 취득, 상속 외 무상취득, 그 밖의 원인으로 인한 취득과 유상거래를 원인으로 주택을 취득하는 경우의 해당 부동산이 공유물일 때에는 그 취득지분의 가액을 과세표준으로 하여 각각의 세율을 적용한다(지법 제11조 제2항).

(5) 취득당시가액이 6억 원을 초과하고 9억 원 이하인 주택의 취득세율

취득당시가액이 6억 원을 초과하고 9억 원 이하인 주택의 취득세율은 주택가격에 따라 1~3% 범위 내에서 비례적으로 증가하도록 다음 계산식에 따라 산출한 세율로 한다. 이 경우 소수점 이하 다섯째 자리에서 반올림하여 소수점 넷째 자리까지 계산한다.

$$\left(\text{해당 주택의 취득당시가액} \times \frac{2}{3억 \ 원} - 3 \right) \times \frac{1}{100}$$

주택가격에 따른 세율을 예시하면 다음과 같다.

주택가액	취득세율 산출내역			취득세율
(600,000,000	× 2/3억 원	−3)	× 1%	= 1.00%
(700,000,000	× 2/3억 원	−3)	× 1%	= 1.67%
(800,000,000	× 2/3억 원	−3)	× 1%	= 2.33%
(900,000,000	× 2/3억 원	−3)	× 1%	= 3.00%

취득당시가액 6억 원 초과 9억 원 이하인 주택에 대한 취득세율 세분화는 2020.1.1. 이후 납세의무가 성립하는 분부터 적용한다(지방세법 2019.12.31. 법률 제16855호 부칙 제3조). 다만, 2020.1.1. 전에 취득당시가액이 7억 5천만 원을 초과하고 9억 원 이하인 주택에 대한 매매계약을 체결한 자가 이 법 시행(2020.1.1.) 이후 3개월(공동주택 분양계약을 체결한 자의 경우에는 3년) 내에 해당 주택을 취득하는 경우에는 제11조 제1항 제8호 나목의 개정 규정에도 불구하고 종전의 제11조 제1항 제8호에 따른다(지방세법 2019.12.31. 법률 제16855호 부칙 제14조). 이는 취득세율이 세분화되면서 취득세 과세표준액이 7억 5천만 원을 초과하는 경우 취득세율이 인상되므로, 법 시행 이전에 분양계약을 이미 체결한 경우 개정 법의 적용을 유예하기 위한 취지이다.

따라서 「지방세법」 2019.12.31. 법률 제16855호 부칙 제14조는 취득세 과세표준이 7억 5천만 원 초과~9억 원 이하인 경우에만 적용하고, 취득세율이 낮아지는 6억 원 초과~7억 5천만 원 이하의 경우에는 세분화된 세율체계에 따르면 된다.

(6) 1세대 4주택 이상의 4% 세율 한시적 적용

2020.1.1.부터 유상거래 취득 주택에 대한 취득세율 세분화(1~3%)와 함께 아울러 1세대 4주택 이상 취득자의 경우 주택유상거래 취득세율(1~3%) 적용을 배제하고 일반세율(4%) 을 적용하도록 규정이 신설되었다(지법 2019.12.31. 법률 제16855호 제11조 제4항 제2호).[31]

그러나 2020.8.12. 다주택자와 법인 등에 대한 주택취득세 중과세율(8%, 12%)이 신설되 면서 1세대 4주택 이상 자에 대한 일반세율(4%) 적용규정이 삭제되었다. 이에 따라 1세대 4주택 이상 취득에 대한 4% 세율이 적용되는 것은 2020.1.1.부터 2020.8.11.까지에 한정되며, 3주택 이상을 소유한 자가 2020.7.10. 이전에 주택 매매계약을 체결하고 2020.8.12. 이후 잔금 지급으로 취득하는 경우에는 종전의 규정을 적용하므로 4% 세율이 적용된다(지법 2020.8. 12. 법률 제17473호 부칙 제6조 참조).

○ 유상거래주택 취득 당시의 지분가액별로 표준세율 적용이 가능한지 여부
  (대법원 2017.4.13. 선고 2017두30344 판결)

2인 이상이 하나의 주택을 공유지분으로 취득한 경우 구 지방세법 제11조 제1항 제8호 소 정의 '제10조에 따른 취득 당시의 가액'이란 '전체 주택의 취득 당시의 가액'을 기준으로 보아야 한다.

○ 미완성 건물을 그 부지와 함께 경매로 취득한 후 추가공사를 하여 사용승인을 받은 경우 위 건물과 부속토지에 적용되는 취득세율
  (대법원 2018.7.11. 선고 2018두33845 판결)

미완성 건물을 매수하여 소유권이전등기를 마친 것만으로 취득세 과세대상인 건축물의 취 득이 있었다고 보기 어렵고, 미완성 건물에서는 추가공사를 완료하여 사용승인을 받은 시 점에 비로소 이를 취득하였다고 봄이 타당하고, 또한 경매로 주택의 용도로 건축 중인 미 완성 건물 및 그 부속토지인 토지를 매수하고 그에 관한 소유권이전등기를 마쳤다고 하더 라도, 소유권이전등기 당시 미완성 건물은 건축물대장에 주택으로 기재되지도 않았고, 주 거에 적합한 구조로 되어 있었다고 보기도 어려우며, 미완성 건물에 관하여 추가공사를 완

---

31) 다만, 국내에 주택을 3개 이상 소유한 1세대가 2019.12.4. 전에(2019.12.3.까지만 포함) 주택에 대한 매매계 약을 체결하고, 이 영 시행 이후 3개월(공동주택 분양계약을 체결한 경우에는 3년) 내에 해당 주택을 취 득하는 경우에는 해당 주택을 1세대 4주택 이상에 해당하는 주택으로 보지 아니한다(지령 2019.12.31. 대 통령령 제30318호 부칙 제5조).

료하고 사용승인을 받음으로써 비로소 취득세 과세대상이 되는 취득이 있다 할 것인데, 그 취득은 '건축물대장에 주택으로 기재된 건축물을 유상거래를 원인으로 취득'한 것이 아니므로, 이 사건 미완성 건물이나 그 부속토지는 유상거래를 원인으로 취득하는 주택의 취득세율이 적용된다고 볼 수는 없다.

○ 집합건축물로 등재된 타운하우스의 공용부분 및 단지 내 도로에 대해 주택 유상거래 세율을 적용할 수 있는지 여부 (행안부 지방세운영과 - 2459, 2016.9.22.)

1필지의 대지권 형태로 주택과 분리되어 거래될 수 없는 단지 내 도로 등에 대해서는 주택의 부속토지로 보아, 「지방세법」 제11조 제1항 제8호의 주택 유상거래 세율이 적용된다고 보는 것이 합리적이라 본다.

○ 건축물 대장상의 용도는 주택이나, 사실상 펜션 또는 민박으로 사용하는 경우 주택의 유상거래 세율을 적용할 수 있는지 여부 (행안부 지방세운영과 - 995, 2016.4.19.)

취득 당시 해당 농어촌주택이 「농어촌정비법」에서 정한 요건을 갖추어 농어촌 민박사업에 사용하는 경우에는 주택유상거래 취득세율 적용대상(민박사업자가 거주하는 1개동에 限)에 해당된다.

○ 쟁점건축물의 취득 당시 현황이 주택이라는 이유로 주택유상거래 세율을 적용하여야 한다는 청구주장의 당부 (조심 2019지2212, 2020.7.2.)

쟁점건축물은 「국토의 계획 및 이용에 관한 법률」에 따른 도시지역에 소재하고 연면적이 161.42㎡인 사실이 확인되는 등 신축을 위하여 관할구청장의 건축허가가 필요하였던 것으로 보이므로, 쟁점건축물은 「지방세법」 제11조 제1항 제8호 괄호 안의 구 「건축법」에 따라 건축허가 또는 건축신고 없이 건축이 가능하였던 주택에 해당하지 아니하는 것으로 보임.
※ 쟁점건축물의 공부상 용도가 대중음식점으로 등재됨.

○ 직계존속으로부터 매매한 이 건 주택의 취득에 대하여 주택유상거래 세율을 적용할 수 있는지 여부 (조심 2020지0324, 2020.5.11.)

이 건 주택을 취득하고 매매대금을 지급할 수 있는 소득이 증명된다고 볼 수 있는 점 등에 비추어 볼 때 처분청이 청구인의 쟁점전세보증금에 대하여 직계존비속 간 그 대가를 지급한 사실이 증명되지 않는 증여취득으로 보고한 이 건 취득세 등 부과처분은 잘못이 있다고 판단됨.

○ 아파트의 매매대금 중 전세보증금과 상계한 부분에 대하여 주택유상거래 세율을 적용할 수 있는지 여부 (조심 2019지1669, 2019.10.31.)

부동산을 취득하면서 매도자가 입주하기로 하는 전세계약을 함께 체결하는 것은 사적계약 자유의 원칙상 인정할 수 있는 거래의 형태이고, 청구인들이 매매대금 지급의무를 전세보증금과 상계하는 방식으로 이행한 것을 현금으로 매매대금을 지급한 것과 달리 보기 어려운 점, 이 건 매도인이 청구인들 중 ○○○의 직계존속이라 하더라도 「지방세법」 제7조 제11항 제4호 가목에서 "그 대가를 지급하기 위한 취득자의 소득이 증명되는 경우"에는 유상으로 취득한 것으로 본다고 규정하고 있고, 청구인들의 지난 5년간 소득이 총 ○○○원 가량으로 나타나는 점, 청구인들은 이 건 전세계약이 만료됨에 따라 이 건 매도인에게 이 건 보증금 상당액(○○○이 이 건 매도인에게 이미 지급한 ○○○원을 포함)을 계좌이체 방식으로 지급한 점 등에 비추어 청구인들은 이 건 부동산의 매매대금 ○○○원 중 ○○○원을 현금으로, 나머지 ○○○원을 이 건 보증금과 상계하는 방법으로 지급하여 유상으로 취득한 것으로 보인다. 따라서 처분청이 이 건 보증금에 해당하는 부분에 대해서 증여로 보아 경정청구를 거부한 처분은 잘못이 있다고 판단된다.

○ 직계존속으로부터 매매한 이 건 주택의 취득에 대하여 주택유상거래 세율을 적용할 수 있는지 여부 (조심 2019지3871, 2020.6.4.)

이 건 주택을 취득하고 매매대금을 지급할 수 있는 재산이 증명된다고 볼 수 있는 점 등에 비추어 볼 때 처분청이 청구인의 쟁점금액에 대하여 직계존비속 간 그 대가를 지급한 사실이 증명되지 않는 증여취득으로 보고한 이 건 취득세 등 부과처분은 잘못이 있다고 판단됨.

○ 유상거래로 취득한 주택이 1세대 4주택 이상에 해당하는 취득인지 판단함에 있어 이 건 주택 취득일이 특례적용기한(2019.12.4.) 이전에 매매계약을 체결하였는지 여부 (조심 2020지1397, 2020.11.13.)

이 건 주택의 취득과 관련하여 2019.12.3. 매도인에게 10,000,000원을 송금할 당시에는 이 건 주택의 취득과 관련하여 구체적인 취득물건의 위치, 면적 및 대금의 지급시기 등에 대하여 구체적으로 확정이 되지 않은 상태에서 구두로 한 것으로 그 계약은 추후 본계약 체결을 위한 선수협약으로 볼 수밖에 없는 점 등에 비추어 볼 때 청구인은 쟁점규정인 특례적용기한(2019.12.4.) 이전에 매매계약을 체결하였다고 볼 수 없다.

○ 유상거래로 취득한 주택이 1세대 4주택 이상에 해당하는지 판단함에 있어 기존보유 임대주택이 주택 수 산정에 포함되는지 여부 (조심 2020지1384, 2020.11.2.)

주택 수 산정 관련 규정인 「지방세법 시행령」 제22조의2 제1항에서 임대사업자의 기존보유 임대주택을 주택 수 산정에서 제외한다고 규정하고 있지 않은 점, 「지방세법 시행령」 부칙 제5조에서 규정하고 있는 특례적용기한(2019.12.4.)을 경과한 2019.12.5.에 이 건 주택의 취득과 관련한 매매계약을 체결한 점 등에 비추어 볼 때 국내에 주택을 3개 이상 소유하고 있는 1세대가 추가로 주택을 취득한 것으로 볼 수 있으므로 처분청이 청구인의 경정청구를 거부한 처분에는 달리 잘못이 없다고 판단됨.

제 **2** 절

법인과 다주택 세대가
유상거래를 원인으로 취득하는
주택의 취득세 중과세

법인과 다주택 세대의 주택 취득세 중과세

1 취 지

주택 실수요자를 보호하고 투기수요를 근절하기 위하여 법인이 주택을 취득하거나 1세대가 2주택 이상을 취득하는 경우 등은 주택 취득에 따른 취득세율을 상향하면서 2020년 8월 12일 이후 취득세 납세의무 성립분부터 적용하되, 2020년 7월 10일 이전 계약분은 종전 규정을 적용하도록 하였다.

이러한 주택 취득세 세율의 상향은 정부의 2020년 6월 17일 「주택시장 안정을 위한 관리 방안」, 7월 10일에 「주택시장 안정 보완대책」 발표 등에 따른 주택시장 과열요인 차단 등 기존 대책의 후속 조치를 차질 없이 추진하기 위한 차원이다. 특히 법인을 통한 세금 회피를 차단하고, 다주택자 및 단기 거래에 대한 부동산 세제를 강화하려는 취지가 반영되어 있다(국회 행안위 검토보고서 참조).

2 다주택자 개인이 유상거래로 취득하는 주택에 대한 중과세

개인이 유상거래를 원인으로 주택을 취득하는 경우로서 다음의 어느 하나에 해당하는 경우에는 각 해당 중과세율이 적용된다(지법 제13조의2 제1항). 이 경우 주택의 공유지분이나 부속토지만을 소유하거나 취득하는 경우에도 주택을 소유하거나 취득한 것으로 본다. 주택을 유상거래를 원인으로 취득하는 경우에 중과되는 것이므로, 조합원입주권에 의한 주택 취득은 원시취득으로서 원시취득 세율(2.8%)이 적용된다.

① 1세대 2주택(일시적 2주택은 제외한다)에 해당하는 주택으로서 조정대상지역에 있는 주택을 취득하는 경우 또는 1세대 3주택에 해당하는 주택으로서 조정대상지역 외의 지역에 있는 주택을 취득하는 경우: 8%

② 1세대 3주택 이상에 해당하는 주택으로서 조정대상지역에 있는 주택을 취득하는 경우 또는 1세대 4주택 이상에 해당하는 주택으로서 조정대상지역 외의 지역에 있는 주택을 취득하는 경우: 12%

구 분	1주택	2주택	3주택	4주택~
조정대상지역	1~3%	8% ※ 일시적 2주택 제외	12%	12%
非조정대상지역	1~3%	1~3%	8%	12%

예를 들어, 1주택 세대가 조정대상지역 외 주택을 취득하여 2주택 세대가 되는 경우에는 1~3%의 주택취득세율이 적용된다. 그러나 1주택 세대가 조정대상지역 내 주택을 취득하여 2주택 세대가 되는 경우에는 8%의 취득세율이 적용된다. 이 경우 1주택 세대가 소유한 주택이 조정대상지역에 소재하는지는 따지지 아니한다.

○ 조정대상지역에 1주택을 소유하고 있는 상황에서 非조정대상지역에 3억 원 아파트를 추가로 취득하는 경우 세율 (행안부 부동산세제과 - 1986, 2020.8.11.)

• 기존 소유 주택의 소재지와 관계없이 非조정대상지역에 2번째 주택을 추가로 취득하는 경우 주택 가액에 따라 1~3% 세율 적용: 3억 원 주택의 경우 1% 세율이 적용됨.

• 만약, 非조정대상지역에 1주택을 소유하고 있는 자가 조정대상지역에서 주택을 추가로 취득 시에는 8% 적용

또한, 2주택 세대가 非조정대상지역 내 주택을 취득하여 3주택 세대가 되는 경우에는 8%의 취득세율이 적용되나, 조정대상지역 내 주택을 취득하여 3주택 세대가 되는 경우에는 12%의 세율이 적용된다. 이 경우 2주택 세대가 소유한 주택이 조정대상지역에 소재하는지는 따지지 아니한다.

한편, 조정대상지역 내 일정가액(3억 원) 이상의 주택을 증여로 취득하는 경우에도 12%

의 세율로 취득세가 중과되는바,[32] 여기에 대해서는 "제3절"에서 자세히 다루기로 한다.

취득세 중과세에 있어서 조정대상지역에 소재하는 주택에 한하여 양도소득세를 중과세하는 국세법과 취급이 다른 이유는 기본적으로는 조정대상지역에서 유상취득하는 주택에 대해서는 취득세 중과세를 하는 것이지만, 주택 수에 따라 조정대상지역 외에서 유상취득하는 주택에 대해서도 취득세를 중과하여 주택가격 상승을 억제하겠다는 취지이다.

> ○ 취득일 현재 공동주택가격(시가표준액)이 공시되지 않은 경우?
> • 공시기준일(1월 1일) 후의 신축 등으로 취득일 현재 공동주택가격이 공시되지 않은 경우에는 지역별·단지별·면적별·층별 특성 및 거래가격 등을 고려하여, 시장·군수·구청장이 산정(시가표준액의 결정은 반드시 지방세심의위원회의 심의를 거쳐야 함)한 가액으로 하거나, 한국부동산원에 시가표준액의 산정을 의뢰하여 통보받은 가액으로 함.

3 법인이 유상거래로 취득하는 주택에 대한 중과세

법인이 유상거래를 원인으로 주택을 취득하는 경우에는 12%의 중과세율이 적용된다(지법 제13조의2 제1항). 여기에서 법인이란 법인으로 보는 단체, 비법인 사단·재단 등 개인이 아닌 자를 포함하며, 국세기본법(제13조)에 따른 법인으로 보는 단체, 부동산등기법(제49조 제1항 제3호)에 따른 법인 아닌 사단·재단 등 개인이 아닌 자를 포함한다. 법인이 유상거래로 주택을 취득하는 경우 종전의 1~3% 세율이 아닌 2020.8.12.부터는 12% 세율로 중과되는데, 이는 개인인 다주택자가 법인을 이용한 우회취득 방지를 위한 취지이다.

법인은 개인의 경우와 달리 소유한 주택의 수 또는 해당 주택이 조정대상지역에 소재하는지 여부와 관계없이 모두 12%의 세율이 적용된다. 다만, 다주택자 개인의 경우와 마찬가지로 법인이 주택의 공유지분이나 부속토지만을 소유하거나 취득하는 경우에도 주택을 소유하거나 취득한 것으로 보며, 주택을 신축하거나 조합원입주권에 의한 취득 등 원시취득하는 경우에는 유상거래로 취득하는 주택에 대한 중과세를 적용하지 아니한다.

---

32) 다만, 1세대 1주택자가 배우자 및 직계존비속에게 증여하는 경우는 제외된다.

4 법인·다주택자 취득세 중과와 사치성재산 등 취득세 중과가 동시에 적용되는 경우

(1) 법인·다주택자 중과와 고급주택 등에 대한 취득세 중과가 동시에 적용되는 경우

다주택자의 취득세 중과(유상 또는 무상)와 사치성재산 등에 대한 취득세 중과가 동시에 적용되는 과세물건에 대한 취득세율은 다주택자의 취득세 중과세율에 8%(중과기준세율의 4배)를 합한 세율을 적용한다(지법 제13조의2 제3항).

따라서 조정지역 내 2주택 또는 비조정지역 내 3주택에 해당하는 주택(8%)이 고급주택인 경우 8%에 8%를 합한 16%의 세율이 적용된다. 또한 조정지역 내 3주택 이상 또는 비조정지역 내 4주택 이상인 경우 12%에 8%를 합하여 20%의 세율이 적용된다. 아울러 조정지역 내 증여 등 무상으로 취득하는 경우(지법 제13조의2 제3항)에도 동일하게 12% 세율에 8%를 합한 20%의 취득세 세율이 적용되는 것이다.

○ (동시 적용) 다주택자 또는 법인이 유상거래로 취득하는 주택이 사치성재산(고급주택) 중과가 동시에 적용되는 경우 (행안부 부동산세제과-1986, 2020.8.11.)

취득세율은 둘 중 높은 세율이 적용되는 것이 아니라 8%를 합한 세율 적용(지법 제13조의2 제3항). 예를 들어, 조정지역 내 2주택에 해당하는 주택(8%, 일시적 2주택 미해당)이 고급주택인 경우 8%에 8%를 합한 16% 세율 적용

※ 조정지역 내 무상으로 취득하는 경우(지법 제13조의2 제3항)에도 동일 적용

○ (사치성재산 전환) 다주택자 또는 법인이 중과대상 주택을 취득한 상태에서 5년 이내에 사치성재산이 된 경우 (행안부 부동산세제과-1986, 2020.8.11.)

당초 취득세율에 8%를 합한 세율을 적용하여 추징(지법 제16조 제6항 제2호)

※ 조정지역 내 주택을 무상으로 취득하는 경우(지법 제13조의2 제3항)에도 위 내용(지법 제13조의2 제3항 및 제16조 제6항 제2호) 동일 적용

---

(2) 대도시 내 중과대상 법인이 고급주택 등을 취득하는 경우

먼저 대도시 내 중과세 요건을 갖춘 법인이 취득세 중과대상인 사치성재산을 취득한 경우에는 표준세율의 3배에 중과기준세율(2%)의 2배를 합한 세율로 중과세한다(지법 제13조 제7

항 본문).[33] 그러나 유상거래를 원인으로 취득하는 주택은 해당 세율에 중과기준세율의 100분의 600을 합한 세율을 적용한다(지법 제13조 제7항 본문). 여기에서 '해당 세율'은 「지방세법」 제11조 제1항 제8호에 의한 1~3%의 세율이고, 이에 중과기준세율(2%)의 6배를 합하면 13~15%의 세율로 산출된다.

그러나 2020.8.12.부터는 「지방세법」 제13조의2 제3항에서 법인이 유상거래 또는 증여 등 무상으로 주택을 취득할 때 그 주택이 고급주택에 해당하는 경우 법인 유상거래 등 세율에 중과기준세율(2%)의 4배를 합한 중과세율을 적용하도록 하고 있다(지법 제13조의2 제3항).[34] 이에 따라 법인이 유상거래 또는 증여 등 무상으로 주택을 취득하는 경우 「지방세법」 제13조의2 제1항 또는 제2항의 세율인 12%에 중과기준세율(2%)의 4배를 합하면 20%의 세율이 적용되는 것이다.

따라서 대도시 내 중과대상 법인이 유상거래로 고급주택을 취득하는 경우 위에서와 같이 13~15%의 세율 또는 20%의 세율이 적용될 수 있다. 하지만 「지방세법」 제16조 제5항에 의해 둘 이상의 세율이 해당되는 경우에는 그중 높은 세율을 적용하므로 20%의 세율이 적용되는 것이다.

5 중과세의 적용시기

상기 취득세 중과세 규정을 적용할 때 조정대상지역 지정고시일 이전에 주택에 대한 매매계약(공동주택 분양계약을 포함한다)을 체결한 경우(다만, 계약금을 지급한 사실 등이 증빙서류에 의하여 확인되는 경우에 한정한다)에는 조정대상지역으로 지정되기 전에 주택을 취득한 것으로 본다(지법 제13조의2 제4항).

따라서 조정대상지역 지정고시 전에 주택 매매계약을 하고 조정대상지역 고시 후 취득하는 경우에는 조정대상지역에 따른 중과세율이 적용되는 규정은 적용될 수 없다.

---

33) 「지방세법」 제13조 제7항: 제2항과 제5항이 동시에 적용되는 과세물건에 대한 취득세율은 제16조 제5항에도 불구하고 제11조에 따른 표준세율의 100분의 300에 중과기준세율의 100분의 200을 합한 세율을 적용한다. 다만, 제11조 제1항 제8호에 따른 주택을 취득하는 경우에는 해당 세율에 중과기준세율의 100분의 600을 합한 세율을 적용한다.

34) 「지방세법」 제13조의2 제3항: 제1항 또는 제2항과 제13조 제5항이 동시에 적용되는 과세물건에 대한 취득세율은 제16조 제5항에도 불구하고 제1항 각 호의 세율 및 제2항의 세율에 중과기준세율의 100분의 400을 합한 세율을 적용한다.

또한 위 중과세 규정을 적용할 때 법인 및 국내에 주택을 1개 이상 소유하고 있는 1세대가 2020.7.10. 이전에 주택에 대한 매매계약(공동주택 분양계약을 포함함)을 체결한 경우에는 그 계약을 체결한 당사자의 해당 주택의 취득에 대하여 종전의 규정(3주택 이하 1~3%, 4주택 이상 4%)을 적용한다.[35]

다만, 해당 계약이 계약금을 지급한 사실 등이 증빙서류에 의하여 확인되는 경우에 한정한다(지법 부칙 2020.8.12. 법률 제17473호 부칙 제6조).

예를 들어, 3주택을 소유한 1세대 중 A가 2020.5.15. 공동주택 분양계약 체결한 후, 2020.7.15. 해당 분양권의 50%를 배우자인 B에게 증여한 상태에서 2020.12.31. 공동주택의 준공으로 4주택에 해당하는 주택을 유상취득한 경우에는 A는 종전 규정을 적용하므로 4%의 취득세율을 적용하고, B는 개정 규정을 적용하여 12%의 취득세율을 적용한다.

○ 「지방세법 개정안」 시행일 이전에 계약한 주택도 중과세율이 적용되는지 여부
(행안부 부동산세제과 - 1986, 2020.8.11.)

• 정부가 「주택시장 안정 보완대책」을 발표한 2020년 7월 10일 이전(발표일 포함)에 매매계약을 체결한 사실이 증빙서류에 의하여 확인되는 경우, 시행일(8.12.) 이후에 취득하더라도 종전 세율(3주택 이하 1~3%, 4주택 이상 4%)을 적용함.

○ 정부 대책발표일(7 · 10) 이전에 매매계약 체결한 사실을 확인할 수 있는 증빙서류 또는 확인 절차 (행안부 부동산세제과 - 1986, 2020.8.11.)

• 주택 및 분양권 매매계약이 허위가 아님을 확인하기 위한 것이므로, 다음과 같은 방법에 따라 확인 가능
  - 유상거래 매매계약의 경우 7.10. 이전에 부동산 실거래 신고를 완료하였다면 실거래 신고자료로 확인
  - 최초분양을 받은 경우에는 분양계약서로 확인
  - 그 외 매매계약 및 분양권 승계취득의 경우 계약서에 따른 계약금 송금 · 현금인출 등 관련 금융거래내역으로 확인
  ※ 원칙적으로 7.10. 이후에 실거래 신고를 한 경우로서 계약금지급과 관련된 금융거래 자료 등 증빙자료가 없는 경우는 경과 규정 미적용

---

35) 납세자의 신뢰를 보다 두텁게 보호하기 위해 부동산 대책 발표(7 · 10) 이전 계약한 주택은 계약체결 사실이 공신력 있는 증빙자료로 확인되는 경우 종전 취득세율을 적용하기 위한 취지이다.

○ 「지방세법 개정안」 시행일 이전에 주택을 계약하고 취득한 경우에 적용되는 세율 (행안부 부동산세제과‑1986, 2020.8.11.)

• 「지방세법 개정안」 시행되기 이전에 취득한 경우라면 종전 취득세율*을 적용하여 납부하면 됨.
  * 6억 원 이하(1%), 6~9억 원(1~3%), 9억 원 초과(3%), 4주택 이상(4%)

○ 3주택을 소유한 1세대 중 A가 2020.5.15. 공동주택 분양계약 체결한 후, 2020.7.15. 해당 분양권의 50%를 배우자인 B에게 증여한 상태에서 2020.12.31. 준공으로 취득한 경우 적용세율 (행안부 부동산세제과‑1986, 2020.8.11.)

• A의 경우 종전 규정을 적용하므로 4% 적용, B의 경우 개정 규정을 적용하므로 12%를 적용함.

 참고 2011년 이후 취득세 중과세율의 변천

○ 2011년 이후 [등록세 폐지 → 취득세 통합]

연번	구분	㉜준세율	중과 기준세율	중과율	적용 세율
①	본점 신·증축(과밀)	2.8%	2%	㉜ + 중 × 2배	6.8% (6% + 0.8%)
②	공장 신·증설	2.8%	2%	㉜ + 중 × 2배	6.8% (6% + 0.8%)
③	설립·설치·이전	4%	2%	㉜ × 3배 − 중 × 2배	8% (2% + 6%)
④	공장 신·증설	4%	2%	㉜ × 3배 − 중 × 2배	8% (2% + 6%)
⑤	사치성재산	4%	2%	㉜ + 중 × 4배	12% (10% + 2%)
중복 적용	①, ③ 동시	2.8%	2%	㉜ × 3배	8.4% (6% + 2.4%)
	②, ④ 동시	2.8%	2%	㉜ × 3배	8.4% (6% + 2.4%)
	③, ⑤ 동시	4%	2%	㉜ × 3배 + 중 × 2배	16% (10% + 6%)

○ 2014년 이후 [주택세율 인하 4% → 1~3%]

연번	구분	[표]준세율	중과기준세율	중과율	적용 세율
③	설립·설치·이전(주택)	1~3%	2%	[표] + [중]×2배	5~7%

○ 2016년 이후

연번	구분	[표]준세율	중과기준세율	중과율	적용 세율
③, ⑤ 동시(주택)	1~3%	2%	[표] + [중]×6배	13~15%

○ 2020.8.12. 이후 [법인·다주택자 중과세]

연번	구분	[표]준세율	중과기준세율	중과율	적용 세율
주택중과세	법인 주택	4%	2%	[표] + [중]×4배	12%
	【조정】 1세대 2주택	4%	2%	[표] + [중]×2배	8%
	(비조정) 1세대 3주택	4%	2%	[표] + [중]×2배	8%
	【조정】 1세대 3주택 이상	4%	2%	[표] + [중]×4배	12%
	(비조정) 1세대 4주택 이상	4%	2%	[표] + [중]×4배	12%
	【조정】 무상취득(3억 원↑)	4%	2%	[표] + [중]×4배	12%
고급주택	법인주택	[표] + [중]×4배 + [중]×4배			20%
	【조정】 1세대 2주택	[표] + [중]×2배 + [중]×4배			16%
	(비조정) 1세대 3주택	[표] + [중]×2배 + [중]×4배			16%
	【조정】 1세대 3주택 이상	[표] + [중]×4배 + [중]×4배			20%
	(비조정) 1세대 4주택 이상	[표] + [중]×4배 + [중]×4배			20%
	【조정】 무상취득(3억 원↑)	[표] + [중]×4배 + [중]×4배			20%

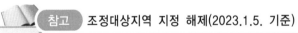

참고 조정대상지역 지정 해제(2023.1.5. 기준)

1. 지정해제 지역: 서울시 종로구·중구·성동구·광진구·동대문구·중랑구·성북구·강북구·도봉구·노원구·은평구·서대문구·마포구·양천구·강서구·구로구·금천구·영등포구·동작구·관악구·강동구, 과천시, 성남시 수정구·분당구, 하남시, 광명시
2. 해제일: 2023년 1월 5일
3. 효력발생시기: 이 공고문은 공고한 날부터 효력을 발생한다.

○ 조정대상지역 지정 현황

사도	현 행	조정(2023.1.5)
서울	서울특별시 전역(25개區)	서초구·강남구·송파구·용산구
경기	과천시, 성남시,[주1] 하남시, 광명시	

주1) 중원구 제외

○ 조정대상지역 변경과 관련한 주택 취득세 중과세 운영요령

(행정안전부 부동산세제과 – 3534, 2020.12.18.)

□ 취득세 관련 규정

• (다주택자 중과) 1세대가 조정지역 내 2주택, 非조정지역 내 3주택 이상을 취득하는 경우 8~12%로 중과

• (일시적 2주택) 이사 등을 위해 일시적으로 2주택을 취득한 날로부터 3년(종전주택과 신규주택이 모두 조정대상지역에 있는 경우에는 1년) 이내에 종전주택을 처분하는 경우 중과 배제

• (무상취득) 조정대상지역 내의 3억 원 이상인 주택을 무상취득하는 경우 12% 세율로 중과(1주택자의 주택을 직계존비속이 취득하는 경우 제외)

➡ 이때, 조정대상지역 지정고시일 이전에 매매계약을 체결한 경우 조정대상지역 지정 이전에 주택을 취득한 것으로 봄(지법 제13조의2 제4항).
  ※ 계약금을 지급한 사실 등이 증빙서류에 의하여 확인되는 경우에 한정함.

□ 사례별 적용요령

• (다주택자) 1주택을 소유한 자가 2020.12.18. 창원(성산구)에 있는 주택에 대한 매매계약을 체결하고, 2020.12.30. 잔금을 지급하는 경우

➡ (적용요령) "지정고시일 이전" 매매계약을 체결한 경우에 해당하므로, 향후 취득 시(잔금지급일) 1~3% 세율을 적용하여 과세

• (일시적 2주택) 순천에 1주택을 소유한 자가 2020.12.17. 서울에 있는 주택에 대한 매매계약을 체결하고, 2020.12.18. 이후 잔금을 지급하는 경우

➡ (적용요령) 일시적 2주택을 적용받기 위해서는 취득하는 서울 소재 주택 계약 당시 종전주택이 非조정지역이므로 종전주택을 "3년 이내"에 처분해야 함.

• (무상취득) "지정고시일" 증여계약을 체결한 경우 취득일로 보아 적용

보론 **주택 취득세 중과세율이 적용되는 법인의 범위**

지방세법 제13조의2 법인의 주택 취득 등 중과규정에서 법인은 법인뿐만 아니라, 국세기본법에 의해 법인으로 보는 단체, 비법인 사단·재단 등 개인이 아닌 자를 포함한다고 규정한바 이에 대해서 살펴보면 다음과 같다.

1. 법인

법인은 관계법령에 의한 설립등기에 의하여 법인격을 취득하고 해산등기 후 청산절차를 거쳐 소멸한다. 법인은 다시 사단과 재단으로 나누어 볼 수 있고, 이는 다음과 같다.

(1) 사단

일정한 목적과 조직하에 결합된 사람의 집합체인 단체로서 개개의 구성원(사원)을 초월한 독립의 단체로 존재하고 활동하는 것을 말한다.

(2) 재단

일정한 비영리목적을 위하여 결합된 재산의 집단으로서 재산을 개인의 권리에 귀속시키지 아니하고, 그 재단에 출연한 자와는 별개인 실체로 존재하고 활동하는 단체를 말한다.

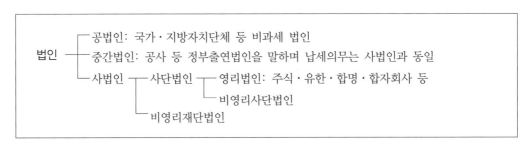

2. 법인격 없는 단체

권리·의무의 주체로서 법인격을 부여받은 사단 또는 재단 외에 외견상은 법인과 유사하나 설립등기의 미필로 인하여 법인격이 부여되지 아니한 사단 또는 재단이 있는바, 이들 법인격 없는 단체를 개인으로 볼 것이냐 법인으로 볼 것이냐 하는 구분이 필요하다.

이하 국세기본법상 법인으로 보는 법인격 없는 단체와 법인으로 보는 단체가 아닌 비법인 사단·재단 등 개인이 아닌 자에 대해 살펴보고자 한다.

(1) 국세기본법상 항상 법인으로 보는 단체

법인 아닌 단체 중 다음의 어느 하나에 해당하는 것으로서 수익을 구성원에게 분배하지 아니하는 것은 법인으로 보아 국세기본법과 세법을 적용한다(국기법 제13조 제1항).

★
    ① 주무관청의 허가 또는 인가를 받아 설립되거나 법령에 따라 주무관청에 등록한 사단, 재단, 그 밖의 단체로서 등기되지 아니한 것
    ② 공익을 목적으로 출연(出捐)된 기본재산이 있는 재단으로서 등기되지 아니한 것

이러한 단체는 법인의 실체적 요건은 갖추었으나 법인 설립등기라는 요식성만을 결여한 바, 그 실질에 따라 항상 법인으로 보는 것이다.

(2) 국세기본법상 신청 및 승인에 의하여 법인으로 보는 단체

법인 아닌 단체 중 다음의 요건을 모두 갖춘 것으로서 대표자나 관리인이 관할 세무서장에게 신청하여 승인을 받은 것도 법인으로 보아 국세기본법과 세법을 적용한다. 이 경우 해당 사단, 재단, 그 밖의 단체의 계속성 및 동질성이 유지되는 것으로 본다(국기법 제13조 제2항).

★
    ① 사단, 재단, 그 밖의 단체의 조직과 운영에 관한 규정(規程)을 가지고 대표자나 관리인을 선임하고 있을 것
    ② 사단, 재단, 그 밖의 단체 자신의 계산과 명의로 수익과 재산을 독립적으로 소유·관리할 것
    ③ 사단, 재단, 그 밖의 단체의 수익을 구성원에게 분배하지 아니할 것

위와 같이 신청 및 승인에 의하여 법인으로 보는 단체는 민법상 권리능력 없는 사단으로 종친회(종중), 동문회, 마을회, 어촌계, 주민협의회, 집합건물관리단, 교회 등이 여기에 속한다.

이러한 단체는 재산의 소유를 민법상 총유로 하며 세법상 취급에 있어서 통상 1거주자로 보는 것이나, 요건을 갖추어 관할 세무서장으로부터 신청·승인을 얻게 되면 법인으로 의제된다.

(3) 법인으로 보는 단체가 아닌 비법인 사단·재단 등 개인이 아닌 자

앞서 신청 및 승인에 의하여 법인으로 보는 단체가 법인으로 보는 단체로 신청하지 아니한 경우가 비법인 사단, 재단 등으로 개인이 아닌 자라고 보면 된다. 이러한 단체도 「부동산등기법」 제49조 제1항 제3호에 따라 단체 명의로 부동산등기용등록번호의 부여가 가능하도록 규정하고 있다.

> 개인 아닌 단체(사단·재단)가 서울시 소재 주택(1주택)을 취득하는 경우 적용 취득세율은?
> 법인의 주택 취득으로 보아 12%의 취득세율이 적용됨. 주택 실수요자를 보호하고 투기 수요를 근절하기 위해 법인에 대한 중과의 경우 개정 세법에서 개인 아닌 단체(사단·재단)도 법인에 포함하고 있음.

중과세 적용대상 주택의 개념

1 중과세 적용대상 주택의 범위

법인 및 다주택자의 취득세 중과세가 적용되는 주택이란, 「주택법」 제2조 제1호에 따른 주택으로서 「건축법」에 따른 건축물대장·사용승인서·임시사용승인서 또는 「부동산등기법」에 따른 등기부에 주택으로 기재된 주거용 건축물과 그 부속토지를 말한다.

그리고 그 기재의 범위에는 「건축법」(법률 제7696호로 개정되기 전의 것을 말한다)에 따라 건축허가 또는 건축신고 없이 건축이 가능하였던 주택(법률 제7696호 건축법 일부개정법률 부칙 제3조에 따라 건축허가를 받거나 건축신고가 있는 것으로 보는 경우를 포함한다)으로서 건축물대장에 기재되어 있지 아니한 주택의 경우에도 건축물대장에 주택으로 기재된 것으로 본다(지법 제11조 제1항 제8호 본문).

따라서 건축허가 또는 건축신고 없이 건축이 가능하지 않은 무허가주택의 경우 주택 취득세율 적용대상도 아니며, 주택 취득세 중과세 적용대상도 아니다.

한편 주택법 제2조 제1호에 따른 "주택"이란 세대(世帶)의 구성원이 장기간 독립된 주거생활을 할 수 있는 구조로 된 건축물의 전부 또는 일부 및 그 부속토지를 말하며, 단독주택과 공동주택으로 구분한다. 단독주택은 단독주택, 다중주택, 다가구주택을 의미하며, 공동주택은 아파트, 연립주택, 다세대주택을 의미한다.

따라서 여기에 속하지 아니한 기숙사, 다중생활시설, 노인복지시설 중 노인복지주택, 오피스텔은 주택법상 주택이 아니므로 다주택세대와 법인의 주택 중과세 적용대상 주택이 아닌바 유상승계취득 시 4%의 취득세율을 적용한다.

○ 주택법 제2조【정의】

1. "주택"이란 세대(世帶)의 구성원이 장기간 독립된 주거생활을 할 수 있는 구조로 된 건축물의 전부 또는 일부 및 그 부속토지를 말하며, 단독주택과 공동주택으로 구분한다.
2. "단독주택"이란 1세대가 하나의 건축물 안에서 독립된 주거생활을 할 수 있는 구조로 된 주택을 말하며, 그 종류와 범위는 대통령령으로 정한다.
3. "공동주택"이란 건축물의 벽·복도·계단이나 그 밖의 설비 등의 전부 또는 일부를 공동으로 사용하는 각 세대가 하나의 건축물 안에서 각각 독립된 주거생활을 할 수 있는 구조로 된 주택을 말하며, 그 종류와 범위는 대통령령으로 정한다.

○ 주택법 시행령 제2조【단독주택의 종류와 범위】

「주택법」(이하 "법"이라 한다) 제2조 제2호에 따른 단독주택의 종류와 범위는 다음 각 호와 같다.

1. 「건축법 시행령」 [별표 1] 제1호 가목에 따른 단독주택
2. 「건축법 시행령」 [별표 1] 제1호 나목에 따른 다중주택
3. 「건축법 시행령」 [별표 1] 제1호 다목에 따른 다가구주택

○ 주택법 시행령 제3조【공동주택의 종류와 범위】

① 법 제2조 제3호에 따른 공동주택의 종류와 범위는 다음 각 호와 같다.

1. 「건축법 시행령」 [별표 1] 제2호 가목에 따른 아파트(이하 "아파트"라 한다)
2. 「건축법 시행령」 [별표 1] 제2호 나목에 따른 연립주택(이하 "연립주택"이라 한다)
3. 「건축법 시행령」 [별표 1] 제2호 다목에 따른 다세대주택(이하 "다세대주택"이라 한다)

2 주택의 공유지분 또는 부속토지만 소유하거나 취득하는 경우

주택의 공유지분이나 부속토지만을 소유하거나 취득하는 경우에도 주택을 소유하거나 취득한 것으로 본다.

이는 1세대 1주택 양도소득세 비과세 판정 시 주택과 그 부수토지를 동일세대원이 아닌 자가 각각 소유하고 있는 경우 해당 주택의 소유자는 건물소유자를 기준으로 판단하는 것으로서, 그 부수토지의 소유자는 주택을 소유한 것으로 보지 아니하는 국세의 판단 기준과는 다르니 유의하여야 한다(부동산거래관리과 - 1494, 2010.12.21.).

한편, 재산세에 있어서 주택의 건물과 부속토지의 소유자가 다를 경우 그 주택에 대한 산출세액을 건축물과 그 부속토지의 시가표준액 비율로 안분계산(按分計算)한 부분에 대해서는 그 소유자별로 납세의무를 부과하니 이 또한 취득세의 보유주택 판단과 궤를 같이 한다고 볼 수 있다. 이렇게 주택분 재산세의 납세의무자는 국세인 종합부동산세의 납세의무자로 포섭되니 종합부동산세의 경우에도 지방세의 취급과 궤를 같이 한다.

주택에 대한 양도소득세의 적용 시에도 주택의 건물과 부속토지의 소유자가 다를 경우 각각 지분으로 소유한 것과 다를 바 없으므로, 각각이 1주택을 소유한 것으로 보는 것이 더 타당하고 각 세법 간의 형평을 도모할 것이다.

다만, 현행 소득세법상 양도소득세를 적용하는 주택의 개념을 '허가 여부나 공부(公簿) 상의 용도구분과 관계없이 세대의 구성원이 독립된 주거생활을 할 수 있는 구조로서 대통령령으로 정하는 구조를 갖추어 사실상 주거용으로 사용하는 건물을 말한다. 이 경우 그 용도가 분명하지 아니하면 공부상의 용도에 따른다(소법 제88조 제7호)'고 규정하고 있다.

3 주택 수에 가산하는 오피스텔을 취득하는 경우

보유기간 중 주택으로 재산세가 과세되는 오피스텔은 해당 오피스텔을 소유한 자의 주택 수에 가산한다(지법 제13조의3 제4호). 그러나 주거용 오피스텔을 취득하는 시점에는 해당 오피스텔이 주거용인지 상업용인지 확정되지 않으므로 건축물 대장상 용도대로 건축물의 일반적인 취득세율 4%가 적용된다.

이는 국세도 마찬가지인데 오피스텔의 최초 취득 시에는 건축물 대장상 용도와 같이 상업용 건물로 취급하여 건물분 부가가치세를 환급해 주기도 하지만, 그 보유기간 중에 주거용으로 사용하거나 시설을 변경하면 주택으로 간주하여 주택 양도소득세 관련규정을 적용한다.

> ○ 부동산거래 - 739, 2010.5.28.
> 국내에 1주택을 소유하는 1세대가 오피스텔 1채를 취득하여 업무용으로 사용하다가 상시 주거용으로 사용하는 때에는 당해 오피스텔을 상시 주거용으로 사용한 날을 다른 주택을 취득한 날로 보아 「소득세법 시행령」 제155조 제1항에 따른 일시적 2주택 비과세 특례를 적용하는 것으로, 귀 질의의 경우 이에 해당하는지는 사실판단할 사항임.

○ 서면4팀-136, 2005.1.18.

소득세법 제89조 제3호 및 동법 시행령 제154조의 규정에 의하여 양도소득세가 비과세되는 1세대 1주택을 판정함에 있어 "주택"이라 함은 공부상 용도구분에 관계없이 사실상 주거용으로 사용하는 건물을 말하는 것이므로, 공부상 업무시설인 오피스텔을 임차인이 사실상 업무용으로 사용한 경우에는 주택으로 보지 아니하는 것임.

그러나 주거용 오피스텔을 주택 수 산정에 포함시키는 규정은 2020.8.12. 전에 매매계약(오피스텔 분양계약을 포함함)을 체결한 경우에는 적용하지 아니하므로(지법 부칙 2020. 8.12. 법률 제17473호 제7조), 2020.8.12. 전에 취득한 업무용 오피스텔을 2020.8.12. 이후에 주거용 오피스텔로 전환하는 경우에도 주택 수에 포함되지 아니한다. 취득 시 외에 보유와 양도 시 주택으로 간주되는 주거용 오피스텔의 양도소득세와는 다른 취급이라 할 수 있다.

○ 주거용 오피스텔을 취득하는 경우에도 취득세가 중과되는지 여부
  (행안부 부동산세제과-1986, 2020.8.11.)

오피스텔 취득 시점에는 해당 오피스텔이 주거용인지 상업용인지 확정되지 않으므로 건축물 대장상 용도대로 건축물 취득세율(4%)이 적용됨.

취득세 중과세에서 배제되는 주택

유상거래로 취득하는 주택에 대한 법인과 다주택 세대의 취득세 중과세 규정을 적용할 때 다음에 해당하는 주택은 중과세 대상으로 보지 않는다(지령 제28조의2). 유의할 것은 중과 제외 주택 규정은 유상거래에만 해당하므로 증여 취득 시에는 적용되지 않는다. 한편, 취득세 중과세에서 배제되는 주택은 다주택자의 주택 수 산정에서도(요건을 충족하는 경우) 제외된다.

★
① 시가표준액(지분이나 부속토지만을 취득한 경우에는 전체 주택의 시가표준액을 말한다)이 1억 원 이하인 주택. 다만, 「도시 및 주거환경정비법」에 따른 정비구역(종전의 「주택건설촉진법」에 따라 설립인가를 받은 재건축조합의 사업부지를 포함한다)으로 지정·고시된 지역 또는 「빈집 및 소규모주택 정비에 관한 특례법」에 따른 사업시행구역에 소재하는 주택은 제외한다.
② 「공공주택 특별법」에 따라 지정된 공공주택사업자가 다음의 어느 하나에 해당하는 주택을 공급(가목의 경우 신축·개축하여 공급하는 경우를 포함한다)하기 위하여 취득하는 주택
  가. 「공공주택 특별법」에 따라 공급하는 공공매입임대주택. 다만, 정당한 사유 없이 그 취득일부터 2년이 경과할 때까지 공공매입임대주택으로 공급하지 않거나 공공매입임대주택으로 공급한 기간이 3년 미만인 상태에서 매각·증여하거나 다른 용도로 사용하는 경우는 제외한다.
  나. 「공공주택 특별법」에 따른 지분적립형 분양주택이나 이익공유형 분양주택
③ 「공공주택 특별법」에 따라 지정된 공공주택사업자가 지분적립형 분양주택이나 이익공유형 분양주택을 분양받은 자로부터 환매하여 취득하는 주택
④ 「공공주택 특별법」에 따른 토지등소유자가 공공주택사업자로부터 현물보상으로 공급받아 취득하는 주택

⑤ 「노인복지법」에 따른 노인복지주택으로 운영하기 위하여 취득하는 주택. 다만, 정당한 사유 없이 그 취득일부터 1년이 경과할 때까지 해당 용도에 직접 사용하지 않거나 해당 용도로 직접 사용한 기간이 3년 미만인 상태에서 매각·증여하거나 다른 용도로 사용하는 경우는 제외한다.

⑥ 「도시재생 활성화 및 지원에 관한 특별법」에 따른 토지등소유자가 혁신지구사업시행자로부터 현물보상으로 공급받아 취득하는 주택

⑦ 「문화재보호법」에 따른 지정문화재 또는 등록문화재에 해당하는 주택

⑧ 「민간임대주택에 관한 특별법」에 따른 임대사업자가 공공지원민간임대주택으로 공급하기 위하여 취득하는 주택. 다만, 정당한 사유 없이 그 취득일부터 2년이 경과할 때까지 공공지원민간임대주택으로 공급하지 않거나 공공지원민간임대주택으로 공급한 기간이 3년 미만인 상태에서 매각·증여하거나 다른 용도로 사용하는 경우는 제외한다.

⑨ 「영유아보육법」에 따른 가정어린이집으로 운영하기 위하여 취득하는 주택. 다만, 정당한 사유 없이 그 취득일부터 1년이 경과할 때까지 해당 용도에 직접 사용하지 않거나 해당 용도로 직접 사용한 기간이 3년 미만인 상태에서 매각·증여하거나 다른 용도로 사용하는 경우는 제외하되, 가정어린이집을 「영유아보육법」 제10조 제1호에 따른 국공립어린이집으로 전환한 경우는 당초 용도대로 직접 사용하는 것으로 본다.

⑩ 주택도시기금과 한국토지주택공사가 공동으로 출자하여 설립한 부동산투자회사 또는 「한국자산관리공사 설립 등에 관한 법률」에 따라 설립된 한국자산관리공사가 출자하여 설립한 부동산투자회사가 취득하는 주택으로서 취득 당시 다음의 요건을 모두 갖춘 주택

　가. 해당 주택의 매도자가 거주하고 있는 주택으로서 해당 주택 외에 매도자가 속한 세대가 보유하고 있는 주택이 없을 것

　나. 매도자로부터 취득한 주택을 5년 이상 매도자에게 임대하고 임대기간 종료 후에 그 주택을 재매입할 수 있는 권리를 매도자에게 부여할 것

　다. 시가표준액(지분이나 부속토지만을 취득한 경우에는 전체 주택의 시가표준액을 말한다)이 5억 원 이하인 주택일 것

⑪ 다음의 어느 하나에 해당하는 주택으로서 멸실시킬 목적으로 취득하는 주택. 다만, 공공지원민간임대주택 개발사업 시행자의 경우에는 정당한 사유 없이 그 취득일부터 2년이 경과할 때까지 해당 주택을 멸실시키지 않거나 그 취득일부터 6년이 경과할 때까지 주택을 신축하지 않은 경우는 제외하고, 주택신축판매업자의 경우에는 정당한 사유 없이 그 취득일부터 1년이 경과할 때까지 해당 주택을 멸실시키지 않거나 그 취득일부터 3년이 경과할 때까지 주택을 신축하지 않은 경우 또는 그 취득일부터 5년이 경과할 때까지 신축 주택을 판매하지 않은 경우는 제외하며, 그 외의 경우에는 정당한 사유 없이 그 취득일부터 3년이 경과할 때까지 해당 주택을 멸실시키지

않거나 그 취득일부터 7년이 경과할 때까지 주택을 신축하지 않은 경우는 제외한다.

가. 공공기관 또는 지방공기업이 「공익사업을 위한 토지 등의 취득 및 보상에 관한 법률」에 따른 공익사업을 위하여 취득하는 주택

나. 다음 중 어느 하나에 해당하는 자가 주택건설사업을 위하여 취득하는 주택. 다만, 해당 주택건설사업이 주택과 주택이 아닌 건축물을 한꺼번에 신축하는 사업인 경우에는 신축하는 주택의 건축면적 등을 고려하여 행정안전부령으로 정하는 바에 따라 산정한 부분으로 한정한다.

　　1) 「도시 및 주거환경정비법」에 따른 사업시행자
　　2) 「빈집 및 소규모주택 정비에 관한 특례법」에 따른 사업시행자
　　3) 「주택법」에 따른 주택조합("주택조합설립인가를 받으려는 자"를 포함한다)
　　4) 「주택법」에 따라 등록한 주택건설사업자
　　5) 「민간임대주택에 관한 특별법」에 따른 공공지원민간임대주택 개발사업 시행자
　　6) 주택신축판매업[한국표준산업분류에 따른 주거용 건물 개발 및 공급업과 주거용 건물 건설업(자영건설업으로 한정한다)을 말한다]을 영위할 목적으로 「부가가치세법」에 따라 사업자 등록을 한 자

다. 「공공주택 특별법」 제2조 제1호의3의 공공매입임대주택을 건설하려는 자(같은 법 제4조에 따른 공공주택사업자와 공공매입임대주택을 건설하여 양도하기로 약정을 체결한 자로 한정한다)가 해당 공공매입임대주택을 건설하기 위하여 취득하는 주택. 다만, 그 약정이 해제·해지된 경우 또는 그 약정에 따라 공공매입임대주택을 건설하지 않거나 양도하지 않은 경우는 제외한다.

⑫ 주택의 시공자(「주택법」에 따른 시공자 및 「건축법」에 따른 공사시공자를 말한다)가 다음의 어느 하나에 해당하는 자로부터 해당 주택의 공사대금으로 취득한 미분양 주택(「주택법」에 따른 사업주체가 공급하는 주택으로서 입주자모집공고에 따른 입주자의 계약일이 지난 주택단지에서 취득일 현재까지 분양계약이 체결되지 않아 선착순의 방법으로 공급하는 주택을 말한다. 다만, 가목의 자로부터 취득한 주택으로서 자기 또는 임대계약 등 권원을 불문하고 타인이 거주한 기간이 1년 이상인 경우는 제외한다.

가. 「건축법」에 따른 허가를 받은 자
나. 「주택법」에 따른 사업계획승인을 받은 자

⑬ 다음의 어느 하나에 해당하는 자가 저당권의 실행 또는 채권변제로 취득하는 주택. 다만, 취득일부터 3년이 경과할 때까지 해당 주택을 처분하지 않은 경우는 제외한다.

가. 「농업협동조합법」에 따라 설립된 조합
나. 「산림조합법」에 따라 설립된 산림조합 및 그 중앙회
다. 「상호저축은행법」에 따른 상호저축은행
라. 「새마을금고법」에 따라 설립된 새마을금고 및 그 중앙회

마. 「수산업협동조합법」에 따라 설립된 조합

바. 「신용협동조합법」에 따라 설립된 신용협동조합 및 그 중앙회

사. 「은행법」에 따른 은행

⑭ 다음의 요건을 갖춘 농어촌주택

가. 「지방자치법」에 따른 읍 또는 면에 있을 것

나. 대지면적이 660제곱미터 이내이고 건축물의 연면적이 150제곱미터 이내일 것

다. 건축물의 가액(시가표준액을 말한다)이 6천500만 원 이내일 것

라. 다음의 어느 하나에 해당하는 지역에 있지 아니할 것

    1) 광역시에 소속된 군지역 또는 「수도권정비계획법」에 따른 수도권지역. 다만, 「접경지역 지원 특별법」에 따른 접경지역과 「수도권정비계획법」에 따른 자연보전권역 중 행정안전부령으로 정하는 지역은 제외한다.

    2) 「국토의 계획 및 이용에 관한 법률」에 따른 도시지역 및 「부동산 거래신고 등에 관한 법률」에 따른 허가구역

    3) 「소득세법」 제104조의2 제1항에 따라 기획재정부장관이 지정하는 지역

    4) 「조세특례제한법」 제99조의4 제1항 제1호 가목 5)에 따라 정하는 지역

⑮ 사원에 대한 임대용으로 직접 사용할 목적으로 취득하는 주택으로서 1구의 건축물의 연면적(전용면적을 말한다)이 60제곱미터 이하인 공동주택(「건축법 시행령」 별표 1 제1호 다목에 따른 다가구주택으로서 「건축법」에 따른 건축물대장에 호수별로 전용면적이 구분되어 기재되어 있는 다가구주택을 포함한다). 다만, 다음 각 목의 어느 하나에 해당하는 주택은 제외한다.

가. 취득하는 자가 개인인 경우로서 특수관계인 사람에게 제공하는 주택

나. 취득하는 자가 법인인 경우로서 과점주주에게 제공하는 주택

다. 정당한 사유 없이 그 취득일부터 1년이 경과할 때까지 해당 용도에 직접 사용하지 않거나 해당 용도로 직접 사용한 기간이 3년 미만인 상태에서 매각·증여하거나 다른 용도로 사용하는 주택

⑯ 물적분할[「법인세법」상 적격분할요건(분할대가는 전액이 주식등이어야 한다)을 갖춘 경우로 한정한다]로 인하여 분할신설법인이 분할법인으로부터 취득하는 미분양 주택 및 분양계약을 체결한 주택. 다만, 분할등기일부터 3년 이내에 「법인세법」상 사후관리사유가 발생한 경우(부득이한 경우는 제외한다)는 제외한다.

⑰ 「법인세법」상 적격분할로 인하여 분할신설법인이 분할법인으로부터 취득하는 미분양 주택 및 분양계약을 체결한 주택. 다만, 분할등기일부터 3년 이내에 「법인세법」상 사후관리사유가 발생한 경우(부득이한 경우는 제외한다)는 제외한다.

⑱ 지방세법 제15조 제1항 제3호에 따른 세율의 특례가 적용되는 법인의 합병으로 취득하는 주택

⑲ 「주택법」에 따른 리모델링주택조합이 같은 법에 따라 취득하는 주택

⑳ 한국토지주택공사 또는 지방공사가 취득하는 다음의 주택
　　가. 「주택법」에 따른 토지임대부 분양주택을 공급하기 위하여 취득하는 주택
　　나. 「주택법」에 따른 토지임대부 분양주택을 분양받은 자로부터 환매하여 취득하는
　　　　주택
　　다. 「주택법」에 따른 거주의무자등의 매입신청을 받거나 거주의무자등의 거주의무
　　　　위반으로 취득하는 분양가상한제 적용주택 및 토지임대부 분양주택
　　라. 「주택법」에 따라 우선 매입하는 분양가상한제 적용주택, 전매제한 위반으로 취
　　　　득하는 주택 및 토지임대부 분양주택
　　마. 「주택법」상 공급질서 교란금지 규정에 따라 취득한 것으로 보는 주택
㉑ 「부동산투자회사법」에 따른 기업구조조정 부동산투자회사가 2024년 3월 28일부터
　　2025년 12월 31일까지 최초로 유상승계취득하는 법정 요건을 갖춘 아파트

위에서 살펴본 바와 같이 지역을 불문하고 시가표준액 1억 원 이하인 주택의 유상 취득 시 법인과 다주택 세대의 취득세 중과세 규정이 적용되지 아니한다. 다만, 시가표준액 1억 원 이하 주택이라 하더라도 「도시 및 주거환경정비법」 제2조 제1호에 따른 정비구역(종전의 「주택건설촉진법」에 따라 설립인가를 받은 재건축조합의 사업부지를 포함한다)으로 지정·고시된 지역 또는 「빈집 및 소규모주택 정비에 관한 특례법」 제2조 제1항 제4호에 따른 사업 시행구역에 소재하는 주택은 중과세 대상임에 유의할 필요가 있다(지령 제28조의2 제1호).

한편, 종래에는 「주택법」 제2조 및 제76조에 의한 주택조합과 리모델링주택조합이 주택 건설사업을 위하여 취득하는 주택으로서 멸실시킬 목적으로 취득하는 주택의 경우에는 취 득세 중 과세가 제외될 수 있는 것이나(구 지령 제28조의2 제8호 나목), 리모델링주택조합이 멸실 목적 없이(리모델링이란 주택을 멸실시키는 것이 아니라 대수선이나 증축을 하는 것 임) 현금청산자의 주택을 취득하는 경우라면 취득세 중과세율이 적용될 수 있으므로 2021 년 말 시행령 개정으로 「주택법」에 따른 리모델링주택조합이 같은 법에 따라 취득하는 주 택은 멸실 여부를 떠나 중과세에서 제외되도록 하였다.

아울러 2021년부터 중과 제외되는 멸실예정 주택에 관한 일부 규정이 개정되었는바 그 내용을 살펴보면 다음과 같다. 첫째, "주택조합"이 재건축 등 주택건설사업을 위하여 멸실 목적으로 취득하는 주택은 중과세 제외하였는데, 조합설립의 前단계인 주택조합설립추진 위원회가 멸실목적 주택을 취득하는 경우에도 주택 취득세 중과를 제외하도록 하였다. 둘 째, 주택건설사업을 위하여 멸실목적으로 취득하는 주택은 중과 제외하는데, 주택건설사업

을 위해 취득하는 멸실목적 취득 주택의 범위를 다음과 같이 명확히 하였다.

사업 종류	중과 제외 멸실주택 범위
주택재개발조합, 주택재건축조합, 주거환경개선사업, 지역주택조합	• 멸실목적의 모든 주택 ※ 주사업이 주택공급(건설)사업에 해당함.
도시환경정비사업	• 신축부동산 중 주택면적비율에 해당하는 멸실목적 주택 ※ 주로 주상복합건물을 공급하는 사업에 해당함.
기타 소규모 주택건설사업	• 주택비율이 50% 이상 → 멸실목적의 모든 주택 • 주택비율이 50% 미만 → 신축부동산 중 주택면적비율에 해당하는 멸실목적 주택

○ 지방세법 시행령 제28조의2 제8호 나목의 "주택건설사업을 위하여 취득하는 주택"의 적용방법 (행안부 부동산세제과 - 2469, 2020.9.17.)
• 주택재개발조합, 주택재건축조합, 지역주택조합의 사업 목적 및 특성 등을 고려할 때, 해당 사업 전체를 "주택건설사업"으로 보아, 해당 사업시행자가 취득하는 멸실대상 주택은 전체를 중과 제외
• 재개발사업 중 주거환경 개선목적이 아닌 "상업지역·공업지역 등에서 도시기능의 회복 및 상권활성화 등을 위하여 도시환경을 개선하기 위한 사업(舊 도시환경정비사업)"의 경우 해당 사업에서 주택에 해당하는 비율에 대하여 중과적용 제외. 주택의 비율 등은 사업시행인가 등을 통해 확인하고, 추후 사후관리. 주택의 비율이 달라지는 경우 및 정당한 사유 없이 그 취득일부터 3년이 경과할 때까지 해당 주택을 멸실시키지 않은 경우 등은 추징
• 위에 해당하지 않는 소규모 주택건설사업자가 취득하는 주택은 해당 주택건설사업으로 주택에 해당하는 비율이 50% 이상인 경우 전체를 주택으로 보아 중과 적용을 제외, 50% 미만인 경우 주택에 해당하는 비율에 대하여 중과 적용 제외. 주택의 비율 등은 사업계획, 건축허가 등을 통해 확인하고 추후 사후관리

○ 주택조합을 설립하기 전 "지역주택조합 추진위원회"가 주택건설사업을 위하여 멸실목적으로 취득하는 주택이 중과 제외 대상에 해당하는지 여부
(행안부 부동산세제과 - 2469, 2020.9.17.)
• 2020년 1월 개정된 「주택법」 제11조는 주택조합을 설립하기 위해서는 "해당 주택건설대지의 15퍼센트 이상에 해당하는 토지의 소유권을 확보"하도록 규정하고 있음. 따라서 "추진위원회"가 취득하는 주택을 중과할 경우 주택조합 설립 자체를 불가능하게 하는 결과를 초래하므로 조합설립 전 추진위원회가 멸실목적으로 취득하는 주택도 중과 제외 대상으로 보는 것이 타당

○ 대도시 내 설립한지 5년 이내의 법인이 1억 원 이하의 주택을 유상취득하는 경우 적용 세율 (행안부 부동산세제과 – 2469, 2020.9.17.)

• 법인의 주택 유상취득은 제13조의2 제1항 제1호의 "세율(12%)"을 적용하고(지법 제13조 제2항), 같은 취득 물건에 대하여 둘 이상의 세율이 해당되는 경우에는 그중 높은 세율을 적용하므로(지법 제16조 제5항), 시행령 제28조의2에 따른 중과 제외주택에 해당하더라도 대도시 중과대상에 해당하는 경우 12%의 세율을 적용해야 함.

○ 부동산담보신탁 관련 주택 취득세 중과세 예외 해당 여부 회신
 (부동산세제과 – 1175, 2023.3.22.)

우선수익자가 위탁지의 채무불이행으로 채권 담보의 직접 목적물인 신탁부동산(주택)을 취득한 것은 채권 변제를 위한 정당한 권리 행사의 일환으로 볼 수 있는 점, 해당 주택의 취득은 투기수요 억제 및 실수요자 보호를 위해 도입된 주택 취득세 중과제도의 입법 취지에도 반하지 않는 점 등을 고려할 때, 해당 주택의 취득은 주택 취득세 중과 예외에 해당하는 것으로 보는 것이 합리적인 것으로 판단됨.

1세대의 판정은?

1 세대 개념의 도입 연혁

주택 취득세율 적용 시 개인 단위가 아닌, 세대 단위가 도입된 것은 2019.12.31. 지방세법 개정 시 1세대 4주택 이상에 해당하는 주택을 취득하는 경우에 기존 유상거래주택의 취득세율(1~3%)이 아닌 4%로 취득세 중과세[36]를 하기 위한 것이었다.

그런데 2020.8.12. 지방세법 개정으로 법인과 다주택의 주택 취득세 중과세 규정이 전면 실시됨에 따라 주택 취득 시에는 개인 단위가 아닌, 세대 단위로 주택 수를 계산하고 이에 따라 중과세율을 적용하도록 개편되었다.

2 1세대의 개념

(1) 원칙

주택 취득 등 중과 적용 시 1세대란 주택 취득일 현재 주택을 취득하는 사람과 「주민등록법」에 따른 세대별 주민등록표 또는 「출입국관리법」에 따른 등록외국인기록표 및 외국인

---

36) 지방세법 시행령 제22조의2 【1세대 4주택 이상 주택의 범위】 [2019.12.31. 대통령령 제30318호 일부개정, 2020.3.14. 시행]
  ① 법 제11조 제4항 제2호에서 "대통령령으로 정하는 1세대 4주택 이상에 해당하는 주택"이란 국내에 주택(법 제11조 제1항 제8호에 따른 주택을 말한다. 이하 이 조에서 같다)을 3개 이상 소유하고 있는 1세대가 추가로 취득하는 모든 주택을 말한다. 이 경우 주택의 공유지분이나 부속토지만을 소유하거나 취득하는 경우에도 주택을 소유하거나 취득한 것으로 본다. (2019.12.31. 신설)

등록표에 함께 기재되어 있는 가족(동거인은 제외한다)으로 구성된 세대를 말한다(지령 제28의3 제1항 전단).

이는 국세인 양도소득세의 1세대와 차이가 있는데 "1세대"란 거주자 및 그 배우자(법률상 이혼을 하였으나 생계를 같이하는 등 사실상 이혼한 것으로 보기 어려운 관계에 있는 사람을 포함한다)가 그들과 같은 주소 또는 거소에서 생계를 같이하는 자[거주자 및 그 배우자의 직계존비속(그 배우자를 포함한다) 및 형제자매를 말하며, 취학, 질병의 요양, 근무상 또는 사업상의 형편으로 본래의 주소 또는 거소에서 일시 퇴거한 사람을 포함한다]와 함께 구성하는 가족단위를 말한다(소법 제88조 제6호).

따라서 소득세법이 실제 생계를 기준[37]으로 하는데 반해, 지방세법은 주민등록표 등을 기준으로 세대를 판단하는 것과 구분된다.

(2) 동일 세대 판단기준

① 원칙

주택을 취득하는 사람의 배우자(사실혼은 제외하며, 법률상 이혼을 했으나 생계를 같이하는 등 사실상 이혼한 것으로 보기 어려운 관계에 있는 사람을 포함한다), 취득일 현재 미혼인 30세 미만의 자녀 또는 부모(주택을 취득하는 사람이 미혼이고 30세 미만인 경우로 한정한다)는 주택을 취득하는 사람과 같은 세대별 주민등록표 또는 등록외국인기록표 등에 기재되어 있지 않더라도 1세대에 속한 것으로 본다(지령 제28조의3 제1항 후단).

즉, 미혼인 30세 미만의 자녀는 주민등록표에 세대를 분리하더라도 부모와 1세대로 보는 것이 원칙이다.

② 예외

원칙에도 불구하고 다음의 어느 하나에 해당하는 경우에는 각각 별도의 세대로 본다(지령 제28조의3 제2항).

---

37) 소득세법 기본통칙 88-0…4【1세대의 범위】
　① 동일한 장소에서 생계를 같이하는 가족의 주민등록상 현황과 사실상 현황이 다른 경우에는 사실상 현황에 따른다.
　② 1세대 1주택 비과세 규정을 적용하는 경우 부부가 각각 세대를 달리 구성하는 경우에도 동일한 세대로 본다.

★

① 부모와 같은 세대별 주민등록표에 기재되어 있지 않은 30세 미만의 자녀로서 주택 취득일이 속하는 달의 직전 12개월 동안 발생한 소득으로서 행정안전부장관이 정하는 소득이 「국민기초생활보장법」에 따른 기준 중위소득을 12개월로 환산한 금액의 100분의 40 이상이고, 소유하고 있는 주택을 관리·유지하면서 독립된 생계를 유지할 수 있는 경우. 다만, 미성년자인 경우는 제외한다.

② 취득일 현재 65세 이상의 직계존속(배우자의 직계존속을 포함한다) 중 어느 한 사람이 65세 이상인 직계존속을 동거봉양(同居奉養)하기 위하여 30세 이상의 직계비속, 혼인한 직계비속 또는 제1호에 따른 소득요건을 충족하는 성년인 직계비속이 합가(合家)한 경우

③ 취학 또는 근무상의 형편 등으로 세대 전원이 90일 이상 출국하는 경우로서 「주민등록법」에 따라 해당 세대가 출국 후에 속할 거주지를 다른 가족의 주소로 신고한 경우

④ 별도의 세대를 구성할 수 있는 사람이 주택을 취득한 날부터 60일 이내에 세대를 분리하기 위하여 그 취득한 주택으로 주소지를 이전하는 경우

(3) 주민등록표상 별도 세대인 30세 미만인 자녀로서 소득이 있는 경우의 1세대 판정

부모와 같은 세대별 주민등록표에 기재되어 있지 않은 30세 미만의 자녀로서 주택 취득일이 속하는 달의 직전 12개월 동안 발생한 소득으로서 행정안전부장관이 정하는 소득이 「국민기초생활보장법」에 따른 기준 중위소득을 12개월로 환산한 금액의 40% 이상(2025년 기준 1인 가구 연 11,481,662원)이고, 소유하고 있는 주택을 관리·유지하면서 독립된 생계를 유지할 수 있는 경우이면 별도 세대로 본다는 것이다. 다만, 만 19세 미만인 미성년자는 소득요건이 충족하더라도 부모의 세대원에 포함된다.

즉, 30세 미만이 별도 세대로 분리되려면 주민등록표상 분리되어 있고 일정 수준의 소득이 있으면서 소유 주택을 관리·유지하면서 독립된 생계를 유지할 수 있는 경우에 해당하여야 한다. 이 경우 국세와는 달리 실제 동거 여부는 불문한다.

그렇다면 일정 수준의 소득은 어떻게 측정되며 어디까지 입증하여야 하는지 실무상 쟁점이 될 수 있다. 이에 대해서는 다음에 소개할 30세 미만인 자의 독립된 세대 적용 시 소득요건 판단 기준에서 살펴보도록 한다.

(4) 동거봉양 합가의 경우 1세대 판정

별도의 세대를 구성할 수 있는 65세 이상인 직계존속과 직계비속이 동거봉양을 위해 합가된 경우에는 각각 별도의 세대로 간주한다. 그런데 동거봉양 대상 직계존속의 연령은 지방세법은 65세 이상인 경우(세대를 구성하는 직계존속 중 어느 한 사람이 65세 미만인 경우를 포함한다)에만 적용하는데 유의하여야 하고, 별도 세대였다가 합가한 경우로만 한정하지 않고 취득일 전부터 계속해서 합가인 상태까지 포함하여 적용한다. 즉, 주민등록표상 함께 되어 있다 하더라도 65세 이상인 직계존속과 직계비속은 별도 세대로 직계존속과 직계비속의 주택 수를 구분하여 판정한다. 직계존속과 함께 거주하고 있는 사실은 주민등록등본을 통하여 확인하고, 봉양과 관련하여 납세자에게 별도의 서류를 요구하지 않는다.

참고로 소득세법상 1세대 1주택 양도소득세 비과세 적용 시 동거봉양은 60세 이상의 직계존속과 60세 미만이더라도 중증질환자 등을 포함하고[38] 별도 세대였다가 합가한 경우에 적용하는 규정이다.

(5) 주택 취득 후 세대 분리 시 1세대 판정

별도의 세대를 구성할 수 있는 사람이 주택을 취득한 날부터 60일 이내에 세대를 분리하기 위하여 그 취득한 주택으로 주소지를 이전하는 경우에는 각각 별도의 세대로 본다.

○ 지방세법상 주택 취득세 중과적용 시 1세대의 범위
  (행안부 부동산세제과 - 1983, 2020.8.11.)
- 「주민등록법」 제7조에 따른 세대별 주민등록표에 함께 기재된 가족. 단, 배우자와 미혼인 30세 미만의 자녀는 세대를 분리하여 거주하더라도 1세대임.

---

38) 소득세법 시행령 제155조【1세대 1주택의 특례】
  ④ 1주택을 보유하고 1세대를 구성하는 자가 1주택을 보유하고 있는 60세 이상의 직계존속(다음 각 호의 사람을 포함하며, 이하 이 조에서 같다)을 동거봉양하기 위하여 세대를 합침으로써 1세대가 2주택을 보유하게 되는 경우 합친 날부터 10년 이내에 먼저 양도하는 주택은 이를 1세대 1주택으로 보아 제154조 제1항을 적용한다.
  1. 배우자의 직계존속으로서 60세 이상인 사람
  2. 직계존속(배우자의 직계존속을 포함한다) 중 어느 한 사람이 60세 미만인 경우
  3. 「국민건강보험법 시행령」 [별표 2] 제3호 가목 3), 같은 호 나목 2) 또는 같은 호 마목에 따른 요양급여를 받는 60세 미만의 직계존속(배우자의 직계존속을 포함한다)으로서 기획재정부령으로 정하는 사람(중증질환자, 희귀난치성질환자 또는 결핵환자 산정특례 대상자로 등록되거나 재등록된 자)

※ 주민등록표가 없는 외국인의 경우에는 「출입국관리법」 제34조 제1항에 따른 등록외국인기록표 및 외국인등록표

○ 미혼인 30세 미만인 자녀가 취업하여 소득이 있는 경우라도 부모의 세대원에 포함되는지 여부 (행안부 부동산세제과-1983, 2020.8.11.)
• 해당 자녀의 소득이 「국민기초생활보장법」 제2조 제11호에 따른 기준 중위소득의 40% 이상으로서 분가하는 경우 부모와 구분하여 별도의 세대로 판단함.
• 단, 미성년자(만 18세 이하)인 경우에는 소득요건이 충족하더라도 부모의 세대원에 포함됨.

○ 부모님을 동거봉양하기 위하여 세대를 합가(合家)한 경우에 다주택자가 되는지 여부 (행안부 부동산세제과-1983, 2020.8.11.)
• 자녀*가 65세 이상의 직계존속(배우자의 직계존속을 포함)을 동거봉양(同居奉養)하기 위하여 세대를 합친 경우, 65세 이상 직계존속과 자녀의 세대를 각각의 별도의 세대로 간주함.
  * 30세 이상의 자녀, 혼인한 자녀, 30세 미만의 자녀로서 소득이 「국민기초생활보장법」 제2조 제11호에 따른 기준 중위소득의 40% 이상인 경우

○ 3주택을 소유한 A가 2년간의 해외파견으로 주민등록법에 따른 해외체류신고를 하면서 형제관계인 B(1주택 소유)의 주소를 체류지로 신고한 상태에서, B가 주택 취득 시 적용 세율 (행안부 부동산세제과-1983, 2020.8.11.)
• B는 A와 별도의 세대로 보므로, B의 주택 취득이 일시적 2주택에 해당하는 경우 1~3%를 적용하고, 일시적 2주택에 미해당하는 경우 8%를 적용

○ 별도 세대였던 A(기혼, 1주택을 배우자인 C와 공동소유)가 아버지 B(80세, 1주택 소유)를 봉양하기 위해 합가한 상태에서, C가 이사를 위한 주택 취득 시 적용 세율 ※ C는 A, B와 주소를 달리하여 거주 중 (행안부 부동산세제과-1983, 2020.8.11.)
• A는 B와 별도의 세대로 보므로, C의 주택 취득이 일시적 2주택에 해당하는 경우* 1~3%를 적용하고, 일시적 2주택에 미해당하는 경우 8%를 적용
  * A, C 공동소유 주택을 일시적 2주택 기간 내 처분하는 경우

○ 65세 이상 부모를 동거봉양하기 위해 합가하는 경우에 대한 구분 방법 (행안부 부동산세제과-1983, 2020.8.11.)
• 별도 세대였다가 합가한 경우로 한정하지 않고 취득일 전부터 계속해서 합가인 상태까지 포함하여 적용함. 또한, 부모가 자녀의 세대에 합가한 경우도 별도세대로 적용함.

○ 1주택을 소유한 부모(64세)의 세대원인 자녀(30세 이상)가 분양권(8월 12일 이후 취득)에 의한 주택을 취득하는 날 부모가 66세가 되는 경우 세대 적용 방법
(행안부 부동산세제과-2469, 2020.9.17.)

• 주택 취득일 현재를 기준으로 부모가 65세 이상에 해당하므로, 동거봉양 합가*에 따른 별도 세대로 봄. 따라서 취득일 현재 자녀 세대의 소유 주택 수를 기준으로 중과세율 적용 여부를 판단
 * 부모와 분가하지 않고 계속해서 합가인 상태까지 포함하여 적용

○ 동거봉양 합가를 적용할 때 65세 판단 기준일
(행안부 부동산세제과-2469, 2020.9.17.)

• 동거봉양을 위하여 부모와 자녀가 같은 주소지에 거주하는 경우 65세 해당 여부는 주택을 취득하는 날을 기준으로 판단함.

○ 쟁점주택의 분양권 취득일을 기준으로 주택 수를 산정할 경우 쟁점주택은 1세대 3주택에 해당하지 않으므로 중과세율을 배제하여야 하는지 (조심 2023지4693, 2024.8.1.)
쟁점주택의 분양권을 취득할 당시(2021.1.13.) 청구인의 세대는 청구인 소유의 1주택만을 소유하고 있었던 것으로 확인되는 점, 처분청의 주장대로 쟁점주택 취득 당시(2022.7.8.)의 세대원을 기준으로 볼 경우 청구인의 결혼 전인 쟁점주택의 분양권 취득일(2021.1.13.) 당시 결혼하지도 않은 배우자의 소유주택을 청구인 소유 주택 수에 포함하는 불합리가 발생하는 점 등에 비추어 볼 때 청구인은 쟁점주택의 분양권 취득일 현재 1세대 3주택을 소유한 것으로 볼 수 없으므로 처분청이 청구인의 이 건 경정청구를 거부한 처분은 잘못이 있다고 판단됨.

30세 미만인 자의 독립된 세대 적용 시 소득요건 판단

1 관련 규정

부모와 같은 세대별 주민등록표에 기재되어 있지 않은 30세 미만의 자녀로서 주택 취득일이 속하는 달의 직전 12개월 동안 발생한 소득으로서 행정안전부장관이 정하는 소득이 「국민기초생활보장법」에 따른 기준 중위소득을 12개월로 환산한 금액의 40% 이상(2025년 기준 1인 가구 연 11,481,662원)이고, 소유하고 있는 주택을 관리·유지하면서 독립된 생계를 유지할 수 있는 경우이면 별도 세대로 본다는 것이다. 다만, 만 19세 미만인 미성년자는 소득요건이 충족하더라도 부모의 세대원에 포함된다.

2 주택 취득세 중과 관련 별도 세대 판단 소득기준

★

주택 취득세 중과 관련 별도 세대 판단 소득기준
[시행 2022.1.1.] [행정안전부고시 제2022 - 3호, 2022.1.1., 제정]

제1조(목적) 이 기준은 「지방세법 시행령」(이하 "영"이라 한다) 제28조의3 제2항 제1호에 따라 주택 취득세 중과와 관련한 별도 세대를 판단하기 위한 소득 등 세부기준에 관하여 필요한 사항을 규정함을 목적으로 한다.

제2조(적용 대상) 이 기준의 적용 대상은 부모와 같은 세대별 주민등록표에 기재되어 있지 않은 30세 미만의 자녀(미성년자는 제외한다)로서 주택 취득일 현재 근로를 제공

하거나, 사업을 영위하는 등 경제활동을 하는 사람으로 한다.

제3조(소득의 범위) ① 영 제28조의3 제2항 제1호에서 "행정안전부장관이 정하는 소득"
이란 제2조에 따른 사람이 주택을 취득하는 경우 그 주택의 취득일이 속하는 달의 직전
12개월 동안 발생한 소득으로, 다음 각 호에 따른 소득을 합한 금액을 말한다.

1. 「소득세법」 제19조 제1항에 따른 사업소득. 이 경우 같은 법 제12조에 따른 비과세소
   득 및 제27조부터 제35조에 따른 필요경비를 차감한다.

2. 「소득세법」 제20조 제1항에 따른 근로소득. 이 경우 같은 법 제12조에 따른 비과세소
   득은 차감한다.

3. 「소득세법」 제21조 제1항 제5호·제15호·제19호에 따른 기타소득. 이 경우 같은 법
   제12조에 따른 비과세소득 및 제37조에 따른 필요경비를 차감한다.

4. 그 밖에 제1호부터 제3호에 준하는 소득으로서 경상적·반복적으로 발생하는 소득

② 제1항 본문에도 불구하고 계속하여 소득이 있던 사람이 일시적인 휴직, 휴업 등으로
제1항에 따른 소득이 제4조 제1항에 따른 기준소득을 충족하기 어려운 경우에는 주택
의 취득일이 속하는 달의 직전 24개월 동안 발생한 소득을 "행정안전부장관이 정하는
소득"으로 볼 수 있다.

제4조(기준소득의 산정방식) ① 별도 세대 판단을 위한 기준이 되는 소득은 「국민기초
생활보장법」 제2조 제11호에 따른 기준중위소득의 100분의 40을 12개월로 환산한 금액
을 말하며(이하 "기준소득"이라 한다), 기준소득의 계산식은 다음과 같다.

$$\text{기준소득} = \frac{\text{주택 취득일 현재 「국민기초생활보장법」}}{\text{제2조 제11호에 따른 "기준중위소득"}} \times \frac{40}{100} \times 12$$

② 제3조 제2항에 해당하는 경우에는 제1항에도 불구하고, 다음 계산식에 따라 산출한
금액을 기준소득으로 한다.

$$\text{기준소득} = \frac{\text{주택 취득일 현재 「국민기초생활 보장법」}}{\text{제2조 제11호에 따른 "기준중위소득"}} \times \frac{40}{100} \times 24$$

③ 제1항 및 제2항을 적용할 때 소득의 월별 귀속 시기를 구분할 수 없는 경우에는 해당
연도에 귀속되는 전체 소득이 매월 균등하게 발생한 것으로 본다.

제5조(소득의 확인) ① 취득일 현재 근로를 제공하거나, 사업을 영위하는 등 경제활동
을 하는지 여부는 다음 각 호의 서류로 확인한다.

1. 근로 제공 여부: 근로계약서 또는 재직증명서 등 고용되어 근로를 제공하고 있음을
   증명할 수 있는 서류

2. 사업 영위 여부: 「부가가치세법 시행규칙」 별지 제7호에 따른 "사업자등록증" 사본

3. 그 밖에 제1호 및 제2호에 준하는 서류로서 경제활동을 영위하고 있음을 확인할 수
   있는 서류

② 제4조 각 호에 따른 소득은 주택을 취득하는 자가 제출하는 다음 각 호의 서류로 확인한다.

1. 직전연도 소득으로 기준소득을 증빙하는 경우: 「국세청민원사무처리규정」 별지 제15호·제16호 서식에 따라 세무서장이 발급하는 "소득금액증명원"

2. 당해연도 소득으로 기준소득을 증빙하는 경우: 「소득세법 시행규칙」 별지 제23호 및 제24호 서식에 따른 "지급명세서"

3. 그 밖에 「소득세법」 제160조에 따른 장부 등 객관적 증빙자료로서 소득을 확인할 수 있는 서류

제6조(소득의 사후확인) 지방자치단체의 장은 납세자가 신고한 내용에 대해 사후에 소득세 확정신고자료 등을 통해 사실여부를 확인하여야 한다.

제7조(재검토기한) 행정안전부장관은 「훈령·예규 등의 발령 및 관리에 관한 규정」에 따라 이 고시에 대하여 2022년 1월 1일 기준으로 매 3년이 되는 시점(매 3년째의 12월 31일까지를 말한다)까지 그 타당성을 검토하여 개선 등의 조치를 하여야 한다.

부   칙

제1조(시행일) 이 고시는 2022년 1월 1일부터 시행한다.

제2조(적용례) 이 고시는 이 고시 시행 이후 납세의무가 성립하는 경우부터 적용한다.

○ 만 30세 미만의 자녀가 '20년 8월 취업(월 급여: 200만 원)한 관계로 주택 취득일('20년 10월) 현재 과거 1년 동안의 소득이 8,434,440원 미만인 경우, 자녀가 주택 취득 시 자녀를 별도 세대로 볼 수 있는지 여부

• 비록 월 급여는 중위소득 40% 이상이라 하더라도, 연간 소득이 8,434,440원 이상에 해당하지 않으므로 별도 세대로 볼 수 없음.

양도소득세 관련 30세 미만 소득 판단 사례

○ 소득세법 집행기준 89‐154‐6 【독립된 1세대로서의 생계유지 범위】

대학생이 군 입대 전 수개월 일하면서 소득을 올렸다고 하여 독립된 생계를 유지하였다고 볼 수 없으므로 별도의 1세대를 구성하였다고 볼 수 없음.

○ 부동산거래관리과‐0518, 2011.6.24.

30세 미만으로서 가족과 달리하는 직업군인인 경우에도 소득세법 제4조의 규정에 따른 소득이 「국민기초생활보장법」 제2조 제6호의 규정에 따른 최저생계비 수준 이상으로서 독립된 생계를 유지하는 경우에는 단독세대에 해당하는 것임.

○ 서울고등법원 2017.12.6. 선고 2017누65601 판결

원고는 이 사건 주택 양도 당시 30세 미만이고, 최저생계비 이상의 소득을 얻고 있었다고 인정할 만한 증거가 없으므로 과세가 정당. 원고가 운영하던 피씨방 소득 500여만 원 등은 당시 해당 사업장이 폐업하였으므로 인정하기 어렵고, ○○산업으로부터 받았다는 960여만 원의 근로소득은 당시 ○○산업이 경비신고 시 급료를 0원으로 신고하였으며, 원고의 나이, 학력, 전공, 경력 등에 비추어 월 급료를 960여 만 원의 근로소득을 얻었다는 것도 믿기 어려움.

주택 수의 산정방법은?

1 주택 수의 판단

다주택 세대의 취득세 중과세 규정을 적용할 때, 신탁되어 본인 명의의 소유가 아닌 경우 또는 입주권, 주택분양권, 주택으로 과세되는 오피스텔은 세대별 소유 주택 수에 가산한다.

★

> **지방세법 제13조의3 【주택 수의 판단 범위】**
> 지방세법 제13조의2를 적용할 때 다음 각 호의 어느 하나에 해당하는 경우에는 다음 각 호에서 정하는 바에 따라 세대별 소유 주택 수에 가산한다.
> 1. 「신탁법」에 따라 신탁된 주택은 위탁자의 주택 수에 가산한다.
> 2. 「도시 및 주거환경정비법」 제74조에 따른 관리처분계획의 인가 및 「빈집 및 소규모주택 정비에 관한 특례법」 제29조에 따른 사업시행계획인가로 인하여 취득한 입주자로 선정된 지위[「도시 및 주거환경정비법」에 따른 재건축사업 또는 재개발사업, 「빈집 및 소규모주택 정비에 관한 특례법」에 따른 소규모재건축사업을 시행하는 정비사업조합의 조합원으로서 취득한 것(그 조합원으로부터 취득한 것을 포함한다)으로 한정하며, 이에 딸린 토지를 포함한다. 이하 이 조에서 "조합원입주권"이라 한다]는 해당 주거용 건축물이 멸실된 경우라도 해당 조합원입주권 소유자의 주택 수에 가산한다.
> 3. 「부동산 거래신고 등에 관한 법률」 제3조 제1항 제2호에 따른 "부동산에 대한 공급계약"을 통하여 주택을 공급받는 자로 선정된 지위(해당 지위를 매매 또는 증여 등의 방법으로 취득한 것을 포함한다. 이하 이 조에서 "주택분양권"이라 한다)는 해당 주택분양권을 소유한 자의 주택 수에 가산한다.
> 4. 제105조에 따라 주택으로 과세하는 오피스텔은 해당 오피스텔을 소유한 자의 주택 수에 가산한다.

주택 수의 판정과 관련하여 가산되는 조합원입주권, 주택분양권 및 오피스텔은 2020.8. 12. 이후 취득하는 분부터 적용한다(지법 법률 제17473호 2020.8.12. 부칙 제3조). 그런데 2020. 8.12. 전에 매매계약(오피스텔 분양계약을 포함함)을 체결한 경우는 적용하지 아니한다(지법 법률 제17473호 2020.8.12. 부칙 제7조).

한편, "임대사업자가 임대 중인 주택"이라 하더라도 현재 소유 주택 수에서 제외하는 주택으로 규정하고 있지 않기 때문에 임대주택도 주택 수에 포함되는 것에 유의할 필요가 있다.

2 주택 수의 산정 기준일

다주택 세대의 취득세 중과세 규정을 적용할 때, 세율 적용의 기준이 되는 1세대의 주택 수는 주택 취득일 현재 취득하는 주택을 포함하여 1세대가 국내에 소유하는 주택, 조합원입주권, 주택분양권 및 오피스텔의 수를 말한다. 이 경우 조합원입주권 또는 주택분양권에 의하여 취득하는 주택의 경우에는 조합원입주권 또는 주택분양권의 취득일(분양사업자로부터 주택분양권을 취득하는 경우에는 분양계약일을 말하고, 주택분양권의 매매·교환 및 증여를 통하여 1세대 내에서 동일한 주택분양권에 대한 취득일이 둘 이상이 되는 경우에는 가장 빠른 주택분양권의 취득일을 말한다. 주택 수 산정 기준과 관련해서는 이하 같다)을 기준으로 해당 주택 취득 시의 세대별 주택 수를 산정한다(지령 제28조의4 제1항).

그런데 유상취득하는 주택의 법인과 다주택 세대의 취득세 중과세 규정은 법인 및 국내에 주택을 1개 이상 소유하고 있는 1세대가 2020년 7월 10일 이전에 주택에 대한 매매계약(공동주택 분양계약을 포함한다)을 체결한 경우에는 그 계약을 체결한 당사자의 해당 주택의 취득에 대하여 종전의 규정을 적용한다. 다만, 해당 계약이 계약금을 지급한 사실 등이 증빙서류에 의하여 확인되는 경우에 한정한다(지법 법률 제17473호 2020.8.12. 부칙 제6조).

그렇기 때문에 2020년 7월 10일 이전에 분양권을 취득(=분양계약)한 경우에는 해당 분양권에 의해 취득하는 주택에 취득세 중과세 규정이 적용되지 않는다.[39] 그리고 주택 수의 판정과 관련해서도 2020.8.12. 전에 매매계약(오피스텔 분양계약을 포함함)을 체결한 경우에 해당하여 주택 수에도 가산되지 아니한다(지법 법률 제17473호 2020.8.12. 부칙 제7조). 따라서 조정대상지역에 소재하는 주택이라도 2020년 8월 12일 이후에 1주택을 취득한 경우에는

---

39) 다만, 종전 3주택 이상 소유자가 2020.7.10. 이전에 매매계약을 체결한 분양권에 의해 2020.8.12. 이후 취득하는 경우 종전 규정이 적용되어 4% 세율이 적용된다.

1~3%의 일반세율이 적용될 것이고, 해당 1주택 이후 분양권에 의한 주택을 취득하는 경우에도 종전 규정에 따라 1~3%의 일반세율이 적용될 것이다.

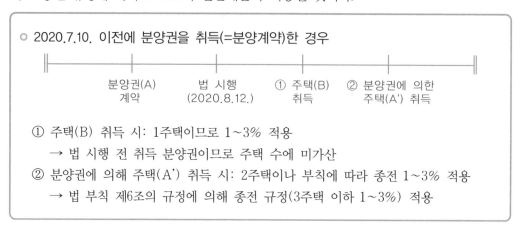

○ 2020.7.10. 이전에 분양권을 취득(=분양계약)한 경우

① 주택(B) 취득 시: 1주택이므로 1~3% 적용
  → 법 시행 전 취득 분양권이므로 주택 수에 미가산
② 분양권에 의해 주택(A') 취득 시: 2주택이나 부칙에 따라 종전 1~3% 적용
  → 법 부칙 제6조의 규정에 의해 종전 규정(3주택 이하 1~3%) 적용

그러나 2020년 7월 11일부터 8월 11일 사이에 분양권을 취득(=분양계약)한 경우에는 해당 분양권에 의해 취득하는 주택은 2020년 8월 12일 이후에 취득하게 된다면 취득세 중과세 규정이 적용된다. 다만, 주택 수의 판정과 관련해서 2020.8.12. 전에 매매계약(오피스텔 분양계약을 포함함)을 체결한 경우에 해당하여 주택 수에도 가산되지 아니한다(지법 법률 제17473호 2020.8.12. 부칙 제7조).

따라서 조정대상지역에 소재하는 주택이라면 2020년 8월 12일 이후에 1주택을 취득한 경우에는 1~3%의 일반세율이 적용될 것이나, 해당 1주택 이후 분양권에 의한 주택을 신규 취득하는 경우에는 중과세 규정에 따라 2주택이 되어 8%의 중과세율이 적용될 것이다. 다만, 일시적 2주택의 경우에 해당한다면 분양권에 의한 주택을 신규 취득할 때 중과세를 피할 수 있을 것이다.

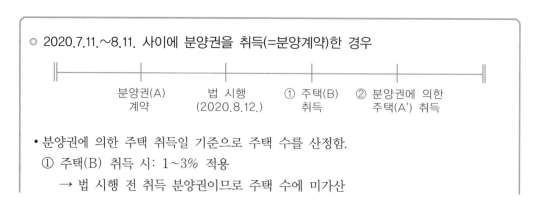

○ 2020.7.11.~8.11. 사이에 분양권을 취득(=분양계약)한 경우

• 분양권에 의한 주택 취득일 기준으로 주택 수를 산정함.
 ① 주택(B) 취득 시: 1~3% 적용
  → 법 시행 전 취득 분양권이므로 주택 수에 미가산

② 분양권에 의해 주택(A') 취득 시: 8% 적용(일시적 2주택 해당 시 1~3%)
  → 분양권에 의한 주택(A') 취득일 기준으로 주택 수를 산정함.

끝으로 2020년 8월 12일 이후 분양권을 취득(＝분양계약)한 경우에는 해당 분양권에 의해 취득하는 주택은 2020년 8월 12일 이후에 취득하게 된다면 취득세 중과세 규정이 적용된다. 또한 주택 수의 판정과 관련해서 2020년 8월 12일 이후 매매계약(오피스텔 분양계약을 포함함)을 체결한 경우에 해당하여 주택 수에도 가산된다.

따라서 조정대상지역에 소재하는 주택이라면 2020년 8월 12일 이후에 1주택을 취득한 경우에는 분양권이 주택으로 간주되어 2주택자로 보아 8% 중과세율이 적용될 것이나, 해당 1주택 이후 분양권에 의한 주택을 신규 취득하는 경우에는 오히려 분양권 취득일에 1주택자였기 때문에 분양권에 의한 주택은 1~3%의 일반세율이 적용된다. 또한 앞서 취득한 1주택에 대해서도 일시적 2주택의 경우에 해당한다면 중과세를 피할 수 있을 것이다.

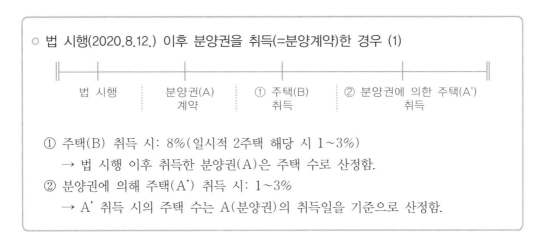

○ 법 시행(2020.8.12.) 이후 분양권을 취득(=분양계약)한 경우 (1)

① 주택(B) 취득 시: 8%(일시적 2주택 해당 시 1~3%)
  → 법 시행 이후 취득한 분양권(A)은 주택 수로 산정함.
② 분양권에 의해 주택(A') 취득 시: 1~3%
  → A' 취득 시의 주택 수는 A(분양권)의 취득일을 기준으로 산정함.

이와 같은 상황을 정리해 보면 일단 1주택에 대해서는 1~3%의 일반세율이 적용되는 것이고, 2주택부터 중과세율이 적용되는 것이다. 그 주택을 언제 취득한 것이냐는, 주택 수가 몇 개였는지 판단할 때 다시 한번 지방세법 시행령 조항을 살펴보면 위 사례의 이해가 더 수월해질 것이다. 더 자세히 살펴보면 다음과 같다.

③ 주택 수의 산정 방법

(1) 원칙

다주택 세대의 취득세 중과세 규정을 적용할 때, 세율 적용의 기준이 되는 1세대의 주택 수는 주택 취득일 현재 취득하는 주택을 포함하여 1세대가 국내에 소유하는 주택, 조합원입주권, 주택분양권 및 오피스텔의 수를 말한다.

이 경우 조합원입주권 또는 주택분양권에 의하여 취득하는 주택의 경우에는 조합원입주권 또는 주택분양권의 취득일(분양사업자로부터 주택분양권을 취득하는 경우에는 분양계약일)을 기준으로 해당 주택 취득 시의 세대별 주택 수를 산정한다(지령 제28조의4 제1항).[40]

즉, 원칙적으로 주택을 취득한 날을 기준으로 하는 것이나, 조합원입주권 또는 주택분양권에 의하여 취득하는 주택의 경우에는 실제 주택을 취득한 날이 아닌, 조합원입주권 또는 주택분양권의 취득일(분양계약일)이 된다는 것이다.

예를 들면, 조정대상지역에 소재하는 기존의 2주택자가 2020년 8월 12일 이후 분양권을 취득했다면 이는 3주택에 해당하는 것이고, 이 분양권에 의해 취득하는 주택에 대해서는 12%의 중과세율이 적용된다는 것이다.

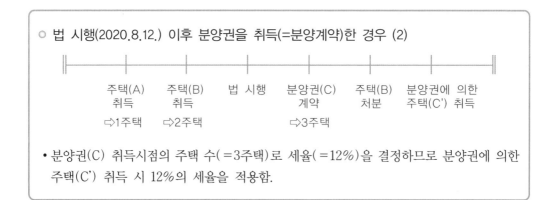

○ 법 시행(2020.8.12.) 이후 분양권을 취득(=분양계약)한 경우 (2)

| 주택(A) 취득 | 주택(B) 취득 | 법 시행 | 분양권(C) 계약 | 주택(B) 처분 | 분양권에 의한 주택(C') 취득 |

⇨1주택 ⇨2주택   ⇨3주택

• 분양권(C) 취득시점의 주택 수(=3주택)로 세율(=12%)을 결정하므로 분양권에 의한 주택(C') 취득 시 12%의 세율을 적용함.

---

40) 유의할 것은 이하 지방세법 시행령 제28조의4에서 규정한 주택 수의 산정 방법은 유상거래에만 해당하므로, 증여 취득 시에는 적용되지 않는다는 점이다.

(2) 특례기간에 취득하여 주택 수에서 제외되는 특례주택

2024년 3월 26일 시행령 개정 시 주택공급시장을 활성화하기 위하여 2024년 1월 10일부터 2027년 12월 31일(지방 미분양 아파트는 2025년 12월 31일)까지 법정요건을 갖춘 소형 신축 주택, 소형 임대주택 또는 지방 미분양 아파트 등을 취득하는 경우 1세대의 주택 수 산정 시 제외하고, 향후 다른 주택을 취득할 때에도 기존 소유주택 수에서 제외하도록 하였다.

다주택자 취득세 중과세를 적용할 때 다음의 어느 하나에 해당하는 주택을 취득하는 경우 세율 적용의 기준이 되는 1세대의 주택 수는 주택 취득일 현재 취득하는 주택을 제외하고 1세대가 국내에 소유하는 주택, 조합원입주권, 주택분양권 및 오피스텔의 수를 말한다(지령 제28조의4 제2항).

★
① 2024년 1월 10일부터 2027년 12월 31일까지 「주택법」에 따른 사용검사 또는 「건축법」에 따른 사용승인(임시사용승인을 포함한다)을 받은 신축 주택을 같은 기간 내에 최초로 유상승계취득하는 주택으로서 다음의 요건을 모두 갖춘 주택
　가. 다가구주택(「건축법」 제38조에 따른 건축물대장에 호수별로 전용면적이 구분되어 기재되어 있는 다가구주택으로 한정한다), 연립주택, 다세대주택 또는 도시형 생활주택 중 어느 하나에 해당할 것
　나. 전용면적이 60제곱미터 이하이고 취득당시가액이 3억 원(수도권에 소재하는 경우에는 6억 원) 이하일 것
② 2024년 1월 10일부터 2027년 12월 31일까지 유상승계취득하는 주택(신축 후 최초로 유상승계취득한 주택은 제외한다)으로서 다음의 요건을 모두 갖춘 주택. 다만, 「민간임대주택에 관한 특별법」에 따른 임대사업자가 임대의무기간에 가목에 해당하는 주택을 임대 외의 용도로 사용하는 경우 또는 매각·증여하는 경우나 「민간임대주택에 관한 특별법」이 정한 경우가 아닌 사유로 임대사업자 등록이 말소된 경우 해당 주택은 요건을 모두 갖춘 주택에서 제외한다.
　가. 다가구주택, 연립주택, 다세대주택 또는 도시형 생활주택 중 어느 하나에 해당할 것
　나. 전용면적이 60제곱미터 이하이고 취득당시가액이 3억 원(수도권에 소재하는 경우에는 6억 원으로 한다) 이하일 것
　다. 임대사업자가 해당 주택을 취득한 날부터 60일 이내에 「민간임대주택에 관한 특별법」에 따라 임대주택으로 등록하거나 임대사업자가 아닌 자가 해당 주택을 취득한 날부터 60일 이내에 같은 조에 따라 임대사업자로 등록하고 그 주택을 임대주택으로 등록할 것
③ 「주택법」에 따른 사업주체가 사용검사 또는 「건축법」에 따른 사용승인(임시사용승

인을 포함한다)을 받은 후 분양되지 않은 아파트를 2024년 1월 10일부터 2025년 12
월 31일까지 최초로 유상승계취득하는 아파트로서 다음의 요건을 모두 갖춘 아파트
가. 수도권 외의 지역에 있을 것
나. 전용면적 85제곱미터 이하이고 취득당시가액이 6억 원 이하일 것

(3) 동시에 2 이상 취득하는 경우

주택, 조합원입주권, 주택분양권 또는 오피스텔을 동시에 2개 이상 취득하는 경우에는 납
세의무자가 정하는 바에 따라 순차적으로 취득하는 것으로 본다(지령 제28조의4 제3항).

이는 기본적으로 1주택에 대해서는 1~3%의 일반세율이고, 2주택 이상에 대해서는 중과
세율이 적용될 수 있으므로 동시에 2 이상 취득하는 경우에는 취득 순서를 납세자가 정하
여 유리한 방향으로 결정할 수 있도록 하였다.

(4) 세대원이 공동소유하는 경우의 주택 수

1세대 내에서 1개의 주택, 조합원입주권, 주택분양권 또는 오피스텔을 세대원이 공동으
로 소유하는 경우에는 1개의 주택, 조합원입주권, 주택분양권 또는 오피스텔을 소유한 것으
로 본다(지령 제28조의4 제4항). 이는 다주택 세대의 취득세 중과세 규정이 세대 단위로 이뤄
진다는 면에서 당연한 규정이라 볼 수 있다.

(5) 상속으로 인하여 공동소유하는 경우의 주택 수

상속으로 여러 사람이 공동으로 1개의 주택, 조합원입주권, 주택분양권 또는 오피스텔을
소유하는 경우 다음의 순서에 따라 그 주택, 조합원입주권, 주택분양권 또는 오피스텔의 소
유자를 판정한다. 이 경우, 미등기 상속주택 또는 오피스텔의 소유지분이 종전의 소유지분
과 변경되어 등기되는 경우에는 등기상 소유지분을 상속개시일에 취득한 것으로 본다(지령
제28조의4 제5항).

★
① 지분이 가장 큰 상속인
② 그 주택 또는 오피스텔에 거주하는 사람
③ 나이가 가장 많은 사람

그런데 다음 주택 수에서 제외되는 주택에 상속을 원인으로 취득한 주택, 조합원입주권, 주택분양권 또는 오피스텔로서 상속개시일부터 5년이 지나지 않은 주택, 조합원입주권, 주택분양권 또는 오피스텔을 규정하고 있는바, 상속개시일부터 5년이 지나지 않았다면 주택 수에 가산되는 경우가 없고, 5년 이후라면 지분이 가장 큰 상속인의 소유 등으로 주택 수를 판단한다고 해석하면 된다.

또한 2020년 8월 12일 전에 상속을 원인으로 취득한 주택, 조합원입주권, 주택분양권 또는 오피스텔에 대해서는 당초 상속개시일이 아닌, 2020년 8월 12일 이후 5년 동안 주택 수 산정 시 소유 주택 수에서 제외한다(지령 부칙 2020.8.12. 대통령령 제30939호 제3호).

(6) 주택 수 산정에서 제외되는 주택

1세대의 주택 수를 산정할 때 다음의 어느 하나에 해당하는 주택, 조합원입주권, 주택분양권 또는 오피스텔은 소유주택(주택 취득일 현재 취득하는 주택을 포함하지 아니한 소유 주택을 말한다) 수에서 제외한다(지령 제28조의4 제6항).

★
① 취득세 중과세에서 배제되는 주택 중 다음의 주택
- 시가표준액이 1억 원 이하인 주택으로서 주택 수 산정일 현재 해당 주택의 시가표준액 기준을 충족하는 주택
- 노인복지주택, 공공지원민간임대주택, 가정어린이집, 사원임대용 주택으로서 주택 수 산정일 현재 해당 용도에 직접 사용하고 있는 주택
- 지정문화재 또는 등록문화재에 해당하는 주택
- 공익사업 또는 주택건설사업을 위해 취득하는 주택으로서 멸실시킬 목적으로 취득하는 주택과 주택시공자가 주택시행사로부터 해당 주택의 공사대금으로 취득한 미분양 주택. 미분양 주택의 경우에는 그 주택의 취득일부터 3년 이내의 기간으로 한정한다.
- 농어촌주택으로서 주택 수 산정일 현재 건축물의 가액이 6,500만 원 이내 요건을 충족하는 주택
② 통계청장이 고시하는 산업에 관한 표준분류에 따른 주거용 건물 건설업 또는 주거용 건물 개발 및 공급업을 영위하는 자가 신축하여 보유하는 주택. 다만, 자기 또는 임대계약 등 권원을 불문하고 타인이 거주한 기간이 1년 이상인 주택은 제외한다.
③ 상속을 원인으로 취득한 주택, 조합원입주권, 주택분양권 또는 오피스텔로서 상속개시일부터 5년이 지나지 않은 주택, 조합원입주권, 주택분양권 또는 오피스텔

④ 주택 수 산정일 현재 시가표준액(지분이나 부속토지만을 취득한 경우에는 전체 건축물과 그 부속토지의 시가표준액을 말한다)이 1억 원 이하인 오피스텔

⑤ 주택 수 산정일 현재 시가표준액이 1억 원 이하인 부속토지만을 소유한 경우 해당 부속토지

⑥ 혼인한 사람이 혼인 전 소유한 주택분양권으로 주택을 취득하는 경우 다른 배우자가 혼인 전부터 소유하고 있는 주택

⑦ 특례기간에 취득하여 주택 수에서 제외되는 특례주택

⑧ 2024년 1월 10일부터 2027년 12월 31일까지 「건축법」에 따른 사용승인(임시사용승인을 포함한다)을 받은 신축 오피스텔을 같은 기간 내에 최초로 유상승계취득하는 오피스텔로서 전용면적이 60제곱미터 이하이고 취득당시가액이 3억 원(수도권에 소재하는 경우에는 6억 원으로 한다) 이하에 해당하는 오피스텔

⑨ 2024년 1월 10일부터 2027년 12월 31일까지 유상승계취득하는 오피스텔(신축 후 최초로 유상승계취득한 오피스텔은 제외한다)로서 다음의 요건을 모두 갖춘 오피스텔. 다만, 임대사업자가 「민간임대주택에 관한 특별법」에 따른 임대의무기간에 오피스텔을 임대 외의 용도로 사용하는 경우 또는 매각·증여하는 경우나 「민간임대주택에 관한 특별법」이 정한 경우가 아닌 사유로 임대사업자 등록이 말소된 경우 해당 오피스텔은 요건을 모두 갖춘 오피스텔에서 제외한다.

가. 전용면적이 60제곱미터 이하이고 취득당시가액이 3억 원(수도권에 소재하는 경우에는 6억 원으로 한다) 이하일 것

나. 임대사업자가 해당 오피스텔을 취득한 날부터 60일 이내에 「민간임대주택에 관한 특별법」에 따라 임대주택으로 등록하거나 임대사업자가 아닌 자가 해당 오피스텔을 취득한 날부터 60일 이내에 임대사업자로 등록하고 그 오피스텔을 임대주택으로 등록할 것

○ 부부가 공동소유하는 경우 주택 수 계산방식 (행안부 부동산세제과 - 1983, 2020.8.11.)

• 세대 내에서 공동소유하는 경우는 개별 세대원이 아니라 '세대'가 1개 주택을 소유하는 것으로 산정함. 다만, 동일 세대가 아닌 자와 지분으로 주택을 소유하는 경우는 각각 1주택을 소유하는 것으로 산정함.

○ 상속주택도 주택 수에 포함되는지? 상속인들이 공동으로 소유한 경우 주택 수 계산방식 (행안부 부동산세제과 - 1983, 2020.8.11.)

• 지분 상속 등 다양한 상속 상황을 고려하여 상속개시일로부터 5년 이내에는 상속주택을 소유 주택 수에 포함하지 않음. 따라서 상속개시일로부터 5년까지는 상속주택을 소유하고 있더라도, 추가 취득 주택은 1주택 세율(1~3%)이 적용됨.

  ※ 조합원입주권, 주택분양권, 오피스텔을 상속한 경우에도 주택 수에 포함하되, 상속개시일부터 5년 이내에는 소유 주택 수에 포함하지 않음.

• 5년이 지나 상속주택을 계속 소유하는 경우에는 주택 수에 포함됨. 상속주택을 여러 명의 상속인들이 공동으로 소유한 경우에는 상속지분이 가장 큰 상속인의 소유 주택으로 판단함. 다만, 상속지분이 가장 큰 상속인이 2명 이상일 경우에는 "당해 주택에 거주하는 사람"과 "최연장자" 순으로 판단함.

○ 상속인 간 협의가 진행되지 않아 미등기 상태인 경우도 주택 수로 산정하는지 여부 (행안부 부동산세제과 - 1983, 2020.8.11.)

• 공동상속주택의 소유자 판단 기준에 따라 해당 상속인의 주택 수로 보되, 상속등기가 이루어지거나 상속인의 변경등기가 있는 경우에는 상속개시일로 소급하여 해당 상속인이 취득한 것으로 봄.

○ 주택 수 산정에서 제외되는 1억 원 이하 주택에 입주권, 분양권, 오피스텔이 포함되는지 여부 (행안부 부동산세제과 - 1983, 2020.8.11.)

• 입주권, 분양권은 가격과 무관하게 주택 수에 산정하고, 오피스텔의 경우 시가표준액 1억 원 이하인 경우 주택 수 산정에서 제외함.

○ 2020.8.12. 이후 1세대가 하나의 주택(입주권, 오피스텔 포함)을 소유한 상태에서 조정대상지역 내 분양권을 취득하여 그 분양권에 의한 주택을 취득(입주)하는 경우 적용 세율 (행안부 부동산세제과 - 1983, 2020.8.11.)

• 2주택자로서 8% 세율 적용(일시적 2주택 해당 시에는 1~3%). 입주권 또는 분양권에 의하여 취득하는 주택의 경우 입주권 또는 분양권의 취득일을 기준으로 주택 수를 산정함.

  ※ 다만, 2020.8.12. 전에 분양권을 취득한 경우에는 주택 취득일(입주 당시 잔금지급일) 기준으로 주택을 산정

○ 부모(2주택 소유)와 동일 세대인 아들(30세 이상)이 분양권을 취득(2020.8.12. 이후)하고 해당 분양권으로 주택을 취득하는 경우 적용 세율
(행안부 부동산세제과 - 1983, 2020.8.11.)

• 3주택을 취득하는 것이므로 12%(조정지역) 세율 적용. 분양권 취득 당시 주택 수를 기준으로 세율 적용. 다만, 만약 주택 취득 당시 부모봉양 요건에 해당하면 별도 세대로 볼 수 있으므로 1주택 세율 적용

○ 분양권 및 입주권도 취득세가 중과되는지 여부 (행안부 부동산세제과 - 1983, 2020.8.11.)

• 분양권 및 입주권 자체가 취득세 과세대상은 아니며, 추후 분양권 및 입주권을 통해 실제 주택을 취득하는 시점에 해당 주택에 대한 취득세가 부과됨. 다만, 승계조합원의 경우 입주권 취득 시 해당 토지 지분에 대한 취득세 부과

• 다만, 주택이 준공되기 전이라도 분양권 및 입주권은 주택을 취득하는 것이 예정되어 있으므로 소유 주택 수에는 포함됨.

※ 법 시행 이후 신규 취득분부터 적용

○ 오피스텔도 주택 수에 포함되는지 여부 (행안부 부동산세제과 - 1983, 2020.8.11.)

• 재산세 과세대장에 주택으로 기재되어 주택분 재산세가 과세되고 있는 주거용 오피스텔의 경우 주택 수에 포함됨.

※ 법 시행 이후 신규 취득분부터 적용. 다만, 법 시행일 전에 매매(분양)계약을 체결한 경우도 주택 수에서 제외

○ 직전연도 전 소유자에게 주택분 재산세가 과세된 오피스텔을 승계취득하여 보유하고 있는 경우, 해당 오피스텔이 주택 수 산정에 포함되는지 여부
(행안부 부동산세제과 - 1983, 2020.8.11.)

• 오피스텔 취득자에게 새롭게 주택분 재산세가 과세된 경우부터 주택 수에 산정

○ 오피스텔 분양권도 주택 수에 포함되는지 여부 (행안부 부동산세제과 - 1983, 2020.8.11.)

• 오피스텔 취득 후 실제 사용하기 전까지는 해당 오피스텔이 주거용인지 상업용인지 확정되지 않으므로 오피스텔 분양권은 주택 수에 포함되지 않음.

○ 2020.8.12. 전에 취득한 업무용 오피스텔을 2020.8.12. 이후에 주거용 오피스텔로 전환하는 경우 주택 수 산정에 포함하는지 여부 (행안부 부동산세제과 - 1986, 2020.8.11.)

• 「지방세법」 부칙 제3조에 따라 주거용 오피스텔을 법 시행 전에 취득한 경우에 해당하므로, 주택 수에 포함하지 않음.

○ 가정어린이집 등도 예외 없이 주택 수에 포함되거나 중과세율이 적용되는지 여부
  (행안부 부동산세제과 - 1983, 2020.8.11.)

• 가정어린이집을 취득하거나 소유할 때 주택 수에 포함하지 않음. 단, 취득 후 1년이 경과
  할 때까지 가정어린이집으로 사용하지 않거나 가정어린이집으로 3년 이상 사용하지 않
  고 매각·증여·전용하는 경우는 취득세를 추징하며, 3년이 경과한 경우라 하더라도 다
  른 용도로 전용한 때부터는 소유 주택에 포함함.

• 그 외에도 노인복지주택, 공공주택사업자(LH, 지방공사 등)의 공공임대주택 등 공공성
  이 높거나 주택공급 사업을 위해 필요한 경우 등 투기로 보기 어려운 주택 취득의 경우
  주택 수 합산 및 중과대상에서 제외함.

○ 1세대 2주택인 상황에서 8월 12일 이후 분양권을 취득한 경우로서 해당 분양권에 의
  한 주택을 취득하는 경우 세율 적용 방법(중간에 주택을 처분하는 경우를 포함)
  (행안부 부동산세제과 - 2469, 2020.9.17.)

• 법 시행일(8월 12일) 이후에 취득한 분양권에 의한 주택 취득은 분양권 취득일을 기준으
  로 세대별 주택 수를 산정하므로 분양권 취득 당시 주택 수에 따른 세율을 적용함. 따라
  서 취득하는 분양권이 조정대상지역인 경우 분양권에 의한 주택 취득 시 12%를 적용하
  며, 중간에 주택을 처분하더라도 해당 세율을 적용

○ 다주택자인 부모의 세대원인 자녀(무주택, 30세 이상)가 8월 12일 이후에 분양권을 취
  득하여, 해당 분양권에 의한 주택을 취득할 때 세대가 분리되어 있는 경우 세율 적용
  방법 (행안부 부동산세제과 - 2469, 2020.9.17.)

• 분양권에 의한 주택 취득 시 ① 1세대는 주택의 취득일(납세의무 성립일) 현재를 기준으
  로 판단하고, ② 주택 수는 해당 세대의 분양권 취득 당시를 기준으로 판단해야 함. 따라
  서 ① 분양권에 따른 '주택 취득일 현재' 자녀가 독립된 세대를 구성하였다면 ② 그 자녀
  세대가 해당 분양권 취득 당시 무주택 세대이므로 1~3%를 적용함.

○ 재개발 구역 내 주택을 소유하고 있다가 해당 재개발사업으로 조합원입주권을 취득하
  는 경우 주택 수에 산정하는 조합원입주권의 취득시점
  (행안부 부동산세제과 - 2469, 2020.9.17.)

• 조합원입주권을 주택 수에 포함한 것은 주거용 건축물이 멸실되었지만 주택으로 보아
  주택 수에 가산하겠다는 중과제도 취지를 반영한 것으로(지법 제13조의3 제2호), 해당 주
  택의 멸실 전까지는 주택을 소유한 것이므로, 멸실 이후부터 조합원입주권을 소유한 것
  으로 보아야 함.
  ※ 관리처분계획 인가가 있는 경우라도 해당 주거용 건축물이 사실상(또는 공부상) 멸실되기 전까지
    는 주택으로, 멸실 이후에는 토지로 보아 취득세와 재산세를 과세(지방세운영과-1, 2018.1.2. 참
    조)하는 지방세 과세체계와 일관성 유지

○ 신탁법에 따라 신탁받은 주택의 수탁자가 개인인 경우 주택 수 산정 방법 (행안부 부동산세제과‐2469, 2020.9.17.)

- 신탁법에 따른 신탁을 원인으로 소유한 주택의 경우 위탁자의 소유 주택 수에 가산하고, 수탁자의 소유 주택 수에서는 제외함.

○ 도정법상 주거환경개선사업 정비구역으로 지정·고시된 지역의 저가주택(1억 원 이하)도 취득세 중과대상 및 주택 수에 포함하는지 여부

- 재개발·재건축사업 정비구역으로 지정·고시된 지역뿐만 아니라 주거환경개선사업 정비구역으로 지정·고시된 지역의 저가주택(1억 원 이하)도 취득세 중과대상 및 주택 수에 포함하는 것임.

○ 주거용 건물 건설업을 영위하는 자가 3개의 주택을 신축하여 보유한 상태에서, 2020.7.10. 이전 매매계약을 체결한 2개의 주택(각각 "a주택"과 "b주택"이라 함)을 2020.10.27. 유상승계취득하는 경우 적용 취득세율

- a주택과 b주택은 종전 규정 적용 대상이고, 종전 규정상 주거용 건물 건설업을 영위하는 자가 신축하여 보유하는 주택에 대하여 주택 수에서 제외한다는 규정이 없으므로, a주택과 b주택은 각각 4%가 적용됨.

○ 상속받은 주택 1채를 포함하여 3주택인 상태에서 서울 소재 주택(매매계약일: 2020.6.19., "d주택"이라 함)을 추가로 취득할 경우, d주택에 적용되는 취득세율

- 2020.7.10. 이전에 주택에 대한 매매계약을 체결한 경우, 세대의 기준은 일반적 적용례를 따르고 그 밖의 규정(세율, 주택 수의 산정방법, 중과대상 주택 여부 등)은 종전의 규정을 적용하는 것임.
- 따라서 종전 규정상 상속받은 주택을 주택 수에서 제외한다는 규정이 없어 상속받은 주택을 주택 수에 가산하여야 하므로, d주택은 종전 규정상 4주택 취득에 해당하는 4%의 취득세율이 적용되어야 함.

○ 2020.9.1. 조합원입주권("a조합원입주권"이라 함)을 상속받았으며, a조합원입주권에 의해 2021.1.1. 준공인가로 주택("a'주택"이라 함)을 취득한 경우, a'주택도 5년간 주택 수에서 제외하여야 하는지 여부

- 상속개시일로부터 5년간 주택 수에서 제외하는 것은 입주권인 상태에서만 유효한 것이므로, a조합원입주권에 의해 a'주택을 취득한 경우에는 a'주택은 상속개시일로부터 5년 이내라도 주택 수에 포함하여야 하는 것임.

  ※ 위 사례는 주택분양권인 경우에도 동일하게 적용될 수 있음.

○ 2019년 도정법상 재건축 정비구역 내 주택을 취득하여 승계조합원이 되었으며, 2020. 8.12. 이후 해당 주택이 멸실되어 조합원입주권으로 전환된 경우 그 입주권이 주택 수에 포함되는지 여부

• 2020.8.12. 이후 조합원입주권을 취득하는 경우에 해당하므로 「지방세법」 부칙 제3조의 규정에 의거, 입주권은 주택 수에 포함되는 것임.

○ 공유물 분할 시 본인 지분을 초과해 공유자로부터 여러 주택의 부속토지를 취득하는 경우 주택 취득 중과세율 적용 (행안부 부동산세제과‐3646, 2020.12.29.)

• 공유물 분할로 원래 지분을 초과하여 주택의 부속토지를 취득하는 경우 주택 유상거래 세율을 적용하되, 그 부속토지가 기존에 소유하고 있는 주거용 건축물의 부속토지인 경우 기존에 소유하고 있는 주택으로 판단하여 주택 수를 산정해야 한다고 판단됨.

○ 시가표준액 1억원 이하인 주택 부속토지의 주택 수 제외 기준
　(부동산세제과‐3435, 2024.10.6.)

「지방세법 시행령」 제28조의4 제6항 제5호에서는 "주택 수 산정일 현재 법 제4조에 따른 시가표준액이 1억 원 이하인 부속토지만을 소유한 경우 해당 부속토지"는 1세대의 주택 수를 산정할 때 소유주택 수에서 제외한다고 규정하고 있음. 이는 다주택자의 주택 수를 판단함에 있어 공시가격이 낮은 주택 부속토지만을 소유한 경우에도 주택 수에서 포함되는 불합리한 점을 개선하고자 '23.3.14. 「지방세법 시행령」을 추가 개정한 것으로, 입법 취지에 따르면 해당 규정은 주택 부속토지의 전체 시가표준액이 아닌 소유한 주택 부속토지의 「지방세법」 제4조에 따른 시가표준액(개별공시지가)을 기준으로 1억 원 이하를 판단하는 것이 타당함.

일시적 2주택의 취득세 중과세 배제

1 개 요

1세대 2주택자에 해당하여 취득세 중과세가 적용되는 경우라고 하더라도 일시적 2주택에 해당하는 경우에는 일반적인 주택 취득세율이 적용된다. 일시적 2주택의 개념과 기산일은 다음과 같다.

2 일시적 2주택의 개념

일시적 2주택이란 국내에 주택, 조합원입주권, 주택분양권 또는 오피스텔을 1개 소유한 1세대가 그 주택, 조합원입주권, 주택분양권 또는 오피스텔(이하 "종전 주택등"이라 한다)을 소유한 상태에서 이사·학업·취업·직장이전 및 이와 유사한 사유로 다른 1주택(이하 "신규 주택"이라 한다)을 추가로 취득한 후 3년(이하 "일시적 2주택 기간"이라 한다) 이내에 종전 주택등(신규 주택이 조합원입주권 또는 주택분양권에 의한 주택이거나 종전 주택등이 조합원입주권 또는 주택분양권인 경우에는 신규 주택을 포함한다)을 처분하는 경우 해당 신규 주택을 말한다(지령 제28조의5 제1항).

따라서 양도소득세의 일시적 2주택과는 사유도 다르고, 처분이라는 개념이 양도라는 개념을 뜻하는 것도 아니다. 지방세법상 일시적 2주택의 사유로 신규 주택을 취득하여 2주택자가 된 경우 일시적 2주택의 기간 내에 종전 주택을 처분하면 2주택 취득세 중과세가 적용되지 않는다는 의미이다. 처분의 법적 정의는 명확하지 아니하나 여기에서 처분이라 함은 매각, 증여, 멸실, 용도변경 등 주택의 보유상태가 아닌 것을 의미한다.

이에 일시적 2주택을 주장하려면 신규 주택 취득 시 우선 1주택 세율(1~3%)로 신고·납부하면 된다. 다만, 종전 주택을 일시적 2주택 기간 내 처분하지 않고 계속 보유하는 경우 2주택에 대한 세율(8%)과의 차액(가산세 포함)이 추징된다.

일시적 2주택으로 적용받기 위해서는 신규 주택의 취득사유가 이사, 학업, 취업, 직장이전 및 이와 유사한 사유에 해당되면서 종전 주택 취득일로부터 3년 이내에 종전 주택이 처분되어야 한다.

③ 조합원입주권 또는 주택분양권으로 취득하는 주택

일시적 2주택을 적용할 때 조합원입주권 또는 주택분양권을 1개 소유한 1세대가 그 조합원입주권 또는 주택분양권을 소유한 상태에서 신규 주택을 취득한 경우에는 해당 조합원입주권 또는 주택분양권에 의한 주택을 취득한 날부터 일시적 2주택 기간을 기산한다(지령 제28조의5 제2항).

다만, 조합원입주권 상태가 아니라, 종전 주택이 관리처분계획인가 후 멸실 예정인 상태에서 신규 주택을 취득하는 경우라면 신규 주택 취득 후 일시적 2주택 기간 내에 종전 주택이 멸실되어야 하며, 기간 내 멸실되지 않는 경우에는 매각 등 처분해야 해당 신규 주택에 대해서는 취득세 중과세를 면할 수 있다.

그러나 종전 주택 등이 「도시 및 주거환경정비법」에 따른 관리처분계획의 인가 또는 「빈집 및 소규모주택 정비에 관한 특례법」에 따른 사업시행계획인가를 받은 주택인 경우로서 관리처분계획인가 또는 사업시행계획인가 당시 해당 사업구역에 거주하는 세대가 신규 주택을 취득하여 그 신규 주택으로 이주한 경우에는 그 이주한 날에 종전 주택 등을 처분한 것으로 본다(지령 제28조의5 제3항)는 규정이 신설되어 처분의 개념을 보다 확장시켰다.

한편, 이렇게 멸실된 종전 주택이 신축아파트가 되는 경우에는 원시취득에 해당하여 취득세를 중과할 수 없는 점에 유의하여야 한다.

반대로 종전 주택의 소유자가 조합원입주권을 취득하는 경우에는 2주택자가 되는 것이나, 조합원입주권에 의하여 아파트가 신축되는 경우에는 원시취득에 해당하므로 취득세 중과세가 적용될 수 없음에도 유의하여야 한다.

4 조합원입주권 또는 주택분양권과 일시적 2주택의 적용

주택 수를 계산할 때에는 원칙적으로 주택을 취득한 날을 기준으로 하는 것이나, 조합원입주권 또는 주택분양권에 의하여 취득하는 주택의 경우에는 실제 주택을 취득한 날이 아닌, 조합원입주권 또는 주택분양권의 취득일(분양계약일)에 주택 수가 계산되는 것이다.

그렇다면 조합원입주권 또는 주택분양권을 소유한 상태에서 신규 주택을 취득한 경우라면 2주택 상태가 된 것으로 신규 주택에 대해서 주택 취득세 중과세가 될 수 있는데, 신규 주택 취득일부터 일시적 2주택 기간 내에 조합원입주권 또는 주택분양권을 처분해야 중과세를 면하게 되는지 문제가 된다.

그런데 조합원입주권 또는 주택분양권은 그 자체로는 주택이 아니다. 주택 수에 가산될 뿐이다. 이에 일시적 2주택 기간의 기산일은 신규 주택 취득일부터가 아니라, 조합원입주권 또는 주택분양권으로 실제 주택을 취득한 날부터 기산한다.

게다가 이 경우 종전 주택등은 종전 주택등이 조합원입주권 또는 주택분양권인 경우에는 신규 주택을 포함한다고 규정하고 있어 당초 신규 주택을 일시적 2주택 기간 내에 매각하거나, 조합원입주권 등에 의한 신축주택을 일시적 2주택 기간 내에 매각할 수도 있다.

그 반대인 경우도 상정해 볼 수 있다. 예를 들어, 종전 주택이 있는 상태에서 주택분양권을 소유하게 되면 주택 수로는 2주택 상태가 된다. 그러나 주택 취득세 중과세는 주택분양권에 의해 신규로 주택을 취득할 때에 납세의무가 성립하게 되는데, 이때 신규 주택에 대해 중과세가 적용되니, 일시적 2주택 기간 내에 종전 주택을 처분하게 되는 경우가 있겠으나 종전 주택등에 신규 주택이 조합원입주권 또는 주택분양권에 의한 주택인 경우 신규 주택을 포함한다고 규정한바, 주택분양권에 의한 신축주택을 일시적 2주택 기간 내에 매각할 수도 있다.

결론적으로 주택분양권에 의한 신축한 주택과 기존에 보유한 주택을 일시적 2주택 기간 내 처분하면 2주택 취득세 중과세를 면한다는 것이다.

◦ 이사 가기 위해 주택을 추가로 취득한 경우 취득세가 중과되는지 여부
  (행안부 부동산세제과‑1983, 2020.8.11.)
• 1주택을 소유한 세대가 거주지를 이전하기 위하여 신규 주택을 취득하여 일시적으로 2주택이 된 경우에 신규 주택 취득은 중과세를 적용하지 않음.
• 신규 주택 취득 시 우선 1주택 세율(1~3%)로 신고·납부하면 됨. 다만, 종전 주택을 처분기간* 내 처분하지 않고 계속 보유하는 경우 2주택에 대한 세율(8%)과의 차액(가산세 포함)이 추징됨.
  * 종전 주택을 3년 이내에 처분하여야 함.

◦ 다주택자가 이사하기 위해 취득하는 주택도 일시적인 주택 소유로 보아 과세되는지 여부 (행안부 부동산세제과‑1983, 2020.8.11.)
• 2주택 이상을 보유한 다주택자는 이사 등의 사유로 신규 주택을 취득하더라도 "일시적 2주택"에 해당하지 않음. 따라서 신규 주택에 대한 취득은 중과세율이 적용됨.

◦ 1주택 소유자가 아파트 분양권을 추가로 취득한 경우, 일시적 2주택을 적용받기 위한 종전 주택 처분기한 (행안부 부동산세제과‑1983, 2020.8.11.)
• 분양권이나 입주권이 주택 수에는 포함되지만, 분양권이나 입주권 자체는 거주할 수 있는 주택의 실체가 없으므로, 아파트 준공 후 주택의 취득일을 기준으로 3년 이내에 종전 주택을 처분하는 경우에는 일시적 2주택으로 봄.

◦ 재개발·재건축사업 등과 관련하여 주택을 취득하는 경우 적용 사례별 일시적 2주택 적용요건 (행안부 부동산세제과‑2469, 2020.9.17.)
• 종전 주택(A)이 관리처분계획 인가 후 멸실 예정인 상태에서 신규 주택(B)를 취득하는 경우 B주택 취득 후 일시적 2주택 기간 내에 A주택이 멸실되어야 하며, 기간 내 멸실되지 않는 경우 종전 주택을 처분(신규 주택으로의 이사 포함)해야 함.
• 재건축사업 등의 사업구역 내 관리처분계획 인가 및 주택 멸실상태(조합원입주권 A 보유)에서 신규 주택(B)을 취득하는 경우 입주권(A)에 의해 취득하는 주택(A')의 취득일로부터 일시적 2주택 기간 내에 A' 또는 B주택을 처분해야 함.
• 종전 주택(A)을 소유한 상태에서 (향후 관리처분계획 인가 후 멸실 예정인) 주택(B)을 취득한 경우 B주택 취득 후 일시적 2주택 기간 내에 A주택*을 처분(신규 주택으로의 이사 포함)해야 함.
  * 종전 주택 보유상태에서 신규 주택의 처분(멸실)은 일시적 2주택에 해당하지 않음.

- 일시적 2주택의 추징사유 발생 시 가산세 적용
- 일시적 2주택 추징 시 '납부불성실가산세기산일'은 당초 법정신고기한의 다음 날임. 일시적 2주택 기간(1년 또는 3년) 내 종전 주택등을 처분하지 못한 경우 과소신고가산세와 납부불성실가산세를 합하여 과세하게 되며, 이 경우 납부불성실가산세 기산일을 언제로 볼 것인지가 문제가 되는데, 당초 법정신고기한의 다음 날을 기산일로 하여 가산세를 적용함.
  (저자주) 당초 정부는 일시적 2주택의 추징사유 발생 시 60일 이내에 재차 신고·납부하도록 하고 신고한 경우에는 조세회피 의도가 없음을 고려하여 과소신고가산세 및 납부지연가산세를 미부과할 예정이었으나, 관련 지방세법 규정은 개정되지 아니하였음.

- 종전 주택 3년 이내 처분이 불확실하여 일단 2주택 8%로 취득세를 신고·납부한 이후, 종전 주택을 3년 이내에 처분한 경우 경정청구를 통하여 과다납부한 취득세를 환급받을 수 있는지 여부
- 일시적 2주택 요건을 충족하는 경우라면 경정청구를 통하여 과다납부한 취득세를 환급받을 수 있는 것임.

- 신규주택 임대목적 취득 시 일시적 2주택 적용 가능 여부에 관한 회신
  (부동산세제과 - 3728, 2024.10.30.)

일시적 2주택은 일시적으로 주택을 2개 소유한 자가 종전 주택을 처분하는 것을 요건으로 하고 있을 뿐 실질적인 거주 여부를 요건으로 하지 않으므로, 신규주택을 임대주택으로 신청(감면)하더라도 종전주택을 일시적 2주택 기간 내 처분한다면 일시적 2주택에 해당하여 중과세율 적용을 배제하는 것이 타당함.

- 주택 취득세 중과 관련 일시적 2주택 해당 여부 회신 (부동산세제과 - 1269, 2023.3.30.)

조정대상지역 내 주택(종전주택)을 보유한 상태에서 조정대상지역 내 주택(신규주택)을 취득하고, 일시적 2주택 적용을 위해 처분기간 내에 종전주택을 처분하였으나 같은 날에 새로운 주택을 추가로 취득한 경우로서, 조정대상지역 내 일시적 2주택 처분기간('23.2.28. 개정되기 전의 것으로 2년) 내에 종전주택을 처분하여 일시적 2주택 요건을 충족한 점, 종전주택을 매도하는 날에 새로운 주택을 취득하였다고 하여 해당 일자에 종전주택과 새로운 주택을 모두 소유하고 있다고 볼 수는 없는 점 등을 고려할 때, 신규주택에 대해서는 일시적 2주택을 적용하는 것이 타당할 것으로 사료됨.

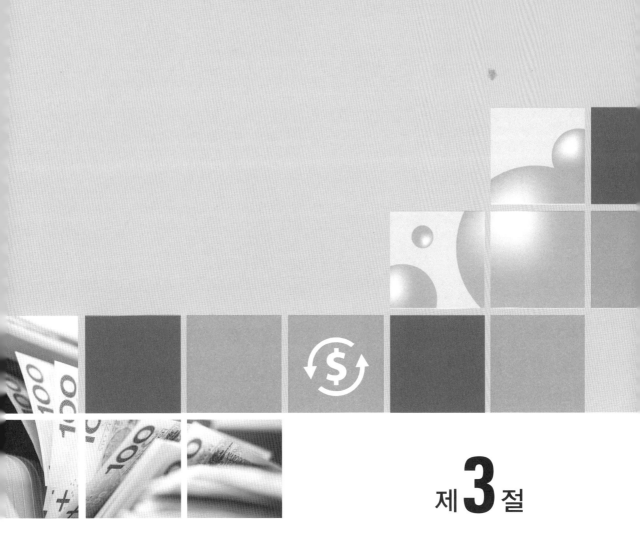

제 **3** 절

증여 등 무상취득 주택의
취득세 중과세 등

증여 등 무상취득 주택의 중과세

1 증여 등 무상취득 주택의 중과세 취지

　서민 주거안정 도모 및 투기수요 근절을 위한 「주택시장 안정 보완대책」(2020.7.10.)과 관련한 다주택자 및 법인이 취득하는 주택에 대한 취득세 중과제도의 실효성 확보 차원이다. 즉, 다주택자가 조세회피목적으로 명의 분산하는 것을 방지하기 위하여 조정대상지역 내 일정가액(3억 원) 이상의 주택을 증여로 취득하는 경우 취득세를 다주택자 및 법인의 최고 세율과 같은 12%로 중과하는 것이다.

　종전 주택의 증여로 인한 취득세 세율 3.5%에서 조정대상지역 내 3억 원 이상 주택인 경우 12%로 인상된 것이다. 다만, 조정대상지역이 아닌 경우와 1세대 1주택자가 소유 주택을 배우자 또는 직계존비속에게 증여하는 경우에는 종전과 같은 3.5%의 취득세율이 적용된다.

2 증여 등 무상취득 주택의 중과대상 및 제외 대상

　조정대상지역에 있는 주택으로서 시가표준액(지분이나 부속토지만을 취득한 경우에는 전체 주택의 시가표준액을 말한다)이 3억 원 이상인 주택을 상속 외의 원인으로 무상취득하는 경우에는 12%의 세율을 적용한다. 다만, 다음의 경우에는 제외한다(지법 제13조의2 제2항, 지령 제28조의6 제1항).

★

① 1세대 1주택을 소유한 사람으로부터 해당 주택을 배우자 또는 직계존비속이 무상취득을 원인으로 취득하는 경우

② 이혼에 따른 재산분할로 인한 취득에 해당하는 경우

따라서 비조정대상지역에 소재하는 주택의 무상취득에 대해서는 중과세되지 아니하며, 조정대상지역이라도 주택의 시가표준액이 3억 원 미만인 경우에도 중과세되지 아니한다.

한편, 1세대 1주택을 소유한 사람으로부터 해당 주택을 배우자 또는 직계비속이 무상취득하는 경우에는 그 무상취득하는 직계존비속이 소유한 주택 수에 관계없이 중과세되지 않는다는 점에 유의하여야 한다. 즉, 1세대 1주택자의 기준은 수증자(취득자)의 주택 소유 수가 아닌 증여자의 주택 소유 수를 기준으로 판단한다.

이는 조정대상지역 내 2주택 이상의 소유자가 종합부동산세 인상 등을 고려하여 실수요 목적 외의 주택을 직계존비속에게 증여하는 것보다는 시장에 매각을 유도하는 규정으로 유상취득과는 달리 취득자의 주택 수를 별도로 고려하지 않았다.

결국 무상취득하는 주택의 취득세 중과세는 조정대상지역 내 2주택 이상의 소유자가 시가표준액 3억 원 이상인 주택을 증여하는 경우에 수증자에게 적용되는 규정이라고 볼 수 있는데 증여자의 주택 수의 계산은 주택, 분양권, 입주권, 오피스텔을 포함하지만(지법 제13조의3), 앞서 다룬 중과 제외주택(지령 제28조의2) 및 주택 수 산정방법(지령 제28조의4)은 유상거래에만 해당하므로 증여 등 무상취득 시에는 적용되지 않음에 유의하여야 한다.[41]

그리고 재산분할로 인한 취득은 이혼에 따른 재산분할로 인한 취득으로 중과에서 제외된다.

---

41) 영 제28조의4(주택 수의 산정방법) 제1항에서 '법 제13조의2 제1항 제2호 및 제3호'를 적용할 때로 규정하여 법인 및 1세대 2주택 이상 주택을 유상취득하는 경우에만 한정하고 있어 '법 제13조의2 제2항'에 의한 무상취득의 경우에는 영 제28조의4(주택 수의 산정방법)를 적용할 수 없기 때문이다.

○ 조정대상지역 내 2주택(a주택: 공시가격 3억 5천만 원이며 취득원인은 '상속'임, b주택: 공시가격 4억 원이며 취득원인은 '매매'임)을 소유한 부모가 직계비속에게 상속받은 a주택 증여 시 적용세율

중과 제외 주택(지령 제28조의2) 및 주택 수 산정방법(지령 제28조의4)은 유상거래에만 해당하고, 증여 취득 시에는 적용되지 않음. 따라서 유상취득이 아닌 증여취득인 경우에는 2020.8.12. 이후 5년 이내라 하더라도 부모가 상속받은 주택도 주택 수로 산정해야 하며, 사안의 경우 1세대 2주택자인 증여자로부터 주택을 증여받는 것이므로 수증자는 12%의 취득세율이 적용되는 것임.

○ 다주택자(4주택 A, B, C, D 보유)가 보유주택 중 A주택(6억 원)을 같은 1세대를 구성하고 있는 자녀에게 부담부증여(유상 입증 3.5억 원)하는 경우, 적용되는 취득세율(증여 세율, 유상 세율) (행안부 부동산세제과 - 1983, 2020.8.11.)

A주택이 조정지역 내의 주택인 경우, 유상과 무상 모두 12%의 세율을 적용하고, A주택이 非조정지역의 주택인 경우, 유상 입증 부분은 4주택 이상 세율(12%), 미입증 부분은 일반 무상취득 세율(3.5%)을 적용함.

○ 다주택자(4주택 보유)가 보유주택 중 조정대상지역 내 부부 공동명의(지분 50 : 50)로 소유하고 있는 주택(공시가격 10억 원)의 지분 일부(25%)를 자녀에게 증여하는 경우, 조정지역 내의 '공시가격 3억 원 이상' 판단 기준 (부동산세제과 - 1983, 2020.8.11.)

전체 주택가액이 3억 원을 초과하므로 12% 세율 적용

○ 조정대상지역 내 2주택(A주택 공시가격 5억 원, B주택 공시가격 9천만 원)을 소유한 부모가 별도 세대인 자녀에게 A(5억 원) 또는 B(9천만 원)주택 증여 시 적용세율 (부동산세제과 - 2469, 2020.9.17.)

증여 취득의 중과세 적용 시 1세대의 주택 수 판단 시 분양권, 입주권, 오피스텔은 포함하고(지법 제13조의3), 중과제외 주택(지령 제28조의2) 및 주택 수 산정방법(지령 제28조의4)은 유상거래에만 해당하므로 증여 취득 시에는 적용되지 않음. 따라서 부모 세대는 2주택을 소유하고 있으므로, A주택을 증여하는 경우 12%의 세율을 적용하고, B주택을 증여하는 경우에는 3.5%의 세율을 적용함(3억 원 미만 주택이므로 중과적용 대상이 아님).

○ 3주택을 소유한 부부 중 한 명이 이혼에 따른 재산분할로 조정대상지역 내 1주택을 추가로 취득하는 경우 적용세율(각 주택은 공시가격 3억 원 이상이라고 가정) (부동산세제과 - 2469, 2020.9.17.)

재산분할로 인한 주택 취득은 중과대상에서 제외하고 세율의 특례규정을 적용하므로, 1.5%의 세율 적용

○ 분양권을 배우자에게 일부 증여하는 경우 7월 10일 이전 계약 체결 여부 적용 기준 (부동산세제과 - 2469, 2020.9.17.)

분양권 증여에 대한 증여계약서상 "계약일"

○ 2020.5.1. 상속이 개시되어 2020.5.30. 상속인 2명(子1, 子2) 중 子1이 주택("a주택"이라 함)을 단독 상속받아 상속등기가 경료된 이후 2020.10.27. 子1로부터 子2가 a주택을 증여받아 a주택은 子2 단독명의인 상태에서, 子2가 서울 소재 b주택 취득 시 적용 취득세율

子2는 a주택을 '상속'을 원인으로 취득한 것이 아니라 '증여'를 원인으로 취득한 것으로 보아야 하므로, a주택을 주택 수에서 제외할 수 없으므로 b주택은 2주택째 취득에 해당하는 8%의 취득세율이 적용되어야 할 것임.

○ 서울 소재 아파트(공시가 6억 원, 이하 "1번 주택"이라 함)를 부부 공동명의로 소유하고 있고, 2020년 3월에 장모님이 돌아가심에 따라 부인이 서울 소재 장모님 명의 아파트(공시가 5억 원, 이하 "2번 주택"이라 함)를 상속받은 경우, 1번 주택의 부인 지분을 남편이 증여받는 경우 취득세율은 3.5%인지 아니면 12%인지

상속받은 주택을 5년간 소유 주택 수에서 제외하는 것은 유상취득의 경우에 한정되는 것이고(「지령」제28조의4 제1항 및 같은 조 제5항 제3호), 증여와 같은 무상취득의 경우에는 상속 개시일로부터 5년 이내라 하더라도 상속 주택도 주택 수에 포함되는 것이므로, 1세대 2주택자인 증여자(부인)로부터 주택을 증여받는 것에 해당하여 수증자(남편)는 12%의 취득세율이 적용됨.

중과세 적용과 관련한 쟁점과 사례

1 중과세 적용과 관련한 경과 규정의 쟁점과 사례

★

지방세법 부칙 제6조(법인의 주택 취득 등 중과에 대한 경과조치) 제13조 제2항 및 제13
조의2의 개정규정을 적용할 때 법인 및 국내에 주택을 1개 이상 소유하고 있는 1세대가
2020년 7월 10일 이전에 주택에 대한 매매계약(공동주택 분양계약을 포함한다)을 체결
한 경우에는 그 계약을 체결한 당사자의 해당 주택의 취득에 대하여 종전의 규정을 적
용한다(단서 생략).

(1) 2020년 7월 10일 이전에 매매계약(또는 분양계약)을 체결하고 해당 주
택을 8월 12일 이후 취득하는 경우로서, 주택 취득일 현재 세대를 분리
하는 경우 경과 규정 적용방법

부칙 제6조는 "국내에 주택을 1개 이상 소유하고 있는 1세대가" 7월 10일 이전 매매계약
을 체결한 경우 종전 규정을 적용한다고 규정하고 있고, 동 시행령 제28조의4 제1항은 1세
대의 주택 수는 주택 취득일 현재를 기준으로 판단한다고 규정하고 있으므로, 세대의 기준
은 현행 법령에 따르고 그 밖에 규정(세율, 주택 수 산정방법, 중과대상 주택 여부 등)은
종전의 규정을 적용하는 것이다(행안부 부동산세제과-2469, 2020.9.17.).

따라서 부모와 같은 세대를 둔 자녀가 7월 10일 이전 매매계약을 체결, 8월 20일 취득한
경우에는 30세 미만 자녀가 소득이 있고 취득일 현재 주소를 달리 두고 있다면 별도의 세대
로 보아 주택 수를 산정할 수 있고, 취득일 현재 부모가 65세 이상이면 주소를 달리 두지

않더라도 부모와 자녀를 각각 별도의 세대로 보아 주택 수를 산정한다.

(2) 3주택 이상을 소유한 자가 2020년 7월 10일 이전에 공시가격 1억 원 이하인 주택 매매계약을 체결하고 8월 12일 이후에 취득하는 경우 적용 세율

지방세법 부칙 제6조에 따라 "종전의 규정"을 적용해야 하므로 1억 원 이하인 주택이더라도 4주택에 해당하는 경우 종전의 규정에 따른 4%의 세율을 적용한다(행안부 부동산세제과-2469, 2020.9.17. 참조). 즉, 2020년 7월 10일 이전에 계약한 경우는 1억 원 이하인 주택도 주택 수에 포함됨에 유의할 필요가 있다.

(3) 분양권을 전매하는 경우 7월 10일 이전 계약 체결 여부 기준

분양권을 전매로 취득하는 경우 7월 10일 이전에 분양권 매매계약을 체결하였다면 지방세법 부칙 제6조에 따라 종전의 규정을 적용한다(행안부 부동산세제과-2469, 2020.9.17.). 분양권의 전매절차는 분양권 전매 계약 후 잔금 지급, 분양권 대장 명의개서 등이며, 조합원입주권과 주택분양권을 취득하는 시점을 정리해 보면 다음과 같다.

구 분	최초취득 / 승계취득	취득 시점
조합원입주권	최초취득(원조합원)	"철거" 시점(철거 전까지는 '주택')
	승계취득(승계조합원)	토지의 잔금 지급일
주택분양권	최초취득(최초 수분양자)	분양회사와 수분양자의 분양계약일
	승계취득(최초 수분양자로부터 주택분양권 승계취득자)	분양권의 잔금 지급일 (부칙 적용 시에는 전매계약일로 해석)

(4) 분양권을 배우자에게 일부 증여하는 경우 7월 10일 이전계약 체결 여부 적용 기준

2020년 7월 10일 전에 배우자 A가 분양계약을 체결하고 2020년 7월 11일 이후 분양권을 부부 공동명의로 변경하였다면, 새로 지분을 취득한 배우자 B는 개정 법령을 적용하는 것으로, 분양권 증여에 대한 계약일은 증여계약서상 "계약일"로 판정한다.

(5) 1주택 이상 소유자가 2020년 7월 10일 주택에 대한 매매계약을 체결하고
2020년 12월 31일 해당 주택을 취득하는 경우 종전 규정 적용 대상인지

2020년 7월 10일 당일을 포함하여 그 이전에 주택 매매계약을 체결한 경우라면, 종전 규정 적용 대상에 해당한다. 개정 「지방세법」 부칙 제3조에서 종전 규정 적용 대상을 "2020년 7월 10일 이전 주택 매매계약 체결"로 규정하고 있다.

(6) 기타 경과 규정의 적용 사례

① 주택 유상거래 매매계약일이 2020년 7월 10일 이전이면 잔금지급일에 상관없이 종전 규정(3주택 이하 1~3%, 4주택 이상 4%)을 적용하고, 매매계약일이 2020년 7월 11일 이후라고 하더라도 잔금지급일(=취득)이 2020년 8월 11일 이전이라면 마찬가지로 종전 규정(1~3%, 4%) 적용

② 증여계약서상 증여계약일이 2020년 8월 11일 이전이면 종전 세율(3.5%) 적용

③ 경매로 주택을 낙찰받아 취득하는 경우 「민사집행법」 제126조 매각허가 여부의 결정 선고일을 매매계약의 계약일로 봄(행정안전부 부동산세제과-516, 2020.3.6.).

2 주택 수의 판단과 관련한 경과 규정의 쟁점과 사례

★
부칙 제7조(주택 수의 판단 범위에 관한 경과조치) : 부칙 제3조에도 불구하고 제13조 의3 제2호부터 제4호까지의 개정 규정은 이 법 시행 전에 매매계약(오피스텔 분양계약을 포함한다)을 체결한 경우는 적용하지 아니한다.

(1) 2020년 8월 7일 분양권 전매계약을 체결하고 분양권에 대한 잔금을 2020년 8월 28일 지급한 경우, 해당 분양권의 주택 수 포함 여부

해당 분양권에 대한 매매계약이 8월 12일 전에 체결되었으므로, 부칙 제7조에 따라 주택 수에 포함하지 않는다(행안부 부동산세제과-2469, 2020.9.17.).

※ (분양권 취득일) ① 원분양자는 분양계약일, ② 전매취득자는 분양권 잔금지급일

(2) 취득세 중과적용 관련 입증자료가 불명확하거나 이상거래로 보이는 경우 조치방법

납세자가 증빙자료를 미제출 하는 등 취득세 신고내용이 미비한 경우에는 보완을 요구하되, 주요 신고요건(신고서 작성, 계약서 첨부 등)을 갖춘 경우라면 신고 자체를 거부할 수 없다. 다만, 입증자료가 불명확하거나 이상거래로 의심되는 경우는 추후 세무조사 등을 통해 가산세를 포함하여 추징될 수 있음에 유의해야 한다(행안부 부동산세제과-2469, 2020.9.17.).

※ 국토부에서 「부동산시장불법행위대응반」을 운영 중이며, 적발 사례가 자치단체에 통보되면 세무조사 등에 활용 가능

(3) 기타 경과 규정의 적용 사례

① 조합원입주권과 주택분양권, 오피스텔의 경우 매매(분양)계약일이 2020.8.11. 이전이라면 주택 수에 가산하지 않음.
② 오피스텔은 사용현황(주거용 또는 업무용)과 무관하게 지방세법상 주택에 해당하지 않으므로 오피스텔 그 자체로는 주택 중과 규정의 적용대상이 아님(취득세율 4% 적용).
③ 2020.7.10. 전에 분양계약을 체결하고 그 이후 분양권을 부부 공동명의로 변경하여 새로 지분을 취득한 배우자는 개정 법령 적용
④ 상속을 원인으로 취득한 주택, 조합원입주권, 주택분양권 또는 오피스텔은 상속개시일부터 5년간 주택 수에서 제외되며, 시행령 시행(2020.8.12.) 전에 상속받은 경우에는 영 시행 이후 5년 동안 주택 수 산정 시 소유 주택 수에서 제외(지령 부칙 제3조)
⑤ 非조정대상지역에서 조정대상지역으로 변경된 경우 조정대상지역 지정 고시일 이전에 매매계약(분양계약 포함)을 체결한 경우 非조정대상지역으로 간주하여 세율을 적용. 반대로 조정대상지역에서 非조정대상지역으로 변경된 경우에는 변경된 非조정대상지역의 세율 적용

3 기타 다주택 중과세 관련 내용

(1) 지방교육세와 농어촌특별세

주택유상거래 대상 중 취득세 일반세율(1~3%) 적용대상인 경우, 그 해당 세율에 50%를 곱한 세율을 적용하여 산출한 금액의 20%를 지방교육세로 징수한다. 이 경우의 지방교

육세 세율은 0.1~0.3%가 적용되는 것이다.

반면, 주택유상거래 중 취득세 다주택 등 중과대상(지법 제13조의2)인 경우 그 중과세율이 아닌 법 제11조 제1항 제7호 나목의 세율(4%)에서 중과기준세율(2%)을 뺀 세율을 적용하여 산출한 금액의 20%를 지방교육세로 징수한다. 즉, 취득세 8% 또는 12% 적용대상 주택이더라도 2%(4% - 2%) 세율의 20%인 0.4%가 지방교육세 세율로 적용되는 것이다.

한편, 농어촌특별세는 취득세 표준세율을 2%로 적용한 산출세액의 10%를 징수하므로 일반적으로 0.2%의 세율이 적용된다. 다만, 전용면직 85제곱미터 이하 서민주택을 취득하는 경우에는 농어촌특별세가 비과세된다(농특법 제4조 제11호).

반면, 취득세 세율이 8% 또는 12%로 중과되는 경우에 농어촌특별세는 어떻게 될까? 「농어촌특별세법」 제5조 제1항 제6호에서 '「지방세법」 제11조 및 제12조의 표준세율을 100분의 2로 하여 「지방세법」에 따라 산출한 취득세액의 10/100'이라고 규정하고 있는바, 취득세율이 8%인 경우 표준세율(4%)에 중과기준세율(2%)의 2배를 합한 세율이므로 농어촌특별세는 표준세율을 2%로 하여 중과기준세율의 2배를 합한 6%의 10/100인 0.6%의 세율이 적용된다.

취득세율이 12%가 적용되는 경우 농어촌특별세 세율은 1.0%[=0.2% + (0.2% × 4배)]가 적용되게 된다. 다주택 등으로 취득세가 중과되는 경우 농어촌특별세 부담도 증가하게 된다.

○ 1세대 3주택자 A가 2020.5.15. 공동주택 분양계약 체결 후, 2020.7.15. 해당 분양권의 50%를 배우자인 B에게 증여한 상태에서 2020.12.31. 준공으로 취득한 경우(분양가액 6억 원)

(1) 취득세액 = 48,000,000원
　　① A: 6억 원 × 4%* × 50% = 12,000,000원
　　　* 종전세율 적용 = 1세대 4주택 세율
　　② B: 6억 원 × 12% × 50% = 36,000,000원

(2) 지방교육세 = 2,400,000원
　　① A: 6억 원 × 0.4%* × 50% = 1,200,000원
　　　* 종전세율 적용 = 4주택 이상 0.4%
　　② B: 6억 원 × 0.4% × 50% = 1,200,000원

(3) 농어촌특별세 ＝ 3,600,000원

　① A: 6억 원 × 2% × 50% × 10% ＝ 600,000원

　② B: 6억 원 × (2% ＋ 8%)* × 50% × 10% ＝ 3,000,000원

　　*「농어촌특별세법」제5조 제1항 제6호는 구 취득세율 4%에서 구 등록세율 2%를 빼고 중과
　　세율(2주택자 4%, 3주택자 이상 8%)을 더하라는 의미임. 지방교육세의 경우 2주택 취득부
　　터는 종전 4주택 이상 취득 시 부담하던 세율(0.4%)을 부담하는 것으로 변경되었음.
　　〈참고〉 공유물 취득이므로 연대납세의무(지기법 제44조)가 있는 점에 유의

(2) 법인 대도시 중과제도 변경(법 제13조 제2항)

법인과 다주택자 등 취득세 중과제도 도입과 함께 대도시(과밀억제권역에서 산업단지를 제외한 지역) 내에서 설립·전입 등으로부터 5년 이내의 법인 등이 취득하는 주택에 대한 적용 세율도 개선되었다.

즉, 법인이 주택을 유상취득하는 경우 12%의 세율을 적용하도록 하고, 사원에 대한 분양·임대용 주택의 중과 예외 규정이 삭제되었다.

이에 따라 법인이 취득하는 주택 중 대도시 중과 제외 업종(지령 제26조)과 법인중과 제외 규정(지령 제28조의2)이 동시에 적용되는 경우에만 일반 취득세율이 적용된다. 다만, 동일한 물건에 2가지의 세율이 동시에 적용되는 경우, 높은 세율을 적용하기 때문에(지법 제16조 제5항) 법인이 조정대상지역이면서 대도시 내 3억 원 이상 주택을 무상취득하는 경우 12%와 6.5% 중 높은 세율(12%)이 적용된다.

○ 중과대상 업종을 영위하는 법인이 중과 제외 대상 주택을 취득한 경우 적용 세율
　(서울시에서 설립된 지 5년 이내의 법인이 주택 취득 시)

(1) 법인이 유상거래를 원인으로 주택을 취득하여 12% 세율적용 대상: 법 제13조 제2항
　(제11조 제1항 제8호에 해당하는 주택을 취득하는 경우에는 제13조의2 제1항 제1호에
　해당하는 세율 적용)에 해당

(2) 위의 법인이 멸실시킬 목적으로 취득하는 주택에 해당하여 중과세 제외 대상인 경우
　1～3% 세율 적용 대상: 법 제13조의2 및 영 제28조의2 제8호(중과세 제외 대상 주택
　취득)에 해당

(3) "(1)·(2)"와 같이 하나의 과세물건에 대하여 둘 이상의 세율이 동시에 적용되는 경우 법 제16조 제5항에 따라 높은 세율(=12%)을 적용함.

※ 중과 제외 업종(지령 제26조)과 법인 중과 제외 규정(지령 제28조의2)이 동시에 적용되는 경우에만 일반 취득세율 적용

(3) 종전 1세대 4주택 이상 4% 세율 적용

2020.8.12. 다주택자와 법인 등에 대한 취득세 중과세율(8%, 12%)이 신설되면서 1세대 4주택 이상 자에 대한 취득세 일반세율(4%) 적용 규정이 삭제되었다. 이에 따라 1세대 4주택 이상 취득에 대한 4% 세율의 적용은 신설된 2020.1.1.부터 2020.8.11.까지에 한정되는 것이다.

종전 1세대 4주택 이상 취득에 대한 4% 세율은 2020.1.1.부터 1세대 4주택 이상 취득자의 경우 주택유상거래 취득세율(1~3%) 적용을 배제하고 일반세율(4%)을 적용하도록 신설되었다(지법 제11조 제4항 제2호).

다만, 「지방세법 시행령」 부칙 제5조에 따라 국내에 주택을 3개 이상 소유하고 있는 1세대가 2019.12.4. 전에 주택에 대한 매매계약을 체결하고, 그 계약을 체결한 당사자가 이 영 시행 이후 3개월(공동주택 분양계약을 체결한 경우에는 3년) 내에 해당 주택을 취득하는 경우에는 해당 주택을 1세대 4주택 이상에 해당하는 주택으로 보지 않도록 하고 있다.

(4) 1세대가 기존에 지분 100%인 1주택(A주택)과 지분 1/2인 1주택(B주택, 서울 소재)을 소유한 상태에서 B주택의 나머지 지분을 유상승계취득할 경우 적용 세율

법문상으로도 "1세대 2주택에 해당하는 주택으로서 조정대상지역에 있는 주택을 취득하는 경우"라고 규정하고 있으므로(지법 제13조의2 제1항 제2호), 이 사안의 경우 기존 1.5주택을 소유하고 있다가 0.5지분을 추가 취득하여 온전한 2주택을 취득하는 것에 해당하여 8%의 취득세율이 적용되는 것이다.

(5) 1세대가 기존에 지분 100%인 1주택(A주택)과 지분 1/2인 1주택(B주택, 서울 소재)을 소유한 상태에서 다른 주택(C주택, 서울 소재)의 지분 1/2을 유상승계취득할 경우 C주택의 적용 세율

주택의 공유지분이나 부속토지만을 소유하거나 취득하는 경우에도 주택을 소유하거나 취득한 것으로 보는 것이므로(지법 제13조의2 제1항), 이 사안의 경우 지분으로 소유하거나 취득하는 B주택과 C주택은 각각 다른 주택에 해당하여 C주택 취득은 3주택에 해당하는 12%의 취득세율이 적용되는 것이다.

(6) 상속등기에 따른 지분변동 시

미등기 상속 주택 또는 오피스텔의 소유지분이 종전의 소유지분과 변경되어 등기되는 경우에는 등기상 소유지분을 상속개시일에 취득한 것으로 본다(지령 제28조의4 제4항 후단)고 규정하고 있어, 향후 다음 예시에 대한 부분이 문제될 수 있으므로 유의할 필요가 있다.

---

① 미등기 상속주택의 상속인 A, B(A: 배우자, B: 자녀)
   ⇨ 지방세법 시행령 제28조의4 제4항 본문에 따라 법정상속지분이 가장 큰 A의 주택 수에 가산하는 것이 원칙

② 상속개시일로부터 5년이 경과한 후 B가 상속주택 외 주택을 취득(1~3%) 후 협의분할을 통해 B명의로 상속등기한 경우 추징사유 발생(B: 8%)
   ⇨ 사후관리방안 등 검토 필요

제 **3** 장

과밀억제권역 내 부동산 취득에 대한 중과세

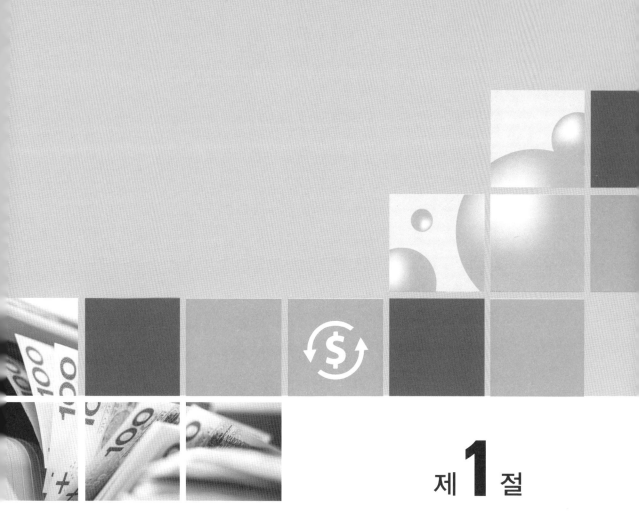

제 **1** 절

과밀억제권역 내 취득세
중과세 개관

과밀억제권역 취득세 중과세 개관 및 연혁

1 과밀억제권역 취득세 중과세 개요

수도권 과밀억제권역 내에서 ① 법인 본점 사업용 건축물을 신축 또는 증축하거나, ② 법인 신설 및 지점 설치, 대도시 내로의 전입함에 따른 부동산 취득, ③ 공장의 신설 또는 증설에 따른 부동산을 취득하는 경우 취득세 등을 중과세하고 있다.

중과대상	중과지역	중과세목	중과세율(예시)	제외대상
본점용 부동산 신·증축 (지법 제13조 제1항)	과밀억제권역 (全지역)	취득세	건물 2.8 → 6.8% 토지 4.0% → 8.0%	–
대도시 법인 설립·전입 등 (지법 제13조 제2항)	과밀억제권역 (산업단지 제외)	취득세	4.0% → 8.0%	중과제외 업종 등
		등록면허세 (법인등기)	0.4% → 1.2%	
공장 신·증설 (지법 제13조 제1항, 제2항)	과밀억제권역 (산업단지, 유치지역, 공업지역 제외)	취득세	공장 2.8% → 8.4%* 토지 4.0% → 12.0%*	기존 공장의 포괄승계, 대체 취득 등

* 「지방세법」 제13조 제1항(사업용 과세물건 중과) 및 제2항(공장 신·증설 중과)이 중복 적용되는 경우임.

이와 같은 취득세 등 중과세 제도는 대도시로 집중되던 인구와 산업을 분산시키기 위한 정책의 일환으로서 도입되었다. 즉, 인구와 경제력의 대도시 집중을 억제함으로써 대도시 주민의 생활환경을 보존·개선하고 지역 간의 균형발전 내지는 지역경제를 활성화하려는 복지국가적 정책목표에 이바지하려는데 그 취지가 있다(2001헌바24, 2002.3.28.).

(1) 법인 본점 사업용 신·증축에 대한 중과세

수도권 과밀억제권역(산업단지 포함)에서 본점(주사무소)의 사업용 건물을 신축 또는 증축하는 경우에 대하여는 취득세가 중과된다. 이는 법인 설립 후 존속기간과 상관없이 적용되고, 건물의 일부만을 본점 사업용으로 사용하는 경우에는 그 해당 부분에 대하여 적용된다. 또한 본점용 건축물의 부속토지도 중과대상에 포함된다.

(2) 대도시 법인 설립·지점 설치 및 전입에 대한 중과세

수도권 과밀억제권역(산업단지 제외, 이하 "대도시"라고 함)에서 법인을 설립하거나 지점을 설치하는 경우 또는 대도시 외 지역에서 대도시로 본점 등을 전입하는 경우(이하 "대도시 법인 설립·전입 등"이라 함) 그에 따른 부동산 취득에 대하여는 취득세를 중과한다.

법인 설립·전입 시점을 기준으로 과거 5년 이전에 취득한 부동산은 본점 등의 사무소·사업장으로 직접 사용되는 경우에 한해 중과가 적용되나, 설립·전입 이후 5년 이내 취득한 부동산에 대해서는 용도를 불문하고 모든 부동산에 대하여 중과한다. 다만, 중과 제외 업종에 해당하는 경우는 제외되며, 대도시 법인 설립·지점 설치 등 법인등기에 대하여는 등록면허세가 3배 중과된다.

(3) 공장 신·증설에 따른 중과세

수도권 과밀억제권역에서 비도시형 공장을 신설하거나 증설하는 경우 취득세 중과가 적용되는데, 과밀억제권역이라 하더라도 산업단지, 유치지역, 공장지역인 경우에는 중과대상에서 제외된다. 또한 공장 신·증설 후 취득하는 공장용 차량 및 기계장비도 중과대상에 포함된다.

2 과밀억제권역 중과세 제도 연혁

가장 먼저 도입된 중과제도는 대도시 내 법인의 신·증설에 대한 구 등록세를 5배 중과하는 제도로서, 1972년 신설된 이후 1999년부터 3배 중과세로 완화되었으며 2011년부터는 구 등록세가 현 취득세에 통·폐합되었다.

대도시 내에서 설립하는 법인에 대한 등록세 중과세는 법인 설립 후 5년 이내에 취득하는 부동산등기나 증자등기에 대하여만 중과세하기 때문에 법인 설립 후 5년이 경과되는 경우에는 그 실효성이 줄어드는 문제가 있음에 따라 1993년부터 법인 설립 후 5년이 경과된 법인이라 하더라도 법인 본점 및 주사무소의 사업용 부동산을 취득하는 경우에는 구 취득세를 5배 중과세하는 제도가 도입되었다. 그 후 1999년부터는 본점 사업용 부동산이라 하더라도 신·증축하는 본점 사업용 부동산에 한하여 구 취득세를 3배 중과세하도록 변경되었다.

법인 본점 사업용에 대한 중과세 연혁	법인 설립 등에 대한 중과세 연혁
• '91.12.14. "이전촉진권역 및 제한정비권역" 내 본점용 중과 신설: 취득세 5배 • '95.1.1. "과밀억제권역" 안으로 변경 • '98.12.31. 승계취득 제외 신·증축에 한해 중과 및 5배→3배 인하 • '11.1.1. 취득·등록세 통합	• '72.1.1. 국세인 등록세에서 신설(5배) • '76.12.31. 등록세 지방세로 이양 • '77.9.20. 법인 설립 후 5년 내로 한정 • '98.12.31. 등록세 세율 인하(5배→3배) • '10.1.1. 휴면법인 중과규정 신설 • '11.1.1. 취득·등록세 통합

공장의 신·증설에 대한 취득세 등 중과제도는 1972년 법인 신설 등에 대한 구 등록세 중과제도 도입에 이어 1973년부터 도입되었다.

이와 같은 중과세 제도는 2011년부터 취득세와 구 등록세가 통합되면서 종전과 같은 세부담 수준을 유지하기 위해 표준세율(舊 취득세+舊 등록세)을 기준으로 중과기준세율(2%, 舊 취득세율)을 더하거나 빼는 방식으로 적용되고 있다.

즉, 현행 취득세 중과세로 인한 세부담은 취득세와 구 등록세가 통·폐합되기 이전의 수준과 동일하도록 정해져 있는데, 중과세 대상별 취득세 적용 세율을 살펴보면 다음과 같다.

구 분		취득세 중과세율	비 고
① 본점용 신·증축 (지법 제13조 제1항)		• 건물 신축: 2.8% + (2% × 2배) = 6.8% • 토지 취득: 4% + (2% × 2배) = 8.0%	舊 취득세 3배 + 舊 등록세
② 법인 설립· 지점 설치· 전입 등(지법 제13조 제2항)	5년 이내	• 건물 신축: 2.8% × 3배 – (2% × 2배) = 4.4% • 토지 취득: 4% × 3배 – (2% × 2배) = 8%	舊 등록세 3배 + 舊 취득세
	5년 경과	일반세율	
위 "①·②" 동시 적용		• 건물 신축: 2.8% × 3배 = 8.4% • 토지 취득: 4.0% × 3배 = 12%	舊 취득·등록세 3배
비도시형 공장 신·증설 (지법 제13조 제1항, 제2항)		• 공장 신축: 표준세율(2.8%) × 3배 = 8.4% • 토지 취득: 표준세율(4%) × 3배 = 12%	舊 취득·등록세 3배

○ 법인에 대한 중과세의 위헌성 여부 (헌재 97헌바79, 1998.2.27.)

평등권의 침해를 살피기 위해서는 합리적 이유 없이 다른 세율과 다르게 중과하였는지를 살펴야 할 것인데 법인이 대도시 내에서 부동산을 취득하고 그에 터잡은 활동을 할 경우에는 인구와 경제력의 집중효과가 자연인의 경우에 비하여 훨씬 더 강하고 경제적 이득을 얻을 것이 더 크므로 상대적으로 높은 세율을 부과하도록 하고 있는 것에는 합리적 이유가 충분하다고 할 것이고 평등권이 침해되었다거나 조세평등주의 내지는 실질과세의 원칙에 반한다고 할 수 없다. 따라서 구 지방세법 제138조 제1항 제3호는 헌법에 위배되지 않는다.

○ 대도시 내 법인등기 등의 중과제도에 대한 위헌소원 (헌재 94헌바42, 1995.3.28.)

전자제품판매업을 목적으로 하여 설립된 법인이 건물을 신축하고 부동산등기에 대한 등록세가 5배 중과되자 조세쟁송 후 위헌소원을 청구하기에 이르렀다. 대도시 내에서 인구와 경제력을 집중시켜 각종 환경오염 및 주민환경을 악화시키는 것을 막고자 한 구 지방세법 제138조 제1항 제3호의 특성상 해당 법규가 일반세율의 5배라고 하여 반드시 그 목적달성에 필요한 정도를 넘는 자의적인 세율의 설정이라고 볼 수도 없고, 공익과 기본권이 제한되거나 과잉금지의 원칙에 반하지 않는다.

○ 과밀억제권역 내에 대한 중과세가 거주·이전의 자유 및 영업의 자유를 침해하는지 여부 (헌재 2012헌바408, 2014.7.24.)

구 지방세법 제112조 제3항 본문 중 "본점의 사업용 부동산을 취득하는 경우"에 관한 부분이 거주·이전의 자유 및 영업의 자유를 침해하는지 여부가 문제시 된다. 법률조항은 수도권 인구 과밀화 문제를 해결하고 국토의 균형있는 발전을 위한 것으로 본점의 사업용 건축물을 신·증축하여 인구유입과 경제력 집중 효과가 뚜렷한 곳에만 중과세 하겠다는 의미로 해석된다. 따라서 해당 조항이 거주·이전의 자유와 영업의 자유를 침해한다 볼 수 없다(일부 반대의견 있음).

참고 취득세 중과세(다주택자 제외) 변천 내역

1. 2010년 이전

연번	구분	취득세		등록세		적용 세율
		세율	중과율	세율	중과율	
①	본점 신·증축	2%	3배	0.8%		6.8%[42](6%+0.8%)
②	공장 신·증설 (사업용 재산)	2%	3배	0.8%		6.8%(6%+0.8%)
③	설립·설치·전입	2%		2%	3배	8%(2%+6%)
④	공장 신·증설 (부동산)	2%		2%	3배	8%(2%+6%)
⑤	사치성재산	2%	5배	2%		12%(10%+2%)
중복 적용	①, ③ 동시	2%	3배	0.8%	3배	8.4%(6%+2.4%)
	②, ④ 동시	2%	3배	0.8%	3배	8.4%(6%+2.4%)
	③, ⑤ 동시	2%	5배	2%	3배	16%(10%+6%)

2. 2011년 이후 [등록세 폐지 → 취득세 통합]

연번	구분	표준 세율	중과 기준세율	중과율	적용 세율
①	본점 신·증축(과밀)	2.8%	2%	표 + 중 × 2배	6.8%(6%+0.8%)
②	공장 신·증설	2.8%	2%	표 + 중 × 2배	6.8%(6%+0.8%)
③	설립·설치·이전	4%	2%	표 × 3배 − 중 × 2배	8%(2%+6%)
④	공장 신·증설	4%	2%	표 × 3배 − 중 × 2배	8%(2%+6%)
⑤	사치성재산	4%	2%	표 + 중 × 4배	12%(10%+2%)
중복 적용	①, ③ 동시	2.8%	2%	표 × 3배	8.4%(6%+2.4%)
	②, ④ 동시	2.8%	2%	표 × 3배	8.4%(6%+2.4%)
	③, ⑤ 동시	4%	2%	표 × 3배 + 중 × 2배	16%(10%+6%)

---

42) 부속토지: (취)2% × 3배 + (등)2% = 8%

참고 취득세 · 등록세 통합에 따른 중과제도 변천 개요

① 본점 사업용 부동산 신 · 증축 중과

구분	세목	표준세율	중과 적용	총부담세율
통합 전	舊 취득세	2.0%	[중과] 2.0% × 3배 = 6%	6.8%
	舊 등록세	0.8%	[일반] 0.8%	
통합 후	現 취득세	2.8%	[중과] 2.8% + (2.0% × 2배) = 6.8%	6.8%

※ 표준세율은 건축물 신축에 대한 세율을 예시로 적용

② "대도시 법인 설립 등"에 따른 부동산 취득 중과

구분	세목	표준세율	중과 적용	총부담세율
통합 전	舊 취득세	2.0%	[중과] 2.0%	8.0%
	舊 등록세	2.0%	[일반] 2.0% × 3배 = 6.0%	
통합 후	現 취득세	4.0%	[중과] 4.0% × 3배 − (2.0% × 2배) = 8.0%	8.0%

※ 표준세율은 건축물 승계 취득에 대한 세율을 예시로 적용

③ "대도시 법인 설립 등"에 따른 법인 등기 중과

구분	세목	표준세율	중과 적용	총부담세율
통합 전	舊 등록세	0.4%	[중과] 0.4% × 3배 = 1.2%	1.2%
통합 후	등록면허세 (등록분)	0.4%	[중과] 0.4% × 3배 = 1.2%	1.2%

※ 과세표준은 법인등기부상 자본금액을 적용

④ 공장 신 · 증설 중과

구분	세목	표준세율	중과 적용	총부담세율
통합 전	舊 취득세	2.0%	[중과] 2.0% × 3배 = 6%	8.4%
	舊 등록세	0.8%	[일반] 0.8% × 3배 = 2.4%	
통합 후	現 취득세	2.8%	[중과] 2.8% × 3배 = 8.4%	8.4%

※ 표준세율은 공장 건축물 신축에 대한 세율을 예시로 적용
※ 「지방세법」 제13조 제1항(사업용 과세물건 중과) 및 제2항(공장 신 · 증설 중과)이 중복 적용되는 경우임.

중과세 대상의 지역적 범위

1 취득세 중과 지역: 수도권 과밀억제권역

취득세가 중과세되는 지역적 범위는 기본적으로 「수도권정비계획법」 제6조에 따른 과밀억제권역 내로서 서울시와 인천 · 경기의 일부지역이 해당된다.

「수도권정비계획법 시행령」 [별표 1]에 의한 과밀억제권역의 범위는 서울특별시 및 인천광역시[강화군, 옹진군, 서구 대곡동 · 불로동 · 마전동 · 금곡동 · 오류동 · 왕길동 · 당하동 · 원당동, 인천경제자유구역(경제자유구역에서 해제된 지역 포함) 및 남동 국가산업단지는 제외한다], 경기도[의정부시, 구리시, 남양주시(호평동, 평내동, 금곡동, 일패동, 이패동, 삼패동, 가운동, 수석동, 지금동 및 도농동만 해당), 하남시, 고양시, 수원시, 성남시, 안양시, 부천시, 광명시, 과천시, 의왕시, 군포시, 시흥시(반월특수지역은 제외하되 반월특수지역에서 해제된 지역은 포함)]로 규정되어 있다.

경기도 김포시와 용인시, 화성시 등은 과밀억제권역에 해당되지 않는 것을 알 수 있으며, 따라서 김포시 등의 지역에서 법인이 부동산을 취득하더라도 과밀억제권역 내 취득세 중과세 문제는 발생하지 아니한다.

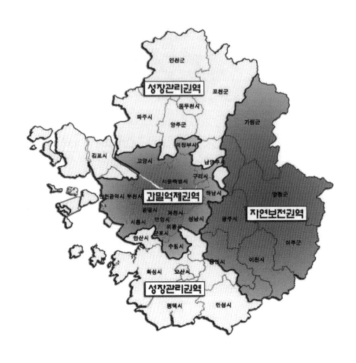

2 취득세 중과 예외 지역: 산업단지 등

취득세 중과대상별로 그 중과대상지역의 적용이 조금씩 다르다는 점에 유의할 필요가 있다. 즉, 본점 사업용의 취득세 중과대상 지역범위는 과밀억제권역 모두 해당되는데 비해, 법인 설립 등에 따른 중과세의 경우 과밀억제권역 내에서 「산업집적활성화 및 공장설립에 관한 법률」을 적용받는 산업단지는 제외된다. 또한, 공장 신·증설에 대한 중과세의 경우에는 산업단지 외에도 「산업집적활성화 및 공장설립에 관한 법률」을 적용받는 유치지역 및 「국토의 계획 및 이용에 관한 법률」을 적용받는 공업지역까지 제외된다.

이를 3가지 취득세 중과세 대상별로 요약·정리해 보면 다음과 같다.

중과세 대상	중과세 적용 지역
① 본점용 부동산 신·증축	과밀억제권역 全지역
② 대도시 법인 설립·지점 설치 및 전입 등	과밀억제권역 − 산업단지 제외
③ 공장 신·증설	과밀억제권역 − 산업단지, 유치지역, 공업지역 제외

한편, 지금의 중과세 지역은 수도권 과밀억제권역이지만, 1973년 중과제도 도입 당시에

는 부산과 대구 지역까지 포함되었다. 1990년 이후 부산과 대구 등 지방 대도시들의 거점기능이 점차 약화되면서 수도권 집중문제가 한층 심각해짐에 따라 이러한 양상을 반영하여 1995년부터 중과세 지역에서 부산과 대구를 제외하고 수도권 과밀억제권역으로만 범위를 변경하여 중과세하고 있는 것이다.

 참고 지역 유형별 기본 개념 및 관계법규

구 분	개 념
과밀억제권역	• 인구와 산업이 지나치게 집중되었거나 집중될 우려가 있어 이전하거나 정비할 필요가 있는 지역 • 「수도권정비계획법」 제6조 등
산업단지	• 「산업입지 및 개발에 관한 법률」 제6조・제7조・제7조의2 및 제8조에 따라 국토교통부장관 등이 지정・개발되는 국가산업단지, 일반산업단지, 도시첨단산업단지 및 농공단지 • 「산업집적 활성화 및 공장설립에 관한 법률」 제2조
유치지역	• 공장의 지방이전 촉진 등 국가정책상 필요한 산업단지를 조성하기 위해 산업통상부장관이 지정・고시한 지역 • 「산업집적 활성화 및 공장설립에 관한 법률」 제2조
공업지역	• 국토교통부장관 등이 지정한 공업의 편익을 증진하기 위하여 필요한 지역으로 지정한 용도지역 • 「국토의 계획 및 이용에 관한 법률」 제36조

제9조(권역의 범위) 법 제6조에 따른 과밀억제권역, 성장관리권역 및 자연보전권역의 범위는 [별표 1]과 같다.

[별표 1] <개정 2017.6.20.>

과밀억제권역, 성장관리권역 및 자연보전권역의 범위(제9조 관련)

과밀억제권역	성장관리권역	자연보전권역
1. 서울특별시 2. 인천광역시[강화군, 옹진군, 서구 대곡동·불로동·마전동·금곡동·오류동·왕길동·당하동·원당동, 인천경제자유구역(경제자유구역에서 해제된 지역을 포함한다) 및 남동 국가산업단지는 제외한다] 3. 의정부시 4. 구리시 5. 남양주시(호평동, 평내동, 금곡동, 일패동, 이패동, 삼패동, 가운동, 수석동, 지금동 및 도농동만 해당한다) 6. 하남시 7. 고양시 8. 수원시 9. 성남시 10. 안양시 11. 부천시 12. 광명시 13. 과천시 14. 의왕시 15. 군포시 16. 시흥시[반월특수지역(반월특수지역에서 해제된 지역을 포함한다)은 제외한다]	1. 인천광역시[강화군, 옹진군, 서구 대곡동·불로동·마전동·금곡동·오류동·왕길동·당하동·원당동, 인천경제자유구역(경제자유구역에서 해제된 지역을 포함한다) 및 남동 국가산업단지만 해당한다] 2. 동두천시 3. 안산시 4. 오산시 5. 평택시 6. 파주시 7. 남양주시(별내동, 와부읍, 진전읍, 별내면, 퇴계원면, 진건읍 및 오남읍만 해당한다) 8. 용인시(신갈동, 하갈동, 영덕동, 구갈동, 상갈동, 보라동, 지곡동, 공세동, 고매동, 농서동, 서천동, 언남동, 청덕동, 마북동, 동백동, 중동, 상하동, 보정동, 풍덕천동, 신봉동, 죽전동, 동천동, 고기동, 상현동, 성복동, 남사면, 이동면 및 원삼면 목신리·죽릉리·학일리·독성리·고당리·문촌리만 해당한다) 9. 연천군 10. 포천시 11. 양주시 12. 김포시 13. 화성시 14. 안성시(가사동, 가현동, 명륜	1. 이천시 2. 남양주시(화도읍, 수동면 및 조안면만 해당한다) 3. 용인시(김량장동, 남동, 역북동, 삼가동, 유방동, 고림동, 마평동, 운학동, 호동, 해곡동, 포곡읍, 모현면, 백암면, 양지면 및 원삼면 가재월리·사암리·미평리·좌항리·맹리·두창리만 해당한다) 4. 가평군 5. 양평군 6. 여주시 7. 광주시 8. 안성시(일죽면, 죽산면 죽산리·용설리·장계리·매산리·장릉리·장원리·두현리 및 삼죽면 용월리·덕산리·율곡리·내장리·배태리만 해당한다)

과밀억제권역	성장관리권역	자연보전권역
	동, 숭인동, 봉남동, 구포동, 동본동, 영동, 봉산동, 성남동, 창전동, 낙원동, 옥천동, 현수동, 발화동, 옥산동, 석정동, 서인동, 인지동, 아양동, 신흥동, 도기동, 계동, 중리동, 사곡동, 금석동, 당왕동, 신모산동, 신소현동, 신건지동, 금산동, 연지동, 대천동, 대덕면, 미양면, 공도읍, 원곡면, 보개면, 금광면, 서운면, 양성면, 고삼면, 죽산면 두교리·당목리·칠장리 및 삼죽면 마전리·미장리·진촌리·기솔리·내강리만 해당한다) 15. 시흥시 중 반월특수지역(반월특수지역에서 해제된 지역을 포함한다)	

제 **2** 절

법인 본점 사업용 부동산
신·증축에 따른 중과세

중과대상: 본점이나 주사무소의 사업용 부동산

1 본점 사업용 취득세 중과세 개요

수도권 과밀억제권역에서 본점이나 주사무소의 사업용으로 신축하거나 증축하는 건축물과 그 부속토지를 취득하는 경우 취득세 세율은 표준세율(지법 제11조)에 중과기준세율(2%)의 2배를 합한 세율을 적용한다.

> • 지역범위: 「수도권정비계획법」에 의한 과밀억제권역 안
> • 대상물건: 신·증축하는 본점·주사무소 사업용 부동산(부속토지 포함 승계취득 제외)
> • 중과세율: 표준세율 + 중과기준세율(2%)의 2배 ☞ 원시취득 6.8%, 승계취득 8%

한편, 법인의 기업부설연구소가 연구개발 활동만을 수행하고 법인의 주된 기능 즉, 주요한 의사결정이나 인사, 재무, 총무 등의 업무를 수행하지 않는 경우에는 본점 또는 주사무소에 해당하지 않는다고 보아야 할 것이다. 따라서 쟁점 연구시설이 연구개발 활동만을 수행하는 경우라면 본점이나 주사무소에 해당하지 않으므로 이에 사용되는 부동산은 취득세를 중과세할 수 없으나, 연구개발 외에 윤리경영·경영지원BG(Business Group)·글로벌 영업 등을 위해 사용되는 경우라면 그 부분(쟁점 연구시설과 같은 건물에 위치)은 본점 또는 주사무용 부동산에 해당하므로 취득세를 중과세하는 것이 타당하다고 한다(부동산세제과 -1026, 2023.11.16.).

본점 사업용으로 신축 또는 증축하는 경우에만 취득세를 중과하는 것으로 승계취득의 경우에는 제외된다. 또한 중과 지역적 범위는 「수도권정비계획법」 제6조에 의한 서울 등 과밀

억제권역으로서 법인 신설 등에 따른 중과세와 달리 산업단지 지역도 포함됨에 유의할 필요가 있다.

이러한 본점 사업용 부동산에 대한 취득세 중과세 제도는 수도권 등 대도시 내 인구집중을 억제하고 국토의 균형발전을 도모하기 위하여 1993년부터 도입된 제도이다. 후술하는 제3절의 법인 설립 등에 대한 중과는 법인 설립 후 5년 이내에 취득하는 경우에만 중과하기 때문에 법인 설립 후 5년이 경과되는 경우에는 그 실효성이 줄어들게 됨에 따라 법인 설립 후 5년이 경과한 법인이라 하더라도 본점 또는 주사무소의 사업용 부동산을 취득하는 경우에는 취득세를 5배 중과하도록 신설되었다. 그 후 1999년부터는 본점 사업용 부동산이라 하더라도 신·증축하는 본점 사업용 부동산에 한하여 취득세를 3배 중과세하도록 변경되었고, 2011년부터 취득세와 등록세가 통·폐합되면서 취득세 표준세율에 중과기준세율(2%)의 2배를 더하여 적용하고 있다.

2 본점 사업용 부동산의 범위

중과세 대상인 "본점이나 주사무소의 사업용 부동산"이란 법인의 본점 또는 주사무소의 사무소로 사용하는 부동산과 그 부대시설용 부동산을 말한다(지령 제25조).

따라서 사무실용으로 사용하지 아니하는 경우에는 그 부분은 중과대상에서 제외된다. 즉, 사무소용이 아닌 영업장, 판매장, 점포 등은 본점 또는 주사무소용 부동산에 해당하지 아니하고 동일한 건물 내라고 하더라고 본점용 사무소로 사용되는 부분만 중과대상이다. 백화점 등 유통업체의 매장이나 은행본점의 영업장 등과 같이 본점 또는 주사무소의 사무소에 영업장소가 함께 설치되는 경우에 그 영업장소 및 부대시설 부분은 취득세 중과세 대상에 해당하지 아니한다(대법원 2001.10.23. 선고 2000두222 판결 등 참조).

또한, 창고 등 본점 사무소의 부대시설용 부동산도 중과대상이지만, 기숙사와 합숙소, 사택, 연수시설, 체육시설 등 복지후생시설과 예비군 병기고 및 탄약고는 제외토록 명시되어 있다(지령 제25조).

한편, 중과대상은 법인의 본점 또는 주사무소로서 법인의 범위에 대하여 살펴보면, 지방세법상 특별한 규정은 없으나 법인은 관계법령에 의하여 등기함으로써 성립하는 것이므로 중과세 적용을 받는 법인은 설립등기를 함으로써 법인격을 취득한 단체(영리법인이나 비영리법인을 모두 포함)를 말한다. 따라서 설립되지 아니한 기타단체는 법인으로 보지 아니한다. 즉, 설립 등기되지 않은 법인으로 의제하는 단체는 지방세법상 법인에 해당하지 않아 취득세 중과대상이 아닌 것이다(서울시 세제과-5885, 2018.5.3.).

3 본점 또는 주사무소의 의미

법인의 본점이라 함은 대표이사 등 임직원이 상주하면서 기획·재무·총무 등 법인의 전반적인 사업을 수행하고 있는 곳인 영리법인의 주된 사무소를 의미하며, 주된 사무소는 본점 등기가 아니라 법인의 중추적인 의사결정 등 주된 기능을 수행하는 장소를 의미한다(대법원 1993.1.15. 선고 92누473 판결 참조).

본점 또는 주사무소는 법인의 주된 기능을 수행하는 장소로서 법인의 중추적인 의사결정 등이 행하여지는 장소를 말하므로, 사무실 형편상 일부 부서를 분산하여 여러 장소에 두더라도 법인의 중추적인 의사결정이 이루어지는 장소인 본점에 해당되는 경우에는 모두 본점으로 보아야 하는 것이다. 수도권 과밀억제권역 밖에 본점을 둔 회사가 그 본점을 그대로 둔 채 본점의 업무 중 일부를 처리하는 사무소를 둔 경우에도 본점의 사업용 부동산에 해당하는 것으로 보아야 한다(대법원 2018.4.26. 선고 2018두32385 판결 참조).

또한 방송사의 외주제작 방송프로그램 편집 등 실무작업을 위해 사용되는 사무실과 종합상황실 등 방재를 위한 공간은 방송사업자의 본점 사업용 부동산에 해당된다(대법원 2020.10.15. 선고 2020두41832 판결(심리불속행기각), 서울고등법원 2020.5.22. 선고 2019누53893 판결).

4 중과대상 건축물과 부속토지

본점 또는 주사무소용 중과대상은 신축 또는 증축하는 건축물에 한정하여 중과세되기 때문에 타인으로부터 승계취득하는 경우에는 중과세 대상에서 제외된다. 즉, 본점 또는 주사무소용 신·증축 부동산에 대하여 중과세하는 것이므로 법인 설립 또는 법인 설립 후 5년 경과 여부에 관계없이 중과세하는 것이다.

법인 본점 등 사무소용으로 직접 사용하는 부분에 대하여 중과세되는 것이므로 신·증축 후 타인에게 임대한 부분은 중과세 대상에서 제외된다. 즉, 본점용 건물의 일부를 타인이 임차하여 본점용으로 사용하더라도 그 부분은 당해 법인의 본점 사무소용으로 직접 사용하는 부분이 아니기 때문에 중과되지 아니한다. 또한 건물 일부만을 본점 사업용으로 사용하는 경우에는 그 해당 부분에 대하여만 중과된다.

다만, 대도시 내 본점 또는 지점의 설립·설치·전입 후 5년 이내에 본점 등 사무소용으로 취득하는 경우 일부 임대 여부에 불구하고 모든 부동산이 지법 제13조 제2항에 의해 중과될 수 있다. 또한 취득 후 5년 이내에 본점의 일부 부서가 입주하여 사무를 처리하는 등의 경우에는 본점 사무소용으로 중과세 대상(본점 또는 주사무소용 건축물을 신축하거나 증축하는 경우와 그 부속토지만 해당한다)이 된다(지법 제16조 제1항 제1호).

5 위탁자의 본점 사업용 부동산

수탁자가 신축 또는 증축으로 취득한 부동산을 위탁자가 본점이나 주사무소의 사업용 부동산으로 사용하는 경우에도 대도시 내 본점 사업용 부동산의 신·증축으로 보아 취득세를 중과세한다.

즉, 「신탁법」에 따른 수탁자가 취득한 신탁재산 중 위탁자가 신탁기간 중 또는 신탁종료 후 위탁자의 본점이나 주사무소의 사업용으로 사용하는 부동산도 중과세 대상이다. 이는 법인이 토지를 신탁하고 건축물을 신·증축한 후에 본점용으로 사용하는 경우 중과세를 회피하는 사례를 방지하기 위해 2017년부터 보완된 제도로서 신탁을 통해 대도시 내 건축물을 신·증축한 후 본점 사업용 부동산으로 사용하더라도 취득세 중과대상으로 명시한 것이다.

6 중과세율의 적용

본점 또는 주사무소용 신·증축 건축물과 그 부속토지를 취득하는 경우 취득세 표준세율에 중과기준세율(2%)의 2배를 합한 세율을 적용한다. 따라서 건축물은 원시취득 표준세율(2.8%)에 4%를 더하면 6.8%의 세율이 된다. 반면, 토지는 표준세율(승계 4%, 증여 3.5%)에 4%를 더하면 8% 또는 7.5%의 세율이 적용되며 먼저 토지를 취득하면서 납부세액이 있을 경우 이를 공제하면 된다.

법인 본점 사업용 중과세율 = 표준세율 + 중과기준세율(2%)의 2배

구 분	과세 세목	표준세율	중과 적용	건물 신축(예시)
취·등록세 통합 전	舊 취득세	2%	[중과] 표준세율 × 3배	6%
	舊 등록세	0.8%	[일반] 표준세율	0.8%
통합 후	現 취득세	2.8%	[중과] 표준세율 + [2% × 2배]	6.8%

※ 표준세율은 원시취득 예시이며, 세목 통합 전·후 납세자 부담수준을 같게 하기 위해 통합 후에는 중과기준세율(2%)을 신설하여 이를 가산하는 방식으로 중과세율을 산출하는 것임.

만일 본점용 중과세와 대도시 내 법인 중과세(설립 후 5년 미만 법인 등)가 동시에 적용되는 경우에는 지방세법 제11조 제1항에 따른 표준세율의 3배가 적용된다(지법 제13조 제6항).

한편, 토지를 취득한 후 5년 이내에 본점 사무소용 건축물을 신·증축한 경우에는 토지도 중과대상이 되지만, 토지취득 5년 경과 후 건물을 신·증축하는 경우라면 토지 취득세의 제척기간이 경과하여 중과세 대상이 될 수 없다.

7 신고 및 납부

법인이 과밀억제권역 내에서 본점 사업용 부동산을 취득한 경우 "본점 사무소로 최초로 사용한 날"로부터 60일 이내에 중과세율을 적용하여 산출한 세액에서 이미 납부한 세액(가산세는 제외한다)을 공제한 금액을 세액으로 신고·납부하여야 한다. 다만, 위 신고·납부 기간 이내에 해당 물건을 등기하는 경우라면 등기신청일이 신고·납부 기한이 된다(지법 제20조 제2항·제4항 및 같은 법 시행령 제34조 제1호).

참고 **본점 사무소로 최초로 사용한 날**

- 건축물
  ① 처음부터 본점 사무소 용도인 경우: (사용검사필증교부일, 임시사용승인일, 사실상 사용일) 중 **빠른** 날
  ② 타 용도에 사용하던 부분을 본점 사무소 용도로 전환하는 경우: 사용 개시일
- 건축물 부속토지: 건축물이 위 "①, ②"에 해당하는 날
  ※ 취득 후 5년이 경과된 경우 "②"에 해당하는 건축물 및 부속토지는 중과할 수 없음.

○ 기업부설연구소의 본점이나 주사무소 포함 여부 (부동산세제과 – 1026, 2023.11.16.)

- 법원에서는 법인의 본점 또는 주사무소란 법인이 영위하는 사업에 관한 주요한 의사결정 및 업무수행 관리행위가 이뤄지는 장소로서(대법원 2020두41832, 2020.10.15. 선고), 이에 해당하는지는 법인등기부상의 본사무소와 같은 형식적인 본점 등기 여부를 기준으로 할 것이 아니라, 법인의 주된 기능, 즉 법인이 영위하는 사업에 관한 주요한 의사결정 및 업무수행과 경영, 인사, 재무, 총무, 기획 등 관리행위가 실질적으로 수행되는지 여부에 따라야 한다고 설시하고 있음[(대법원 92누473, 1993.1.15. 선고), (대법원 2020두41832, 2020.10.15. 선고)].
- 또한 우리부 유권해석에서도 본점 또는 주사무소와 기업부설연구소를 분리하여 중과세나 감면 여부를 판단하여 왔음[(지방세정팀 – 595, 2007.3.22.), (지방세운영 – 4080, 2012.12.18.), (지방세특례제도과 – 4001, 2016.12.29.)].
- 이와 같은 사안들을 종합적으로 고려할 때, 기업부설연구소가 연구개발 활동만을 수행하고 법인의 주된 기능 즉, 주요한 의사결정이나 인사, 재무, 총무 등의 업무를 수행하지 않는 경우에는 본점 또는 주사무소에 해당하지 않는다고 보아야 할 것임.
- 따라서 쟁점 연구시설이 연구개발 활동만을 수행하는 경우라면 본점이나 주사무소에 해당하지 않으므로 이에 사용되는 부동산은 취득세를 중과세할 수 없으나, 연구개발 외에 윤리경영·경영지원BG(Business Group)·글로벌 영업 등을 위해 사용되는 경우라면 그 부분(쟁점 연구시설과 같은 건물에 위치)은 본점 또는 주사무용 부동산에 해당하므로 취득세를 중과세하는 것이 타당함.

○ 쟁점연구소가 본점용 부동산으로 취득세 중과대상인지 (조심 2023지1631, 2024.7.25.)

쟁점연구소가 주된 의사결정을 하는 장소 등을 의미하는 본점용 부동산에 해당한다는 점을 쉽사리 인정하기는 어렵고, 관련 법령에 따라 연구개발 활동만을 전담하는 장소로 볼 수 있으므로 처분청이 쟁점연구소를 본점용 부동산으로 보아 「지방세법」 제13조 제1항의 중과세율을 적용하여 취득세 등을 부과한 처분은 잘못이 있다고 판단됨.

○ 쟁점건물 등을 본점용으로 사용한 것으로 보아 취득세 중과세율을 적용한 처분의 당부
   (조심 2024지0253, 2024.11.18.)

과세요건사실의 존재에 관하여는 과세관청인 처분청이 입증책임을 부담한다고 할 것(대법원 2002.11.13. 선고 2002두6392 판결 등 다수)인데, 이 건에서 처분청은 과세요건사실인 청구법인이 쟁점건물을 본점용으로 사용하였다는 사실에 대한 직접적인 증거는 제출한 바 없고, 그나마 제출한 간접증거로는 기존건물을 본점으로 등록한 등기사항증명서와 쟁점건물과 기존건물이 연접한 현황 등이 있으나, 이러한 증거만으로는 과세요건사실이 추단되거나 입증되었다고 보기는 어렵다.

오히려, 처분청이 2021.4.16. 쟁점건물 현장에서 찍은 내부 사진에 의하면 쟁점건물은 그 당시 내부공사 중으로, 사업장으로 사용할 수 있는 공간이 별도로 존재하지 않았던 사실이 확인될 뿐만 아니라, 청구법인이 기존건물이나 쟁점건물과 별도로 오피스텔을 임차한 사실 등에 비추어보면 청구법인이 쟁점건물을 본점으로 사용하였다는 사실을 인정하기는 어렵다 할 것임.

본점용 중과세 관련 주요 쟁점 및 사례

1 중과세 대상 본점에 해당하는 경우

지방세관계법 운용예규에 따라 중과세 대상인 본점에 해당한다고 보는 경우의 예시는 다음과 같다(지방세법 운용예규 법13-5).

★
① 도시형공장을 영위하는 공장의 구내에서 본점용 사무실을 증축하는 경우
② 본점의 사무소 전용 주차타워를 신·증축하는 경우
③ 임대한 토지에 공장을 신설하여 운영하다가 같은 토지 내에 본점 사업용 건축물을 신·증축하는 경우
④ 대도시 밖에 본점을 둔 법인이 대도시에 건축물을 신·증축한 후 5년 이내에 법인의 경영에 필수적이고 중요한 본점의 부서 중 일부 부서가 입주하여 사무를 처리하는 경우
⑤ 대도시 내에 본점을 가지고 있던 법인이 대도시 내에 건축물을 신·증축하여 기존 본점을 이전하는 경우

수도권 외 본점을 둔 법인이 서울사무소를 두면서 서울사무소에 대표이사실, 관리부 등 법인의 중추적인 의사결정 등 주된 기능을 수행하는 장소로 운영한다면 이는 사실상의 법인 본점에 해당된다고 보아야 한다(대법원 2014.2.13. 선고 2013두15620 판결 등 참조).

2 중과세 대상에 해당하지 않는 경우

본점에 해당되지 아니하여 중과대상이 아니라고 보는 경우의 예시는 다음과 같다(지방세법 운용예규 법13-5).

★

① 병원의 병실을 증축 취득하는 경우
② 운수업체가 「자동차운수사업법」에 의한 차고용 토지만을 취득하는 경우
③ 임대업자가 임대하기 위하여 취득한 부동산과 당해 건축물을 임차하여 법인의 본점용으로 사용하는 경우

3 중과세 쟁점사항

★

① 본점·주사무소용 신·증축의 경우에만 중과세. 승계취득의 경우 일반세율 적용
② 법인 설립 5년 경과 후에 신·증축하더라도 중과세
③ 신·증축 후 5년 이내에 본점용 등으로 사용하면 중과세
④ 본점용 등 면적에 전용면적과 공용면적을 합하여 중과세. 토지분도 동일
⑤ 본점용 등 중과에는 과밀억제권역에 산업단지 포함
⑥ 법인 본점을 등기기준이 아니라 법인의 주된 기능을 수행하는 장소

○ 의사결정 등 본점의 업무 중 일부 업무를 수행하는 사무실에 대한 중과세 해당 여부
  (대법원 2018.4.26. 선고 2018두32385 판결)

이 사건 건물에서 원고의 위 사내이사 및 이들을 보좌하는 조직인 기획조정실에 파견된 원고의 직원 3명이 수행하는 업무는 원고의 경영 점검 등의 감사업무, 신규사업개발을 위한 재무현황 파악 보고, M&A 업무 지원, 경영실적 집계 및 계열사 간 업무 조정, 원고의 신입사원 공채 및 교육 등 원고의 경영 전반에 관한 의사결정에서 가장 중추적이고 필수적인 기획·조정·총괄·재무·인사·감사 등으로서 본점 업무 중 일부에 해당한다고 보아야 한다.

○ 과밀억제권역 안에 있던 기존의 본점 또는 주사무소에서 신·증축한 부동산으로 이전해 오는 경우 취득세 중과대상에 해당하는지 여부

(대법원 2012.7.12. 선고 2012두6551 판결)

과밀억제권역 안에서 신·증축한 사업용 부동산으로 본점 또는 주사무소를 이전하면 동일한 과밀억제권역 안의 기존 사업용 부동산에서 이전해오는 경우라 하더라도 전체적으로 보아 그 과밀억제권역 안으로의 인구유입이나 산업집중 효과가 없다고 할 수는 없다. 따라서 이는 구 지방세법 제112조 제3항(현행 제13조 제1항)에 의한 취득세 중과대상에 해당한다.

○ 본점 사무소 취득세 중과 관련 질의 회신 (서울시 세제과－4822, 2020.3.25.)

대도시 내 법인이 토지 매입 5년 이내에 본점 사무실, 판매 영업장 및 창고 용도로 건축물을 신축할 경우 본점 사무실(부속 토지 포함)은 지방세법 제13조 제1항 및 같은 법 시행령 제25조에 따른 본점 사무소로 사용하는 부동산에 해당하여 취득세 중과대상이나, 판매 영업장 및 판매장의 부대시설에 해당하는 창고(부속 토지 포함)는 관계법령에 따른 본점 사무소로 사용하는 부동산에 해당하지 않아 취득세 중과대상이 아님.

○ 과밀억제권역 내에 본점을 둔 청구법인이 동일한 과밀억제권역 내에 본점 사업용인 이 사건 건축물을 신축하여 이전한 경우 취득세 중과대상에 해당하는지 여부

(조심 2019지3818, 2020.4.7.)

과밀억제권역 안에서 본점 또는 주사무소용 건축물을 신축 또는 증축하여 취득하는 경우에는 동일한 과밀억제권역 안에 있던 기존의 본점 또는 주사무소를 이전해오는 것이라 하더라도 「지방세법」 제13조 제1항에서 정한 취득세 중과세 대상에 해당한다고 봄이 타당하다(대법원 2012.7.12. 선고 2012두6551 판결, 같은 뜻임)할 것인바, 청구법인이 과밀억제권역 안에서 이 사건 건축물을 신축하여 본점 사업용으로 사용하는 사실이 처분청의 출장결과보고서 등에 의하여 확인되는 이상, 청구법인의 본점 사무소 이전이 같은 과밀억제권역 안에서 이루어진 것이라 하더라도 「지방세법」 제13조 제1항에서 규정한 취득세 중과세 대상에 해당한다 할 것(조심 2018지1173, 2018.11.29., 같은 뜻임)이므로 이 건 부과처분은 달리 잘못이 없다고 판단됨.

○ 본점 또는 주사무소의 사업용 부동산에 해당하는지 아니면 지점의 사업용 부동산에
   해당하는지 여부 (감심 2010 - 82, 2010.7.29.)

하나의 법인이 무역업과 건설업 등 성격이 현저히 다른 둘 이상의 사업을 영위하면서 부문
으로 나누어 각각 독립된 별개의 인적·물적 설비를 갖추고 독립적으로 영업을 하고 있으
면서 부문 전체를 통할하는 인적·물적 설비를 두지 않고 있는 경우에는 각 부문의 인적·
물적 조직이 '본점'의 기능을 한다고 보아야 하므로 처분청이 각각을 본점으로 보아 취득세
등을 중과세 한 부과처분은 잘못이 없다.

○ 법인 신축 건축물(교육시설)의 본점 사업용 취득세 중과 해당 여부
   (행안부 지방세운영과 - 2439, 2016.9.22.)

본점 부대시설용 부동산이라 함은 본점의 사무소 운영에 필요한 회의실, 세미나실, 교육실,
창고 등을 의미한다고 할 것(조심 2012지547, 2013.5.16. 참조)이나, 해당 교육원은 협회(본
점) 직원의 교육을 위해 설치 및 운영하는 것이 아니라, 회원사 등 불특정 다수인 대국민을
상대로 프로그램을 운영하고 있으며, 협회(본점) 직원이 교육을 수강하기 위해서는 유료로
운영되고 있는 점에서 볼 때, 해당 교육원은 협회(본점)와는 독립된 지점으로서「지방세법」
제13조 제1항에서 규정하는 본점 사업용 부동산의 범위에 해당하지 않는다고 판단됨.

○ 개별 방송프로그램 생산, 공급 등 실무 작업을 위해 사용되는 사무실과 종합상황실 등
   방재를 위한 공간이 방송사업자의 본점 사업용 부동산에 해당하는지 여부
   (대법원 2020.10.15. 선고 2020두41832 판결)

외주 제작 방송프로그램 편집은 의사결정 및 업무수행과 관련된 관리행위에 속하며, 주요
자산인 건물의 방재업무는 원고의 주요한 업무라 할 것이므로 본점용 사무실에 해당한다
고 봄이 타당하다.

○ 산업단지를 개발·조성하여 공장 등을 신축한 후 공장과 별도로 본점 건축물을 건축하는 경우, 산업용 건축물 등에 포함되는지 여부

　(행안부 지방세특례제도과-1913, 2019.5.17.)

쟁점부동산이 공장 및 그 제조시설을 지원하기 위한 부대시설(사무실 포함)과는 별도의 건축물로서 법인의 전체 경영활동을 총괄하면서 총무, 재무, 회계 등 법인의 주된 업무를 지휘·통제하는 활동이 이루어지는 주된 사무소로 사용되는 경우라면 본점용 부동산에 해당되어 해당 공장(제조시설) 기능의 효용이나 편익을 증진시키기 위한 '제조시설의 관리·지원용 부대시설'로 보기 어렵다.

○ 본점의 경리부 업무 일부를 처리하는 연락사무소로 사용하는 부동산이 구 지방세법 소정의 "본점의 사업용 부동산"에 해당하는지 여부

　(대법원 1994.3.22. 선고 93누17690 판결)

구 지방세법(1993.12.27. 법률 제4611호로 개정되기 전의 것) 제112조 제3항의 취지는 수도권 지역 내에서 인구유입과 산업집중을 현저하게 유발시키는 본점 또는 주사무소의 신설 및 증설을 억제하려는 것이고, 법문(法文)상 본점의 소재지에 아무런 제한이 없는 점에 비추어 볼 때, 이전촉진권역 및 제한정비권역 밖에 본점을 둔 회사가 그 본점을 그대로 둔 채 본점의 경리부 업무 중 일부인 수출업무와 은행업무를 처리하는 연락사무소로 사용하기 위하여 취득한 부동산은 본점의 사업용 부동산으로 보아야 한다.

○ 쟁점건축물의 부속 토지가 본점 사업용 부동산으로서 취득세의 중과세율 적용대상에 해당하는지 여부 (조심 2019지2371, 2020.2.5.)

청구법인은 이 건 건축물을 본점 사업장으로 등록하고, 이 건 건축물 이외에 별도의 본점 사업용 부동산이 존재하지 않는 점, 쟁점건축물은 연구개발 활동을 위하여 배타적으로 사용하는 독립된 연구공간이 아니라 연구원과 연구원이 아닌 자가 공동으로 사용 중인 사실이 처분청의 출장복명서, 청구법인이 제출한 직원현황 등에 의하여 확인되는 점 등에 비추어 이 건 부과처분은 달리 잘못이 없다고 판단됨.

○ 과밀억제권역 내 산업단지에서 신축한 본점 사무소를 공장 부대시설로 보아 중과세 대상에서 제외하였는데, 개성공단 폐쇄로 불가피하게 국내에 추가 사업장을 설치·운영하는 경우 종전 본점 사무소를 중과 제외할 수 있는지 여부
 (행안부 부동산세제과-3440, 2020.12.9.)

하나의 공장 구내에 본점이 함께 소재하면서 본점 사무소의 규모나 기능을 고려할 때, 사실상 공장의 부대시설로서의 기능이 주가 되는 경우라면 이를 중과대상이 아니라고 볼 여지가 있는바(지방세운영과-2569, 2012.8.9. 참조), 쟁점 사안의 경우 종전의 본점은 오로지 동일 구내의 공장(안양)을 영위하기 위한 부대시설에 해당되어 중과대상으로 볼 수 없다 하더라도, 개성공단 폐쇄에 따라 대체 사업장(화성공장)을 국내에 추가로 설치·운영한 후부터는 해당 본점이 동일 구내의 공장뿐 아니라 추가 사업장을 포함한 국내 모든 사업장에 대한 중추적인 역할을 하는 본점으로 전환되어 단순히 공장의 부대시설로 보기 어렵다.

또한, 해당 규정에서 정당한 사유 등을 추징의 예외로 규정하고 있지도 않은 점 등을 종합했을 때, 토지나 건축물 취득 후 5년 이내에 해당 토지나 건축물이 본점의 사업용 부동산에 해당되는 경우로 보아 중과세율을 적용하여 취득세를 추징하는 것이 타당하다.

○ 법인등기부상 수도권 외 지역에 본점을 둔 청구법인의 사실상의 본점이 수도권 내 지역에 있는 것으로 보아 취득세를 중과세한 처분의 당부 (조심 2024지1019, 2024.12.10.)

처분청은 이 건 부동산 취득 당시 제1청구법인이 서울사무소에서 인적·물적설비를 갖추고 사업을 하였다는 사실에 대하여는 아무런 입증을 하지 못한 채 화성사무소가 공유오피스라는 사실, 일부계약서 등에 연락처가 서울지역번호의 전화번호가 기재된 사실, 복리후생비가 주로 서울특별시에서 주로 사용된 사실 및 대표이사가 서울특별시 지역에 월주차한 사실 등에만 착안하여 서울사무소를 제1청구법인의 사실상의 본점으로 본 점,
납세의무자가 경제활동을 함에 있어서는 동일한 경제적 목적을 달성하기 위해서는 여러 가지의 법률관계 중 하나를 선택할 수 있는 것이고 과세관청은 특별한 사정이 없는 한 당사자들이 선택한 법률관계를 존중하여야 할 것(대법원 2009.4.9. 선고 2007두26629 판결, 같은 뜻임)인바, 부동산개발업 등의 특성상 사업시행자인 제1청구법인이 사업초기에 화성오피스와 같은 공유사무실을 본점으로 하여 설립되고 대표이사가 이를 간헐적으로 이용하였다 하여 이를 본점이 아니라고 단정하기도 어려운 점 등에 비추어 처분청이 서울사무소를 제1청구법인의 본점으로 보아 이 건 취득세 등을 과세한 처분은 잘못이 있다고 판단된다.

법인의 본점과 지점 사업용 구분이 왜 필요할까?

1 법인 본점과 지점 사업용 구분의 필요성

　법인의 본점은 법인의 중추적인 기능을 하는 주된 장소로서 본점 이외의 장소에서 경리, 인사, 연구, 연수, 재산관리업무 등 대외적인 거래와 직접적인 관련이 없는 내부적 업무만을 처리하고 있는 경우는 지점이 아닌 본점에 해당된다(지방세관계법 운용예규 법13-5 참조).

　반면, 법인의 지점은 「법인세법」 제111조·「부가가치세법」 제8조 또는 「소득세법」 제168조에 따른 등록대상 사업장으로서 인적 및 물적 설비를 갖추고 계속하여 사무 또는 사업이 행하여지는 장소를 말한다(지칙 제6조).

　그렇지만 현실적으로 법인의 본점과 지점이 명확하게 구분되지 않은 경우가 있을 뿐 아니라 이로 인해 과밀억제권역 내에서 취득하는 부동산 중 취득세 중과세 여부 또는 기업부설연구소나 산업단지 등 관련 취득세 감면 여부가 달라지는 문제가 있을 수 있다.

2 법인 본점 사업용 신·증축에 따른 중과세

　먼저, 앞에서 살펴본 법인 본점 사업용 부동산을 신축한 경우 「지방세법」 제13조 제1항에 따라 취득세 표준세율에 중과기준세율(2%)의 2배를 합한 세율(신축 건축물인 경우 6.8%)로 중과된다.

　과밀억제권역 내에서 5년이 경과된 법인이 본점 이전을 위하여 과밀억제권역 내 신축 취득한 경우라면 법 제13조 제1항에 의한 중과만 해당될 뿐 법 제13조 제2항에 의한 중과는 해당되지 않을 것이다. 반면, 설립 후 5년 내 법인인 경우 위 제1항, 제2항 중과 모두 적용될 수 있다.

한편, 법인 본점이 아닌 지점 사업용 건축물을 신축한 경우라면 위 제1항에 의한 중과세가 성립될 수 없고, 제2항의 지점 설치 등에 따른 중과 여부만 고려대상이 될 것이다.

3 법인 설립, 본·지점 설치, 전입 등에 따른 중과세

후술하는 바와 같이 중과대상 부동산은 「지방세법 시행령」 제27조 제3항에 따라 ① 그 설립·설치·전입 이전에 법인의 본점·주사무소·지점 또는 분사무소의 용도로 직접 사용하기 위한 부동산 취득, ② 그 설립·설치·전입 이후 5년 이내의 모든 부동산 취득으로 나눌 수 있다.

따라서 본점과 지점을 구분할 실익이 없는 것으로 보이지만 중요한 것은 ① 법인 본점의 확장인지 또는 새로운 지점의 설치인지에 따라 중과 여부가 달라질 수 있고, ② 설립·설치·전입 이후 5년 이내의 여부가 본점과 지점에 따라 각각 다르므로 결국 취득세 중과세 여부도 달라질 수 있다.

4 기업부설연구소·산업단지 등 감면의 차이

법인의 연구기능은 본점에 해당(지방세법 운용예규 법13-5)됨에도 조세심판원 등에서는 기업부설연구소 등은 본점이 아닌 것으로 보고 있다(조심 2018지2274, 2019.6.19. 등 다수).[43]

반면, 행정안전부에서 최근 산업단지 내 연구시설용 건축물 중 그 일부가 법인의 주된 업무를 지휘·통제하는 활동이 이루어지는 사실상 본점으로 사용되는 경우라면 감면대상이 아니라고 본 사례도 있다(행안부 지방세특례제도과-559, 2019.9.10.).

따라서 연구시설 등이 본점인지 여부에 따라 취득세 등 감면 여부가 달라지므로 본점과 지점의 구별 실익이 있다고 하겠다.

---

43) 그렇지만 연구기능이 본점이 아닌 지점이라고 정의할 수 있는지도 의문이 아닐 수 없다. 따라서 향후 연구시설에 대한 본점 또는 지점 여부를 명확히 할 필요가 있다고 보여진다.

○ 본점과 같은 건물에 있는 기업부설연구소를 본점 사업용 부동산으로 보아 취득세 중과세율을 적용한 처분의 당부 (조심 2018지0175, 2018.6.1.)

쟁점연구소는 기초연구진흥 및 기술개발지원에 관한 법령에 따라 연구인력 및 시설 등 요건을 갖추어 인정된 기업부설연구소로서, 「기초연구진흥 및 기술개발지원에 관한 법률」 제14조의4 제1호, 같은 법 제14조의3 제1항 제7호에서 기업부설연구소등에 근무하는 자는 연구개발 활동과 관련된 업무 외에 생산·판매·영업 등의 기업활동과 관련된 다른 업무를 겸하지 않도록 규정하고 이를 위반하는 경우 기업부설연구소등의 인정을 취소할 수 있도록 하고 있어 쟁점연구소는 연구개발 활동만을 담당할 뿐 생산·판매·영업 등의 기업활동과 관련된 다른 업무를 겸하지 않는 것으로 보이는 점, 청구법인은 전자제품 등 제조 및 판매업을 영위하는 업체로서 매출의 전부가 제품 매출(2017사업연도 ○○○억 원)에서 발생하고 있을 뿐 기업부설연구소의 연구개발 활동을 통한 매출이 발생하고 있지 아니한 점, 독립된 연구소, 연구단지, 연구개발부서 등 다양한 규모와 형태의 기업부설연구소 또는 연구개발전담부서를 본점 사무소의 부대시설로 보기는 어려운 점 등에 비추어 처분청이 기업부설연구소인 쟁점연구소를 본점 사업용 부동산으로 보아 취득세 등 경정을 거부한 이 건 처분은 잘못이 있다고 판단됨.

○ 기업부설연구소가 대도시 내 법인 본점 사업용 부동산을 취득한 경우로서 취득세 중과세 대상에 해당하는지 여부 (조심 2018지2274, 2019.6.19.)

청구법인의 기업부설연구소는 이전하기 전부터 본점과 다른 장소인 경기도 용인시에 별도로 소재하고 있다가 이 건 부동산으로 이전하였고 경기도 용인시에 소재할 당시부터 본점과 다른 사업자등록을 하고 있었으며 이 건 부동산으로 이전한 후에도 여전히 본점과 다른 사업자등록을 하고 있고 본점 사무실과 별개의 장소인 연구동에 위치하면서 본점 사무실과 구분되어 관리되고 있는바, 청구법인이 그간 본점에 해당하지 아니하였던 기업부설연구소를 이 건 부동산 중 연구동으로 이전하였다는 사유만으로 이 건 기업부설연구소가 본점 또는 그 부대시설이 된 것으로 보는 것은 타당하지 아니한 점 등에 비추어, 이 건 부동산 중 기업부설연구소용으로 사용되는 부분이 본점 또는 주사무소의 사업용 부동산에 해당한다고 보기는 어렵다 할 것이므로, 처분청이 이 건 취득세 등의 경정청구를 거부한 처분은 잘못이 있다(마곡산업단지 내 기업부설연구소).

제 **3** 절

법인 설립, 지점 설치, 전입에
따른 중과세

법인 설립, 지점 설치, 전입에 대한 중과세 개관

1 취득세 중과세 개요

법인이 대도시(과밀억제권역에서 산업단지를 제외한 지역) 내에서 ① 법인을 설립(휴면 법인 인수 포함)하거나, ② 지점(분사무소)을 설치할 경우, ③ 법인 본점·지점을 대도시 외 지역에서 대도시 내로 이전하는 경우("①~③"을 이하 "지점 등의 설치"로 통칭함)로 서, 그에 따른 부동산 취득에 대하여 취득세를 중과한다(지법 제13조 제2항). 이에 해당하는 부동산은 취득세 표준세율의 3배에서 중과기준세율(2%)의 2배를 뺀 세율을 적용한다. 예를 들면, 법인이 지점 등의 설치에 따라 취득하는 부동산이 건축 등 원시취득인 경우 4.4%[(2.8%×3배) - (2%×2배)], 토지 등 승계취득인 경우 8%[(4%×3배) - (2%×2배)]의 세율이 적용된다.

이와 같은 취득세 중과제도는 인구와 경제력의 대도시 집중을 억제함으로써 대도시 주민의 생활환경을 보존·개선하고 지역 간의 균형발전 내지는 지역경제 활성화를 목적으로 대도시 내에서 법인의 설립, 부동산 취득 등을 억제하기 위한 정책세제 중의 하나이다.

이러한 대도시 내 법인에 대한 중과세는 1971년 말 부동산등기에 대해 당시 국세인 등록세를 5배 중과세하는 것으로 신설되었는데, 이후 등록세는 1977년부터 지방세 세목으로 전환되었고, 1999년부터 등록세 중과세 세율이 3배로 완화되었다. 2011년부터 지방세 세목의 간소화 차원에서 구 등록세가 취득세에 통합[44]되면서 종전의 등록세 3배 중과세와 같은

---

44) 당시 부동산 취득이 없는 법인등기·등록에 대해서는 등록면허세로 전환되었으며, 현행「지방세법」제13
조 제1항은 2010년까지 시행된 구 취득세 중과세 규정이고, 제13조 제2항은 구 등록세 중과세 규정이므로
독자들의 이해 편의상 '구 취득세', '구 등록세' 용어를 수시 사용하기로 한다.

수준에서 현재의 취득세 중과세 세율이 설정되어 있다.[45]

현재의 중과세율은 취득세 표준세율의 3배에서 중과기준세율(2%)의 2배를 뺀 세율을 적용하는데, 이는 구 등록세의 3배 수준이다.

구 분	과세 세목	표준세율	중과 적용		건물 신축(예시)
취·등록세 통합 전	舊 취득세	2%	[일반] 표준세율		2%
	舊 등록세	2%	[중과] 표준세율 × 3배		6%
통합 후	現 취득세	4%	[중과] (표준세율×3배) − (2%×2배)		8%

※ 건축물 승계취득의 표준세율 예시로서 세목 통합 전·후 납세자의 부담 동일 유지를 위해 표준세율의 3배에서 중과기준세율(2%)의 2배를 빼는 방식으로 중과세율을 산출함.

법인 지점설치 등에 대한 중과세를 앞 제2절에서 살펴 본 법인 본점 사업용 중과세와 비교해 보면 다음과 같다.

구 분	본점 사업용 중과세(법 제13조 제1항)	지점설치 등 중과세(법 제13조 제2항)
지역요건	과밀억제권역 전 지역	과밀억제권역(산업단지 제외)
대상행위	신축 및 증축	신·증축 및 승계취득
대상물건	본점·주사무소 사업용 부동산	본점, 주사무소와 지점·분사무소
중과제외	없음.	예외업종 등은 중과 제외
적용세율	표준세율 + 중과기준세율(2%)의 2배 ⇨ 舊 취득세 3배 중과	표준세율 × 3배 − 중과기준세율(2%)의 2배 ⇨ 舊 등록세 3배 중과
동시적용	표준세율의 3배	

2 지역적 범위와 중과대상 부동산

취득세 중과세 해당 지역은 「수도권정비계획법」 제6조에 따른 과밀억제권역(「산업집적 활성화 및 공장설립에 관한 법률」을 적용받는 산업단지[46]는 제외한다. 이하 "대도시"라 한다)으로서 서울특별시 및 인천광역시·경기도의 일원이 해당된다. 아울러 법인의 대도시

---

45) 구 등록세 3배 중과는 구 취득세 2%에 등록세 3배(2%×3)를 더해 8%로 중과하였는데, 현재 취득세도 표준세율 3배(4%×3)에서 중과기준세율의 2배(2%×2)를 빼면 8% 세율로서 동일한 수준이다.
46) 산업단지는 「산업입지 및 개발에 관한 법률」 제6조, 제7조, 제7조의2 및 제8조에 따라 지정·개발된 국가산업단지, 일반산업단지, 도시첨단산업단지 및 농공단지를 말한다.

전입에 있어 「수도권정비계획법」 제2조에 따른 수도권의 경우에는 서울특별시 외의 지역에서 서울특별시로의 전입도 대도시로의 전입으로 본다.

중과대상은 대도시 내에서 ① 법인의 설립, ② 지점 또는 분사무소를 설치하는 경우, ③ 법인의 본점·주사무소·지점 또는 분사무소를 대도시 밖에서 대도시로 전입함에 따라 대도시의 부동산을 취득하는 경우이다. 대도시에서 법인 설립·지점 설치·전입 후 5년 이내에 취득하는 부동산도 중과대상에 포함된다. 중과대상이 되는 부동산 취득에는 제4절의 공장의 신·증설뿐 아니라 공장의 승계취득, 해당 대도시에서의 공장 이전 및 공장의 업종변경에 따르는 부동산 취득이 포함됨에 유의할 필요가 있다(지령 제27조 제3항 참조).

특히 중과대상인 법인의 전입이나 지점 설치 등을 판단함에 있어 법인의 본·시점 등기 여부에 불구하고 실제 본점 업무나 지점 업무를 수행하는 '사실상의 본점' 또는 '사실상의 지점'을 기준으로 중과대상 여부가 결정된다는 것이 중요하다(대법원 2006.6.15. 선고 2006두2503 판결 참조).

한편, 대도시에 설치가 불가피하여 「지방세법 시행령」 제26조 제1항 각 호의 열거된 37개 업종에 직접 사용할 목적으로 부동산을 취득하는 경우에는 중과에서 제외되는데, 이에 대하여는 **Q6** 에서 기술하고자 한다.

또한, 채권을 보전하거나 행사할 목적으로 취득하는 부동산의 경우에는 중과세에서 제외한다. 중과세에서 제외되는 채권보전용 부동산이란 채권자가 채권의 담보·변제·실행을 하기 위해 취득하는 부동산으로서 ① 채권에 대한 양도담보로 제공받는 등 채권자가 그 채권의 담보를 위하여 취득하는 경우, ② 채권에 대한 대물변제로 취득하는 등 채권자가 그 변제를 받는 일환으로 취득하는 경우, ③ 담보목적물의 부동산에 대한 경매절차에서 채권자가 직접 경락받는 등 채권자가 그 채권의 담보권을 실행하는 과정에서 취득하는 경우, ④ 제1호부터 제3호와 유사한 사유로 취득하는 경우가 해당된다. 아울러 채권보전용 부동산을 취득하여 소유권 이전등기를 한 후 일시적으로 사용·수익하는 경우라도 채권 보전·행사용 부동산 소유권 이전으로 보아 중과대상에서 제외하고 있다(지방세관계법 운영예규 법13…27-1).

그동안 중과 제외하여 왔던 법인이 사원에 대한 분양 또는 임대용으로 직접 사용할 목적으로 주거용 부동산을 취득하는 경우는 2020.8.12. 정부의 부동산 대책의 일환으로 해당 규정이 삭제되었다.

한편, 종전 법인등기부등본상의 ① 법인의 설립 등기, ② 지점 설치 등기, ③ 타 지역에서 과밀억제권역 안으로 전입하는 경우의 법인등기에 대해 구 등록세로서 2010년까지 중과세되었으나, 2011년부터는 등록면허세에 대한 중과세로 변경되었다.

③ 지방세법 규정과 중과세 요건

★

> 법 제13조(과밀억제권역 안 취득 등 중과) ② 다음 각 호의 어느 하나에 해당하는 부동산(「신탁법」에 따른 수탁자가 취득한 신탁재산을 포함한다)을 취득하는 경우⋯⋯다만, 「수도권정비계획법」 제6조에 따른 과밀억제권역(「산업집적활성화 및 공장설립에 관한 법률」을 적용받는 **산업단지는 제외한다. 이하 이 조 및 제28조에서 "대도시"라 한다**)에 설치가 불가피하다고 인정되는 업종으로서 대통령령으로 정하는 업종⋯(중략)⋯
> 1. 대도시에서 법인을 설립[대통령령으로 정하는 휴면(休眠)법인(이하 "휴면법인"이라 한다)을 인수하는 경우를 포함한다. 이하 이 호에서 같다]하거나 지점 또는 분사무소를 설치하는 경우 및 법인의 본점ㆍ주사무소ㆍ지점 또는 분사무소를 대도시 밖에서 대도시로 전입(「수도권정비계획법」 제2조에 따른 **수도권의 경우에는 서울특별시 외의 지역에서 서울특별시로의 전입도 대도시로의 전입으로 본다**. 이하 이 항 및 제28조 제2항에서 같다)함에 따라 대도시의 부동산을 취득(그 설립ㆍ설치ㆍ전입 이후의 부동산 취득을 포함한다)하는 경우

중과대상 대도시의 범위는 수도권 과밀억제권역으로서 「산업집적활성화 및 공장설립에 관한 법률」을 적용받는 산업단지는 제외된다. 이에 따라 서울특별시의 경우는 구로구ㆍ금천구 일대에 소재하는 서울디지털국가산업단지, 구로구 소재 서울온수일반산업단지, 강서구 소재 마곡일반산업단지의 경우 대도시의 범위에서 제외되고 있다. 또한, 수도권 중 서울특별시 외의 지역에서 서울특별시로의 전입도 대도시로의 전입으로 간주된다.

중과적용 법인의 범위에 대해서는 지방세법상 별도로 정하고 있지 않으나, 법인은 관계법령에 의하여 등기함으로써 성립하는 것이므로 중과적용을 받는 법인은 설립등기를 함으로써 법인격을 취득한 단체로 보아야 한다. 따라서 영리법인과 비영리법인, 외국법인 등을 포함하며 상법, 민법, 특별법상의 등기 또는 등록 대상인 모든 법인이 해당된다.

한편, 대도시 밖의 법인이 대도시 내 부동산을 취득하여 본점 등기를 하지 않은 채로 본

점업무를 수행하는 경우 '사실상의 본점' 전입으로 보고 있다(대법원 2006.6.15. 선고 2006두 2503 판결 외 다수). 따라서 실무에서는 사실관계에 따라 본점 관련 용어가 '주사무소', '사실상의 본점', '실질적인 본점' 등으로 표현될 수 있다.

본점은 상법상 회사에 사용하는 용어로서 본점 소재지에 등기함으로써 설립되며, 영업전체의 지휘·명령·통일이 이루어지는 주된 영업소를 본점이라 하고, 그것에 종속되면서 일정한 범위에서 부분적 업무를 수행하는 종된 영업소를 지점이라 한다. 주사무소와 분사무소는 민법상 비영리법인인 사단·재단법인에 사용되는 것으로서, 영리법인(회사)의 본점과 지점에 대응되는 개념이다.

본점 이외의 장소에서 경리, 인사, 연구, 연수, 재산관리업무 등 대외적인 기래와 직접직인 관련이 없는 내부적 업무만을 처리하고 있는 경우는 지점이 아닌 본점에 해당된다(지방세관계법 운영예규 법13-5).

4 지점 또는 분사무소의 범위

지점 또는 분사무소는 「법인세법」 제111조·「부가가치세법」 제8조 또는 「소득세법」 제168조에 따른 등록대상 사업장으로서 인적 및 물적 설비를 갖추고 계속하여 사무 또는 사업이 행하여지는 장소를 말한다(지칙 제6조). 지점 또는 분사무소는 사업소, 출장소 등 그 명칭 여하에 불구하고 당해 법인의 업무를 처리하기 위하여 본점 이외의 장소에 따로 설치한 사무소(사업장)를 지칭한다. 다만, ① 영업행위가 없는 단순한 제조·가공장소, ② 물품의 보관만을 하는 보관창고, ③ 물품의 적재와 반출만을 하는 하치장의 장소는 사무소 등으로 보지 아니한다.

지점 여부 판단기준 = ① 등록대상 사업장 + ② 인적 및 물적 설비
+ ③ 계속하여 사무 또는 사업이 행해지는 장소

위에서 지점 또는 분사무소는 등록대상 사업장을 말하므로 사업자등록 여부와 직접적 관련이 없으나, 2013년까지는 법인등기부등본상의 지점 등기와는 상관없이 사업자등록과 인적 및 물적 설비를 갖추어야 지점으로 보았다. 2014년부터 시행된 「지방세법 시행규칙」 제6조에서 「법인세법」 제111조·「부가가치세법」 제8조 또는 「소득세법」 제168조에 따른 '등록

대상 사업장'(사업자단위 과세 적용 사업장의 종된 사업장을 포함)으로서 인적 및 물적 설비를 갖추고 계속하여 사무 또는 사업이 행하여지는 장소를 말한다고 규정하고 있다(지점 설치 부분에서 후술).

여기서 '물적 설비'란 사무실 또는 사업장으로서의 형태를 갖춘 것을 말하고, '인적 설비'란 당해 법인의 지휘·감독하에 인원이 상주하는 것을 뜻할 뿐이고, 그 고용형식이 반드시 법인에 직속하는 형태를 취할 것을 요구하는 것은 아니다.

예를 들면, 해외 소재의 부동산투자회사로부터 대도시 내 부동산의 관리용역을 위탁받은 회사가 위 부동산투자회사와 독립된 법인의 형태를 취하고는 있으나 일반적인 건물관리용역을 수행하는 이외에 위 투자회사의 지휘·감독하에 실질적으로 위 투자회사의 지점으로서의 업무를 처리하여 온 경우라면, 위 규정 소정의 '지점'에 해당한다(대법원 2007.8.24. 선고 2005두13469 판결 참조).

> ○ 위의 판례와 다른 지점 설치 관련 질의 회신 사례 (행안부 지방세운영과 - 707, 2008.8.20.)
> 외국의 투자회사가 상법상 지점등기를 하였으나, 법인의 상주직원 없이 자산관리전문회사로 하여금 동 부동산을 관리한 경우에는 지점 또는 분사무소로 볼 수 없어 등록세 중과대상이 아님.
> ※ 위 대법원 2007.8.24. 선고 2005두13469 판결과의 차이점은 '당해 법인의 지휘·감독하에 영업활동 내지 대외적인 거래업무를 처리'하였는지가 기준으로써 자산관리전문회사는 당해 법인의 지휘·감독을 받지 않으므로 지점으로 볼 수 없다고 한 사례임.

한편, 대도시 내 법인의 사업장이 존재하고 있으나 2013.12.31. 이전에는 사업자등록을 하지 않아 지방세 관계법령에서 지점 등이 아니었다가 시행규칙 제6조가 개정 시행된 2014. 1.1. 이후 부동산을 취득하는 경우 중과세 대상으로 본다(행안부 지방세운영과 - 993, 2017.11.16.).

그런데 최근 법원은 2014.1.1. 이전에 '등록대상 사업장'을 설치한 자와 그 이후에 설치한 자를 합리적인 이유 없이 차별하는 부당한 결과가 되고, '등록된 사업장' 외에 '등록대상 사업장'을 설치한 자에게만 '개정 시행규칙 시행일 이후 5년'이라는, 법규가 요구하지 않는 별도의 요건을 추가하는 것이 되어 받아들일 수 없다고 판단하였는 바, 2013.12.31. 이전 대도시에서 사업자등록을 하지 않아 지점에서 제외된 '종된 사업장'을 운영하고 있던 법인이 2014.1.1. 이후 대도시에서 부동산을 취득하는 경우 지점 설치일은 '종된 사업장'을 설치한 날이라고 본 사례가 있으나(서울행정법원 2020.3.19. 선고 2019구합65559 판결, 확정) 실무 적용에는 주의를 요한다(아래 질의 회신 참조).

○ 지점 설치에 따른 취득세 중과세 해당 여부 질의 회신
　(행안부 지방세운영과‒993, 2017.11.16.)

【질의요지】

• 「지방세법 시행규칙」 제6조(이하 "쟁점규정"이라 함)의 중과대상 적용 '사무소 등'의 범위가 '등록된 사업장'에서 '등록대상 사업장'으로 개정(2014.1.1.)되었는데, 개정 전 5년 이상 인적 및 물적 설비를 갖추었으나 사업자등록 없이 영업을 계속하였던 법인이 쟁점규정 개정 이후 5년 내 부동산을 취득한 경우 중과세 대상으로 볼 수 있는지 여부

【회신내용】

• 「지방세법 시행규칙」 제6조에서는 영 제27조 제3항 전단에서 "행정안전부령으로 정하는 사무소 또는 사업장"이란 「법인세법」 제111조·「부가가치세법」 제8조 또는 「소득세법」 제168조에 따른 등록대상 사업장(「법인세법」·「부가가치세법」 또는 「소득세법」에 따른 비과세 또는 과세면제 대상 사업장과 「부가가치세법 시행령」 제11조 제2항에 따라 등록된 사업자단위 과세 적용 사업장의 종된 사업장을 포함한다)으로서 인적 및 물적 설비를 갖추고 계속하여 사무 또는 사업이 행하여지는 장소를 말한다"고 규정하고 있습니다.

• 쟁점규정의 중과대상 적용 사무소 등의 범위가 개정(2014.1.1.)된 입법취지는 사실상 지점으로 이용하면서도 사업자등록을 하지 아니하여 중과세를 회피하는 사례를 차단하기 위한 목적에서 개선한 것으로,
　– 개정 전까지 사업자등록 없이 사실상 지점으로 사용하던 법인에 대해 중과세 제외 혜택을 부여하기 위한 것이라 볼 수 없는 점
• 쟁점규정은 중과세 요건을 강화한 것에 불과하고, 쟁점규정 시행 이후 과세대상 물건을 취득하여 납세의무가 성립한 것이므로 소급과세에 해당하지 않는 점 등을 종합해 볼 때,
• 쟁점규정 개정(2014.1.1.) 전부터 사업자 등록없이 지점의 실질적 요건을 유지해 왔다고 하더라도 개정 이후 5년 내 부동산을 취득한 이상 중과세 대상에 해당한다고 할 것임.

> ○ 지방세관계법 운영예규 지법13 – 4 【중과세 대상에 해당되는 지점】
> 1. 설립 후 5년이 경과된 법인이 임차하여 사용하던 본점을 이전하고 그 임차건물에 지점을 설치한 후 그 임차건물을 취득한 경우 취득세 중과대상에 해당된다.
> 2. 법인이 자연인으로부터 영업 일체를 양수하여 그 사업장 위에 지점을 설치한 후 종전과 동일한 사업을 영위하는 경우 그 지점과 관련한 부동산 취득은 취득세 중과대상에 해당된다.

> ○ 지방세관계법 운영예규 법13 – 5 【중과세 대상에 해당되지 않는 지점】
> 1. 본점 이외의 장소에서 경리, 인사, 연구, 연수, 재산관리업무 등 대외적인 거래와 직접적인 관련이 없는 내부적 업무만을 처리하고 있는 경우는 지점이 아닌 본점에 해당된다.
> 2. 공유 부동산을 분할함에 따른 취득은 중과세 대상에 해당되지 아니한다(당초 지분을 초과하는 부분은 제외).

> ○ 기존 지점을 이전하는 경우에도 지점 등의 설치에 해당하는지 여부
> 중과세 대상 법인이 대도시 내 부동산을 취득하여 신규로 등록대상 사업장을 개설한다면 중과세되는 것은 당연하겠지만, 기존의 임차건물에 존재하던 지점 사업장을 신축 취득한 부동산으로 이전하는 것이 새로운 지점 설치로 중과세 대상인지 아니면 기존 지점의 단순 이전으로 중과세 대상이 아닌지의 경우가 발생할 수 있다.
> 판례에서 지점 등의 이전 여부는 그 업무의 계속성·동일성을 하나의 판단 기준으로 보고 있는데(대법원 1990.9.28. 선고 90누127 판결 참조), 형식적으로는 기존의 지점을 이전하는 형식을 취하였지만 실질적으로는 새로운 영업소를 설치한 것이라면 '지점의 설치'에 해당한다고 보고 있다(대법원 2005.8.19. 선고 2004두7634 판결 등 다수).

5 중과세 과세표준 및 세율

중과세 적용 취득세 과세표준은 일반 취득세의 과세표준과 동일하기 때문에 문제가 되지 않는다. 취득세 중과세 세율은 「지방세법」 제13조 제2항에서 "제11조 제1항의 표준세율의 100분의 300에서 중과기준세율의 100분의 200을 뺀 세율을 적용한다."고 규정하고 있는데 계산식으로 풀어보면 다음과 같다.

○ 중과적용 세율 = (표준세율 × 3배) - (중과기준세율 × 2배)
• 부동산을 승계취득한 경우 중과세율 산출 예
  (표준세율 40/1,000 × 3) - (중과기준세율 20/1,000 × 2) = 80/1,000(중과세 세율)

위의 중과세율은 2011년 취득세 통·폐합 과정에서 통합 전·후 납세자의 총부담 수준을 동일하게 유지하도록 하기 위한 세율로서 표준세율의 3배에서 중과기준세율(2%)의 2배를 빼는 방식으로 중과세율을 산정하도록 규정하고 있다.

구분	세목	취득세 일반세율			세목	중과세 세율			비고
		본세	부가	계		본세	부가	계	
취·등록세 통합 전	舊 취득세	2%	0.2% (농특)	2.2%	舊 취득세	2%	0.2% (농특)	2.2%	
	舊 등록세	2%	0.4% (교육)	2.4%	舊 등록세	6%	1.2% (교육)	7.2%	3배
통합 후	現 취득세	4%	0.6%	4.6%	現 취득세	8%	1.4%	9.4%	

※ 매매 등 승계취득에 대한 표준세율로 예시한 것임.

만약, 「지방세법」 제13조 제1항의 본점 사업용 부동산과 같은 법 제13조 제2항의 지점 등의 설치에 따른 중과세 규정이 동시에 적용되는 경우가 발생하면 중과세율을 어떻게 적용해야 하는가? 이러한 경우 취득세 세율은 같은 법 제16조 제5항의 중복적용 배제에도 불구하고 본점 사업용 부동산에 대해 중과세하고, 지점 설치 등에 대한 취득세(舊 등록세) 부분도 중과세한다. 즉, 표준세율의 3배에 해당하는 중과세 세율을 적용하는 것이다.

또한, 대도시 내 중과세 요건을 갖춘 법인이 「지방세법」 제13조 제5항의 중과대상인 사치성재산을 취득한 경우의 중과세는 양쪽 모두의 중과세를 적용한다는 규정이다. 중과대상 법인이 대도시 내에서 사치성재산인 ① 고급주택을 취득하거나 또는 ② 고급오락장을 취득하는 경우 등이 해당되는데 승계취득으로 가정하여 중과세율을 계산해 보면, (4% × 3) + (2% × 2) = 16%의 세율이 산출된다.

6 **신고 · 납부 및 추징가능 기간**

취득 당시부터 과세물건이 중과대상인 경우에는 중과세율을 적용하여 취득일부터 60일 이내에 신고하여야 한다. 부동산등을 취득한 후에 그 과세물건이 중과세 대상이 되었을 때에는 그 중과사유 발생일로부터 60일 이내에 중과세율을 적용하여 산출한 세액에서 이미 납부한 세액(가산세는 제외한다)을 공제한 금액을 세액으로 하여 신고하고 납부하여야 한다(지법 제20조 제2항).

또한 부동산을 취득한 날부터 5년 이내에 중과세 대상이 되는 경우에 취득세를 추징하게 되는데, 부과제척 기간은 중과세 사유 발생일부터 신고 · 납부 기간 60일이 지난 다음 날부터 5년(무신고 시 7년)임에 유의하여야 한다.

> ○ 취득세 중과세 추징에 따른 납세의무 발생일과 가산세 부과일
>   (부동산세제과 – 1444, 2023.12.22.)
> 당초 납세의무가 성립할 때 중과세율을 적용받지 않았으나 후발적인 사유로 인해 중과세율 적용 대상이 된 경우에는 당초의 납세의무와는 별개의 납세의무가 성립한 것으로 보아야 하고, 이에 대해 신고납부하도록 규정된 경우에는 그 기한 내에 법령에 따라 신고납부하였는지로 가산세 부과 여부가 결정된다고 할 것임.
> 본 사안에 대해 살펴보면 A법인은 「주택법」 제4조에 따라 국토교통부에 등록된 주택건설사업자로서 대도시에서 주택건설용으로 쟁점 토지를 취득하여 중과세율을 적용받지 않았으나, 그 후 주택건설에 착공하지 않고 취득일부터 3년 이내에 매각하여 중과세율 적용 대상이 된 것을 확인할 수 있음.
> 따라서, 중과세율 적용에 대한 납세의무 성립일은 쟁점 토지를 매각한 날로 보아야 하고, 이에 따른 종류별 가산세는 매각일로부터 60일 이내에 법령에 따른 신고납부 의무를 제대로 이행하였는지를 기준으로 신고납부기한의 다음 날부터 부과할 수 있을 것으로 판단됨.

중과대상: 대도시에서 지점 등 설치 이전에 취득한 부동산

「지방세법」 제13조 제2항에 따른 중과세의 범위와 적용기준, 그 밖에 필요한 사항은 대통령령으로 위임하고 있는바, 「지방세법 시행령」 제27조에서 대도시 부동산 취득의 중과세 범위와 적용기준을 규정하고 있다.

「지방세법 시행령」 제27조 중 가장 중요한 사항은 부동산 취득에 대한 중과세 적용기간이 지점 등을 설치한 날을 기준으로 설치 이전 5년, 설치 이후 5년이라는 것이다. 따라서 대도시 밖의 법인이 대도시 내 부동산을 취득 후 5년 이내 대도시에 지점 등을 설치하거나 또는 지점 등의 설치 후 5년 이내에 부동산을 취득하면 중과세 대상이 되는 것이다.

이에 따라 「지방세법 시행령」 제27조 제3항에서 지점 등의 설치 이전과 이후를 구분하여, 설치 이전에 취득한 부동산은 직접 사용하기 위한 부동산 취득에 대해 중과세하고, 또한 설치 이후에 취득하는 부동산은 직접 사용 여부에 관계없이 '모든 부동산'에 대해 중과세한다고 규정하고 있다.

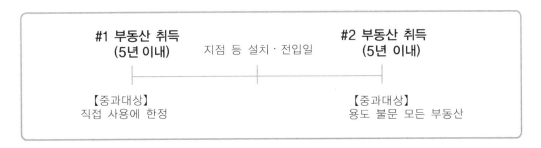

다음의 시행령 규정을 참고하여 이해를 높이고자 **Q2**, **Q3**으로 나누어 지점 등 설치 이전과 설치 이후로 구분하여 설명하고자 한다.

★

> 영 제27조(대도시 부동산 취득의 중과세 범위와 적용기준) ③ 법 제13조 제2항 제1호에 따른 대도시에서의 법인 설립, 지점·분사무소 설치 및 법인의 본점·주사무소·지점·분사무소의 대도시 전입에 따른 부동산 취득은 해당 법인 또는 행정안전부령으로 정하는 사무소 또는 사업장(이하 이 조에서 "사무소등"이라 한다)이 그 설립·설치·전입 이전에 법인의 본점·주사무소·지점 또는 분사무소의 용도로 직접 사용하기 위한 부동산 취득(채권을 보전하거나 행사할 목적으로 하는 부동산 취득은 제외한다. 이하 이 조에서 같다)으로 하고, 같은 호에 따른 그 설립·설치·전입 이후의 부동산 취득은 법인 또는 사무소등이 설립·설치·전입 이후 5년 이내에 하는 업무용·비업무용 또는 사업용·비사업용의 모든 부동산 취득으로 한다. 이 경우 부동산 취득에는 공장의 신·증설, 공장의 승계취득, 해당 대도시에서의 공장 이전 및 공장의 업종변경에 따르는 부동산 취득을 포함한다.

1 「지방세법 시행령」 제27조 제3항의 의미 구분(중과세의 범위)

위에서 보는 바와 같이 「지방세법 시행령」 제27조 제3항은 대도시에서 '본점·지점 등의 설립·설치·전입' 이전에 부동산을 취득하는 경우(이하 '전단 규정'이라 통칭)와 지점 등의 설치 이후 5년 이내에 부동산을 취득하는 경우(이하 '후단 규정'이라 통칭)로 구분할 수 있다.

전단 규정에서 보면 법인 또는 행정안전부령으로 정하는 사무소 또는 사업장(이하 '지점 등'이라 함)이 그 설립·설치·전입 이전에 법인의 본점·주사무소·지점 또는 분사무소의 용도로 직접 사용할 목적으로 부동산을 취득하는 경우에 한하여 취득세 중과대상이다. 여기에는 법인이 본점·지점 등의 사무실 용도로 직접 사용하기 위하여 취득하는 부동산뿐만 아니라 법인이 인적·물적 설비를 갖추어 본점의 '사업활동 장소'로 사용하기 위하여 취득하는 부동산도 포함된다(대법원 2014.4.10. 선고 2012두20984 판결 참조).

또한 후단 규정의 경우에는 법인 또는 지점 등이 설립·설치·전입 이후 5년 이내에 부동산을 취득하였다는 요건만 갖추면 그 용도를 불문하고 취득세 중과대상으로 하도록 규정하고 있다(대법원 2015.10.29. 선고 2015두36669 판결 참조).

본 **Q2**의 주제는 대도시에서 부동산의 취득이 먼저 있고 지점 등의 설치가 뒤따르는 '전단 규정'의 중과세에 대한 내용임을 유의해야 한다.

2 부동산 취득 후 지점 등의 설치

대도시에서 부동산의 취득은 지점 등의 설치 이전 부동산 취득이 전제가 되는데, 법인이 설립 이전에 부동산을 취득하는 경우는 현실적으로 불가능하다. 따라서 대도시 밖에 소재하고 있는 법인이 대도시 내 부동산을 취득한 후 본점 또는 지점의 전입·이전, 지점 또는 분사무소를 설치하는 형태가 주로 나타난다.

지점 등의 설치에 따른 부동산 취득의 시기와 관련하여 소유권이전등기가 지점 설치 후에 경료되었더라도 지점 설치 이전에 매매대금정산이 이루어졌다면 지점 설치 전에 취득한 것으로 보고 있으므로(대법원 1993.7.16. 선고 92누15628 판결 참조) 지점 등의 설치 이전의 취득인지 이후의 취득인지 판단에 참고한다.

지점의 정의 등에 관하여는 앞에서 간단히 설명했듯이, 실무에서는 새로운 사업장의 설치만을 지점 설치로 볼 것인지 아니면 기존 지점의 이전도 중과세가 되는 지점 등의 설치인지 여부가 주요 분쟁의 대상이 되고 있다.

중과세 대상 법인이 대도시 내 부동산을 취득하여 신규로 등록대상 사업장을 개설한다면 중과세되는 것은 당연하겠지만, 기존의 임차건물에 존재하던 지점 사업장을 신축 취득한 부동산으로 이전하는 것이 새로운 지점 설치로 중과세 대상인지 아니면 기존 지점의 단순 이전으로 중과세 대상이 아닌지의 경우가 발생할 수 있다.

판례에서 지점 등의 이전 여부는 그 업무의 계속성·동일성을 하나의 판단 기준으로 보고 있는데(대법원 1990.9.28. 선고 90누127 판결 참조), 형식적으로는 기존의 지점을 이전하는 형식을 취하였지만 실질적으로는 새로운 영업소를 설치한 것이라면 '지점의 설치'에 해당한다고 보고 있다(대법원 2005.8.19. 선고 2004두7634 판결 등 다수).

3 부동산 취득 후 지점 등의 전입

법인이 대도시 부동산을 취득 후 본점 또는 지점 등이 전입하여 당해 부동산을 본점 또는 지점의 용도로 직접 사용[47]하면 중과세가 되는 경우로서, 법인의 본점 또는 지점 등이 ① 과밀억제권역 외 지역에서 과밀억제권역 내(산업단지 제외)로의 전입, ② 서울특별시를 제외한 과밀억제권역에서 서울특별시(산업단지 제외)로의 전입, ③ 서울특별시 내 산업단지 안에서 서울특별시 내의 산업단지 밖으로의 이전 등의 형태로 나타난다.

중과세 대상은 '사실상 전입한 날'을 기준으로 전입일 전 5년 이내 취득한 부동산(채권보전용 부동산 제외)이 되겠는데, 여기서 '사실상 전입(이전)'이 무엇을 의미하는지가 문제가 된다. 사실상 본점이라 함은 법인의 중추적 업무가 이루어지는 장소를 말하는데, 본점은 2개 이상이 될 수 없으므로 2014.1.1.부터는 대도시로 전입한 사무소 등이 본점이나 사실상 본점이 아닌 경우는 '등록 대상 사업장'인 지점으로 분류될 것이므로 직접 사용하는 경우 중과세를 피하기 어려울 것이다.

판례도 본점의 전입등기는 이루어지지 아니하였지만 실질적으로 대도시 외에서 대도시(서울시) 내로 본점을 전입한 법인이 그 전입과 관련하여 취득한 부동산등기도 포함한다고 보아, 법인의 직원 중 21명은 등기부상 본점 소재지인 용인에서 근무하고 나머지 219명은 대도시 건물에서 근무하고 있으며, 용인에는 부서 중 총무부만 있고 대외활동과 관련한 부서 사무실은 모두 위 대도시 건물에 있는 점을 비추어, 위 건물에 설치된 법인의 사무소로 실질적인 본점 전입이 이루어진 것으로 보아야 한다고 판시함으로써 본점의 전입 여부는 실질적인 본점의 이전이 있었는지 여부에 따라 판단하고 있다(대법원 2006.6.15. 선고 2006두2503 판결 참조). 실질적인 법인 전입 여부에 대해서는 사실판단의 문제이므로 조세심판 등의 과정에서 신용카드 사용장소, 직원 명함, 전화·팩스번호, 통신요금·전기료, 고속도로 통행료 등 다양한 방법의 입증이 필요한 경우가 많은 실정이다.

---

47) 2009.5.21. 개정 시행령부터 중과세 대상을 '직접 사용'인 경우로 한정했는데, 그 이전은 '일체의 부동산'으로 규정했음.

현행 지방세법 시행령 제27조 제3항은 2010.9.20. 지방세법이 지방세법과 지방세기본법으로 분법되어 2011.1.1.부터 시행[48]되면서 몇 차례 일부 개정과정을 거쳤는데, 그 이전에는 지방세법 시행령 제102조 제3항의 규정이다.

2009.5.21. 개정 전 구 시행령에서는 지점 등의 설치 이전에 취득하는 부동산이나 설치 이후에 취득하는 부동산 모두 '일체의 부동산'이라는 문구를 사용함으로써 해석이 모호하였다. 이에 대법원에서는 '지점 등의 설치 이전에 취득하는 부동산'에 대하여 설치하는 지점 등과 '관련성'이 있어야 중과대상이라고 판단하였던바, 관련성(견련성)이란 취득하는 부동산이 지점의 용도로 직접 사용할 목적이 있는 것을 의미하였다. 이후 행정안전부에서는 구 시행령을 개정(2009.5.21.)하여 '지점 등의 설치에 따른 부동산등기'라 함은 당해 법인 또는 지점 등이 그 설립·설치·전입 이전에 법인의 본점·주사무소·지점 또는 분사무소의 용도로 직접 사용하기 위하여 취득하는 부동산등기로 하고, 지점 등의 설치 이후의 부동산 등기는 5년 이내에 취득하는 업무용·비업무용 또는 사업용·비사업용을 불문한 일체의 부동산등기라고 개정하여 지점 설치를 전후로 한 부동산 취득으로 문구를 좀 더 명확히 한 것이다.

이후 2010.9.20. 개정된 시행령 제27조 제3항은 '부동산등기'를 '부동산 취득'으로, 후단 규정의 '일체의 부동산'은 '모든 부동산'으로 개정하여 과세기준을 좀 더 명확히 하였다.

> ○ 지점 등 용도로 직접 사용하기 위한 것이 아닌 건물 매도를 위한 취득이므로 취득세 중
>   과세 대상이 아니라는 주장에 대한 판단 (대법원 2024.9.12. 선고 2024두43560 판결)
>   원고는 이 사건 건물 취득 후 대규모점포 개설등록 승인 및 사업자등록을 한 후 유통시설
>   로 운영한 바, 위 건물은 사업장 설치 이전에 지점 등의 용도로 직접 사용하기 위한 부동산
>   에 해당함. 원고가 건물을 B은행에 매각하여 소유권이전등기가 마쳐졌다고 하더라도, 원고
>   에 의한 쇼핑센터 개점을 예정하고 있었고, 'A아울렛 ○○점'으로 예정하고 있었으며, 임시
>   사용이후 매각할 때까지 지점 등의 용도로 직접 사용한 이상 단순히 건물 매도를 위한 취
>   득이라고 볼 수는 없음.

---

48) 이 무렵 취득세와 부동산등록세도 취득세로 통합되었음(법률 제10221호, 2011.1.1. 시행).

○ 지점 설치와 관련 없이 부동산을 취득하였다가 그 후 해당 부동산을 법인의 지점으로 사용하게 된 경우까지 포함하는 것은 아님 (조심 2013지0439, 2013.11.21. 인용)

지점의 용도로 직접 사용하기 위한 부동산 취득이라 함은 부동산의 취득과 그 후 지점 설치 사이에 관련성을 인정할 수 있는 경우를 말한다고 할 것이고, 지점 설치와 관련 없이 부동산을 취득하였다가 그 후 해당 부동산을 법인의 지점으로 사용하게 된 경우까지 포함하는 것은 아니라고 할 것이다.

청구법인의 경우를 보면, 청구법인은 부동산 매매, 분양, 임대사업 등을 목적으로 하여 1998.9.21. 설립된 법인으로서 부동산업을 주로 영위하고 있으며, 비록 청구법인이 쟁점부동산을 취득한 후 그 스크린골프장 시설에 대하여 2011.3.21. 대표자를 박○○에서 청구법인으로 변경하는 내용의 체육시설업 변경신고를 하고, 2011.4.7. 쟁점부동산에 ○○○지점을 설치하는 것으로 법인등기부 변경등기를 하였으며, 법인등기부상 목적사업에 "스크린골프장 운영업"을 추가하고, 업종을 서비스업(스크린골프장)으로 하여 사업자등록을 한 것으로 나타나나,

청구법인이 제출한 ○○○공인중개사 대표 박○○의 「확인서」, ○○○공인중개사 정경분의 「확인서」 및 「중개물건접수대장」, 종업원 강○○의 「확인서」에 의하면 청구법인은 쟁점부동산 취득 직후 곧바로 인근 중개사무소에 매각 또는 임대를 의뢰하여 쟁점부동산을 매매 또는 임대하려고 노력한 것으로 보여지고, 따라서 청구법인은 위 목적사업에 따라 임대 또는 매각을 통한 투자수익을 얻기 위하여 쟁점부동산을 취득한 것으로 보여지는 점,

청구법인은 쟁점부동산을 임대하기 전까지 별도의 투자 없이 기존 임차인으로부터 승계한 물적 설비 및 인원(1명)만 이용을 하였던 점에 비추어 일시적으로 쟁점부동산을 스크린골프장으로 운영한 것으로 볼 수 있는 점,

「임대차계약서(2012.10.17.)」, 2012.11.13. 발행된 청구법인의 「등기사항전부증명서」에 의하면, 청구법인은 2012.10.17. 쟁점부동산을 김○○에게 임대하고, 2012.10.18. 쟁점부동산에 설치하였던 ○○○지점을 폐지하는 지점폐지등기를 한 것으로 나타나는 점 등에 비추어 볼 때,

이는 지점 설치와 관련 없이 쟁점부동산을 취득한 경우로서 지점의 용도로 직접 사용하기 위한 부동산의 취득으로 보기는 어려운 것으로 판단된다.

○ 부동산 취득과 지점 설치 사이에는 관련성이 없음

(서울고등법원 2012.7.26. 선고 2012누906 판결. 인용, 확정)

• 의류제조 및 도소매업, 부동산 임대업 등을 하는 원고 법인이 서울 강남구 신사동에 소재한 이 사건 토지 및 건물을 취득하고 일반세율을 적용하여 산출한 등록세 등을 신고·납부한 후, 이 사건 건물 지하(이하 '쟁점부동산')에 카페를 설치한 후 원고의 지점으로 등기한 후, 상호를 ○○카페로, 업태를 음식으로, 종목을 카페로 한 사업자등록하였고, 이에 피고는 원고에게 이 사건 토지 및 건물에 대한 원고 명의의 부동산등기가 구 지방세법 제138조 제1항 제3호에 의하여 대도시 내에서의 법인의 지점 설치에 따른 부동산등기에 해당하여 등록세 중과세에 해당한다는 이유로, 이 사건 건물 및 토지의 취득가액을 쟁점부동산의 면적이 이 사건 건물 및 토지의 전체 면적에서 차지하는 비율로 안분하여 산출한 금액을 과세표준으로 하여 구 지방세법 제138소 제1항의 중과세율을 적용하여 부과처분함.

• 원고는 2007.6.19. 홍○○로부터 이 사건 토지 및 건물을 매수하여 2007.11.27. 이 사건 건물로 본점을 이전한 후 이 사건 건물의 2층 전체와 3층 일부, 5층 일부를 사옥으로 사용하고 나머지 부분(지하층 및 1층 전체, 3층 일부, 4층 전체, 5층 일부)은 임대한 사실, 그 후 쟁점부동산은 임대차 계약기간이 종료하여 임차인이 퇴거하는 등으로 2008.2.18. 이후 공실의 상태이었는데, 원고는 젊은 층의 이동이 많은 지역적 특성을 살려 이 사건 건물에서 카페 겸 레스토랑을 운영해 보자는 임원의 건의에 따라 이 사건 토지 및 건물의 매수 당시 계획에 없던 카페를 설치하여 운영하기로 하고 2008.6.경부터 공사에 착수하여 쟁점부동산에 카페를 설치한 사실, 이에 따라 원고는 2008.10.24. 원고의 목적사업에 주류, 음식, 커피 판매업을 추가하고, 2008.12.8. 위 카페에 관한 지점 등기를, 2008.11. 6. 위 카페에 관한 사업자등록을 마침.

• 위 카페를 설치하게 된 경위 및 시점에 비추어 볼 때, 원고가 이 사건 토지 및 건물을 취득할 당시 이 사건 건물을 원고의 본점으로 사용함과 동시에 그곳에 장래 지점을 설치할 의사가 있었다고 보기 어렵고, 달리 이를 인정할 증거가 없으며, 오히려 원고는 본점을 이전할 목적으로 이 사건 토지 및 건물을 취득하여 본점을 이전하고 나머지 부분은 임대용으로 사용하다가 위와 같은 경위로 이 사건 건물에 위 카페에 관한 지점을 설치하게 된 것에 불과하므로, 이 사건 토지 및 건물에 관한 부동산등기가 위 지점의 설치와 관련성이 있다고 보기 어려우므로 피고의 등록세 등의 중과세 처분은 위법함(서울행정법원 2011.12.1. 선고 2011구합19703 판결).

- ○ '일체의 부동산등기'의 의미와 취득한 부동산과 지점 설치 사이의 '관련성' 유무
  (대법원 2001.4.10. 선고 99두1618 판결. 인용)

- • "법인의 설립과 지점 또는 분사무소의 설치 및 대도시 내로의 법인의 본점·주사무소·지점 또는 분사무소의 전입에 따른 부동산등기"라 함은 당해 법인 또는 지점 등이 그 설립·설치·전입 이전에 취득하는 일체의 부동산등기를 말한다고 규정하는바, 여기서 말하는 일체의 부동산등기라 함은 반드시 그 부동산의 전부가 법인 또는 지점 등의 업무에 사용되어야 한다거나 취득 당시 그 부동산의 전부를 법인의 본점 또는 지점 등으로 사용할 의사가 있어야만 하는 것은 아니라고 하더라도, 법인 또는 지점 등이 그 설립·설치·전입과 관련 없이 취득한 부동산을 그 후에 법인의 본점 또는 지점 등으로 사용하게 된 경우의 부동산등기까지 포함하는 것은 아니다.

- • 법인이 부동산을 분양 목적으로 취득하였으나 그중 목욕장 부분을 분양할 수 없게 되자 그 목욕장시설을 유지하기 위하여 다른 사람에게 분양할 때까지 한시적으로 목욕장에서 목욕장업을 운영하고자 지점을 설치한 경우, 부동산의 취득과 지점의 설치 사이에 관련성을 인정할 수 없으므로 그 부동산에 관한 등기는 구 지방세법상 등록세 중과대상인 지점 설치에 따른 부동산등기에 해당하지 않는다.

- ○ 쟁점부동산을 대도시에 지점을 설치하기 이전에 지점으로 직접 사용하기 위하여 취득한 것으로 볼 수 있는지 여부 (조심 2022지0147, 2022.10.27.) → 취소

처분청은 청구법인이 이 건 부동산을 취득한 후 5년 이내에 쟁점부동산에 지점을 설치한 것이라는 의견이나, 청구법인의 경우 부동산 임대사업과 휴게음식점을 하는 법인으로 부동산 임대사업장인 이 건 부동산의 일부인 쟁점부동산에서 휴게음식점을 운영하고 있고, 쟁점부동산 이외의 공간은 모두 임대하고 있는바, 청구법인은 이 건 부동산에 본점 외에 별도의 지점 등기를 하고 있지 않고, 처분청이 쟁점부동산을 지점이라고 주장하고 있으면서도, 청구법인의 본점의 위치를 특정하지 못하고 있는 점, 청구법인은 이 건 부동산 중 쟁점부동산만을 사업장으로 직접 사용하고 있는바, 청구법인의 모든 사업이 쟁점부동산에서 이루어지고 있어 쟁점부동산을 지점의 용도로 사용하고 있다고 보기가 어려운 점 등에 비추어 청구법인이 쟁점부동산에 지점을 설치한 것으로 보기는 어려우므로 처분청이 청구법인에게 이 건 취득세 등을 부과한 처분은 잘못이 있는 것으로 판단된다.

중과대상: 대도시에서 지점 등 설치 이후에 취득한 부동산

「지방세법」 제13조 제2항 및 「지방세법 시행령」 제27조 제3항의 '전단 규정'에 이어 이번 주제는 대도시에서 지점 등의 설치 이후 부동산을 취득하는 경우인 '후단 규정'에 대해 알아본다.

★

> 영 제27조(대도시 부동산 취득의 중과세 범위와 적용기준) ③ 법 제13조 제2항 제1호에 따른 대도시에서의 법인 설립, 지점·분사무소 설치 및 법인의 본점·주사무소·지점·분사무소의 대도시 전입에 따른 부동산 취득은 해당 법인 또는 행정안전부령으로 정하는 사무소 또는 사업장(이하 이 조에서 "사무소등"이라 한다)이 그 설립·설치·전입 이전에 법인의 본점·주사무소·지점 또는 분사무소의 용도로 직접 사용하기 위한 부동산 취득(채권을 보전하거나 행사할 목적으로 하는 부동산 취득은 제외한다. 이하 이 조에서 같다)으로 하고, 같은 호에 따른 그 설립·설치·전입 이후의 부동산 취득은 법인 또는 사무소등이 설립·설치·전입 이후 5년 이내에 하는 업무용·비업무용 또는 사업용·비사업용의 모든 부동산 취득으로 한다.
> 이 경우 부동산 취득에는 공장의 신·증설, 공장의 승계취득, 해당 대도시에서의 공장 이전 및 공장의 업종변경에 따르는 부동산 취득을 포함한다.

1 설립·설치·전입 이후 5년 이내 취득하는 부동산

대도시 내 법인 설립·지점 설치 및 대도시 내로의 전입 후 5년 이내 대도시 내 부동산을 취득할 경우에는 그 용도와 상관없이 모든 부동산에 대해서 중과세된다. 임대용도 등으로 본점이나 지점 사무소 용도로 사용하지 않는 부동산이더라도 중과대상이 되는 것이다.

즉, 법인이 대도시 내에서 지점 등의 설치 이후 5년 이내에 취득하는 업무용·비업무용 또는 사업용·비사업용을 불문한 '모든 부동산' 취득은 중과세 대상이 되고, 취득한 부동산의 일부만을 지점이 사용하고 나머지 부분은 임대 등으로 지점 등의 영업을 위하여 사용하지 않는다고 하더라도 그 전체의 부동산에 대해 중과세된다. 다만, 다수의 지점과 관계된 부동산이거나 본점과 지점에 동시에 관계된 부동산의 경우 5년이 경과한 본점 또는 지점에 해당하는 부분은 중과대상에 해당하지 않는다.

한편, 위 중과대상 부동산 취득에는 공장의 신·증설, 공장의 승계취득, 해당 대도시에서의 공장 이전 및 공장의 업종변경 등에 따른 부동산 취득도 포함된다(지령 제27조 제3항).

2 '모든 부동산'의 의미

「지방세법 시행령」 제27조 제3항의 후단 규정은 법인이 대도시에서 지점 등을 설치하고 5년 이내 부동산을 취득하는 경우 '모든 부동산(종전 일체의 부동산)'에 대해 중과세하게 된다.

> ○ '모든 부동산'의 의미 (대법원 2006.4.27. 선고 2003두7620 판결)
> '일체의 부동산등기'라 함은 당해 법인(본점) 또는 당해 지점 등과 관계되어 그 설립·설치·전입 이후 5년 이내에 취득하는 일체의 부동산등기를 의미하는 것이므로, 그 부동산의 전부가 당해 법인(본점) 또는 당해 지점 등에 사용되어야 하는 것은 아니라 하더라도 다른 지점 등과 관계되어 취득한 부동산의 등기까지 포함하는 것은 아니라 할 것이다.
> 원심은 같은 취지에서, 이 사건 토지의 등기는 일산지점을 기준으로 할 경우에는 원고 법인이 지점 설치 이후 5년 이내에 취득하는 부동산등기로서 중과세 대상에 해당되고, 원고 법인(본점)을 기준으로 할 경우에는 법인 설립 이후 5년이 경과하여 취득하는 부동산등기로서 중과세 대상에서 제외될 것인데, 이 사건 토지는 원고 법인(본점)과 일산지점 모두에 관계되어 취득한 것이므로 그 중과대상은 이 사건 토지의 등기 중 일산지점이 관계되는 부분에 한정된다고 판단하였는바, 원심의 이러한 판단은 옳고…
>
> ※ 지점 설치 후 5년 이내에 취득하는 모든 부동산은 중과대상이나, 기존의 5년이 경과한 지점에 관계되는 부분은 중과대상이 아니라는 판결임.

○ 종전의 회사를 흡수합병하면서 그 지점을 소속만 합병회사의 지점으로 바꾸어 유지·존속한 것이 구 지방세법 제138조 제1항 제3호 후단에서 규정하는 대도시 내에서의 지점 설치에 해당하여 그 이후 5년 이내에 한 부동산 취득등기가 등록세 중과대상이 된다고 한 사례 (대법원 2004.9.3. 선고 2003두6566 판결)

원고가 이 사건 토지의 취득에 따른 등기를 한 것이 위 지점 설치일로부터 5년 이내인 사실은 앞서 본 바와 같으므로(만일 원고의 주장처럼 합병회사인 ○○○의 지점 설치일을 피합병회사인 ○○○의 지점 설치일로 소급하여 볼 경우 합병 이후 합병회사인 ○○○가 취득하는 부동산은 모두 등록세 중과세 대상에서 제외될 것인바, 이는 대도시 내로의 인구유입에 따른 인구팽창을 막고 인구분산을 기하고자 하는 위 지방세법 규정의 입법취지에 부합하지 않는 것이므로, 이러한 점에서도 흡수합병의 경우 합병법인의 지점 설치일을 피합병법인이 지점 설치일로 소급하여 인정해서는 안될 것이다). 이 사건 토지의 취득에 따른 등기에 대하여 「지방세법」 제138조에 의해 중과세율을 적용하여 부과한 이 사건 처분은 적법하다 할 것이다(하급심 − 인천지방법원 2002.6.11. 선고 2001구284 판결).

○ 본점을 대도시로 전입 후 대물변제로 취득한 부동산에 중과세하자 채권보전용 부동산이라고 주장했으나 기각된 사례 (조심 2005 – 0251, 2005.7.5.)

건축주로부터 건축대금을 지급받지 못해 대물변제로 취득한 부동산은 매매과정에서 지급해야 할 대금 중 일부를 공사대금 채권 변제를 실현했다고 보는 것이 타당하므로, 채권 보전 목적으로 취득했다기보다 주택사업을 위해 취득한 것으로 부동산에 대한 등기를 대도시 내로의 법인의 본점 전입에 따른 부동산등기로 보아 등록세 등을 중과세한 처분은 정당하다.

대도시 내로의 사실상의 법인 전입에 따른 중과세

1 사실상의 본점 전입

법인의 본점·주사무소·지점 또는 분사무소를 대도시 밖에서 대도시로 전입함에 따라 대도시의 부동산을 취득하는 경우 중과대상이다. 대도시에는 산업단지가 제외되지만 수도권의 서울특별시 외의 지역에서 서울특별시로의 전입도 대도시로의 전입으로 본다. 따라서 대도시로의 법인 전입은 ① 과밀억제권역 외 지역에서 과밀억제권역 내(산업단지 제외)로의 전입, ② 서울특별시를 제외한 과밀억제권역에서 서울특별시(산업단지 제외)로의 전입, ③ 서울특별시 내 산업단지 안에서 서울특별시 내의 산업단지 밖으로의 이전 등의 3가지 형태로 나타나게 된다.

2 적용 사례

대법원은 사실상 본점 이전으로 본 사례로서 대도시 내 설립한지 5년이 경과한 후 부동산을 취득하였는지, 실질적인 본점이 그 이전에 대도시에 있었는지 여부 등이 쟁점인 사안에서 ① 중추적인 의사결정이 이루어진 장소, ② 총무, 재무, 회계 등 주된 업무와 전반적인 사업이 수행된 곳을 본점의 판단요건으로 보았다(처분청 패소, 대법원 2017.12.21.선고 2017두 63795 판결).

한편, 조세심판원에서는 부동산 취득 전 쟁점사업장의 임대차계약 체결 여부, 쟁점사업장에 종업원을 두고 사무를 수행하였다는 증빙으로 전력사용량과 전화 등 가입내역, 고용광고문, 사무기기 임차내역 등 증빙을 참고하여 결정한바 있다(조심 2019지1778, 2019.8.20. 등).

○ 본점의 실제 대도시 이전일을 기준으로 할 경우 과밀억제권역 내 중과대상이 아니라는 청구주장의 당부 (조심 2021지2784, 2022.12.14.) → 기각

청구법인의 법인등기부 및 사업자등록증상 본점의 소재지는 ○○○로 되어 있는바, 통상적으로 법인등기부 및 사업자등록증상 본점의 소재지에서 법인의 사업 활동이 이루어진다고 보는 것이 경험칙에 부합할 것인 점, 청구법인은 법인 사업장 소재지에서 납부하여야 하는 등록면허세(면허), 법인지방소득세, 지방소득세(특별징수) 등의 모든 지방세를 ○○○ 관할 지방자치단체에 납부한 것으로 나타나는 점, 이와 달리 청구법인이 실제로는 ○○○에 본점을 두었다는 사실은 청구법인이 입증하여야 할 것인바, 본점을 ○○○로 변경한 정관이나 기획, 재무, 총무 등 법인의 전반적인 사업이 ○○○에서 이루어졌음을 인정할만한 내부 결재문서 또는 외부 발송문서 등의 객관적이고 구체적인 증빙의 제시는 없는 점, 청구법인은 교육업무가 청구법인의 주요 영업형태이고 ○○○로 이전한 후 그 매출이 증가한 사실을 근거로 드나 교육업무 자체가 본점의 필수적인 기능이라고 보기는 어렵고 청구법인이 제출한 증빙만으로는 ○○○가 본점 기능을 수행하였다고 인정하기에는 충분하다고 할 수 없는 점 등에 비추어 청구주장을 받아들이기는 어려우므로, 처분청이 청구법인의 경정청구를 거부한 데에는 달리 잘못이 없다고 판단된다.

○ 사실상 본점 전입에 대한 중과세 (대법원 2006.6.15. 선고 2006두2503 판결)

등록세 중과세 대상이 되는 대도시 내로의 법인의 본점 전입에 따른 부동산등기에는 본점의 전입등기는 이루어지지 아니하였지만 실질적으로 대도시 외에서 대도시 내로 본점을 전입한 법인이 그 전입과 관련하여 취득한 부동산등기도 포함한다고 보아, 법인의 직원 중 21명은 등기부상 본점 소재지인 용인에서 근무하고 나머지 219명은 대도시 건물에서 근무하고 있으며, 용인에는 부서 중 총무부만 있고 대외활동과 관련한 부서 사무실은 모두 위 대도시 건물에 있는 점을 비추어, 위 건물에 설치된 법인의 사무소로 실질적인 본점 전입이 이루어진 것으로 보아야 한다.

○ 대도시내로 사실상 전입한 법인이 취득한 부동산의 취득세 중과대상 여부
   (지방세운영과-2409, 2018.10.15.)

법인등기부등본상의 본점소재지를 대도시 외 지역으로 하여 법인을 설립한 이후 본점을 사실상 대도시 내 지역으로 전입하였다면 사실상 본점 전입일부터 5년 이내에 대도시 내에서 취득하는 모든 업무용·비업무용 또는 사업용·비사업용 부동산은 취득세 중과대상이라 할 것임.

○ 대도시 내 지역으로 본점을 이전한 후 5년 이내에 토지를 취득한 것으로 보아 중과세
  세율을 적용할 수 있는지 여부 (조심 2016지0527, 2017.8.7.)

청구법인의 본점 소재지가 경기도 ○○시로 법인등기부상에 나타나는 점, ○○본점에서 이사회 및 주주총회를 개최하여 쟁점토지를 취득하기 위한 대출(○○○억 원) 실행 등 중요 의사결정을 한 것으로 보이는 점, 처분청은 단순히 조사시점의 현황을 근거로 하여 청구법인 설립시점부터 쟁점토지를 취득하는 시점까지 대도시 내 사무소를 청구법인의 본점으로 사용하였을 것이라고 예단하였으나 처분청의 의견을 뒷받침할 만한 핵심증빙을 제시한 것으로 보기 어려운 점 등에 비추어 청구법인이 대도시 내로 본점을 이전한 후 쟁점토지를 취득한 것으로 보아 중과세율을 적용하여 이 건 취득세 등을 부과한 처분은 잘못이 있는 것으로 판단됨.

○ 대도시 내로 사실상 본점을 전입한 후 5년 이내에 취득한 부동산으로 보아 취득세를
  중과세한 처분이 적법한지 여부 (조심 2019지1778, 2019.8.20.)

청구법인이 이 건 부동산을 취득하기 이전인 2015.3.26. 쟁점사업장에 대한 임대차계약을 체결하고, 쟁점사업장에 종업원을 두고 사무를 수행하였다는 증빙이 임대차계약서, 전화 등 가입내역, 고용광고문, 사무기기 임차내역 등 여러 증빙에서 청구법인이 쟁점부동산으로 사실상 본점을 (대도시로) 이전하였다가 이 건 건축물을 완공(2016.10.10.)한 이후인 2017.1.19.에 다시 본점을 경기도 안산시로 이전하였다고 보는 것이 타당해 보이므로 처분청이 이 건 취득세 등을 부과한 처분은 잘못이 없다고 판단됨.

법인의 설립에는 휴면법인을 인수하는 경우도 포함된다

1 취 지

「지방세법」 제13조 제2항에서는 대도시에서 법인을 설립하여 부동산을 취득할 때 취득세를 중과세하게 되는데, 그 제1호에서 '휴면(休眠)법인'을 인수하는 경우도 포함한다고 규정하고 있다.

휴면법인의 인수는 법인 설립에 해당한다고 보는 것인데, 이때 휴면법인은 ㉮ 해산법인, ㉯ 해산간주법인, ㉰ 폐업법인, ㉱ 인수일 이전 1년 이내에 계속등기나 사업자등록을 한 해산·해산간주·폐업법인, ㉲ 인수일 이전 2년 이상 사업 실적이 없고, 인수일 전후 1년 이내에 인수법인 임원의 50% 이상을 교체한 법인인 경우로서 휴면법인의 과점주주가 최초로 된 때 인수한 것으로 본다.

위 규정은 2010.1.1.부터 시행되었는데, 그 이전에는 부동산 임대 또는 개발 등을 위한 사업시행자가 대도시에서 법인 설립에 따른 부동산 등록세 중과를 피하기 위해 휴면법인을 인수하여 부동산을 취득하고 일반세율로 취·등록세를 신고하는 것이 관례였었다. 그러나 2005년경 서울시 세무조사팀이 휴면법인을 인수하여 부동산을 취득한 법인을 일제 조사하여 2006년 5월경 등록세를 중과 추징하게 되었다.

이에 대해 대법원(2009.4.9. 선고 2007두26629 판결)에서는 "설립등기를 마친 후 폐업을 하여 사업실적이 없는 상태인 법인의 주식 전부를 제3자가 매수한 다음 법인의 임원, 자본, 상호,

목적사업 등을 변경하였다 하여 이를 위 조항이 규정하는 '법인의 설립'에 해당한다고 볼수는 없고, 설령 그러한 행위가 등록세 등의 중과를 회피하기 위한 것으로서 이를 규제할필요가 있다 하더라도 그와 같은 행위의 효력을 부인하는 개별적이고 구체적인 법률 규정을 두고 있지 않은 조세법하에서 그 행위가 위 조항의 '법인의 설립'에 해당한다고 보아 등록세를 중과하는 것은 조세 법규를 합리적 이유 없이 확장 또는 유추 해석하는 것으로서허용될 수 없다."고 판결하였다. 조세회피목적으로 휴면법인을 인수하여 부동산을 취득한납세자가 승소하자 정부는 지방세법을 보완 개정하여 휴면법인에 대한 중과규정이 신설된것이다.

2 휴면법인의 정의

휴면법인의 정의에 대해서는 「지방세법 시행령」 제27조에서 규정하고 있는데, 휴면법인을 인수하여 법인을 설립한 경우라고 하더라도 휴면법인의 인수는 과점주주가 된 때 이루어진 것으로 본다고 규정하고 있다(지령 제27조 제2항).

★
휴면법인의 정의 시행령 규정
제27조(대도시 부동산 취득의 중과세 범위와 적용기준) ① 법 제13조 제2항 제1호에서 "대통령령으로 정하는 휴면(休眠)법인"이란 다음 각 호의 어느 하나에 해당하는 법인을 말한다. (개정 2013.6.28.)
　　1.「상법」에 따라 해산한 법인(이하 "해산법인"이라 한다)
　　2.「상법」에 따라 해산한 것으로 보는 법인(이하 "해산간주법인"이라 한다)
　　3.「부가가치세법 시행령」제13조에 따라 폐업한 법인(이하 "폐업법인"이라 한다)
　　4. 법인 인수일 이전 1년 이내에 「상법」제229조, 제285조, 제521조의2 및 제611조에 따른 계속등기를 한 해산법인 또는 해산간주법인
　　5. 법인 인수일 이전 1년 이내에 다시 사업자등록을 한 폐업법인
　　6. 법인 인수일 이전 2년 이상 사업 실적이 없고, 인수일 전후 1년 이내에 인수법인 임원의 100분의 50 이상을 교체한 법인
　　② 법 제13조 제2항 제1호에 따른 휴면법인의 인수는 제1항 각 호의 어느 하나에 해당하는 법인에서 최초로 그 법인의 과점주주가 된 때 이루어진 것으로 본다.

결국, 대도시 안에서 휴면법인을 인수하여 부동산을 취득했을 때 중과세가 되는 경우란, 당해 휴면법인을 인수하여 과점주주가 된 상태에서 인수일부터 5년 이내 부동산을 취득하는 경우라 할 것인데, 만약 휴면법인을 인수하기 전에 부동산부터 취득하고 이후 과점주주가 된 경우라면 부동산을 취득할 때 일반세율로 취득세를 납부하고 이후 과점주주 취득세 납부, 법인설립에 따른 취득세 중과세율 추가 납세의무가 발생한다.

지방세 실무에서는 「지방세법 시행령」 제27조 제1항 제6호와 관련 '사업실적'이 있었는지 유무가 주요 쟁점이 되고 있으니, 아래 사례를 참고하여 판단하면 도움이 될 것이다.

○ 과밀억제권역 안 취득세 중과세의 휴면법인 요건 (부동산세제과-1496, 2023.12.28.)

"휴면법인에 관한 대도시 취득세 중과세의 입법 취지"는 사업 실적이 없는 법인의 인수를 통해 취득세 중과세를 회피하는 것을 차단하기 위한 것으로, 휴면법인을 인수하여 자본금, 상호, 임원 등 핵심사항을 변경한 후에도 법인의 설립으로 간주하여 중과세 하도록 한 것임. 법인 인수일 이전 2년 이상의 휴면법인의 사업 실적 존부는 인수일로부터 2년의 기간을 역산하여 그 기간 동안의 사업 실적 여부 따라 판단하며(대법원 2021구합75016, 2022.10.28.), 「지방세법 시행령」 제27조 제1항 제4호 및 제5호에 따라 휴면법인으로 판단하는 기간의 기준을 "법인 인수일 이전 1년 이내"로 규정하는 등 종합적으로 고려할 때 2년 미만의 법인이라고 해서 휴면법인에 해당하지 않는다고 볼 수는 없을 것으로 판단됨.

○ SPAC(기업인수목적회사)의 휴면법인 해당 여부에 관한 회신
  (부동산세제과-4105, 2024.11.27.)

(질의요지) 기업인수목적회사(SPAC: Special Purpose Acquisition Company)가 증권시장에 상장한 뒤 다른 비상장회사를 흡수합병하여 SPAC의 과점주주가 종전의 비상장회사 과점주주로 변경된 경우, 합병 이전 2년 이상의 기간 동안 SPAC에 매출액이 없다는 이유만으로 SPAC을 '사업 실적'이 없는 '휴면법인'으로 볼 수 있는지 여부

(답변요지) ① 취득세 중과 제도 취지, 휴면법인의 판단 시기가 법인의 주식 인수로 과점주주가 최초로 된 시점에 이루어 지는 점, SPAC의 경우 일반적인 법인 인수와 달리 인수 대상 법인이 SPAC(인수법인)의 과점주주가 되는 구조적 특수성 등을 고려할 때 휴면법인의 대상이 될 수 없다고 보는 것이 타당하며, ② 다른 법인과 합병하는 것을 유일한 사업목적으로 하는 SPAC의 '사업실적'을

판단함에 있어 매출 발생 가능성이 없는 특수성을 고려하였을 때, 매출액이 없이 임직원 급여 등 일반경비만 발생했다는 이유로 사업실적이 없다고 보기 어렵고, 합병 여부 등을 사업실적으로 보는 것이 합리적임.

○ 법인 인수일 2년 이상 사업실적이 없는 휴면법인을 인수하였는지 해당 여부
 (조심 2022지0645, 2023.1.18.) → 취소

법인설립(2007.1.) 이후로 해산, 해산간주등기 또는 휴업, 폐업신고의 사실이 없이 계속사업자로서 사업자등록이 유지되고 있는 점, 청구법인의 2016년 및 2017년도 재무제표에 의하면, 재고자산, 단기차입금, 자본금, 임대보증금(임차사무실), 직원급여 등이 기재되어 있는 점, 쟁점법인은 2016.1.18. 주된 목적사업을 부동산 매매업으로 변경한 후 쟁점기간(2015.2~2017.2.)인 2016년 8월 부동산을 매입하였고 이를 2017.3.30. 매도하였으며 이 매도대금을 재원으로 하여 이 건 부동산을 취득하여 청구법인의 목적사업인 부동산 매매업을 영위하고 있는 것으로 볼 수 있는 점 등에 비추어 청구법인은 쟁점기간에 사업실적이 있는 계속기업에 해당하여 「지방세법 시행령」 제27조 제1항 제6호에서 규정하는 휴면법인에 해당하지 아니하므로 청구법인을 쟁점기간에 사업실적이 없는 휴면법인으로 보아 이건 취득세를 중과한 처분은 잘못이 있다고 판단됨.

○ 사업실적의 의미 (서울시 세제과 - 17495, 2016.12.8.)

대규모 자본투자 등으로 인해 사업 준비 기간이 길어지거나 일시적으로 사업이 부진한 경우 등에 있어서는 영업실적이 발생하지 아니할 수 있는 점, 수익사업을 하지 않는 비영리법인의 경우 매출·매입이 발생하지 않는 점 등을 고려하여 보면,
휴면법인의 요건이 되는 '사업실적'이란 부가가치세 과세표준이 되는 매출·매입 실적이나 손익계산서상의 매출뿐만 아니라 급여·임차료 등 사업체의 운영과 관련된 일반경비도 포함하는 것으로 볼 수 있음(조심 2010지592, 2011.9.16. 결정 참조).

○ 사업실적 관련 질의 회신 (서울시 세제과-11617, 2019.8.16.)

지방세법 시행령 제27조 제1항 제6호에서 휴면법인의 성립요건은 '법인인수일 이전 2년 이상 사업실적이 없고, 인수일 전후 1년 이내에 인수법인 임원의 100분의 50 이상을 교체한 법인은 휴면법인으로 본다.'라고 규정하고 있어, 사업실적 및 임원교체 두 가지 모두를 충족하는 것을 요건으로 규정하고 있고,

'2년 이상 사업실적이 없는 법인'이란, 그 사업실적이 극히 미미하고 거래처가 불분명하여 정상적인 사업을 영위하는 법인으로 보기가 곤란하거나, 영업활동으로 발생하는 재고자산, 매출원가, 급여지출액 등이 없는 등 정상적인 사업을 영위하는 법인으로 보기에 곤란할 경우를 말하는 것임(조심 2017지0864, 2018.1.25. 참조).

○ '법인 인수일 이전 2년 이상'의 기산점 (서울시 세제과-9365, 2019.7.3.)

「지방세법」 제13조 제2항 제1호에서 휴면법인의 인수를 법인의 설립과 동일하게 보아 취득세 중과세 대상으로 규정하고 있고, 같은 법 시행령 제27조 제1항 제6호에서 '법인 인수일 이전 2년 이상 사업실적이 없고, 인수일 전후 1년 이내에 인수법인 임원의 100분의 50 이상을 교체한 법인'을 휴면법인으로 규정하고 있는데,

이는 법인 인수 당시 법인이 사실상 폐업하여 존재하지 아니함에도 이를 인수하는 형식을 취하여 임원, 상호, 목적사업 등을 변경함으로써 실질적인 법인 설립의 효과를 얻으면서도 부동산 취득 시 취득세 중과세를 회피하는 것을 규제하기 위한 것이므로, '법인 인수일 이전 2년 이상 사업실적이 없고'의 기간의 기산점은 법인 인수일을 기준으로 그 이전에 계속해서 2년 이상 사업실적이 없는 법인으로 해석하는 것이 타당함.

○ 폐업하였다가 다시 사업자등록 후 5년 이내 주주 변경 시 중과대상인 휴면법인 인수에 해당 여부 (대법원 2016.1.28. 선고 2015두54582 판결)

폐업하였다가 다시 사업자등록 후 5년 이내 주주 변경 시 취득세 중과대상 휴면법인 인수에 해당됨.

대도시 중과 제외 업종에는
어떤 법인이 해당되나?

1 대도시 내 취득세 중과 제외 업종

「지방세법」 제13조 제2항 본문 하단에서 "과밀억제권역에 설치가 불가피하다고 인정되는 업종(대도시 중과세 제외 업종으로서 대통령령으로 정하는 업종)에 직접 사용[49]할 목적으로 부동산을 취득하는 경우의 취득세는 제11조에 따른 세율을 적용한다."고 규정하여 중과세를 제외하고 있다.

실무에서 무엇보다 중요한 것은 관련 법인이 우선 중과세 대상 법인에 해당하는지 아니면 중과세 제외 업종의 법인에 해당하는지부터 판단하는 것이다. 「지방세법 시행령」 제26조에서는 다음과 같이 중과 제외 업종을 열거하고 있다.

> ★
> **지방세법 시행령: 대도시 중과 제외 업종**
> 제26조(대도시 법인 중과세의 예외) ① 법 제13조 제2항 각 호 외의 부분 단서에서 "대통령령으로 정하는 업종"이란 다음 각 호에 해당하는 업종을 말한다.
> 1. 「사회기반시설에 대한 민간투자법」 제2조 제2호에 따른 사회기반시설사업(같은 법 제2조 제8호에 따른 부대사업을 포함한다)
> 2. 「한국은행법」 및 「한국수출입은행법」에 따른 은행업

---

49) 지방세특례제한법 제2조(정의)에서 "직접 사용"이란 '부동산·차량·건설기계·선박·항공기 등의 소유자가 해당 부동산·차량·건설기계·선박·항공기 등을 사업 또는 업무의 목적이나 용도에 맞게 사용하는 것을 말한다'고 규정하고 있다.

3. 「해외건설촉진법」에 따라 신고된 해외건설업(해당 연도에 해외건설 실적이 있는 경우로서 해외건설에 직접 사용하는 사무실용 부동산만 해당한다) 및 「주택법」 제4조에 따라 국토교통부에 등록된 주택건설사업(주택건설용으로 취득한 후 3년 이내에 주택건설에 착공하는 부동산만 해당한다)

4. 「전기통신사업법」 제5조에 따른 전기통신사업

5. 「산업발전법」에 따라 산업통상자원부장관이 고시하는 첨단기술산업과 「산업집적활성화 및 공장설립에 관한 법률 시행령」 [별표 1의2] 제2호 마목에 따른 첨단업종

6. 「유통산업발전법」에 따른 유통산업, 「농수산물유통 및 가격안정에 관한 법률」에 따른 농수산물도매시장·농수산물공판장·농수산물종합유통센터·유통자회사 및 「축산법」에 따른 가축시장

7. 「여객자동차 운수사업법」에 따른 여객자동차운송사업 및 「화물자동차 운수사업법」에 따른 화물자동차운송사업과 「물류시설의 개발 및 운영에 관한 법률」 제2조 제3호에 따른 물류터미널사업 및 「물류정책기본법 시행령」 제3조 및 [별표 1]에 따른 창고업

8. 정부출자법인 또는 정부출연법인(국가나 지방자치단체가 납입자본금 또는 기본재산의 100분의 20 이상을 직접 출자 또는 출연한 법인만 해당한다)이 경영하는 사업

9. 「의료법」 제3조에 따른 의료업

10. 개인이 경영하던 제조업(「소득세법」 제19조 제1항 제3호에 따른 제조업을 말한다). 다만, 행정안전부령으로 정하는 바에 따라 법인으로 전환하는 기업만 해당하며, 법인전환에 따라 취득한 부동산의 가액(법 제4조에 따른 시가표준액을 말한다)이 법인전환 전의 부동산가액을 초과하는 경우에 그 초과부분과 법인으로 전환한 날 이후에 취득한 부동산은 법 제13조 제2항 각 호 외의 부분 본문을 적용한다.

11. 「산업집적활성화 및 공장설립에 관한 법률 시행령」 [별표 1의2] 제3호 가목에 따른 자원재활용업종

12. 「소프트웨어산업 진흥법」 제2조 제3호에 따른 소프트웨어산업 및 같은 법 제27조에 따라 설립된 소프트웨어공제조합이 소프트웨어산업을 위하여 수행하는 사업

13. 「공연법」에 따른 공연장 등 문화예술시설운영사업

14. 「방송법」 제2조 제2호·제5호·제8호·제11호 및 제13호에 따른 방송사업·중계유선방송사업·음악유선방송사업·전광판방송사업 및 전송망사업

15. 「과학관의 설립·운영 및 육성에 관한 법률」에 따른 과학관시설운영사업

16. 「산업집적활성화 및 공장설립에 관한 법률」 제28조에 따른 도시형공장을 경영하는 사업

17. 「벤처투자 촉진에 관한 법률」 제37조에 따라 등록한 중소기업창업투자회사가 중소기업창업 지원을 위하여 수행하는 사업. 다만, 법인 설립 후 1개월 이내에 같은 법에 따라 등록하는 경우만 해당한다.

18. 「한국광해광업공단법」에 따른 한국광해광업공단이 석탄산업합리화를 위하여 수행하는 사업

19. 「소비자기본법」 제33조에 따라 설립된 한국소비자원이 소비자 보호를 위하여 수행하는 사업

20. 「건설산업기본법」 제54조에 따라 설립된 공제조합이 건설업을 위하여 수행하는 사업

21. 「엔지니어링산업 진흥법」 제34조에 따라 설립된 공제조합이 그 설립 목적을 위하여 수행하는 사업

22. 「주택도시기금법」에 따른 주택도시보증공사가 주택건설업을 위하여 수행하는 사업

23. 「여신전문금융업법」 제2조 제12호에 따른 할부금융업

24. 「통계법」 제22조에 따라 통계청장이 고시하는 한국표준산업분류에 따른 실내경기장·운동장 및 야구장 운영업

25. 「산업발전법」(법률 제9584호 산업발전법 전부개정 법률로 개정되기 전의 것을 말한다) 제14조에 따라 등록된 기업구조조정전문회사가 그 설립 목적을 위하여 수행하는 사업. 다만, 법인 설립 후 1개월 이내에 같은 법에 따라 등록하는 경우만 해당한다.

26. 「지방세특례제한법」 제21조 제1항에 따른 청소년단체, 같은 법 제45조에 따른 학술단체·장학법인 및 같은 법 제52조에 따른 문화예술단체·체육단체가 그 설립 목적을 위하여 수행하는 사업

27. 「중소기업진흥에 관한 법률」 제69조에 따라 설립된 회사가 경영하는 사업

28. 「도시 및 주거환경정비법」 제35조 또는 「빈집 및 소규모주택 정비에 관한 특례법」 제23조에 따라 설립된 조합이 시행하는 「도시 및 주거환경정비법」 제2조 제2호의 정비사업 또는 「빈집 및 소규모주택 정비에 관한 특례법」 제2조 제1항 제3호의 소규모주택정비사업

29. 「방문판매 등에 관한 법률」 제38조에 따라 설립된 공제조합이 경영하는 보상금지급 책임의 보험사업 등 같은 법 제37조 제1항 제3호에 따른 공제사업

30. 「한국주택금융공사법」에 따라 설립된 한국주택금융공사가 같은 법 제22조에 따라 경영하는 사업

31. 「민간임대주택에 관한 특별법」 제5조에 따라 등록을 한 임대사업자 또는 「공공주택 특별법」 제4조에 따라 지정된 공공주택사업자가 경영하는 주택임대사업

32. 「전기공사공제조합법」에 따라 설립된 전기공사공제조합이 전기공사업을 위하여 수행하는 사업

33. 「소방산업의 진흥에 관한 법률」 제23조에 따른 소방산업공제조합이 소방산업을 위하여 수행하는 사업

34. 「중소기업 기술혁신 촉진법」 제15조 및 같은 법 시행령 제13조에 따라 기술혁신형 중소기업으로 선정된 기업이 경영하는 사업. 다만, 법인의 본점·주사무소·지점·분사무소를 대도시 밖에서 대도시로 전입하는 경우는 제외한다.

35. 「주택법」에 따른 리모델링주택조합이 시행하는 같은 법 제66조 제1항 및 제2항에 따른 리모델링사업
36. 「공공주택 특별법」에 따른 공공매입임대주택(같은 법 제4조 제1항 제2호 및 제3호에 따른 공공주택사업자와 공공매입임대주택을 건설하는 사업자가 공공매입임대주택을 건설하여 양도하기로 2022년 12월 31일까지 약정을 체결하고 약정일부터 3년 이내에 건설에 착공하는 주거용 오피스텔로 한정한다)을 건설하는 사업
37. 「공공주택 특별법」 제4조 제1항에 따라 지정된 공공주택사업자가 같은 법에 따른 지분적립형 분양주택이나 이익공유형 분양주택을 공급·관리하는 사업

2 관련 사례

실무에서 중과세 분쟁이 주로 발생하는 유형은 위 시행령 제26조 제1항의 중과 제외 업종으로 신고하여 대도시에서 법인을 설립하였으나, 5년 내에 실제 중과세 대상 업종을 겸업하거나 중과세 대상 업종으로 변경하는 경우 등이다. 이 경우 법인 설립 당시의 등록면허세와 부동산을 취득할 때 취득세 중과세 문제가 발생한다.

다음은 중과 업종과 중과 제외 업종을 겸업하는 경우의 사례인데, 심판청구 기각 후 서울행정법원에서 원고 패소로 확정되었다.

> ○ 중과 업종과 중과 제외 업종을 겸업하는 법인을 각 업종별 매출실적을 기준으로 중과 대상면적을 안분하는지 여부 (조심 2019지1817, 2019.7.5.) → 기각
>
> 청구법인은 「지방세법」 제28조 제2항 및 같은 법 시행령 제45조 제5항을 근거로 중과 업종과 중과 제외 업종을 겸업하고 있으므로 쟁점부동산에 대하여 「지방세법」 제13조 제2항의 중과세율을 적용하여 신고·납부한 세액 중 각 업종의 매출실적에 따라 면적을 안분하여 일부는 중과대상에서 제외하여야 한다고 주장하고 있으나, 「지방세법」 제13조 제2항 본문 및 제1호에서 법인의 본점을 대도시 내로 전입함에 따라 대도시의 부동산을 취득하는 경우 중과세하도록 규정하고 있고, 같은 조 제3항 본문 및 제1호 다목에서 "부동산 취득일부터 1년 이내에 다른 업종이나 다른 용도에 사용·겸용하는 경우"에는 제13조 제2항의 중과세율을 적용하도록 규정하고 있으므로, 중과 제외 업종과 중과대상 업종을 겸업하는 법인이 본점으로 사용하는 부동산의 경우에는 「지방세법」 제13조 제2항의 중과세 대상에 해당된다고 보아야 할 것이고, 청구법인이 주장하는 「지방세법 시행령」 제45조 제5항의 안분방법은 대도시 내 법인전입에 따른 등기, 즉 법인등기에 관련된 규정으로서, 이러한 규정을 대

도시 내 법인전입에 따른 부동산등기에 준용할 근거가 없다 하겠으므로 이에 대한 청구주장은 인정할 수 없다.

○ 대도시 중과 제외 업종인 유통산업에 제공되는 매장 일부가 제3자에게 임대되었다는 이유만으로 해당 부분에 대하여 중과세율을 적용할 수 없음
  (대법원 2019.9.10. 선고 2019두39918 판결)

원고가 이 사건 건물에서 영위하는 도·소매업이 구 지방세법 제13조 제4항, 구 지방세법 시행령 제26조 제4항 제2호에서 임대가 불가피하다고 인정되는 업종으로 규정한 유통산업에 해당한다는 점은 분명하다. 원고가 판매시설 등의 용도로 제3자에게 임대한 이 사건 건물 부분도 직영하는 매장과 마찬가지로 유통산업에 제공되는 매장에 해당한다. 따라서 이 사건 건물이 유통산업발전법에 따른 대규모점포 등에 해당하는지, 나아가 원고가 대규모점포 등의 개설등록을 하였는지와는 상관없이, 이 사건 건물 부분도 대도시 중과 제외 업종에 직접 사용되는 것으로 보아 중과세율 적용의 대상에서 제외되어야 한다. 그런데도 원심은 이 사건 건물 부분이 취득세 중과대상에 해당한다고 보아 이 사건 처분이 적법하다고 판단하였다. 원심 판단에는 '대도시에서 법인 설립 이후 취득하는 부동산에 대한 취득세 중과 제외 대상'에 관한 법리를 오해하여 판결에 영향을 미친 잘못이 있다. 이를 지적하는 상고이유 주장은 정당하다.

○ 의류제품 판매장이 중과 제외 대상인 유통산업에 해당되는지 질의 회신
  (서울시 세제-16436, 2018.12.4.)

대도시 내에서의 법인의 설립과 지점 또는 분사무소의 설치 및 전입에 따른 부동산 취득은 취득세를 중과세하되, 대도시 중과 제외 업종으로 유통산업발전법에 따른 유통산업을 열거하고 있고 유통산업발전법 제2조 제1호에서 "유통산업"이란 농산물·임산물·축산물·수산물(가공물 및 조리물을 포함한다) 및 공산품의 도매·소매 및 이를 경영하기 위한 보관·배송·포장과 이와 관련된 정보·용역의 제공 등을 목적으로 하는 산업을 말한다고 규정하고 있으므로, 쟁점부동산을 제조설비를 갖추지 아니하고 외주가공을 통해 생산한 의류제품을 도·소매하는 판매장으로 사용하는 경우에는 중과 제외 대상인 유통산업에 해당하는 것으로 판단됨.

○ 소프트웨어 사업 영위 법인이 산업단지 내의 본점을 과밀억제권역 내로 이전한 경우 중과 여부 (서울시 세제과‐2316, 2009.2.18.)

중과 제외 업종인 소프트웨어 사업을 영위하는 법인이 '산업집적활성화 및 공장설립에 관한 법률'의 적용을 받는 산업단지 내의 본점을 산업단지 밖에 있는 '과밀억제권역'으로 이전할 경우 등록세 중과에서 제외됨.

○ 대도시 내의 주유소 운영업이 중과대상인지에 대한 질의 회신
 (행안부 지방세운영과‐528, 2009.2.4.)

한국표준산업분류표에 의한 차량용 주유소 운영업에 해당하는 대도시 내 소재 차량용 주유소를 법인이 운영하는 경우, 유통산업발전법에 의한 포괄적인 유통산업에 해당되어 대도시 내 법인중과세 대상업종에서 제외됨.

○ 중과세율 제외 업종인 사회기반시설사업에 해당하는 문화시설(화랑)용인지 여부
 (조심 2021지1414, 2022.12.21.) → 경정

전체 매출액 중에서 경매매출 비율(23~32.5%)보다 상품·중개매출액 비율(62~63.42%)이 더 높아 청구법인의 주된 매출은 일반 화랑과 같은 미술품 전시·판매에서 발생하는 것으로 보이는 점 등에 비추어 쟁점부동산은 「지방세법 시행령」 제26조 제1항 제1호에서 규정하는 취득세 중과 제외업종인 사회기반시설사업에 사용되는 것으로 보는 것이 타당하므로 처분청이 쟁점부동산에 대하여 중과세율을 적용하여 이 건 취득세 등을 부과한 처분은 잘못이 있다고 판단됨.

○ 기술혁신형 중소기업이 기존 업종을 접목할 경우 중과배제 여부
 (부동산세제과‐3732, 2024.10.30.)

기존 세탁업과 "비대면 모바일 세탁 서비스"로 기술혁신형 중소기업으로 선정된 해당 사업을 접목하여 운영하는 경우에는 기존 업종에 기술혁신을 더하여 사업을 영위하는 것에 해당하므로 쟁점 부동산의 취득은 중과세 제외 대상임.

○ 2년 이상 유통산업에 직접 사용하였기 때문에 대도시 취득세 중과대상이 아니라는 주장에 대한 판단 (대법원 2024.9.12. 선고 2024두43560 판결)

취득자가 부동산을 특정 업종이나 용도에 일정기간 계속 사용하는 것을 요건으로 중과세 제외 사유를 규정하고 있는 취지, 취득세는 소유자 또는 사실상 취득자에게 부과되는 점, 취득한 과세물건을 처분한 이후, 해당 용도에 직접 사용되는지 여부는 처분 이후의 사정으로서 이미 처분을 한 납세자와는 관련이 없는 사항인 점 등을 종합할 때, 2년 이상 해당 업종이나 용도에 직접 사용한다고 함은 그 부동산 소유자 또는 사실상 취득자의 지위에서 직접 사용한다는 것을 의미하고, 매각 이후 임차인으로서 해당 업종 또는 용도로 그 부동산을 계속 사용한 것은 여기에 포함되지 않는다고 보아야 함.

○ 대도시 중과 제외 업종인 "첨단기술산업" 해당 여부 (조심 2023지4776, 2024.6.21.)

조세법규는 특별한 사정이 없는 한 법문대로 해석하여야 하고 확장해석이나 유추해석은 원칙적으로 허용되지 아니하므로 위의 조항에서 "첨단기술산업"이란 산업통상자원부장관이 고시하는 '첨단기술 및 제품의 범위'를 포함하는 업종이면 족하다고 보는 것이 타당한 것으로 판단됨(조심 2021지2726, 2021.12.27., 같은 뜻임).

중과 제외 업종에 사용하지 않는 경우 중과세 추징규정

1 중과 제외 업종의 사후관리 규정

「지방세법」 제13조 제2항 본문 단서에서는 대도시에 설치가 불가피하다고 인정되는 '대도시 중과 제외 업종'에 직접 사용할 목적으로 부동산을 취득하는 경우의 취득세는 제11조에 따른 일반세율을 적용한다고 규정하고 있다. 하지만, 동법 제13조 제3항에서는 대도시 중과 제외 업종에 사용할 목적으로 부동산 취득 후 유예기간 내 직접 사용하지 못하는 경우의 추징내용을 규정하고 있다.

★
「지방세법」 제13조 제3항 중과 제외 업종에 대한 추징규정
③ 제2항 각 호 외의 부분 단서에도 불구하고 다음 각 호의 어느 하나에 해당하는 경우 그 해당 부분에 대하여는 제2항 본문을 적용한다. (신설 2010.12.27.)
　1. 제2항 각 호 외의 부분 단서에 따라 취득한 부동산이 다음 각 목의 어느 하나에 해당하는 경우. 다만, 대도시 중과 제외 업종 중 대통령령으로 정하는 업종에 대하여는 직접 사용하여야 하는 기한 또는 다른 업종이나 다른 용도에 사용·겸용이 금지되는 기간을 3년 이내의 범위에서 대통령령으로 달리 정할 수 있다.[50]
　　가. 정당한 사유 없이 부동산 취득일부터 1년이 경과할 때까지 대도시 중과 제외 업종에 직접 사용하지 아니하는 경우

---

50) 시행령 제26조 ③ 법 제13조 제3항 제1호 각 목 외의 부분 단서에서 "대통령령으로 정하는 업종"이란 제1항 제3호의 **주택건설사업**을 말하고, 법 제13조 제3항 제1호 각 목에도 불구하고 직접 사용하여야 하는 기한 또는 다른 업종이나 다른 용도에 사용·겸용이 금지되는 기간은 3년으로 한다.

나. 부동산 취득일부터 1년 이내에 다른 업종이나 다른 용도에 사용·겸용하는 경우

2. 제2항 각 호 외의 부분 단서에 따라 취득한 부동산이 다음 각 목의 어느 하나에 해당하는 경우

가. 부동산 취득일부터 2년 이상 해당 업종 또는 용도에 직접 사용하지 아니하고 매각하는 경우

나. 부동산 취득일부터 2년 이상 해당 업종 또는 용도에 직접 사용하지 아니하고 다른 업종이나 다른 용도에 사용·겸용하는 경우

「지방세법」 제13조 제3항은 중과 제외 업종에 직접 사용할 목적으로 부동산을 취득한 후 추징규정을 정하고 있는데, 제1호 가목은 정당한 사유 없이 부동산 취득일부터 1년이 경과할 때까지 대도시 중과 제외 업종에 직접 사용하지 아니하는 경우(주택건설사업용은 3년)이고, 나목은 1년 이내에 다른 업종이나 다른 용도에 사용·겸용하는 경우(주택건설사업용도 추징사유 발생)로 제1호는 취득 후 1년 이내 직접 사용을 못하거나 다른 용도로 사용하는 경우를 말하고, 제2호는 1년 이내에 직접 사용하였으나 2년이 되기 전에 매각하거나 다른 용도에 사용한 경우를 말한다. 주택건설사업용의 경우도 제2호에 해당되면 정당한 사유를 불문하고 추징사유가 발생한다.

2 사후관리의 분설

위 규정을 세분하여 설명하면, 먼저 「지방세법」 제13조 제3항 제1호 가목의 규정은 부동산 취득일부터 '정당한 사유 없이' 1년이 경과할 때까지 중과 제외 업종에 직접 사용하지 아니하는 경우이다. 여기에서 '정당한 사유'란 지방세 관계법령 등에서 정의하고 있지 않지만 판례·예규에 따르면 내부적인 사정은 고려되지 않고 법령 등에 의한 사용 금지·제한 등을 뜻한다.

예를 들어, 법인이 부동산 취득 즉시 주택건설사업에 사용하기 위하여 공사를 진행하다가 법인 내부적 사정을 이유로 건축공사에 착공하지 아니하고 있다가 시공사의 부도 및 워크아웃 등으로 공사착공을 하지 못한 것은 정당한 사유가 있다고 인정할 수 없는 것이다(조심 2012지0522, 2013.3.20.).

> ○ 정당한 사유의 의미 (대법원 1998.11.27. 선고 97누5121 판결 등 다수)
>
> 법인이 부동산을 취득한 후 유예기간 내에 해당 사업에 직접 사용하지 못한 "정당한 사유"
> 란 행정관청이나 법령 등에 의한 금지 · 제한 등 청구인이 마음대로 할 수 없는 외부적 사
> 유는 물론 사업에 직접 사용하기 위한 정상적인 노력을 다하였음에도 불구하고 시간적인
> 여유가 없거나 기타 객관적인 사유로 인하여 부득이 사용할 수 없는 내부적인 사유도 포함
> 하는 것으로 정당사유의 유무를 판단함에 있어서는 당해 토지의 취득목적에 비추어 직접
> 사용하는데 걸리는 준비기간의 장단, 사용할 수 없는 법령상 · 사실상의 장애사유 및 당해
> 토지를 직접 사용하기 위한 진지한 노력을 다하였는지 여부, 행정관청의 귀책사유가 가미
> 되었는지의 여부를 참작하여 구체적인 사안에 따라 개별적으로 판단하여야 할 것임.(기각)

「지방세법」 제13조 제3항 본문 및 그 제3항 제1호 나목에서 중과 제외 업종이 "부동산 취득일부터 1년 이내에 다른 업종이나 다른 용도에 사용 · 겸용하는 경우"는 "해당하는 부분"에 대해 중과한다고 규정하고 있다.

이와 관련한 최근 사례 중 과세관청에서 겸용 등 "해당하는 부분"을 중과세하자 청구인이 매출액을 기준으로 안분하여 달라는 취지의 심판청구를 제기하였다. 이에 대하여 조세심판원은 "중과 제외 업종과 중과대상 업종을 겸업하는 법인이 본점으로 사용하는 부동산의 경우에는 「지방세법」 제13조 제2항의 중과세 대상에 해당된다고 보아야 할 것이고, 청구법인이 주장하는 「지방세법 시행령」 제45조 제5항의 안분방법은 대도시 내 법인전입에 따른 등기, 즉 법인등기에 관련된 규정으로서, 이러한 규정을 대도시 내 법인전입에 따른 부동산등기에 준용할 근거가 없다."라고 기각한 바 있다(조심 2019지1817, 2019.7.5. 결정, 앞부분 사례 참조).

또한 「지방세법」 제13조 제3항 제2호에서 부동산 취득일부터 2년 이상 해당 업종 또는 용도에 직접 사용하지 아니하고 매각 또는 다른 업종이나 다른 용도에 사용 · 겸용하는 경우 중과세분을 추징하도록 하고 있다. 여기에는 위와 달리 '정당한 사유'를 인정하지 아니한다. 또한 "부동산 취득일부터 2년 이상 해당 업종 또는 용도에 직접 사용하지 아니하고 매각하는 경우"에서 '매각'은 부동산을 제3자에게 매도 · 교환, 현물출자 등 대가성 있는 소유권 이전을 의미한다.

○ 주택건설용토지를 2년 이상 당해 업종에 직접 사용하지 아니하고 '매각'한 경우 "정당한 사유"의 의미 (대법원 2009.3.26. 선고 2009두1013 판결)

원고가 이 사건 주택건설사업에 관하여 소외 조합의 시행대행사로서의 지위를 가지고 있다고 하더라도 이는 공동사업주체와는 구별되는 지위라고 할 것인 점, 원고가 실질적으로는 이 사건 원고의 지분을 이전하지도 않고 공동사업주체로서의 지위를 유지한다는 것을 용인한다면 법이 금하는 명의신탁을 인정하고 사위의 방법에 의한 주택건설사업승인을 인정하는 것과 마찬가지의 결과를 낳으므로 허용될 수 없을 것인 점 등에 비추어 볼 때, 이 사건 원고의 지분 이전은 지방세법 시행령 제101조 제2항 소정의 '매각'에 해당하고, 원고가 주택건설등록사업자로서 주택건설용으로 취득한 이 사건 원고의 지분을 주택건설사업에 사용하지 못하게 된 것은 원고가 소외 조합과 공동으로 주택건설사업을 시행할 경우의 법률적 요건을 제대로 살피지 아니한 데에 그 원인이 있고 원고가 이 사건 원고의 지분을 취득한 이후 변경된 법령상 제한 또는 행정관청의 제한에 그 원인이 있다고 볼 수 없는 점, 원고가 이 사건 원고의 지분을 소외 조합과 공동으로 주택건설사업을 추진하는데 사용하는 외에 다른 방법으로 주택건설사업에 사용하려는 시도를 하였다고 볼만한 사정은 보이지 않는 점 등에 비추어 보면, 원고가 이 사건 원고의 지분을 주택건설사업에 사용하지 아니하고 소외 조합에게 매각하게 된 것은 원고의 내부적 사정에서 비롯된 것이라고 할 것이다.

※ 취득세와 등록세가 통합되기 전인 2010년 이전 지방세법 시행령 제101조 제2항에서는 주택건설사업용 토지의 매각 및 다른 용도에 사용·겸용에도 "정당한 사유"가 있으면 인정함.

○ 부동산을 취득일부터 1년 이내에 새마을금고 업무에 직접 사용하지 아니한 데에 정당한 사유가 있는지 여부 (조심 2019지2028, 2020.4.8.)

① 청구법인은 쟁점부동산에 대한 임대차계약 해지 및 부동산 명도가 제대로 이루어지지 않아 그곳에 지점을 설치하는 것에 중대한 장애 사유가 있을 수 있음을 충분히 알 수 있었을 뿐 아니라 그 장애를 해소하기 위한 노력도 충분히 한 것으로 보기 어려운 점 등에 비추어 직접 사용하지 아니한 정당한 사유가 있다고 보기 어려우므로 이 건 부과처분은 달리 잘못이 없다고 판단됨. ② 청구법인은 새마을금고도 「한국은행법」에 따른 은행업을 영위하는 법인으로서 「지방세법 시행령」 제26조 제1항 제2호에 따라 대도시 중과 제외 업종에 해당한다고 주장하나, 「한국은행법」은 한국은행 설립과 운영에 대한 내용을 정할 목적으로 제정된 법률로 동법에 따른 은행업을 영위하는 은행은 한국은행만을 말한다고 해석함이 타당하므로 청구주장은 받아들이기 어렵다고 판단됨.

○ 토지를 그 취득일로부터 1년이 경과할 때까지 대도시 중과 제외 업종인 유통업에 직접 사용하지 않은데 정당한 사유가 있는지 여부 (조심 2018지0364, 2018.6.22.)

이 건 분할신설법인에게 회사분할에 따라 이 건 토지를 비롯한 분할대상 부분의 자산·부채를 포괄적으로 이전하였으므로 이 건 토지의 소유권이전은 매각에 해당하지 않는다고 판단되고, 이 건 토지 취득 후 1년 이내에 착공하여 공사를 진행하였고, 이 건 토지 및 건축물(미완성)을 승계한 이 건 분할신설법인이 이 건 건축물의 사용승인을 받아 유통업에 직접 사용하고 있는 점 등에 비추어 청구법인이 이 건 토지의 취득일부터 1년이 경과할 때까지 대도시 중과 제외 업종인 유통업에 직접 사용하지 아니하였다고 하더라도 여기에는 정당한 사유가 있다고 보는 것이 타당하다고 판단됨.

○ 청구법인이 영위하는 업종(수출입업, 무역업)이 등록세 중과세 제외 대상이 되는 유통산업에 해당하는지 여부 (조심 2012지0515, 2014.6.26.)

「유통산업발전법」은 농산물 및 공산품의 도매·소매 등을 영위하는 중소유통기업의 자생적인 경쟁력 강화 노력을 지원하여 경영여건을 개선하고 규제를 완화하여 경쟁력을 강화하려는 것으로서 "국내" 유통산업을 육성하는데 그 입법취지가 있다고 하겠고, 또한 「지방세법」이 대도시 내에서 「유통산업발전법」상의 "유통산업"을 등록세 중과세 대상에서 제외한 것도 대도시 내의 "국내" 중소유통기업의 자생적인 경쟁력 강화를 지원하기 위한 「유통산업발전법」의 입법취지의 필요성에 의한 것이라고 하겠으므로, 수출입업(무역업)이 중과 예외 업종인 「유통산업발전법」상의 유통산업에 해당한다는 청구법인의 주장은 받아들이기 어려운 것으로 판단됨.

임대가 불가피한 경우에는 임대도 직접 사용으로 본다

1 임대한 경우에도 직접 사용으로 보는 불가피한 업종

「지방세법」제13조 제3항에서 대도시에 설치가 불가피하다고 인정되는 '대도시 중과 제외 업종'이 유예기간 내 직접 사용하지 아니할 경우에 대한 추징규정을 정하고 있다. 그러나 업종에 따라서는 직접 사용이 어려운 경우가 있을 수 있는데, 같은 법 제13조 제4항과 같은 법 시행령 제26조 제4항에서 임대가 불가피하다고 인정되는 업종에 대하여는 중과세 추징의 예외조항을 두고 있다.

★

「지방세법 시행령」제26조 제4항: 임대가 불가피하다고 인정되는 업종

④ 법 제13조 제4항에서 "대통령령으로 정하는 임대가 불가피하다고 인정되는 업종"이란 다음 각 호의 어느 하나에 해당하는 업종을 말한다. (신설 2010.12.30.)
  1. 제1항 제4호의 전기통신사업(「전기통신사업법」에 따른 전기통신사업자가 같은 법 제41조에 따라 전기통신설비 또는 시설을 다른 전기통신사업자와 공동으로 사용하기 위하여 임대하는 경우로 한정한다)
  2. 제1항 제6호의 유통산업, 농수산물도매시장·농수산물공판장·농수산물종합유통센터·유통자회사 및 가축시장(「유통산업발전법」등 관계 법령에 따라 임대가 허용되는 매장 등의 전부 또는 일부를 임대하는 경우 임대하는 부분에 한정한다)

2 규정의 분설과 쟁점

먼저 위 규정의 제4항 제1호는 전기통신사업자가 전기통신설비 또는 시설을 다른 전기통신사업자와 공동으로 사용하기 위하여 임대하는 경우로 한정하는데, 통신사 중계기 등을 공동으로 설치하기 위하여 부동산을 취득하는 경우 등으로 나타날 수 있다.

다음 제2호의 규정은 ① 제1항 제6호의 유통산업, ② 농수산물도매시장·농수산물공판장·농수산물종합유통센터·유통자회사 및 가축시장의 업종이 매장의 일부 또는 전부를 임대하는 경우 중과세를 제외하겠다는 규정인데, 실무에서는「유통산업발전법」에 따른 유통산업에 해당하는지가 가장 많은 분쟁의 대상이다. 다음 판례는 '임대가 허용되는 매장의 범위'에 관한 것이다.

○ 구 지방세법 시행령 제26조 제4항 제2호에 정한 '유통산업발전법에 따라 임대가 허용되는 매장'이 유통산업발전법에서 정한 대규모점포 등에 국한되는 것은 아님
(대법원 2019.9.10. 선고 중요판결)

【사건요약】

원고가 전체 매장면적 1,616.35㎡ 중 212.3㎡(이하 "이 사건 건물 부분"이라 한다)를 제외한 나머지 부분에서 '○○○마트'라는 상호로 농수산물, 공산품 등의 도·소매업을 영위하면서, 이 사건 건물 부분을 의류나 애견용품 등의 판매점, 미용원, 일반음식점 등의 용도로 각각 임대한 사안에서, 원고가 판매시설 등의 용도로 제3자에게 임대한 이 사건 건물 부분도 직영하는 매장과 마찬가지로 유통산업에 제공되는 매장에 해당하므로, 이 사건 건물이 유통산업발전법에 따른 대규모점포 등에 해당하는지, 나아가 원고가 대규모점포 등의 개설등록을 하였는지와는 관계없이, 이 사건 건물 부분도 대도시 중과 제외 업종에 직접 사용되는 것으로 보아 중과세율 적용의 대상에서 제외되어야 한다고 판단하고, 대규모점포 등 개설자가 아닌 원고가 이 사건 건물 부분을 임대한 것은 유통산업발전법에 따라 임대가 허용되는 매장을 임대한 경우에 해당하지 않는다는 전제에서 이 사건 건물 부분이 취득세 중과대상에 해당한다고 보아 이 사건 처분이 적법하다고 판단한 원심을 파기환송한 사례

【대법원 판단】

가. 구 지방세법(2016.12.27. 법률 제14475호로 개정되기 전의 것, 이하 같다) 제13조 제2항 본문 제1호, 제8호, 구 지방세법 시행령(2016.12.30. 대통령령 제27710호로 개정되기 전의 것, 이하 같다) 제27조 제3항은 '대도시에서 법인 설립 이후 5년 이내에 취득하는 모든 부동산'에 대하여 취득세를 중과하도록 하고 있다. 다만, 구 지방세법 제13조 제2

항 단서는 '대도시에 설치가 불가피하다고 인정되는 업종으로서 대통령령이 정하는 업종(이하 "대도시 중과 제외 업종"이라 한다)에 직접 사용할 목적으로 취득하는 부동산'을 취득세 중과의 예외로 정하고, 그 위임에 따른 구 지방세법 시행령 제26조 제1항 제6호는 '유통산업발전법에 따른 유통산업'(이하 "유통산업"이라 한다)을 대도시 중과 제외 업종의 하나로 들고 있다.

구 지방세법 제13조 제3항 제1호 (가)목과 제2호 (나)목은 '정당한 사유 없이 부동산 취득일부터 1년이 경과할 때까지 대도시 중과 제외 업종에 직접 사용하지 않거나 부동산 취득일부터 2년 이상 해당 업종 또는 용도에 직접 사용하지 않고 다른 업종이나 다른 용도에 사용·겸용하는 경우' 해당 부분에 대하여는 제2항 본문에 따른 중과세율을 적용하도록 하고 있다.

구 지방세법 제13조 제4항은 "제3항을 적용할 때 대통령령으로 정하는 임대가 불가피하다고 인정되는 업종에 대하여는 직접 사용하는 것으로 본다."라고 정하고 있다. 그 위임에 따른 구 지방세법 시행령 제26조 제4항 제2호는 '유통산업'을 임대가 불가피하다고 인정되는 업종의 하나로 들면서, 다만 그 범위를 '유통산업발전법에 따라 임대가 허용되는 매장의 전부 또는 일부를 임대하는 경우 임대하는 부분'에 한정하고 있다.

나. 위 각 규정의 문언과 체계와 함께 유통산업발전법의 내용 등에 비추어 보면, 구 지방세법 시행령 제26조 제4항 제2호에 정한 '유통산업발전법에 따라 임대가 허용되는 매장'이 유통산업발전법에서 정한 대규모점포 등(대규모점포와 준대규모점포를 의미한다. 이하 같다)에 국한된다고 볼 수 없다. 따라서 특별한 사정이 없는 한 유통산업에 제공되는 매장 일부가 제3자에게 임대되었다는 이유만으로 해당 부분에 대하여 중과세율에 따른 취득세가 부과되어야 한다고 볼 수도 없다.

대도시 부동산 취득에 대한 중과세율 중복 적용

1 대도시 법인 중과세율

대도시의 부동산을 취득하여 중과대상이 되는 경우 취득세는 「지방세법」 제13조 제2항에 따라 제11조 제1항의 표준세율의 100분의 300에서 중과기준세율의 100분의 200을 뺀 세율을 적용한다. 예를 들어, 법인이 부동산을 승계취득한 경우 취득세는 8%[(4%×3) − (2%×2)]의 세율이 적용되는 것이다.

한편, 2020.8.12. 이후 법인이 유상거래 또는 증여 등 무상으로 주택을 취득하는 경우, 즉 「지방세법」 제11조 제1항 제8호에 해당하는 주택을 유상거래 등으로 취득하는 경우에는 동법 제13조의2 제1항 및 제2항에 따른 12%의 세율이 적용된다. 이는 정부의 부동산 대책의 일환으로 다주택자 등이 법인을 이용한 우회취득 방지를 위해 도입된 제도이다.

2 법인 본점 신축과 대도시 부동산 취득 등 2개 중과세율이 동시에 적용되는 경우

★
지방세법 제13조 제6항
⑥ 제1항과 제2항이 동시에 적용되는 과세물건에 대한 취득세율은 제16조 제5항[51])에도 불구하고 제11조 제1항에 따른 표준세율의 100분의 300으로 한다.

---

51) 법 제16조(세율 적용) ⑤ 같은 취득물건에 대하여 둘 이상의 세율이 해당되는 경우에는 그중 높은 세율을 적용한다.

대도시 내 본점 또는 지점의 설립·설치·전입에 따른 법인이 부동산을 신축 또는 증축으로 취득하여 「지방세법」 제13조 제1항의 본점 사업용 부동산과 같은 법 제13조 제2항의 지점 등의 설치에 따른 중과세 규정이 동시에 적용되는 경우가 발생할 수 있다.

이러한 경우 취득세 세율은 같은 법 제16조 제5항의 중복적용 배제에도 불구하고 본점 사업용 부동산에 대해 중과세하고, 지점 설치 등에 대한 취득세(구 등록세) 부분도 중과세한다. 즉, 표준세율의 3배로 중과세 세율을 적용한다. 예를 들어, 법인이 대도시 내 토지와 건물을 취득하여 5년 이내 기존 건축물을 멸실하고 본점 사업용 건축물을 신축하는 경우의 취득세 세율은 다음과 같이 계산된다.

★

- 토지 취득 취득세 신고 세율
  토지·건물 모두 구 취득세 일반세율(2%)＋구 등록세 일반세율(2%)＝4%
- 법인 본점 신축 후 취득세 신고 세율
  - 토지부분: 구 취득세 중과(2%×3) − 기존 일반세율 신고분 공제(2%)＝4%
  - 신축건물: 구 취득세 중과(2%×3)＋구 등록세부분 중과(0.8%×3)＝8.4%

③ 고급주택 등 사치성재산 중과와 동시에 적용되는 경우

★

지방세법 제13조 제7항
⑦ 제2항과 제5항이 동시에 적용되는 과세물건에 대한 취득세율은 제16조 제5항에도 불구하고 제11조에 따른 표준세율의 100분의 300에 중과기준세율의 100분의 200을 합한 세율을 적용한다. 다만, 제11조 제1항 제8호에 따른 주택을 취득하는 경우에는 해당 세율에 중과기준세율의 100분의 600을 합한 세율을 적용한다.

대도시 내 중과세 요건을 갖춘 법인이 「지방세법」 제13조 제5항의 중과대상인 사치성재산을 취득한 경우의 중과세는 양쪽 모두의 중과세를 적용한다는 규정이다. 중과대상 법인이 대도시 내에서 사치성재산인 고급오락장을 취득하는 경우 등이 해당되는데 승계취득으로 가정하여 중과세율을 계산해보면, (4%×3) + (2%×2)＝16%의 세율이 산출된다.

이는 2011년 취득세가 통·폐합되기 전에 대도시 내 등록세 3배 중과(2%×3배)와 사치성재산의 취득세 5배 중과(2%×5배)를 합한 중과세율(16%)과 동일한 수준이다.

다음은 대도시 내 법인이 고급주택을 유상거래로 취득하는 경우에 대해 살펴본다. 위 「지방세법」 제13조 제7항 단서의 규정에 해당되지만 아래와 같은 동법 제13조의2 제3항을 우선 적용하여야 한다. 즉, 동법 제13조의2 제1항 제1호에서 법인이 주택을 취득하는 경우 12% 세율이므로, 이에 중과기준세율(2%)의 4배를 합한 중과세율을 적용하는 것이다.

★

지방세법 제13조의2 법인의 주택 취득 등 중과
③ 제1항 또는 제2항과 제13조 제5항이 동시에 적용되는 과세물건에 대한 취득세율은 제16조 제5항에도 불구하고 제1항 각 호의 세율 및 제2항의 세율에 중과기준세율의 100분의 400을 합한 세율을 적용한다.

따라서 대도시 내 법인이 고급주택을 유상거래로 취득하는 경우 「지방세법」 제13조의2 제1항의 세율 12%에 중과기준세율(2%)의 4배를 합한 20%의 세율을 적용한다.

아래에서 「지방세법」 제13조 제2항에 따른 대도시 내 중과세 요건과 동법 제13조 제5항 사치성재산(고급주택 포함)의 중과세 요건이 동시에 충족되는 법인에게 적용되는 취득세 중과세율을 정리하였다.

중복 적용 중과 유형	산출식	산출 예시	지방세법
대도시 법인 • 사치성재산	(표준세율×3배) + (2%×2배)	[건물 승계 취득] (4%×3) + (2%×2) = 16%	제13조 ②·⑤·⑦
대도시 법인 • 고급주택	12% + (2%×4배)	[법인 고급주택 매입] 12% + (2%×4) = 20%	제13조 ⑤ 제13조의2 ③

법인의 분할 · 합병에 따라 취득하는 부동산 중과세

1 법인이 분할 · 합병에 따라 취득하는 부동산의 중과 여부

★

시행령 제27조(대도시 부동산 취득의 중과세 범위와 적용기준)

④ 법 제13조 제2항 제1호를 적용할 때 분할등기일 현재 5년 이상 계속하여 사업을 한 대도시의 내국법인이 법인의 분할(「법인세법」 제46조 제2항 제1호 가목부터 다목까지의 요건을 갖춘 경우만 해당한다)로 법인을 설립하는 경우에는 중과세 대상으로 보지 아니한다. (개정 2013.1.1.)

⑤ 법 제13조 제2항 제1호를 적용할 때 대도시에서 설립 후 5년이 경과한 법인(이하 이 항에서 "기존법인"이라 한다)이 다른 기존법인과 합병하는 경우에는 중과세 대상으로 보지 아니하며, 기존법인이 대도시에서 설립 후 5년이 경과되지 아니한 법인과 합병하여 기존법인 외의 법인이 합병 후 존속하는 법인이 되거나 새로운 법인을 신설하는 경우에는 합병 당시 기존법인에 대한 자산비율에 해당하는 부분을 중과세 대상으로 보지 아니한다. 이 경우 자산비율은 자산을 평가하는 때에는 평가액을 기준으로 계산한 비율로 하고, 자산을 평가하지 아니하는 때에는 합병 당시의 장부가액을 기준으로 계산한 비율로 한다.

2 규정의 분설

「지방세법 시행령」 제27조 제4항은 분할등기일 현재 5년 이상 계속하여 사업을 영위한 대도시 내의 내국법인이 설립한 법인세법상의 요건을 갖춘 분할신설법인에 대하여는 지방세법 제13조 제2항 제1호를 적용함에 있어 중과세 대상으로 보지 않겠다는 것이다. 여기에서 중과세 대상으로 보지 않는 취득에는 분할신설법인이 분할로 취득하는 부동산뿐만 아니라 분할 설립 이후에 취득하는 부동산도 포함된다.

「지방세법 시행령」 제27조 제5항은 대도시 안에서 설립 후 5년이 지난 법인(A)이 다른 기존법인(A')과 합병하는 경우 이를 중과세 대상으로 보지 아니하며(A+A'=A 또는 A'), 기존법인이 대도시 안에서 설립 후 5년이 경과하지 않은 법인(B)에 흡수합병되거나(A+B=B), 새로운 법인을 신설하는 경우(A+B=C)는 합병 당시 기존법인의 자산비율에 해당하는 부분은 중과세 대상으로 보지 않는다는 규정이다.

위 규정은 기존법인이 다른 법인과 합병하는 과정에서 피합병법인의 종전 본점이나 지점 소재지에 존속법인의 지점을 설치한 다음 5년 이내에 그 지점에 관계되는 부동산을 취득해 등기하는 경우에도 적용된다(대법원 2013.7.11. 선고 2011두12726 판결, 주요판결).

> ○ 기존법인 간 합병 후 5년 이내 지점용 부동산을 취득한 경우 중과 여부
>   (대법원 2013.7.11. 선고 2011두12726 판결)
> 합병에 통상적으로 수반되는 등기에 대하여 등록세 중과세의 부담을 완화하여 기업의 구조조정을 촉진하려는 시행령 제102조 제7항의 입법 취지 등을 종합하여 보면, 기존법인이 다른 법인과 합병하는 과정에서 피합병법인의 종전 본점이나 지점 소재지에 존속법인의 지점을 설치한 다음 그때부터 5년 이내에 그 지점에 관계되는 부동산을 취득하여 등기하는 경우에도 그 부동산등기에 대하여 시행령 제102조 제7항이 적용된다고 봄이 타당하다.

신탁부동산에 위탁자가 지점 등을
설치하는 경우 중과세

1 신탁부동산에 위탁법인이 지점 등을 설립하는 경우 중과세 여부

★

「지방세법」 제13조 제2항

② 다음 각 호의 어느 하나에 해당하는 부동산(「신탁법」에 따른 수탁자가 취득한 신탁
   재산을 포함한다)을 취득하는 경우의 취득세는 제11조 제1항의 표준세율의 100분의
   300에서 중과기준세율의 100분의 200을 뺀 세율을 적용한다.

「지방세법 시행령」 제27조 제6항

⑥ 법 제13조 제2항을 적용할 때 「신탁법」에 따른 수탁자가 취득한 신탁재산의 경우
   취득 목적, 법인 또는 사무소 등의 설립·설치·전입 시기 등은 같은 법에 따른 위탁
   자를 기준으로 판단한다. (신설 2019.12.31.)

2 규정의 분설

대도시 내에서 법인(중과대상 법인을 포함한 모든 법인)이 취득한 부동산을 신탁재산으
로 하여 신탁회사에 이전한 후 그 부동산에 위탁자의 '본점사무소'[52] 또는 '지점 등의 설치'
를 하는 경우 중과세 문제가 발생하게 된다.

---

52) 2017년부터 신탁재산(신축 또는 증축에 한함)이 5년 내에 위탁자의 본점 사업용 부동산에 해당하는 경우
   법 제13조 제1항의 중과세를 적용하도록 개정됨.

2019.12.31.까지는 대도시 내 법인의 지점 등의 설치에 따른 취득세 중과세를 판단함에 있어서 신탁법상의 신탁등기가 경료된 부동산의 경우 중과세 대상에 해당하는지 여부를 '수탁자' 기준으로 판단하는 것이 대도시 내로의 인구집중을 막기 위한 중과세 입법 취지에도 부합된다고 판단하였다(조심 2018지0847, 2019.9.10. 등). 그러나 대도시 내 신설 법인이 중과세를 회피하려는 수단으로 악용되거나, 위탁자가 중과세를 피하기 위해 신탁재산에 지점 등을 설치하는 경우가 발생하자 2020년부터 본 조항을 신설하여 시행하게 된 것이다.

한편, 수탁자가 신축 또는 증축으로 취득한 부동산을 위탁자가 본점이나 주사무소의 사업용 부동산으로 사용하는 경우에도 대도시 내 본점 사업용 부동산의 신·증축으로 보아 2017년부터 취득세를 중과세하고 있다. 즉, 「신탁법」에 따른 수탁자가 취득한 신탁재산 중 위탁자가 신탁기간 중 또는 신탁종료 후 위탁자의 본점이나 주사무소의 사업용으로 사용하는 부동산도 중과세 대상이다.

이는 법인이 토지를 신탁하고 건축물을 신·증축한 후에 본점용으로 사용하는 경우 중과세를 회피하는 사례를 방지하기 위해 보완된 제도로서 신탁을 통해 대도시 내 건축물을 신·증축한 후 본점 사업용 부동산으로 사용하더라도 취득세 중과대상으로 명시한 것이다.

대도시 부동산 취득 중과세 관련 주요 쟁점 사례

○ 부동산 취득 후 지점 설치 및 공장 승계취득에 대한 중과세 사례: 대도시에서 레미콘 공장을 승계취득 후 지점을 설치하였으나 지점사무실만 중과세하고 나머지는 중과세를 면한 사례 (대법원 2015.10.29. 선고 2015두36669 판결)

대도시 내에서 법인이 공장의 생산설비를 포괄적으로 승계취득하면서 기존의 공장을 그대로 인수하여 소속만 변경한 것을 새로운 지점의 설치로 보아 중과대상으로 볼 수는 없다. 부동산 중 위 사무동 공간 및 해당 부지를 제외한 나머지 부분은 원고의 지점 용도로 직접 사용하기 위하여 취득한 것이라고 볼 수 없으므로 전단 규정에 의한 취득세 중과대상에 해당하지 아니하고, 또한 기존 공장의 기계설비 및 동력장치를 포함한 모든 생산설비를 포괄적으로 승계취득한 경우이므로 구 지방세법 시행규칙 제7조 제2항 제2호 가목에 따라 구 지방세법 제13조 제2항 제2호의 취득세 중과대상에도 해당하지 아니한다고 할 것이다.

○ 본점 또는 지점 이전 관련 중과세 사례 1: 종전 본점을 유지하면서 더 큰 영업점을 설치하여 본점을 이전하였으므로 중과세 대상이 아니라고 주장하였으나 패소한 사례 (대법원 2017.9.28. 선고 2017두48505 판결)

법인 설립 등에 해당하는지 여부는 법인등기부상의 기재와 관계없이 실질적으로 본점 등의 역할을 수행하는 곳을 기준으로 하여 판단하여야 할 것이고, 나아가 대도시 내에 본점을 설치하고 있던 법인이 당해 대도시 내에 있는 다른 부동산을 취득하여 지점을 설치하였으나 사실상 본점을 이전한 경우에 해당할 때에는 구 지방세법 소정의 취득세 중과요건을 결하게 된다고 보아야 할 것이다(대법원 1999.5.14. 선고 98두11786 판결 등 참조).

【판례해설】 대도시 내에 본점을 설치하고 있던 법인이 당해 대도시 내에 있는 다른 부동산을 취득하여 지점을 설치하였으나 사실상 본점을 이전한 경우에 해당할 때에는 지방세법

규정 소정의 등록세 중과요건을 결하게 된다(대법원 1999.5.14. 선고 98두11786 판결 등 참조) 할 것이나, 위 사례에서 원고가 사실상 본점을 이전한 경우에 해당하여 중과세를 면하려면 새로 취득한 부동산에 한 지점 설치는 형식적인 것이고, 실제로는 종전의 본점을 폐쇄하고 새로 취득한 부동산 소재지에 본점의 인적·물적 설비를 철수하여 이전한 경우라 가능하다.

○ 본점 또는 지점 이전 관련 중과세 사례 2: 등기부상 본점 소재지에도 불구하고 본점 역할을 수행하는 장소가 따로 있어 이를 이전한 경우 취득세 중과세를 제외할 수 있는지 여부 (대법원 2017.12.21. 선고 2017두63795 판결)

등기부상 본점 소재지에도 불구하고 본점 역할을 수행하는 장소가 따로 있어 이를 이전하였다면 취득세 중과대상에 해당되지 않는다.

【판례해설】 원고는 1996.8.30. 토목공사업을 영위하는 종합건설업체로 광주광역시에 등기부상 본점을 두었다. 이 사건 쟁점은 원고가 실질적으로 본점을 2010.1.20. 이전에 대도시인 분당 지역에 설치하였거나 이전하였는지 여부이다. 즉, 법인등기부 기재와 달리 실질적인 본점에 관하여, 원고는 설립 당시인 2007.7.31.부터 수내사무실에 두었다고 주장하고, 피고는 2012.4.1. 광주사무실에서 서◇사무실로 이전하였다고 주장하고 있는데, 취득세 중과세율 적용 여부는 본점 등 이전 후 5년 이내 취득이 요건이므로 본점이 이 사건 부동산을 취득하기 5년 전에 대도시에 있었는지가 문제된다.

○ 대도시 내 부동산 취득 시 취득세 중과 여부 문의에 대한 회신
　 (서울시 세무과-24620, 2018.11.19.)

취득 예정인 부동산에 별도의 지점을 설치하지 아니하고 임대부분에 대한 관리업무 일체를 대도시 밖에 있는 본점에서 수행하면서 매입 부동산 전체가 임대되는 경우라면 취득세 중과대상에 해당되지 아니하는 것이지만(같은 취지: 서울시 세제과-3385, 2016.3.9.), 본점 직원이 취득 예정인 부동산에 파견되어 임대관리를 하는 경우 또는 부동산을 취득한 후 5년 이내에 해당 부동산이 본점의 사업용 부동산이 되거나 「지방세법」 제13조 제2항에 따른 과세대상이 되는 경우에는 중과대상에 해당되는 것으로 판단됨(지법 제16조 제1항 제1호 및 제4항).

○ 임대한 사무실을 간헐적 사용 시 등록세 중과대상 본·지점 해당 여부
  (대법원 2016.7.29. 선고 2016두39122 판결)

원고의 대표자와 별개 법인의 대표자가 동일인이라고 하더라도 원고가 별개의 법인에게 사무실을 임대하고서 간헐적으로 사용한 경우는 대도시 내 본·지점 사용(전입)으로 볼 수 없다.

○ 임대용 부동산 관련 취득세 중과 여부 질의 회신 (서울시 세제과-3210, 2020.2.25.)

대도시 밖에 본점을 둔 법인이 서울시 내 임대용 부동산을 2019년 5월 취득하고 표준세율로 취득세를 신고·납부한 후 2020년 3월에 본점을 서울로 이전하는 경우, 처분 여부와 상관없이 기존의 임대용 부동산을 법인의 본점 용도로 직접 사용하지 않거나 지점을 설치하지 아니한 경우라면 취득세 중과세율 적용대상이 아닌 것으로 판단됨.

○ 개인사업자의 사무실을 법인이 승계취득 사용 시 지점 등의 설치에 해당 여부
  (대법원 2016.5.12. 선고 2016두33872 판결)

종전부터 존재하던 개인사업자 사무실을 법인이 승계취득하여 지점으로 사용한 경우 취득세 등 중과대상 지점 등의 설치에 해당함.

○ 대도시 내 주택건설사업자가 취득하는 부동산 취득세 중과세 제외 여부
  (행안부 부동산세제과-3436, 2021.12.22.)

주택건설을 목적으로 멸실을 전제로 쟁점건축물을 취득하고 다른 용도로 사용하지 않은 상태에서 멸실을 거쳐 일정 기간 내 주택건설공사의 착공에 이른 경우라면, 토지와 마찬가지로 쟁점건축물 부분도 대도시 중과세 제외 업종에 직접 사용할 목적으로 취득하는 부동산에 해당한다고 할 것임.

○ 대도시 내 산업단지에서 대도시로 본점을 이전한 경우 취득세 중과 여부
  (조심 2021지3195, 2021.11.29.)

청구법인은 2015.9.14. 산업단지에서 법인을 설립한 후, 2016.10.25. 대도시로 본점을 전입하였음이 법인 등기부등본에 의하여 확인되고, 이후 5년 이내인 2021.5.20. 대도시에 소재한 이 건 오피스텔을 취득하였으므로 이는 취득세 중과대상에 해당하는 것임.

○ 기술혁신형 중소기업 법인의 대도시 중과 제외 적용 여부 질의 회신
  (행안부 부동산세제과‒1051호, 2021.4.14.)

대도시로의 전입(서울 외의 지역에서 서울로의 전입 포함) 이후 5년 이내 취득하는 부동산이라면, 해당 법인이 부동산 취득 전에 기술혁신형 중소기업으로 선정되어 기술혁신기업 인증을 받은 경우라 하더라도 중과세 제외 대상으로 볼 수 없음.

○ 법인 지점의 설치가 아닌 본점의 이전으로 인정할 수 있는지
  (대법원 2025.1.9. 선고 2024두54386 판결)

부동산을 취득할 당시에는 지점 설치 용도로 직접 사용할 목적이 인정되지 아니하여 중과세율이 적용되지 아니하였으나, 취득 후 5년 이내에 지점 설치 용도로 직접 사용하게 된 경우에 해당한다면, 이 부동산을 법률상 하나인 원고의 본점으로까지(원고가 이 사건 종전 본점을 폐쇄하고 이 사건 부동산에 인적·물적 설비를 이전하여 본점을 이전한 것이라고) 인정하기는 어려움.

지방세특례제한법에서 중과세를 배제하는 규정

1 벤처기업집적시설 및 산업기술단지 중과배제

★

제58조(벤처기업 등에 대한 과세특례)

② 「벤처기업육성에 관한 특별조치법」에 따라 지정된 벤처기업집적시설 또는 「산업기술단지 지원에 관한 특례법」에 따라 조성된 산업기술단지에 입주하는 자(벤처기업집적시설에 입주하는 자 중 벤처기업에 해당되지 아니하는 자는 제외한다)에 대하여 취득세, 등록면허세 및 재산세를 과세할 때에는 2023년 12월 31일까지 「지방세법」 제13조 제1항부터 제4항까지, 제28조 제2항·제3항 및 제111조 제2항의 세율을 적용하지 아니한다.

2 창업보육센터에 대한 중과배제

★

제60조(중소기업협동조합 등에 대한 과세특례)

③ 「중소기업창업 지원법」에 따른 창업보육센터에 대해서는 다음 각 호에서 정하는 바에 따라 지방세를 감면한다.

2. 창업보육센터에 입주하는 자가 해당 창업보육센터용으로 직접 사용하기 위하여 취득하는 부동산에 대하여 취득세, 등록면허세 및 재산세를 과세할 때에는 2023년 12월 31일까지 「지방세법」 제13조 제1항부터 제4항까지, 제28조 제2항·제3항 및 제111조 제2항의 세율을 적용하지 아니한다.

3 부동산 투자회사 등에 대한 중과배제

★

제180조의2(지방세 중과세율 적용배제 특례)

① 다음 각 호의 어느 하나에 해당하는 부동산의 취득에 대해서는 「지방세법」에 따른 취득세를 과세할 때 2021년 12월 31일까지 같은 법 제13조 제2항 본문 및 같은 조 제3항의 세율을 적용하지 아니한다.

1. 「부동산투자회사법」 제2조 제1호에 따른 부동산투자회사가 취득하는 부동산
2. 「자본시장과 금융투자업에 관한 법률」 제229조 제2호에 따른 부동산집합투자기구의 집합투자재산으로 취득하는 부동산
3. 조세특례제한법 제104조의31 제1항에 해당하는 프로젝트금융투자회사가 취득하는 부동산

○ 부동산투자회사법

제2조(정의) 이 법에서 사용하는 용어의 뜻은 다음과 같다.

1. "부동산투자회사"란 자산을 부동산에 투자하여 운용하는 것을 주된 목적으로 제3조부터 제8조까지, 제11조의2, 제45조 및 제49조의2 제1항에 적합하게 설립된 회사로서 다음 각 목의 회사를 말한다.

   가. 자기관리 부동산투자회사: 자산운용 전문인력을 포함한 임직원을 상근으로 두고 자산의 투자·운용을 직접 수행하는 회사
   나. 위탁관리 부동산투자회사: 자산의 투자·운용을 자산관리회사에 위탁하는 회사
   다. 기업구조조정 부동산투자회사: 제49조의2 제1항 각 호의 부동산을 투자 대상으로 하며 자산의 투자·운용을 자산관리회사에 위탁하는 회사

○ 자본시장과 금융투자업에 관한 법률

제229조(집합투자기구의 종류) 집합투자기구는 집합투자재산의 운용대상에 따라 다음 각 호와 같이 구분한다.

2. 부동산집합투자기구: 집합투자재산의 100분의 40 이상으로서 대통령령으로 정하는 비율을 초과하여 부동산(부동산을 기초자산으로 한 파생상품, 부동산 개발과 관련된 법인에 대한 대출, 그 밖에 대통령령으로 정하는 방법으로 부동산 및 대통령령으로 정하는 부동산과 관련된 증권에 투자하는 경우를 포함한다. 이하 이 조에서 같다)에 투자하는 집합투자기구

○ 조세특례제한법

제104조의31(프로젝트금융투자회사에 대한 소득공제) ① 「법인세법」 제51조의2 제1항 제1호부터 제8호까지의 규정에 따른 투자회사와 유사한 투자회사로서 다음 각 호의 요건을 모두 갖춘 법인이 2022년 12월 31일 이전에 끝나는 사업연도에 대하여 대통령령으로 정하는 배당가능이익의 100분의 90 이상을 배당한 경우 그 금액은 해당 배당을 결의한 잉여금 처분의 대상이 되는 사업연도의 소득금액에서 공제한다.

1. 회사의 자산을 설비투자, 사회간접자본 시설투자, 자원개발, 그 밖에 상당한 기간과 자금이 소요되는 특정사업에 운용하고 그 수익을 주주에게 배분하는 회사일 것
2. 본점 외의 영업소를 설치하지 아니하고 직원과 상근하는 임원을 두지 아니할 것
3. 한시적으로 설립된 회사로서 존립기간이 2년 이상일 것
4. 「상법」이나 그 밖의 법률의 규정에 따른 주식회사로서 발기설립의 방법으로 설립할 것
5. 발기인이 「기업구조조정투자회사법」 제4조 제2항 각 호의 어느 하나에 해당하지 아니하고 대통령령으로 정하는 요건을 충족할 것
6. 이사가 「기업구조조정투자회사법」 제12조 각 호의 어느 하나에 해당하지 아니할 것
7. 감사는 「기업구조조정투자회사법」 제17조에 적합할 것. 이 경우 "기업구조조정투자회사"는 "회사"로 본다.
8. 자본금 규모, 자산관리업무와 자금관리업무의 위탁 및 설립신고 등에 관하여 대통령령으로 정하는 요건을 갖출 것

○ 부동산투자회사 중복감면 해당 여부 질의 회신 (행안부 지방세특례제도과-249, 2020.2.6.)

부동산투자회사가 현물출자로 취득하는 재산에 대하여 「지방세특례제한법」 제57조의2 제3항 제3호의 규정에 따른 취득세 감면과 같은 법 제180조의2 지방세 중과세율 적용 배제가 동시에 해당될 경우에는 같은 법 제180조에 따른 중복감면 배제 대상에 해당되므로 감면율이 높은 감면 규정을 적용함이 타당

• 질의 내용인 「지방세특례제한법」 제180조의2 제1항 제1호 부동산투자회사가 취득하는 부동산에 대한 취득세 중과세율 적용 배제 규정의 개정 연혁을 살펴보면, 구 조세특례제한법(2014.12.23. 법률 제12853호로 개정되기 이전의 것, 이하 "구 조세특례제한법"이라 함) 제120조(취득세의 면제 등) 제4항 제1호의 규정에서 '부동산투자회사가 취득하는 부동산에 대하여 취득세의 100분의 30에 상당하는 세액을 감면한다. 이 경우 「지방세법」 제13조 제2항 본문 및 제3항의 세율을 적용하지 아니한다'고 규정하였다가, 2015년부터는 「지방세특례제한법」으로 이관하면서 취득세 감면규정은 일몰로 종료하고 취득세 중과세율 적용 배제 규정만 존치하게 되었고,
  － 구 조세특례제한법 제119조(등록면허세의 면제 등) 제3항의 대도시 법인설립등기에

대한 중과세율 적용 배제 조항도 「지방세특례제한법」 제180조의2 제2항으로 이관되어 존치하고 있음을 알 수 있음.

- 또한, 「지방세특례제한법」 제180조의2 제1항에서 규정하고 있는 지방세 중과세율 적용 배제 특례에 대한 내용을 규정하고 있는 조문을 살펴보면, ① 같은 법 제31조의4(주택임대사업에 투자하는 부동산투자회사에 대한 감면) 제1항, ② 같은 법 제54조(관광단지 등에 대한 과세특례) 제3항, ③ 같은 법 제58조(벤처기업 등에 대한 과세특례) 제2항, ④ 같은 법 제60조(중소기업협동조합 등에 대한 과세특례) 제3항 제2호에서 찾아볼 수 있음.

- 한편, 구 조세특례제한법 제120조(취득세의 면제 등) 제1항에서는 감면규정과 중과세율 적용 배제 규정이 함께 규정되어 있다가, 2015년부터 「지방세특례제한법」 제57조의2 제3항으로 감면규정은 이관되고 중과세율 적용 배제 규정은 삭제되었음을 알 수 있음.

다. 부동산투자회사가 취득하는 부동산에 대한 취득세 감면규정과 대도시 내 취득세 중과세율 배제를 동시에 적용할 수 있는지 여부

- 위에서 살펴본 바와 같이 지방세 감면에 대한 정의 규정이 없는 상황에서 「지방세특례제한법」 제180조의 중복감면 배제 조항의 중복감면에 대도시 내 취득세 중과세율 적용 배제도 포함할 것인지에 대하여는 첫째, "감면"의 개념을 사전적 의미로 해석하더라도 중과세율 적용 배제를 통하여 조세부담을 덜어주는 것으로 감면의 범주로 볼 수 있는 점, 둘째, 구 조세특례제한법에서 규정하고 있던 감면 조항이 「지방세특례제한법」으로 이관되면서 취득세 감면규정은 일몰로 종료하고 취득세 중과세율 적용 배제 규정만 존치하게 된 점, 셋째, 「지방세특례제한법」 제180조의2 외에 개별조항에서도 중과세율 적용 배제 규정이 존재하고 있으므로 동일하게 적용되어야 하는 점 등 「지방세특례제한법」 제180조의2 중과세율 적용 배제 규정만 특별히 같은 법 제180조(중복 감면 배제) 규정을 적용받지 아니하여야 할 사유를 찾아볼 수 없음.

- 따라서 부동산투자회사가 현물출자로 취득하는 재산에 대하여 「지방세특례제한법」 제57조의2 제3항 제3호의 규정에 따른 취득세 감면과 같은 법 제180조의2 지방세 중과세율 적용 배제가 동시에 해당될 경우에는 같은 법 제180조에 따른 중복감면 배제 대상에 해당되므로 감면율이 높은 감면 규정을 적용함이 타당하다고 하겠으나 이에 해당되는지 여부는 과세권자가 사실관계를 조사하여 결정할 사항임.

※ 지방세특례제한법 제180조의2에서 규정하는 '지방세 중과세율 적용 배제 특례'는 감면에 해당하므로 지방세특례제한법 제180조의 '중복 특례의 배제' 대상에 해당한다는 내용으로, 위 질의 회신에 따라 과세한 사건이 대법원에서 처분청 승으로 확정되었다(대법원 2022.3.16. 선고 2022두66125 판결, 서울고등법원 2022.10.27. 선고 2022누38375 판결).

○ 「지방세특례제한법」 제180조의2에 따라 취득세 중과세율의 적용이 배제된 것이 「농어촌특별세법」 제2조 제1항에 따른 '감면'으로서 농어촌특별세 과세대상에 해당하는지 여부 (조심 2023지3560, 2023. 11. 22.) (처분청 패)

- 위 대법원 판결(대법원 2022.3.16. 선고 2022두66125)은 부동산의 취득이 「지방세특례제한법」 제57조 제3항 제3호에 따른 법인세법에 따른 현물출자에 따라 취득하는 재산에 대한 취득세 감면규정과 같은 법 제180조의2에 따라 부동산투자회사가 취득하는 부동산에 대한 쟁점중과배제규정이 동시에 적용될 때 같은 법 제180조의 중복 감면의 배제규정을 적용할 수 있는지 여부에 대해 다툰 사안에서, 쟁점 중과배제 규정도 「지방세특례제한법」상 감면규정에 해당하여 중복 감면의 배제규정 적용대상이라는 판결로, 이 건의 쟁점과 같이 쟁점 중과배제 규정의 적용으로 세액이 감소한 경우 「농어촌특별세법」상 감면으로서 농어촌특별세 과세대상에 해당하는지 여부를 다투었다고 보기는 어렵다.

- 2011.1.1. 「지방세법」의 전부개정으로 구 취득세와 구 등록세가 현행 취득세로 통합되면서 「지방세법」 제15조에 세율의 특례 규정이 신설되었고, 당시 「농어촌특별세법」에서는 '감면'의 범위에 '「지방세법」 제15조 제1항에 따른 취득세 특례세율의 적용'이 추가·신설(제2조 제1항 제3호)되었으며, 그 외 개정사항은 없는 것으로 나타난다.

- 「농어촌특별세법」의 소관부처인 기획재정부는 최초 신설당시부터 쟁점중과배제규정과 같은 형식으로서 중과배제규정만을 규정한 현행 「지방세특례제한법」 제180조의2 제2항의 규정에 대해 농어촌특별세 과세대상에 해당하지 아니한다고 해석하여 왔고(기획재정부 조세지출예산과-190, 2007.3.27. 외 다수), 쟁점중과배제규정이 「조세특례제한법」에서 「지방세특례제한법」으로 이관된 이후에도 농어촌특별세 과세대상여부에 대하여 종전과 동일한 입장(기획재정부 조세특례제도과-710, 2022.10.18.)인 것으로 확인된다.

○ 지특법 제180조의2에 따라 중과세가 배제된 경우에는 일반적 추징규정인 지특법 제178조가 적용되는지 여부 (조심 2023지0828, 2023.11.29.)

청구인들이 PFV인 청구법인의 쟁점토지 취득에 대해서는 일반적 추징규정인 지특법 제178조 제1항의 적용이 배제된다고 봄이 타당하다 할 것(조심 2023지219, 2023.4.4. 같은 뜻임)이므로 처분청이 이 건 취득세 등을 부과한 처분은 잘못이 있다고 판단됨.

대도시 내 법인의 신설 또는 지점 · 분사무소 설치에 따른 등기에 대하여는 등록면허세(등록분)가 중과되며, 중과대상에는 설립 후 또는 휴면법인 인수 후 5년 이내에 자본 증가도 포함된다.

또한, 대도시 외 법인의 본점(주사무소) 전입 등기도 중과대상이며, 전입 후 5년 이내에 자본 또는 출자액 증가하는 경우도 중과대상에 포함한다. 아울러 대도시 내 지점 설치 등기에 대하여도 등록면허세가 중과세 된다.

한편, 취득세와 마찬가지로 중과 제외 업종인 경우에는 중과 제외하고, 대도시와 휴면법인의 범위도 취득세와 같다.

| 대도시 법인등기 등록면허세 중과세율 |

등기 내용			과세표준	표준세율 (최저세액)	중과세율	중과 최저세액
설립 및 합병	설립 납입	영리법인	주식금액 납입액 또는 출자금액 또는 현금 외 출자가액	0.4% (112,500원)	1.2%	337,500원
		비영리법인	납입 출자총액 또는 재산가액	0.2% (112,500원)	0.6%	337,500원
	자본 (출자) 재산 증가	영리법인	납입액 또는 현금 외 출자가액	0.4% (112,500원)	1.2%	337,500원
		비영리법인	납입 출자액 또는 재산가액	0.2% (112,500원)	0.6%	337,500원
자산재평가적립금에 의한 자본 또는 출자금액의 증가, 출자총액 또는 자산총액의 증가			출자 증가액	0.1% (112,500원)	0.3%	337,500원
본점 또는 주사무소의 이전			[일반세율] ㄴ 정액세율 [중과세율] ㄴ 설립과 동일	112,500원	1.2% (0.6%)	337,500원
지점 또는 분사무소의 설치			–	건당 40,200원	120,600원	–
그 밖의 등기			–	건당 40,200원	적용 제외	–

제 **4** 절

공장의 신·증설에 따른 중과세

대도시 공장 신·증설에 따른 중과세

1 공장 신·증설 중과세 개요

　수도권 과밀억제권역에서 "공장을 신설하거나 증설하기 위한 사업용 과세물건"과 "공장 신·증설에 따라 취득하는 부동산"은 취득세 중과대상이 된다. 이와 같은 2가지 유형별 중과세율은 「지방세법」 제13조 제1항과 제2항에서 각각 달리 규정하고 있지만, 실무상 대부분이 위 두 유형에 동시에 해당되어 「지방세법」 제13조 제6항에 의해 "표준세율의 3배"를 중과세율로 적용하는 것이 일반적이다. 다만, 과밀억제권역 중 산업단지·유치지역·공업지역은 공장 중과대상에서 제외되는데, 대도시 법인 설립 등 중과대상 지역과 적용범위가 다르다는 점을 유의할 필요가 있다.

구 분	지방세법 제13조 제1항	지방세법 제13조 제2항 제2호
지역요건	과밀억제권역 (산업단지, 유치지역, 공업지역 제외)	동일
대상행위	공장의 신·증설	동일
대상물건	공장용 건축물과 그 부속토지, 공장용 차량 및 기계장비(5년 내)	부동산
적용기한	취득 후 5년 내 공장 신·증축 시 중과	동일
중과제외	없음.	있음.
적용세율	표준세율 + 중과기준세율(2%)의 2배	표준세율 × 3배 - 중과기준세율(2%)의 2배
동시적용	표준세율의 3배	

중과대상	중과지역	과세물건	중과세율(예시)		제외대상	규정
① 사업용 과세물건	과밀억제권역 (산업단지, 유치지역, 공업지역 제외)	부동산 기계장비 등	공장(신축) 6.8% 토지(승계) 8.0% 기계장비(승계) 7.0%		기존공장의 포괄승계, 도시형 공장 등	지법 §13 ①
② 공장 신·증설 부동산		부동산	공장(신축) 4.4% 토지(승계) 8.0%			지법 §13 ②
①, ② 중복 적용		부동산 기계장비 등	공장(신축) 8.4% 토지(승계) 12.0%			지법 §13 ⑥

공장 신·증설에 대한 중과세를 「지방세법」 제13조 제1항과 제2항으로 달리 규정하고 있는 것은 2011년 취득세 통·폐합 이전의 舊 취득세 중과세와 舊 등록세 중과세로 별도로 규정하던 것에서 유래한다. 즉, 현재의 제13조 제1항·제2항으로 옮겨온 것이다.

또한, 「지방세법」 제13조 제1항에 의한 중과세는 제2항과 달리 부동산 외에도 기계장비 등 사업용 과세물건을 대상으로 하고 있는데, 기계장비 등은 舊 취득세만 과세대상으로 하였기 때문이다.

② 공장 신·증설 적용 중과세율

「지방세법」 제13조 제1항에 따라 공장을 신·증설하기 위하여 취득하는 사업용 과세물건에 대해 취득세 중과세율은 표준세율에 중과기준세율(2%)의 2배를 합한 세율이다. 이에 따라 신축하는 건축물은 6.8%, 승계취득하는 토지 8%, 차량 8%, 기계장비 7% 등의 세율이 적용된다.

「지방세법」 제13조 제2항에 의해 공장을 신설하거나 증설함에 따라 부동산을 취득하는 경우에는 「지방세법」 제11조 제1항의 표준세율의 3배에서 중과기준세율(2%)의 2배를 뺀 세율을 적용한다(지법 제13조 제2항). 즉, 공장을 신·증설함에 따라 취득하는 원시취득 건축물은 4.4%[(2.8% × 3) – (2% × 2)], 토지는 8%[(4% × 3) – (2% × 2)]의 세율이 적용된다.

그러나 공장의 신·증설에 따라 취득하는 부동산과 사업용 과세물건이 중복되는 경우가 대부분으로서 이 경우에는 표준세율의 3배로 중과세한다. 즉, 공장의 신설 또는 증설에 따라 위 2가지 유형의 중과세율이 동시에 적용되는 경우에는 「지방세법」 제11조 제1항에 따른 표준세율의 3배가 적용되는 것이다(지법 제13조 제6항).

구 분	지방세법 제13조 제1항	지방세법 제13조 제2항 제2호
신축 건축물	• 표준세율 + (2% × 2배) 2.8% + (2% × 2배) = 6.8%	• (표준세율 × 3배) − (2% × 2배) (2.8% × 3) − (2% × 2배) = 4.4%
승계취득 토지	• 표준세율 + (2% × 2배) 4% + (2% × 2배) = 8%	• (표준세율 × 3배) − (2% × 2배) (4% × 3) − (2% × 2배) = 8%
기계장비	• 표준세율 + (2% × 2배) 3% + (2% × 2배) = 7%	
제1·2항 동시적용	• 표준세율 × 3배 건축물 2.8% × 3배 = 8.4%, 토지 4% × 3배 = 12%	

위에서 보는 바와 같이 취득세 중과세율 산정이 복잡해 보이나, 2011년 취득세 통·폐합 이전에 위 제1항의 경우 舊 취득세가 3배 중과이고 제2항의 경우 舊 등록세가 3배 중과세였다고 생각하면 이해하기 쉽다. 즉, 제1항의 경우 舊 취득세 3배에 舊 등록세를 합하고, 제2항의 경우에는 舊 취득세에 舊 등록세 3배를 합하면 된다. 제1항과 제2항이 동시에 적용되는 경우로서 공장 건축물 신축에 대한 중과세율 8.4%는 舊 취득세(2% × 3배 = 6%)에 舊 등록세(0.8% × 3배 = 2.4%)가 합쳐진 것이다.

중과 유형	과세 세목	표준세율	중과세율 산출식		적용세율
① 사업용 과세 물건	舊 취득세	2.0%	[중과]	표준세율×3배	6.0%
	舊 등록세	0.8%	[일반]	표준세율	0.8%
	現 취득세	2.8%	[중과]	표준세율+(2%×2배)	6.8%
② 공장 신·증설 부동산	舊 취득세	2.0%	[일반]	표준세율	2.0%
	舊 등록세	0.8%	[중과]	표준세율×3배	2.4%
	現 취득세	2.8%	[중과]	(표준세율×3배) − (2%×2배)	4.4%
①, ② 중복 적용	現 취득세	2.8%	[중과]	표준세율×3배	8.4%

* 위 표준세율은 건축물 신축(원시)취득에 대한 세율을 예시한 것임.

한편, 과밀억제권역에서 공장을 신·증설함에 따라 취득하는 건축물에 대하여는 취득세 중과 외에도 재산세를 5년간 중과하는데, 그 중과세율은 재산세 표준세율의 5배(0.25% × 5 = 1.25%)이다.

공장 신·증설을 위한 사업용 과세물건 중과세

1 중과세 개요

수도권 과밀억제권역에서 공장을 신설하거나 증설하기 위하여 사업용 과세물건을 취득하는 경우의 취득세율은 표준세율에 중과기준세율(2%)의 2배를 합한 세율을 적용한다(지법 제13조 제1항). 다만, 과밀억제권역 중 「산업집적활성화 및 공장설립에 관한 법률」을 적용받는 산업단지·유치지역 및 「국토의 계획 및 이용에 관한 법률」을 적용받는 공업지역은 제외된다.

★
- 지역범위: 「수도권정비법」에 의한 과밀억제권역(산업단지, 유치지역, 공업지역 제외)
- 대상물건: 공장 신·증설을 위한 사업용 과세물건(건축물, 부속토지, 기계장비 등)
- 중과세율: 표준세율 + 중과기준세율(2%)의 2배 ☞ 원시취득 6.8%, 승계취득 8%

이와 같은 신·증설 공장에 대한 중과세는 과밀억제권역 내의 인구집중을 억제하고 공해를 방지하기 위한 정책차원에서 도입된 제도로서, 2010년까지 구 취득세가 3배 중과[53]되던 것이 2011년부터 통합 취득세에 반영된 제도이다.

---

53) 1998년까지 산업단지를 제외한 과밀억제권역에서 공장을 신·증설할 경우 취득세를 5배 중과세했으나, 1999년부터는 IMF 상황에서 기업들의 경제활동을 지원하기 위해 3배 중과세로 완화하면서 중과대상 공장의 연면적도 200㎡에서 500㎡로 조정하여 규모가 작은 공장들은 중과세가 되지 않도록 하였다.

2 중과대상 공장

신·증설로 인하여 중과되는 공장은 「지방세법 시행규칙」 [별표 2]에 규정된 업종의 공장으로서 생산설비를 갖춘 건축물의 연면적(옥외에 기계장치 또는 저장시설이 있는 경우에는 그 시설의 수평투영면적을 포함한다)이 500㎡ 이상인 공장이다.[54]

공장 건축물의 연면적에는 해당 공장의 제조시설을 지원하기 위하여 공장 경계 구역 안에 설치되는 부대시설의 연면적을 포함하고, 식당·휴게실·목욕실·세탁장·의료실·옥외 체육시설 및 기숙사 등 종업원의 후생복지증진에 제공되는 시설과 대피소, 무기고, 탄약고 및 교육시설은 제외된다.[55]

한편, 1동의 건축물 내에서 본점용 사무실이 공장과 독립적으로 구분되어 있지 않은 경우에는 본점용 사무실은 공장을 지원하기 위한 사무실로서 공장의 부대시설에 해당된다고 본다(행안부 지방세특례제도과-3674, 2018.10.8.).

또한, 공장을 신설하거나 증설한 날부터 5년 이내에 취득하는 공장용 차량 및 기계장비도 취득세 중과대상에 해당된다.

3 공장의 업종 기준

취득세가 중과세가 되는 업종은 「지방세법 시행규칙」 [별표 2]에 규정된 업종의 공장으로서 「산업집적활성화 및 공장설립에 관한 법률」 제28조에 의한 도시형 공장은 제외된다. 즉, 공해발생 정도가 낮거나 도시민생활과 밀접한 관계가 있는 도시형공장은 제외되는 것이다.[56]

인쇄업(「신문 등의 진흥에 관한 법률」에 따라 등록된 신문 및 「뉴스통신진흥에 관한 법률」에 따라 등록된 뉴스통신사업에 한정)과 지역난방사업은 비도시형 업종이라 하더라도

---

54) 무허가 또는 위법건축물도 실제 공장으로 사용하고 있다면 중과대상 공장에 포함된다.
55) 대피시설 등 생산에 직접 공여되지 아니하는 장소는 중과대상이 아니지만, 대도시 외로 공장이전에 따른 지방세 감면에 있어서는 대피시설 등 장소를 포함하여 감면토록 한 점에서 차이가 있다.
56) 도시형 업종과 비도시형 업종을 함께 영위하는 공장인 경우에는 건축물 연면적비율로 안분하여 중과세 대상 금액을 산정하고 면적기준 안분이 불가능한 경우에는 업종 간 매출비율로 안분하는 것이 타당하다 (내무부 도세 22670-605, 1989.2.17.).

중과세 업종의 공장에서 제외되며, 가스업·상수도업·차량정비수리업·연탄제조업·얼음제조업·전기업은 관계법령의 규정에 의하여 공장의 설치가 금지·제한되는 지역에 있는 경우에는 중과된다.

4 공장의 증설

공장의 증설에 해당하는 경우는 ① 건축물 연면적의 100분의 20 이상을 증설하거나 건축물 연면적 330㎡를 초과하여 증설하는 경우, ② 공장용으로 쓰는 건축물의 연면적 또는 그 공장의 부속토지 면적을 확장하는 경우, ③ 해당 과밀억제권역 안에서 공장을 이전하는 경우에는 종전의 규모를 초과하여 시설하는 경우, ④ 레미콘제조공장 등 차량 또는 기계장비 등을 주로 사용하는 특수업종은 기존 차량 및 기계장비의 100분의 20 이상을 증가하는 경우이다(지칙 제7조).

5 공장의 부속토지

공장 건축물이 중과대상이 되는 경우 공장 건축물의 부속토지 또한 중과세 대상이 되지만, 토지 취득 이후 5년 이내에 공장 건축물의 부속토지가 된 경우에 한하여 중과대상이 된다. 이에 따라 공장용 건축물 및 그 부속토지를 취득한 날부터 5년이 경과한 후 공장을 증설한 경우 부속토지는 중과대상에서 제외되지만 건축한 공장용 건축물 부분은 공장증설로 보아 취득세가 중과세된다(행안부 세정-4997, 2007.11.23.).

6 중과 제외 공장

공장 신·증설의 경우에만 중과하므로 공장의 승계취득 등 다음의 경우에는 중과대상에 해당하지 아니한다(지칙 제7조 참조).

★
> ① 기존 공장의 기계설비 및 동력장치를 포함한 모든 생산설비를 포괄적으로 승계취득하는 경우
> ② 해당 과밀억제권역에 있는 기존 공장을 폐쇄하고 해당 과밀억제권역의 다른 장소로 이전한 후 해당 사업을 계속 하는 경우. 다만, 타인 소유의 공장을 임차하여 경영하

던 자가 그 공장을 신설한 날부터 2년 이내에 이전하는 경우 및 서울특별시 외의 지역에서 서울특별시로 이전하는 경우에는 그러하지 아니하다.

③ 기존 공장(승계취득 공장 포함)의 업종을 변경하는 경우

④ 기존 공장을 철거한 후 1년 이내에 같은 규모로 재축(건축공사에 착공한 경우 포함)하는 경우

⑤ 행정구역변경 등으로 새로 과밀억제권역으로 편입되는 지역은 편입되기 전에 「산업집적활성화 및 공장설립에 관한 법률」 제13조에 따른 공장설립 승인 또는 건축허가를 받은 경우

⑥ 부동산을 취득한 날부터 5년 이상 경과한 후 공장을 신설하거나 증설하는 경우

⑦ 차량 또는 기계장비를 노후 등의 사유로 대체 취득하는 경우. 다만, 기존의 차량 또는 기계장비를 매각하거나 폐기처분하는 날을 기준으로 그 전후 30일 이내에 취득하는 경우만 해당한다.

7 중과세율의 적용

「지방세법」 제13조 제1항에 따라 공장을 신·증설하기 위하여 취득하는 사업용 과세물건에 대해 취득세를 중과하며, 사업용 과세물건은 건축물과 토지, 차량, 기계장비가 해당된다. 이에 따라 중과세 세율은 표준세율에 중과기준세율(2%)의 2배를 합한 세율이므로 원시취득 건축물은 6.8%, 토지 8%, 차량 8%, 기계장비 7% 등으로 적용된다.

다만, 후술하는 공장을 신설하거나 증설함에 따라 부동산을 취득하는 경우에 있어 중과세 적용세율은 위와 다르고 또한 공장 사업용 과세물건과 부동산 취득이 동시에 적용되는 경우에는 표준세율의 3배로 중과된다.

> ○ 공장의 사무실이 본점 사무실인 경우 중과세 해당 여부
> (행안부 지방세운영과 – 2569, 2012.8.9.)
> 산업단지 내의 공장인 경우 그 사무실이 본점 사무실이라고 하여도 오로지 당해 공장을 영위하는데 필수적인 기능을 수행하는 경우라면, 위 규정 취득세 등 감면대상 산업단지 내 공장으로 볼 수 있는 부대시설에 해당하므로 취득세 중과세 대상에 포함되지 아니한다고 할 것임.

공장 신·증설에 따라 취득하는 부동산 중과세

1 중과세 개요

과밀억제권역에서 공장을 신설하거나 증설함에 따라 부동산을 취득하는 경우 「지방세법」 제11조 제1항의 표준세율의 100분의 300에서 중과기준세율의 100분의 200을 뺀 세율을 적용한다(지법 제13조 제2항). 다만, 과밀억제권역 중 「산업집적활성화 및 공장설립에 관한 법률」을 적용받는 산업단지와 유치지역 및 「국토의 계획 및 이용에 관한 법률」을 적용받는 공업지역은 제외된다.

★
- 지역범위: 「수도권정비법」에 의한 과밀억제권역(산업단지, 유치지역, 공업지역 제외)
- 대상물건: 공장 신·증설에 따라 취득하는 부동산(건축물과 토지)
- 중과세율: (표준세율의 3배) - 중과기준세율(2%)의 2배 ☞ 원시취득 4.4%, 승계취득 8%

위와 같은 공장 신·증설에 따라 취득하는 부동산에 대한 중과세는 인구집중 억제와 공해 방지를 위해 1973년에 도입되어 2010년까지 구 등록세를 3배 중과[57]한 것으로, 2011년부터는 취득세에 통·폐합된 제도이다.

---

[57] 1998년까지 산업단지를 제외한 과밀억제권역에서 공장을 신·증설할 경우 취득세를 5배 중과세했으나, 1999년부터는 IMF 상황에서 기업들의 경제활동을 지원하기 위해 3배 중과세로 완화하면서 중과대상 공장의 연면적도 200㎡에서 500㎡로 조정하여 규모가 작은 공장들은 중과세가 되지 않도록 하였다.

2 공장의 범위와 적용기준

앞에서 살펴본 「지방세법」 제13조 제1항에 의한 공장 신·증설을 위한 사업용 과세물건 중과세에 대한 공장의 범위와 동일하다. 다만, 「지방세법 시행령」 제26조에 의한 중과세 예외 업종에 해당하는 경우에는 중과세하지 않음에 유의할 필요가 있다.

또한, 도시형공장과 건축물 연면적 500㎡ 미만의 공장은 중과세하지 않고, 산업단지·유치지역·공업지역에서는 중과세하지 않음도 동일하다.

3 중과세율의 적용

공장을 신설하거나 증설함에 따라 부동산을 취득하는 경우에는 「지방세법」 제11조 제1항의 표준세율의 3배에서 중과기준세율(2%)의 2배를 뺀 세율을 적용한다(지법 제13조 제2항). 즉, 공장을 신·증설함에 따라 취득하는 원시취득 건축물은 4.4%[(2.8%×3) - (2%×2)], 토지는 8%[(4%×3) - (2%×2)]의 세율이 적용된다.

그러나 공장의 신·증설에 따라 취득하는 부동산과 사업용 과세물건이 중복되는 경우가 대부분으로서 이 경우에는 표준세율의 3배로 중과세한다. 공장의 신설 또는 증설에 따라 위 2가지 유형의 중과세율이 동시에 적용되는 경우에는 「지방세법」 제11조 제1항에 따른 표준세율의 3배가 적용되는 것이다(지법 제13조 제6항).

공장 신·증설에 따른 취득세 중과세 세율적용에 대해 요약·정리하면 다음과 같다.

구 분	지방세법 제13조 제1항	지방세법 제13조 제2항 제2호
원시취득	• 표준세율 + (2%×2배) 2.8% + (2%×2배) = 6.8%	• (표준세율×3배) - (2%×2배) (2.8%×3) - (2%×2배) = 4.4%
승계취득	• 표준세율 + (2%×2배) 4% + (2%×2배) = 8%	• (표준세율×3배) - (2%×2배) (4%×3) - (2%×2배) = 8%
기계장비	• 표준세율 + (2%×2배) 3% + (2%×2배) = 7%	
제1·2항 동시적용	• 표준세율×3배 건축물 2.8%×3배 = 8.4%, 토지 4%×3배 = 12%	

한편, 공장 건축물의 부속토지의 경우에는 통상 토지 취득 당시에는 일반세율로 신고·납부한 후 중과사유가 발생하면 그날로부터 60일 이내에 취득 당시 납부세액을 제외하고 신고·납부한다. 여기에서 중과사유 발생일은 공장에 생산설비를 설치한 날로서, 다만 그 이전에 영업허가·인가 등을 받은 경우에는 영업허가·인가 등을 받은 날로 보면 된다.

또한, 처음부터 중과대상인 경우에는 바로 중과세율을 적용하여 납부하지만, 토지나 건축물을 취득한 후 5년 이내에 해당 토지나 건축물이 중과대상에 해당하게 되면 중과세율을 적용하여 차액의 취득세를 납부해야 한다(지법 제16조 제1항).

참고로 과밀억제권역에서 공장을 신·증설함에 따라 취득하는 건축물에 대하여 5년간 재산세를 중과하는데, 그 중과세율은 재산세 표준세율의 5배($0.25\% \times 5 = 1.25\%$)이다.

○ **지방세법 운영예규 법13-3【중과세 대상 공장에 해당하는지 여부 예시】**

1. 중과대상에 해당하는 경우
   ① 기존 공장의 승계취득 시 기계설비를 제외한 공장대지 및 건물과 동력장치만을 양수한 경우(포괄승계취득으로 보지 아니한다)
   ② 동일 대도시권 내에서 기존 공장의 시설 일체를 매각하고 이전하는 경우(이전지역에서는 공장의 신설로 본다)

2. 중과대상에 해당하지 않는 경우
   ① 기존 공장의 토지, 건축물, 생산설비를 포괄적으로 그대로 승계하거나 시설규모를 축소하여 승계취득하는 경우
   ② 타인소유의 토지와 건축물에 설치된 공장을 그 토지와 건축물은 임대인으로부터, 그 기계장치는 소유자로부터 취득한 경우

○ **항공기 정비공장이 중과세 대상인 공장에 해당하는지 여부**
   (행안부 지방세정책과-2377, 2020.6.19.)

「지방세법 시행령」제138조 및 「지방세법 시행규칙」제75조 제4항에서는 「지방세법 시행규칙」[별표 2]에 규정된 업종이며 생산설비를 갖춘 건축물의 연면적이 500제곱미터 이상인 공장용 건축물은 화재위험 건축물로 명시하고 있고, 항공기 제조업과 달리 항공기 수리업에 대하여는 별도로 나열하고 있지 않는데, 「한국표준산업분류」에서는 항공기 제조공장 이외 사업체에서 수행하는 항공기 유지, 보수 및 정비활동은 수리업으로 분류하고 있으므

로 제조 공장이 아닌 정비활동 등만을 목적으로 하는 공장(항공기 수리업에 해당)에 대하여는 중과세액을 적용하기 어려울 것으로 판단됨.

○ 소실된 공장건물을 양수하여 새로운 시설을 한 후 기존업종과 다른 영업을 한 경우 공장의 신설 여부 (대법원 1982.6.22. 선고 81누425 판결)

지방세법상 중과세율에 의한 재산세가 배제되는 대도시 내 공장의 승계취득이란 기존공장의 토지, 건물, 생산설비 등을 포괄적으로 양수하는 것이고 또한 공장의 업종 변경도 기존공장의 소유자가 그 영업의 종류만을 변경하거나 기존공장의 토지, 시설 등을 포괄적으로 양수한 자가 기존업종과 다른 영업을 하는 경우를 뜻하므로, 소실된 대도시 내의 공장건물과 시설을 양수하여 종전 규모대로라고 하더라도 공장건물을 새로이 건축하고 새로운 기계시설을 한 후 기존업종과 다른 영업을 하는 경우에는 그같은 공장시설 등의 취득은 기존공장의 승계취득이 아니라 공장의 신설에 해당한다.

○ 대도시의 준공업지역에 소재한 쟁점정비공장을 본점과 분리된 사실상 하나의 '지점'으로 보아 취득세 중과세 여부 (조심 2021지5741, 2023.5.15.)

쟁점정비공장은 청구법인의 본점과는 물리적으로 구분된 곳에 소재하고 있는 점, 청구법인은 2017.6.16. 이 건 부동산을 신축하여 취득한 후 2017년 7월경 OOO구에 소재하던 본점을 이 건 부동산의 지상11~12층으로 이전하면서 기존에 없던 OOOA/S인 쟁점정비공장을 새로이 신설한 것으로 보이는 점, 쟁점정비공장은 본점 조직과는 분리된 A/S사업본부에 속한 전국 각 지점의 일부인 'OOOA/S' 지점으로 보이는 점, 청구법인의 사업보고서 등에 본사와 'OOOA/S' 지점을 각각 구분하여 기재하여 공시하고 있는 점, 또한 쟁점정비공장이 영업행위가 없는 단순한 제조·가공 등을 영위한다고 보기도 어려운 점, 이 건 부동산의 지상4층~지상6층에 소재한 주차장은 판매장과 쟁점정비공장이 구분 없이 공동으로 사용하고 있으므로 이를 면적비율로 안분하여 과세한 처분은 잘못이 없어 보이는 점 등에 비추어 처분청이 쟁점정비공장은 「지방세법」 제13조 제2항 제1호에 따라 취득세가 중과세되는 지점으로 보아 이 건 취득세 등을 부과·고지한 처분은 달리 잘못이 없다고 판단된다.

제**4**장

사치성재산 취득세 중과세

사치성재산의 중과세 개념

1 사치성재산의 중과세 취지

고급주택과 골프장·고급오락장·고급선박 등 과세대상을 사치성재산으로 구분하여 이러한 재산을 취득하는 경우에는 취득세를 중과세하고 있다. 즉, 고급주택 등 해당 부동산을 취득하는 경우 취득세율은 해당 표준세율에 중과기준세율(2%)의 4배를 더한 세율이 적용된다(지법 제13조 제5항).

이와 같은 사치성재산에 대한 취득세 중과세 제도는 과세대상에 대한 중과세를 통하여 경제생활에 있어서 사치·낭비풍조를 억제하고 국민계층 간의 위화감을 해소하여 건전한 사회기풍을 조성하는 한편, 국가 전체적으로 한정된 자원이 비생산적인 부문보다 생산적인 분야에 효율적으로 투자되도록 유도하고자 하는 데에 그 입법목적이 있다.[58] 또한 사치성 재산의 취득을 억제하는 한편, 사치성재산을 취득하는 행위 자체에 담세력이 있다고 보아 더 높은 세부담을 지우는 것이라고도 할 수 있다.

사치성재산에 대한 취득세 중과세 제도는 1973.3.12. 지방세법 개정으로 일반세율의 3배 중과세로 처음 도입된 이후 1974.1.14. 대통령긴급조치 제3호에 따라 일반세율의 7.5배로 강화되었다가 1999.1.1.부터 7.5배에서 5배로 중과 정도가 완화되었다. 특히 고급주택과 고급오락장의 기준과 범위를 시행령에 포괄위임한 것이 위임의 범위를 벗어난 것이라 하여 1998년 위헌결정(헌재 96헌바52, 1998.7.16.)된 후 1999년 이후부터 개선·보완되었다.

---

58) 헌법재판소 위헌소원 결정(96헌바64, 1999.2.25.) 참조

2023년에는 사치성재산 중 별장에 대한 취득세 및 재산세 중과세 제도가 폐지되었다. 최근 도시지역의 급격한 부동산 가격 상승과 전반적인 소득수준의 향상으로 인해 농어촌지역에 소재한 별장을 더 이상 특정 계층만이 소유하는 고급 사치성재산으로 인식하지 않고 있는 국민들의 의식변화를 고려하여 별장에 대한 취득세 및 재산세 중과를 폐지한 것이다[국회 행정안전위원장, 지방세법 일부개정법률안(대안), 2023.2.].

이로 인해 취득세가 중과되는 사치성재산은 5종에서 4종으로 줄었는데, 고급주택과 고급오락장 등 취득세가 중과되는 사치성재산 4종의 과세대상에 대한 개략적인 내용을 요약·정리하면 다음과 같다.

구 분	중과세 대상
① 고급주택	주거용 건축물 또는 그 부속토지의 면적과 가액이 일정기준을 초과하거나 67㎡ 이상의 수영장 등 부대시설 설치
② 골프장	회원제 골프장용 부동산 중 구분등록의 대상이 되는 토지와 건축물 및 그 토지상의 입목
③ 고급오락장	유흥주점영업장, 도박장, 특수목욕장, 그 밖에 이와 유사한 용도에 사용되는 건축물과 그 부속토지
④ 고급선박	비업무용 자가용 선박으로서 3억 원 초과 선박

또한, 고급주택과 골프장 등 사치성재산을 2인 이상이 구분하여 취득하거나 시차를 두고 구분하여 그 일부를 취득하는 경우에도 이를 사치성재산으로 보아 취득세를 중과세한다(지법 제13조 제5항). 또한 고급주택, 골프장 또는 고급오락장용 건축물을 증축·개축 또는 개수한 경우와 일반건축물을 증축·개축 또는 개수하여 고급주택 또는 고급오락장이 된 경우에 그 증가되는 건축물의 가액에 대하여 취득세 중과세 세율을 적용한다(지법 제16조 제1항·제2항).

한편, 사치성재산의 그 부속토지가 어디까지인지 논란이 될 수 있는데, 고급주택·고급오락장에 부속된 토지의 경계가 명확하지 아니할 때에는 그 건축물 바닥면적의 10배에 해당하는 토지를 그 부속토지로 보도록 규정하고 있다(지법 제13조 제5항).

2 중과세 세율의 적용

고급주택 등 사치성재산에 대한 취득세는 해당 표준세율에 8%를 가산한 중과세율이 적용되고 또한 매년 재산세도 고율로 중과되는데, 개략적인 중과요건과 적용세율은 다음과 같다.

구분	고급주택	고급오락장	골프장	고급선박
개념	주거용 건축물 중 면적과 가액이 일정 기준을 초과한 주택	도박장, 유흥주점 영업장, 특수목욕장, 그 밖에 이와 유사한 용도에 사용되는 건축물과 그 부속토지	회원제 골프장용 부동산 중 구분 등록 대상 토지와 건축물 및 그 토지상(上)의 입목	비업무용 자가용 선박
중과 기준 (세부)	(공통) 시가표준액 9억 원 초과 주택(단, ④는 제외) (개별) 다음 요건 중 하나 이상 구비 시 ① 건축물 연면적 331㎡ 초과 ② 대지면적 662㎡ 초과 ③ 200kg 초과 엘리베이터 설치 ④ 에스컬레이터 또는 67㎡ 이상 수영장 중 1개 이상 시설 설치 ⑤ 연면적 245㎡(복층형 274㎡) 공동주택	① 카지노장(외국인 전용 제외) ② 자동도박기 ③ 고급미용실(욕실설비 & 요금지불) ④ 「식품위생법」 제37조에 따른 허가 대상인 유흥주점 100제곱미터 초과 • 무도장(카바레·나이트클럽·디스코클럽 등) • 룸살롱, 요정 등	–	시가표준액 3억 원 초과
취득세 중과	중과기준세율(2%)의 4배 가산 (유상거래 1~3%→9~11%)	4배 가산 (4%→12%)	4배 가산 (4%→12%)	4배 가산 (3%→11%)
재산세 중과	없음.	4% (일반 0.25%)	4% (일반 0.25%)	5% (일반 0.3%)

* 건물시가표준액: 건축물에 대한 시가표준액은 거래·신축가격 등을 고려하여 정한 기준가격(㎡당)에 종류, 구조, 용도, 경과연수 등 특성을 고려하여 정한 기준에 따라 지자체의 장이 결정한 가액(지법 제4조 제2항)

** 제외지역: 광역시에 소속된 군지역 또는 수도권 지역 등(지령 제28조 제2항 제3호)

사치성재산에 대한 취득세 세율은 「지방세법」 제11조 및 제12조의 세율과 중과기준세율 (2%)의 100분의 400을 합한 세율을 적용하는데, 이는 2011년부터 종전 취득세와 등록세가 통합되면서 사치성재산에 대해 종전 취득세만 5배 중과되었기 때문에 종전과 같은 세부담 수준을 유지하기 위해 설정된 것이다. 즉, 종전 취득세 5배에 종전 등록세율을 합한 세율과 같다.

중과세 세율에 대한 예를 들어보면, 건물신축의 경우 현행 표준세율 2.8%에 중과기준세율(2%)의 4배를 합하면 10.8%의 세율이 되는데, 이는 종전 취득세(2%)의 5배와 등록세(0.8%) 세율을 합한 것과 같게 되는 것이다. 토지를 취득한 경우라면 현행 표준세율 4%에 중과기준세율(2%)의 4배를 합해 12%가 적용되는데, 이는 종전 취득세(2%)의 5배에 등록세(2%)를 합한 세율과 같은 것이다.

구 분	과세 세목	표준세율	중과적용	중과세율
취·등록세 통합 전	舊 취득세	2.0%	[중과]	표준세율 × 5배
	舊 등록세	0.8%	[일반]	표준세율
통합 후	現 취득세	2.8%	[중과]	표준세율 + (2%×4배)

취득세 과세물건을 취득할 당시에 고급오락장에 해당되는 경우 표준세율에 중과기준세율 (2%)의 4배를 합한 세율을 적용하여 취득한 날부터 60일 이내에 신고·납부하여야 한다.

부동산등 과세물건을 취득한 후에 그 과세물건이 중과대상인 사치성재산에 해당되었을 때에는 그날부터 60일 이내에 중과세 세율을 적용하여 산출한 세액에서 이미 납부한 세액 (가산세는 제외한다)을 공제한 금액을 세액으로 하여 신고·납부하여야 한다.

부족세액 납부세액 = 〔표준세율 + (중과기준세율(2%) × 4)〕 − 취득 당시 납부세액

한편, 사치성재산에 대한 취득세 중과와 제3장에서의 대도시 내 법인신설 등에 따른 부동산 취득의 중과가 동시에 적용되는 과세물건에 대하여는 표준세율의 3배에 중과기준세율(2%)의 2배를 합한 세율을 적용한다. 예를 들어, 대도시 내 신설법인이 부동산을 취득하면서 건축물 내 유흥주점 등 고급오락장을 설치하는 경우 16%[표준세율(4%)×3배+2%×2배]의 세율이 적용되는 것이다.[59] 다만, 유상거래 주택을 취득하는 경우에는 해당 세율에

---

59) 2011년 이전 취득·등록세가 통합되기 전에는 등록세 3배(6%)와 취득세 5배(10%)로 각각 중과세 되었었다.

중과기준세율의 6배를 합한 세율을 적용한다(지법 제13조 제7항).

사치성재산과 대도시 동시 중과 = (표준세율×3배) + 중과기준세율(2%) × 2배
법 제11조 제1항 제8호(주택)일 경우 = 표준세율 + 〔중과기준세율(2%) × 6배〕

한편, 사치성재산에 대하여 취득세가 중과세됨과 아울러 재산세 또한 중과세된다. 고급오락장, 고급선박에 대해 재산세 일반세율 0.1~0.4%이 아닌 4% 또는 5%의 세율로 재산세가 과세된다. 다만, 고급주택에 대하여는 재산세 중과세율을 정하고 있지 아니한데, 이는 재산세 과세대상 중 주택에 대하여는 누진세율로 과세되기 때문에 별도 중과세율을 규정하고 있지 아니하다.

참고로 사치성재산의 취득세에 관한 헌법재판소 결정 사례를 살펴보면 다음과 같다.

○ 96헌바64, 1999.2.25. 취득세 합헌: 구 지방세법 제112조 제2항 전문 위헌소원
골프장을 스키장 및 승마장보다 사치성재산이라고 보아 중과세하고 있는 것은 시설이용의 대중성, 녹지와 환경에 대한 훼손의 정도, 일반국민의 인식 등을 종합하여 볼 때 입법자의 정책판단 권한의 한계를 넘은 자의적인 조치라고 보기는 어려우므로 조세평등주의에 위배되지 아니한다. 또한 취득세 중과세만이 골프장 손익발생 여부에 결정적인 영향을 미친다고 할 수 없고 골프장업을 법률적으로 금지하고 있지 않으므로 직업선택의 자유와 재산권을 침해한다고 볼 수 없다.

○ 96헌바52, 1998.7.16. 취득세 위헌: 구 지방세법 제112조 제2항 위헌소원
구 지방세법 제112조 제2항 전단 중 "고급주택" 부분 및 "고급오락장" 부분, 동항 후단 중 고급주택에 관한 부분과 제112조의2 제1항 중 "고급오락장" 부분은 명확한 기준 없이 최저기준을 설정하지도 않고, 불명확하고 포괄적으로 규정함으로써 일반과세와 엄격히 구분해야 할 사항을 온전히 행정부의 재량과 자의에 맡긴 것이 되어버렸다. 따라서 고급주택과 고급오락장의 기준과 범위를 예측해 내기 어려우므로 구 지방세법 제112조 제2항은 헌법상의 조세법률주의, 포괄위임입법금지원칙에 위배되어 위헌이다(일부 반대의견 있음).

○ 2004헌바27, 2005.5.26. 취득세 합헌: 지방세법 제112조 제2항 위헌소원

상속에 의해 사치성재산으로 분류되어 고율의 취득세를 적용받는 경우라도 중과세를 통하여 사치·낭비풍조를 억제하고 국가 전체적으로 한정된 자원이 보다 더 생산적인 분야에 투자되도록 유도하고자 하는 그 입법취지를 살펴보면 담세력을 매매, 교환 등의 다른 취득과는 달리 할 이유가 없으므로 지방세법 제112조 제2항이 재산권을 과도하게 제한하는 것이라 볼 수 없어 헌법에 위반되지 않는다.

3 사치성재산과 다른 중과 규정이 동시 적용될 경우 중과세율

대도시 내 신설법인이 취득한 부동산에 고급오락장을 설치하는 경우는 사치성재산 중과와 대도시 법인 중과가 동시에 적용된다. 이와 같이 취득 물건이 사치성재산이면서 다른 중과 규정이 동시에 적용될 경우에 대하여는 「지방세법」 제16조 규정에 따라 중과세율이 적용되는데, 이를 정리하면 다음과 같다.

중복 적용 중과 유형	산출식	산출 예시	지방세법
대도시 법인중과	(표준세율 × 3배) + (2% × 2배)	[건물 승계 취득] $(4\% \times 3) + (2\% \times 2) = 16\%$	제13조 ②·⑤·⑦
법인 주택 유상취득	12% + (2% × 4배)	[법인 주택 매입] $12\% + (2\% \times 4) = 20\%$	제13조 ⑤ 제13조의2 ③
1세대 1주택 유상취득	(1~3%) + (2% × 6배)	[9억 원 초과 1세대 1주택 취득] $3\% + (2\% \times 6) = 15\%$	제11조 ① 8 제13조 ⑤·⑦
1세대 2주택 유상취득	8%* + (2% × 4배)	[1세대 2주택 중과] $8\% + (2\% \times 4) = 16\%$	제13조 ⑤ 제13조의2 ③
1세대 3주택 유상취득	12%* + (2% × 4배)	[1세대 3주택 중과] $12\% + (2\% \times 4) = 20\%$	제13조 ⑤ 제13조의2 ③
주택 무상취득	12% + (2% × 4배)	[주택 증여 중과] $12\% + (2\% \times 4) = 20\%$	제13조 ⑤ 제13조의2 ②

* 서울시(조정대상지역) 내 주택 취득 기준임. -1세대 2주택 취득: 8%, 1세대 3주택 취득: 12%

고급주택의 취득세 중과세

1 사치성재산에 해당하는 고급주택의 범위

취득세가 중과세되는 고급주택은 주거용 건축물 중 면적과 가액이 일정기준을 초과하는 주택을 말한다. 즉, 고급주택은 주거용 건축물 또는 그 부속토지의 면적과 가액이 일정기준을 초과하거나 해당 건축물에 67㎡ 이상의 수영장 등 부대시설을 설치한 주거용 건축물과 그 부속토지이다(지법 제13조 제5항 제3호).

단독주택의 경우 1구의 건축물 또는 부속토지의 면적과 가액 등이 아래 기준에 각각 해당되는 주거용 건축물과 그 부속토지가 고급주택에 해당한다. 건축물에 67㎡ 이상의 수영장과 에스컬레이터 등 부대시설을 설치한 경우 건축물과 그 부속토지도 포함되는데, 고급주택의 중과요건이 되는 건축물 등 면적과 가액, 시설설치 기준 등을 정리·요약하면 다음과 같다.

건물면적 기준	부속토지 기준	엘리베이터 설치	수영장 등 기준
① 건축물 연면적 331㎡ 초과 ② 주택공시가격 9억 원 초과 ※ 요건: ①+②	① 대지면적 662㎡ 초과 ② 주택공시가격 9억 원 초과 ※ 요건: ①+②	① 적재하중 200kg 초과 엘리베이터 설치 ② 주택공시가격 9억 원 초과 ※ 요건: ①+②	① 에스컬레이터 또는 67㎡ 이상의 수영장 시설 설치 ② 주택공시가격 무관 ※ 요건: ①

고급주택 중과세 적용 예시

① 건축물 연면적 331㎡ 초과 단독주택+공시가격 9억 원 초과 ⇨ 중과대상
② 건축물 연면적 331㎡ 초과 단독주택+공시가격 9억 원 이하 ⇨ 중과 미해당
③ 대지 면적 662㎡ 이하+공시가격 9억 원 초과 ⇨ 중과 미해당
④ 적재하중 200kg 초과 엘리베이터 설치+공시가격 9억 원 초과 ⇨ 중과대상
⑤ 에스컬레이터 또는 수영장(67㎡ 이상) 설치 ⇨ 주택공시가격 상관없이 중과대상

2020년까지는 고급주택으로 보는 주거용 건축물과 그 부속토지의 기준에서 건축물 시가 표준액이 9천만 원을 초과할 것의 요건이 있었으나, 2021년부터는 건축물 시가표준액 9천 만 원의 요건을 삭제[60]하는 대신 주택공시가격 기준으로 일원화하면서 취득 당시의 주택 공시가격 기준을 상향조정(6억 원 → 9억 원)하였다(지령 제28조 제4항). 다만, 2021.1.1. 이전 에 건축물 가액이 9천만 원 이하인 주거용 건축물과 그 부속토지에 대한 매매계약(분양계 약 포함)을 체결하고 계약금을 지급한 사실이 증명서류에 의하여 확인되는 경우에는 종전 의 규정에 따라 과세된다(부칙 제5조).

고급주택 중 공동주택의 경우에는 1구의 공용면적을 제외한 전용면적이 245㎡[61](복층형 은 274㎡)를 초과하면서 주택공시가격이 9억 원을 초과하는 공동주택과 그 부속토지가 중 과대상이다. 여기에는 여러 가구가 한 건축물에 거주할 수 있도록 건축된 다가구용 주택을 포함하되, 이 경우 한 가구가 독립하여 거주할 수 있도록 구획된 부분을 각각 1구의 건축물 로 보도록 하고 있다.

(1) 1구의 연면적 산정기준

먼저 주택 1구의 건축물 연면적의 산정기준에 대해 지방세법령에서 규정하고 있지 않다. 하지만 대법원 판결과 조세심판원 결정례에 의하면, '1구'의 건물의 범위는 그 건물이 전체 로서 경제적 용법에 따라 하나의 주거생활용으로 제공된 것이냐의 여부에 의하여 합목적적 으로 결정되어야 한다고 한다.

---

60) 그동안 주택공시가격 기준(6억 원)과 건축물 가액기준(9천만 원)을 중복적으로 적용함으로 인해 면적기 준과 시가표준액이 중과요건에 해당되더라도 건축연한이 오래된 경우에 건축물 가액이 낮아 고급주택 중과에서 배제되는 불합리한 점 등을 감안하여 2021년부터 시가표준액 9천만 원 요건이 삭제된 것이다.
61) 1994년까지의 중과기준은 공유면적 포함 공동주택의 연면적 298㎡ 초과였다.

즉, 그 부대시설이 본 건물인 주택의 효용과 편익을 위한 시설로서 하나의 주거용 생활단위로 제공된다면 건축물의 연면적에 포함하여야 하지만, 이 또한 단독주택단지의 경계가 아닌 '한 울타리 내의 각 세대별 개별주택'을 기준으로 판단하도록 한 것이다(대법원 2009.9.10. 선고 2009두9208 판결, 조심 2012지0466 2013.3.21. 참조).

(2) 부속토지의 범위

고급주택에 부속된 토지의 경계가 명확하지 아니할 때에는 그 건축물 바닥면적의 10배에 해당하는 토지를 그 부속토지로 본다.

또한, 주거용 건축물의 부속토지라 함은 당해 주택과 경제적 일체를 이루고 있는 토지로서 사회통념상 주거생활공간으로 인정되는 대지를 뜻하므로, 이 경우 당해 토지의 필지 수 또는 사용자 수가 다수인지의 여부와는 무관하다(지방세법 운영예규 13-1).

(3) 발코니 등 면적

과세관청이 오랜 기간 동안 고급주택 등의 기준이 되는 공동주택의 전용면적을 산정함에 있어 발코니 부분의 면적을 제외함으로써 과세행정에 있어서 발코니 부분의 면적은 공동주택의 전용면적에 포함시키지 않는다는 의사를 대외에 묵시적으로 표시한 것으로 볼 수 있고, 일반 납세자에게도 과세행정에서 공동주택의 전용면적을 산정함에 있어 발코니 부분의 면적을 제외하는 것이 정당한 것으로 이의 없이 받아들여져 납세자가 그와 같은 관행을 신뢰하는 것이 무리가 아니라고 인정될 정도에 이르렀다고 할 수 있으므로 공동주택의 전용면적을 산정함에 있어 발코니 부분의 면적을 제외하는 과세관행이 성립되어 있다 할 것인데(대법원 2010.9.9. 선고 2009두12303 판결, 같은 뜻임), 건축법령은 물론「지방세법 시행령」제28조 제4항에서도 단독주택과 공동주택의 발코니를 달리 취급하지 않고 있으므로 단독주택이 고급주택에 해당되는지 여부 또한 공동주택과 마찬가지로 발코니 면적을 제외하여 이를 판단하는 것이 타당하다 할 것이다.

발코니와 테라스에 대한 구조를 바꾸어 확장하여 사용하면 연면적에 포함되지만, 발코니의 경우에는 1.5m 이내에서는 연면적에 산입하지 아니한다. 즉,「건축법」상 발코니 및 노대가 접한 가장 긴 외벽으로부터 1.5m를 초과하는 발코니 및 노대 부분은 주거전용 면적으로 산입하여 연면적을 판단하여야 한다(지방세법 운영예규 3···28-1).

단독주택의 경우에도 공동주택과 같이 발코니 확장 면적은 주택 연면적 계산에서 제외된다. 즉, 지방세법령상 취득세 중과대상인 단독주택과 공동주택을 구분하는 방식이 연면적 차이만 있을 뿐 발코니의 포함 여부를 정하고 있지 않고, 건축법에서도 다르게 보지 않는 이상 단독주택 역시 공동주택과 같이 주택 연면적 계산에서 제외하는 것이 타당하다는 것이다(행정안전부 지방세운영과-383, 2014.12.24.).

2 고급주택의 중과 제외

유상·무상 등 고급주택의 취득방법에 무관하므로 금융기관 등이 채권보전용으로 고급주택을 취득하는 경우에도 중과세가 되는 것이다.

그러나 이와 같이 취득 당시에는 고급주택에 해당되었다 하더라도 취득 후 일정기간 내에 주거용이 아닌 다른 용도로 사용하거나 고급주택이 아닌 용도로 사용하기 위하여 용도변경공사에 착공하는 경우에는 중과대상에서 제외한다.

즉, 주거용 건축물을 취득한 날부터 60일[상속으로 인한 경우는 상속개시일이 속하는 달의 말일부터, 실종으로 인한 경우는 실종선고일이 속하는 달의 말일부터 각각 6개월(납세자가 외국에 주소를 둔 경우에는 각각 9개월)] 이내에 주거용이 아닌 용도로 사용하거나 고급주택이 아닌 용도로 사용하기 위하여 용도변경공사를 착공하는 경우는 중과세에서 제외하도록 규정하고 있다.

3 중과세율의 적용

주택이 취득 당시부터 고급주택으로 중과대상이면 해당 표준세율에 중과기준세율(2%)의 4배를 합한 세율로 신고·납부하여야 한다. 즉, 표준세율에 8%의 세율을 가산하므로 유상거래를 원인으로 고급주택을 취득하는 경우에는 주택공시가격 6억 원 이하는 9%, 6억 원 내지 9억 원은 9~10%, 9억 원 초과는 11%의 취득세율이 각각 적용된다(지법 제13조 제5항).

반면, 주택 취득 이후 증축 등으로 인하여 고급주택인 중과대상에 해당되었을 경우에는 중과사유 발생일부터 60일 이내에 위 중과세율을 적용한 금액에서 취득 당시 납부세액을 공제한 금액을 신고·납부하여야 하며, 중과사유 발생일은 증·개축의 경우 사용승인서 발급일, 그 밖은 사유발생일(현황 등)이다(지령 제34조 제5호).

4 다주택자 및 법인 등의 고급주택 중과세율

제2장에서 살펴본 바와 같이 2020.8.12. 지방세법 개정으로 다주택자 또는 법인이 유상거래로 취득하는 주택은 취득세가 1~3%의 세율이 아닌 8%(조정지역 내 1세대 2주택, 비조정지역 1세대 3주택 이상) 또는 12%(조정지역 내 1세대 3주택, 비조정지역 1세대 4주택 이상)의 세율이 적용된다. 이에 따라 유상거래로 취득하는 주택이 고급주택에 해당하는 경우에는 중과세 세율을 어떻게 적용해야 하는지가 문제이다.

「지방세법」 제13조 제3항에서 '제1항 또는 제2항과 제13조 제5항이 동시에 적용되는 과세물건에 대한 취득세율은 제16조 제5항에도 불구하고 제1항 각 호의 세율 및 제2항의 세율에 중과기준세율의 100분의 400을 합한 세율을 적용한다.'라고 규정하고 있다. 따라서 다주택자와 법인이 유상거래로 취득하는 주택이 고급주택에 해당하는 경우 8% 또는 12%의 세율에 중과기준세율(2%)의 4배를 합한 세율이 적용된다. 즉, 다주택자 또는 법인이 취득하는 주택이 8% 세율 적용대상이라면 16%의 세율이 되는 것이고, 12% 세율 적용대상이라면 20%의 세율로 고급주택에 대해 중과세하는 것이다.

또한, 증여 등 무상취득으로 12% 세율이 적용되면서 고급주택에 해당하는 경우에도 8%의 세율을 합한 20%의 취득세 중과세율이 적용된다.

○ **고급주택의 판정에 관한 건축물 연면적의 개념 및 그 산정기준**
  (대법원 1995.5.12. 선고 94다28901 판결)

주거용 공동주택의 경우에 건물의 연면적에 대한 구체적인 산정기준에 대하여는 지방세법령상 아무런 정함이 없으나, 이 경우는 주거의 정의에 관한 같은 법 시행령 제76조 제2항 및 현황부과 원칙에 관한 같은 법 시행령 제77조의 규정에 따라 당해 건물의 취득 당시의 현황이 경제적 용법에 따라 실제로 주거용으로 쓰여질 구조를 갖추었는지의 여부에 의하여 합목적적으로 판단하면 족하고, 설사 건축관계 법령에서 건축물의 연면적 산정에 관한 규정을 두었다고 하더라도 지방세법령에서 그 적용에 관한 명문을 두고 있지 아니하는 이상 지방세법령에 의하여 독자적인 기준에 따라 판단할 것이지, 건축관계 법령을 바로 그대로 적용하여 고급주택에 해당하는지의 여부를 판단하는 것은 조세법률주의 원칙에 반하는 것으로 허용될 수 없다. 따라서 반자높이가 1.78m이고 화장실과 침실 등 주거시설이 있는 다락면적(45.60㎡)을 고급주택의 연면적에 포함해야 한다.

◦ **고급주택의 전용면적을 외벽의 내부선 또는 중심선을 기준으로 산출하는지 여부**
    (대법원 2021.8.26. 선고 2021두39317 판결)

취득세 중과세 대상인 고급주택에 해당하는지 여부는 공유면적을 제외한 건축물의 연면적, 즉 전용면적에 따라 결정되고 외벽의 내부선을 기준으로 산출되어야 한다.

서울행정법원 2018구합62232(2020.1.14.) : 전용면적 내지 주거전용면적이란 주거의 용도로만 쓰이는 면적을 말하는데(주택법 시행규칙 제2조 참조), 공동주택의 경우 주택건설촉진법 시행규칙이 1998.8.14. 건설교통부령 제146호로 개정되기 전에는 제17조 제2항 제2호에서 건축법 시행령 제119조 제1항 제3호의 규정에 의한 바닥면적을 기준으로 하도록 규정하고 있었으나, 주택건설촉진법 시행규칙이 1998.8.14. 건설교통부령 제146호로 개정되면서 제17조 제1항 제2호에서 외벽의 내부선을 기준으로 전용면적을 산정하도록 개정되었고, 이러한 개정의 이유는 '공동주택의 전용면적을 종전에는 외벽의 중심선을 기준으로 하여 산정하였으나, 앞으로는 외벽의 내부선을 기준으로 하여 산정하도록 함으로써 외벽에 두께에 따라 전용면적이 달라지는 불합리한 현상을 해소하는 동시에 주택자재의 표준화를 촉진'하기 위한 것이었다. 위와 같은 규정의 연혁, 문언 등에 비추어 보면, 공동주택인 이 사건 각 부동산의 경우 고급주택에 해당하는지 여부는 공유면적을 제외한 건축물의 연면적, 즉 전용면적에 따라 결정된다고 할 것인데, 이는 외벽의 내부선을 기준으로 산출되어야 한다.

◦ **쟁점주택이 전용면적 274㎡를 초과한 복층형 공동주택으로서 고급주택에 해당하는지**
    (조심 2023지0226, 2024.6.27.)

쟁점주택의 '외벽 내부선'을 기준으로 산정한 전용면적 250.73~251.14.㎡에 이 건 조경면적 12.63㎡를 포함하더라도 쟁점주택의 전용면적은 274㎡를 초과하지 아니함.

◦ **고급주택 부속토지의 범위** (조심 2020지0800, 2020.7.10.)

「지방세법 시행령」 제28조 제4항 제2호에서 고급주택으로 보는 '1구의 건축물의 대지면적'은 당해 주택과 경제적 일체를 이루고 있는 토지로서 사회통념상 주거생활공간으로 인정되는 대지를 뜻하는 것으로서 공부상이나 건축허가상 주택의 부지로 되어 있는 토지를 말하는 것이 아니라 실제 담장이나 울타리 등으로 경계가 지워진 주택의 부속토지를 의미하는 것이다(대법원 2014.11.13. 선고 2014두9578 판결, 같은 뜻임).
「주택법」 제2조 제1호에서 주택이란 세대의 구성원이 장기간 독립된 주거생활을 할 수 있는 구조로 된 건축물의 전부 또는 일부 및 그 부속토지로 규정하고 있으므로 이 건 주택이 고급주택에 해당되는지 여부를 판단함에 있어 그 부속토지를 포함하여야 하는 점, 사진자료 등에 따르면 이 건 토지는 울타리로 둘러싸여 있는 등 이 건 주택과 경제적 일체를 이루고 있는 토지로서 사회통념상 하나의 주거생활공간으로 인정되는 대지로 보이는 점, 청구인들은 쟁점토지가 청구인 ○○○의 모친 ○○○이 치료 및 요양 등을 위한 목적으로 사용되므로 이 건 주택의 부속토지에 해당하지 않는다고 주장하나, 하나의 울타리 안에 있는 토지가 다른 가족들의 사용은 배제한 채 청구인 ○○○의 모친인 ○○○의 요양 등을 위하여 배타적으로 사용하고 있다는 주장을 수긍하기 어려운 점, 「지방세법」 제16조 제1항 제3호에서 토지나 건축물을 취득한 후 5년 이내에 해당 토지나 건축물이 고급주택 등에 해당하는 경우에는 같은 법 제13조 제5항에서 규정된 세율을 적용하여 취득세를 추징하도록 규정하고 있는바, 이 건 주택은 그 취득일(2018.1.30.)부터 5년 내에 해당 주택이 지방세법령에 따른 고급주택이 된 경우이므로 고급주택에 대한 중과세 대상으로 보는 것이 타당한 점 등에 비추어 이 건 주택이 고급주택에 해당하지 않는다는 청구주장은 받아들이기 어렵다고 할 것이다.

○ 채권보전 목적으로 취득 또는 매도한 경우 고급주택 중과세 해당 여부
  (대법원 2016.8.26. 선고 2016두41958 판결)

「지방세법」 제13조 제5항 제3호 단서는 '주거용 건축물을 취득한 날부터 30일 이내에 주거용이 아닌 용도로 사용하거나 고급주택이 아닌 용도로 사용하기 위하여 용도변경공사를 착공하는 경우'에는 고급주택의 취득으로 인한 중과세율의 적용을 제외한다고 규정하고 있으므로 주거용이나 고급주택으로 사용할 의사가 없는 양수인으로서는 용도변경을 통해 중과세율의 적용을 피할 수 있다.

위와 같은 관련 법령의 취지 등에 비추어 보면, 납세의무자가 주거용으로 사용할 목적으로 취득하였는지 여부 및 현실적으로 고급주택으로 사용하였는지 여부는 고급주택의 취득에 대한 중과세율의 적용 여부에 영향을 주는 것은 아니므로 원고가 채권을 보전할 목적으로 이 사건 주택을 취득하여 이를 주거용으로 사용하지 아니한 채 매도하였다고 하더라도 취득 당시 이 사건 주택의 현황이 고급주택에 해당하는 이상 위 주택의 취득에는 「지방세법」 제13조 제5항 제3호에 따라 중과세율이 적용된다.

◦ 고급주택 취득 후 30일이 경과하여 용도변경공사에 착공 시 중과세 해당 여부
 　(대법원 2017.1.18. 선고 2016두54725 판결)

경매로 취득한 이 사건 건물이 불법 개축된 부분이 있어 고급주택에 해당된다는 사실을 뒤늦게 아는 바람에 불가피하게 용도변경공사 착공이 지연되었다는 등의 사정이 있다 하더라도 위 규정의 '건축물을 취득한 날'을 건축물을 인도받은 날 또는 사실상 지배를 확보한 날 등으로 달리 해석할 수 없으므로 고급주택에 해당된다.

◦ 전용면적 274㎡를 초과한 복층형 공동주택으로서 고급주택에 해당하는지
 　(조심 2023지0226, 2024.6.27.)

쟁점 ①~③면적은 쟁점주택의 전용면적에 포함되지 아니하므로, 쟁점주택의 '외벽 내부선'을 기준으로 산정한 전용면적 250.73~251.14.㎡에 이 건 조경면적 12.63㎡를 포함하더라도 쟁점주택의 전용면적은 274㎡를 초과하지 아니하는바, 이 건 취득세 등 부과처분 중 처분청이 쟁점주택을 전용면적이 274㎡를 초과하는 고급주택에 해당한다고 보아 청구법인에게 취득세 등을 부과한 부분은 잘못이 있는 것으로 판단됨.

◦ 건축물대장상 용도가 단독주택이나 실제는 미술관 부속시설로 사용한 것을 고급주택으로 보아 취득세 등을 중과세한 처분의 당부 (조심 2016지0967, 2018.3.27.)

쟁점주택 중 A동과 C동을 주택으로 사용하고 있다 하더라도 B동(52.14㎡)은 지하 1층의 미술관과 지상 1층의 사무실을 연결하는 계단구조라 지하 1층과 지상 1층이 하나의 공간으로 비어 있어 실질적인 주거용 주택이라 할 수는 없는 등에 비추어 공부상 주택인 쟁점주택은 사실상 미술관의 부속시설인 사무실, 휴게실, 회의실 등의 용도로 사용되고 있다고 보는 것이 타당하므로 처분청이 이를 고급주택으로 보아 이 건 취득세 등을 중과세한 처분은 잘못이 있다고 판단된다.

◦ 눈, 비를 막아주지 못한 무허가 창고가 주택 연면적에 포함되는지 여부
 　(대법원 2017.10.26. 선고 2017두52856 판결)

눈, 비를 제대로 막아주지 못해도 지붕과 벽이 있으면 건축물이고, 잠긴 출입문은 언제든지 변동 가능하므로 주택 연면적에 포함된다.

○ 단독주택의 지하 주차장에 시설한 기사대기실 등이 주택의 연면적에 포함 여부
  (조심 2016지0152, 2017.1.24.)

기사대기실은 주차장과는 독립된 별도의 시설로서 운전기사의 휴식과 수면 등을 위한 공간으로 이용되고 있는 것으로 보이고, 쟁점창고의 경우 내부에 가정용 물품이 보관되어 있는 점에 비추어 두 시설 모두 주차장의 부속시설로 보기는 어려우므로 건축물의 연면적에서 제외되는 주차장면적에 해당하지 아니하고, 쟁점출입계단의 경우 주차장과 주택을 연결하는 내부계단으로 주택의 필수적인 시설에 해당하며, 쟁점취미실의 경우 건축허가 당시에는 외부로 개방된 형태로 허가받았다 하더라도, 이후 청구인이 철구조물과 유리 등을 이용하여 사실상 주거공간의 일부로 사용하고 있으므로 주택의 일부에 해당하는 점 등에 비추어 처분청에서 위 시설을 주택의 일부로 보아 이 건 취득세 등을 부과한 처분은 잘못이 없다고 판단된다.

○ 오피스텔의 고급주택 취득세 중과세 적용 여부 질의 회신
  (행안부 부동산세제과 – 56, 2019.7.30.)

【질의 1】「지방세법」제13조 제5항 제3호 따른 중과세 대상 고급주택은 '주거용 건축물 또는 그 부속토지'로서,「지방세법」제11조 제1항 제8호에 따른 주택과는 다르게 해석하여야 하고, 공부상 주택 또는「주택법」상 주택 등으로 한정할 이유가 없으므로 공부상 업무시설(오피스텔)이라 하더라도 주거용 건축물에 해당하는 경우라면「지방세법」제13조 제5항 제3호에 따른 고급주택에 포함하는 것이 타당

【질의 2】「지방세법 시행령」제28조 제4항 제4호의 공동주택은「건축법」상 단독주택인 다가구용 주택을 포함하고 있고, 세법에서 사용하는 용어는 각 규정의 취지와 목적에 따라 달리 해석해야 하므로, '제4호'의 공동주택을「건축법」상의 공동주택(아파트, 연립, 다세대주택)으로 한정할 수는 없음. 따라서「집합건축물 소유 및 관리에 관한 법률」에 따라 집합건축물 대장에 등재되고 각 세대가 독립된 주거생활을 영위할 수 있는 구조로 건축된 오피스텔의 경우 '제4호'의 요건을 적용하는 것이 타당

골프장의 취득세 중과세

1 취득세가 중과세되는 골프장의 범위

취득세가 중과세되는 골프장은 「체육시설의 설치·이용에 관한 법률」에 따른 회원제 골프장용 부동산 중 구분등록의 대상이 되는 토지와 건축물 및 그 토지 상(上)의 입목을 말한다.

이 경우 골프장은 그 시설을 갖추어 「체육시설의 설치·이용에 관한 법률」에 따라 체육시설업의 등록(시설을 증설하여 변경등록하는 경우 포함)을 하는 경우뿐만 아니라 등록을 하지 아니하더라도 사실상 골프장으로 사용하는 경우에도 적용된다(지법 제13조 제5항).

첫째, '회원제 골프장용 부동산'에 대하여만 취득세가 중과세되므로 대중골프장과 골프연습장이라면 중과대상에 해당되지 아니한다.

둘째, 회원제 골프장용 부동산 중 그 시설을 갖추어 등록(시설을 증설하여 변경등록하는 경우 포함)하거나 사실상 골프장으로 사용하는 경우에 적용하므로 중과대상은 골프장을 신설하거나 증설하는 경우에만 해당한다. 즉, 기존의 골프장을 승계하여 취득하는 경우에는 '구분등록의 대상'에 해당하지 아니하므로 취득세 중과대상이 되지 않는다.[62] 다만, 승계취득한 골프장이라도 재산세 과세기준일 현재 회원제 골프장용 부동산에 대하여 재산세는 중과세될 수 있다.

---

62) 「체육시설의 설치·이용에 관한 법률」 제27조에서 체육시설업자가 사망하거나 그 영업을 양도한 때 또는 법인인 체육시설업자가 합병한 때에는 그 상속인, 영업을 양수한 자 또는 합병 후 존속하는 법인이나 합병(合倂)에 따라 설립되는 법인은 그 체육시설업의 등록 또는 신고에 따른 권리·의무를 승계하도록 규정하고 있다.

「체육시설의 설치·이용에 관한 법률 시행령」 제20조 제3항에서 회원제 골프장업의 등록을 하려는 자는 해당 골프장의 토지 중 다음 각 호에 해당하는 토지 및 골프장 안의 건축물을 구분하여 등록을 신청하여야 한다고 규정하고 있다.

★

회원제 골프장업 구분등록 대상 토지와 건축물

1. 골프코스(티그라운드·페어웨이·러프·해저드·그린 등을 포함한다)
2. 주차장 및 도로
3. 조정지(골프코스와는 별도로 오수처리 등을 위하여 설치한 것은 제외한다)[63]
4. 골프장의 운영 및 유지·관리에 활용되고 있는 조경지(골프장 조성을 위하여 산림훼손, 농지전용 등으로 토지의 형질을 변경한 후 경관을 조성한 지역을 말한다)
5. 관리시설(사무실·휴게시설·매점·창고와 그 밖에 골프장 안의 모든 건축물을 포함하되, 수영장·테니스장·골프연습장·연수시설·오수처리시설 및 태양열이용설비 등 골프장의 용도에 직접 사용되지 아니하는 건축물은 제외한다) 및 그 부속토지
6. 보수용 잔디 및 묘목·화훼 재배지 등 골프장의 유지·관리를 위한 용도로 사용되는 토지

※ 자연상태의 조경지는 등록대상에서 제외된다.

셋째, 골프장의 시설을 갖추어 「체육시설의 설치·이용에 관한 법률」에 따라 체육시설업의 등록(시설을 증설하여 변경등록하는 경우 포함)을 하는 경우뿐만 아니라 등록을 하지 아니하더라도 사실상 골프장으로 사용하는 경우에도 적용한다. 즉, 골프장은 시설을 갖추어 체육시설업 등록대상이면 중과대상으로 충분하고 등록을 하지 않고 사실상 골프장으로 사용하는 경우에도 중과대상인 것이다.

한편, 골프장 내 분수시설은 골프장의 효용 증진 시설에 해당되더라도 이 시설은 건축물과 토지에 정착하거나 지하 또는 다른 구조물에 설치하는 급·배수시설로서 취득세 과세대상에서 제외된다. 또한, 유지가 구분등록대상인 조정지로 등록되어 그중 일부가 조정지로 활용되고 있다면 취득세 중과세 대상이 되고, 조정지로 구분등록이 되어 있는 경우라도 골프코스와는 관계없이 별도로 오수처리를 위하여 설치한 유지라면 취득세 중과세 대상에 해당되지 아니한다(행자부 지방세정팀-1790, 2007.5.16. 참조).

---

63) 조정지란 빗물 등을 저장하고 송수하여 유량을 조정하는 시설을 말한다. 다만, 골프코스와 관계없는 오수나 폐수처리용 조정지는 제외한다.

아울러 헌법재판소 결정에서 골프장을 스키장 및 승마장보다 사치성재산이라고 보아 중과세하고 있는 것은 시설이용의 대중성, 녹지와 환경에 대한 훼손의 정도, 일반국민의 인식 등을 종합하여 볼 때 입법자의 정책판단 권한의 한계를 넘은 자의적인 조치라고 보기는 어렵다고 한 바 있다(96헌바64, 1999.2.25. 참조: 구 지법 제112조 제2항 전문 위헌소원).

2 골프장 신·증설과 중과세율 적용

골프장 등 등록 체육시설업을 하려는 자는 시설을 설치하기 전에 대통령령으로 정하는 바에 따라 체육시설업의 종류별로 사업계획서를 작성하여 시·도지사의 승인을 받아야 한다. 즉, 골프장을 신설하기 위해서는 임야·전·답 등의 토지를 취득하여 사업승인을 받은 후 골프장 조성공사와 건축물 등 시설을 갖추어 등록을 하게 된다.

이에 따라 임야·전·답 등의 토지를 취득하고, 공사에 필요한 지목변경과 클럽하우스, 관리시설 등의 건축물 신축에 대한 취득이 시차를 두고 발생한다. 체육시설업으로 등록 전까지는 중과세 요건이 갖추어지지 않았으므로 토지 등 각 취득일부터 60일 이내에 취득세를 일반세율로 신고·납부하면 된다.

회원제 골프장용 부동산에 대한 취득세 중과는 「체육시설의 설치·이용에 관한 법률」 제19조에 따라 시설물 설치를 갖추고 영업을 시작하기 전에 시·도지사에게 체육시설업을 등록을 해야 하기 때문에 그 등록한 날(변경등록을 포함한다)을 중과적용 기준일로 하여 60일 이내에 중과적용한 취득세의 산출세액에서 이미 납부한 세액을 공제하고 신고·납부하면 된다. 다만, 등록을 하기 전에 사실상 골프장으로 사용하는 경우 그 부분에 대해서는 사실상 사용한 날을 기준으로 한다.

추가 신고·납부 세액 = 〔표준세율 + (중과기준세율 2%) × 4배〕 − 취득 당시 납부세액

- 토지취득 중과세율: 승계취득(4%) + (중과기준세율 2%×4배) = 12%
- 지목변경 중과세율: 간주취득(2%) + (중과기준세율 2%×4배) = 10%
- 건물신축 중과세율: 원시취득(2.8%) + (중과기준세율 2%×4배) = 10.8%

임야 등을 취득하여 지목변경(토목공사 수반)을 하는 경우 골프장으로 중과세하는 시기는 사실상 토지의 지목변경이 된 날이다.[64] 이는 절토, 성토 등 형질변경공사와 골프장조성공사 등만으로는 부족하고 골프코스 간의 작업도로, 골프장에의 진입도로 및 주차장의 포장공사 등 골프장 개설에 따른 모든 공사가 완공되어 전체적으로 골프장으로서의 기능을 사실상 발휘할 수 있음이 객관적으로 인정되어야 한다. 따라서 골프장으로서의 기능을 사실상 발휘할 수 있음이 객관적으로 인정될 때를 취득시기로 보아 그때까지 소요된 비용을 취득세 과세표준으로 삼아야 할 것이다(대법원 1993.6.8 선고 92누18818 판결 참조).

한편, 회원제 골프장 내 기존 건축물과 일체가 되어 있는 급수·배수시설 등의 노후화로 인한 기능향상을 위해 수선하고, 난방용·욕탕용 온수 및 열공급시설 등 시설물을 설치하는 경우는 「지방세법」에 따른 개수에 해당하므로 구분등록 여부와 관계없이 「지방세법」 제15조 제2항에 따른 취득세 중과세율을 적용하는 것이다(부동산세제과-1443, 2023.4.13.).

3 골프장 사실상 사용일과 중과세

골프장을 조성하여 체육시설업으로 등록하기 전이라도 사실상 골프장으로 사용하는 경우에는 중과세하여야 한다. 여기에서 골프장에 대한 사실상 사용일을 어떻게 사실 판단하여야 하는 것이 문제인데, 실제 골프장을 개장하여 사용을 개시하는 것은 물론 사실상 개장하지 아니하였더라도 시범라운딩을 하는 것도 포함될 수 있다.

즉, 회원제 골프장으로 등록하지 아니하고 시범라운딩 등 사실상 사용하는 경우에도 중과세 대상에 해당한다. 이 경우 시범라운딩을 하는 경우라 함은 개장 전이라도 골프장 이용자로 하여금 시설사용료(Green Fee)를 징수하는 등 일체의 골프경기를 할 수 있는 상태에서 골프장을 사용하는 경우를 의미한다고 하겠다. 다만, 단순히 골프장 코스정비를 위한 경우라면 이에 해당하지 않는다.

골프장의 취득시기 및 취득세 중과세에 대해 공부상 지목이 변경되지 않더라도 경제적 성질이 사실상 변경된 지목으로 바뀌어졌다면 지목변경이 되었다고 볼 수 있어 계속적인 시범라운딩으로 골프장의 기능을 하고 있다면 시범라운딩 등 사실상 골프장으로 사용한 때

---

64) 지방세법 시행령 제20조 제10항의 규정에 의해 토지의 지목변경에 따른 취득은 토지의 지목이 사실상 변경된 날을 취득일로 보거나 사실상 지목변경일을 알 수 없는 경우에는 공부 등에 의하여 입증되는 날을 취득일로 보는 것이다.

가 취득일이 되며, 사실상 사용되는 부분에 대해서는 취득세 중과세 대상이 된다(행안부 지방세정팀-1513, 2006.4.14.).

이와 같이 사실상 골프장으로 사용하는 경우에 대하여 2004년부터 「지방세법 시행령」에서도 실질과세원칙 차원에서 중과세 대상으로 명확히 하고 있다.

★
현행 지방세법 시행령

제34조(중과세 대상 재산의 신고 및 납부) 법 제20조 제2항에서 "대통령령으로 정하는 날"이란 다음 각 호의 구분에 따른 날을 말한다.
5. 법 제13조 제5항에 따른 골프장·고급주택·고급오락장 및 고급선박을 취득한 경우: 다음 각 목의 구분에 따른 날
　　나. 골프장: 「체육시설의 설치·이용에 관한 법률」에 따라 체육시설업으로 등록(변경등록을 포함한다)한 날. 다만, 등록을 하기 전에 사실상 골프장으로 사용하는 경우 그 부분에 대해서는 사실상 사용한 날로 한다.

구 지방세법 시행령 〈대통령령 제18194호, 2003.12.30.〉 부칙

제3조(사실상 사용하고 있는 골프장에 대한 적용례) 이 영 시행 당시 사실상 사용하고 있는 골프장은 제86조의3 제1호 나목의 개정규정에 불구하고 2004년 7월 1일 사실상 사용을 개시한 것으로 본다.

○ **이 사건 부동산이 회원제골프장용 부동산으로서 중과세 대상에 해당 여부**
　(대법원 2019.1.17. 선고 2018두57629 판결)

실제로 이 사건 부동산을 대중골프장으로 운영하지도 않았고, 원고측 명의 체육시설업(대중골프장업)등록 내지 변경등록이 이루어지지도 않았으며, 그 등록 내지 변경등록이 지체된 데에 원고나 ○○○○에게 책임을 물을 수 없는 정당한 사유도 인정되지 않으므로, 이 사건 부동산이 재산세 중과세 대상인 회원제골프장용 부동산에 해당하지 않는다고 보기 어렵다. 또한 이 사건 처분 근거법률이 국민의 재산권 보장에 관한 헌법 제23조, 제37조의 제2항이나 평등원칙을 규정한 헌법 제11조 내지 조세평등주의 등을 위반한 것이라고 할 수 없다.

○ 회원제 골프장 내 기숙사 건물이 취득세의 중과세 대상에 포함되는 골프장 용도의 건물로 볼 것인지 여부 (행안부 지방세운영과 - 3829, 2014.11.14.)

「체육시설의 설치 · 이용에 관한 법률 시행령」 제20조 제3항에서는 구분등록 대상이 되는 관리시설에는 사무실 · 휴게시설 · 매점 등 골프장 안의 모든 건축물을 포함하되, 골프연습장 · 연수시설 등 골프장의 용도에 직접 사용되지 아니하는 건축물은 제외한다고 규정되어 있음.

쟁점이 되는 골프장 내 직원 및 캐디를 위한 기숙사가 체육시설법상 구분등록을 해야 하는 관리시설인지 여부에 대하여 살펴보면, 문화체육관광부에서는 직원 및 캐디 전용 기숙사를 격오지에 위치한 골프장업의 특성상 직원 출근 등의 불편을 해소하기 위한 선택적 복지시설로서 골프장의 관리 · 유지를 위해 반드시 필요한 시설로 보기 어렵다고 판단하고 있음 (문화체육관광부 스포츠산업과 - 1479, 2014.7.29. 참조).

「체육시설의 설치 · 이용에 관한 법률 시행령」에서 골프장의 용도에 직접 사용되지 않는 건축물의 예로서 제시된 골프연습장 · 연수시설 등과 비교하더라도, 골프장 내 직원용 기숙사는 골프장의 유지관리에 더 밀접한 관련성을 가진다고 보기는 어렵다고 판단됨.

○ 회원제골프장으로 사용하던 토지를 취득한 다음 시설을 증설하여 변경등록한 경우 취득세 중과대상에 해당 여부 (조심 2005 - 0133, 2005.2.21.)

중과세율로 취득세를 신고 · 납부한 골프장용 부동산 중 일부를 승계취득하였다면 중과대상에서 제외되나, 골프장 시설을 증설하고 변경등록한 경우 시설의 증설비용은 중과세 대상이 되고, 증설에 따른 취득세는 중과세율을 적용하여 신고 · 납부하였으므로, 취득 이전부터 골프장용으로 사용되었던 토지의 승계취득에 소요된 취득금액은 일반과세대상임에도 중과세한 처분은 잘못이다.

○ 골프장 토지에 식재된 입목의 구입 및 식재비용이 중과대상인 골프장용 토지의 취득비용에 포함되는지 여부 (대법원 1999.9.3. 선고 97누2245 판결)

골프장 조성에 따른 토지의 지목변경에 의한 간주취득의 경우에 있어서 골프장 조성에 들인 비용은 당연히 취득세의 과세표준이 되고 골프장용 토지의 취득을 위한 것으로서 중과세율이 적용되어야 하므로, 골프장 조성을 위하여 임목을 식재하였다고 하더라도 원래 미등기의 수목 또는 임목은 토지의 구성부분이 되어 토지의 일부분이 됨에 그치는 것이어서, 비록 그 수목 또는 임목이 지방세법상 별도의 취득세 과세대상물건에 해당한다 하더라도, 그 구입 및 식재비용은 원칙적으로 토지의 지목변경으로 인한 가액증가에 소요된 비용으로서 지목변경에 의한 간주취득의 과세표준에 포함되고, 이 또한 골프장용 토지의 취득을 위한 것이므로 중과세율이 적용되어야 할 것이나, 골프장의 조성을 위하여 골프장용 토지에 식재된 임목이 입목에 관한 법률 제2조에 의하여 등기된 수목의 집단으로서 '입목'에 해당하는 경우에는 지방세법상 별개의 취득세 과세대상물건에 해당할 뿐만 아니라 토지의 구성 부분을 이루지 아니하여 사법상 별개의 물건으로 취급되고, 그 가액 또한 토지에 대한 유익비가 될 수 없으므로 그 입목의 가액을 토지의 지목변경으로 인한 가액증가에 소요된 비용으로 볼 수 없어, 이를 같은 법 시행령 제84조의3 제1항 제1호의2 소정의 취득세 중과대상인 골프장용 '토지'의 취득을 위한 것이라고 하여 중과세율을 적용함은 조세법의 해석, 적용에 요구되는 엄격해석의 원칙에 합치하지 아니한 확대해석으로 허용될 수 없다.

○ 골프장 조성을 마치고 부동산을 취득한 후에 임대하고 운영을 위탁한 경우에도 해당 사업에 직접 사용하였다고 볼 수 있는지 여부 (대법원 2019.4.5. 선고 2018두65996 판결)

구 충청남도 도세감면조례 제8조 제3항 제3호, 구 ○○군 군세감면조례 제8조 제3항 제3호에서 규정하고 있는 '해당 사업에 직접 사용'이라 함은 원고가 소유자로서 주체가 되어 이 사건 골프장을 조성한 후에 이 사건 부동산등을 그 용도와 목적에 맞게 스스로 사용하는 것을 의미한다고 봄이 타당하다.

원고가 이 사건 골프장 조성을 마치고 이 사건 부동산등을 취득한 후에 그 용도와 목적에 맞게 스스로 사용하지 아니하고, 곧바로 ○○○○에게 임대하고 운영을 위탁하였음은 앞서 인정한 바와 같고, 이는 위 조항의 '해당 사업에 직접 사용'에 해당하지 않으므로, 피고가 위 조항에 근거하여 원고에 대해 감면받은 취득세 등을 부과하는 처분을 한 것은 정당하다. 따라서 이 사건 처분에 위법이 있다고 볼 수 없다.

○ 합병으로 승계취득하는 회원제 골프장에 대해 취득세가 감면되는지 여부
(법제처18 - 0428, 2018.9.14.)

현행 「지방세특례제한법」 제177조의 "「지방세법」 제13조 제5항에 따른 부동산등"은 「지방세법」 제13조 제5항 각 호의 부동산등"을 뜻하는 것으로 보이므로 같은 항 제2호에 따른 골프장의 경우도 같은 항 각 호 외의 부분 후단에 따른 체육시설업의 등록 등 여부와 상관없이 모두 「지방세특례제한법」 제177조에 따른 감면 제외대상에 포함된다고 보아야 하므로, 이 사안과 같이 골프장을 승계취득하여 「지방세법」 제13조 제5항에 따른 취득세 중과대상에 해당하지 않는 경우라도 「지방세특례제한법」 제177조에 따른 감면 제외대상에는 해당한다고 보는 것이 타당하다.

○ 회원제 골프장을 대중제 골프장으로 사용한 경우 재산세 중과 여부
  (행안부 부동산세제과 - 1850, 2020.7.31.)

'대중제 골프장으로의 전환을 위하여 골프장에 회원이 더 이상 존재하지 않는 상태로서, 실제로 쟁점 골프장을 대중제 골프장으로 운영하고 있는 이상, 사업계획변경승인을 받지 못하였다고 하더라도 재산세를 회피하기 위한 탈법행위가 있었다고 볼 수 없으므로 중과세율이 적용되지 않는다고 보아야 한다'(대법원 2018.5.31. 선고 2018두35889 판결 참조)고 판시하고 있다.

따라서 과세기준일 현재 회원 현황 및 회원권의 분양 여부, 회원 모집 등 회원제 운영을 위한 행위 여부 등을 고려하여 사실상 대중제 골프장으로만 운영되고 있음이 확인되는 경우에는 사업계획변경 미승인상태라고 하더라도 재산세 중과대상으로 보기 어렵다고 판단된다.

○ 회원제 골프장과 대중제 골프장 사이에 '조정지'가 있는 경우 중과세 여부
  (행안부 지방세운영과 - 5411, 2009.12.22.)

대중제 골프장 내의 '조정지'가 회원제 골프장 코스와의 사이에 위치한 경우 비록 대중제 골프장으로 등록되어 있다 하더라도 실제 현황이 회원제 골프장 코스의 일부로 사용되는 등 회원제 골프장과 대중제 골프장에 공동이용으로 인정할 만한 사정이 있다면 그 조정지 전체를 대중제 골프장으로 보아 일반세율만을 적용할 수는 없고, 실제 회원제 골프장으로 사용되는 부분을 안분계산하여 사실상 회원제 골프장으로 사용되는 부분에 대하여는 중과세하여야 할 것으로 사료된다.

고급오락장의 취득세 중과세

1 취득세가 중과세되는 고급오락장의 범위

취득세가 중과세되는 고급오락장은 유흥주점영업장, 도박장, 카지노장, 특수목욕장 등의 용도에 사용되는 건축물과 그 부속토지를 말한다.

다음과 같은 고급오락장용 부동산에 해당하는 경우 건축물 신·증축이나 승계취득 여부와 관계없이 취득세가 중과세되며, 고급오락장용 부동산에 대하여는 과세물건별 일반세율에 중과기준세율(2%)의 4배를 합한 세율이 적용된다.

구 분	중과세 대상
① 유흥주점(공용포함 영업장 100㎡ 초과)	「식품위생법」에 따른 허가 대상인 유흥주점영업으로서 손님이 춤을 출 수 있도록 객석과 구분된 무도장을 설치한 영업장소(카바레 등)
	유흥접객원을 두는 경우로서 별도로 반영구적으로 구획된 객실의 면적이 영업장 전용면적의 50% 이상인 영업장
	객실 수가 5개 이상인 영업장소(룸살롱, 요정 등)
② 카지노장	당사자 상호 간에 재물을 걸고 우연한 결과에 따라 재물의 득실을 결정하는 카지노장(외국인 전용 카지노장 제외)
③ 도박장	사행행위 또는 도박행위에 제공될 수 있도록 자동도박기(파친코, 슬롯머신, 아케이드 이퀴프먼트 등)를 설치한 장소
④ 특수목욕장	머리와 얼굴에 대한 미용시설 외에 욕실 등을 부설한 장소로서 그 설비를 이용하기 위하여 정해진 요금을 지급하도록 시설된 미용실

고급오락장에 대한 부속토지의 경계가 분명하지 아니할 때에는 그 건축물 바닥면적의 10배에 해당하는 토지를 부속토지로 본다. 고급오락장이 건축물의 일부에 시설되었을 때에는 해당 건축물에 부속된 토지 중 그 건축물의 연면적에 대한 고급오락장용 건축물의 연면적 비율에 해당하는 토지를 고급오락장의 부속토지로 본다.

한편, 고급오락장용 건축물을 취득한 날부터 60일 이내에 고급오락장이 아닌 용도로 사용하거나 용도변경 공사를 착공하는 경우에는 중과대상에서 제외된다. 상속으로 인한 취득의 경우는 상속개시일이 속하는 달의 말일부터, 실종으로 인한 경우는 실종선고일이 속하는 달의 말일부터 각각 6개월(납세자가 외국에 주소를 둔 경우에는 각각 9개월) 이내에 고급오락장이 아닌 용도로 사용하거나 다른 용도로 사용하기 위하여 용도변경공사를 착공하는 경우는 중과에서 제외된다.

2 유흥주점영업장 중과요건

(1) 무도유흥주점

★

「식품위생법」 제37조에 따른 허가 대상인 유흥주점영업으로서[65]
① 시설기준: 손님이 춤을 출 수 있도록 객석과 구분된 무도장 설치
② 카바레·나이트클럽·디스코클럽 등 무도유흥주점 영업장소
③ 영업장 면적기준: 공용면적 포함 100㎡ 초과

손님이 춤을 출 수 있도록 객석과 구분된 무도장을 설치한 무도유흥주점 영업장소로서 영업장 면적이 100㎡를 초과하는 경우에 한정된다. 카바레·나이트클럽·디스코클럽 등은 예시규정으로서 이들의 명칭에 관계없이 객석과 구분된 무도장을 설치한 장소라면 중과대상이 될 수 있다.

---

65) 식품위생법 시행령 제21조 중 식품접객업의 구분
    나. 일반음식점영업: 음식류를 조리·판매하는 영업으로서 식사와 함께 부수적으로 음주행위가 허용되는 영업
    다. 단란주점영업: 주로 주류를 조리·판매하는 영업으로서 손님이 노래를 부르는 행위가 허용되는 영업
    라. <u>유흥주점영업: 주로 주류를 조리·판매하는 영업으로서 유흥종사자를 두거나 유흥시설을 설치할 수 있고 손님이 노래를 부르거나 춤을 추는 행위가 허용되는 영업</u>

또한 카바레 등 예시적 무도유흥주점 영업장소로 등록(허가)되어 있지 아니하더라도 사실상의 영업형태로 판단하여야 하며, 입장료 징수 여부와도 무관하다.

다만, 무도유흥주점 영업장소라 하여 손님들이 춤을 출 수 있는 공간(무도장)이 설치된 모든 유흥주점의 영업장소를 가리키는 것이 아니라 그 영업형태나 춤을 출 수 있는 공간의 규모 등을 고려하여 손님들이 춤을 출 수 있도록 하는 것을 주된 영업형태로 하고 또 그에 상응하는 규모로, 객석과 구분된 무도장이 설치된 유흥주점의 영업장소만을 말한다.

즉, 유흥주점(스탠드바)에 손님들이 노래를 부르거나 춤을 출 수 있도록 소규모의 공간이 마련되어 있기는 하나 그 면적이 21.5㎡에 미치지 못하여 영업장의 전체 면적 511.9㎡에 비하여 그 규모가 미미하고, 또 이 사건 주점의 영업형태도 손님들이 술을 마시면서 노래를 부르거나 공연을 관람하는 것을 주된 영업으로 하고 손님들이 춤을 추는 것은 부수적인 것에 불과한 경우에는 중과대상으로 볼 수 없는 것이다(대법원 2006.3.10. 선고 2005두197 판결 참조).

그리고 영업장소의 면적은 실제 영업장으로 사용하고 있는 객석과 객실, 조리장 등의 면적과 다른 사업자 등과 공동으로 사용하는 복도, 주차장 등의 면적을 안분계산한 면적을 포함하여야 한다.

(2) 유흥주점영업

★

「식품위생법」 제37조에 따른 허가 대상인 유흥주점영업으로서
① 유흥접객원(남녀를 불문하며, 임시로 고용된 사람 포함)을 두는 경우로
② 시설기준: 별도로 반영구적으로 구획된 객실 구비
③ 객실면적: 영업장 전용면적의 100분의 50 이상이거나 객실 수가 5개 이상
④ 영업장 면적기준: 공용면적 포함 100㎡ 초과

유흥주점영업은 룸살롱 및 요정영업 등으로서 유흥접객원으로 하여금 유흥을 돋우는 별도의 반영구적으로 구획된 객실면적이 영업장 전용면적의 50% 이상이거나 객실의 수가 5개 이상인 영업장소를 말한다.

식품위생법에 의한 허가 대상인 유흥주점영업이므로 영업허가를 받았는지의 여부가 아닌 영업장소의 현황기준에 따라 중과대상 여부를 판단하여야 할 것이다.

다만, 조세심판원에서는 건축물에 노래연습장 등록을 한 임차인이 단순히 주류판매 및 주류반입 등을 이유로 행정처분을 받았다는 사실만으로 그 노래연습장을 곧바로 주로 주류와 음식물을 조리·판매하고 유흥접객원을 둘 수 있는 룸살롱 등으로 보기는 어렵다는 입장이다(조심 2018지0951, 2019.3.19.).

① 유흥접객원

종전에는 중과를 위한 유흥접객원의 인적요건이 반드시 필요한 것은 아니었으나, 현재는 인적 운영요건인 유흥접객원의 존재 여부가 반드시 필요하다.

유흥접객원이란 식품위생법 시행령 제22조에서 손님과 함께 술을 마시거나 노래 또는 춤으로 손님의 유흥을 돋우는 부녀자라고 하고 있으나, 지방세법 시행령 제28조에서 유흥접객원은 남녀를 불문하며 임시로 고용된 사람을 포함하도록 명확히 규정하고 있다. 즉, 종전에는 유흥접객원이 남자인 경우에는 중과되지 아니하였으나(대법원 2017.9.21. 선고 2017두48376 판결), 2018년부터는 남녀에 대한 구분 없이 모두 유흥접객원에 포함되도록 지방세법 시행령에 반영된 것이다.

② 객실기준

별도로 반영구적으로 구획된 객실의 면적이 영업장 전용면적의 50% 이상이거나 객실 수가 5개 이상인 영업장소에 대하여 중과세한다.

먼저 객실이라 함은 일단의 손님들이 다른 손님과 격리된 장소에서 유흥을 즐길 수 있도록 설치된 것으로 별도의 반영구적으로 구획된 것이다. 객실 벽의 재질이 투명유리, 반투명유리 등으로서 외부에서 내부활동을 식별할 수 있는 경우에도 포함된다.

또한, 객실면적이 영업장 전용면적의 50% 이상이거나 객실 수가 5개 이상이어야 하는데, 여기에서 '영업장 전용면적'에는 다른 업소와 공동으로 사용하는 화장실과 계단, 주차장 등 공용면적을 제외하되, 당해 업소가 전용으로 사용하는 화장실·계단 등의 면적은 포함된다. 유흥주점의 영업장 전용면적은 손님이 술을 마시면서 노래를 부르거나 춤을 추는 행위가 이루어지는 주된 공간과 이러한 행위가 이루어지는 데에 필수적인 시설로서 조리시설 등과 같이 주된 공간에 직접 접하여 서비스가 이루어지는 공간에 한정된다(대법원 2016.6.23. 선고 2016두35977 판결 참조).

③ 영업장 면적 100㎡ 초과

영업장소의 면적은 실제로 영업장으로 사용하고 있는 조리장, 객실 등 당해 업소가 사용하는 면적뿐 아니라 다른 업소와 공동으로 사용하는 복도, 화장실 등 면적을 안분계산한 면적까지 포함된다.

영업장 면적의 산정에 있어 허가·등록면적 기준이 아닌 실제 사용하고 있는 객실, 화장실, 대기실, 창고 등의 면적을 기준으로 하는 것이며, 특히 객실면적 산정 시 객실 벽의 중앙선을 기준으로 산정한 면적으로 하는 것에 주의할 필요가 있다.

④ 임차인이 유흥주점영업을 영위하는 경우

룸살롱 등 유흥주점영업은 영업장의 영업현황을 기준으로 판단하는 것이므로 소유 여부와는 무관하다. 따라서 어떤 건축물이 요정 등 고급오락장으로 이용될 경우에 취득자가 시설을 설치하는 경우는 물론 임차인 등 제3자가 설치하는 경우까지 포함하여 중과세된다.

혹여 임차인이 건물주의 승낙 없이 고급오락장을 설치하였다 하더라도 임대차관계 종료 후 그대로 다시 임대하여 고급오락장 시설이 설치되어 사용·수익하게 하였다면 건축물 취득자에게 중과세될 수 있는 것이다.

⑤ 관광유흥음식점과 관광극장유흥업

「관광진흥법」 제6조에 의한 관광유흥음식점과 관광극장유흥업(관광호텔 안에 있는 것만 해당)의 경우 2014년까지는 취득세 중과대상에서 제외되었으나, 2015부터 관광유흥음식점과 관광극장유흥업 모두 중과세 대상으로 전환되었다.

3 도박장·특수목욕장 등 중과요건

(1) 카지노장

당사자 상호 간에 재물을 걸고 우연한 결과에 따라 재물의 득실을 결정하는 카지노장(「관광진흥법」에 따라 허가된 외국인전용 카지노장 제외)을 말한다.

(2) 자동도박기

사행행위 또는 도박행위에 제공될 수 있도록 자동도박기[파친코, 슬롯머신(slot machine), 아케이드 이퀴프먼트(arcade equipment) 등을 말한다]를 설치한 장소를 말한다.

(3) 특수목욕장

머리와 얼굴에 대한 미용시설 외에 욕실 등을 부설한 장소로서, 그 설비를 이용하기 위하여 정해진 요금을 지급하도록 시설된 미용실을 말한다.

4 고급오락장 중과세율 적용

취득세 과세물건을 취득한 후에 그 과세물건이 중과대상인 고급오락장에 해당되었을 때에는 그날부터 60일 이내에 중과세율을 적용하여 산출한 세액에서 이미 납부한 세액(가산세는 제외한다)을 공제한 금액을 세액으로 하여 신고하고 납부하여야 한다.

건축물의 사용승인서 발급일 이후에 관계 법령에 따라 고급오락장이 된 경우 그 대상 업종의 영업허가·인가 등을 받은 날부터 60일 이내에 신고·납부하여야 한다. 다만, 영업허가·인가 등을 받지 아니하고 고급오락장이 된 경우에는 고급오락장 영업을 사실상 시작한 날부터 60일 이내에 신고·납부하여야 한다.

5 고급오락장 용도변경 등 중과 제외

고급오락장용 건축물을 취득하는 시점에 중과세율에 의한 취득세 납세의무가 성립하는 것이지만, 고급오락장이 아닌 용도로 사용하기 위해 취득하는 경우에까지 중과세한다면 중과세 취지에 부합하지 않을 것이다.

따라서 지방세법에서 이와 같은 경우를 고려하여 중과 제외 규정을 두고 있는데, 고급오락장용 건축물을 취득한 날부터 60일 이내에 고급오락장이 아닌 용도로 사용하거나 고급오락장이 아닌 용도로 사용하기 위하여 용도변경공사를 착공하는 경우는 중과세에서 제외하도록 하고 있다.

또한 60일간의 유예기간도 상속으로 인한 취득의 경우는 상속개시일이 속하는 달의 말일부터, 실종으로 인한 경우는 실종선고일이 속하는 달의 말일부터 각각 6개월(납세자가 외국에 주소를 둔 경우에는 각각 9개월)을 부여하고 있다.

그런데 법 조문에서 60일의 유예기간을 넘어서는 경우 정당한 사유가 있더라도 이를 인정하지 않지만, 대법원에서는 60일이 넘어서더라도 납세자에게 책임지울 수 없는 정당한 사유가 있는 경우라면 취득세 중과세를 적용할 수 없다고 하고 있다. 즉, 고급오락장 취득 전후의 객관적 사정에 비추어 취득자가 취득 후 바로 고급오락장이 아닌 다른 용도로 이용하고자 하였으나 책임질 수 없는 장애로 인하여 취득 후 유예기간 내에 용도변경공사를 착공하지 못하였고, 그러한 장애가 해소되는 즉시 용도변경공사를 착공하려는 의사가 명백한 경우라면, 취득세 중과세율을 적용할 수 없는 정당한 사유가 있다고 보아야 한다는 것이다 (대법원 2017.11.29. 선고 2017두56681 판결 참조).

> ○ 소유명의인이나 상호 및 영업장은 별도로 되어 있으나, 사실상 내부통로를 통하여 하나의 유흥주점 영업장으로 사용한 경우 중과세 여부
> (대법원 2017.12.21. 선고 2017두59154 판결)
> 각 영업장의 면적과 객실 수, 영업주의 관계와 실제 운영자, 이 사건 각 영업장의 출입구, 내부 통로, 객실, 가구 인테리어 등 구조 및 형태, 주방 및 카운터의 공동 사용, 상호와 다른 간판의 내용과 모양, 신용카드매출전표 결재에 봉사료 항목이 있고 그 비율이 유사한 점, 보도방을 이용한 유흥접객원 수급 형태 등에 비추어 보면 이 사건 단란주점은 이 사건 유흥주점과 같이 보도방을 이용하여 유흥접객원을 수급하는 유흥주점으로 운영되어 온 사실을 인정할 수 있다.

> ○ 임차인이 임대인의 동의 없이 창고를 영업장으로 개조하여 고급오락장에 해당된 경우 임대인에게 중과세할 수 있는지 여부 (대법원 2017.2.23. 선고 2016두60041 판결)
> 임차인이 임의로 창고를 개조하여 영업장이 고급오락장에 해당된 후 임대인이 그 설치의 추인이나 경제적 이익을 누리는 등 용인한 사정이 없다면 임대인에게 중과세율로 취득세를 부과할 수 없다.

> ○ 임차인이 유흥주점을 설치한 경우 임대인에게 중과세함이 타당한지 여부
> (대법원 2017.11.23. 선고 2017두59642 판결)
> 임차인이 무단으로 객실을 추가로 설치하였다는 사실을 임대인이 알지 못하였다는 증거가 불명확하다면 임대인에게 지방세 중과세는 타당함.

○ 임차인이 고급오락장으로 무단 용도변경한 경우 중과세 대상 여부
　(대법원 2015.11.12. 선고 2015두48556 판결)

취득세가 중과세되는 고급오락장으로서의 유흥주점 영업장에 해당하는지 여부는 현황을 객관적으로 판단하여 유흥주점 영업장으로서의 실체를 갖추고 있는지에 달려있다(대법원 2008.2.15. 선고 2007두10303 판결 참조). 그리고 건물주 본인이 실지로 그 건물에서 영업을 하였는지 여부는 상관없고, 소유자가 아닌 임차인이 그 시설을 한 경우에도 중과세의 대상이 된다고 볼 것이며, 설령 취득자가 다른 용도로 사용할 목적으로 건물을 취득하였다고 하여도 취득 당시의 사실상 현황이 위와 같은 것이었다면 마찬가지이다(대법원 1992.4.28. 선고 91누11889 판결 참조). 다만, 취득세 중과세 규정의 입법 취지가 사치·향락적 소비시설의 유통을 억제하고자 하는데 있는 점 등을 고려하면, 취득 당시의 현황이 고급오락장이더라도 취득 전후의 객관적 사정에 비추어 취득자가 이를 취득한 후 바로 고급오락장이 아닌 다른 용도로 이용하고자 함을 명확히 확인할 수 있을 뿐만 아니라, 나아가 취득자가 취득 후 짧은 기간 안에 실제 고급오락장이 아닌 용도로 사용하기 위해 그 현황을 변경시킨 경우까지 취득세를 중과세할 수는 없다(대법원 2012.2.9. 선고 2009두23938 판결 참조).

※ 원고는 임대차계약을 승계한 후 임차인에게 5개월간 별다른 조치를 요구하지 않았음.

○ 동일 건물 내에서 다른 층으로 이전 시 유흥주점 취득세 중과세 여부
　(행안부 지방세운영과 - 3324, 2011.7.13.)

구분소유되지 않은 동일 건물의 일부가 유흥주점영업점에 해당되어 취득세가 중과세되었다면, 그 부분은 사치성재산의 취득 억제라는 취득세 중과세의 입법취지가 달성되었으므로 취득세를 중과세한 후 5년 이내에 위치를 다른 층으로 이전하는 경우라도 영업장 면적의 증가가 없었다면, 다시 취득세 중과세 대상으로 보기는 어렵다.

○ 룸소주방 형태로 영업한 경우 유흥주점영업으로 볼 수 있는지 여부
　(조심 2019지3867, 2020.5.19.)

쟁점영업장은 7개의 밀폐된 객실로 이루어져 있으며, 임차인이 유흥주점영업허가를 승계하기 이전부터 ○○○ 등의 상호로 유흥주점영업허가를 받아 영업을 하였고, 임차인이 영업허가를 승계받은 후에 종전의 유흥주점 영업장과 객실이나 다른 시설의 변동이 없이 영업하고 있다고 보이며, 처분청의 현장확인 시 유흥접객원을 고용하였다고 표시한 점 등을 종합하면, 유흥접객원이 없이 룸소주방 형태로 영업하였다는 청구주장은 인정하기 어렵다 하겠다.

○ 노래연습장으로 등록 및 주류판매 등으로 행정처분을 받은 경우 유흥주점영업장으로
  볼 수 있는지 여부 (조심 2018지0951, 2019.3.19.)

노래연습장은 단순히 노래를 부를 수 있는 시설만을 제공하는 형태의 영업이라는 점에서
주로 주류와 음식을 조리·판매하면서 유흥종사자를 두거나 유흥시설을 설치하여 손님이
노래를 부르거나 춤을 출 수 있는 영업장인 유흥주점과 이용대상 및 방식 등에서 차이가
있고, 그에 따라 관련된 단속 법규와 위반기준 등도 다른 점, 청구인은 쟁점부동산의 임차
인에게 노래방 영업을 전제로 쟁점부동산을 임대하였고, 이후 이들 임차인들이 쟁점부동산
을 이용한 불법적인 영업행위를 청구인이 용인하거나 묵인하였다고 볼 만한 사정이 확인
되지 않는 것은 물론이며, 특별히 임대료 외에 이와 관련된 경제적 이익을 취한 것으로 보
이지도 아니하는 점, 쟁점부동산에 노래연습장의 등록을 한 임차인이 단순히 주류판매 및
주류반입 등을 이유로 행정처분을 받았다는 사실만으로 쟁점부동산에 소재한 노래연습장
을 곧바로 주로 주류와 음식물을 조리·판매하고 유흥접객원을 둘 수 있는 룸살롱 등으로
보기는 어려운 점 등에 비추어 청구인이 소유한 쟁점부동산을 고급오락장(유흥주점영업
장)용으로 보아 취득세를 중과세한 처분은 잘못이 있다고 판단된다.

○ 취득할 당시 유흥주점영업에 필요한 시설이 갖추어져 있는 경우 유흥주점영업장으로
  볼 수 있는지 여부 (대법원 2008.2.15. 선고 2007두10303 판결)

비록 유흥주점영업장 이외의 용도로 사용할 목적으로 부동산을 취득하였다 하더라도 부동
산을 취득할 당시 구 지방세법 시행령 제84조의3 제4항 제5호에서 정하는 유흥주점영업에
필요한 시설이 갖추어져 있어 객관적으로 유흥주점영업장으로서의 실체를 갖추고 있었으
므로 취득세의 중과대상이 된다.

○ 고급오락장용 건축물의 부속토지만 취득하여도 중과대상인지 여부
  (대법원 2004.3.12. 선고 2003두2847 판결)

취득세 중과대상인 고급오락장에는 고급오락장용 건축물뿐 아니라 그 부속토지도 포함되
는 것이어서 반드시 고급오락장용 건축물을 취득하는 경우에만 그 부속토지가 중과대상이
되는 것은 아니며, 또한 그 건축물과 부속토지의 소유자가 다르다고 하여 중과세 대상에서
제외되는 것도 아니라고 할 것이다(대법원 1986.7.8. 선고 86누271 판결, 1989.10.24. 선고 88누
3208 판결 등 참조).

○ 유흥주점을 일시적으로 휴·폐업한 경우 재산세 중과대상 여부
  (대법원 2016.8.25. 선고 2016두40740 판결)

유흥주점 영업장으로서의 실체를 구비하고 있는 이상 설령 유흥주점 영업이 일시 휴업 중에 있다 하여도 고급오락장용 건축물임에는 변함이 없다(대법원 1985.8.20. 선고 85누263 판결 참조).

○ '손님이 춤을 출 수 있도록 객석과 구분된 무도장을 설치한 영업장소'로 볼 수 있는지
  여부 (조심 2019지2601, 2020.4.29.)

쟁점영업장은 관광호텔인 이 건 건축물의 4층에 설치되어 있는 점, 쟁점영업장은 쟁점부분은 그 면적이 쟁점영업장의 5~6% 가량에 불과할 뿐만 아니라 그 바닥도 통상의 무도유흥주점과 달리 마찰력이 큰 소재인 카펫으로 되어 있으며, DJ박스 및 물품보관함 등도 설치되어 있지 아니한 점 등에 비추어 쟁점영업장이 춤을 출 수 있도록 하는 것을 주된 영업형태로 하고 있다고 보기 어려울 뿐만 아니라 그러한 영업이 가능한 시설을 갖추었다고 보기도 어려우므로 쟁점영업장을 「지방세법」 제111조 제1항 제2호 가목에 따른 고급오락장용 건축물로 보아 재산세를 중과세한 처분은 잘못이라고 판단된다.

○ 무도유흥주점 영업장소의 의미 (대법원 2006.3.10. 선고 2005두197 판결)

중과세율이 적용되는 '무도유흥주점 영업장소'라 함은 손님들이 춤을 출 수 있는 공간(무도장)이 설치된 모든 유흥주점의 영업장소를 가리키는 것이 아니라 그 영업형태나 춤을 출 수 있는 공간의 규모 등을 고려하여 손님들이 춤을 출 수 있도록 하는 것을 주된 영업형태로 하고 또 그에 상응하는 규모로, 객석과 구분된 무도장이 설치된 유흥주점의 영업장소만을 말한다.

○ 유흥접객업소로서의 시설기준을 갖추고 유흥종사자를 두어 유흥접객영업을 한 고급
  오락장인 룸살롱에 해당하는지 여부 (대법원 1993.7.27. 선고 93누1688 판결)

건물부분에서 영업한 업소가 대중음식점으로서의 시설기준에 일부 위반된 점은 있으나 방실이 배치된 업소의 내부구조나 벽 및 출입문에 대형 유리창이 설치된 점 등에 비추어 볼 때 유흥접객업인 룸살롱에 해당된다고 볼 수 없으므로 고급오락장인 룸살롱에 해당함을 전제로 중과세율을 적용하여 취득세를 부과한 처분은 취소되어야 한다.

○ 무도유흥주점으로 사용되던 부동산을 취득 후 30일 이내에 용도변경공사를 착공하지 못한 정당한 사유가 있는지 여부 (대법원 2017.11.29. 선고 2017두56681 판결)

무도유흥주점으로 사용되던 이 사건 부동산을 취득한 날부터 30일 이내에 용도변경공사를 착공하지 못하였다고 하더라도, 용도변경공사를 착공하지 못한 데에는 원고에게 책임지울 수 없는 장애가 있었다고 할 것이고, 그러한 장애가 해소되자마자 곧바로 용도변경공사를 착공하려고 한 이상, 이 사건 부동산의 취득에 대하여는 고급오락장 취득에 따른 취득세 중과세율을 적용할 수 없는 정당한 사유가 있다고 봄이 타당하다.

○ 취득일부터 30일 이내에 유흥주점의 용도변경공사에 착공하지 못한 정당한 사유가 있었는지 여부 (조심 2018지1098, 2019.8.8.)

장애가 해소되자마자 곧바로 용도변경공사를 착공하려고 한 것으로 보이는바, 만약 청구법인이 이 건 부동산을 취득함과 동시에 곧바로 이를 인도받았더라면 취득한 날부터 30일 이내인 2017.7.26.경 충분히 용도변경공사를 착공할 수 있었을 것으로 판단되는 점 등에 비추어, 이 건 부동산의 취득에 대하여는 고급오락장 취득에 따른 취득세 중과세율을 적용할 수 없는 정당한 사유가 있다고 봄이 타당하므로, 이 건 부동산의 취득이 취득세 중과세율 적용 대상에 해당한다고 보아 이 건 취득세 등을 부과한 처분은 잘못이 있는 것으로 판단됨.

○ 쟁점유흥주점에 대하여 취득세 중과세 타당 여부 (조심 2021지5817, 2023.6.13.)

청구인들이 2021.5.26. 쟁점유흥주점을 취득하기 전인 2021.5.12. 종전 임차인이 처분청에 유흥주점 영업허가를 반납하고 폐업신고를 한 후 1층 및 지하층 입구의 업소표시를 제거하고 룸 내부에 집기를 모두 쌓아두었고, 실제로 폐업신고 이후 매출액이 전혀 발생하지 아니한 점, 처분청도 쟁점유흥주점에 대하여 2022년 재산세를 고급오락장으로 보지 아니하여 일반과세한 점 등에 비추어 처분청이 쟁점유흥주점을 고급오락장용 부동산으로 보아 취득세를 중과세한 처분은 잘못이 있다고 판단됨.

고급선박의 취득세 중과세

1 취득세가 중과세되는 고급선박의 범위

취득세가 중과세되는 고급선박이란, 비업무용 자가용 선박으로서 시가표준액이 3억 원을 초과하는 선박을 말한다. 다만, 실험·실습 등의 용도에 사용할 목적으로 취득하는 선박은 중과세에서 제외한다.

2 중과세율의 적용

고급선박을 취득한 경우에 취득세 표준세율에 중과기준세율(2%)의 4배 세율을 적용하여 계산한 금액을 그 세액으로 한다. 예를 들어, 고급선박을 유상으로 승계하는 취득인 경우 표준세율 3%에 중과기준세율(2%)의 4배를 더하면 11%의 세율이 적용된다.

선박을 취득한 이후에 선박의 종류를 변경하여 고급선박에 해당된 경우에는 사실상 선박의 종류를 변경한 날부터 60일 이내에 취득세 부족세액을 신고·납부하여야 한다.

부족세액 납부세액 = 〔표준세율 + (중과기준세율(2%) × 4)〕 − 취득 당시 납부세액

한편, 제주특별자치도의 경우 「제주특별자치도세 조례」에서 고급선박에 대한 취득세는 '지방세법 제12조의 세율과 중과기준세율의 100분의 400을 합한 세율을 적용하여 계산한

금액을 그 세액으로 하되, 이 경우 중과기준세율은 1,000분의 0으로 한다[66]'라고 규정하여 중과규정을 배제한 일반세율로만 취득세를 과세하도록 하고 있다.

○ 쟁점선박을 업무용이 아닌 비업무용 고급선박으로 보아 재산세를 중과세한 처분의 적법 여부 (조심 2015지1781, 2016.3.10.)

쟁점선박은 2012.8.6. ○○○ 대여업 등록을 한 사실이 확인되는바, 쟁점선박은 「선박안전법」에서 선박검사증서 없이는 이를 항해에 사용할 수 없도록 규정하고 있어 수입선박에 대한 선박검사를 통해 그 증서를 발급받는 과정에서 상당한 시일이 소요된 사정이 인정되는 점, 구 국토해양부에서는 2009년 무렵부터 ○○○ 대여업 등록을 완료하였고, 이러한 절차를 이행하는 과정에서 쟁점선박을 업무용으로 사용하지 못한 것으로 보이는 점, 청구법인이 쟁점선박을 업무용이 아닌 비업무용 자가용 선박으로 이용하였다는 객관적인 증빙이 없는 점 등에 비추어 쟁점선박을 고급선박으로 보기는 어렵다 할 것이다.

○ 다른 법인에게 임대하여 관광사업 등 사업용으로 사용되는 경우 중과세 여부 (행안부 세정 13407-138, 2000.2.1.)

관광잠수정을 수주받아 건조하여 계약자의 계약 불이행으로 인하여 소유하고 있던 동 선박을 타 법인에게 임대하여 관광사업 등 사업용으로 사용되는 경우라면 취득세가 중과세되는 고급선박으로 볼 수 없음.

---

66)「제주특별자치도세 조례」제6조의6, 신설 2013.6.5., 개정 2016.6.22.

제 **5** 장

취득세 신고 실무 사례

부동산 취득세의 신고기한, 신고방법 및 필요서류

❶ 취득세 신고기한

부동산을 취득한 자는 부동산을 취득한 날부터 60일 이내에 취득세(농어촌특별세, 지방교육세 포함)를 신고·납부하여야 한다. 다만, 증여의 경우 취득일이 속한 달의 말일부터 3개월 이내, 상속의 경우 상속개시일이 속한 달의 말일부터 6개월 이내(외국에 주소를 둔 상속인이 있는 경우 9개월)에 신고·납부하면 된다(지법 제20조). 만약 이 기한을 넘기면 무신고가산세(20%) 및 납부지연가산세(1일 10만분의 22)를 추가 부담하여야 한다(지법 제21조).

❷ 취득세 신고방법

취득세 신고방법은 방문신고와 인터넷을 통한 전자신고가 있는데 방문신고는 취득한 부동산의 관할 지방자치단체를 방문하여 신고하는 것이고, 인터넷을 통한 전자신고는 지방세 세금납부 홈페이지(서울시 ETAX, etax.seoul.go.kr 또는 전국 WeTAX, www.wetax.go.kr)를 이용하여 관할 지방자치단체의 방문 없이 취득세를 신고·납부하는 것이다. 그러나 취득세 중과세·감면 등 사안에 대해서는 가급적이면 관할 지방자치단체에 문의한 후 안내를 받아 신고를 진행하는 것이 좋다.

취득세 납부 도움말   ※ 안내를 꼭 확인하세요!

› **취득세란** 부동산, 차량, 기계장비, 회원권 등 취득을 하는 때에 납부하는 세금입니다.
› **일반사항 안내**
   - 구청을 방문하지 않고 인터넷으로 취득세를 신고, 납부하는 서비스입니다.
   - 납세자 주민등록번호와 부동산거래계약 신고필증 관리번호를 입력(마지막 7자리는 접수번호)
   - 이미 구청에서 취득세를 방문 신고하여 고지서를 발급받은 경우는 상단메뉴의 [조회납부]로 이동하여 납부하면 됩니다.
   - 인터넷 납부 후 납부확인서를 출력하여 등기신청에 사용할 수 있습니다.
   - ETAX 전자신고건은 고지서(은행용 납부서) 출력 불가합니다.
› **신고납부 대상**
   - 실거래가 신고를 하여 「국토교통부 부동산거래관리시스템」에 등재되어 적정하다고 검증된 경우만 신고할 수 있습니다.
     (비적정인 경우에는 전자신고 불가)
   - 부동산내역란의 거래관계가 "개인 대 개인"으로 표시된 경우만 신고할 수 있습니다.(그 외의 경우에는 구청 방문신고)
   - 부동산내역란의 물건구분이 토지 또는 공동주택인 경우만 신고할 수 있습니다.
     ※ 구청 방문신고 대상 : 공동주택의 일부 "지분"을 취득하는 경우, 고급주택, 분양(분양권 전매 포함)
   - 2020. 2. 10.(월)부터 1세대 4주택 이상의 취득세 인터넷 신고가 가능하도록 개선되었습니다.
   - 가족관계증명서는 필수로 첨부하셔야 합니다.
     → 계약일자 '20.7.10일 이전, 1세대 4주택 미만인 경우
     → 계약일자 '20.7.11일, 취득일자 '20.8.12일 이후 이고, 1세대 3주택 미만인 경우
› **신고시 참고사항**
   - 이중 신고 및 착오신고를 하는 경우 수정, 변경 불가하오니 각별히 유의해주십시오.
   - 신고납부 기간은 잔금지급일부터 60일 이내만 가능합니다.
› **가산세**
   - 무신고가산세 : 납부세액의 20%(단, 사기·부정한 행위 40%)
   - 과소신고가산세 : 과소신고납부세액의 10%(단, 사기·정한 행위 40%)
   - 납부지연 가산세 : 미납 또는 과소납 세액
     * 납부기한의 다음날부터 자진납부일(납세고지일) 까지 기간
     납부세액 × 3/10,000 × 지연일수 (18.12.31 이전 기간)
     납부세액 × 25/100,000 × 지연일수 (19.01.01 이후 기간)
     납부세액 × 22/100,000 × 지연일수 (22.06.07 이후 기간)
› **대리인 신고 방법 안내**
   - 납세자가 ETAX에서 취득세 대리인등록 화면에서 대리인 지정한 경우
   - 대리인이 직접 위임장을 스캔하여 첨부한 경우 (ㅁ타인납부여부 체크)
   - 납세자 주민등록번호와 부동산거래계약 신고필증 관리번호를 입력(마지막 7자리는 접수번호)

3 취득 유형별 취득세 신고 필요서류

(1) 취득 유형별 필요한 신고서 및 증빙서류

○ 일반 매매취득

1. 취득세 신고서(지방세법 시행규칙[별지 제3호 서식])
2. 주택의 경우: 주택 취득 상세명세서[별지 제3호 서식 부표]
3. 부동산 매매 계약서
4. 부동산 거래계약 신고필증
5. (분양)분양계약서(계약서상 검인확인 및 신고필 등)
6. (분양)잔금완납증명서
7. (분양)옵션계약서
8. (분양)낙찰대금완납증명서
9. (법인 취득)해당 물건 관련한 법인 원장

○ 신축 취득(도급)

1. 취득세 신고서(지방세법 시행규칙[별지 제3호 서식])
2. 건축과표내역
3. 도급계약서(변경 포함)
4. 공사(원가)내역서
5. 설계계약서
6. 감리계약서
7. 전기·가스·수도 공사비
8. 엘리베이터 설치 공사비
9. 등록면허세(면허분) 납부내역
10. 건설자금이자
11. 하수도원인자 부담금 등 각종 부담금
12. 기타 신축 부대비용(철거비, 용역비, 보험료 등)
13. 부대시설 내역서
14. 대지권 설정표
15. (법인 취득) 해당 물건 관련한 법인 원장

○ 매매_직계존비속 간

1. 취득세 신고서(지방세법 시행규칙[별지 제3호 서식])
2. 부동산 매매 계약서
3. 부동산 거래 신고필증
4. 소득금액증명원
5. 통장사본(은행거래 내역 등)

○ 증여(부담부증여)

1. 취득세 신고서(지방세법 시행규칙[별지 제3호 서식])
2. 부담부증여계약서(검인도장)
3. 부동산 임대차 계약서
4. 부채증명원(은행 대출인수 시)

○ 부담부증여_직계존비속 간

1. 취득세 신고서(지방세법 시행규칙[별지 제3호 서식])
2. 부담부증여계약서(검인도장)
3. 부동산 임대차 계약서
4. 부채증명원(은행 대출인수 시)
5. 소득금액증명원
6. 통장사본(은행거래 내역 등)

○ 상속

1. 취득세 신고서(지방세법 시행규칙[별지 제3호 서식])
2. 상속재산분할협의서
3. 사망자 기본증명서
4. 사망자 가족관계증명서
5. (유증) 공정증서 정본

○ 이혼 재산분할

1. 취득세 신고서(지방세법 시행규칙[별지 제3호 서식])
2. 지방세감면신청서
3. 재산분할협의서(인감, 검인도장)
4. 혼인관계증명서
5. 법원 판결문(재판분할 시)

(2) 중과세 또는 감면의 판단을 위한 필요서류

취득 유형별 필요서류 외에도 취득세 중과 또는 감면을 받기 위해 제출하여야 하는 서류도 있다. 먼저, 다주택자와 법인 등이 주택을 취득하는 경우에는 주택 취득세 중과세 적용을 위해서 '주택 취득 상세명세서(지방세법 시행규칙[별지 제3호 서식 부표])'가 필요하다. 또한, 수도권 과밀억제권역 내의 부동산을 법인이 취득하는 경우에는 취득 부동산의 사용 목적에 따른 중과세 적용 여부를 확인하기 위해 실무적으로 '취득 부동산 사용계획서'가 필요하다.

한편, 임대주택 등 취득세 감면대상에 해당하여 감면 신청 시에는 지방세 감면신청서 및 감면받을 사유를 입증할 수 있는 서류를 함께 제출하여야 하는데, 감면 사유별로 필요한 서류는 가급적이면 해당 지방자치단체에 미리 확인하는 것이 좋다.

취득세 ([ ]기한 내 / [ ]기한 후]) 신고서

(앞쪽)

관리번호		접수 일자		처리기간 　즉시	

신고인	취득자 (신고자)	성명(법인명)		주민등록번호(외국인등록번호, 법인등록번호)	
		주소		전화번호	
	전 소유자	성명(법인명)		주민등록번호(외국인등록번호, 법인등록번호)	
		주소		전화번호	
매도자와의 관계		「지방세기본법」 제2조 제34호 가목에 따른 친족관계에 있는 자인 경우 (배우자 [ ] 직계존비속 [ ] 그 밖의 친족관계 [ ]) 「지방세기본법」 제2조 제34호 나목에 따른 경제적 연관관계에 있는 자(임원·사용인 등)인 경우 [ ] 「지방세기본법」 제2조 제34호 다목에 따른 경영지배관계에 있는 자(주주·출자자 등)인 경우 [ ] 「지방세기본법」 제2조 제34호에 따른 특수관계인이 아닌 경우 [ ]			

취 득 물 건 내 역

취득물건	소재지						
	취득일	면적	종류(지목/차종)	용도	취득 원인	취득가액	
「지방세법」 제10조의2 제2항 제2호에 따른 무상취득의 경우				시가인정액 [ ]		시가표준액 [ ]	

세목		과세표준액	세율	① 산출 세액	② 감면 세액	③ 기납부 세 액	가산세			신고세액 합　계 (①-②- ③+④)
							무신고 또는 과소신고	납부 지연	계 ④	
합계										
신고 세액	취득세		%							
	지방교육세		%							
	농어촌특별세	부과분		%						
		감면분	%							

　　「지방세법」 제20조 제1항, 제152조 제1항, 같은 법 시행령 제33조 제1항, 「농어촌특별세법」 제7조에 따라 위와 같이 신고합니다.

	접수(영수)일자 (인)

　　　　　　　　　년　　　　월　　　　일
　　　　　　　　　　신고인　　　　　　　　　　　　　(서명 또는 인)
　　　　　　　　　　대리인　　　　　　　　　　　　　(서명 또는 인)

특별자치시장·특별자치도지사·시장·군수·구청장　귀하

첨부 서류	1. 매매계약서, 증여계약서, 부동산거래계약 신고필증 또는 법인 장부 등 취득가액 및 취득일 등을 증명할 수 있는 서류 사본 1부 2. 「지방세특례제한법 시행규칙」 별지 제1호 서식의 지방세 감면 신청서 1부 3. 별지 제4호 서식의 취득세 납부서 납세자 보관용 영수증 사본 1부 4. 별지 제8호 서식의 취득세 비과세 확인서 1부 5. 근로소득 원천징수영수증 또는 소득금액증명원 1부 6. 사실상의 잔금지급일을 확인할 수 있는 서류(사실상의 잔금지급일과 계약상의 잔금지급일이 다른 경우만 해당합니다) 1부	수수료 없음

위임장

위의 신고인 본인은 위임받는 사람에게 취득세 신고에 관한 일체의 권리와 의무를 위임합니다.
　　　　　　　　　　　　　　　위임자(신고인)　　　　　　　　　　　　　　　　(서명 또는 인)

위임받는 사람	성명	위임자와의 관계
	생년월일	전화번호
	주소	

*위임장은 별도 서식을 사용할 수 있습니다.

------------------------------ 자르는 선 ------------------------------

접수증(취득세 신고서)

신고인(대리인)	취득물건 신고내용	접수 일자	접수번호	
「지방세법」 제20조 제1항, 제152조 제1항, 같은 법 시행령 제33조 제1항, 「농어촌특별세법」 제7조에 따라 신고한 신고서의 접수증입니다.			접수자	(서명 또는 인)

210㎜×297㎜[백상지 80g/㎡(재활용품)]

작성방법

1. ▮▮▮▮▮▮란은 과세관청에서 적는 사항이므로 신고인은 적지 않습니다.
2. "기한 내 신고"란에는 취득일(잔금지급일 등)부터 60일 이내에 신고하는 경우에 표기[√]하고, "기한 후 신고"란은 기한 내 신고기간이 경과한 후에 신고하는 경우에 표기[√]합니다.
3. "신고인"란에는 납세의무자를 적고, "전 소유자"란에는 취득하는 과세대상인 부동산(토지·건축물), 차량, 기계장비, 입목, 항공기, 선박, 광업권, 어업권, 회원권의 전 소유자를 적습니다.
4. 매도자와의 관계는 반드시 적어야 하며, 사실과 달리 적은 경우에는 「지방세기본법」 제53조 등에 따라 가산세를 포함하여 추징될 수 있습니다.
5. "취득물건 내역"란에는 취득세 과세대상이 되는 물건의 내역 등을 적습니다.
   가. "소재지"란은 부동산(토지·건축물)은 토지·건축물의 소재지, 선박은 선적항, 골프회원권은 골프장 소재지, 차량(기계장비)은 등록지 등을 적습니다.
   나. "취득물건"란에는 취득세 과세대상이 되는 부동산(토지·건축물), 선박, 차량, 기계장비, 항공기, 어업권, 광업권, 골프회원권, 종합체육시설이용회원권 등을 물건별로 적습니다.
   다. "취득일자"란에는 잔금지급일(잔금지급일 전에 등기·등록 또는 사실상 사용하거나 사용·수익하는 경우에는 등기·등록일 또는 사용·수익일 등 「지방세법 시행령」 제20조에 따른 취득시기에 해당되는 취득일자를 말합니다) 등을 적습니다.
   라. "면적"란에는 부동산의 경우에는 ○○㎡(지분의 경우 ○○분의 ○)으로, 차량의 경우에는 ○○cc·적재정량으로, 선박의 경우에는 ○○톤으로, 어업권의 경우에는 어업권 설정 면적 등을 적습니다.
   마. "종류(차종)"란에는 부동산의 경우에는 주거용·영업용·주상복합용 등 사용형태를 적고, 차량(항공기)의 경우에는 차종(항공기 종류)·연식 및 차량번호(항공기는 제외합니다)를 적으며, 선박의 경우에는 선박종류 및 구조를 적고, 골프회원권의 경우에는 회원의 종류인 법인·개인 등을 적습니다.
   바. "용도"란에는 취득한 물건의 사용용도(주거용, 상업용, 공장용, 자가용, 영업용, 법인용, 개인용 등)를 적습니다.
   사. "취득원인"란에는 매매로 취득하여 소유권이 이전되는 경우에는 매매로, 상속 또는 증여의 경우에는 상속 또는 증여로 각각 적으며, 소유권 보존(신축 등)으로 인한 취득은 원시취득 등을 적습니다.
   아. "취득가액"란에는 취득당시의 가액(「지방세법」 제10조부터 제10조의6까지의 규정에 따른 시가인정액·시가표준액·사실상취득가액 등)을 말하는 것이므로 매매계약서 또는 취득에 소요된 사실상 비용(법인의 경우 장부가액 등) 등을 입증할 수 있는 서류에 의하여 확인되는 것과 일치해야 합니다.
   ※ 취득가액이 입증되는 매매계약서(부동산검인계약서 등)를 이중으로 작성하거나, 허위로 작성하여 취득가액을 허위·과소 신고하는 경우 불이익을 받을 수 있습니다.
   자. 「지방세법」 제10조의2 제2항 제2호에 따라 취득물건에 대한 시가표준액이 1억 원 이하인 부동산을 무상취득(상속에 따른 무상취득의 경우는 제외합니다)하는 경우에는 시가인정액과 시가표준액 중 납세자가 정하는 가액을 표기[√]합니다.
6. "세율"란에는 「지방세법」 제11조, 제12조 및 제15조에 따른 세율을 적되, 「지방세법」 제13조 및 제13조의2에 해당하는 경우에는 해당 중과세율을 적습니다.
7. "산출세액"란에는 취득가액에 세율을 곱하여 산출된 세액을 적습니다.
8. "감면세액"란에는 「지방세특례제한법」, 「조세특례제한법」 및 지방자치단체 감면조례에 따라 지방세가 감면되는 대상을 말하며 해당되는 감면율을 적용하여 산출한 감면세액을 적습니다.
9. "기납부세액"란에는 동일한 과세물건에 대하여 취득가액의 변동, 경감취소 등으로 과소납부한 세액 또는 납부해야 할 세액을 기한 후 신고하는 경우 등으로서 이미 납부한 세액을 적습니다.
10. "가산세"란에는 「지방세기본법」 제53조 또는 제54조에 따른 무신고가산세 또는 과소신고가산세의 금액 및 같은 법 제55조에 따른 납부지연가산세의 금액과 그 합계금액을 각각 적습니다. 다만, 「지방세기본법」 제57조에 따른 가산세의 감면 사유에 해당하는 경우에는 감면 후의 금액을 적습니다.
11. "신고세액 합계"란에는 신고인이 납부해야 할 세액(①-②-③+④)을 적습니다.
12. "농어촌특별세신고세액"란에는 취득세와 동시에 신고·납부하여야 하는 농어촌특별세를 말하는 것으로서 「농어촌특별세법」 제3조 및 제5조에 따라 산출한 세액을 적고, "지방교육세 신고세액"란에는 「지방세법」 제151조에 따라 산출한 세액을 적습니다.
13. 첨부 서류
    가. 「지방세특례제한법 시행규칙」 별지 제1호 서식의 지방세 감면 신청서는 취득세 감면을 받으려는 경우에 첨부합니다.
    나. 별지 제4호 서식의 취득세 납부서 납세자 보관용 영수증 사본은 기납부세액이 있는 경우에 첨부합니다.
    다. 별지 제8호 서식의 취득세 비과세 확인서는 비과세 또는 감면된 취득세가 있는 경우에 첨부합니다.
    라. 근로소득 원천징수영수증 또는 소득금액증명원은 세대 분리 등의 증명이 필요한 경우에 첨부합니다.
    마. 사실상의 잔금지급일과 계약상의 잔금지급일이 다를 경우 사실상의 잔금지급일을 확인할 수 있는 서류의 사본을 첨부합니다.
14. 신고인을 대리하여 취득신고를 하는 경우에는 반드시 위임장을 제출해야 합니다. 다만, 「부동산등기법」 제28조에 따라 채권자대위권에 의한 등기신청을 하려는 채권자는 위임장을 제출하지 않을 수 있습니다.
15. 신고인은 납세의무자를 말하며, 서명 또는 날인이 없는 경우에는 신고서는 무효가 되며, 대리인이 신고하는 경우에도 서명 또는 날인이 없거나 위임장이 없으면 무효가 됩니다.
16. 신고인은 반드시 접수증을 수령해야 하고, 접수증의 간인 및 접수자의 서명 또는 날인을 확인해야 합니다.
17. 주택을 무상 또는 유상거래로 취득하는 경우에는 주택 취득 상세명세서(부표)를 제출해야 합니다.

주택 ([ ]무상 / [ ]유상거래) 취득 상세 명세서

① 주택 (증여자( ) / 취득자( )) 세대 현황

① 취득자 구분		□ 개인		□ 법인 또는 단체		
② 세대 현황 ※ 무상취득은 증여자 기준으로, 유상거래는 취득자 기준으로 적습니다.	구 분	세대주와의 관계	성명	주민등록번호(외국인등록번호)	1세대 포함 여부	
	세대주				□ 포함 □ 제외	
	세대원				□ 포함 □ 제외	
					□ 포함 □ 제외	
					□ 포함 □ 제외	

② 신규 취득 주택 현황

③ 취득 주택 소재지 및 고급주택 여부		주 소				
		조정대상지역	□ 여 □ 부	고급주택	□ 여 □ 부	
④ 중과세 제외 주택 여부		□ 해당 없음	□ 해당 (「지방세법 시행령」 제28조의2 제( )호의 주택)			
⑤ 취득 원인		□ 무상취득 / 유상거래 (□ 매매 □ 분양권에 의한 취득)				
⑥ 계약일			⑦ 취득일			
⑧ 취득 가격						
⑨ 취득주택 면적(㎡)	총면적	토 지	취득지분	%	취득면적	토 지
		건 물		%		건 물
⑩ 일시적 2주택 여부		□ 일시적 2주택 □ 해당 없음				

③ 1세대 소유주택 현황 ※ 신규로 취득하는 주택을 포함합니다.

⑪ 1세대 소유 주택 현황	소유주택 수		□ 1주택 □ 일시적 2주택 □ 2주택 □ 3주택 □ 4주택 이상				
	소유주택 현황 ※ 기재사항이 많을 경우 별지로 작성할 수 있습니다.	유 형		소유자	소재지 주소	취득일	주택 수 산정 포함 여부*
		단독·공동주택					□ 포함 □ 제외
							□ 포함 □ 제외
		'20.8.12. 이후 계약	주택 분양권				□ 포함 □ 제외
							□ 포함 □ 제외
		'20.8.12. 이후 취득	주거용 오피스텔				□ 포함 □ 제외
							□ 포함 □ 제외
			조합원 입주권				□ 포함 □ 제외
							□ 포함 □ 제외

* 「지방세법 시행령」 제28조의4 제6항 각 호의 어느 하나에 해당하는 주택은 주택 수 산정 시 제외합니다.

④ 신규 주택 적용 취득세율

취득구분	중과세 제외 주택		무상취득			유상거래						
							개인					
규제구분	무상 취득	유상 거래	조정대상 지역		조정 대상 지역 외 지역	법인 및 단체	조정대상지역			조정대상지역 외 지역		
총 소유주택 수 (신규 주택 포함)			3억 이상	3억 미만			1주택 일시적 2주택	2주택	3주택 이상	2주택 이하	3주택	4주택 이상
⑫ 취득세율	3.5%	1~3%	12%	3.5%	12%	1~3%	8%	12%	1~3%	8%	12%
	□	□	□	□	□	□	□	□	□	□	□
고급주택			□ ⑫ 취득세율에 8% 가산									

※ 향후 세대별 주택 수 확인 결과 신고내용과 다르거나 일시적2주택으로 신고했으나 종전 주택을 기한 내에 처분하지 않은 경우 가산세를 포함하여 추가로 취득세가 부과될 수 있음을 확인합니다.

신고인 : _____ (서명 또는 인)

작성방법

1. "① 취득자 구분"란에는 신고 대상 주택 취득자가 개인인지 법인(「지방세법」 제13조의2 제1항 제1호에 따른 법인을 말합니다)인지 구분하여 표기합니다.

2. "② 세대 현황"란에는 신고 대상 주택 취득일 현재를 기준으로 신고 대상 주택을 취득하는 사람과 「주민등록법」 제7조에 따른 세대별 주민등록표 또는 「출입국관리법」 제34조 제1항에 따른 등록외국인기록표 및 외국인등록표에 함께 기재되어 있는 가족(동거인은 제외합니다)으로 구성된 세대의 현황을 적습니다. 이 경우 다음 기준에 유의하여 적어야 합니다.

   가. 주택을 취득하는 사람과 같은 세대별 주민등록표 또는 등록외국인기록표등에 기재되어 있지 않더라도 1세대에 포함되는 것으로 보아, 세대원란에 적어야 하는 대상

   1) 주택을 취득하는 사람이 혼인했거나 30세 이상인 경우: 배우자, 취득일 현재 미혼인 30세 미만의 자녀. 다만, 미성년자가 아니면서 소득이 「국민기초생활 보장법」 제2조 제11호에 따른 기준 중위소득의 100분의 40 이상이고, 소유하고 있는 주택을 관리ㆍ유지하면서 독립된 생계를 유지할 수 있는 자녀는 제외합니다.

   2) 주택을 취득하는 사람이 미혼이고 30세 미만인 경우: 주택을 취득하는 사람의 부모

   나. 주택을 취득하는 사람과 같은 세대별 주민등록표 또는 등록외국인기록표등에 기재되어 있더라도 1세대에 포함되지 않는 것으로 보시 않아, 세대원란에는 적지만 1세대 포함 여부에는 제외하는 경우

   1) 취득일 현재 65세 이상의 부모(부모 중 어느 한 사람이 65세 미만인 경우를 포함합니다)를 동거봉양(同居奉養)하기 위하여 30세 이상의 자녀, 혼인한 자녀 또는 소득이 「국민기초생활 보장법」 제2조 제11호에 따른 기준 중위소득의 40퍼센트 이상인 성년인 자녀가 합가(合家)한 경우

   2) 취학 또는 근무상의 형편 등으로 세대전원이 90일 이상 출국하는 경우로서 「주민등록법」 제10조의3 제1항 본문에 따라 해당 세대가 출국 후에 속할 거주지를 다른 가족의 주소로 신고한 경우

3. "③ 취득 주택 소재지 및 고급주택 여부"란에는 신고 대상 주택의 주소와 조정대상지역 여부, 고급주택 여부를 적습니다.

4. "④ 중과세 제외 주택"이란 「지방세법 시행령」 제28조의2 각 호의 어느 하나에 해당하여 중과세 대상으로 보지 않는 주택을 말하는 것으로, 중과세 제외 주택으로 표시한 경우 해당 규정의 몇 호에 해당하는지를 적습니다.

5. "⑤ 취득 원인"란에는 신고 대상 주택의 취득 원인이 무상취득 또는 유상거래(매매 또는 분양권에 의한 취득)인지를 구분하여 표기합니다.

6. "⑥ 계약일"란에는 신고 대상 주택의 증여계약일, 매매계약일 또는 분양권 계약일을 적습니다.

7. "⑦ 취득일"란에는 무상취득의 경우에는 신고 대상 주택의 계약일을, 유상거래의 경우에는 신고 대상 주택의 계약서상 잔금지급일 또는 부동산등기일 중 빠른 날을 적습니다.

8. "⑧ 취득 가격"란에는 무상취득의 경우에는 신고 대상 주택의 시가표준액을, 유상거래의 경우에는 신고 대상 주택의 구입가격을 적습니다.

9. "⑨ 취득주택 면적"란에는 신고 대상 주택의 토지ㆍ건물의 총면적, 취득지분 및 취득면적을 적습니다.

10. "⑩ 일시적 2주택 여부"란에는 「지방세법 시행령」 제28조의5에 따라 국내에 주택, 조합원입주권, 주택분양권 또는 오피스텔을 1개 소유한 1세대로서 그 주택, 조합원입주권, 주택분양권 또는 오피스텔을 소유한 상태에서 이사ㆍ학업ㆍ취업ㆍ직장이전 및 이와 유사한 사유로 신고 대상 주택을 추가로 취득한 후 3년(이미 소유하고 있는 주택, 조합원입주권, 주택분양권 또는 오피스텔과 신고 대상 주택이 모두 조정대상지역에 있는 경우에는 1년) 이내에 이미 소유하고 있는 주택, 조합원입주권, 주택분양권 또는 오피스텔을 처분하려는 경우에는 일시적 2주택란에 표기합니다.

11. "⑪ 1세대 소유주택 현황"란에는 신고 대상 주택을 포함하여 신고 대상 주택 취득일 현재 1세대가 소유하고 있는 단독ㆍ공동주택, 2020.8.12. 이후 계약한 주택분양권, 2020.8.12. 이후 취득한 조합원입주권 또는 주거용 오피스텔의 소유자, 소재지 주소와 취득일을 적습니다. 이 경우 주택의 공유지분이나 부속토지만을 소유하는 경우도 주택을 소유한 것으로 보고, 「지방세법 시행령」 제28조의4 제6항 각 호의 어느 하나에 해당하는 주택은 주택 수 산정 포함 대상에서 제외합니다.

   ※ 소유주택 현황을 별지로 작성할 경우 유형, 소유자, 소재지 주소, 취득일 및 주택 수 포함 여부 등을 명시해야 합니다.

12. "⑫ 취득세율"란에는 신고 대상 주택의 중과세 제외 여부, 취득 원인, 소재지(조정 대상 지역 여부) 및 1세대 소유주택 수 등을 확인하여 해당 세율을 표기합니다.

취득 부동산 사용계획서
(과세관청 실무 제출용)

취득법인							취득물건내역		
법인명	법인등록 번호	법인(본점) 소재지	설립일	담당자 전화번호	취득일	취득 원인	취득물건소재지	면적	
								건 물	토 지

	■ 본점사용여부	(사용 / 미사용)
부동산 사용계획	■ 지점설치여부	(설치 / 미설치)
	■ 거래당사자간의 특수관계 여부	(예 / 아니오)
	■ 기타 사용목적 및 계획	

대도시 중과세 유의사항	상기 부동산을 사용계획과 다르게 사용하여 본점 또는 지점을 설치하는 경우, 또는 본·지점 등을 대도시 밖에서 대도시 내로 전입(서울특별시 외의 지역에서 서울특별시로의 전입 포함)하는 경우 등은 「지방세법」 제13조(과밀억제권역 안 취득 등 중과) 규정에 의거 대도시 취득세 중과세 사유로 추징될 수 있습니다(신고·납부불성실가산세 포함).

위와 같이 부동산을 취득하여 이용할 계획입니다.

년   월   일

신고인(법인명)   (인)

지방세 감면 신청서

※ 뒤쪽의 작성방법을 참고하시기 바라며, 색상이 어두운 난은 신청인이 적지 않습니다.   (앞쪽)

접수번호		접수일		처리기간	5일
신청인	성명(대표자)			주민(법인)등록번호	
	상호(법인명)			사업자등록번호	
	주소 또는 영업소				
	전자우편주소			전화번호 (휴대전화번호)	
감면대상	종류			면적(수량)	
	소재지				
감면세액	감면세목		과세연도		기분
	과세표준액		감면구분		
	당초 산출세액		감면받으려는 세액		
감면 신청 사유					
감면 근거규정	「지방세특례제한법」 제 조 및 같은 법 시행령 제 조				
관계 증명 서류					
감면 안내 방법	직접교부〔 〕 등기우편〔 〕 전자우편〔 〕				

  신청인은 본 신청서의 유의사항 등을 충분히 검토했고, 향후에 신청인이 기재한 사항과 사실이 다른 경우에는 감면된 세액이 추징되며 별도의 이자상당액 및 가산세가 부과됨을 확인했습니다.
  「지방세특례제한법」 제4조 및 제183조, 같은 법 시행령 제2조 제6항 및 제126조 제1항, 같은 법 시행규칙 제2조에 따라 위와 같이 지방세 감면을 신청합니다.

년   월   일

신청인

(서명 또는 인)

특별자치시장·특별자치도지사·시장·군수·구청장 귀하

첨부서류	감면받을 사유를 증명하는 서류	수수료 없음

210mm×297mm〔백상지(80/㎡) 또는 중질지(80/㎡)〕

작성방법

1. 성명(대표자): 개인은 성명, 법인은 법인 대표자의 성명을 적습니다.

2. 주민(법인)등록번호: 개인(내국인)은 주민등록번호, 법인은 법인등록번호, 외국인은 외국인등록번호를 적습니다.

3. 상호(법인명): 개인사업자는 상호명, 법인은 법인 등기사항증명서상의 법인명을 적습니다.

4. 사업자등록번호: 「부가가치세법」에 따라 등록된 사업장의 등록번호를 적고, 사업자가 아닌 개인은 빈칸으로 둡니다.

5. 주소 또는 영업소
   - 개인: 주민등록표상의 주소를 원칙으로 하되, 주소가 사실상의 거주지와 다른 경우 거주지를 적을 수 있습니다.
   - 법인 또는 개인사업자: 법인은 주사무소 소재지, 개인사업자는 주된 사업장 소재지를 적습니다. 다만, 주사무소 또는 주된 사업장 소재지와 분사무소 또는 해당 사업장의 소재지가 다를 경우 분사무소 또는 해당 사업장의 소재지를 적을 수 있습니다.

6. 전자우편주소: 수신이 가능한 전자우편주소(E-mail 주소)를 적습니다.

7. 전화번호: 연락이 가능한 일반전화와 휴대전화번호를 적습니다.

8. 감면대상: 감면신청 대상 물건의 종류, 면적(수량) 및 소재지를 적습니다.

9. 감면세액: 감면대상이 되는 세목, 연도, 기분(期分), 과세표준액 등을 적습니다.

10. 감면구분: 100% 과세면제, 50% 세액경감 등 감면비율을 적습니다.

11. 당초 산출세액: 감면 적용 전의 산출세액을 적습니다.

12. 감면받으려는 세액: 감면을 받으려는 금액을 적습니다.

13. 감면 신청 사유: 감면 신청 사유를 적습니다.

14. 감면 근거규정: 감면 신청의 근거 법령 조문을 적습니다.

15. 관계 증명 서류: 관련된 증명 서류의 제출 목록을 적습니다.

16. 감면 안내 방법: 직접교부, 등기우편, 전자우편 중 하나를 선택합니다.

처 리 절 차

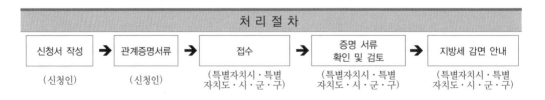

신청서 작성 → 관계증명서류 → 접수 → 증명 서류 확인 및 검토 → 지방세 감면 안내

(신청인) (신청인) (특별자치시·특별자치도·시·군·구) (특별자치시·특별자치도·시·군·구) (특별자치시·특별자치도·시·군·구)

4 취득박사 프로그램을 이용한 취득세 계산

(1) 취득박사 프로그램 소개 및 실행방법

취득박사는 부동산에 대한 취득세를 쉽게 계산하고 신고서식을 간편하게 출력할 수 있는 프로그램이며, 일반적인 매매 또는 증여 뿐만 아니라 원시취득, 지목변경 등 다양한 취득원인에 대해서도 취득세 계산이 가능하다. 네오아이시(www.neoic.com) 홈페이지에서 취득박사 프로그램을 다운로드받아 설치하고, 바탕화면에 생성된 취득박사 아이콘을 클릭하여 프로그램을 실행한 후 로그인 화면에서 '회원가입' 및 '로그인'을 통해 프로그램을 이용할 수 있다. 정식사용 등록 전이라도 설치 후 15일 동안 데모로 무료 이용이 가능하다.

취득세에 대한 지식이나 경험이 많지 않더라도 프로그램에서 필요한 정보를 순서대로 입력하다 보면 취득원인별로 상이한 세율이 적용된 취득세를 계산할 수 있으며, 취득세 신고서를 포함한 신고서식 또한 손쉽게 작성하여 출력할 수 있다. 프로그램 이용 문의를 위한 네오아이시 고객센터(02-472-4710, 홈페이지 Q&A 게시판)가 운영되고 있으며, 다소 복잡하고 어려운 사례인 경우에도 원격지원을 통해 원활한 상담이 가능하다.

(2) 취득 자료 입력 및 신고서식 출력

취득박사 프로그램에서 취득세 계산은 다음의 3단계로 진행된다.

① 취득자 등록 → ② 재산 등록 → ③ 세액 계산

취득자 및 전 소유자의 성명, 연락처, 주소 등의 기본정보를 입력하고 저장하면 취득자 목록에 등록된다. 취득자는 개인 또는 법인으로 구분되며 선택에 따라 입력사항 및 취득세 세율이 다를 수 있으므로 잘 선택하도록 한다. 취득한 재산은 '토지', '주택외건물', '단독주택', '공동주택' 및 '상가주택' 중 해당 재산에 맞게 분류를 선택하여 등록한다. 취득 유형(유상승계, 무상승계, 원시취득, 기타)에 따라 세율 구분 및 취득당시가액 종류를 포함한 입력 사항이 달라지며, 취득세 감면조항에 해당되는 경우 감면 종류에서 해당 조항을 선택하여 감면을 적용한다. 자료 입력 후 '계산'을 통해 취득세 및 지방교육세, 농어촌특별세 납부세 액을 바로 확인할 수 있으며, 정리된 계산근거를 보고 계산 검증도 가능하다.

세액 계산 메뉴에서 재산별로 취득세 계산 내역을 확인하고, 취득세 신고서 및 지방세 감면 신청서 등의 법정서식 뿐만 아니라 건축물 공사비용 명세서, 신축 건물 사용계획서 등의 실무서식도 출력할 수 있다.

한편, 취득세 수정신고 또는 경정청구, 최초 취득 후 중과세율 적용, 취득세 감면 후 추징 등 실무적으로 복잡한 사례들도 프로그램을 통해 어렵지 않게 세액 계산 및 신고서 작성이 가능하다.

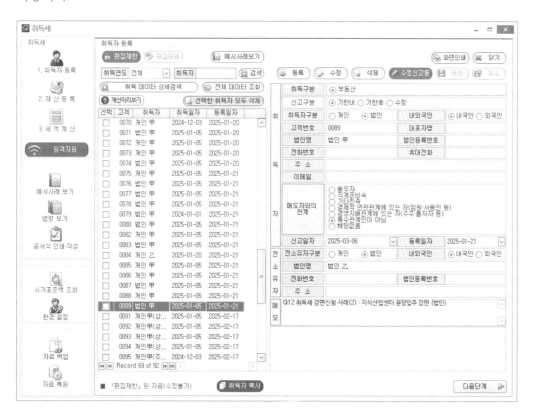

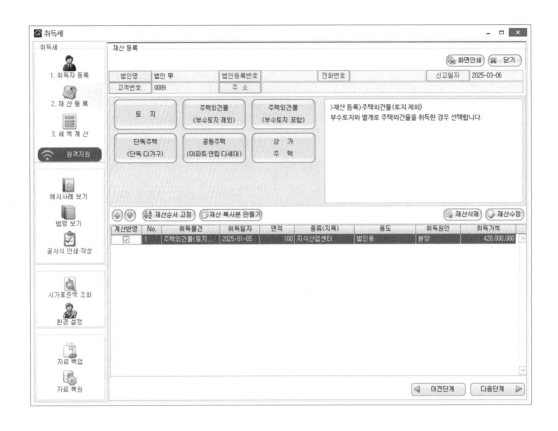

무상 승계취득 사례(1) : 상가

개인 甲은 아버지 乙로부터 다음의 상가를 단독으로 상속받아 취득하였다.
- 상속일 : 2025년 1월 5일
- 취득물건 : 상가 건축물과 부속토지, 감정평가액 5억 원
  ※ 취득일 전 6개월 내에 매매사례가액이 존재함(5억 5천만 원).
- 건축물 시가표준액 1억 원, 해당 토지의 개별공시지가 2억 원
- 甲이 상가 취득과 관련하여 지출한 비용
  - 상속세 3천만 원
  - 세무신고 수수료 1백만 원

1 상속으로 취득한 개인 甲이 신고 납부해야 할 취득세

(1) 취득세 과세표준

상속을 원인으로 취득한 상가에 대한 과세표준은 시가인정액이나 감정평가액을 적용하지 않고 시가표준액을 적용하므로 시가표준액(3억 원=1억 원+2억 원)이 취득세 과세표준액이 된다(지법 제10조 제2항). 상속으로 인한 취득 시 과세표준은 시가표준액이므로 상가 취득과 관련하여 지출한 비용은 고려하지 아니한다.

상가에 대한 시가표준액은 건축물과 토지 부분을 합한 금액인데, 토지의 경우 해당 면적에 공시지가를 곱하여 산출하면 된다. 건축물에 대한 시가표준액은 거래가격, 수입가격, 신축·건조·제조가격 등을 고려하여 정한 기준가격(㎡당)에 종류, 구조, 용도, 경과연수 등 과세대상별 특성을 고려하여 정한 기준에 따라 지방자치단체의 장이 결정한 가액이다(지법

제4조 제2항). 개별 건축물에 대한 시가표준액은 아래와 같이 지방세 납부시스템을 통해 조회 가능하다.

★
- 서울 지역 : ETAX → ETAX 이용안내 → 조회/발급 → 주택 외 건물시가표준액 조회
- 서울 외 지역 : WeTAX → 지방세 정보 → 시가표준액 조회

(2) 세율

「지방세법」 제11조 제1항 제1호에 의해 상속으로 인한 취득의 경우 2.8%의 세율이 적용된다. 취득세의 부가세(sur-tax)로서 농어촌특별세 0.2%(=2%×10%)와 지방교육세 0.16%[=(2.8%-2%)×20%]를 함께 신고 납부하여야 한다. 농어촌특별세는 취득세 표준세율을 2%로 적용한 산출세액의 10%이므로 0.2%의 세율이 되고, 지방교육세는 취득세 표준세율(2.8%)에서 2%를 뺀 세율에 20%를 곱하여 0.16%를 적용한다(지법 제151조 제1항 제1호). 2011년 취득세 통·폐합 이전에 증여의 경우 종전 취득세(2%)에 종전 등록세(0.8%)를 합해 현재와 같은 2.8%를 부담하였듯이 농어촌특별세는 종전 취득세(2%)의 10%인 0.2%, 지방교육세는 종전 등록세(0.8%)의 20%인 0.16%를 부담하였던 것이 현재도 동일한 부담을 하고 있다고 생각하면 이해하기 쉽다.

(3) 납부세액

취득세 납부세액은 8,400,000원(=300,000,000×2.8%)이고, 농어촌특별세는 600,000원(=300,000,000×0.2%), 지방교육세는 480,000원(=300,000,000×0.16%)으로 총 납부세액은 9,480,000원이다.

(4) 취득박사 프로그램을 통한 계산

부수토지를 포함한 상가건물을 취득한 경우로 재산 등록 〉「주택외건물(부수토지 포함)」에서 입력한다. 취득 유형-'무상승계', 취득 원인-'상속'을 선택하면 취득당시가액 종류는 '시가표준액'으로 자동 선택된다. 해당 상가건물의 시가표준액 3억 원(부수토지 포함)을 입력하면 취득세, 지방교육세 및 농어촌특별세의 납부세액이 계산된다.

세액 계산 〉「취득세 서식인쇄」에서 입력된 자료를 토대로 생성된 취득세 신고서를 출력할 수 있다.

취득세 ([√]기한 내 / [ ]기한 후]) 신고서

(앞쪽)

관리번호		접수 일자			처리기간	즉시

신고인	취득자(신고자)	성명(법인명) 개인 甲		주민등록번호(외국인등록번호, 법인등록번호)
		주소		전화번호
	전 소유자	성명(법인명) 아버지 乙		주민등록번호(외국인등록번호, 법인등록번호)
		주소		전화번호

매도자와의 관계	「지방세기본법」 제2조 제34호 가목에 따른 친족관계에 있는 자인 경우 (배우자[ ] 직계존비속[√] 그 밖의 친족관계[ ])
	「지방세기본법」 제2조 제34호 나목에 따른 경제적 연관관계에 있는 자(임원·사용인 등)인 경우 [ ]
	「지방세기본법」 제2조 제34호 다목에 따른 경영지배관계에 있는 자(주주·출자자 등)인 경우 [ ]
	「지방세기본법」 제2조 제34호에 따른 특수관계인이 아닌 경우 [ ]

취 득 물 건 내 역

소재지	서울특별시 송파구 송파동					
취득물건	취득일	면적	종류(지목/차종)	용도	취득 원인	취득가액
주택외건물(토지포함)	2025-01-05	0m²	근린생활시설	상업용	상속	300,000,000

「지방세법」 제10조의2 제2항 제2호에 따른 무상취득의 경우		시가인정액 [ ]	시가표준액 [ ]

세목		과세표준액	세율	① 산출 세액	② 감면 세액	③ 기납부 세 액	가산세			신고세액 합 계 (①-②-③+④)
							무신고 또는 과소신고	납부 지연	계 ④	
합계				9,480,000						9,480,000
신고 세액	취득세	300,000,000	2.8%	8,400,000						8,400,000
	지방교육세	2,400,000	20%	480,000						480,000
	농어촌 특별세 부과분	6,000,000	10%	600,000						600,000
	감면분									

「지방세법」 제20조 제1항, 제152조 제1항, 같은 법 시행령 제33조 제1항, 「농어촌특별세법」 제7조에 따라 위와 같이 신고합니다.

2025년 04월 30일

신고인
대리인

송파구청장 귀하

접수(영수)일자 (인)

개인 甲 (서명 또는 인)
(서명 또는 인)

첨부 서류	1. 매매계약서, 증여계약서, 부동산거래계약 신고필증 또는 법인 장부 등 취득가액 및 취득일 등을 증명할 수 있는 서류 사본 1부 2. 「지방세특례제한법 시행규칙」 별지 제1호 서식의 지방세 감면 신청서 1부 3. 별지 제4호 서식의 취득세 납부서 납세자 보관용 영수증 사본 1부 4. 별지 제8호 서식의 취득세 비과세 확인서 1부 5. 근로소득 원천징수영수증 또는 소득금액증명원 1부 6. 사실상의 잔금지급일을 확인할 수 있는 서류(사실상의 잔금지급일과 계약상의 잔금지급일이 다른 경우만 해당합니다) 1부	수수료 없음

위임장

위의 신고인 본인은 위임받는 사람에게 취득세 신고에 관한 일체의 권리와 의무를 위임합니다.

위임자(신고인)   (서명 또는 인)

위임받는 사람	성명	위임자와의 관계
	생년월일	전화번호
	주소	

*위임장은 별도 서식을 사용할 수 있습니다.

＝＝＝＝＝＝＝＝＝＝＝＝＝＝＝＝＝＝＝＝＝＝ 자르는 선 ＝＝＝＝＝＝＝＝＝＝＝＝＝＝＝＝＝＝＝＝＝＝

접수증(취득세 신고서)

신고인(대리인)	취득물건 신고내용	접수 일자	접수번호
「지방세법」 제20조 제1항, 제152조 제1항, 같은 법 시행령 제33조 제1항, 「농어촌특별세법」 제7조에 따라 신고한 신고서의 접수증입니다.			접수자 (서명 또는 인)

210mm×297mm[백상지 80g/㎡(재활용품)]

2 만약 증여로 인해 상가를 취득한 경우라면 개인 甲이 신고 납부해야 할 취득세

(1) 취득세 과세표준

증여를 원인으로 취득한 상가에 대한 과세표준은 취득 당시의 가액으로 이는 취득시기 현재 불특정 다수인 사이에 자유롭게 거래가 이루어지는 경우 통상적으로 성립된다고 인정되는 가액(매매사례가액, 감정가액, 공매가액 등) 즉, 시가인정액이 과세표준이 된다(지법 제10조의2 제1항). 다만, 감정평가액 5억 원이 존재하므로 이 또한 시가인정액이 될 수 있으나, 시가인정액이 둘 이상인 경우에는 취득일 전후로 가장 가까운 날의 가액(그 가액이 둘 이상인 경우에는 평균액을 말한다)을 적용하는데(지령 제14조 제2항), 여기에서는 매매사례가액이 취득일 전후로 더 가까운 것이라고 가정한다.

즉, 위 예시에서 취득일 전 6개월 내에 매매사례가액을 시가인정액으로 보아 과세표준액으로 적용하여 취득세 과세표준액은 5억 5천만 원이 된다.

(2) 세율

「지방세법」 제11조 제1항 제2호에 의해 증여 등 무상취득의 경우 3.5%의 세율이 적용된다. 취득세의 부가세(sur-tax)로서 농어촌특별세 0.2%(=2%×10%)와 지방교육세 0.3%[=(3.5%-2%)×20%]를 함께 신고 납부하여야 한다. 농어촌특별세는 취득세 표준세율을 2%로 적용한 산출세액의 10%이므로 0.2%의 세율이 되고, 지방교육세는 취득세 표준세율(3.5%)에서 2%를 뺀 세율에 20%를 곱하여 0.3%를 적용한다(지법 제151조 제1항 제1호). 2011년 취득세 통·폐합 이전에 증여의 경우 종전 취득세(2%)에 종전 등록세(1.5%)를 합해 현재와 같은 3.5%를 부담하였듯이 농어촌특별세는 종전 취득세(2%)의 10%인 0.2%, 지방교육세는 종전 등록세(1.5%)의 20%인 0.3%를 부담하였던 것이 현재도 동일한 부담을 하고 있다고 생각하면 이해하기 쉽다.

(3) 납부세액

취득세 납부세액은 19,250,000원(=550,000,000×3.5%)이고, 농어촌특별세는 1,100,000원(=550,000,000×0.2%), 지방교육세는 1,650,000원(=550,000,000×0.3%)으로 총 납부세액은 22,000,000원이다.

(4) 취득박사 프로그램을 통한 계산

부수토지를 포함한 상가건물을 취득한 경우로 재산 등록 〉「주택외건물(부수토지 포함)」에서 입력한다. 취득 유형 – '무상승계', 취득 원인 – '증여'를 선택하면 취득당시가액 종류는 '시가인정액'으로 자동 선택된다. 해당 상가건물의 시가인정액인 매매사례가액 5억 5천만원을 입력하면 취득세, 지방교육세 및 농어촌특별세의 납부세액이 계산된다.

세액 계산 〉「취득세 서식인쇄」에서 입력된 자료를 토대로 생성된 취득세 신고서를 출력할 수 있다.

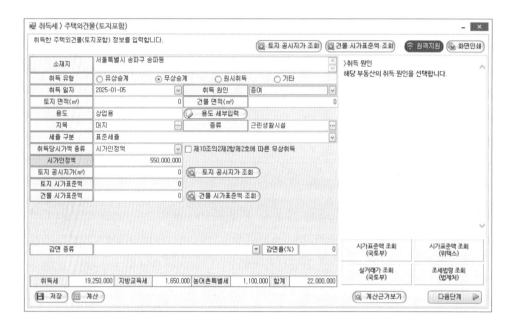

취득세 ([√]기한 내 / [ ]기한 후]) 신고서

(앞쪽)

관리번호		접수 일자		처리기간 즉시	
신고인	취득자(신고자)	성명(법인명) 개인 甲		주민등록번호(외국인등록번호, 법인등록번호)	
		주소		전화번호	
	전 소유자	성명(법인명) 아버지 乙		주민등록번호(외국인등록번호, 법인등록번호)	
		주소		전화번호	
매도자와의 관계		「지방세기본법」 제2조 제34호 가목에 따른 친족관계에 있는 자인 경우 (배우자[ ] 직계존비속[√] 그 밖의 친족관계[ ])			
		「지방세기본법」 제2조 제34호 나목에 따른 경제적 연관관계에 있는 자(임원·사용인 등)인 경우 [ ]			
		「지방세기본법」 제2조 제34호 다목에 따른 경영지배관계에 있는 자(주주·출자자 등)인 경우 [ ]			
		「지방세기본법」 제2조 제34호에 따른 특수관계인이 아닌 경우 [ ]			

취 득 물 건 내 역

소재지		서울특별시 송파구 송파동				
취득물건	취득일	면적	종류(지목/차종)	용도	취득 원인	취득가액
주택외건물(토지포함)	2025-01-05	0m²	근린생활시설	상업용	증여	550,000,000

「지방세법」 제10조의2 제2항 제2호에 따른 무상취득의 경우		시가인정액 [ ] 시가표준액 [ ]

세목		과세표준액	세율	① 산출세액	② 감면세액	③ 기납부세액	가산세			신고세액 합계 (①-②-③+④)
							무신고 또는 과소신고	납부지연	계 ④	
합계				22,000,000						22,000,000
신고세액	취득세	550,000,000	3.5%	19,250,000						19,250,000
	지방교육세	8,250,000	20%	1,650,000						1,650,000
	농어촌특별세 부과분	11,000,000	10%	1,100,000						1,100,000
	감면분									

「지방세법」 제20조 제1항, 제152조 제1항, 같은 법 시행령 제33조 제1항, 「농어촌특별세법」 제7조에 따라 위와 같이 신고합니다.

2025년   04월   30일

신고인
대리인

송파구청장   귀하

개인 甲 (서명 또는 인)
(서명 또는 인)

접수(영수)일자
(인)

첨부 서류	1. 매매계약서, 증여계약서, 부동산거래계약 신고필증 또는 법인 장부 등 취득가액 및 취득일 등을 증명할 수 있는 서류 사본 1부 2. 「지방세특례제한법 시행규칙」 별지 제1호 서식의 지방세 감면 신청서 1부 3. 별지 제4호 서식의 취득세 납부서 납세자 보관용 영수증 사본 1부 4. 별지 제8호 서식의 취득세 비과세 확인서 1부 5. 근로소득 원천징수영수증 또는 소득금액증명원 1부 6. 사실상의 잔금지급일을 확인할 수 있는 서류(사실상의 잔금지급일과 계약상의 잔금지급일이 다른 경우만 해당합니다) 1부	수수료 없음

위임장

위의 신고인 본인은 위임받는 사람에게 취득세 신고에 관한 일체의 권리와 의무를 위임합니다.

위임자(신고인)   (서명 또는 인)

위임받는 사람	성명		위임자와의 관계	
	생년월일		전화번호	
	주소			

*위임장은 별도 서식을 사용할 수 있습니다.

- 자르는 선 -

접수증(취득세 신고서)

신고인(대리인)	취득물건 신고내용	접수 일자	접수번호
「지방세법」 제20조 제1항, 제152조 제1항, 같은 법 시행령 제33조 제1항, 「농어촌특별세법」 제7조에 따라 신고한 신고서의 접수증입니다.			접수자 (서명 또는 인)

210mm×297mm[백상지 80g/㎡(재활용품)]

무상 승계취득 사례(2) : 주택

본인의 주택을 소유하고 있는 개인 甲이 아버지 乙로부터 다음의 다세대주택을 단독으로 상속받아 취득하였다.

- 상속일 : 2024년 12월 3일
- 취득물건 : 24평형 다세대주택, 감정평가액 3억 5천만 원(비조정대상지역 소재 국민주택)

  ※ 취득일 전 6개월 내에 매매사례가액이 존재하며(4억 원), 취득일에 가장 가까움.
- 주택공시가격 : 3억 1천만 원
- 甲이 주택 취득과 관련하여 지출한 비용
  - 상속세 3천만 원
  - 세무신고 수수료 1백만 원

1 상속으로 취득한 개인 甲이 신고 납부해야 할 취득세

(1) 취득세 과세표준

상속을 원인으로 취득한 상가에 대한 과세표준은 시가인정액이나 감정평가액을 적용하지 않고 시가표준액을 적용하므로 시가표준액(공시가격 3억 1천만 원)이 취득세 과세표준액이 된다(지법 제10조 제2항). 또한 상속으로 인한 취득 시 과세표준은 시가표준액이므로 주택 취득과 관련하여 지출한 비용은 고려하지 아니한다.

주택에 대한 시가표준액은 「부동산 가격공시에 관한 법률」에 따라 공시된 가액(價額)으로 주택공시가격을 말한다(지법 제4조 제1항). 즉, 공동주택공시가격이나 표준단독주택공시가격 또는 개별단독주택공시가격이 해당된다.

★

- 공동주택 또는 단독주택의 공시가격 조회 : 한국부동산원 부동산 공시가격 알리미 (https://www.realtyprice.kr)

(2) 세율

「지방세법」 제11조 제1항 제1호에 의해 상속으로 인한 취득의 경우 2.8%의 세율이 적용된다. 취득세의 부가세(sur-tax)로서 농어촌특별세 0.2%(=2%×10%)와 지방교육세 0.16% [=(2.8%-2%)×20%]를 함께 신고 납부하여야 한다. 다만, 농어촌특별세의 경우 전용면적 85㎡ 이하의 주택은 비과세된다(농어촌특별세법 제4조 제9호).

지방교육세는 취득세 표준세율(2.8%)에서 2%를 뺀 세율에 20%를 곱하여 0.16%를 적용한다(지법 제151조 제1항 제1호). 2011년 취득세 통·폐합 이전에 증여의 경우 종전 취득세 (2%)에 종전 등록세(0.8%)를 합해 현재와 같은 2.8%를 부담하였듯이 지방교육세는 종전 등록세(0.8%)의 20%인 0.16%를 부담하였던 것이 현재도 동일한 부담을 하고 있다고 생각하면 이해하기 쉽다.

(3) 납부세액

취득세 납부세액은 8,680,000원(=310,000,000×2.8%)이고, 농어촌특별세는 0원(비과세), 지방교육세는 496,000원(=310,000,000×0.16%)으로 총 납부세액은 9,176,000원이다.

(4) 취득박사 프로그램을 통한 계산

다세대주택을 취득한 경우로 재산 등록 〉「공동주택」에서 입력한다. 취득 유형-'무상승계', 취득 원인-'상속'을 선택하면 취득당시가액 종류는 '시가표준액'으로 자동 선택된다. 전용면적 85㎡ 이하인 서민주택에 해당되므로 주택 구분-'서민주택'을 선택한다. 해당 다세대주택의 시가표준액인 공동주택가격 3억 1천만 원을 입력(공동주택가격 조회 가능)하면 취득세, 지방교육세 및 농어촌특별세의 납부세액이 계산된다.

세액 계산 〉「취득세 서식인쇄」에서 입력된 자료를 토대로 생성된 취득세 신고서를 출력할 수 있다.

취득세 ([√]기한 내 / [ ]기한 후]) 신고서
(앞쪽)

| 관리번호 | | 접수 일자 | | | 처리기간 | 즉시 |

신고인	취득자(신고자)	성명(법인명) 개인 甲	주민등록번호(외국인등록번호, 법인등록번호)
		주소	전화번호
	전 소유자	성명(법인명) 아버지 乙	주민등록번호(외국인등록번호, 법인등록번호)
		주소	전화번호
	매도자와의 관계	「지방세기본법」 제2조 제34호 가목에 따른 친족관계에 있는 자인 경우 (배우자[ ] 직계존비속[√] 그 밖의 친족관계[ ])	
		「지방세기본법」 제2조 제34호 나목에 따른 경제적 연관관계에 있는 자(임원·사용인 등)인 경우 [ ]	
		「지방세기본법」 제2조 제34호 다목에 따른 경영지배관계에 있는 자(주주·출자자 등)인 경우 [ ]	
		「지방세기본법」 제2조 제34호에 따른 특수관계인이 아닌 경우 [ ]	

취 득 물 건 내 역

소재지	서울특별시 노원구 중계동					
취득물건	취득일	면적	종류(지목/차종)	용도	취득 원인	취득가액
공동주택	2024-12-03	80m²	다세대주택	주거용	상속	310,000,000

「지방세법」 제10조의2 제2항 제2호에 따른 무상취득의 경우	시가인정액 [ ]	시가표준액 [ ]

세목		과세표준액	세율	① 산출 세액	② 감면 세액	③ 기납부 세 액	가산세			신고세액 합 계 (①-②-③+④)
							무신고 또는 과소신고	납부 지연	계 ④	
합계				9,176,000						9,176,000
신고 세액	취득세	310,000,000	2.8%	8,680,000						8,680,000
	지방교육세	2,480,000	20%	496,000						496,000
	농어촌 특별세 부과분									
	농어촌 특별세 감면분									

「지방세법」 제20조 제1항, 제152조 제1항, 같은 법 시행령 제33조 제1항, 「농어촌특별세법」 제7조에 따라 위와 같이 신고합니다.

2025년 06월 30일

신고인
대리인

개인 甲 (서명 또는 인)
(서명 또는 인)

접수(영수)일자
(인)

노원구청장 귀하

첨부 서류	1. 매매계약서, 증여계약서, 부동산거래계약 신고필증 또는 법인 장부 등 취득가액 및 취득일 등을 증명할 수 있는 서류 사본 1부 2. 「지방세특례제한법 시행규칙」 별지 제1호 서식의 지방세 감면 신청서 1부 3. 별지 제4호 서식의 취득세 납부서 납세자 보관용 영수증 사본 1부 4. 별지 제8호 서식의 취득세 비과세 확인서 1부 5. 근로소득 원천징수영수증 또는 소득금액증명원 1부 6. 사실상의 잔금지급일을 확인할 수 있는 서류(사실상의 잔금지급일과 계약상의 잔금지급일이 다른 경우만 해당합니다) 1부	수수료 없음

위임장

위의 신고인 본인은 위임받는 사람에게 취득세 신고에 관한 일체의 권리와 의무를 위임합니다.

위임자(신고인)
(서명 또는 인)

위임받는 사람	성명	위임자와의 관계
	생년월일	전화번호
	주소	

*위임장은 별도 서식을 사용할 수 있습니다.

- 자르는 선 -

접수증(취득세 신고서)

신고인(대리인)	취득물건 신고내용	접수 일자	접수번호
「지방세법」 제20조 제1항, 제152조 제1항, 같은 법 시행령 제33조 제1항, 「농어촌특별세법」 제7조에 따라 신고한 신고서의 접수증입니다.			접수자
			(서명 또는 인)

210mm×297mm[백상지 80g/㎡(재활용품)]

2 만약 甲이 상속으로 주택을 취득하여 1가구 1주택이 된 경우 신고 납부 해야 할 취득세

(1) 취득세 과세표준

상속을 원인으로 취득한 주택에 대한 과세표준은 시가인정액이나 감정평가액을 적용하지 않고 시가표준액을 적용하므로 시가표준액(공시가격 3억 1천만 원)이 취득세 과세표준액이 된다(지법 제10조 제2항). 또한 상속으로 인한 취득 시 과세표준은 시가표준액이므로 주택 취득과 관련하여 지출한 비용은 고려하지 아니한다.

주택에 대한 시가표준액은 「부동산 가격공시에 관한 법률」에 따라 공시된 가액(價額)으로 주택공시가격을 말한다(지법 제4조 제1항). 즉, 주택은 공동주택공시가격이나 표준단독주택공시가격 또는 개별단독주택공시가격이 시가표준액이 된다.

(2) 세율

상속으로 인한 취득의 경우 「지방세법」 제11조 제1항 제1호에 의해 2.8%의 취득세 세율이 적용되는 것이지만, 상속으로 인한 취득 중 1가구 1주택의 취득에 해당되는 경우에는 세율의 특례가 적용된다(지법 제15조 제1항 제2호). 상속으로 인한 취득 중 1가구 1주택을 취득하는 경우 표준세율에서 중과기준세율(2%)을 차감하여 적용한다. 즉, 주택 상속에 따른 표준세율(2.8%)에서 2%를 차감하면 0.8% 세율이 되는데, 이는 1가구 1주택에 대한 종전 취득세는 비과세하고 구 등록세의 0.8% 적용세율과 동일하다. 여기에서 1가구 1주택이란 상속인과 주민등록법에 따른 세대별 주민등록표에 함께 기재되어 있는 가족(동거인은 제외)으로 구성된 1가구가 국내에 1개의 주택(고급주택은 제외)을 소유하는 경우를 말한다. 또한 1가구란 세대주의 배우자, 상속인의 미혼인 30세 미만의 직계비속 또는 상속인이 미혼이고 30세 미만인 경우 그 직계존속은 각각 상속인과 같은 세대별 주민등록표에 기재되어 있지 아니하더라도 같은 가구에 속하는 것으로 본다.

취득세의 부가세(sur-tax)로서 농어촌특별세와 지방교육세가 있지만, 취득세 세율의 특례가 적용되면 농어촌특별세는 비과세된다(농어촌특별세법 제4조 제10의4호). 해당 주택은 전용면적 85㎡ 이하의 주택이므로 농어촌특별세가 비과세되기도 하고 세율의 특례가 적용되어 농어촌특별세가 동일하게 비과세되는 것이다.

한편, 지방교육세는 취득세 표준세율(2.8%)에서 2%를 뺀 세율에 20%를 곱하여 0.16%를 적용한다(지법 제151조 제1항 제1호).

(3) 납부세액

취득세의 납부세액은 2,480,000원(=310,000,000×0.8%)이고, 농어촌특별세는 0원(비과세), 지방교육세는 496,000원(=310,000,000×0.16%)으로 총 납부세액은 2,976,000원이다.

(4) 취득박사 프로그램을 통한 계산

다세대주택을 취득한 경우로 재산 등록〉「공동주택」에서 입력한다. 취득 유형-'무상승계', 취득 원인-'상속'을 선택하면 취득당시가액 종류는 '시가표준액'으로 자동 선택된다. 전용면적 85㎡ 이하인 서민주택에 해당되므로 주택 구분-'서민주택'을 선택하고, 상속으로 인한 취득 중 1가구 1주택의 취득에 해당되므로 세율 구분-'1가구 1주택(지방세법 제15조 ①)'을 선택한다. 해당 다세대주택의 시가표준액인 공동주택가격 3억 1천만 원을 입력하면 취득세, 지방교육세 및 농어촌특별세의 납부세액이 계산된다.

세액 계산〉「취득세 서식인쇄」에서 입력된 자료를 토대로 생성된 취득세 신고서를 출력할 수 있다.

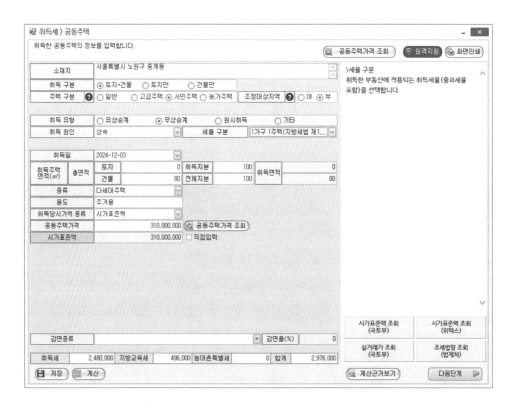

취득세 ([√]기한 내 / [ ]기한 후]) 신고서

(앞쪽)

관리번호			접수 일자				처리기간	즉시	
신고인	취득자(신고자)	성명(법인명) 개인 甲				주민등록번호(외국인등록번호, 법인등록번호)			
		주소				전화번호			
	전 소유자	성명(법인명) 아버지 乙				주민등록번호(외국인등록번호, 법인등록번호)			
		주소				전화번호			
매도자와의 관계		「지방세기본법」 제2조 제34호 가목에 따른 친족관계에 있는 자인 경우 (배우자[ ] 직계존비속[√] 그 밖의 친족관계[ ])							
		「지방세기본법」 제2조 제34호 나목에 따른 경제적 연관관계에 있는 자(임원·사용인 등)인 경우 [ ]							
		「지방세기본법」 제2조 제34호 다목에 따른 경영지배관계에 있는 자(주주·출자자 등)인 경우 [ ]							
		「지방세기본법」 제2조 제34호에 따른 특수관계인이 아닌 경우 [ ]							

취 득 물 건 내 역

소재지		서울특별시 노원구 중계동					
취득물건	취득일	면적	종류(지목/차종)	용도		취득 원인	취득가액
공동주택	2024-12-03	80m²	다세대주택	주거용		상속	310,000,000

「지방세법」 제10조의2 제2항 제2호에 따른 무상취득의 경우	시가인정액 [ ]	시가표준액 [ ]

세목			과세표준액	세율	① 산출세액	② 감면세액	③ 기납부세액	가산세			신고세액 합계 (①-②-③+④)
								무신고 또는 과소신고	납부지연	계 ④	
합계					2,976,000						2,976,000
신고세액	취득세		310,000,000	0.8%	2,480,000						2,480,000
	지방교육세		2,480,000	20%	496,000						496,000
	농어촌특별세	부과분									
		감면분									

「지방세법」 제20조 제1항, 제152조 제1항, 같은 법 시행령 제33조 제1항, 「농어촌특별세법」 제7조에 따라 위와 같이 신고합니다.

2025년 06월 30일

신고인
대리인

개인 甲 (서명 또는 인)
(서명 또는 인)

접수(영수)일자 (인)

노원구청장 귀하

첨부 서류	1. 매매계약서, 증여계약서, 부동산거래계약 신고필증 또는 법인 장부 등 취득가액 및 취득일 등을 증명할 수 있는 서류 사본 1부 2. 「지방세특례제한법 시행규칙」 별지 제1호 서식의 지방세 감면 신청서 1부 3. 별지 제4호 서식의 취득세 납부서 납세자 보관용 영수증 사본 1부 4. 별지 제8호 서식의 취득세 비과세 확인서 1부 5. 근로소득 원천징수영수증 또는 소득금액증명원 1부 6. 사실상의 잔금지급일을 확인할 수 있는 서류(사실상의 잔금지급일과 계약상의 잔금지급일이 다른 경우만 해당합니다) 1부	수수료 없음

위임장

위의 신고인 본인은 위임받는 사람에게 취득세 신고에 관한 일체의 권리와 의무를 위임합니다.

위임자(신고인) (서명 또는 인)

위임받는 사람	성명		위임자와의 관계	
	생년월일		전화번호	
	주소			

*위임장은 별도 서식을 사용할 수 있습니다.

- 자르는 선 -

접수증(취득세 신고서)

신고인(대리인)	취득물건 신고내용	접수 일자	접수번호
「지방세법」 제20조 제1항, 제152조 제1항, 같은 법 시행령 제33조 제1항, 「농어촌특별세법」 제7조에 따라 신고한 신고서의 접수증입니다.			접수자 (서명 또는 인)

210㎜×297㎜[백상지 80g/㎡(재활용품)]

3 만약 주택을 증여로 취득한 경우라면 개인 甲이 신고 납부해야 할 취득세

(1) 취득세 과세표준

증여를 원인으로 취득한 주택에 대한 과세표준은 취득 당시의 가액으로 이는 취득시기 현재 불특정 다수인 사이에 자유롭게 거래가 이루어지는 경우 통상적으로 성립된다고 인정되는 가액(매매사례가액, 감정가액, 공매가액 등) 즉, 시가인정액이 과세표준이 된다(지법 제10조의2 제1항).

앞 예시에서 취득일 전 6개월 내에 매매사례가액이 존재하고, 감정평가일보다 취득일에 가깝기 때문에 이를 시가인정액으로 보아 과세표준액으로 적용한다. 다만, 실무상으로는 취득 직전에 감정평가를 받는 경우가 많아 감정평가액을 시가인정액으로 적용하는 사례가 훨씬 많다. 즉, 매매사례가액인 4억 원이 취득세 과세표준액이 된다.

(2) 세율

「지방세법」 제11조 제1항 제2호에 의해 상속 외의 무상취득의 경우 3.5%의 세율이 적용된다. 취득세의 부가세(sur-tax)로서 농어촌특별세 0.2%(=2%×10%)와 지방교육세 0.3%[=(3.5%−2%)×20%]를 함께 신고 납부하여야 한다. 다만, 농어촌특별세의 경우 전용면적 85㎡ 이하의 주택은 비과세된다(농어촌특별세법 제4조 제9호).

지방교육세는 취득세 표준세율(3.5%)에서 2%를 뺀 세율에 20%를 곱하여 0.3%를 적용한다(지법 제151조 제1항 제1호). 2011년 취득세 통·폐합 이전에 증여의 경우 종전 취득세(2%)에 종전 등록세(1.5%)를 합해 현재와 같은 3.5%를 부담하였듯이 농어촌특별세는 종전 취득세(2%)의 10%인 0.2%, 지방교육세는 종전 등록세(1.5%)의 20%인 0.3%를 부담하였던 것이 현재도 동일한 부담을 하고 있다고 생각하면 이해하기 쉽다.

(3) 납부세액

취득세 납부세액은 14,000,000원(=400,000,000×3.5%)이고, 농어촌특별세는 0원(서민주택 비과세), 지방교육세는 1,200,000원(=400,000,000×0.3%)으로 총 납부세액은 15,200,000원이다.

(4) 취득박사 프로그램을 통한 계산

다세대주택을 취득한 경우로 재산 등록 〉「공동주택」에서 입력한다. 취득 유형 - '무상승계', 취득 원인 - '증여'를 선택하면 취득당시가액 종류는 '시가인정액'으로 자동 선택된다. 전용면적 85㎡ 이하인 서민주택에 해당되므로 주택 구분 - '서민주택'을 선택한다. '1세대 소유주택 현황 입력'을 통해 증여자 기준의 세대 현황 및 세대 소유 주택 현황을 입력하면 증여자(전 소유자) 기준의 소유주택수가 자동으로 선택되며, 해당 다세대주택의 시가인정액인 매매사례가액 4억 원을 입력하면 취득세, 지방교육세 및 농어촌특별세의 납부세액이 계산된다.

세액 계산 〉「취득세 서식인쇄」에서 입력된 자료를 토대로 생성된 취득세 신고서 및 주택 취득 상세 명세서(취득세 신고서 부표)를 출력할 수 있다.

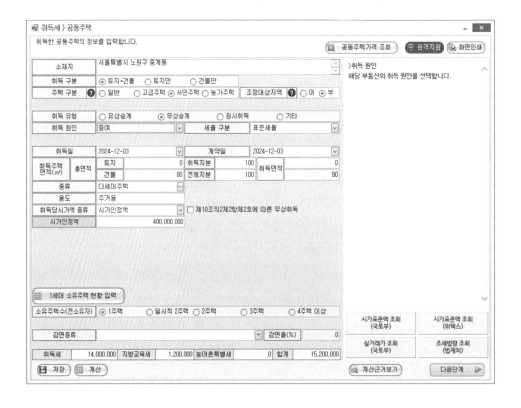

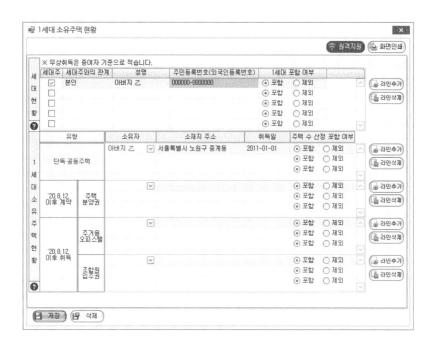

지방세법 시행규칙[별지 제3호 서식] 〈개정 2024.12.31.〉

취득세 ([√]기한 내 / [ ]기한 후]) 신고서

(앞쪽)

관리번호			접수 일자		처리기간	즉시

신고인	취득자(신고자)	성명(법인명) 개인 甲		주민등록번호(외국인등록번호, 법인등록번호)
		주소		전화번호
	전 소유자	성명(법인명) 아버지 乙		주민등록번호(외국인등록번호, 법인등록번호)
		주소		전화번호

매도자와의 관계	「지방세기본법」 제2조 제34호 가목에 따른 친족관계에 있는 자인 경우 (배우자[ ] 직계존비속[√] 그 밖의 친족관계[ ])
	「지방세기본법」 제2조 제34호 나목에 따른 경제적 연관관계에 있는 자(임원·사용인 등)인 경우 [ ]
	「지방세기본법」 제2조 제34호 다목에 따른 경영지배관계에 있는 자(주주·출자자 등)인 경우 [ ]
	「지방세기본법」 제2조 제34호에 따른 특수관계인이 아닌 경우 [ ]

취 득 물 건 내 역

소재지	서울특별시 노원구 중계동					
취득물건	취득일	면적	종류(지목/차종)	용도	취득 원인	취득가액
공동주택	2024-12-03	80m^2	다세대주택	주거용	증여	400,000,000

「지방세법」 제10조의2 제2항 제2호에 따른 무상취득의 경우	시가인정액 [ ]	시가표준액 [ ]

세목			과세표준액	세율	① 산출세액	② 감면세액	③ 기납부세액	가산세			신고세액 합계 (①-②-③+④)
								무신고 또는 과소신고	납부지연	계 ④	
합계					15,200,000						15,200,000
신고세액	취득세		400,000,000	3.5%	14,000,000						14,000,000
	지방교육세		6,000,000	20%	1,200,000						1,200,000
	농어촌특별세	부과분									
		감면분									

「지방세법」 제20조 제1항, 제152조 제1항, 같은 법 시행령 제33조 제1항, 「농어촌특별세법」 제7조에 따라 위와 같이 신고합니다.

2025년   06월   30일

신고인
대리인

접수(영수)일자
(인)

개인 甲 (서명 또는 인)
(서명 또는 인)

노원구청장   귀하

첨부 서류	1. 매매계약서, 증여계약서, 부동산거래계약 신고필증 또는 법인 장부 등 취득가액 및 취득일 등을 증명할 수 있는 서류 사본 1부 2. 「지방세특례제한법 시행규칙」 별지 제1호 서식의 지방세 감면 신청서 1부 3. 별지 제4호 서식의 취득세 납부서 납세자 보관용 영수증 사본 1부 4. 별지 제8호 서식의 취득세 비과세 확인서 1부 5. 근로소득 원천징수영수증 또는 소득금액증명원 1부 6. 사실상의 잔금지급일을 확인할 수 있는 서류(사실상의 잔금지급일과 계약상의 잔금지급일이 다른 경우만 해당합니다) 1부	수수료 없음

위임장

위의 신고인 본인은 위임받는 사람에게 취득세 신고에 관한 일체의 권리와 의무를 위임합니다.

위임자(신고인)   (서명 또는 인)

위임받는 사람	성명	위임자와의 관계
	생년월일	전화번호
	주소	

*위임장은 별도 서식을 사용할 수 있습니다.

- 자르는 선 -

접수증(취득세 신고서)

신고인(대리인)	취득물건 신고내용	접수 일자	접수번호
「지방세법」 제20조 제1항, 제152조 제1항, 같은 법 시행령 제33조 제1항, 「농어촌특별세법」 제7조에 따라 신고한 신고서의 접수증입니다.			접수자 (서명 또는 인)

210㎜×297㎜[백상지 80g/㎡(재활용품)]

주택 ([√]무상 / [ ]유상거래) 취득 상세 명세서

① 주택 (증여자〔√〕 / 취득자〔 〕) 세대 현황

① 취득자 구분		☑ 개인		□ 법인 또는 단체		

② 세대 현황	구 분	세대주와의 관계	성명	주민등록번호(외국인등록번호)	1세대 포함 여부
※ 무상취득은 증여자 기준으로 유상거래는 취득자 기준으로 적습니다.	세대주	본인	아버지 乙	○○○○○○ - ○○○○○○○	☑ 포함 □ 제외
	세대원				□ 포함 □ 제외
					□ 포함 □ 제외
					□ 포함 □ 제외

② 신규 취득 주택 현황

③ 취득 주택 소재지 및 고급주택 여부	주 소	서울특별시 노원구 중계동				
	조정대상지역	□ 여 ☑ 부		고급주택	□ 여 ☑ 부	

④ 중과세 제외 주택 여부	☑ 해당 없음	□ 해당 (「지방세법 시행령」 제28조의2 제( )호의 주택)

⑤ 취득 원인	☑ 무상취득 / 유상거래 (□ 매매 □ 분양권에 의한 취득)

⑥ 계약일	2024 - 12 - 03	⑦ 취득일	2024 - 12 - 03

⑧ 취득 가격			400,000,000

⑨ 취득주택 면적(㎡)	총면적	토 지		취득지분	100%	취득면적	토 지	㎡
		건 물	80㎡		100%		건 물	80㎡

⑩ 일시적 2주택 여부	□ 일시적 2주택 ☑ 해당 없음

③ 1세대 소유주택 현황 ※ 신규로 취득하는 주택을 포함합니다.

⑪ 1세대 소유주택 현황	소유주택 수	☑ 1주택 □ 일시적 2주택 □ 2주택 □ 3주택 □ 4주택 이상				
	소유주택 현황 ※ 기재사항이 많을 경우 별지로 작성할 수 있습니다.	유 형	소유자	소재지 주소	취득일	주택 수 산정 포함 여부*
		단독 · 공동주택	아버지 乙	서울특별시 노원구 중계동	2011 - 01 - 01	☑ 포함 □ 제외
						□ 포함 □ 제외
		'20.8.12. 이후 계약	주택 분양권			□ 포함 □ 제외
						□ 포함 □ 제외
		'20.8.12. 이후 취득	주거용 오피스텔			□ 포함 □ 제외
						□ 포함 □ 제외
			조합원 입주권			□ 포함 □ 제외
						□ 포함 □ 제외

* 「지방세법 시행령」 제28조의4 제6항 각 호의 어느 하나에 해당하는 주택은 주택 수 산정 시 제외합니다.

④ 신규 주택 적용 취득세율

취득구분	중과세 제외 주택		무상취득			유상거래						
							개인					
규제구분	무상취득	유상거래	조정대상지역		조정대상지역 외 지역	법인 및 단체	조정대상지역			조정대상지역 외 지역		
			3억 이상	3억 미만			1주택 일시적 2주택	2주택	3주택 이상	2주택 이하	3주택	4주택 이상
총 소유주택 수 (신규 주택 포함)												
⑫ 취득세율	3.5%	1~3%	12%	3.5%		12%	1~3%	8%	12%	1~3%	8%	12%
	□	□	□	☑		□	□	□	□	□	□	□
고급주택			□ ⑫ 취득세율에 8% 가산									

※ 향후 세대별 주택 수 확인 결과 신고내용과 다르거나 일시적 2주택으로 신고했으나 종전 주택을 기한 내에 처분하지 않은 경우 가산세를 포함하여 추가로 취득세가 부과될 수 있음을 확인합니다.

신고인 : 개인 甲 (서명 또는 인)

4 증여로 취득한 주택이 조정대상지역내 소재하고, 증여자가 2주택자라면 甲이 신고 납부해야 할 취득세

(1) 취득세 과세표준

증여를 원인으로 취득한 주택에 대한 과세표준은 취득 당시의 가액으로 이는 취득시기 현재 불특정 다수인 사이에 자유롭게 거래가 이루어지는 경우 통상적으로 성립된다고 인정되는 가액(매매사례가액, 감정가액, 공매가액 등) 즉, 시가인정액이 과세표준이 된다(지법 제10조의2 제1항).

앞 예시에서 취득일 전 6개월 내에 매매사례가액이 존재하면서 이는 감정평가일 보다 취득일에 가까우므로 이를 시가인정액으로 보아 과세표준액을 적용한다. 즉, 4억 원이 취득세 과세표준액이 된다.

(2) 세율

「지방세법」제13조의 2 제2항에 따라 조정대상지역 내 시가표준액(주택공시가격) 3억원 이상인 주택을 상속 외 무상취득하는 경우 취득세 표준세율을 4%로 하여 중과기준세율(2%)의 4배를 합한 세율을 적용한다. 즉, 취득세를 12%의 세율로 중과하는 것이다. 취득세의 부가세(sur-tax)로서 농어촌특별세는 취득세 표준세율을 2%로 적용한 산출세액의 10%이므로 1.0%(=2%+2%×4배)의 세율을 적용해야 하지만, 전용면적 85㎡ 이하의 주택이므로 비과세된다. 지방교육세는 취득세 표준세율을 4%로 하여 중과기준세율(2%)를 뺀 세율의 20%를 적용하여 산출하므로 결국 0.4%가 된다(지법 제151조 제1항 제1호 나목).

(3) 납부세액

취득세 납부세액은 48,000,000원(=400,000,000×12%)이고, 농어촌특별세는 0원(서민주택 비과세), 지방교육세는 1,600,000원[=400,000,000×(4%−2%)×20%]으로 총 납부세액은 49,600,000원이다.

(4) 취득박사 프로그램을 통한 계산

다세대주택을 취득한 경우로 재산 등록 〉「공동주택」에서 입력한다. 취득 유형−'무상승계', 취득 원인−'증여'를 선택하면 취득당시가액 종류는 '시가인정액'으로 자동 선택된다.

전용면적 85㎡ 이하인 서민주택에 해당되므로 주택 구분-'서민주택'을 선택한다. 조정대상지역 내 시가표준액 3억 원 이상인 주택을 상속 외 무상취득한 경우로 중과대상이므로 세율 구분-'중과세율(지방세법 제13조의2 ②)'을 선택한다. '1세대 소유주택 현황 입력'을 통해 증여자 기준의 세대 현황 및 세대 소유 주택 현황을 입력하면 증여자(전 소유자) 기준의 소유주택수가 자동으로 선택되며, 해당 다세대주택의 시가인정액인 매매사례가액 4억 원을 입력하면 취득세, 지방교육세 및 농어촌특별세의 납부세액이 계산된다.

세액 계산 〉「취득세 서식인쇄」에서 입력된 자료를 토대로 생성된 취득세 신고서 및 주택 취득 상세 명세서(취득세 신고서 부표)를 출력할 수 있다.

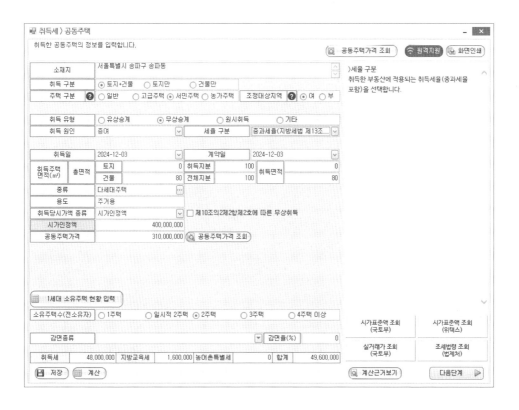

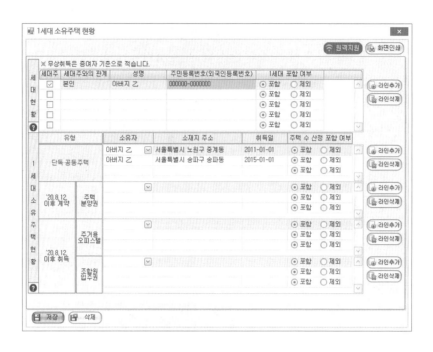

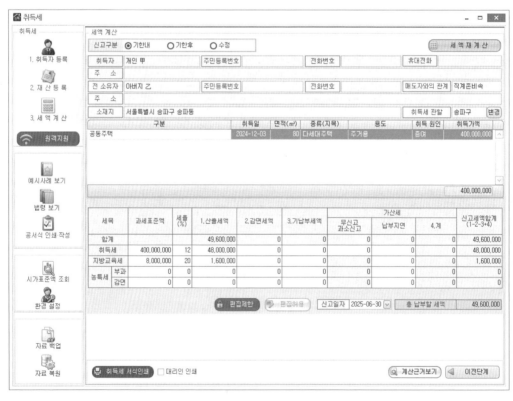

취득세 ([√]기한 내 / [ ]기한 후]) 신고서

(앞쪽)

관리번호		접수 일자		처리기간 즉시	

신고인	취득자(신고자)	성명(법인명) 개인 甲		주민등록번호(외국인등록번호, 법인등록번호)	
		주소		전화번호	
	전 소유자	성명(법인명) 아버지 乙		주민등록번호(외국인등록번호, 법인등록번호)	
		주소		전화번호	

매도자와의 관계	「지방세기본법」 제2조 제34호 가목에 따른 친족관계에 있는 자인 경우 (배우자[ ] 직계존비속[√] 그 밖의 친족관계[ ])
	「지방세기본법」 제2조 제34호 나목에 따른 경제적 연관관계에 있는 자(임원·사용인 등)인 경우 [ ]
	「지방세기본법」 제2조 제34호 다목에 따른 경영지배관계에 있는 자(주주·출자자 등)인 경우 [ ]
	「지방세기본법」 제2조 제34호에 따른 특수관계인이 아닌 경우 [ ]

취 득 물 건 내 역

소재지	서울특별시 송파구 송파동					
취득물건	취득일	면적	종류(지목/차종)	용도	취득 원인	취득가액
공동주택	2024 - 12 - 03	80m^2	다세대주택	주거용	증여	400,000,000

「지방세법」 제10조의2 제2항 제2호에 따른 무상취득의 경우	시가인정액 [ ] 시가표준액 [ ]

세목		과세표준액	세율	① 산출 세액	② 감면 세액	③ 기납부 세 액	가산세		계 ④	신고세액 합 계 (①-②-③+④)
							무신고 또는 과소신고	납부 지연		
합계				49,600,000						49,600,000
신고 세액	취득세	400,000,000	12%	48,000,000						48,000,000
	지방교육세	8,000,000	20%	1,600,000						1,600,000
	농어촌 특별세 부과분									
	농어촌 특별세 감면분									

「지방세법」 제20조 제1항, 제152조 제1항, 같은 법 시행령 제33조 제1항, 「농어촌특별세법」 제7조에 따라 위와 같이 신고합니다.

2025년   06월   30일

	접수(영수)일자 (인)
신고인 대리인	개인 甲 (서명 또는 인) (서명 또는 인)

송파구청장   귀하

첨부 서류	1. 매매계약서, 증여계약서, 부동산거래계약 신고필증 또는 법인 장부 등 취득가액 및 취득일 등을 증명할 수 있는 서류 사본 1부 2. 「지방세특례제한법 시행규칙」 별지 제1호 서식의 지방세 감면 신청서 1부 3. 별지 제4호 서식의 취득세 납부서 납세자 보관용 영수증 사본 1부 4. 별지 제8호 서식의 취득세 비과세 확인서 1부 5. 근로소득 원천징수영수증 또는 소득금액증명원 1부 6. 사실상의 잔금지급일을 확인할 수 있는 서류(사실상의 잔금지급과 계약상의 잔금지급일이 다른 경우만 해당합니다) 1부	수수료 없음

위임장

위의 신고인 본인은 위임받는 사람에게 취득세 신고에 관한 일체의 권리와 의무를 위임합니다.

위임자(신고인)   (서명 또는 인)

위임받는 사람	성명	위임자와의 관계
	생년월일	전화번호
	주소	

*위임장은 별도 서식을 사용할 수 있습니다.

‥‥‥‥‥‥‥‥‥‥‥‥‥‥‥ 자르는 선 ‥‥‥‥‥‥‥‥‥‥‥‥‥‥‥

접수증(취득세 신고서)

신고인(대리인)	취득물건 신고내용	접수 일자	접수번호
「지방세법」 제20조 제1항, 제152조 제1항, 같은 법 시행령 제33조 제1항, 「농어촌특별세법」 제7조에 따라 신고한 신고서의 접수증입니다.			접수자 (서명 또는 인)

210mm×297mm[백상지 80g/㎡ (재활용품)]

주택 ([√]무상 / [ ]유상거래) 취득 상세 명세서

① 주택 (증여자[√] / 취득자[ ]) 세대 현황

① 취득자 구분		☑ 개인		□ 법인 또는 단체		

② 세대 현황	구 분	세대주와의 관계	성명	주민등록번호(외국인등록번호)	1세대 포함 여부	
※ 무상취득은 증여자 기준으로, 유상거래는 취득자 기준으로 적습니다.	세대주	본인	아버지 乙	○○○○○○ - ○○○○○○○	☑ 포함 □ 제외	
	세대원				□ 포함 □ 제외	
					□ 포함 □ 제외	
					□ 포함 □ 제외	

② 신규 취득 주택 현황

③ 취득 주택 소재지 및 고급주택 여부	주 소					
	조정대상지역	☑ 여 □ 부		고급주택	□ 여 ☑ 부	

④ 중과세 제외 주택 여부	☑ 해당 없음	□ 해당 (「지방세법 시행령」 제28조의2 제( )호의 주택)

⑤ 취득 원인	☑ 무상취득 / 유상거래 (□ 매매 □ 분양권에 의한 취득)

⑥ 계약일	2024 - 12 - 03	⑦ 취득일	2024 - 12 - 03

⑧ 취득 가격				400,000,000

⑨ 취득주택 면적(㎡)	총면적	토 지		취득지분	100%	취득면적	토 지		m^2
		건 물	80m^2		100%		건 물		80m^2

⑩ 일시적 2주택 여부	□ 일시적 2주택	☑ 해당 없음

③ 1세대 소유주택 현황 ※ 신규로 취득하는 주택을 포함합니다.

	소유주택 수		□ 1주택 □ 일시적 2주택 ☑ 2주택 □ 3주택 □ 4주택 이상				
⑪ 1세대 소유 주택 현황	소유주택 현황 ※ 기재사항이 많을 경우 별지로 작성할 수 있습니다.	유 형		소유자	소재지 주소	취득일	주택 수 산정 포함 여부*
		단독·공동주택		아버지 乙	서울특별시 노원구 중계동	2011 - 01 - 01	☑ 포함 □ 제외
				아버지 乙	서울특별시 송파구 송파동	2015 - 01 - 01	☑ 포함 □ 제외
		'20.8.12. 이후 계약	주택 분양권				□ 포함 □ 제외
							□ 포함 □ 제외
		'20.8.12. 이후 취득	주거용 오피스텔				□ 포함 □ 제외
							□ 포함 □ 제외
			조합원 입주권				□ 포함 □ 제외
							□ 포함 □ 제외

* 「지방세법 시행령」 제28조의4 제6항 각 호의 어느 하나에 해당하는 주택은 주택 수 산정 시 제외합니다.

④ 신규 주택 적용 취득세율

취득구분	중과세 제외 주택		무상취득			유상거래					
							개인				
규제구분			조정대상지역	조정대상지역 외 지역	법인 및 단체	조정대상지역			조정대상지역 외 지역		
총 소유주택 수 (신규 주택 포함)	무상취득	유상거래	3억 이상	3억 미만			1주택 일시적 2주택	2주택	3주택 이상	2주택 이하	3주택	4주택 이상
⑫ 취득세율	3.5%	1~3%	12%	3.5%	12%	1~3%	8%	12%	1~3%	8%	12%
	□	□	☑	□	□	□	□	□	□	□	□
고급주택	□ ⑫ 취득세율에 8% 가산										

※ 향후 세대별 주택 수 확인 결과 신고내용과 다르거나 일시적 2주택으로 신고했으나 종전 주택을 기한 내에 처분하지 않은 경우 가산세를 포함하여 추가로 취득세가 부과될 수 있음을 확인합니다.

신고인 :   개인 甲   (서명 또는 인)

유상 승계취득 사례 : 상가

법인 甲은 특수관계 없는 乙로부터 다음의 내용으로 상가를 매매 취득하였다.
- 아래 계약 내용은 「부동산 거래신고 등에 관한 법률」 제3조에 따른 신고서를 제출하여 같은 법 제5조에 따라 검증이 이루어지는 것은 아님.
- 계약내용 : 상가와 부수토지(감면대상은 아님), 총매매대금 5억 원, 잔금지급일 2025년 1월 5일
- 甲이 상가 취득과 관련하여 지출한 비용
  - 건설자금이자 1천만 원(은행 법인장부로 증명되는 금액임)
  - 「공인중개사법」에 따른 공인중개사에게 지급한 중개보수 5백만 원

1 甲법인이 신고 납부해야 할 취득세(중과대상이 아닐 경우)

(1) 취득세 과세표준

취득자가 법인으로 법인장부 등에서 취득가격이 증명되는 사실상 취득가격이 과세표준으로 적용되므로 위 매매대금에 건설자금이자, 중개보수 등을 합한 515,000,000원이 과세표준이 된다(지법 제10조 제5항).

(2) 세율

「지방세법」 제11조 제1항 제7호 나목에 의해 4%의 취득세율이 적용된다. 취득세의 부가세(sur-tax)로서 농어촌특별세와 지방교육세를 함께 납부해야 한다. 농어촌특별세는 취득

세 표준세율을 2%로 적용한 산출세액의 10%이므로 0.2%의 세율이 적용된다. 또한 지방교육세는 취득세 표준세율에서 2%를 뺀 세율에 20%를 곱하여 산출한 0.4%의 세율이 적용되는데 이는 2011년 이전의 등록세 세율에 20%를 곱한 세율과 동일한 수준이다.

(3) 납부세액

취득세 납부세액은 20,600,000원(=515,000,000×4%)이고, 농어촌특별세는 1,030,000원(=515,000,000×0.2%), 지방교육세는 2,060,000원(=515,000,000×0.4%)으로 총 납부세액은 23,690,000원이다.

(4) 취득박사 프로그램을 통한 계산

부수토지를 포함한 상가건물을 취득한 경우로 재산 등록 〉「주택외건물(부수토지 포함)」에서 입력한다. 취득 유형－'유상승계', 취득 원인－'매매'를 선택하면 취득당시가액 종류는 '사실상의 취득가격'으로 자동 선택된다. 사실상의 취득가격 금액란 오른쪽의 '수정'버튼을 클릭하여 해당 상가건물 취득에 소요된 직접비용 5억 원 및 간접비용 15백만 원(건설자금이자 1천만 원, 중개보수 5백만 원)을 항목별로 입력하면 취득세, 지방교육세 및 농어촌특별세의 납부세액이 계산된다.

세액 계산 〉「취득세 서식인쇄」에서 입력된 자료를 토대로 생성된 취득세 신고서 및 부동산 사용계획서(과세관청 실무 제출용)를 출력할 수 있다.

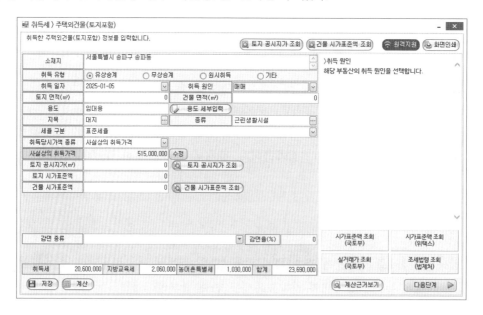

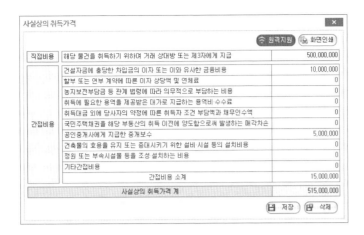

사실상의 취득가격

직접비용	해당 물건을 취득하기 위하여 거래 상대방 또는 제3자에게 지급	500,000,000
간접비용	건설자금에 충당한 차입금의 이자 또는 이와 유사한 금융비용	10,000,000
	할부 또는 연부 계약에 따른 이자 상당액 및 연체료	0
	농지보전부담금 등 관계 법령에 따라 의무적으로 부담하는 비용	0
	취득에 필요한 용역을 제공받은 대가로 지급하는 용역비·수수료	0
	취득대금 외에 당사자의 약정에 따른 취득자 조건 부담액과 채무인수액	0
	국민주택채권을 해당 부동산의 취득 이전에 양도함으로써 발생하는 매각차손	0
	공인중개사에게 지급한 중개보수	5,000,000
	건축물의 효용을 유지 또는 증대시키기 위한 설비·시설 등의 설치비용	0
	정원 또는 부속시설물 등을 조성·설치하는 비용	0
	기타간접비용	0
	간접비용 소계	15,000,000
사실상의 취득가격 계		515,000,000

취득세 ([√]기한 내 / [ ]기한 후]) 신고서

(앞쪽)

관리번호		접수 일자			처리기간 즉시	
신고인	취득자(신고자)	성명(법인명) 법인 甲			주민등록번호(외국인등록번호, 법인등록번호)	
		주소			전화번호	
	전 소유자	성명(법인명) 법인 乙			주민등록번호(외국인등록번호, 법인등록번호)	
		주소			전화번호	
매도자와의 관계		「지방세기본법」 제2조 제34호 가목에 따른 친족관계에 있는 자인 경우 (배우자[ ] 직계존비속[ ] 그 밖의 친족관계[ ])				
		「지방세기본법」 제2조 제34호 나목에 따른 경제적 연관관계에 있는 자(임원·사용인 등)인 경우 [ ]				
		「지방세기본법」 제2조 제34호 다목에 따른 경영지배관계에 있는 자(주주·출자자 등)인 경우 [ ]				
		「지방세기본법」 제2조 제34호에 따른 특수관계인이 아닌 경우 [√]				

취 득 물 건 내 역

소재지	서울특별시 송파구 송파동					
취득물건	취득일	면적	종류(지목/차종)	용도	취득 원인	취득가액
주택외건물(토지포함)	2025-01-05	0m²	근린생활시설	임대용	매매	515,000,000

「지방세법」 제10조의2 제2항 제2호에 따른 무상취득의 경우	시가인정액 [ ]	시가표준액 [ ]

	세목	과세표준액	세율	① 산출 세액	② 감면 세액	③ 기납부 세액	가산세			신고세액 합 계 (①-②-③+④)
							무신고 또는 과소신고	납부 지연	계 ④	
	합계			23,690,000						23,690,000
신고 세액	취득세	515,000,000	4%	20,600,000						20,600,000
	지방교육세	10,300,000	20%	2,060,000						2,060,000
	농어촌 특별세 부과분	10,300,000	10%	1,030,000						1,030,000
	감면분									

「지방세법」 제20조 제1항, 제152조 제1항, 같은 법 시행령 제33조 제1항, 「농어촌특별세법」 제7조에 따라 위와 같이 신고합니다.

접수(영수)일자
(인)

2025년   03월   06일

신고인
대리인

법인 甲 (서명 또는 인)

(서명 또는 인)

송파구청장   귀하

첨부 서류	1. 매매계약서, 증여계약서, 부동산거래계약 신고필증 또는 법인 장부 등 취득가액 및 취득일 등을 증명할 수 있는 서류 사본 1부 2. 「지방세특례제한법 시행규칙」 별지 제1호 서식의 지방세 감면 신청서 1부 3. 별지 제4호 서식의 취득세 납부서 납세자 보관용 영수증 사본 1부 4. 별지 제8호 서식의 취득세 비과세 확인서 1부 5. 근로소득 원천징수영수증 또는 소득금액증명원 1부 6. 사실상의 잔금지급일을 확인할 수 있는 서류(사실상의 잔금지급일과 계약상의 잔금지급일이 다른 경우만 해당합니다) 1부	수수료 없음

위임장

위의 신고인 본인은 위임받는 사람에게 취득세 신고에 관한 일체의 권리와 의무를 위임합니다.

위임자(신고인)   (서명 또는 인)

위임받는 사람	성명		위임자와의 관계	
	생년월일		전화번호	
	주소			

*위임장은 별도 서식을 사용할 수 있습니다.

- 자르는 선 -

접수증(취득세 신고서)

신고인(대리인)	취득물건 신고내용	접수 일자	접수번호	
「지방세법」 제20조 제1항, 제152조 제1항, 같은 법 시행령 제33조 제1항, 「농어촌특별세법」 제7조에 따라 신고한 신고서의 접수증입니다.			접수자	(서명 또는 인)

210mm×297mm[백상지 80g/㎡ (재활용품)]

부동산 사용계획서

취득법인	법인명	법인 甲	법인설립일	
	법인등록번호		전화번호	
	주소			

취득물건내역				

소재지	취득일	취득원인	면적(m²)	
			건물	토지
서울특별시 송파구 송파동	2025-01-05	매매		

부동산 이용 목적 및 계획

☐ 본점사용여부   사용 ☐   미사용 ☑

☐ 지점설치여부   설치 ☐   미설치 ☑

☐ 거래당사자간의 특수관계 여부   예 ☐   아니오 ☑

☐ 기타 사용목적 및 계획 : 상가임대

※ 상기 부동산 취득세 신고시 중과제외적용 후 사용 계획과 다르게 본점용(대도시 내 법인 설립 후 5년 경과제외)으로 사용하거나 지점 설치 및 본점·지점 등을 전입하는 경우 추징될 수 있습니다(신고·납부불성실가산세 포함).

위와 같이 부동산을 취득하여 이용할 계획입니다.

2025년   03월   06일

신고인(법인명)   법인 甲   (인)

송파구청장 귀하

2 甲법인이 설립 5년 미만의 법인으로 해당 과세물건이 대도시 내 중과 대상일 경우 甲법인이 신고 납부해야 할 취득세

(1) 취득세 과세표준

취득자가 법인으로 법인장부 등에서 취득가격이 증명되는 사실상 취득가격이 과세표준으로 적용되므로 위 매매대금에 건설자금이자, 중개보수 등을 합한 515,000,000원이 과세표준이 된다(지법 제10조 제5항).

(2) 세율

「지방세법」 제13조 제2항에 의해 8%[=(4%×3배) - (2%×2배)]의 중과세율이 적용된다. 취득세의 부가세(sur-tax)로서 농어촌특별세와 지방교육세를 함께 납부해야 한다. 농어촌특별세는 취득세 표준세율을 2%로 적용한 산출세액의 10%이므로 0.2%의 세율이 적용된다. 또한 대도시 중과세에 해당하는 지방교육세는 취득세 표준세율(4%)에서 2%를 뺀 세율에 20%를 곱하여 산출한 지방교육세액의 3배이므로 1.2%의 세율이 적용된다(지법 제151조 제1항 제1호 가목).

(3) 납부세액

취득세 납부세액은 41,200,000원(=515,000,000×8%), 농어촌특별세는 1,030,000원(=515,000,000×0.2%), 지방교육세는 6,180,000원(=515,000,000×1.2%)으로 총 납부세액은 48,410,000원이다.

(4) 취득박사 프로그램을 통한 계산

부수토지를 포함한 상가건물을 취득한 경우로 재산 등록 〉「주택외건물(부수토지 포함)」에서 입력한다. 취득 유형 - '유상승계', 취득 원인 - '매매'를 선택하면 취득당시가액 종류는 '사실상의 취득가격'으로 자동 선택된다. 해당 상가건물이 대도시 내 중과대상이므로 세율구분 - '대도시 내 법인 설립 · 전입, 공장 신 · 증설(지방세법 제13조 ②)'을 선택한다. 사실상의 취득가격 금액란 오른쪽의 '수정'버튼을 클릭하여 해당 상가건물 취득에 소요된 직접비용 5억 원 및 간접비용 15백만 원(건설자금이자 1천만 원, 중개보수 5백만 원)을 항목별로 입력하면 취득세, 지방교육세 및 농어촌특별세의 납부세액이 계산된다.

세액 계산 〉「취득세 서식인쇄」에서 입력된 자료를 토대로 생성된 취득세 신고서 및 부동산 사용계획서(과세관청 실무 제출용)를 출력할 수 있다.

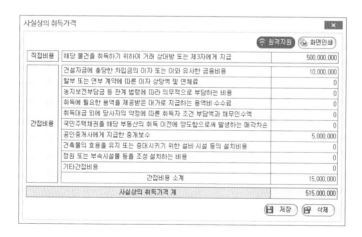

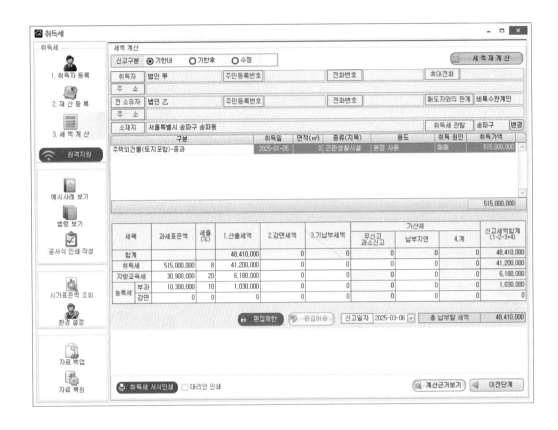

취득세 ([√]기한 내 / [ ]기한 후]) 신고서

(앞쪽)

관리번호		접수 일자			처리기간	즉시

신고인	취득자(신고자)	성명(법인명) 법인 甲	주민등록번호(외국인등록번호, 법인등록번호)
		주소	전화번호
	전 소유자	성명(법인명) 법인 乙	주민등록번호(외국인등록번호, 법인등록번호)
		주소	전화번호

매도자와의 관계	「지방세기본법」 제2조 제34호 가목에 따른 친족관계에 있는 자인 경우 (배우자[ ] 직계존비속[ ] 그 밖의 친족관계[ ])
	「지방세기본법」 제2조 제34호 나목에 따른 경제적 연관관계에 있는 자(임원·사용인 등)인 경우 [ ]
	「지방세기본법」 제2조 제34호 다목에 따른 경영지배관계에 있는 자(주주·출자자 등)인 경우 [ ]
	「지방세기본법」 제2조 제34호에 따른 특수관계인이 아닌 경우 [√]

취 득 물 건 내 역

소재지	서울특별시 송파구 송파동					
취득물건	취득일	면적	종류(지목/차종)	용도	취득 원인	취득가액
주택외건물(토지포함)	2025-01-05	0m²	근린생활시설	본점 사용	매매	515,000,000

「지방세법」 제10조의2 제2항 제2호에 따른 무상취득의 경우	시가인정액 [ ] 시가표준액 [ ]

세목		과세표준액	세율	① 산출세액	② 감면세액	③ 기납부세액	가산세			신고세액 합계 (①-②-③+④)
							무신고 또는 과소신고	납부지연	계 ④	
합계				48,410,000						48,410,000
신고세액	취득세	515,000,000	8%	41,200,000						41,200,000
	지방교육세	30,900,000	20%	6,180,000						6,180,000
	농어촌특별세 부과분	10,300,000	10%	1,030,000						1,030,000
	농어촌특별세 감면분									

「지방세법」 제20조 제1항, 제152조 제1항, 같은 법 시행령 제33조 제1항, 「농어촌특별세법」 제7조에 따라 위와 같이 신고합니다.

2025년 03월 06일

신고인
대리인

송파구청장 귀하

법인 甲 (서명 또는 인)
(서명 또는 인)

접수(영수)일자
(인)

첨부 서류	1. 매매계약서, 증여계약서, 부동산거래계약 신고필증 또는 법인 장부 등 취득가액 및 취득일 등을 증명할 수 있는 서류 사본 1부 2. 「지방세특례제한법 시행규칙」 별지 제1호 서식의 지방세 감면 신청서 1부 3. 별지 제4호 서식의 취득세 납부서 납세자 보관용 영수증 사본 1부 4. 별지 제8호 서식의 취득세 비과세 확인서 1부 5. 근로소득 원천징수영수증 또는 소득금액증명원 1부 6. 사실상의 잔금지급일을 확인할 수 있는 서류(사실상의 잔금지급일과 계약상의 잔금지급일이 다른 경우만 해당합니다) 1부	수수료 없음

위임장

위의 신고인 본인은 위임받는 사람에게 취득세 신고에 관한 일체의 권리와 의무를 위임합니다.

위임자(신고인)   (서명 또는 인)

위임받는 사람	성명	위임자와의 관계
	생년월일	전화번호
	주소	

*위임장은 별도 서식을 사용할 수 있습니다.

- 자르는 선 -

접수증(취득세 신고서)

신고인(대리인)	취득물건 신고내용	접수 일자	접수번호
「지방세법」 제20조 제1항, 제152조 제1항, 같은 법 시행령 제33조 제1항, 「농어촌특별세법」 제7조에 따라 신고한 신고서의 접수증입니다.			접수자
			(서명 또는 인)

210mm×297mm[백상지 80g/㎡(재활용품)]

부동산 사용계획서

취득법인	법인명	법인 甲	법인설립일	
	법인등록번호		전화번호	
	주소			

취득물건내역				

소재지	취득일	취득원인	면적(m²)	
			건물	토지
서울특별시 송파구 송파동	2025-01-05	매매		

부동산 이용 목적 및 계획

☐ 본점사용여부   사용 ☑   미사용 ☐

☐ 지점설치여부   설치 ☐   미설치 ☑

☐ 거래당사자간의 특수관계 여부   예 ☐   아니오 ☑

☐ 기타 사용목적 및 계획 : 본점 사용

※ 상기 부동산 취득세 신고시 중과제외적용 후 사용 계획과 다르게 본점용(대도시 내 법인 설립 후 5년 경과제외)으로 사용하거나 지점 설치 및 본점·지점 등을 전입하는 경우 추징될 수 있습니다(신고·납부불성실가산세 포함).

위와 같이 부동산을 취득하여 이용할 계획입니다.

2025년   03월   06일

신고인(법인명)   법인 甲 (인)

송파구청장 귀하

3 만약 甲이 개인이라면 甲이 신고 납부해야 할 취득세

(1) 취득세 과세표준

취득자가 개인으로 해당 물건을 취득하기 위하여 거래 상대방에게 지급한 직접비용과 간접비용의 합계액인 사실상의 취득가격이 과세표준이 된다. 여기에서 법인이 아닌 경우 건설자금이자와 중개보수는 제외한다. 따라서 위 매매대금인 500,000,000원이 과세표준액이 된다(지법 제10조의3 제1항, 지령 제18조 제1항).

(2) 세율

「지방세법」 제11조 제1항 제7호 나목에 의해 4%의 취득세율이 적용된다. 취득세의 부가세(sur-tax)로서 농어촌특별세와 지방교육세를 함께 납부해야 한다. 농어촌특별세는 취득세 표준세율을 2%로 적용한 산출세액의 10%이므로 0.2%의 세율이 적용되고, 지방교육세는 취득세 표준세율(4%)에서 2%를 뺀 세율에 20%를 곱하여 산출한 0.4%의 세율이 적용된다.

(3) 납부세액

취득세 납부세액은 20,000,000원(=500,000,000×4%)이고, 농어촌특별세는 1,000,000원(=500,000,000×0.2%), 지방교육세는 2,000,000원(=500,000,000×0.4%)으로 총 납부세액은 23,000,000원이다.

(4) 취득박사 프로그램을 통한 계산

부수토지를 포함한 상가건물을 취득한 경우로 재산 등록 〉「주택외건물(부수토지 포함)」에서 입력한다. 취득 유형-'유상승계', 취득 원인-'매매'를 선택하면 취득당시가액 종류는 '사실상의 취득가격'으로 자동 선택된다. 사실상의 취득가격 금액란 오른쪽의 '수정'버튼을 클릭하여 해당 상가건물 취득에 소요된 직접비용 5억 원을 입력하면 취득세, 지방교육세 및 농어촌특별세의 납부세액이 계산된다.

세액 계산 〉「취득세 서식인쇄」에서 입력된 자료를 토대로 생성된 취득세 신고서를 출력할 수 있다.

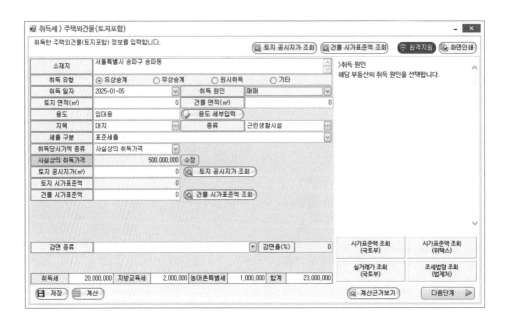

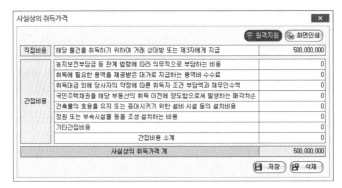

취득세 ([√]기한 내 / [ ]기한 후]) 신고서

(앞쪽)

관리번호			접수 일자			처리기간	즉시

신고인	취득자(신고자)	성명(법인명) 개인 甲	주민등록번호(외국인등록번호, 법인등록번호)
		주소	전화번호
	전 소유자	성명(법인명) 법인 乙	주민등록번호(외국인등록번호, 법인등록번호)
		주소	전화번호

매도자와의 관계	「지방세기본법」 제2조 제34호 가목에 따른 친족관계에 있는 자인 경우 (배우자[ ] 직계존비속[ ] 그 밖의 친족관계[ ])
	「지방세기본법」 제2조 제34호 나목에 따른 경제적 연관관계에 있는 자(임원·사용인 등)인 경우 [ ]
	「지방세기본법」 제2조 제34호 다목에 따른 경영지배관계에 있는 자(주주·출자자 등)인 경우 [ ]
	「지방세기본법」 제2조 제34호에 따른 특수관계인이 아닌 경우 [√]

취 득 물 건 내 역

소재지	서울특별시 송파구 송파동					
취득물건	취득일	면적	종류(지목/차종)	용도	취득 원인	취득가액
주택외건물(토지포함)	2025-01-05	0m²	근린생활시설	임대용	매매	500,000,000

「지방세법」 제10조의2 제2항 제2호에 따른 무상취득의 경우		시가인정액 [ ]	시가표준액 [ ]

	세목		과세표준액	세율	① 산출세액	② 감면세액	③ 기납부세액	가산세			신고세액 합계 (①-②-③+④)
								무신고 또는 과소신고	납부지연	계 ④	
	합계				23,000,000						23,000,000
신고세액	취득세		500,000,000	4%	20,000,000						20,000,000
	지방교육세		10,000,000	20%	2,000,000						2,000,000
	농어촌특별세	부과분	10,000,000	10%	1,000,000						1,000,000
		감면분									

「지방세법」 제20조 제1항, 제152조 제1항, 같은 법 시행령 제33조 제1항, 「농어촌특별세법」 제7조에 따라 위와 같이 신고합니다.

접수(영수)일자
(인)

2025년 03월 06일

신고인
대리인

개인 甲 (서명 또는 인)
(서명 또는 인)

송파구청장 귀하

첨부 서류	1. 매매계약서, 증여계약서, 부동산거래계약 신고필증 또는 법인 장부 등 취득가액 및 취득일 등을 증명할 수 있는 서류 사본 1부 2. 「지방세특례제한법 시행규칙」 별지 제1호 서식의 지방세 감면 신청서 1부 3. 별지 제4호 서식의 취득세 납부서 납세자 보관용 영수증 사본 1부 4. 별지 제8호 서식의 취득세 비과세 확인서 1부 5. 근로소득 원천징수영수증 또는 소득금액증명원 1부 6. 사실상의 잔금지급일을 확인할 수 있는 서류(사실상의 잔금지급일과 계약상의 잔금지급일이 다른 경우만 해당합니다) 1부	수수료 없음

위임장

위의 신고인 본인은 위임받는 사람에게 취득세 신고에 관한 일체의 권리와 의무를 위임합니다.

위임자(신고인)   (서명 또는 인)

위임받는 사람	성명	위임자와의 관계
	생년월일	전화번호
	주소	

*위임장은 별도 서식을 사용할 수 있습니다.

- - - - - - - - - - - - - - - 자르는 선 - - - - - - - - - - - - - - -

접수증(취득세 신고서)

신고인(대리인)	취득물건 신고내용	접수 일자	접수번호
「지방세법」 제20조 제1항, 제152조 제1항, 같은 법 시행령 제33조 제1항, 「농어촌특별세법」 제7조에 따라 신고한 신고서의 접수증입니다.			접수자 (서명 또는 인)

210mm×297mm[백상지 80g/㎡(재활용품)]

유상 승계취득 사례 : 주택

개인 甲은 특수관계 없는 乙로부터 다음의 내용으로 주택을 매매 취득하였다.
• 아래 계약 내용은 「부동산 거래신고 등에 관한 법률」 제3조에 따른 신고서를 제출하여 같은 법 제5조에 따라 검증이 이루어짐(주택공시가격 6억 원).
• 계약내용
  − 단독주택(전용면적 84㎡)과 부수토지 (조정대상지역 소재)
  − 총매매대금 8억 원
  − 잔금지급일 2025년 1월 5일
• 甲이 주택 취득과 관련하여 지출한 비용
  − 총 매매대금 외에 당사자 약정으로 乙의 은행채무를 甲이 대신 변제한 금액 1천만 원
  − 「공인중개사법」에 따른 공인중개사에게 지급한 중개보수 5백만 원

1 1세대 1주택자가 되는 경우 甲이 신고 납부해야 할 취득세

(1) 취득세 과세표준

과세표준은 810,000,000원으로 매매대금과 대신 변제금액을 합친 금액으로 하며, 개인인 경우 중개보수는 취득세 과세표준에서 제외한다(지령 제18조 제1항 단서).

(2) 세율

1주택자의 주택 취득세율은 취득가액 6억 원 초과 9억 원 이하인 경우 별도계산[(취득가

액×2/3억 원-3)×1%]한 세율을 적용하므로 취득가액이 810,000,000원이면 2.4%[=(8.1억 원×2/3억 원-3)×1%]의 세율이 산출된다. 취득세의 부가세(sur-tax)로서 농어촌특별세와 지방교육세가 있다. 농어촌특별세는 취득세 표준세율을 2%로 적용한 산출세액의 10%이므로 0.2% 세율에 해당하지만 전용면적 85㎡ 이하 주택은 비과세된다. 지방교육세는 일반적인 유상거래 주택인 경우 취득세 표준세율(1~3%)에 50%를 곱하여 산출한 금액의 20%에 해당하는 금액이다(지법 제151조 제1항 제1호).

(3) 납부세액

취득세 납부세액은 19,440,000원(=810,000,000×2.4%)이고, 농어촌특별세는 주택 전용면적 85㎡ 이하로 비과세되며, 일반적인 주택의 지방교육세율은 취득세율의 50%의 20%이므로 결국 주택 취득세율의 10% 상당액인 0.24%가 되어 지방교육세는 1,944,000원(=810,000,000×0.24%)이다. 따라서 총 납부세액은 21,384,000원이 된다.

(4) 취득박사 프로그램을 통한 계산

단독주택을 취득한 경우로 재산 등록 〉「단독주택」에서 입력한다. 취득 유형-'유상승계', 취득 원인-'매매'를 선택하면 취득당시가액 종류는 '사실상의 취득가격'으로 자동 선택된다. 사실상의 취득가격 금액란 오른쪽의 '수정'버튼을 클릭하여 해당 주택 취득에 소요된 직접비용 8억 원 및 간접비용 1천만 원(대신 변제금액)을 항목별로 입력한다. '1세대 소유주택 현황 입력'을 통해 취득자 기준의 세대 현황 및 1세대 소유주택 현황(신규로 취득하는 주택 포함)을 입력하면 취득자 기준의 소유주택수(1주택)가 자동 선택된다. 입력된 정보를 토대로 1주택자의 취득세율이 적용되어 취득세, 지방교육세 및 농어촌특별세의 납부세액이 계산된다.

세액 계산 〉「취득세 서식인쇄」에서 입력된 자료를 토대로 생성된 취득세 신고서 및 주택 취득 상세 명세서(취득세 신고서 부표)를 출력할 수 있다.

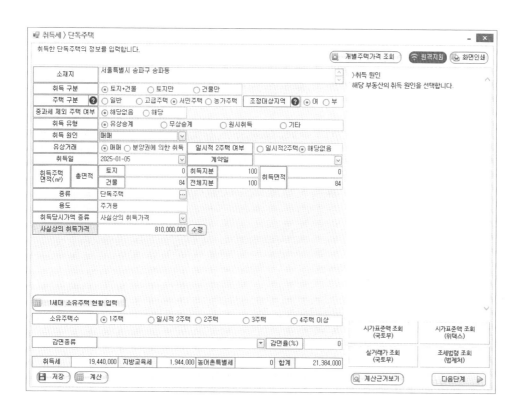

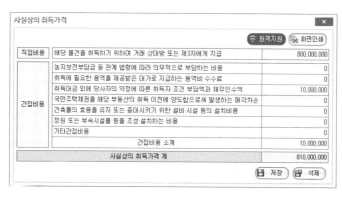

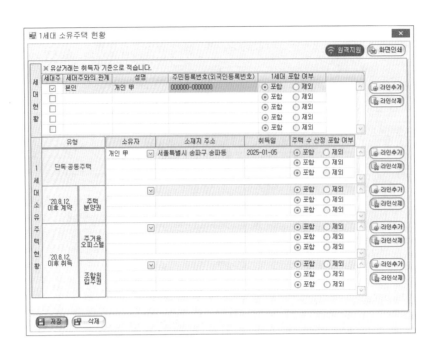

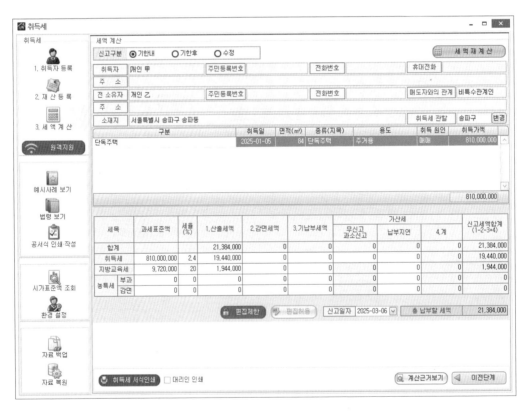

지방세법 시행규칙[별지 제3호 서식] 〈개정 2024.12.31.〉

취득세 ([√]기한 내 / [ ]기한 후]) 신고서

(앞쪽)

관리번호		접수 일자			처리기간	즉시
신고인	취득자(신고자)	성명(법인명) 개인 甲			주민등록번호(외국인등록번호, 법인등록번호)	
		주소			전화번호	
	전 소유자	성명(법인명) 개인 乙			주민등록번호(외국인등록번호, 법인등록번호)	
		주소			전화번호	
매도자와의 관계		「지방세기본법」 제2조 제34호 가목에 따른 친족관계에 있는 자인 경우 (배우자[ ] 직계존비속[ ] 그 밖의 친족관계[ ])				
		「지방세기본법」 제2조 제34호 나목에 따른 경제적 연관관계에 있는 자(임원·사용인 등)인 경우 [ ]				
		「지방세기본법」 제2조 제34호 다목에 따른 경영지배관계에 있는 자(주주·출자자 등)인 경우 [ ]				
		「지방세기본법」 제2조 제34호에 따른 특수관계인이 아닌 경우 [√]				

취 득 물 건 내 역

소재지	서울특별시 송파구 송파동					
취득물건	취득일	면적	종류(지목/차종)	용도	취득 원인	취득가액
단독주택	2025 - 01 - 05	84m²	단독주택	주거용	매매	810,000,000

「지방세법」 제10조의2 제2항 제2호에 따른 무상취득의 경우					시가인정액 [ ]	시가표준액 [ ]

세목		과세표준액	세율	① 산출세액	② 감면세액	③ 기납부세액	가산세			신고세액 합계 (①-②-③+④)
							무신고 또는 과소신고	납부지연	계 ④	
합계				21,384,000						21,384,000
신고세액	취득세	810,000,000	2.4%	19,440,000						19,440,000
	지방교육세	9,720,000	20%	1,944,000						1,944,000
	농어촌 특별세 부과분									
	농어촌 특별세 감면분									

「지방세법」 제20조 제1항, 제152조 제1항, 같은 법 시행령 제33조 제1항, 「농어촌특별세법」 제7조에 따라 위와 같이 신고합니다.

<table>
<tr><td></td><td rowspan="2">접수(영수)일자 (인)</td></tr>
<tr><td>2025년   03월   06일</td></tr>
</table>

신고인
대리인

개인 甲 (서명 또는 인)
(서명 또는 인)

송파구청장 귀하

첨부 서류	1. 매매계약서, 증여계약서, 부동산거래계약 신고필증 또는 법인 장부 등 취득가액 및 취득일 등을 증명할 수 있는 서류 사본 1부 2. 「지방세특례제한법 시행규칙」 별지 제1호 서식의 지방세 감면 신청서 1부 3. 별지 제4호 서식의 취득세 납부서 납세자 보관용 영수증 사본 1부 4. 별지 제8호 서식의 취득세 비과세 확인서 1부 5. 근로소득 원천징수영수증 또는 소득금액증명원 1부 6. 사실상의 잔금지급일을 확인할 수 있는 서류(사실상의 잔금지급일과 계약상의 잔금지급일이 다른 경우만 해당합니다) 1부	수수료 없음

위임장

위의 신고인 본인은 위임받는 사람에게 취득세 신고에 관한 일체의 권리와 의무를 위임합니다.

위임자(신고인)   (서명 또는 인)

위임받는 사람	성명		위임자와의 관계	
	생년월일		전화번호	
	주소			

*위임장은 별도 서식을 사용할 수 있습니다.

－－－－－－－－－－－－－－－－－－－－－－ 자르는 선 －－－－－－－－－－－－－－－－－－－－－－

접수증(취득세 신고서)

신고인(대리인)	취득물건 신고내용	접수 일자	접수번호
「지방세법」 제20조 제1항, 제152조 제1항, 같은 법 시행령 제33조 제1항, 「농어촌특별세법」 제7조에 따라 신고한 신고서의 접수증입니다.			접수자
			(서명 또는 인)

210㎜×297㎜[백상지 80g/㎡(재활용품)]

주택 ([ ]무상 / [√]유상거래) 취득 상세 명세서

① 주택 (증여자[ ] / 취득자[√]) 세대 현황

① 취득자 구분		☑ 개인		□ 법인 또는 단체		
② 세대 현황	구 분	세대주와의 관계	성명	주민등록번호(외국인등록번호)		1세대 포함 여부
	세대주	본인	개인 甲	○○○○○○ - ○○○○○○○		☑ 포함 □ 제외
※ 무상취득은 증여자 기준으로, 유상거래는 취득자 기준으로 적습니다.	세대원					□ 포함 □ 제외
						□ 포함 □ 제외
						□ 포함 □ 제외

② 신규 취득 주택 현황

③ 취득 주택 소재지 및 고급주택 여부	주 소				
	조정대상지역	☑ 여 □ 부		고급주택	□ 여 ☑ 부
④ 중과세 제외 주택 여부	☑ 해당 없음	□ 해당 (「지방세법 시행령」 제28조의2 제( )호의 주택)			
⑤ 취득 원인	□ 무상취득 / 유상거래 (☑ 매매 □ 분양권에 의한 취득)				
⑥ 계약일			⑦ 취득일		2025 - 01 - 05
⑧ 취득 가격					810,000,000

⑨ 취득주택 면적(㎡)	총면적	토 지		취득지분	100%	취득면적	토 지	㎡
		건 물	84㎡		100%		건 물	84㎡

⑩ 일시적 2주택 여부	□ 일시적 2주택	☑ 해당 없음

③ 1세대 소유주택 현황 ※ 신규로 취득하는 주택을 포함합니다.

	소유주택 수		☑ 1주택 □ 일시적 2주택 □ 2주택 □ 3주택 □ 4주택 이상				
⑪ 1세대 소유 주택 현황	소유주택 현황 ※ 기재사항이 많을 경우 별지로 작성할 수 있습니다.	유 형	소유자	소재지 주소	취득일	주택 수 산정 포함 여부*	
		단독·공동주택	개인 甲	서울특별시 송파구 송파동	2025 - 01 - 05	☑ 포함 □ 제외	
						□ 포함 □ 제외	
		'20.8.12. 이후 계약	주택 분양권			□ 포함 □ 제외	
						□ 포함 □ 제외	
		'20.8.12. 이후 취득	주거용 오피스텔			□ 포함 □ 제외	
						□ 포함 □ 제외	
			조합원 입주권			□ 포함 □ 제외	
						□ 포함 □ 제외	

* 「지방세법 시행령」 제28조의4 제6항 각 호의 어느 하나에 해당하는 주택은 주택 수 산정 시 제외합니다.

④ 신규 주택 적용 취득세율

취득구분	중과세 제외 주택		무상취득		유상거래							
					법인 및 단체	개인						
규제구분			조정대상지역	조정대상지역 외 지역		조정대상지역			조정대상지역 외 지역			
총 소유주택 수 (신규 주택 포함)	무상 취득	유상 거래	3억 이상	3억 미만		1주택 일시적 2주택	2주택	3주택 이상	2주택 이하	3주택	4주택 이상	
⑫ 취득세율	3.5%	1~3%	12%	3.5%	12%	1~3%	8%	12%	1~3%	8%	12%	
	□	□	□	□	□	☑	□	□	□	□	□	
고급주택	□ ⑫ 취득세율에 8% 가산											

※ 향후 세대별 주택 수 확인 결과 신고내용과 다르거나 일시적2주택으로 신고했으나 종전 주택을 기한 내에 처분하지 않은 경우 가산세를 포함하여 추가로 취득세가 부과될 수 있음을 확인합니다.

신고인 : 개인 甲 (서명 또는 인)

2 1세대 2주택자가 되는 경우 甲이 신고 납부해야 할 취득세

(1) 취득세 과세표준

과세표준은 810,000,000원으로 매매대금과 대신 변제금액을 합친 금액으로 하며, 개인인 경우 중개보수는 취득세 과세표준에서 제외한다(지령 제18조 제1항 단서).

(2) 세율

조정대상지역에 주택을 취득하여 2주택자가 되는 경우 주택 취득세율은 8%이다. 이는 「지방세법」 제11조 제1항 제7호 나목의 세율(4%)을 표준세율로 하여 해당 세율에 중과기준세율(2%)의 2배를 합한 세율이다(지법 제13조의2 제1항 제2호). 취득세의 부가세(sur-tax)로서 농어촌특별세는 취득세 표준세율을 2%로 적용한 산출세액의 10%이므로 2%에 중과기준세율(2%)의 2배를 합한 6%로 산출한 세액의 10%에 해당하는 금액이다. 다만, 전용면적 85㎡ 이하 주택은 농어촌특별세가 비과세된다. 지방교육세는 「지방세법」 제11조 제1항 제7호 나목의 세율(4%)에서 중과기준세율(2%)을 뺀 세율을 적용하여 산출한 금액의 20%에 해당하는 금액이다(지법 제151조 제1항 제1호 나목).

(3) 납부세액

취득세 납부세액은 64,800,000원(=810,000,000×8%)이고, 농어촌특별세는 주택 전용면적 85㎡ 이하는 비과세된다. 지방교육세는 조정대상지역에 주택을 취득하여 2주택자가 되는 경우 그 세율은 2%의 20%이므로 결국 0.4%가 되어 지방교육세는 3,240,000원(=810,000,000×0.4%)이다. 따라서 총 납부세액은 68,040,000원이다.

(4) 취득박사 프로그램을 통한 계산

단독주택을 취득한 경우로 재산 등록 〉「단독주택」에서 입력한다. 취득 유형-'유상승계', 취득 원인-'매매'를 선택하면 취득당시가액 종류는 '사실상의 취득가격'으로 자동 선택된다. 사실상의 취득가격 금액란 오른쪽의 '수정'버튼을 클릭하여 해당 주택 취득에 소요된 직접비용 8억 원 및 간접비용 1천만 원(대신 변제금액)을 항목별로 입력한다. '1세대 소유주택 현황 입력'을 통해 취득자 기준의 세대 현황 및 1세대 소유주택 현황(신규로 취득하는 주택 포함)을 입력하면 취득자 기준의 소유주택수(2주택)가 자동 선택된다. 입력된 정보를 토대로 조정대상지역 2주택자의 취득세율이 적용되어 취득세, 지방교육세 및 농어촌특별세의 납부세액이 계산된다.

세액 계산 〉「취득세 서식인쇄」에서 입력된 자료를 토대로 생성된 취득세 신고서 및 주택 취득 상세 명세서(취득세 신고서 부표)를 출력할 수 있다.

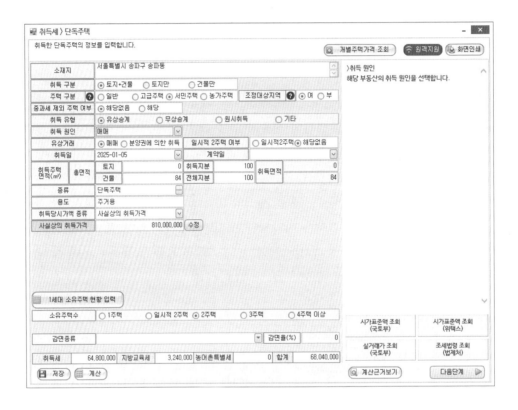

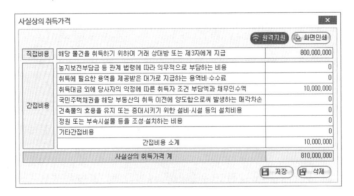

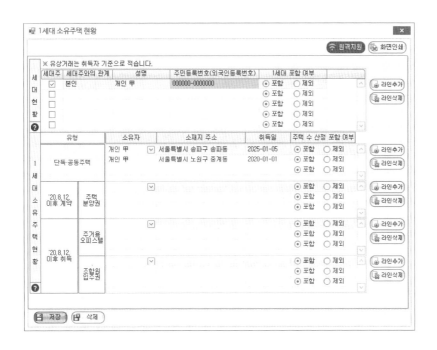

지방세법 시행규칙[별지 제3호 서식] 〈개정 2024.12.31.〉

취득세 ([√]기한 내 / [ ]기한 후]) 신고서

(앞쪽)

관리번호		접수 일자		처리기간 즉시	

신고인	취득자(신고자)	성명(법인명) 개인 甲	주민등록번호(외국인등록번호, 법인등록번호)
		주소	전화번호
	전 소유자	성명(법인명) 개인 乙	주민등록번호(외국인등록번호, 법인등록번호)
		주소	전화번호

매도자와의 관계	「지방세기본법」 제2조 제34호 가목에 따른 친족관계에 있는 자인 경우 (배우자[ ] 직계존비속[ ] 그 밖의 친족관계[ ])
	「지방세기본법」 제2조 제34호 나목에 따른 경제적 연관관계에 있는 자(임원·사용인 등)인 경우 [ ]
	「지방세기본법」 제2조 제34호 다목에 따른 경영지배관계에 있는 자(주주·출자자 등)인 경우 [ ]
	「지방세기본법」 제2조 제34호에 따른 특수관계인이 아닌 경우 [√]

취 득 물 건 내 역

소재지	서울특별시 송파구 송파동					
취득물건	취득일	면적	종류(지목/차종)	용도	취득 원인	취득가액
단독주택	2025-01-05	84m^2	단독주택	주거용	매매	810,000,000

「지방세법」 제10조의2 제2항 제2호에 따른 무상취득의 경우	시가인정액 [ ] 시가표준액 [ ]

세목		과세표준액	세율	① 산출 세액	② 감면 세액	③ 기납부 세 액	가산세			신고세액 합 계 (①-②-③+④)
							무신고 또는 과소신고	납부 지연	계 ④	
합계				68,040,000						68,040,000
신고 세액	취득세	810,000,000	8%	64,800,000						64,800,000
	지방교육세	16,200,000	20%	3,240,000						3,240,000
	농어촌 특별세	부과분								
		감면분								

「지방세법」 제20조 제1항, 제152조 제1항, 같은 법 시행령 제33조 제1항, 「농어촌특별세법」 제7조에 따라 위와 같이 신고합니다.

<table>
<tr><td>2025년   03월   06일</td><td rowspan="3">접수(영수)일자
(인)</td></tr>
<tr><td style="text-align:center">신고인
대리인</td></tr>
</table>

개인 甲 (서명 또는 인)

(서명 또는 인)

송파구청장   귀하

첨부 서류	1. 매매계약서, 증여계약서, 부동산거래계약 신고필증 또는 법인 장부 등 취득가액 및 취득일 등을 증명할 수 있는 서류 사본 1부 2. 「지방세특례제한법 시행규칙」 별지 제1호 서식의 지방세 감면 신청서 1부 3. 별지 제4호 서식의 취득세 납부서 납세자 보관용 영수증 사본 1부 4. 별지 제8호 서식의 취득세 비과세 확인서 1부 5. 근로소득 원천징수영수증 또는 소득금액증명원 1부 6. 사실상의 잔금지급일을 확인할 수 있는 서류(사실상의 잔금지급일과 계약상의 잔금지급일이 다른 경우만 해당합니다) 1부	수수료 없음

위임장

위의 신고인 본인은 위임받는 사람에게 취득세 신고에 관한 일체의 권리와 의무를 위임합니다.

위임자(신고인)   (서명 또는 인)

위임받는 사람	성명		위임자와의 관계	
	생년월일		전화번호	
	주소			

*위임장은 별도 서식을 사용할 수 있습니다.

- 자르는 선 -

접수증(취득세 신고서)

신고인(대리인)	취득물건 신고내용	접수 일자	접수번호
「지방세법」 제20조 제1항, 제152조 제1항, 같은 법 시행령 제33조 제1항, 「농어촌특별세법」 제7조에 따라 신고한 신고서의 접수증입니다.			접수자 (서명 또는 인)

210mm×297mm[백상지 80g/㎡(재활용품)]

주택 ([ ]무상 / [√]유상거래) 취득 상세 명세서

① 주택 (증여자〔 〕/ 취득자〔√〕) 세대 현황

① 취득자 구분		☑ 개인		□ 법인 또는 단체		
② 세대 현황	구 분	세대주와의 관계	성명	주민등록번호(외국인등록번호)		1세대 포함 여부
	세대주	본인	개인 甲	○○○○○○ - ○○○○○○○		☑ 포함 □ 제외
※ 무상취득은 증여자 기준으로, 유상거래는 취득자 기준으로 적습니다.	세대원					□ 포함 □ 제외
						□ 포함 □ 제외
						□ 포함 □ 제외

② 신규 취득 주택 현황

③ 취득 주택 소재지 및 고급주택 여부	주 소				
	조정대상지역	☑ 여 □ 부	고급주택	□ 여 ☑ 부	
④ 중과세 제외 주택 여부	☑ 해당 없음	□ 해당 (「지방세법 시행령」 제28조의2 제( )호의 주택)			
⑤ 취득 원인	□ 무상취득 / 유상거래 (☑ 매매 □ 분양권에 의한 취득)				
⑥ 계약일		⑦ 취득일	2025 - 01 - 05		
⑧ 취득 가격				810,000,000	

⑨ 취득주택 면적(㎡)	총면적	토 지		취득지분	100%	취득면적	토 지	㎡
		건 물	84㎡		100%		건 물	84㎡

⑩ 일시적 2주택 여부	□ 일시적 2주택	☑ 해당 없음

③ 1세대 소유주택 현황 ※ 신규로 취득하는 주택을 포함합니다.

	소유주택 수		□ 1주택 □ 일시적 2주택 ☑ 2주택 □ 3주택 □ 4주택 이상				
		유 형		소유자	소재지 주소	취득일	주택 수 산정 포함 여부*
⑪ 1세대 소유 주택 현황	소유주택 현황 ※ 기재사항이 많을 경우 별지로 작성할 수 있습니다.	단독·공동주택		개인 甲	서울특별시 송파구 송파동	2025 - 01 - 05	☑ 포함 □ 제외
				개인 甲	서울특별시 노원구 중계동	2020 - 01 - 01	☑ 포함 □ 제외
		'20.8.12. 이후 계약	주택 분양권				□ 포함 □ 제외
							□ 포함 □ 제외
		'20.8.12. 이후 취득	주거용 오피스텔				□ 포함 □ 제외
							□ 포함 □ 제외
			조합원 입주권				□ 포함 □ 제외
							□ 포함 □ 제외

* 「지방세법 시행령」 제28조의4 제6항 각 호의 어느 하나에 해당하는 주택은 주택 수 산정 시 제외합니다.

④ 신규 주택 적용 취득세율

취득구분	중과세 제외 주택		무상취득			유상거래						
									개인			
규제구분			조정대상지역		조정대상지역 외 지역	법인 및 단체	조정대상지역			조정대상지역 외 지역		
총 소유주택 수 (신규 주택 포함)	무상 취득	유상 거래	3억 이상	3억 미만			1주택 일시적 2주택	2주택	3주택 이상	2주택 이하	3주택	4주택 이상
⑫ 취득세율	3.5%	1~3%	12%	3.5%	12%	1~3%	8%	12%	1~3%	8%	12%	
	□	□	□		□	□	☑	□	□	□	□	
고급주택			□ ⑫ 취득세율에 8% 가산									

※ 향후 세대별 주택 수 확인 결과 신고내용과 다르거나 일시적 2주택으로 신고했으나 종전 주택을 기한 내에 처분하지 않은 경우 가산세를 포함하여 추가로 취득세가 부과될 수 있음을 확인합니다.

신고인 : 개인 甲 (서명 또는 인)

3 1세대 3주택자가 되는 경우 甲이 신고 납부해야 할 취득세

(1) 취득세 과세표준

과세표준은 810,000,000원으로 매매대금과 대신 변제금액을 합친 금액으로 하며, 개인인 경우 중개보수는 취득세 과세표준에서 제외한다(지령 제18조 제1항 단서).

(2) 세율

조정대상지역에 주택을 취득하여 3주택자가 되는 경우 주택 취득세율은 12%이다. 이는 「지방세법」 제11조 제1항 제7호 나목의 세율(4%)을 표준세율로 하여 해당 세율에 중과기준세율(2%)의 4배를 합한 세율이다(지법 제13조의2 제1항 제3호). 취득세의 부가세(sur-tax)로서 농어촌특별세는 취득세 표준세율을 2%로 적용한 산출세액의 10%이므로 2%에 중과기준세율(2%)의 4배를 합한 10%로 산출한 세액의 10%에 해당하는 금액이다. 다만, 전용면적 85㎡ 이하 주택은 농어촌특별세가 비과세된다. 지방교육세는 「지방세법」 제11조 제1항 제7호 나목의· 세율(4%)에서 중과기준세율(2%)을 뺀 세율을 적용하여 산출한 금액의 20%에 해당하는 금액이다(지법 제151조 제1항 제1호 나목).

(3) 납부세액

취득세 납부세액은 97,200,000원(=810,000,000×12%)이고, 농어촌특별세는 주택 전용면적 85㎡ 이하이므로 비과세된다. 지방교육세는 조정대상지역에 주택을 취득하여 3주택자가 되는 경우 그 세율은 2%의 20%이므로 결국 0.4%가 되어 지방교육세는 3,240,000원(=810,000,000×0.4%)이다. 따라서 총 납부세액은 100,440,000원이 된다.

(4) 취득박사 프로그램을 통한 계산

단독주택을 취득한 경우로 재산 등록 〉「단독주택」에서 입력한다. 취득 유형 – '유상승계', 취득 원인 – '매매'를 선택하면 취득당시가액 종류는 '사실상의 취득가격'으로 자동 선택된다. 사실상의 취득가격 금액란 오른쪽의 '수정'버튼을 클릭하여 해당 주택 취득에 소요된 직접비용 8억 원 및 간접비용 1천만 원(대신 변제금액)을 항목별로 입력한다. '1세대 소유주택 현황 입력'을 통해 취득자 기준의 세대 현황 및 1세대 소유주택 현황(신규로 취득하는 주택 포함)을 입력하면 취득자 기준의 소유주택수(3주택)가 자동 선택된다. 입력된 정보를 토대로 조정대상지역 3주택자의 취득세율이 적용되어 취득세, 지방교육세 및 농어촌 특별세의 납부세액이 계산된다.

세액 계산 〉「취득세 서식인쇄」에서 입력된 자료를 토대로 생성된 취득세 신고서 및 주택 취득 상세 명세서(취득세 신고서 부표)를 출력할 수 있다.

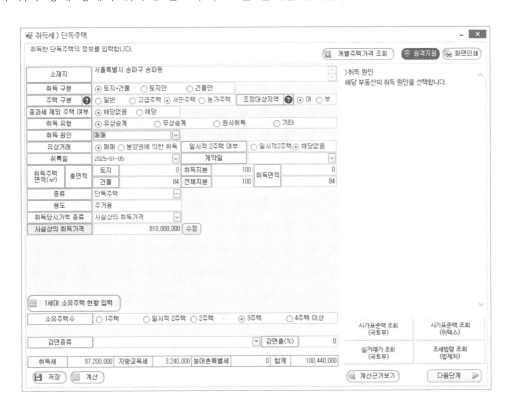

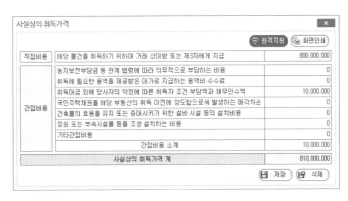

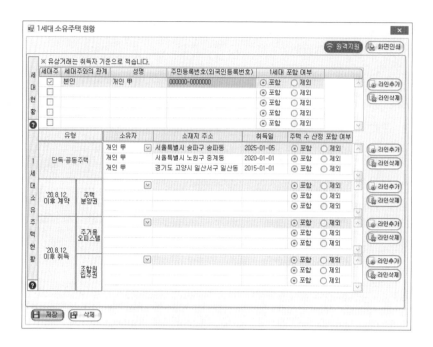

지방세법 시행규칙[별지 제3호 서식] 〈개정 2024.12.31.〉

취득세 ([√]기한 내 / [ ]기한 후]) 신고서

(앞쪽)

관리번호			접수 일자			처리기간 즉시	

신고인	취득자(신고자)	성명(법인명) 개인 甲			주민등록번호(외국인등록번호, 법인등록번호)	
		주소			전화번호	
	전 소유자	성명(법인명) 개인 乙			주민등록번호(외국인등록번호, 법인등록번호)	
		주소			전화번호	

매도자와의 관계	「지방세기본법」 제2조 제34호 가목에 따른 친족관계에 있는 자인 경우 (배우자[ ] 직계존비속[ ] 그 밖의 친족관계[ ])
	「지방세기본법」 제2조 제34호 나목에 따른 경제적 연관관계에 있는 자(임원·사용인 등)인 경우 [ ]
	「지방세기본법」 제2조 제34호 다목에 따른 경영지배관계에 있는 자(주주·출자자 등)인 경우 [ ]
	「지방세기본법」 제2조 제34호에 따른 특수관계인이 아닌 경우 [√]

취 득 물 건 내 역

소재지	서울특별시 송파구 송파동						
취득물건	취득일	면적	종류(지목/차종)	용도	취득 원인	취득가액	
단독주택	2025-01-05	84m²	단독주택	주거용	매매	810,000,000	

「지방세법」 제10조의2 제2항 제2호에 따른 무상취득의 경우	시가인정액 [ ] 시가표준액 [ ]

세목		과세표준액	세율	① 산출 세액	② 감면 세액	③ 기납부 세 액	가산세		계 ④	신고세액 합 계 (①-②-③+④)
							무신고 또는 과소신고	납부 지연		
합계				100,440,000						100,440,000
신고 세액	취득세	810,000,000	12%	97,200,000						97,200,000
	지방교육세	16,200,000	20%	3,240,000						3,240,000
	농어촌 특별세 부과분									
	감면분									

「지방세법」 제20조 제1항, 제152조 제1항, 같은 법 시행령 제33조 제1항, 「농어촌특별세법」 제7조에 따라 위와 같이 신고합니다.

2025년   03월   06일

신고인
대리인

접수(영수)일자
(인)

개인 甲 (서명 또는 인)
(서명 또는 인)

송파구청장   귀하

첨부 서류	1. 매매계약서, 증여계약서, 부동산거래계약 신고필증 또는 법인 장부 등 취득가액 및 취득일 등을 증명할 수 있는 서류 사본 1부 2. 「지방세특례제한법 시행규칙」 별지 제1호 서식의 지방세 감면 신청서 1부 3. 별지 제4호 서식의 취득세 납부서 납세자 보관용 영수증 사본 1부 4. 별지 제8호 서식의 취득세 비과세 확인서 1부 5. 근로소득 원천징수영수증 또는 소득금액증명원 1부 6. 사실상의 잔금지급일을 확인할 수 있는 서류(사실상의 잔금지급일과 계약상의 잔금지급일이 다른 경우만 해당합니다) 1부	수수료 없음

위임장

위의 신고인 본인은 위임받는 사람에게 취득세 신고에 관한 일체의 권리와 의무를 위임합니다.

위임자(신고인)   (서명 또는 인)

위임받는 사람	성명		위임자와의 관계	
	생년월일		전화번호	
	주소			

*위임장은 별도 서식을 사용할 수 있습니다.

··· 자르는 선 ···

접수증(취득세 신고서)

신고인(대리인)	취득물건 신고내용	접수 일자	접수번호	
「지방세법」 제20조 제1항, 제152조 제1항, 같은 법 시행령 제33조 제1항, 「농어촌특별세법」 제7조에 따라 신고한 신고서의 접수증입니다.			접수자	
				(서명 또는 인)

210mm×297mm[백상지 80g/㎡(재활용품)]

주택 ([ ]무상 / [√]유상거래) 취득 상세 명세서

① 주택 (증여자( ) / 취득자(√)) 세대 현황

① 취득자 구분		☑ 개인		□ 법인 또는 단체		

② 세대 현황	구 분	세대주와의 관계	성명	주민등록번호(외국인등록번호)	1세대 포함 여부
※ 무상취득은 증여자 기준으로, 유상거래는 취득자 기준으로 적습니다.	세대주	본인	개인 甲	○○○○○○ - ○○○○○○○	☑ 포함 □ 제외
	세대원				□ 포함 □ 제외
					□ 포함 □ 제외
					□ 포함 □ 제외

② 신규 취득 주택 현황

③ 취득 주택 소재지 및 고급주택 여부	주 소			
	조정대상지역	☑ 여 □ 부	고급주택	□ 여 ☑ 부

④ 중과세 제외 주택 여부	☑ 해당 없음 □ 해당 (「지방세법 시행령」 제28조의2 제( )호의 주택)
⑤ 취득 원인	□ 무상취득 / 유상거래 (☑ 매매 □ 분양권에 의한 취득)
⑥ 계약일	
⑦ 취득일	2025 - 01 - 05
⑧ 취득 가격	810,000,000

⑨ 취득주택 면적(㎡)	총면적	토 지		취득지분	100%	취득면적	토 지	㎡
		건 물	84㎡		100%		건 물	84㎡

⑩ 일시적 2주택 여부	□ 일시적 2주택 ☑ 해당 없음

③ 1세대 소유주택 현황 ※ 신규로 취득하는 주택을 포함합니다.

⑪ 1세대 소유주택 현황	소유주택 수		□ 1주택 □ 일시적 2주택 □ 2주택 ☑ 3주택 □ 4주택 이상			
	유 형		소유자	소재지 주소	취득일	주택 수 산정 포함 여부*
※ 기재사항이 많을 경우 별지로 작성할 수 있습니다.	단독·공동주택			별지첨부		□ 포함 □ 제외
						□ 포함 □ 제외
	'20.8.12. 이후 계약	주택 분양권				□ 포함 □ 제외
						□ 포함 □ 제외
	'20.8.12. 이후 취득	주거용 오피스텔				□ 포함 □ 제외
						□ 포함 □ 제외
		조합원 입주권				□ 포함 □ 제외
						□ 포함 □ 제외

* 「지방세법 시행령」 제28조의4 제6항 각 호의 어느 하나에 해당하는 주택은 주택 수 산정 시 제외합니다.

④ 신규 주택 적용 취득세율

취득구분	중과세 제외 주택		무상취득			유상거래						
									개인			
규제구분			조정대상지역	조정대상지역 외 지역	법인 및 단체	조정대상지역			조정대상지역 외 지역			
총 소유주택 수 (신규 주택 포함)	무상취득	유상거래	3억 이상	3억 미만			1주택 일시적 2주택	2주택	3주택 이상	2주택 이하	3주택	4주택 이상
⑫ 취득세율	3.5%	1~3%	12%	3.5%	12%	1~3%	8%	12%	1~3%	8%	12%
	□	□	□	□	□	□	□	☑	□	□	□
고급주택			□ ⑫ 취득세율에 8% 가산								

※ 향후 세대별 주택 수 확인 결과 신고내용과 다르거나 일시적 2주택으로 신고했으나 종전 주택을 기한 내에 처분하지 않은 경우 가산세를 포함하여 추가로 취득세가 부과될 수 있음을 확인합니다.

신고인 :   개인 甲   (서명 또는 인)

단독·공동주택 소유주택 현황

소유자	소재지 주소	취득일	주택 수 산정 포함 여부
개인 甲	서울특별시 송파구 송파동	2025-01-05	☑ 포함 ☐ 제외
개인 甲	서울특별시 노원구 중계동	2020-01-01	☑ 포함 ☐ 제외
개인 甲	경기도 고양시 일산서구 일산동	2015-01-01	☑ 포함 ☐ 제외
			☐ 포함 ☐ 제외
			☐ 포함 ☐ 제외
			☐ 포함 ☐ 제외
			☐ 포함 ☐ 제외
			☐ 포함 ☐ 제외
			☐ 포함 ☐ 제외
			☐ 포함 ☐ 제외
			☐ 포함 ☐ 제외
			☐ 포함 ☐ 제외
			☐ 포함 ☐ 제외
			☐ 포함 ☐ 제외
			☐ 포함 ☐ 제외
			☐ 포함 ☐ 제외
			☐ 포함 ☐ 제외
			☐ 포함 ☐ 제외
			☐ 포함 ☐ 제외
			☐ 포함 ☐ 제외
			☐ 포함 ☐ 제외
			☐ 포함 ☐ 제외
			☐ 포함 ☐ 제외
			☐ 포함 ☐ 제외
			☐ 포함 ☐ 제외
			☐ 포함 ☐ 제외
			☐ 포함 ☐ 제외
			☐ 포함 ☐ 제외
			☐ 포함 ☐ 제외
			☐ 포함 ☐ 제외
			☐ 포함 ☐ 제외
			☐ 포함 ☐ 제외

4 만약 甲이 법인인 경우 甲이 신고 납부해야 할 취득세

(1) 취득세 과세표준

취득자가 법인으로 법인장부 등에서 취득가격이 증명되는 사실상 취득가격이 과세표준으로 적용되므로 위 매매대금에 대신 변제금액과 중개보수를 합한 815,000,000원이 과세표준액이 된다(지법 제10조 제5항, 지령 제18조 제1항).

(2) 세율

법인이 주택을 취득한 경우 주택 취득세율은 12%이다. 이는「지방세법」제11조 제1항 제7호 나목의 세율(4%)을 표준세율로 하여 해당 세율에 중과기준세율(2%)의 4배를 합한 세율이다(지법 제13조의2 제1항 제1호). 또한 위 사례는 일반과세되는 예외에 해당하지 않는다. 취득세의 부가세(sur-tax)로서 농어촌특별세는 취득세 표준세율을 2%로 적용한 산출세액의 10%이므로 2%에 중과기준세율(2%)의 4배를 합한 10%로 산출한 세액의 10%에 해당하는 금액이다. 다만, 전용면적 85㎡ 이하 주택은 농어촌특별세가 비과세된다. 지방교육세는「지방세법」제11조 제1항 제7호 나목의 세율(4%)에서 중과기준세율(2%)을 뺀 세율을 적용하여 산출한 금액의 20%에 해당하는 금액이다(지법 제151조 제1항 제1호 나목).

(3) 납부세액

취득세 납부세액은 97,800,000원(=815,000,000×12%), 농어촌특별세는 주택 전용면적 85㎡ 이하이므로 비과세된다. 지방교육세는 법인이 주택을 취득하는 경우 그 세율은 2%의 20% 이므로 결국 0.4%가 되어 지방교육세는 3,260,000원(=815,000,000×0.4%)이다. 따라서 총 납부세액은 101,060,000원이 된다.

(4) 취득박사 프로그램을 통한 계산

단독주택을 취득한 경우로 재산 등록〉「단독주택」에서 입력한다. 취득 유형-'유상승계', 취득 원인-'매매'를 선택하면 취득당시가액 종류는 '사실상의 취득가격'으로 자동 선택된다. 사실상의 취득가격 금액란 오른쪽의 '수정'버튼을 클릭하여 해당 주택 취득에 소요된 직접비용 8억 원 및 간접비용 15백만 원(대신 변제금액 1천만 원, 중개보수 5백만 원)을 항목별로 입력하면 법인의 주택 취득세율이 적용되어 취득세, 지방교육세 및 농어촌특별세의 납부세액이 계산된다.

세액 계산 〉「취득세 서식인쇄」에서 입력된 자료를 토대로 생성된 취득세 신고서, 주택 취득 상세 명세서(취득세 신고서 부표) 및 부동산 사용계획서(과세관청 실무 제출용)를 출력할 수 있다.

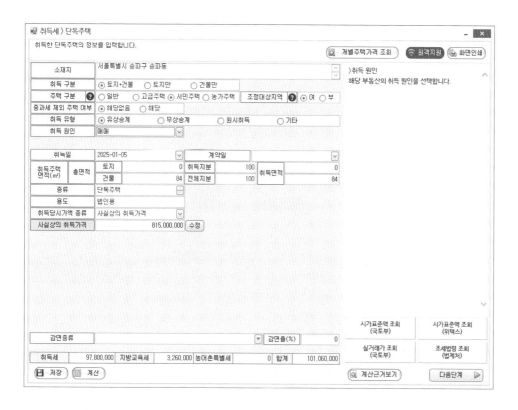

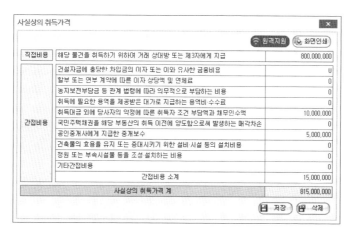

지방세법 시행규칙[별지 제3호 서식] 〈개정 2024.12.31.〉

취득세 ([√]기한 내 / [ ]기한 후]) 신고서

(앞쪽)

관리번호		접수 일자			처리기간	즉시
신고인	취득자(신고자)	성명(법인명) 법인 甲			주민등록번호(외국인등록번호, 법인등록번호)	
		주소			전화번호	
	전 소유자	성명(법인명) 개인 乙			주민등록번호(외국인등록번호, 법인등록번호)	
		주소			전화번호	
매도자와의 관계		「지방세기본법」 제2조 제34호 가목에 따른 친족관계에 있는 자인 경우 (배우자[ ] 직계존비속[ ] 그 밖의 친족관계[ ])				
		「지방세기본법」 제2조 제34호 나목에 따른 경제적 연관관계에 있는 자(임원·사용인 등)인 경우 [ ]				
		「지방세기본법」 제2조 제34호 다목에 따른 경영지배관계에 있는 자(주주·출자자 등)인 경우 [ ]				
		「지방세기본법」 제2조 제34호에 따른 특수관계인이 아닌 경우 [√]				

취 득 물 건 내 역

소재지	서울특별시 송파구 송파동					
취득물건	취득일	면적	종류(지목/차종)	용도	취득 원인	취득가액
단독주택	2025-01-05	84m²	단독주택	법인용	매매	815,000,000

「지방세법」 제10조의2 제2항 제2호에 따른 무상취득의 경우	시가인정액 [ ]	시가표준액 [ ]

세목		과세표준액	세율	① 산출 세액	② 감면 세액	③ 기납부 세액	가산세			신고세액 합계 (①-②-③+④)
							무신고 또는 과소신고	납부 지연	계 ④	
합계				101,060,000						101,060,000
신고 세액	취득세	815,000,000	12%	97,800,000						97,800,000
	지방교육세	16,300,000	20%	3,260,000						3,260,000
	농어촌 특별세 부과분									
	감면분									

「지방세법」 제20조 제1항, 제152조 제1항, 같은 법 시행령 제33조 제1항, 「농어촌특별세법」 제7조에 따라 위와 같이 신고합니다.

2025년 03월 06일

신고인
대리인

법인 甲 (서명 또는 인)
(서명 또는 인)

접수(영수)일자
(인)

송파구청장 귀하

첨부 서류	1. 매매계약서, 증여계약서, 부동산거래계약 신고필증 또는 법인 장부 등 취득가액 및 취득일 등을 증명할 수 있는 서류 사본 1부 2. 「지방세특례제한법 시행규칙」 별지 제1호 서식의 지방세 감면 신청서 1부 3. 별지 제4호 서식의 취득세 납부서 납세자 보관용 영수증 사본 1부 4. 별지 제8호 서식의 취득세 비과세 확인서 1부 5. 근로소득 원천징수영수증 또는 소득금액증명원 1부 6. 사실상의 잔금지급일을 확인할 수 있는 서류(사실상의 잔금지급일과 계약상의 잔금지급일이 다른 경우만 해당합니다) 1부	수수료 없음

위임장

위의 신고인 본인은 위임받는 사람에게 취득세 신고에 관한 일체의 권리와 의무를 위임합니다.

위임자(신고인) (서명 또는 인)

위임받는 사람	성명		위임자와의 관계	
	생년월일		전화번호	
	주소			

*위임장은 별도 서식을 사용할 수 있습니다.

---------------------------------- 자르는 선 ----------------------------------

접수증(취득세 신고서)

신고인(대리인)	취득물건 신고내용	접수 일자	접수번호
「지방세법」 제20조 제1항, 제152조 제1항, 같은 법 시행령 제33조 제1항, 「농어촌특별세법」 제7조에 따라 신고한 신고서의 접수증입니다.			접수자 (서명 또는 인)

210㎜×297㎜[백상지 80g/㎡(재활용품)]

주택 ([ ]무상 / [√]유상거래) 취득 상세 명세서

① 주택 (증여자( ) / 취득자(√)) 세대 현황

① 취득자 구분		□ 개인		☑ 법인 또는 단체		
② 세대 현황	구 분	세대주와의 관계	성명	주민등록번호(외국인등록번호)		1세대 포함 여부
	세대주					□ 포함 □ 제외
※ 무상취득은 증여자 기준으로, 유상거래는 취득자 기준으로 적습니다.	세대원					□ 포함 □ 제외
						□ 포함 □ 제외
						□ 포함 □ 제외

② 신규 취득 주택 현황

③ 취득 주택 소재지 및 고급주택 여부	주 소					
	조정대상지역	☑ 여	□ 부	고급주택	□ 여	☑ 부
④ 중과세 제외 주택 여부	☑ 해당 없음	□ 해당 (「지방세법 시행령」 제28조의2 제( )호의 주택)				
⑤ 취득 원인	□ 무상취득 / 유상거래 (☑ 매매 □ 분양권에 의한 취득)					
⑥ 계약일			⑦ 취득일	2025-01-05		
⑧ 취득 가격				815,000,000		

⑨ 취득주택 면적(㎡)	총면적	토 지		취득지분	100%	취득면적	토 지		㎡
		건 물	84㎡		100%		건 물		84㎡

⑩ 일시적 2주택 여부	□ 일시적 2주택	☑ 해당 없음

③ 1세대 소유주택 현황 ※ 신규로 취득하는 주택을 포함합니다.

소유주택 수		□ 1주택	□ 일시적 2주택	□ 2주택	□ 3주택	□ 4주택 이상	
⑪ 1세대 소유 주택 현황	소유주택 현황 ※ 기재사항이 많을 경우 별지로 작성할 수 있습니다.	유 형		소유자	소재지 주소	취득일	주택 수 산정 포함 여부*
		단독·공동주택					□ 포함 □ 제외
							□ 포함 □ 제외
		'20.8.12. 이후 계약	주택 분양권				□ 포함 □ 제외
							□ 포함 □ 제외
			주거용 오피스텔				□ 포함 □ 제외
		'20.8.12. 이후 취득					□ 포함 □ 제외
			조합원 입주권				□ 포함 □ 제외
							□ 포함 □ 제외

* 「지방세법 시행령」 제28조의4 제6항 각 호의 어느 하나에 해당하는 주택은 주택 수 산정 시 제외합니다.

④ 신규 주택 적용 취득세율

취득구분	중과세 제외 주택		무상취득			유상거래						
							개인					
규제구분			조정대상 지역		조정대상 지역 외 지역	법인 및 단체	조정대상지역			조정대상지역 외 지역		
총 소유주택 수 (신규 주택 포함)	무상 취득	유상 거래	3억 이상	3억 미만			1주택 일시적 2주택	2주택	3주택 이상	2주택 이하	3주택	4주택 이상
⑫ 취득세율	3.5%	1~3%	12%	3.5%		12%	1~3%	8%	12%	1~3%	8%	12%
	□	□	□	□		☑	□	□	□	□	□	□
고급주택			□ ⑫ 취득세율에 8% 가산									

※ 향후 세대별 주택 수 확인 결과 신고내용과 다르거나 일시적2주택으로 신고했으나 종전 주택을 기한 내에 처분하지 않은 경우 가산세를 포함하여 추가로 취득세가 부과될 수 있음을 확인합니다.

신고인 : 　　법인 甲　　 (서명 또는 인)

부동산 사용계획서

취득법인	법인명	법인 甲	법인설립일	
	법인등록번호		전화번호	
	주소			

취득물건내역				

소재지	취득일	취득원인	면적(m²)	
			건물	토지
서울특별시 송파구 송파동	2025 – 01 – 05	매매	84	

부동산 이용 목적 및 계획

☐ 본점사용여부　　　　　　사용 ☐　미사용 ☑

☐ 지점설치여부　　　　　　설치 ☐　미실치 ☑

☐ 거래당사자간의 특수관계 여부　　예 ☐　아니오 ☑

☐ 기타 사용목적 및 계획 : 법인용

※ 상기 부동산 취득세 신고시 중과제외적용 후 사용 계획과 다르게 본점용(대도시 내 법인 설립 후 5년 경과제외)으로 사용하거나 지점 설치 및 본점·지점 등을 전입하는 경우 추징될 수 있습니다(신고·납부불성실가산세 포함).

위와 같이 부동산을 취득하여 이용할 계획입니다.

2025년　03월　06일

신고인(법인명)　　　　　　　　법인 甲　(인)

송파구청장 귀하

건축물 원시취득 사례 : 상가 신축

개인 甲은 2025. 1. 5. 乙법인에게 일괄도급계약을 통해 1층 상가건물(연면적 100㎡)을 신축 취득하였다.

- 계약내용 : 건축 일괄도급비 25억 원

  - 건축물 시가표준액 18억 원

- 甲이 상가 신축과 관련하여 도급금액 외 지출한 비용

  - 건설자금이자 1억 원

  - 각종 부담금 1억 원

  - 도급공사 외 지급수수료 1억 원

  - 부가가치세 2억 원

1 상가 신축에 따라 개인 甲이 신고 납부해야 할 취득세

(1) 취득세 과세표준

법인이 아닌 자가 건축물을 건축하는 경우로서 사실상의 취득가격이 취득세 과세표준이 된다(지법 제10조의4 제1항). 따라서 일괄도급비와 각종 부담금, 도급공사 외 지급수수료를 합한 27억 원이 취득세 과세표준액이 되며, 건설자금이자 및 부가가치세는 제외된다(지령 제18조 제1항·제2항).

(2) 세율

「지방세법」 제11조 제1항 제3호에 의한 원시취득에 해당되어 취득세는 2.8%의 세율이 적용된다. 취득세의 부가세(sur-tax)로서 농어촌특별세는 취득세 표준세율을 2%로 적용한 산출세액의 10%이므로 0.2%(=2%×10%)의 세율이 적용된다. 또한 지방교육세는 취득세 표준세율(2.8%)에서 2%를 뺀 세율에 20%를 곱하여 산출하므로 0.16%[=(2.8%-2%)×20%]의 세율을 적용한다(지법 제151조 제1항 제1호).

(3) 납부세액

취득세 납부세액은 75,600,000원(=2,700,000,000×2.8%)이고, 농어촌특별세는 5,400,000원(=2,700,000,000×0.2%), 지방교육세는 4,320,000원(=2,700,000,000×0.16%)으로 총 납부세액은 85,320,000원이다.

(4) 취득박사 프로그램을 통한 계산

상가건물을 신축한 경우로 재산 등록 〉「주택외건물(부수토지 제외)」에서 입력한다. 취득 유형-'원시취득', 취득 원인-'신축'을 선택하면 취득당시가액 종류는 '사실상의 취득가격'으로 자동 선택된다. 해당 건물의 세부적인 용도 입력을 위해서 '용도 세부입력'버튼을 클릭하여 '층별 용도 및 면적 입력'창에서 각 층별 용도 및 면적을 입력한다. 사실상의 취득가격 금액란 오른쪽의 '수정'버튼을 클릭하여 해당 상가건물 취득에 소요된 일괄도급계약금액 25억 원 및 일괄도급계약금액 외 취득비용 2억 원(각종 부담금 1억 원, 도급공사 외 지급수수료 1억 원)을 항목별로 입력하면 취득세, 지방교육세 및 농어촌특별세의 납부세액이 계산된다.

세액 계산 〉「취득세 서식인쇄」에서 입력된 자료를 토대로 생성된 취득세 신고서 및 과세관청 실무 제출용 서식(신축물 공사비용 명세서, 건축물 총 취득가액 세부명세서 및 신축건물 사용계획서 등)을 출력할 수 있다.

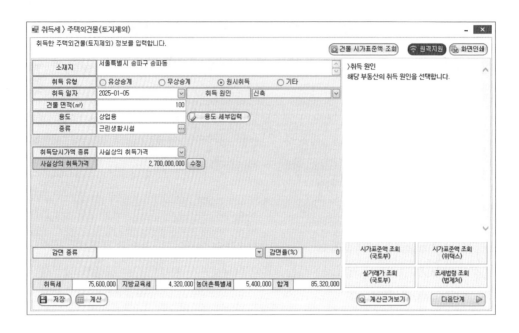

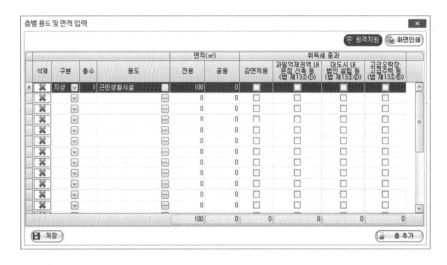

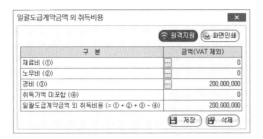

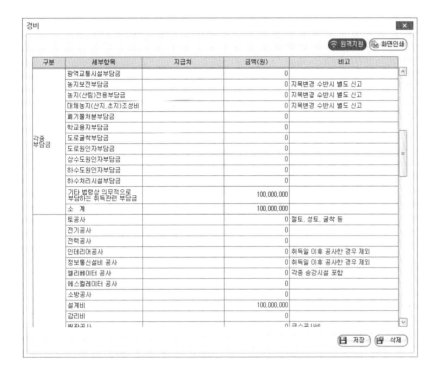

취득세 ([√]기한 내 / [ ]기한 후]) 신고서
(앞쪽)

관리번호		접수 일자		처리기간	즉시	
신고인	취득자(신고자)	성명(법인명) 개인 甲		주민등록번호(외국인등록번호, 법인등록번호)		
		주소		전화번호		
	전 소유자	성명(법인명)		주민등록번호(외국인등록번호, 법인등록번호)		
		주소		전화번호		
매도자와의 관계		「지방세기본법」 제2조 제34호 가목에 따른 친족관계에 있는 자인 경우 (배우자[ ] 직계존비속[ ] 그 밖의 친족관계[ ])				
		「지방세기본법」 제2조 제34호 나목에 따른 경제적 연관관계에 있는 자(임원·사용인 등)인 경우 [ ]				
		「지방세기본법」 제2조 제34호 다목에 따른 경영지배관계에 있는 자(주주·출자자 등)인 경우 [ ]				
		「지방세기본법」 제2조 제34호에 따른 특수관계인이 아닌 경우 [ ]				

취 득 물 건 내 역

소재지	서울특별시 송파구 송파동					
취득물건	취득일	면적	종류(지목/차종)	용도	취득 원인	취득가액
주택외건물	2025-01-05	100m²	근린생활시설	상업용	신축	2,700,000,000

「지방세법」 제10조의2 제2항 제2호에 따른 무상취득의 경우	시가인정액 [ ]	시가표준액 [ ]

세목		과세표준액	세율	① 산출 세액	② 감면 세액	③ 기납부 세 액	가산세			신고세액 합 계 (①-②-③+④)
							무신고 또는 과소신고	납부 지연	계 ④	
합계				85,320,000						85,320,000
신고세액	취득세	2,700,000,000	2.8%	75,600,000						75,600,000
	지방교육세	21,600,000	20%	4,320,000						4,320,000
	농어촌특별세 부과분	54,000,000	10%	5,400,000						5,400,000
	농어촌특별세 감면분									

「지방세법」 제20조 제1항, 제152조 제1항, 같은 법 시행령 제33조 제1항, 「농어촌특별세법」 제7조에 따라 위와 같이 신고합니다.

접수(영수)일자 (인)

2025년 03월 06일

신고인
대리인

개인 甲 (서명 또는 인)
(서명 또는 인)

송파구청장 귀하

첨부 서류	1. 매매계약서, 증여계약서, 부동산거래계약 신고필증 또는 법인 장부 등 취득가액 및 취득일 등을 증명할 수 있는 서류 사본 1부 2. 「지방세특례제한법 시행규칙」 별지 제1호 서식의 지방세 감면 신청서 1부 3. 별지 제4호 서식의 취득세 납부서 납세자 보관용 영수증 사본 1부 4. 별지 제8호 서식의 취득세 비과세 확인서 1부 5. 근로소득 원천징수영수증 또는 소득금액증명원 1부 6. 사실상의 잔금지급일을 확인할 수 있는 서류(사실상의 잔금지급일과 계약상의 잔금지급일이 다른 경우만 해당합니다) 1부	수수료 없음

위임장

위의 신고인 본인은 위임받는 사람에게 취득세 신고에 관한 일체의 권리와 의무를 위임합니다.

위임자(신고인)　　　　　　　　(서명 또는 인)

위임받는 사람	성명	위임자와의 관계
	생년월일	전화번호
	주소	

*위임장은 별도 서식을 사용할 수 있습니다.

------------------------------ 자르는 선 ------------------------------

접수증(취득세 신고서)

신고인(대리인)	취득물건 신고내용	접수 일자	접수번호
「지방세법」 제20조 제1항, 제152조 제1항, 같은 법 시행령 제33조 제1항, 「농어촌특별세법」 제7조에 따라 신고한 신고서의 접수증입니다.			접수자 　　　　　(서명 또는 인)

210mm×297mm[백상지 80g/㎡(재활용품)]

건축물 공사비용 명세서

◎ 소재지 : 서울특별시 송파구 송파동
◎ 연면적 : 100㎡
◎ 건축주 : 개인 甲
◎ 시공사 : 법인 乙

항목		지급처	공급가액	비 고
도급공사비		법인 乙	2,500,000,000	
재료비				
노무비				
설계비			100,000,000	
감리비				
부대공사비	전기			
	소방			
	수도			
	냉난방			
	통신			
	승강기			
기존건축물 철거비				
인테리어 비용				
건설자금이자				
건축공사관련 조세	세금(면허세, 인지세 등)			
	보험료(고용보험료 등)			
부담금	상수도 원인자 부담금			
	하수도 원인자 부담금			
	도로 원인자 부담금			
	광역교통시설 부담금			
	기타 부담금		100,000,000	
상수도, 전화, 전기, 임시 사용료				
국민주택채권매각차손				
기타공사비용				
총 계			2,700,000,000	
비과세 계				
합계(비과세 제외금액)			2,700,000,000	

위의 공사비용 내역을 제출하며, 추후 누락된 비용이 확인되어 추징하여도 이의가 없습니다.

2025년 03월 06일

제출(확인)자: 　개인 甲 (인)　　　　송파구청장 귀하

첨부 1. 공사별 도급계약서(공사내역) 2. 설계·감리계약서 3. 기타 비용 계약서 4. 세금계산서, 기타계산서, 영수증

건축물 총 취득가액 세부명세서

항목	지급처	금액(VAT 제외)
일급도급계약금액(A)	법인 乙	2,500,000,000
일급도급계약금액 외 취득비용(B)		200,000,000
총 취득가액(＝A＋B)		2,700,000,000

일괄도급계약금액외 취득비용

항목	금액(VAT 제외)
재료비(①)	
노무비(②)	
경비(③)	200,000,000
취득가액 미포함(④)	
일괄도급계약금액 외 취득비용(＝①＋②＋③－④)	200,000,000

① 재료비

구분		세부항목	지급처	금액(VAT 제외)	비 고
직접재료비		주요재료비			
		부분품비			
		소계			
간접재료비		소모재료비			
		소모공구, 기구, 비품구입비			
		가설재료비			
		소계			
옵션 품목(빌트인 냉장고, 천정에어컨 등)					
미술품 등(관련법령에 의한)					
기타 재료비					
총합계					

② 노무비

구분	세부항목	지급처	금액(VAT 제외)	비 고
직접노무비	기본급			
	제수당			
	상여금			
	퇴직급여충당금			
	인정상여			
	소계			
간접노무비	기본급			
	제수당			
	상여금			
	퇴직급여충당금			
	인정상여			
	소계			
기타 노무비				
총합계				

③ 경비

구분	세부항목	지급처	금액 (VAT 제외)	비 고
지급수수료	조사검사 및 업무대행수수료			
	기술지도대가			
	감정평가수수료			
	건설자금이자			취득일까지 이자 계산, 법인만 포함
	건설기계대여금지급보증			
	건설하도급대금지급보증			
	공사이행보증서발급			
	관리형토지신탁수수료			
	교통영향분석수수료			
	대출수수료			
	법무법인수수료			등기비 제외
	분양보증보험료			미포함
	시행·시공자문수수료			
	신탁수수료			
	연체료			법인만 포함

구분	세부항목	지급처	금액 (VAT 제외)	비 고
지급수수료	일반경계복원조사수수료			
	전기안전관리대행수수료			
	자산실사수수료			
	주변환경조사수수료			
	지반조사수수료			
	친환경건축물인증용역비			
	컨설팅수수료			
	할부이자			법인만 포함
	건물에너지효율등급인증용역비			
	기타 취득관련 수수료			
	소계			
각종부담금	광역교통시설부담금			
	농지보전부담금			지목변경 수반시 별도 신고
	농지(산림)전용부담금			지목변경 수반시 별도 신고
	대체농지(산지, 초지)조성비			지목변경 수반시 별도 신고
	폐기물처분부담금			
	학교용지부담금			
	도로굴착부담금			
	도로원인자부담금			
	상수도원인자부담금			
	하수도원인자부담금			
	하수처리시설부담금			
	기타법령상 의무적으로 부담하는 취득관련 부담금		100,000,000	
	소계		100,000,000	
외주가공비 (부분도급)	토공사			절토, 성토, 굴착 등
	전기공사			
	전력공사			
	인테리어공사			취득일 이후 공사한 경우 제외
	정보통신설비공사			취득일 이후 공사한 경우 제외
	엘리베이터공사			각종 승강시설 포함
	에스컬레이터공사			
	소방공사			
	설계비		100,000,000	
	감리비			
	배관공사			급수공사비
	냉난방공사(1)			가스보일러, 온돌 등

구분	세부항목	지급처	금액 (VAT 제외)	비 고
외주가공비 (부분도급)	냉난방공사(2)			천정에어컨 등
	상하수도설비공사			
	급배수시설공사			
	정화조공사			
	골조공사			
	포장공사			
	조경공사비			건축무관 지목변경 수반시 별 도 신고
	기존 건축물 철거비			
	폐기물처리비			
	기타외주공사비			
	소계		100,000,000	
전기수수료	전력비			
	수도광열비			
	소계			
운반비	운송비			재료비에 포함되지 않는 비용
	하역비			
	상하차비			
	조작비 등			
	소계			
지급임차료	건물임차료			건물 신·증축 관련 임차료
	토지임차료			
	장비임차료			
	기술임차료			
	기타임차료			
	소계			
보험료	인허가보증보험료			
	이행(하자)보증보험료			
	설계·감리보증보험료			
	산업재해보험료			
	고용보험료			
	국민건강보험료			
	국민연금보험료			
	공사손해보험료			
	기타보험료			
	소계			

구분		세부항목	지급처	금액 (VAT 제외)	비 고
국민주택채권 매각차손					자기부담 수수료만 해당
공과금					도로점용허가 등 건축인허가 관련
도서인쇄비					
기계경비					
특허원 사용료					
기술료					
연구개빌비					
타당성조사컨설팅비					
품질관리비					
가설건축물설치비					존치기간 1년 이상 별도 신고
안전관리비					
건설근로사 퇴직공제부금비					
관급자재 관리비					
복리 후생비					
보관비					
소모품비					
여비 교통 통신비	여비				
	차량유지비				
	전신전화비				
	우편료 등				
	소계				
세금	등록면허세				
	재산분 주민세				
	종업원분 주민세				
	균등분 주민세				
	인지세				
	소계				
분담금 (인입비)	지역난방 공사분담금				미포함
	가스공사 분담금				미포함
	전기공사 분담금				미포함

구분		세부항목	지급처	금액 (VAT 제외)	비 고
분담금 (인입비)	기타분담금				미포함
	소계				
기타경비					
총계				200,000,000	
미포함계					
합계				200,000,000	

신축 건물 사용계획서

(단위 ; m²)

층별	업무시설			사용계획		사용용도
	전용면적	공용면적	면적합계	직접사용	임대	
1	100		100	100		근린생활시설
지상층계	100		100	100		
지하층계						
계	100		100	100		

※ 사용용도란에 비고 기재(○○부서, ○○매장, 공실, 임차인명 등)

2025년 03월 06일

신고자:　　　개인 甲 (인)

송파구청장 귀하

2 甲이 법인인 경우 상가 신축에 따라 신고 납부해야 할 취득세
(중과대상이 아닐 경우)

(1) 취득세 과세표준

취득자가 법인이므로 사실상의 취득가격이 취득세 과세표준이 된다(지법 제10조의4 제1항). 따라서 일괄도급비와 건설자금이자 등 도급금액 외 지출한 비용을 합한 28억 원이 취득세 과세표준액이 되며, 부가가치세는 제외된다(지령 제18조 제1항·제2항).

(2) 세율

「지방세법」 제11조 제1항 제3호에 의한 원시취득에 해당되어 취득세는 2.8%의 세율이 적용된다. 취득세의 부가세(sur-tax)로서 농어촌특별세는 취득세 표준세율을 2%로 적용한 산출세액의 10%이므로 0.2%(=2%×10%)의 세율이 적용된다. 또한 지방교육세는 취득세 표준세율(2.8%)에서 2%를 뺀 세율에 20%를 곱하여 산출하므로 0.16%[=(2.8% - 2%)×20%]의 세율을 적용한다(지법 제151조 제1항 제1호). 다만, 과밀억제권역 내에서 법인이 본점을 신축하거나 법인설립 후 5년 내 부동산 취득 등 대도시 내 중과에 해당하는 경우에는 중과세율이 적용될 수 있다(지법 제13조 제1항·제2항).

(3) 납부세액

취득세 납부세액은 78,400,000원(=2,800,000,000×2.8%)이고, 농어촌특별세는 5,600,000원(=2,800,000,000×0.2%), 지방교육세는 4,480,000원(=2,800,000,000×0.16%)으로 총 납부세액은 88,480,000원이다.

(4) 취득박사 프로그램을 통한 계산

상가건물을 신축한 경우로 재산 등록 〉「주택외건물(부수토지 제외)」에서 입력한다. 취득 유형 - '원시취득', 취득 원인 - '신축'을 선택하면 취득당시가액 종류는 '사실상의 취득가격'으로 자동 선택된다. 해당 건물의 세부적인 용도 입력을 위해서 '용도 세부입력'버튼을 클릭하여 '층별 용도 및 면적 입력'창에서 각 층별 용도 및 면적을 입력한다. 사실상의 취득가격 금액란 오른쪽의 '수정'버튼을 클릭하여 해당 상가건물 취득에 소요된 일괄도급계약금액 25억 원 및 일괄도급계약금액 외 취득비용 3억 원(건설자금이자 1억 원, 각종 부담금

1억 원, 도급공사 외 지급수수료 1억 원)을 항목별로 입력하면 취득세, 지방교육세 및 농어촌특별세의 납부세액이 계산된다.

세액 계산 〉「취득세 서식인쇄」에서 입력된 자료를 토대로 생성된 취득세 신고서 및 과세관청 실무 제출용 서식(부동산 사용계획서, 건축물 공사비용 명세서, 건축물 총 취득가액 세부명세서 및 신축 건물 사용계획서 등)을 출력할 수 있다.

건축물 총 취득원가 세부 입력 ✕

구 분	지급처	금액(VAT 제외)
일괄도급계약금액 (A)	법인 乙	2,500,000,000
일괄도급계약금액 외 취득비용 (B)	...	300,000,000
총취득가액 (= A + B)		2,800,000,000

저장 삭제

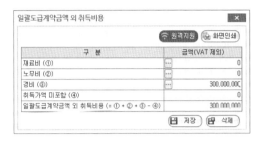

일괄도급계약금액 외 취득비용 ✕

구 분	금액(VAT 제외)
재료비 (①)	0
노무비 (②)	0
경비 (③)	300,000,000
취득가액 미포함 (④)	0
일괄도급계약금액 외 취득비용 (= ① + ② + ③ - ④)	300,000,000

저장 삭제

경비 ✕

구분	세부항목	지급처	금액(원)	비고
지급수수료	조사검사및업무대행수수료		0	
	기술지도대가		0	
	감정평가수수료		0	
	건설자금이자		100,000,000	취득일까지 이자 계산, 법인만 포함
	건설기계대여금지급보증		0	
	건설하도급대금지급보증		0	
	공사이행보증서발급		0	
	관리형토지신탁수수료		0	
	교통영향분석수수료		0	
	금융자문수수료		0	
	대출수수료		0	
	법무법인수수료		0	등기비 제외
	분양보증보험료		0	미포함
	시행·시공자문수수료		0	
	신탁수수료		0	
	연체료		0	법인만 포함
	일반경계복원조사수수료		0	
	전기안전관리대행수수료		0	
	자산실사수수료		0	
	주변환경조사수수료		0	
	지반조사수수료		0	
	친환경건축물인증용역비		0	
	컨설팅수수료		0	
	할부이자		0	법인만 포함

저장 삭제

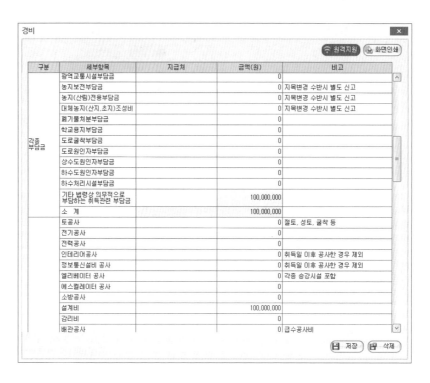

취득세 ([√]기한 내 / [ ]기한 후]) 신고서

(앞쪽)

관리번호		접수 일자			처리기간	즉시	

신고인	취득자(신고자)	성명(법인명) 법인 甲		주민등록번호(외국인등록번호, 법인등록번호)	
		주소		전화번호	
	전 소유자	성명(법인명)		주민등록번호(외국인등록번호, 법인등록번호)	
		주소		전화번호	

매도자와의 관계	「지방세기본법」 제2조 제34호 가목에 따른 친족관계에 있는 자인 경우 (배우자[ ] 직계존비속[ ] 그 밖의 친족관계[ ])
	「지방세기본법」 제2조 제34호 나목에 따른 경제적 연관관계에 있는 자(임원·사용인 등)인 경우 [ ]
	「지방세기본법」 제2조 제34호 다목에 따른 경영지배관계에 있는 자(주주·출자자 등)인 경우 [ ]
	「지방세기본법」 제2조 제34호에 따른 특수관계인이 아닌 경우 [ ]

취 득 물 건 내 역

소재지	서울특별시 송파구 송파동					
취득물건	취득일	면적	종류(지목/차종)	용도	취득 원인	취득가액
주택외건물	2025-01-05	100m^2	근린생활시설	상업용	신축	2,800,000,000

「지방세법」 제10조의2 제2항 제2호에 따른 무상취득의 경우 　　　　시가인성액 [ ]　시가표준액 [ ]

세목		과세표준액	세율	① 산출 세액	② 감면 세액	③ 기납부 세 액	가산세			신고세액 합 계 (①-②-③+④)
							무신고 또는 과소신고	납부 지연	계 ④	
합계				88,480,000						88,480,000
신고 세액	취득세	2,800,000,000	2.8%	78,400,000						78,400,000
	지방교육세	22,400,000	20%	4,480,000						4,480,000
	농어촌 특별세	부과분	56,000,000	10%	5,600,000					5,600,000
		감면분								

「지방세법」 제20조 제1항, 제152조 제1항, 같은 법 시행령 제33조 제1항, 「농어촌특별세법」 제7조에 따라 위와 같이 신고합니다.

2025년　03월　06일

	접수(영수)일자 (인)

신고인
대리인

법인 甲 (서명 또는 인)
(서명 또는 인)

송파구청장　귀하

첨부 서류	1. 매매계약서, 증여계약서, 부동산거래계약 신고필증 또는 법인 장부 등 취득가액 및 취득일 등을 증명할 수 있는 서류 사본 1부 2. 「지방세특례제한법 시행규칙」 별지 제1호 서식의 지방세 감면 신청서 1부 3. 별지 제4호 서식의 취득세 납부서 납세자 보관용 영수증 사본 1부 4. 별지 제8호 서식의 취득세 비과세 확인서 1부 5. 근로소득 원천징수영수증 또는 소득금액증명원 1부 6. 사실상의 잔금지급일을 확인할 수 있는 서류(사실상의 잔금지급일과 계약상의 잔금지급일이 다른 경우만 해당합니다) 1부	수수료 없음

위임장

위의 신고인 본인은 위임받는 사람에게 취득세 신고에 관한 일체의 권리와 의무를 위임합니다.

위임자(신고인)　　　　　　　　(서명 또는 인)

위임받는 사람	성명	위임자와의 관계
	생년월일	전화번호
	주소	

*위임장은 별도 서식을 사용할 수 있습니다.

------------------------------------- 자르는 선 -------------------------------------

접수증(취득세 신고서)

신고인(대리인)	취득물건 신고내용	접수 일자	접수번호
「지방세법」 제20조 제1항, 제152조 제1항, 같은 법 시행령 제33조 제1항, 「농어촌특별세법」 제7조에 따라 신고한 신고서의 접수증입니다.			접수자 (서명 또는 인)

210mm×297mm[백상지 80g/㎡(재활용품)]

부동산 사용계획서

취득법인	법인명	법인 甲	법인설립일	
	법인등록번호		전화번호	
	주소			

취득물건내역				

소재지	취득일	취득원인	면적(m²)	
			건물	토지
서울특별시 송파구 송파동	2025-01-05	신축	100	

부동산 이용 목적 및 계획

□ 본점사용여부 　　　　　　 사용 □ 　 미사용 ☑

□ 지점설치여부 　　　　　　 설치 □ 　 미설치 ☑

□ 거래당사자간의 특수관계 여부 　 예 □ 　 아니오 ☑

□ 기타 사용목적 및 계획 : 상가임대

※ 상기 부동산 취득세 신고시 중과제외적용 후 사용 계획과 다르게 본점용(대도시 내 법인 설립 후 5년 경과제외)으로
사용하거나 지점 설치 및 본점·지점 등을 전입하는 경우 추징될 수 있습니다(신고·납부불성실가산세 포함).

위와 같이 부동산을 취득하여 이용할 계획입니다.

2025년　 03월　 06일

신고인(법인명) 　　　　　　　　　 법인 甲 　(인)

송파구청장 귀하

건축물 공사비용 명세서

◎ 소재지 : 서울특별시 송파구 송파동
◎ 연면적 : 100m²
◎ 건축주 : 법인 甲
◎ 시공사 : 법인 乙

항목		지급처	공급가액	비 고
도급공사비		법인 乙	2,500,000,000	
재료비				
노무비				
설계비			100,000,000	
감리비				
부대공사비	전기			
	소방			
	수도			
	냉난방			
	통신			
	승강기			
기존건축물 철거비				
인테리어 비용				
건설자금이자			100,000,000	
건축공사관련 조세	세금(면허세, 인지세 등)			
	보험료(고용보험료 등)			
부담금	상수도 원인자 부담금			
	하수도 원인자 부담금			
	도로 원인자 부담금			
	광역교통시설 부담금			
	기타 부담금		100,000,000	
상수도, 전화, 전기, 임시 사용료				
국민주택채권매각차손				
기타공사비용				
총 계			2,800,000,000	
비과세 계				
합계(비과세 제외금액)			2,800,000,000	

위의 공사비용 내역을 제출하며, 추후 누락된 비용이 확인되어 추징하여도 이의가 없습니다.

2025년 03월 06일

제출(확인)자:　　　　법인 甲 (인)　　　　송파구청장 귀하

첨부　1. 공사별 도급계약서(공사내역)　2. 설계·감리계약서　3. 기타 비용 계약서　4. 세금계산서, 기타계산서, 영수증

건축물 총 취득가액 세부명세서

항목	지급처	금액(VAT 제외)
일급도급계약금액(A)	법인 乙	2,500,000,000
일급도급계약금액 외 취득비용(B)		300,000,000
총 취득가액(＝A+B)		2,800,000,000

일괄도급계약금액외 취득비용

항목	금액(VAT 제외)
재료비(①)	
노무비(②)	
경비(③)	300,000,000
취득가액 미포함(④)	
일괄도급계약금액 외 취득비용(＝①+②+③-④)	300,000,000

① 재료비

구분		세부항목	지급처	금액(VAT 제외)	비 고
직접재료비		주요재료비			
		부분품비			
		소계			
간접재료비		소모재료비			
		소모공구, 기구, 비품구입비			
		가설재료비			
		소계			
옵션 품목(빌트인 냉장고, 천정에어컨 등)					
미술품 등(관련법령에 의한)					
기타 재료비					
총합계					

② 노무비

구분	세부항목	지급처	금액(VAT 제외)	비 고
직접노무비	기본급			
	제수당			
	상여금			
	퇴직급여충당금			
	인정상여			
	소계			
간접노무비	기본급			
	제수당			
	상여금			
	퇴직급여충당금			
	인정상여			
	소계			
기타 노무비				
총합계				

③ 경비

구분	세부항목	지급처	금액 (VAT 제외)	비 고
지급수수료	조사검사 및 업무대행수수료			
	기술지도대가			
	감정평가수수료			
	건설자금이자		100,000,000	취득일까지 이자 계산, 법인만 포함
	건설기계대여금지급보증			
	건설하도급대금지급보증			
	공사이행보증서발급			
	관리형토지신탁수수료			
	교통영향분석수수료			
	대출수수료			
	법무법인수수료			등기비 제외
	분양보증보험료			미포함
	시행·시공자문수수료			
	신탁수수료			
	연체료			법인만 포함

구분	세부항목	지급처	금액 (VAT 제외)	비 고
지급수수료	일반경계복원조사수수료			
	전기안전관리대행수수료			
	자산실사수수료			
	주변환경조사수수료			
	지반조사수수료			
	친환경건축물인증용역비			
	컨설팅수수료			
	할부이자			법인만 포함
	건물에너지효율등급인증용역비			
	기타 취득관련 수수료			
	소계		100,000,000	
각종부담금	광역교통시설부담금			
	농지보전부담금			지목변경 수반시 별도 신고
	농지(산림)전용부담금			지목변경 수반시 별도 신고
	대체농지(산지, 초지)조성비			지목변경 수반시 별도 신고
	폐기물처분부담금			
	학교용지부담금			
	도로굴착부담금			
	도로원인자부담금			
	상수도원인자부담금			
	하수도원인자부담금			
	하수처리시설부담금			
	기타법령상 의무적으로 부담하는 취득관련 부담금		100,000,000	
	소계		100,000,000	
외주가공비 (부분도급)	토공사			절토, 성토, 굴착 등
	전기공사			
	전력공사			
	인테리어공사			취득일 이후 공사한 경우 제외
	정보통신설비공사			취득일 이후 공사한 경우 제외
	엘리베이터공사			각종 승강시설 포함
	에스컬레이터공사			
	소방공사			
	설계비		100,000,000	
	감리비			
	배관공사			급수공사비
	냉난방공사(1)			가스보일러, 온돌 등

구분	세부항목	지급처	금액 (VAT 제외)	비 고
외주가공비 (부분도급)	냉난방공사(2)			천정에어컨 등
	상하수도설비공사			
	급배수시설공사			
	정화조공사			
	골조공사			
	포장공사			
	조경공사비			건축무관 지목변경 수반시 별 도 신고
	기존 건축물 철거비			
	폐기물처리비			
	기타외주공사비			
	소계		100,000,000	
전기수수료	전력비			
	수도광열비			
	소계			
운반비	운송비			재료비에 포함되지 않는 비용
	하역비			
	상하차비			
	조작비 등			
	소계			
지급임차료	건물임차료			건물 신·증축 관련 임차료
	토지임차료			
	장비임차료			
	기술임차료			
	기타임차료			
	소계			
보험료	인허가보증보험료			
	이행(하자)보증보험료			
	설계·감리보증보험료			
	산업재해보험료			
	고용보험료			
	국민건강보험료			
	국민연금보험료			
	공사손해보험료			
	기타보험료			
	소계			

구분		세부항목	지급처	금액 (VAT 제외)	비 고
국민주택채권 매각차손					자기부담 수수료만 해당
공과금					도로점용허가 등 건축인허가 관련
도서인쇄비					
기계경비					
특허원 사용료					
기술료					
연구개빌비					
타당성조사컨설팅비					
품질관리비					
가설건축물설치비					존치기간 1년 이상 별도 신고
안전관리비					
건설근로사 퇴직공제부금비					
관급자재 관리비					
복리 후생비					
보관비					
소모품비					
여비 교통 통신비	여비				
	차량유지비				
	전신전화비				
	우편료 등				
	소계				
세금	등록면허세				
	재산분 주민세				
	종업원분 주민세				
	균등분 주민세				
	인지세				
	소계				
분담금 (인입비)	지역난방 공사분담금				미포함
	가스공사 분담금				미포함
	전기공사 분담금				미포함

구분		세부항목	지급처	금액 (VAT 제외)	비 고
분담금 (인입비)	기타분담금				미포함
	소계				
기타경비					
총계				300,000,000	
미포함계					
합계				300,000,000	

신축 건물 사용계획서

(단위 ; m²)

층별	업무시설			사용계획		사용용도
	전용면적	공용면적	면적합계	직접사용	임대	
1	100		100		100	근린생활시설
지상층계	100		100		100	
지하층계						
계	100		100		100	

※ 사용용도란에 비고 기재(○○부서, ○○매장, 공실, 임차인명 등)

2025년 03월 06일

신고자: 법인 甲 (인)

송파구청장 귀하

 **참고 1** 신축 공사비 내역서 양식

신축 공사비 내역서

신축건물소재지			
건 축 주		연 락 처	
시 공 자		연 면 적	

공사내역	금액	비고
시공비(도급계약서)		
설계비		
감리비		
건물철거비		
부대설비(엘리베이터, 난방, 발전기, 전화교환시설 등)		
정보통신공사감리계약서		
수도공사비		
전기공사비		
도시가스공사비		
지역난방공사비		
소방설비공사비		
과밀부담금		
기반시설부담금		
도로복구원인자부담금(도로사용료 포함)		
수도료 및 전기료		
산재보험료 등		
하수원인자부담금		
추가공사비		
신축관련조세(면허세 등)		
채권매입비용		
기타 (잡비)		
합 계		(부가가치세 제외)

첨부: 1. 위 공사관련 법인장부(보조원장) 1부
     2. 위 공사비용 입증서류(도급계약서, 내역서, 영수증 등) 각 1부
     3. 부대시설내역서(엘리베이터 계약서 포함) 1부

신고자: (인)

※ **참고: 제출서류 목록**(모든 서류는 원본대조필 날인 후 제출)

① 공사도급계약서 원본 및 계정원장 1부

② 공사내역서 1부

③ 설계 및 감리계약서 및 원장 1부

④ 도로점용료, 도시가스 공사비, 전기 인입비, 수도 인입비 영수증 1부

⑤ 과밀부담금 내역서, 폐수처리시설비 내역서 1부

⑥ 기타 공사와 관련하여 지출된 비용 및 관련된 일체의 서류 각 1부

    (※ 철거비, 산재보험료, 공과금영수증 등)

부대시설 자료제출 양식

○ 작성자 및 연락처:

○ 위치: ○○시   구   동   번지   호

○ 엘리베이터(01)

종류	분당속도	사용층수	인원	대수	용도	제작회사
			인용			

※ 종류: 승용교류기어드형, 승용직류기어드형, 승용직류기어레스형, 화물용교류형, 자동차교류형, 식당교류형, 병원교류형, 자동차용수직순환방식, 승용가변전압가변주파수방식(AC-GD), 승용가변전압가변주파수방식(AC-GL)

※ 용도: 승객용, 비상용

※ 규모: 승용 - 인원(명), 화물·자동차·식당용·병원용·교류형 - kg

○ 에스컬레이터(02)

유효폭	스텝폭	층고	대수	설치연도	수송능력
					명/시간

※ 유효폭: 1,200㎜, 800㎜
  스텝폭: 1,004㎜, 604㎜

○ 20KW 이상 발전시설(03)

용량(KW, 소수 2자리까지)	대수	설치년도	제작회사	비고

○ 난방용 보일러(04)

종류	면적(규모)	설치년도	대수	비고
	㎡			

※ 종류: 직접증기난방, 직접온수난방, 온풍난방(온풍로식, 코일식), 중앙닥트식, 중앙유니트식
※ 용도: 사무실, 은행, 병원(종합, 단과), 백화점, 점포, 호텔, 다방 등

○ 목욕탕용 보일러(05)

종류	면적(규모)	설치년도	대수	비고
	㎡			

※ 종류: 공동탕, 한증막, 가족탕, 터키탕, 사우나탕 등

○ 냉방기계(7,560Kcal 이상 에어컨)(06)

용량(R/T, 소수 2자리까지)	대수	제작회사	설치년도	비고

○ 부착된 금고(07)

종류	대수	설치년도	문의두께	문의가로	문의세로
			cm	cm	cm

※ 종류: 편개형후면철판, 편개형후면유리, 양개형후면철판, 양개형후면유리, 크랑크형후면철판, 크랑크형후면유리, 크랑크형스테인리스, 스텐전동식슬라이딩, 스텐편개

○ 주유시설·LPG충전시설(08)

제조회사	종류	단·복식	속도	대수	조수	탱크용량	탱크재질	탱크갯수

※ 용량: 주유기용량(D/M, 소수 2자리까지), L.P.G용량(㎥, 소수 2자리까지)
※ 종류: NEW MASTER, OVER HEAD, DISPENSER형. 전자식주유기형, 고정식, 이동식 등등
※ 속도: 저속, 고속

○ 수조(물탱크)(15)

종류	용량	설치년도	갯수	비고

※ 종류: 철판탱크(원형, 각형), 철골탱크(고가수조), 철근콘크리트조, 시멘트벽돌조, 화학제품(FRP 등), 토조 및 합성고무, SMC 등

○ 저유조(16)

종류	용량	설치년도	비고

※ 종류: 소형(철판원형, 철판각형, 철근콘크리트조, 기타), 대형(철판, 기타), LPG특수저장소, 지하암거
※ 용량: 소형 - ㎥, 대형 - 배럴(소수 2자리까지)

○ 옥외하수도(20)

종류	구경	길이	설치년도	비고
	mm			

※ 종류: 토관, 시멘트관, 흄관, 화학제품관 등

○ 맨홀(20)

종류(규격)	재질	갯수	비고

※ 종류(규격): 1=1,000×1,000×1,200mm, 2=1,200×1,200×1,200mm
※ 암거: 3=830×1,026mm, 1,670×1,456mm
※ 재질: 금속조, 철근콘크리트조 등

○ 지하수

관정방법	구경	깊이	설치년도	갯수
	mm			

※ 관정 방법: 기계관정, 인력관정

○ 기계식 주차시설

종류	제작회사	설치장소	대수	사용단(층)수	2단식
		옥내 · 옥외		단식(층)	단순, 경사, 승강

※ 종류: 수평순환, 다층순환, 다단식, 수직순환(사용 층수 기재)
　　　2단식은 단순, 경사, 승강에 ○표

○ 인텔리젼트 빌딩 시스템

구분	냉 · 난방	급수 · 배수	방범	방재 · 방화	선기	조명
해당 여부 (○, ×)						

※ 4가지 이상을 중앙관제장치시스템(기능별 별도관제시스템 포함)에 의하여 자동관리 · 제어하는 시설을 말함.

과밀억제권역 내 부동산 취득 중과 사례 : 법인 본점 신축

甲법인은 2025. 1. 5. 과밀억제권역 내에서 법인 본점 사업용 부동산을 신축 취득하였다.
- 건축물 : 건축 일괄도급 공사비 500억 원
  - 건축물 시가표준액 350억 원
  - 건축물 지하 2층~지상 7층(각 층의 연면적 100㎡) 모두 甲법인 본점용 사용
- 甲법인이 본점 신축과 관련하여 도급금액 외 지출한 비용
  - 건설자금이자 10억 원
  - 각종 부담금 5억 원
  - 도급공사 외 지급수수료 5억 원
  - 부가가치세 40억 원

1 甲법인이 과밀억제권역 내에서 건축물 전체를 법인 본점용으로 신축한 경우 취득세(지법 제13조 제1항에 의한 중과세만 적용하고 그 부속토지는 취득한지 5년이 경과되어 중과세 대상이 아닐 경우)

(1) 취득세 과세표준

취득자가 법인이므로 사실상의 취득가격이 취득세 과세표준이 된다(지법 제10조의4 제1항). 따라서 일괄도급비와 건설자금이자, 부담금, 지급수수료 등 도급금액 외 지출한 비용을

합한 520억 원이 취득세 과세표준액이 된다. 다만 부가가치세는 제외된다(지령 제18조 제1항·제2항).

(2) 세율

「지방세법」제13조 제1항에 의해 과밀억제권역 내에서 법인 본점 사업용으로 신축하는 경우에는 표준세율에 중과기준세율(2%)의 2배를 가산한 세율이 적용된다. 따라서 2.8%에 2%의 2배를 합하면 6.8%의 취득세 중과세율이 산출된다. 취득세의 부가세(sur-tax)로서 농어촌특별세는 취득세 표준세율을 2%로 하여 지방세법에 따라 산출한 세액을 과세표준으로 하므로 0.6%[=(2%+2%×2배)×10%]의 세율을 적용한다. 또한 지방교육세는 0.16%[=(2.8%-2%)×20%]의 세율을 적용하면 된다.

(3) 납부세액

취득세 납부세액은 3,536,000,000원(=52,000,000,000×6.8%)이고, 농어촌특별세는 312,000,000원(=52,000,000,000×0.6%), 지방교육세는 83,200,000원(=52,000,000,000×0.16%)으로 총 납부세액은 3,931,200,000원이다.

(4) 취득박사 프로그램을 통한 계산

주택외건물을 신축한 경우로 재산 등록 〉「주택외건물(부수토지 제외)」에서 입력한다. 취득 유형-'원시취득', 취득 원인-'신축'을 선택하면 취득당시가액 종류는 '사실상의 취득가격'으로 자동 선택된다. 해당 건물의 세부적인 용도 입력을 위해서 '용도 세부입력'버튼을 클릭하여 '층별 용도 및 면적 입력'창에서 각 층별 용도 및 면적을 입력하고, 취득세 중과(과밀억제권역 내 본점 신축 등(지방세법 제13조 ①)를 선택한다. 사실상의 취득가격 금액란 오른쪽의 '수정'버튼을 클릭하여 해당 건물 취득에 소요된 일괄도급계약금액 500억 원 및 일괄도급계약금액 외 취득비용 20억 원(건설자금이자 10억 원, 각종 부담금 5억 원, 도급공사 외 지급수수료 5억 원)을 항목별로 입력하면 취득세, 지방교육세 및 농어촌특별세의 납부세액이 계산된다.

세액 계산 〉「취득세 서식인쇄」에서 입력된 자료를 토대로 생성된 취득세 신고서 및 과세관청 실무 제출용 서식(부동산 사용계획서, 건축물 공사비용 명세서, 건축물 총 취득가액 세부명세서 및 신축 건물 사용계획서 등)을 출력할 수 있다.

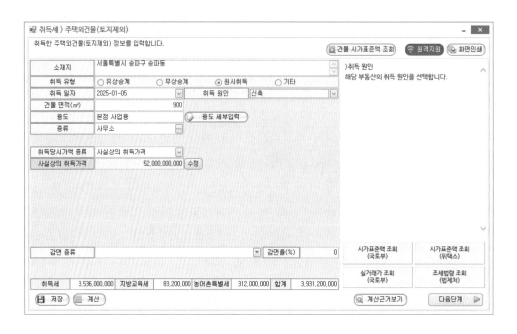

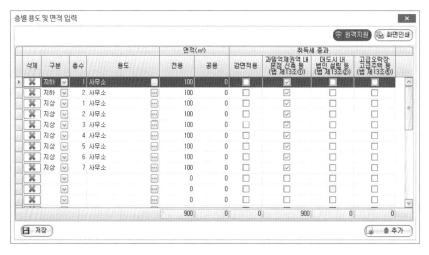

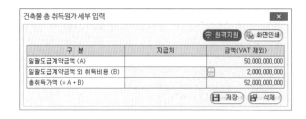

구 분	금액(VAT 제외)
재료비 (①)	0
노무비 (②)	0
경비 (③)	2,000,000,000
취득가액 미포함 (④)	0
일괄도급계약금액 외 취득비용 (= ① + ② + ③ - ④)	2,000,000,000

구분	세부항목	지급처	금액(원)	비고
지급수수료	조사검사및업무대행수수료		0	
	기술지도대가		0	
	감정평가수수료		0	
	건설자금이자		1,000,000,000	취득일까지 이자 계산, 법인만 포함
	건설기계대여금지급보증		0	
	건설하도급대금지급보증		0	
	공사이행보증서발급		0	
	관리형토지신탁수수료		0	
	교통영향분석수수료		0	
	금융자문수수료		0	
	대출수수료		0	
	법무법인수수료		0	등기비 제외
	분양보증보험료		0	미포함
	시행·시공자문수수료		0	
	신탁수수료		0	
	연체료		0	법인만 포함
	일반경계복원조사수수료		0	
	전기안전관리대행수수료		0	
	자산실사수수료		0	
	주변환경조사수수료		0	
	지반조사수수료		0	
	친환경건축물인증용역비		0	
	컨설팅수수료		0	
	할부이자		0	법인만 포함

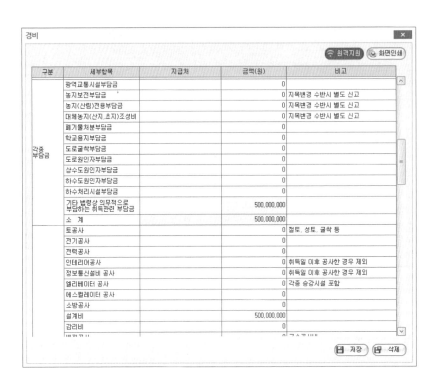

취득세 ([√]기한 내 / [ ]기한 후]) 신고서

(앞쪽)

관리번호			접수 일자			처리기간	즉시

신고인	취득자(신고자)	성명(법인명) 법인 甲		주민등록번호(외국인등록번호, 법인등록번호)	
		주소		전화번호	
	전 소유자	성명(법인명)		주민등록번호(외국인등록번호, 법인등록번호)	
		주소		전화번호	

매도자와의 관계	「지방세기본법」 제2조 제34호 가목에 따른 친족관계에 있는 자인 경우 (배우자[ ] 직계존비속[ ] 그 밖의 친족관계[ ])
	「지방세기본법」 제2조 제34호 나목에 따른 경제적 연관관계에 있는 자(임원·사용인 등)인 경우 [ ]
	「지방세기본법」 제2조 제34호 다목에 따른 경영지배관계에 있는 자(주주·출자자 등)인 경우 [ ]
	「지방세기본법」 제2조 제34호에 따른 특수관계인이 아닌 경우 [ ]

취득 물건 내역

소재지	서울특별시 송파구 송파동						
취득물건	취득일	면적	종류(지목/차종)	용도	취득 원인	취득가액	
주택외건물	2025-01-05	900m²	사무소	본점 사업용	신축	52,000,000,000	

「지방세법」 제10조의2 제2항 제2호에 따른 무상취득의 경우	시가인정액 [ ] 시가표준액 [ ]

세목		과세표준액	세율	① 산출 세액	② 감면 세액	③ 기납부 세액	가산세			신고세액 합계 (①-②-③+④)
							무신고 또는 과소신고	납부 지연	계 ④	
합계				3,931,200,000						3,931,200,000
신고 세액	취득세	52,000,000,000	6.8%	3,536,000,000						3,536,000,000
	지방교육세	416,000,000	20%	83,200,000						83,200,000
	농어촌특별세 부과분	3,120,000,000	10%	312,000,000						312,000,000
	농어촌특별세 감면분									

「지방세법」 제20조 제1항, 제152조 제1항, 같은 법 시행령 제33조 제1항, 「농어촌특별세법」 제7조에 따라 위와 같이 신고합니다.

2025년   03월   06일

신고인
대리인

접수(영수)일자 (인)

법인 甲 (서명 또는 인)
(서명 또는 인)

송파구청장   귀하

첨부 서류	1. 매매계약서, 증여계약서, 부동산거래계약 신고필증 또는 법인 장부 등 취득가액 및 취득일 등을 증명할 수 있는 서류 사본 1부 2. 「지방세특례제한법 시행규칙」 별지 제1호 서식의 지방세 감면 신청서 1부 3. 별지 제4호 서식의 취득세 납부서 납세자 보관용 영수증 사본 1부 4. 별지 제8호 서식의 취득세 비과세 확인서 1부 5. 근로소득 원천징수영수증 또는 소득금액증명원 1부 6. 사실상의 잔금지급일을 확인할 수 있는 서류(사실상의 잔금지급일과 계약상의 잔금지급일이 다른 경우만 해당합니다) 1부	수수료 없음

위임장

위의 신고인 본인은 위임받는 사람에게 취득세 신고에 관한 일체의 권리와 의무를 위임합니다.

위임자(신고인)   (서명 또는 인)

위임받는 사람	성명		위임자와의 관계	
	생년월일		전화번호	
	주소			

*위임장은 별도 서식을 사용할 수 있습니다.

----------------------- 자르는 선 -----------------------

접수증(취득세 신고서)

신고인(대리인)	취득물건 신고내용	접수 일자	접수번호
「지방세법」 제20조 제1항, 제152조 제1항, 같은 법 시행령 제33조 제1항, 「농어촌특별세법」 제7조에 따라 신고한 신고서의 접수증입니다.			접수자 (서명 또는 인)

210mm×297mm[백상지 80g/㎡(재활용품)]

부동산 사용계획서

취득법인	법인명	법인 甲	법인설립일	
	법인등록번호		전화번호	
	주소			

취득물건내역					

소재지	취득일	취득원인	면적(m²)	
			건물	토지
서울특별시 송파구 송파동	2025 - 01 - 05	신축	900	

부동산 이용 목적 및 계획

☐ 본점사용여부   사용 ☑   미사용 ☐

☐ 지점설치여부   설치 ☐   미설치 ☑

☐ 거래당사자간의 특수관계 여부   예 ☐   아니오 ☑

☐ 기타 사용목적 및 계획 : 본점 사업용

※ 상기 부동산 취득세 신고시 중과제외적용 후 사용 계획과 다르게 본점용(대도시 내 법인 설립 후 5년 경과제외)으로
사용하거나 지점 설치 및 본점·지점 등을 전입하는 경우 추징될 수 있습니다(신고·납부불성실가산세 포함).

위와 같이 부동산을 취득하여 이용할 계획입니다.

2025년   03월   06일

신고인(법인명)   법인 甲   (인)

송파구청장 귀하

건축물 공사비용 명세서

◎ 소재지 : 서울특별시 송파구 송파동
◎ 연면적 : 900m²
◎ 건축주 : 법인 甲
◎ 시공사 :

항목		지급처	공급가액	비 고
도급공사비			50,000,000,000	
재료비				
노무비				
설계비			500,000,000	
감리비				
부대공사비	전기			
	소방			
	수도			
	냉난방			
	통신			
	승강기			
기존건축물 철거비				
인테리어 비용				
건설자금이자			1,000,000,000	
건축공사관련 조세	세금(면허세, 인지세 등)			
	보험료(고용보험료 등)			
부담금	상수도 원인자 부담금			
	하수도 원인자 부담금			
	도로 원인자 부담금			
	광역교통시설 부담금			
	기타 부담금		500,000,000	
상수도, 전화, 전기, 임시 사용료				
국민주택채권매각차손				
기타공사비용				
총 계			52,000,000,000	
비과세 계				
합계(비과세 제외금액)			52,000,000,000	

위의 공사비용 내역을 제출하며, 추후 누락된 비용이 확인되어 추징하여도 이의가 없습니다.

2025년 03월 06일

제출(확인)자: 법인 甲 (인)   송파구청장 귀하

첨부 1. 공사별 도급계약서(공사내역) 2. 설계 · 감리계약서 3. 기타 비용 계약서 4. 세금계산서, 기타계산서, 영수증

건축물 총 취득가액 세부명세서

항목	지급처	금액(VAT 제외)
일급도급계약금액(A)		50,000,000,000
일급도급계약금액 외 취득비용(B)		2,000,000,000
총 취득가액(=A+B)		52,000,000,000

일괄도급계약금액외 취득비용

항목	금액(VAT 제외)
재료비(①)	
노무비(②)	
경비(③)	2,000,000,000
취득가액 미포함(④)	
일괄도급계약금액 외 취득비용(=①+②+③-④)	2,000,000,000

① 재료비

구분		세부항목	지급처	금액(VAT 제외)	비 고
직접재료비		주요재료비			
		부분품비			
		소계			
간접재료비		소모재료비			
		소모공구, 기구, 비품구입비			
		가설재료비			
		소계			
옵션 품목(빌트인 냉장고, 천정에어컨 등)					
미술품 등(관련법령에 의한)					
기타 재료비					
총합계					

② 노무비

구분	세부항목	지급처	금액(VAT 제외)	비 고
직접노무비	기본급			
	제수당			
	상여금			
	퇴직급여충당금			
	인정상여			
	소계			
간접노무비	기본급			
	제수당			
	상여금			
	퇴직급여충당금			
	인정상여			
	소계			
기타 노무비				
총합계				

③ 경비

구분	세부항목	지급처	금액 (VAT 제외)	비 고
지급수수료	조사검사 및 업무대행수수료			
	기술지도대가			
	감정평가수수료			
	건설자금이자		1,000,000,000	취득일까지 이자 계산, 법인만 포함
	건설기계대여금지급보증			
	건설하도급대금지급보증			
	공사이행보증서발급			
	관리형토지신탁수수료			
	교통영향분석수수료			
	대출수수료			
	법무법인수수료			등기비 제외
	분양보증보험료			미포함
	시행·시공자문수수료			
	신탁수수료			
	연체료			법인만 포함

구분	세부항목	지급처	금액 (VAT 제외)	비 고
지급수수료	일반경계복원조사수수료			
	전기안전관리대행수수료			
	자산실사수수료			
	주변환경조사수수료			
	지반조사수수료			
	친환경건축물인증용역비			
	컨설팅수수료			
	할부이자			법인만 포함
	건물에너지효율등급인증용역비			
	기타 취득관련 수수료			
	소계		1,000,000,000	
각종부담금	광역교통시설부담금			
	농지보전부담금			지목변경 수반시 별도 신고
	농지(산림)전용부담금			지목변경 수반시 별도 신고
	대체농지(산지, 초지)조성비			지목변경 수반시 별도 신고
	폐기물처분부담금			
	학교용지부담금			
	도로굴착부담금			
	도로원인자부담금			
	상수도원인자부담금			
	하수도원인자부담금			
	하수처리시설부담금			
	기타법령상 의무적으로 부담하는 취득관련 부담금		500,000,000	
	소계		500,000,000	
외주가공비 (부분도급)	토공사			절토, 성토, 굴착 등
	전기공사			
	전력공사			
	인테리어공사			취득일 이후 공사한 경우 제외
	정보통신설비공사			취득일 이후 공사한 경우 제외
	엘리베이터공사			각종 승강시설 포함
	에스컬레이터공사			
	소방공사			
	설계비		500,000,000	
	감리비			
	배관공사			급수공사비
	냉난방공사(1)			가스보일러, 온돌 등

구분	세부항목	지급처	금액 (VAT 제외)	비 고
외주가공비 (부분도급)	냉난방공사(2)			천정에어컨 등
	상하수도설비공사			
	급배수시설공사			
	정화조공사			
	골조공사			
	포장공사			
	조경공사비			건축무관 지목변경 수반시 별 도 신고
	기존 건축물 철거비			
	폐기물처리비			
	기타외주공사비			
	소계		500,000,000	
전기수수료	전력비			
	수도광열비			
	소계			
운반비	운송비			재료비에 포함되지 않는 비용
	하역비			
	상하차비			
	조작비 등			
	소계			
지급임차료	건물임차료			건물 신·증축 관련 임차료
	토지임차료			
	장비임차료			
	기술임차료			
	기타임차료			
	소계			
보험료	인허가보증보험료			
	이행(하자)보증보험료			
	설계·감리보증보험료			
	산업재해보험료			
	고용보험료			
	국민건강보험료			
	국민연금보험료			
	공사손해보험료			
	기타보험료			
	소계			

구분		세부항목	지급처	금액 (VAT 제외)	비 고
국민주택채권 매각차손					자기부담 수수료만 해당
공과금					도로점용허가 등 건축인허가 관련
도서인쇄비					
기계경비					
특허원 사용료					
기술료					
연구개빌비					
타당성조사컨설팅비					
품질관리비					
가설건축물설치비					존치기간 1년 이상 별도 신고
안전관리비					
건설근로사 퇴직공제부금비					
관급자재 관리비					
복리 후생비					
보관비					
소모품비					
여비 교통 통신비	여비				
	차량유지비				
	전신전화비				
	우편료 등				
	소계				
세금	등록면허세				
	재산분 주민세				
	종업원분 주민세				
	균등분 주민세				
	인지세				
	소계				
분담금 (인입비)	지역난방 공사분담금				미포함
	가스공사 분담금				미포함
	전기공사 분담금				미포함

구분		세부항목	지급처	금액 (VAT 제외)	비 고
분담금 (인입비)	기타분담금				미포함
	소계				
기타경비					
총계				2,000,000,000	
미포함계					
합계				2,000,000,000	

신축 건물 사용계획서

(단위 : m^2)

층별	업무시설			사용계획		사용용도
	전용면적	공용면적	면적합계	직접사용	임대	
1	100		100	100		사무소
2	100		100	100		사무소
3	100		100	100		사무소
4	100		100	100		사무소
5	100		100	100		사무소
6	100		100	100		사무소
7	100		100	100		사무소
지상층계	700		700	700		
1	100		100	100		사무소
2	100		100	100		사무소
지하층계	200		200	200		
계	900		900	900		

※ 사용용도란에 비고 기재(○○부서, ○○매장, 공실, 임차인명 등)

2025년 03월 06일

신고자:　　　　　법인 甲 (인)

송파구청장 귀하

2 **甲법인이 설립 후 5년 미만 법인으로 과밀억제권역 내에서 건축물 전체를 법인 본점용으로 신축한 경우 취득세**(다만, 그 부속토지는 중과대상이 아니라고 가정)

(1) 취득세 과세표준

취득자가 법인이므로 사실상의 취득가격이 취득세 과세표준이 된다(지법 제10조의4 제1항). 따라서 일괄도급비와 건설자금이자, 부담금, 지급수수료 등 도급금액 외 지출한 비용을 합한 520억 원이 취득세 과세표준액이 된다. 다만 부가가치세는 제외된다(지령 제18조 제1항·제2항).

(2) 세율

「지방세법」 제13조 제1항에 의한 과밀억제권역 내 법인 본점 사업용 신축으로 인한 중과와 동법 제2항에 의한 대도시 내 법인 중과에 동시에 해당되는 과세물건의 경우 동법 제6항에 따라 표준세율의 3배를 적용한다. 따라서 표준세율 2.8%의 3배인 8.4%의 취득세 중과세율이 산출된다. 취득세의 부가세(sur-tax)로서 농어촌특별세는 취득세 표준세율을 2%로 하여 지방세법에 따라 산출한 세액을 과세표준으로 하므로 0.6%[=(2%×3배)×10%]의 세율이 적용된다. 또한 지방교육세는 취득세 표준세율에서 2%를 뺀 세율의 3배에 20%를 곱해 산출하므로 0.48%[=(2.8%-2%)×3배×20%]의 세율을 적용하면 된다.

(3) 납부세액

취득세 납부세액은 4,368,000,000원(=52,000,000,000×8.4%)이고, 농어촌특별세는 312,000,000원(=52,000,000,000×0.6%), 지방교육세는 249,600,000원(=52,000,000,000×0.48%)으로 총 납부세액은 4,929,600,000원이다.

(4) 취득박사 프로그램을 통한 계산

주택외건물을 신축한 경우로 재산 등록 〉「주택외건물(부수토지 제외)」에서 입력한다. 취득 유형-'원시취득', 취득 원인-'신축'을 선택하면 취득당시가액 종류는 '사실상의 취득가격'으로 자동 선택된다. 해당 건물의 세부적인 용도 입력을 위해서 '용도 세부입력'버튼을 클릭하여 '층별 용도 및 면적 입력'창에서 각 층별 용도 및 면적을 입력하고, 취득세 중과

(과밀억제권역 내 본점 신축 등(지방세법 제13조 ①), 대도시 내 법인 설립 등(지방세법 제13조 ②)를 선택한다. 사실상의 취득가격 금액란 오른쪽의 '수정'버튼을 클릭하여 해당 건물 취득에 소요된 일괄도급계약금액 500억 원 및 일괄도급계약금액 외 취득비용 20억 원(건설자금 이자 10억 원, 각종 부담금 5억 원, 도급공사 외 지급수수료 5억 원)을 항목별로 입력하면 취득세, 지방교육세 및 농어촌특별세의 납부세액이 계산된다.

　세액 계산 〉「취득세 서식인쇄」에서 입력된 자료를 토대로 생성된 취득세 신고서 및 과세관청 실무 제출용 서식(부동산 사용계획서, 건축물 공사비용 명세서, 건축물 총 취득가액 세부명세서 및 신축 건물 사용계획서 등)을 출력할 수 있다.

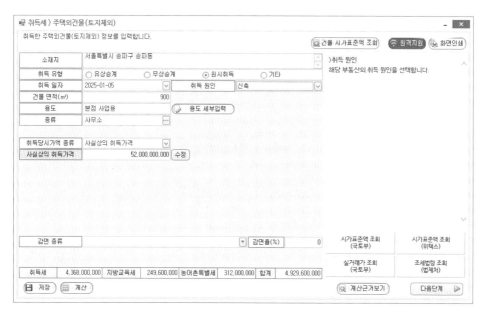

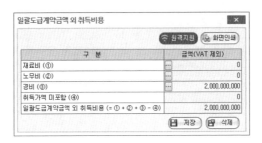

건축물 총 취득원가 세부 입력

원격지원 화면인쇄

구 분	지급처	금액(VAT 제외)
일괄도급계약금액 (A)		50,000,000,000
일괄도급계약금액 외 취득비용 (B)		2,000,000,000
총취득가액 (= A + B)		52,000,000,000

저장 삭제

일괄도급계약금액 외 취득비용

원격지원 화면인쇄

구 분	금액(VAT 제외)
재료비 (①)	0
노무비 (②)	0
경비 (③)	2,000,000,000
취득가액 미포함 (④)	0
일괄도급계약금액 외 취득비용 (= ① + ② + ③ - ④)	2,000,000,000

저장 삭제

경비

원격지원 화면인쇄

구분	세부항목	지급처	금액(원)	비고
	조사검사및업무대행수수료		0	
	기술지도대가		0	
	감정평가수수료		0	
	건설자금이자		1,000,000,000	취득일까지 이자 계산. 법인만 포함
	건설기계대여금지급보증		0	
	건설하도급대금지급보증		0	
	공사이행보증서발급		0	
	관리형토지신탁수수료		0	
	교통영향분석수수료		0	
	금융자문수수료		0	
	대출수수료		0	
지급수수료	법무법인수수료		0	등기비 제외
	분양보증보험료		0	미포함
	시행·시공자문수수료		0	
	신탁수수료		0	
	연체료		0	법인만 포함
	일반경계복원조사수수료		0	
	전기안전관리대행수수료		0	
	자산실사수수료		0	
	주변환경조사수수료		0	
	지반조사수수료		0	
	친환경건축물인증용역비		0	
	컨설팅수수료		0	
	할부이자		0	법인만 포함

저장 삭제

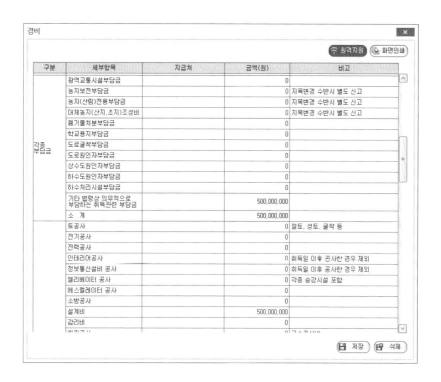

경비

구분	세부항목	지급처	금액(원)	비고
각종 부담금	광역교통시설부담금		0	
	농지보전부담금		0	지목변경 수반시 별도 신고
	농지(산림)전용부담금		0	지목변경 수반시 별도 신고
	대체농지(산지,초지)조성비		0	지목변경 수반시 별도 신고
	폐기물처분부담금		0	
	학교용지부담금		0	
	도로굴착부담금		0	
	도로원인자부담금		0	
	상수도원인자부담금		0	
	하수도원인자부담금		0	
	하수처리시설부담금		0	
	기타 법령상 의무적으로 부담하는 취득관련 부담금		500,000,000	
	소 계		500,000,000	
	토공사		0	절토, 성토, 굴착 등
	전기공사		0	
	전력공사		0	
	인테리어공사		0	취득일 이후 공사한 경우 제외
	정보통신설비 공사		0	취득일 이후 공사한 경우 제외
	엘리베이터 공사		0	각종 승강시설 포함
	에스컬레이터 공사		0	
	소방공사		0	
	설계비		500,000,000	
	감리비		0	

저장　삭제

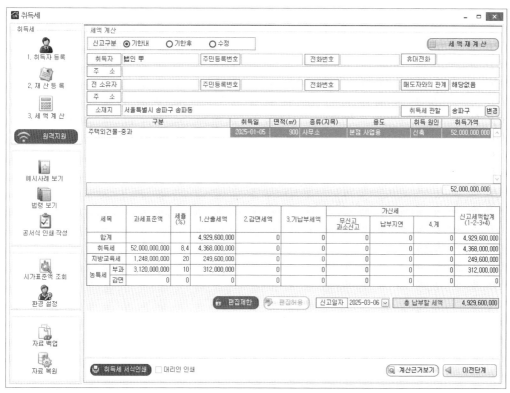

취득세

세액 계산

신고구분　◉ 기한내　○ 기한후　○ 수정　　　세 액 재 계 산

취득자	법인 甲	주민등록번호		전화번호		휴대전화	
주 소							
전 소유자		주민등록번호		전화번호		매도자와의 관계	해당없음
주 소							
소재지	서울특별시 송파구 송파동					취득세 관할	송파구 변경

구분	취득일	면적(㎡)	종류(지목)	용도	취득 원인	취득가액
주택외건물-중과	2025-01-05	900	사무소	본점 사업용	신축	52,000,000,000

52,000,000,000

세목		과세표준액	세율(%)	1.산출세액	2.감면세액	3.기납부세액	가산세 무신고 과소신고	납부지연	4.계	신고세액합계 (1-2-3+4)
합계				4,929,600,000	0	0	0	0	0	4,929,600,000
취득세		52,000,000,000	8.4	4,368,000,000	0	0	0	0	0	4,368,000,000
지방교육세		1,248,000,000	20	249,600,000	0	0	0	0	0	249,600,000
농특세	부과	3,120,000,000	10	312,000,000	0	0	0	0	0	312,000,000
	감면	0	0	0	0	0	0	0	0	0

편집제한　편집허용　신고일자 2025-03-06　총 납부할 세액　4,929,600,000

취득세 서식인쇄　□ 대리인 인쇄　　계산근거보기　이전단계

취득세 ([√]기한 내 / [ ]기한 후]) 신고서

(앞쪽)

관리번호		접수 일자			처리기간	즉시

신고인	취득자(신고자)	성명(법인명) 법인 甲		주민등록번호(외국인등록번호, 법인등록번호)	
		주소		전화번호	
	전 소유자	성명(법인명)		주민등록번호(외국인등록번호, 법인등록번호)	
		주소		전화번호	

매도자와의 관계	「지방세기본법」 제2조 제34호 가목에 따른 친족관계에 있는 자인 경우 (배우자[ ] 직계존비속[ ] 그 밖의 친족관계[ ])
	「지방세기본법」 제2조 제34호 나목에 따른 경제적 연관관계에 있는 자(임원·사용인 등)인 경우 [ ]
	「지방세기본법」 제2조 제34호 다목에 따른 경영지배관계에 있는 자(주주·출자자 등)인 경우 [ ]
	「지방세기본법」 제2조 제34호에 따른 특수관계인이 아닌 경우 [ ]

취 득 물 건 내 역

소재지	서울특별시 송파구 송파동					
취득물건	취득일	면적	종류(지목/차종)	용도	취득 원인	취득가액
주택외건물(토지포함)	2025-01-05	900m²	사무소	본점 사업용	신축	52,000,000,000

「지방세법」 제10조의2 제2항 제2호에 따른 무상취득의 경우		시가인정액 [ ] .시가표준액 [ ]

세목			과세표준액	세율	① 산출세액	② 감면세액	③ 기납부세액	가산세			신고세액 합계 (①-②-③+④)
								무신고 또는 과소신고	납부지연	계 ④	
합계					4,929,600,000						4,929,600,000
신고 세액	취득세		52,000,000,000	8.4%	4,368,000,000						4,368,000,000
	지방교육세		1,248,000,000	20%	249,600,000						249,600,000
	농어촌 특별세	부과분	3,120,000,000	10%	312,000,000						312,000,000
		감면분									

「지방세법」 제20조 제1항, 제152조 제1항, 같은 법 시행령 제33조 제1항, 「농어촌특별세법」 제7조에 따라 위와 같이 신고합니다.

2025년 03월 06일

		접수(영수)일자
	신고인	(인)
	대리인	
		법인 甲 (서명 또는 인)
		(서명 또는 인)

송파구청장 귀하

첨부 서류	1. 매매계약서, 증여계약서, 부동산거래계약 신고필증 또는 법인 장부 등 취득가액 및 취득일 등을 증명할 수 있는 서류 사본 1부 2. 「지방세특례제한법 시행규칙」 별지 제1호 서식의 지방세 감면 신청서 1부 3. 별지 제4호 서식의 취득세 납부서 납세자 보관용 영수증 사본 1부 4. 별지 제8호 서식의 취득세 비과세 확인서 1부 5. 근로소득 원천징수영수증 또는 소득금액증명원 1부 6. 사실상의 잔금지급일을 확인할 수 있는 서류(사실상의 잔금지급일과 계약상의 잔금지급일이 다른 경우만 해당합니다) 1부	수수료 없음

위임장

위의 신고인 본인은 위임받는 사람에게 취득세 신고에 관한 일체의 권리와 의무를 위임합니다.

위임자(신고인) (서명 또는 인)

위임받는 사람	성명		위임자와의 관계	
	생년월일		전화번호	
	주소			

*위임장은 별도 서식을 사용할 수 있습니다.

·········· 자르는 선 ··········

접수증(취득세 신고서)

신고인(대리인)	취득물건 신고내용	접수 일자	접수번호
「지방세법」 제20조 제1항, 제152조 제1항, 같은 법 시행령 제33조 제1항, 「농어촌특별세법」 제7조에 따라 신고한 신고서의 접수증입니다.			접수자 (서명 또는 인)

210㎜×297㎜[백상지 80g/㎡(재활용품)]

부동산 사용계획서

취득법인	법인명	법인 甲	법인설립일	
	법인등록번호		전화번호	
	주소			

취득물건내역				

소재지	취득일	취득원인	면적(m²)	
			건물	토지
서울특별시 송파구 송파동	2025 - 01 - 05	신축	900	

부동산 이용 목적 및 계획

☐ 본점사용여부　　　　　　　　사용 ☑　미사용 ☐

☐ 지점설치여부　　　　　　　　설치 ☐　미설치 ☑

☐ 거래당사자간의 특수관계 여부　예 ☐　아니오 ☑

☐ 기타 사용목적 및 계획 : 본점 사업용

※ 상기 부동산 취득세 신고시 중과제외적용 후 사용 계획과 다르게 본점용(대도시 내 법인 설립 후 5년 경과제외)으로 사용하거나 지점 설치 및 본점·지점 등을 전입하는 경우 추징될 수 있습니다(신고·납부불성실가산세 포함).

위와 같이 부동산을 취득하여 이용할 계획입니다.

2025년　03월　06일

신고인(법인명)　　　　　　　　　법인 甲　(인)

송파구청장 귀하

건축물 공사비용 명세서

◎ 소재지 : 서울특별시 송파구 송파동
◎ 연면적 : 900m^2
◎ 건축주 : 법인 甲
◎ 시공사 :

항목		지급처	공급가액	비 고
도급공사비			50,000,000,000	
재료비				
노무비				
설계비			500,000,000	
감리비				
부대공사비	전기			
	소방			
	수도			
	냉난방			
	통신			
	승강기			
기존건축물 철거비				
인테리어 비용				
건설자금이자			1,000,000,000	
건축공사관련 조세	세금(면허세, 인지세 등)			
	보험료(고용보험료 등)			
부담금	상수도 원인자 부담금			
	하수도 원인자 부담금			
	도로 원인자 부담금			
	광역교통시설 부담금			
	기타 부담금		500,000,000	
상수도, 전화, 전기, 임시 사용료				
국민주택채권매각차손				
기타공사비용				
총 계			52,000,000,000	
비과세 계				
합계(비과세 제외금액)			52,000,000,000	

위의 공사비용 내역을 제출하며, 추후 누락된 비용이 확인되어 추징하여도 이의가 없습니다.

2025년 03월 06일

제출(확인)자:　　　법인 甲 (인)　　　　　송파구청장 귀하

첨부　1. 공사별 도급계약서(공사내역)　2. 설계 · 감리계약서　3. 기타 비용 계약서　4. 세금계산서, 기타계산서, 영수증

건축물 총 취득가액 세부명세서

항목	지급처	금액(VAT 제외)
일급도급계약금액(A)		50,000,000,000
일급도급계약금액 외 취득비용(B)		2,000,000,000
총 취득가액(=A+B)		52,000,000,000

일괄도급계약금액외 취득비용

항목	금액(VAT 제외)
재료비(①)	
노무비(②)	
경비(③)	2,000,000,000
취득가액 미포함(④)	
일괄도급계약금액 외 취득비용(=①+②+③-④)	2,000,000,000

① 재료비

구분	세부항목	지급처	금액(VAT 제외)	비 고
직접재료비	주요재료비			
	부분품비			
	소계			
간접재료비	소모재료비			
	소모공구, 기구, 비품구입비			
	가설재료비			
	소계			
옵션 품목(빌트인 냉장고, 천정에어컨 등)				
미술품 등(관련법령에 의한)				
기타 재료비				
총합계				

② 노무비

구분	세부항목	지급처	금액(VAT 제외)	비 고
직접노무비	기본급			
	제수당			
	상여금			
	퇴직급여충당금			
	인정상여			
	소계			
간접노무비	기본급			
	제수당			
	상여금			
	퇴직급여충당금			
	인정상여			
	소계			
기타 노무비				
총합계				

③ 경비

구분	세부항목	지급처	금액 (VAT 제외)	비 고
지급수수료	조사검사 및 업무대행수수료			
	기술지도대가			
	감정평가수수료			
	건설자금이자		1,000,000,000	취득일까지 이자 계산, 법인만 포함
	건설기계대여금지급보증			
	건설하도급대금지급보증			
	공사이행보증서발급			
	관리형토지신탁수수료			
	교통영향분석수수료			
	대출수수료			
	법무법인수수료			등기비 제외
	분양보증보험료			미포함
	시행 · 시공자문수수료			
	신탁수수료			
	연체료			법인만 포함

구분	세부항목	지급처	금액 (VAT 제외)	비 고
지급수수료	일반경계복원조사수수료			
	전기안전관리대행수수료			
	자산실사수수료			
	주변환경조사수수료			
	지반조사수수료			
	친환경건축물인증용역비			
	컨설팅수수료			
	할부이자			법인만 포함
	건물에너지효율등급인증용역비			
	기타 취득관련 수수료			
	소계		1,000,000,000	
각종부담금	광역교통시설부담금			
	농지보전부담금			지목변경 수반시 별도 신고
	농지(산림)전용부담금			지목변경 수반시 별도 신고
	대체농지(산지, 초지)조성비			지목변경 수반시 별도 신고
	폐기물처분부담금			
	학교용지부담금			
	도로굴착부담금			
	도로원인자부담금			
	상수도원인자부담금			
	하수도원인자부담금			
	하수처리시설부담금			
	기타법령상 의무적으로 부담하는 취득관련 부담금		500,000,000	
	소계		500,000,000	
외주가공비 (부분도급)	토공사			절토, 성토, 굴착 등
	전기공사			
	전력공사			
	인테리어공사			취득일 이후 공사한 경우 제외
	정보통신설비공사			취득일 이후 공사한 경우 제외
	엘리베이터공사			각종 승강시설 포함
	에스컬레이터공사			
	소방공사			
	설계비		500,000,000	
	감리비			
	배관공사			급수공사비
	냉난방공사(1)			가스보일러, 온돌 등

구분	세부항목	지급처	금액 (VAT 제외)	비고
외주가공비 (부분도급)	냉난방공사(2)			천정에어컨 등
	상하수도설비공사			
	급배수시설공사			
	정화조공사			
	골조공사			
	포장공사			
	조경공사비			건축무관 지목변경 수반시 별도 신고
	기존 건축물 철거비			
	폐기물처리비			
	기타외주공사비			
	소계		500,000,000	
전기수수료	전력비			
	수도광열비			
	소계			
운반비	운송비			재료비에 포함되지 않는 비용
	하역비			
	상하차비			
	조작비 등			
	소계			
지급임차료	건물임차료			건물 신·증축 관련 임차료
	토지임차료			
	장비임차료			
	기술임차료			
	기타임차료			
	소계			
보험료	인허가보증보험료			
	이행(하자)보증보험료			
	설계·감리보증보험료			
	산업재해보험료			
	고용보험료			
	국민건강보험료			
	국민연금보험료			
	공사손해보험료			
	기타보험료			
	소계			

구분		세부항목	지급처	금액 (VAT 제외)	비 고
국민주택채권 매각차손					자기부담 수수료만 해당
공과금					도로점용허가 등 건축인허가 관련
도서인쇄비					
기계경비					
특허원 사용료					
기술료					
연구개빌비					
타당성조사컨설팅비					
품질관리비					
가설건축물설치비					존치기간 1년 이상 별도 신고
안전관리비					
건설근로사 퇴직공제부금비					
관급자재 관리비					
복리 후생비					
보관비					
소모품비					
여비 교통 통신비	여비				
	차량유지비				
	전신전화비				
	우편료 등				
	소계				
세금	등록면허세				
	재산분 주민세				
	종업원분 주민세				
	균등분 주민세				
	인지세				
	소계				
분담금 (인입비)	지역난방 공사분담금				미포함
	가스공사 분담금				미포함
	전기공사 분담금				미포함

구분		세부항목	지급처	금액 (VAT 제외)	비 고
분담금 (인입비)	기타분담금				미포함
	소계				
기타경비					
총계				2,000,000,000	
미포함계					
합계				2,000,000,000	

신축 건물 사용계획서

(단위 ; m^2)

층별	업무시설			사용계획		사용용도
	전용면적	공용면적	면적합계	직접사용	임대	
1	100		100	100		사무소
2	100		100	100		사무소
3	100		100	100		사무소
4	100		100	100		사무소
5	100		100	100		사무소
6	100		100	100		사무소
7	100		100	100		사무소
지상층계	700		700	700		
1	100		100	100		사무소
2	100		100	100		사무소
지하층계	200		200	200		
계	900		900	900		

※ 사용용도란에 비고 기재(○○부서, ○○매장, 공실, 임차인명 등)

2025년 03월 06일

신고자: 법인 甲 (인)

송파구청장 귀하

대도시 내 부동산 취득 중과 사례 : 법인 지점 설치

甲법인은 2024. 1. 1. 대도시 내인 경기도 ○○시에서 B지점을 설치한 후 2025. 1. 5. 당해 지점용 건축물을 신축 취득하였다.

• 건축물 : 건축 일괄도급 공사비 : 300억 원
  – 건축물 시가표준액 210억 원
  – 건축물 2층~3층 B지점 사용, 나머지 1층과 4~5층은 임대
    (각 층별 건축물 연면적 100㎡은 동일함)

• 甲법인이 지점용 건축물 신축과 관련하여 도급금액 외 지출한 비용
  – 건설자금이자 10억 원
  – 각종 부담금 5억 원
  – 도급공사 외 지급수수료 3억 원
  – 전기 · 가스 등 이용 분담비 1억 원

1 甲법인이 B지점용 건축물 신축에 따라 신고해야 할 취득세(지법 제13조 제2항에 의한 중과세만 적용하고 그 부속토지는 취득한지 5년이 경과되어 중과세 대상이 아닐 경우)

(1) 취득세 과세표준

취득자가 법인이므로 사실상의 취득가격이 취득세 과세표준이 된다(지법 제10조의4 제1

항). 따라서 일괄도급비와 건설자금이자, 부담금, 지급수수료 등 도급금액 외 지출한 비용을 합한 318억 원이 취득세 과세표준액이 된다. 다만, 「전기사업법」 등에 따라 전기 등을 이용하는 자가 분담하는 비용은 제외된다(지령 제18조 제1항·제2항).

(2) 세율

「지방세법」 제13조 제2항에 의해 대도시 내에서 법인 지점 설치 후 5년 이내에 취득하는 업무용·비업무용 등 모든 부동산이 중과대상이므로 지점용 외 임대용 부분도 중과대상이다. 이에 대한 중과세 세율은 표준세율의 3배에서 중과기준세율(2%)의 2배를 뺀 세율을 적용한다. 따라서 2.8%의 3배에서 2%의 2배를 빼면 4.4%의 취득세 중과세율이 산출된다. 이는 종전의 취득세 일반세율(2%)에 종전의 등록세(0.8%)의 3배 중과를 합친 세율과 동일한 수준이다. 취득세의 부가세(sur-tax)로서 농어촌특별세는 취득세 표준세율을 2%로 하여 지방세법에 따라 산출한 세액을 과세표준으로 하므로 0.2%[=(2%×3배) − (2%×2배)×10%]의 세율을 적용한다. 또한 지방교육세는 취득세 표준세율(2.8%)에서 2%를 뺀 세율의 3배에 20%를 곱해 산출하므로 0.48%[=(2.8% − 2%)×3배×20%]의 세율을 적용한다(지법 제151조 제1항 제1호 가목).

(3) 납부세액

취득세 납부세액은 1,399,200,000원(=31,800,000,000×4.4%)이고, 농어촌특별세는 63,600,000원(=31,800,000,000×0.2%), 지방교육세는 152,640,000원(=31,800,000,000×0.48%)으로 총 납부세액은 1,615,440,000원이다.

(4) 취득박사 프로그램을 통한 계산

주택외건물을 신축한 경우로 재산 등록 〉「주택외건물(부수토지 제외)」에서 입력한다. 취득 유형 - '원시취득', 취득 원인 - '신축'을 선택하면 취득당시가액 종류는 '사실상의 취득가격'으로 자동 선택된다. 해당 건물의 세부적인 용도 입력을 위해서 '용도 세부입력'버튼을 클릭하여 '층별 용도 및 면적 입력'창에서 각 층별 용도 및 면적을 입력하고, 취득세 중과(대도시 내 법인 설립 등(지방세법 제13조 ②))를 선택한다. 사실상의 취득가격 금액란 오른쪽의 '수정'버튼을 클릭하여 해당 건물 취득에 소요된 일괄도급계약금액 300억 원 및 일괄도급계약금액 외 취득비용 19억 원(과세표준에 포함되지 않는 전기·가스 등 이용 분담비

1억 원도 입력하면 취득가액 미포함 금액으로 구분)을 항목별로 입력하면 취득세, 지방교육세 및 농어촌특별세의 납부세액이 계산된다.

세액 계산 〉「취득세 서식인쇄」에서 입력된 자료를 토대로 생성된 취득세 신고서 및 과세관청 실무 제출용 서식(부동산 사용계획서, 건축물 공사비용 명세서, 건축물 총 취득가액 세부명세서 및 신축 건물 사용계획서 등)을 출력할 수 있다.

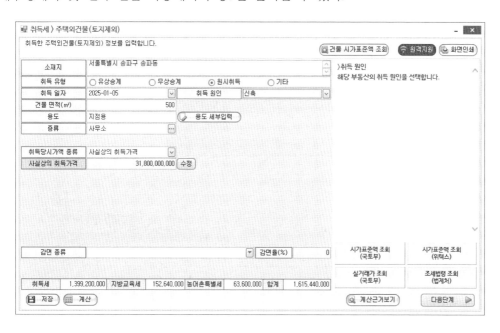

건축물 총 취득원가 세부 입력

구 분	지급처	금액(VAT 제외)
일괄도급계약금액 (A)		30,000,000,000
일괄도급계약금액 외 취득비용 (B)	...	1,800,000,000
총취득가액 (= A + B)		31,800,000,000

일괄도급계약금액 외 취득비용

구 분	금액(VAT 제외)
재료비 (①)	0
노무비 (②)	0
경비 (③)	1,900,000,000
취득가액 미포함 (④)	100,000,000
일괄도급계약금액 외 취득비용 (= ① + ② + ③ - ④)	1,800,000,000

경비

구분	세부항목	지급처	금액(원)	비고
	조사검사및업무대행수수료		0	
	기술지도대가		0	
	감정평가수수료		0	
	건설자금이자		1,000,000,000	취득일까지 이자 계산, 법인만 포함
	건설기계대여금지급보증		0	
	건설하도급대금지급보증		0	
	공사이행보증서발급		0	
	관리형토지신탁수수료		0	
	교통영향분석수수료		0	
	금융자문수수료		0	
	대출수수료		0	
지급수수료	법무법인수수료		0	등기비 제외
	분양보증보험료		0	미포함
	시행·시공자문수수료		0	
	신탁수수료		0	
	연체료		0	법인만 포함
	일반경계복원조사수수료		0	
	전기안전관리대행수수료		0	
	자산실사수수료		0	
	주변환경조사수수료		0	
	지반조사수수료		0	
	친환경건축물인증용역비		0	
	컨설팅수수료		0	
	할부이자		0	법인만 포함

경비   [×]

                                      [🛰 원격지원] [🖨 화면인쇄]

구분	세부항목	지급처	금액(원)	비고
각종 부담금	광역교통시설부담금		0	
	농지보전부담금		0	지목변경 수반시 별도 신고
	농지(산림)전용부담금		0	지목변경 수반시 별도 신고
	대체농지(산지,초지)조성비		0	지목변경 수반시 별도 신고
	폐기물처분부담금		0	
	학교용지부담금		0	
	도로굴착부담금		0	
	도로원인자부담금		0	
	상수도원인자부담금		0	
	하수도원인자부담금		0	
	하수처리시설부담금		0	
	기타 법령상 의무적으로 부담하는 취득관련 부담금		500,000,000	
	소　계		500,000,000	
	토공사		0	절토, 성토, 굴착 등
	전기공사		0	
	전력공사		0	
	인테리어공사		0	취득일 이후 공사한 경우 제외
	정보통신설비 공사		0	취득일 이후 공사한 경우 제외
	엘리베이터 공사		0	각종 승강시설 포함
	에스컬레이터 공사		0	
	소방공사		0	
	설계비		300,000,000	
	감리비		0	

                                              [💾 저장] [💾 삭제]

경비   [×]

                                      [🛰 원격지원] [🖨 화면인쇄]

구분	세부항목	지급처	금액(원)	비고
관급자재 관리비			0	
복리후생비			0	
보관비			0	
소모품비			0	
여비 교통 통신비	여비		0	
	차량유지비		0	
	전신전화비		0	
	우편료 등		0	
	소　계		0	
세금	등록면허세		0	
	재산분 주민세		0	
	종업원분 주민세		0	
	균등분 주민세		0	
	인지세		0	
	소　계		0	
부담금 (인입비)	지역난방공사분담금		0	미포함
	가스공사분담금		0	미포함
	전기공사분담금		0	미포함
	기타분담금		100,000,000	미포함
	소　계		100,000,000	
기타 경비			0	
총 계			1,900,000,000	
미포함 계			100,000,000	
합 계			1,800,000,000	

                                              [💾 저장] [💾 삭제]

취득세 ([√]기한 내 / [ ]기한 후]) 신고서

(앞쪽)

관리번호		접수 일자		처리기간 즉시	

신고인	취득자(신고자)	성명(법인명) 법인 甲		주민등록번호(외국인등록번호, 법인등록번호)	
		주소		전화번호	
	전 소유자	성명(법인명)		주민등록번호(외국인등록번호, 법인등록번호)	
		주소		전화번호	

매도자와의 관계	「지방세기본법」 제2조 제34호 가목에 따른 친족관계에 있는 자인 경우 (배우자[ ] 직계존비속[ ] 그 밖의 친족관계[ ])
	「지방세기본법」 제2조 제34호 나목에 따른 경제적 연관관계에 있는 자(임원·사용인 등)인 경우 [ ]
	「지방세기본법」 제2조 제34호 다목에 따른 경영지배관계에 있는 자(주주·출자자 등)인 경우 [ ]
	「지방세기본법」 제2조 제34호에 따른 특수관계인이 아닌 경우 [ ]

취 득 물 건 내 역

소재지	서울특별시 송파구 송파동					
취득물건	취득일	면적	종류(지목/차종)	용도	취득 원인	취득가액
주택외건물	2025-01-05	500m^2	사무소	지점용	신축	31,800,000,000

「지방세법」 제10조의2 제2항 제2호에 따른 무상취득의 경우	시가인정액 [ ] 시가표준액 [ ]

세목		과세표준액	세율	① 산출 세액	② 감면 세액	③ 기납부 세액	가산세			신고세액 합계 (①-②-③+④)
							무신고 또는 과소신고	납부 지연	계 ④	
합계				1,615,440,000						1,615,440,000
신고 세액	취득세	31,800,000,000	4.4%	1,399,200,000						1,399,200,000
	지방교육세	763,200,000	20%	152,640,000						152,640,000
	농어촌 특별세 부과분	636,000,000	10%	63,600,000						63,600,000
	감면분									

「지방세법」 제20조 제1항, 제152조 제1항, 같은 법 시행령 제33조 제1항, 「농어촌특별세법」 제7조에 따라 위와 같이 신고합니다.

2025년 03월 06일

신고인
대리인

법인 甲 (서명 또는 인)
(서명 또는 인)

접수(영수)일자
(인)

송파구청장 귀하

첨부 서류	1. 매매계약서, 증여계약서, 부동산거래계약 신고필증 또는 법인 장부 등 취득가액 및 취득일 등을 증명할 수 있는 서류 사본 1부 2. 「지방세특례제한법 시행규칙」 별지 제1호 서식의 지방세 감면 신청서 1부 3. 별지 제4호 서식의 취득세 납부서 납세자 보관용 영수증 사본 1부 4. 별지 제8호 서식의 취득세 비과세 확인서 1부 5. 근로소득 원천징수영수증 또는 소득금액증명원 1부 6. 사실상의 잔금지급일을 확인할 수 있는 서류(사실상의 잔금지급일과 계약상의 잔금지급일이 다른 경우만 해당합니다) 1부	수수료 없음

위임장

위의 신고인 본인은 위임받는 사람에게 취득세 신고에 관한 일체의 권리와 의무를 위임합니다.

위임자(신고인)   (서명 또는 인)

위임받는 사람	성명		위임자와의 관계	
	생년월일		전화번호	
	주소			

*위임장은 별도 서식을 사용할 수 있습니다.

- - - - - - - - - - 자르는 선 - - - - - - - - - -

접수증(취득세 신고서)

신고인(대리인)	취득물건 신고내용	접수 일자	접수번호
「지방세법」 제20조 제1항, 제152조 제1항, 같은 법 시행령 제33조 제1항, 「농어촌특별세법」 제7조에 따라 신고한 신고서의 접수증입니다.			접수자 (서명 또는 인)

210㎜×297㎜[백상지 80g/㎡(재활용품)]

부동산 사용계획서

취득법인	법인명	법인 甲	법인설립일	
	법인등록번호		전화번호	
	주소			

취득물건내역				
소재지	취득일	취득원인	면적(m²)	
			건물	토지
서울특별시 송파구 송파동	2025 - 01 - 05	신축	500	

부동산 이용 목적 및 계획

☐ 본점사용여부　　　　　　사용 ☐　미사용 ☑

☐ 지점설치여부　　　　　　설치 ☑　미설치 ☐

☐ 거래당사자자간의 특수관계 여부　　예 ☐　아니오 ☑

☐ 기타 사용목적 및 계획 : 지점사용

※ 상기 부동산 취득세 신고시 중과제외적용 후 사용 계획과 다르게 본점용(대도시 내 법인 설립 후 5년 경과제외)으로 사용하거나 지점 설치 및 본점·지점 등을 전입하는 경우 추징될 수 있습니다(신고·납부불성실가산세 포함).

위와 같이 부동산을 취득하여 이용할 계획입니다.

2025년　03월　06일

신고인(법인명)　　　　　　　　　법인 甲　(인)

송파구청장 귀하

건축물 공사비용 명세서

◎ 소재지 : 서울특별시 송파구 송파동
◎ 연면적 : 500m^2
◎ 건축주 : 법인 甲
◎ 시공사 :

항목		지급처	공급가액	비 고
도급공사비			30,000,000,000	
재료비				
노무비				
설계비			300,000,000	
감리비				
부대공사비	전기			
	소방			
	수도			
	냉난방			
	통신			
	승강기			
기존건축물 철거비				
인테리어 비용				
건설자금이자			1,000,000,000	
건축공사관련 조세	세금(면허세, 인지세 등)			
	보험료(고용보험료 등)			
부담금	상수도 원인자 부담금			
	하수도 원인자 부담금			
	도로 원인자 부담금			
	광역교통시설 부담금			
	기타 부담금		500,000,000	
상수도, 전화, 전기, 임시 사용료				
국민주택채권매각차손				
기타공사비용			100,000,000	
총 계			31,900,000,000	
비과세 계			100,000,000	
합계(비과세 제외금액)			31,800,000,000	

위의 공사비용 내역을 제출하며, 추후 누락된 비용이 확인되어 추징하여도 이의가 없습니다.

2025년 03월 06일

제출(확인)자: 　　　법인 甲 (인)　　　　송파구청장 귀하

첨부 1. 공사별 도급계약서(공사내역) 2. 설계ㆍ감리계약서 3. 기타 비용 계약서 4. 세금계산서, 기타계산서, 영수증

건축물 총 취득가액 세부명세서

항목	지급처	금액(VAT 제외)
일급도급계약금액(A)		30,000,000,000
일급도급계약금액 외 취득비용(B)		1,800,000,000
총 취득가액(=A+B)		31,800,000,000

일괄도급계약금액외 취득비용

항목	금액(VAT 제외)
재료비(①)	
노무비(②)	
경비(③)	1,900,000,000
취득가액 미포함(④)	100,000,000
일괄도급계약금액 외 취득비용(=①+②+③-④)	1,800,000,000

① 재료비

구분	세부항목	지급처	금액(VAT 제외)	비 고
직접재료비	주요재료비			
	부분품비			
	소계			
간접재료비	소모재료비			
	소모공구, 기구, 비품구입비			
	가설재료비			
	소계			
옵션 품목(빌트인 냉장고, 천정에어컨 등)				
미술품 등(관련법령에 의한)				
기타 재료비				
총합계				

② 노무비

구분		세부항목	지급처	금액(VAT 제외)	비 고
직접노무비		기본급			
		제수당			
		상여금			
		퇴직급여충당금			
		인정상여			
		소계			
간접노무비		기본급			
		제수당			
		상여금			
		퇴직급여충당금			
		인정상여			
		소계			
기타 노무비					
총합계					

③ 경비

구분	세부항목	지급처	금액 (VAT 제외)	비 고
지급수수료	조사검사 및 업무대행수수료			
	기술지도대가			
	감정평가수수료			
	건설자금이자		1,000,000,000	취득일까지 이자 계산, 법인만 포함
	건설기계대여금지급보증			
	건설하도급대금지급보증			
	공사이행보증서발급			
	관리형토지신탁수수료			
	교통영향분석수수료			
	대출수수료			
	법무법인수수료			등기비 제외
	분양보증보험료			미포함
	시행·시공자문수수료			
	신탁수수료			
	연체료			법인만 포함

구분	세부항목	지급처	금액 (VAT 제외)	비 고
지급수수료	일반경계복원조사수수료			
	전기안전관리대행수수료			
	자산실사수수료			
	주변환경조사수수료			
	지반조사수수료			
	친환경건축물인증용역비			
	컨설팅수수료			
	할부이자			법인만 포함
	건물에너지효율등급인증용역비			
	기타 취득관련 수수료			
	소계		1,000,000,000	
각종부담금	광역교통시설부담금			
	농지보전부담금			지목변경 수반시 별도 신고
	농지(산림)전용부담금			지목변경 수반시 별도 신고
	대체농지(산지, 초지)조성비			지목변경 수반시 별도 신고
	폐기물처분부담금			
	학교용지부담금			
	도로굴착부담금			
	도로원인자부담금			
	상수도원인자부담금			
	하수도원인자부담금			
	하수처리시설부담금			
	기타법령상 의무적으로 부담하는 취득관련 부담금		500,000,000	
	소계		500,000,000	
외주가공비 (부분도급)	토공사			절토, 성토, 굴착 등
	전기공사			
	전력공사			
	인테리어공사			취득일 이후 공사한 경우 제외
	정보통신설비공사			취득일 이후 공사한 경우 제외
	엘리베이터공사			각종 승강시설 포함
	에스컬레이터공사			
	소방공사			
	설계비		300,000,000	
	감리비			
	배관공사			급수공사비
	냉난방공사(1)			가스보일러, 온돌 등

구분	세부항목	지급처	금액 (VAT 제외)	비 고
외주가공비 (부분도급)	냉난방공사(2)			천정에어컨 등
	상하수도설비공사			
	급배수시설공사			
	정화조공사			
	골조공사			
	포장공사			
	조경공사비			건축무관 지목변경 수반시 별도 신고
	기존 건축물 철거비			
	폐기물처리비			
	기타외주공사비			
	소계		300,000,000	
전기수수료	전력비			
	수도광열비			
	소계			
운반비	운송비			재료비에 포함되지 않는 비용
	하역비			
	상하차비			
	조작비 등			
	소계			
지급임차료	건물임차료			건물 신·증축 관련 임차료
	토지임차료			
	장비임차료			
	기술임차료			
	기타임차료			
	소계			
보험료	인허가보증보험료			
	이행(하자)보증보험료			
	설계·감리보증보험료			
	산업재해보험료			
	고용보험료			
	국민건강보험료			
	국민연금보험료			
	공사손해보험료			
	기타보험료			
	소계			

구분		세부항목	지급처	금액 (VAT 제외)	비 고
국민주택채권 매각차손					자기부담 수수료만 해당
공과금					도로점용허가 등 건축인허가 관련
도서인쇄비					
기계경비					
특허원 사용료					
기술료					
연구개빌비					
타당성조사컨설팅비					
품질관리비					
가설건축물설치비					존치기간 1년 이상 별도 신고
안전관리비					
건설근로사 퇴직공제부금비					
관급자재 관리비					
복리 후생비					
보관비					
소모품비					
여비 교통 통신비	여비				
	차량유지비				
	전신전화비				
	우편료 등				
	소계				
세금	등록면허세				
	재산분 주민세				
	종업원분 주민세				
	균등분 주민세				
	인지세				
	소계				
분담금 (인입비)	지역난방 공사분담금				미포함
	가스공사 분담금				미포함
	전기공사 분담금				미포함

구분		세부항목	지급처	금액 (VAT 제외)	비 고
분담금 (인입비)	기타분담금			100,000,000	미포함
	소계			100,000,000	
기타경비					
총계				1,900,000,000	
미포함계				100,000,000	
합계				1,800,000,000	

신축 건물 사용계획서

(단위 ; m²)

층별	업무시설			사용계획		사용용도
	전용면적	공용면적	면적합계	직접사용	임대	
1	100		100		100	근린생활시설
2	100		100	100		사무소
3	100		100	100		사무소
4	100		100		100	근린생활시설
5	100		100		100	근린생활시설
지상층계	500		500	200	300	
지하층계						
계	500		500	200	300	

※ 사용용도란에 비고 기재(○○부서, ○○매장, 공실, 임차인명 등)

2025년 03월 06일

신고자:　　　　　법인 甲 (인)

송파구청장 귀하

2 甲법인은 설립 후 5년이 경과된 법인으로 2024. 1. 1. 건축물 신축 후 전체를 임대용으로 사용하다가 당해 건축물에 2025. 1. 5. B지점을 설치하여 2~3층만을 사용하는 경우 추가로 납부하여야 할 취득세 (부속토지는 중과대상 아님)

(1) 취득세 과세표준

甲법인이 신축한 건축물에 대한 과세표준액은 위와 동일하게 일괄도급비와 건설자금이자, 부담금, 지급수수료 등 도급금액 외 지출한 비용을 합한 318억 원이 된다. 다만, 건축물 중 중과세율과 일반세율 적용 대상이 동시에 있을 경우 해당 건축물 연면적 비율로 안분하는데, 위 사례에서는 건축물 5층의 각 층별 면적이 동일하다고 전제한다.

(2) 세율

2024. 1. 1. 건축물 신축 당시 甲법인은 일반세율(2.8%)을 적용하여 취득세를 납부하였다. 그 후 2025. 1. 5. 해당 건축물에 B지점을 설치하여 그 과세물건이 「지방세법」 제13조 제2항에 따른 중과대상이 된 경우이므로 甲법인은 그 차액을 납부하여야 한다. 그 취득세 중과세 세율은 표준세율의 3배에서 중과기준세율(2%)의 2배를 뺀 세율을 적용하므로 2.8%의 3배에서 2%의 2배를 빼면 4.4%의 취득세 중과세율이 산출된다. 따라서 중과세 해당 과세표준에 1.6%(=4.4%−2.8%)를 적용한 세액을 추가로 납부하면 된다. 취득세의 부가세(sur-tax)로서 농어촌특별세는 취득세 표준세율을 2%로 하여 지방세법에 따라 산출한 세액을 과세표준으로 하므로 0.2%[=(2%×3배)−(2%×2배)×10%]의 세율로 동일하므로 추가로 납부할 세액은 없다. 그리고 지방교육세는 취득세 표준세율에서 2%를 뺀 세율의 3배에 20%를 곱해 산출하므로 0.48%[=(2.8%−2%)×3배×20%]의 세율과 당초 납부한 0.16%[=(2.8%−2%)×20%] 세율과의 차이인 0.32%에 해당하는 금액을 추가로 납부해야 한다(지법 제151조 제1항 제1호 가목).

(3) 납부세액

「지방세법」 제20조 제2항에 의해 취득세 과세물건을 취득한 후에 그 과세물건이 중과세율의 적용대상이 되었을 때에는 60일 이내에 중과세 세율을 적용한 산출세액에서 이미 납부한 세액을 공제한 금액을 세액으로 하여 신고하고 납부하여야 한다. 「지방세법 시행령」 제27조

제3항에서 지점 설치 이전에 지점의 용도로 직접 사용하기 위한 부동산 취득이 중과대상이므로 임대용을 제외한 해당 건축물 5층 중 2~3층만 중과대상이다. 따라서 취득세 납부세액은 203,520,000원(=31,800,000,000×2/5×1.6%)이고, 농어촌특별세는 납부세액이 없으며, 지방교육세는 40,704,000원(=31,800,000,000×2/5×0.32%)으로 총 납부세액은 244,224,000원이 된다.

(4) 취득박사 프로그램을 통한 계산

① 2024. 1. 1. 건축물 신축 취득세 계산

주택외건물을 신축한 경우로 재산 등록 〉「주택외건물(부수토지 제외)」에서 입력한다. 취득 유형 -'원시취득', 취득 원인 -'신축'을 선택하면 취득당시가액 종류는 '사실상의 취득가격'으로 자동 선택된다. 해당 건물의 세부적인 용도 입력을 위해서 '용도 세부입력'버튼을 클릭하여 '층별 용도 및 면적 입력'창에서 각 층별 용도 및 면적을 입력한다. 사실상의 취득가격 금액란 오른쪽의 '수정'버튼을 클릭하여 해당 건물 취득에 소요된 일괄도급계약금액 300억 원 및 일괄도급계약금액 외 취득비용 19억 원(과세표준에 포함되지 않는 전기·가스 등 이용 분담비 1억 원도 입력하면 취득가액 미포함 금액으로 구분)을 항목별로 입력하면 취득세, 지방교육세 및 농어촌특별세의 납부세액이 계산된다.

세액 계산 〉「취득세 서식인쇄」에서 입력된 자료를 토대로 생성된 취득세 신고서 및 과세관청 실무 제출용 서식(부동산 사용계획서, 건축물 공사비용 명세서, 건축물 총 취득가액 세부명세서 및 신축 건물 사용계획서 등)을 출력할 수 있다.

층별 용도 및 면적 입력

삭제	구분	층수	용도	면적(m²)		취득세 중과			
				전용	공용	감면적용	과밀억제권역 내 본점 신축 등 (법 제13조①)	대도시 내 법인 설립 등 (법 제13조②)	고급오락장· 고급주택 등 (법 제13조⑤)
✖	지상	1	근린생활시설	100	0	☑	☐	☐	☐
✖	지상	2	근린생활시설	100	0	☐	☐	☐	☐
✖	지상	3	근린생활시설	100	0	☐	☐	☐	☐
✖	지상	4	근린생활시설	100	0	☐	☐	☐	☐
✖	지상	5	근린생활시설	100	0	☐	☐	☐	☐
✖				0	0	☐	☐	☐	☐
✖				0	0	☐	☐	☐	☐
✖				0	0	☐	☐	☐	☐
✖				0	0	☐	☐	☐	☐
✖				0	0	☐	☐	☐	☐
✖				0	0	☐	☐	☐	☐
				500	0	0	0	0	0

🔒 원격지원 🖨 화면인쇄

💾 저장   💾 층 추가

건축물 총 취득원가 세부 입력

🔒 원격지원 🖨 화면인쇄

구 분	지급처	금액(VAT 제외)
일괄도급계약금액 (A)		30,000,000,000
일괄도급계약금액 외 취득비용 (B)		1,800,000,000
총취득가액 (= A + B)		31,800,000,000

💾 저장 💾 삭제

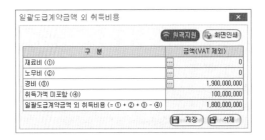

일괄도급계약금액 외 취득비용

🔒 원격지원 🖨 화면인쇄

구 분	금액(VAT 제외)
재료비 (①)	0
노무비 (②)	0
경비 (③)	1,900,000,000
취득가액 미포함 (④)	100,000,000
일괄도급계약금액 외 취득비용 (= ① + ② + ③ - ④)	1,800,000,000

💾 저장 💾 삭제

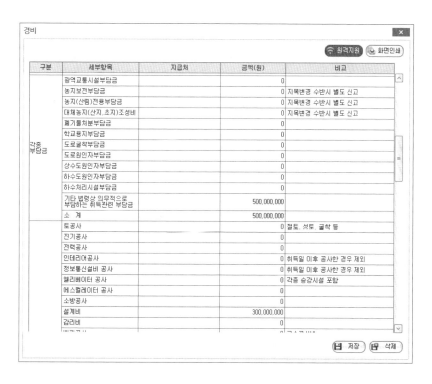

구분	세부항목	지급처	금액(원)	비고
지급수수료	조사검사및업무대행수수료		0	
	기술지도대가		0	
	감정평가수수료		0	
	건설자금이자		1,000,000,000	취득일까지 이자 계산, 법인만 포함
	건설기계대여금지급보증		0	
	건설하도급대금지급보증		0	
	공사이행보증서발급		0	
	관리형토지신탁수수료		0	
	교통영향분석수수료		0	
	금융자문수수료		0	
	대출수수료		0	
	법무법인수수료		0	등기비 제외
	분양보증보험료		0	미포함
	시행 시공자문수수료		0	
	신탁수수료		0	
	연체료		0	법인만 포함
	일반경계복원조사수수료		0	
	전기안전관리대행수수료		0	
	자산실사수수료		0	
	주변환경조사수수료		0	
	지반조사수수료		0	
	친환경건축물인증용역비		0	
	컨설팅수수료		0	
	할부이자		0	법인만 포함

구분	세부항목	지급처	금액(원)	비고
각종 부담금	광역교통시설부담금		0	
	농지보전부담금		0	지목변경 수반시 별도 신고
	농지(산림)전용부담금		0	지목변경 수반시 별도 신고
	대체농지(산지,초지)조성비		0	지목변경 수반시 별도 신고
	폐기물처분부담금		0	
	학교용지부담금		0	
	도로굴착부담금		0	
	도로원인자부담금		0	
	상수도원인자부담금		0	
	하수도원인자부담금		0	
	하수처리시설부담금		0	
	기타 법령상 의무적으로 부담하는 취득관련 부담금		500,000,000	
	소 계		500,000,000	
	토공사		0	절토, 성토, 굴착 등
	전기공사		0	
	전력공사		0	
	인테리어공사		0	취득일 이후 공사한 경우 제외
	정보통신설비 공사		0	취득일 이후 공사한 경우 제외
	엘리베이터 공사		0	각종 승강시설 포함
	에스컬레이터 공사		0	
	소방공사		0	
	설계비		300,000,000	
	감리비		0	

구분	세부항목	지급처	금액(원)	비고
관급자재 관리비			0	
복리후생비			0	
보관비			0	
소모품비			0	
여비 교통 통신비	여비		0	
	차량유지비		0	
	전신전화비		0	
	우편료 등		0	
	소 계		0	
세금	등록면허세		0	
	재산분 주민세		0	
	종업원분 주민세		0	
	균등분 주민세		0	
	인지세		0	
	소 계		0	
분담금 (인입비)	지역난방공사분담금		0	미포함
	가스공사분담금		0	미포함
	전기공사분담금		0	미포함
	기타분담금		100,000,000	미포함
	소 계		100,000,000	
기타 경비			0	
총 계			1,900,000,000	
미포함 계			100,000,000	
합 계			1,800,000,000	

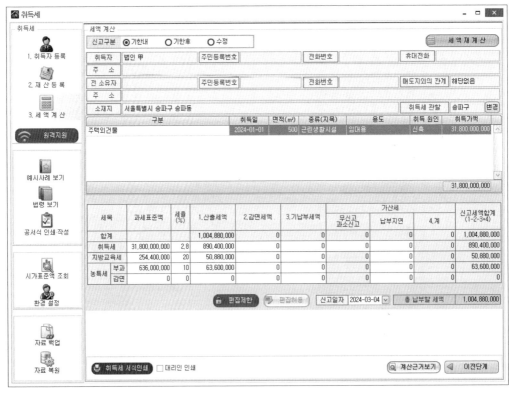

세목	과세표준액	세율(%)	1.산출세액	2.감면세액	3.기납부세액	가산세 무신고 과소신고	납부지연	4.계	신고세액합계 (1-2-3+4)
합계			1,004,880,000	0	0	0	0	0	1,004,880,000
취득세	31,800,000,000	2.8	890,400,000	0	0	0	0	0	890,400,000
지방교육세	254,400,000	20	50,880,000	0	0	0	0	0	50,880,000
농특세 부과	636,000,000	10	63,600,000	0	0	0	0	0	63,600,000
농특세 감면	0	0	0	0	0	0	0	0	0

지방세법 시행규칙[별지 제3호 서식] 〈개정 2024.12.31.〉

취득세 ([√]기한 내 / [ ]기한 후]) 신고서

(앞쪽)

관리번호		접수 일자		처리기간	즉시

신고인	취득자(신고자)	성명(법인명) 법인 甲	주민등록번호(외국인등록번호, 법인등록번호)
		주소	전화번호
	전 소유자	성명(법인명)	주민등록번호(외국인등록번호, 법인등록번호)
		주소	전화번호
매도자와의 관계		「지방세기본법」 제2조 제34호 가목에 따른 친족관계에 있는 자인 경우 (배우자[ ] 직계존비속[ ] 그 밖의 친족관계[√])	
		「지방세기본법」 제2조 제34호 나목에 따른 경제적 연관관계에 있는 자(임원·사용인 등)인 경우 [ ]	
		「지방세기본법」 제2조 제34호 다목에 따른 경영지배관계에 있는 자(주주·출자자 등)인 경우 [ ]	
		「지방세기본법」 제2조 제34호에 따른 특수관계인이 아닌 경우 [√]	

취 득 물 건 내 역

소재지	서울특별시 송파구 송파동						
취득물건	취득일	면적	종류(지목/차종)	용도	취득 원인	취득가액	
주택외건물	2024-01-01	500m²	근린생활시설	임대용	신축	31,800,000,000	

「지방세법」 제10조의2 제2항 제2호에 따른 무상취득의 경우	시가인정액 [ ]	시가표준액 [ ]

세목		과세표준액	세율	① 산출세액	② 감면세액	③ 기납부세액	가산세			신고세액합계 (①-②-③+④)
							무신고 또는 과소신고	납부지연	계 ④	
합계				1,004,880,000						1,004,880,000
신고세액	취득세	31,800,000,000	2.8%	890,400,000						890,400,000
	지방교육세	254,400,000	20%	50,880,000						50,880,000
	농어촌특별세 부과분	636,000,000	10%	63,600,000						63,600,000
	농어촌특별세 감면분									

「지방세법」 제20조 제1항, 제152조 제1항, 같은 법 시행령 제33조 제1항, 「농어촌특별세법」 제7조에 따라 위와 같이 신고합니다.

2024년 03월 04일

신고인
대리인

법인 甲 (서명 또는 인)
(서명 또는 인)

접수(영수)일자 (인)

송파구청장 귀하

첨부 서류	1. 매매계약서, 증여계약서, 부동산거래계약 신고필증 또는 법인 장부 등 취득가액 및 취득일 등을 증명할 수 있는 서류 사본 1부 2. 「지방세특례제한법 시행규칙」 별지 제1호 서식의 지방세 감면 신청서 1부 3. 별지 제4호 서식의 취득세 납부서 납세자 보관용 영수증 사본 1부 4. 별지 제8호 서식의 취득세 비과세 확인서 1부 5. 근로소득 원천징수영수증 또는 소득금액증명원 1부 6. 사실상의 잔금지급일을 확인할 수 있는 서류(사실상의 잔금지급일과 계약상의 잔금지급일이 다른 경우만 해당합니다) 1부	수수료 없음

위임장

위의 신고인 본인은 위임받는 사람에게 취득세 신고에 관한 일체의 권리와 의무를 위임합니다.

위임자(신고인)　　　　　(서명 또는 인)

위임받는 사람	성명	위임자와의 관계
	생년월일	전화번호
	주소	

*위임장은 별도 서식을 사용할 수 있습니다.

－－－－－－－－－－－ 자르는 선 －－－－－－－－－－－

접수증(취득세 신고서)

신고인(대리인)	취득물건 신고내용	접수 일자	접수번호
「지방세법」 제20조 제1항, 제152조 제1항, 같은 법 시행령 제33조 제1항, 「농어촌특별세법」 제7조에 따라 신고한 신고서의 접수증입니다.			접수자 (서명 또는 인)

210mm×297mm[백상지 80g/㎡(재활용품)]

부동산 사용계획서

취득법인	법인명	법인 甲	법인설립일	
	법인등록번호		전화번호	
	주소			

취득물건내역					

소재지	취득일	취득원인	면적(m²)	
			건물	토지
서울특별시 송파구 송파동	2024-01-01	신축	500	

부동산 이용 목적 및 계획

☐ 본점사용여부   사용 ☐   미사용 ☑

☐ 지점설치여부   설치 ☐   미설치 ☑

☐ 거래당사자간의 특수관계 여부   예 ☐   아니오 ☑

☐ 기타 사용목적 및 계획 : 상가임대

※ 상기 부동산 취득세 신고시 중과제외적용 후 사용 계획과 다르게 본점용(대도시 내 법인 설립 후 5년 경과제외)으로 사용하거나 지점 설치 및 본점 · 지점 등을 전입하는 경우 추징될 수 있습니다(신고 · 납부불성실가산세 포함).

위와 같이 부동산을 취득하여 이용할 계획입니다.

2024년 03월 04일

신고인(법인명)   법인 甲   (인)

송파구청장 귀하

건축물 공사비용 명세서

◎ 소재지 : 서울특별시 송파구 송파동
◎ 연면적 : 500m^2
◎ 건축주 : 법인 甲
◎ 시공사 :

항목		지급처	공급가액	비 고
도급공사비			30,000,000,000	
재료비				
노무비				
설계비			300,000,000	
감리비				
부대공사비	전기			
	소방			
	수도			
	냉난방			
	통신			
	승강기			
기존건축물 철거비				
인테리어 비용				
건설자금이자			1,000,000,000	
건축공사관련 조세	세금(면허세, 인지세 등)			
	보험료(고용보험료 등)			
부담금	상수도 원인자 부담금			
	하수도 원인자 부담금			
	도로 원인자 부담금			
	광역교통시설 부담금			
	기타 부담금		500,000,000	
상수도, 전화, 전기, 임시 사용료				
국민주택채권매각차손				
기타공사비용			100,000,000	
총 계			31,900,000,000	
비과세 계			100,000,000	
합계(비과세 제외금액)			31,800,000,000	

위의 공사비용 내역을 제출하며, 추후 누락된 비용이 확인되어 추징하여도 이의가 없습니다.

2024년 03월 04일

제출(확인)자:　　　　법인 甲 (인)　　　　송파구청장 귀하

첨부 1. 공사별 도급계약서(공사내역) 2. 설계 · 감리계약서 3. 기타 비용 계약서 4. 세금계산서, 기타계산서, 영수증

건축물 총 취득가액 세부명세서

항목	지급처	금액(VAT 제외)
일급도급계약금액(A)		30,000,000,000
일급도급계약금액 외 취득비용(B)		1,800,000,000
총 취득가액(=A+B)		31,800,000,000

일괄도급계약금액외 취득비용

항목	금액(VAT 제외)
재료비(①)	
노무비(②)	
경비(③)	1,900,000,000
취득가액 미포함(④)	100,000,000
일괄도급계약금액 외 취득비용(=①+②+③-④)	1,800,000,000

① 재료비

구분		세부항목	지급처	금액(VAT 제외)	비 고
직접재료비		주요재료비			
		부분품비			
		소계			
간접재료비		소모재료비			
		소모공구, 기구, 비품구입비			
		가설재료비			
		소계			
옵션 품목(빌트인 냉장고, 천정에어컨 등)					
미술품 등(관련법령에 의한)					
기타 재료비					
총합계					

② 노무비

구분	세부항목	지급처	금액(VAT 제외)	비 고
직접노무비	기본급			
	제수당			
	상여금			
	퇴직급여충당금			
	인정상여			
	소계			
간접노무비	기본급			
	제수당			
	상여금			
	퇴직급여충당금			
	인정상여			
	소계			
기타 노무비				
총합계				

③ 경비

구분	세부항목	지급처	금액 (VAT 제외)	비 고
지급수수료	조사검사 및 업무대행수수료			
	기술지도대가			
	감정평가수수료			
	건설자금이자		1,000,000,000	취득일까지 이자 계산, 법인만 포함
	건설기계대여금지급보증			
	건설하도급대금지급보증			
	공사이행보증서발급			
	관리형토지신탁수수료			
	교통영향분석수수료			
	대출수수료			
	법무법인수수료			등기비 제외
	분양보증보험료			미포함
	시행·시공자문수수료			
	신탁수수료			
	연체료			법인만 포함

구분	세부항목	지급처	금액 (VAT 제외)	비 고
지급수수료	일반경계복원조사수수료			
	전기안전관리대행수수료			
	자산실사수수료			
	주변환경조사수수료			
	지반조사수수료			
	친환경건축물인증용역비			
	컨설팅수수료			
	할부이자			법인만 포함
	건물에너지효율등급인증용역비			
	기타 취득관련 수수료			
	소계		1,000,000,000	
각종부담금	광역교통시설부담금			
	농지보전부담금			지목변경 수반시 별도 신고
	농지(산림)전용부담금			지목변경 수반시 별도 신고
	대체농지(산지, 초지)조성비			지목변경 수반시 별도 신고
	폐기물처분부담금			
	학교용지부담금			
	도로굴착부담금			
	도로원인자부담금			
	상수도원인자부담금			
	하수도원인자부담금			
	하수처리시설부담금			
	기타법령상 의무적으로 부담하는 취득관련 부담금		500,000,000	
	소계		500,000,000	
외주가공비 (부분도급)	토공사			절토, 성토, 굴착 등
	전기공사			
	전력공사			
	인테리어공사			취득일 이후 공사한 경우 제외
	정보통신설비공사			취득일 이후 공사한 경우 제외
	엘리베이터공사			각종 승강시설 포함
	에스컬레이터공사			
	소방공사			
	설계비		300,000,000	
	감리비			
	배관공사			급수공사비
	냉난방공사(1)			가스보일러, 온돌 등

구분	세부항목	지급처	금액 (VAT 제외)	비 고
외주가공비 (부분도급)	냉난방공사(2)			천정에어컨 등
	상하수도설비공사			
	급배수시설공사			
	정화조공사			
	골조공사			
	포장공사			
	조경공사비			건축무관 지목변경 수반시 별 도 신고
	기존 건축물 철거비			
	폐기물처리비			
	기타외주공사비			
	소계		300,000,000	
전기수수료	전력비			
	수도광열비			
	소계			
운반비	운송비			재료비에 포함되지 않는 비용
	하역비			
	상하차비			
	조작비 등			
	소계			
지급임차료	건물임차료			건물 신·증축 관련 임차료
	토지임차료			
	장비임차료			
	기술임차료			
	기타임차료			
	소계			
보험료	인허가보증보험료			
	이행(하자)보증보험료			
	설계·감리보증보험료			
	산업재해보험료			
	고용보험료			
	국민건강보험료			
	국민연금보험료			
	공사손해보험료			
	기타보험료			
	소계			

구분		세부항목	지급처	금액 (VAT 제외)	비 고
국민주택채권 매각차손					자기부담 수수료만 해당
공과금					도로점용허가 등 건축인허가 관련
도서인쇄비					
기계경비					
특허원 사용료					
기술료					
연구개빌비					
타당성조사컨설팅비					
품질관리비					
가설건축물설치비					존치기간 1년 이상 별도 신고
안전관리비					
건설근로사 퇴직공제부금비					
관급자재 관리비					
복리 후생비					
보관비					
소모품비					
여비 교통 통신비	여비				
	차량유지비				
	전신전화비				
	우편료 등				
	소계				
세금	등록면허세				
	재산분 주민세				
	종업원분 주민세				
	균등분 주민세				
	인지세				
	소계				
분담금 (인입비)	지역난방 공사분담금				미포함
	가스공사 분담금				미포함
	전기공사 분담금				미포함

구분		세부항목	지급처	금액 (VAT 제외)	비 고
분담금 (인입비)	기타분담금			100,000,000	미포함
	소계			100,000,000	
기타경비					
총계				1,900,000,000	
미포함계				100,000,000	
합계				1,800,000,000	

신축 건물 사용계획서

(단위 ; m²)

층별	업무시설			사용계획		사용용도
	전용면적	공용면적	면적합계	직접사용	임대	
1	100		100		100	근린생활시설
2	100		100		100	근린생활시설
3	100		100		100	근린생활시설
4	100		100		100	근린생활시설
5	100		100		100	근린생활시설
지상층계	500		500		500	
지하층계						
계	500		500		500	

※ 사용용도란에 비고 기재(○○부서, ○○매장, 공실, 임차인명 등)

2024년 03월 04일

신고자:　　　　　법인 甲 (인)

송파구청장 귀하

② 2025. 1. 5. B지점 설치에 따른 취득세 중과분 계산

「취득자 등록」 메뉴에서 2024. 1. 1. 건물 신축 관련 취득자 자료를 선택하고, 상단의 '수정신고등' 버튼을 클릭한다. 최초 취득 후 해당 건물이 대도시 내 법인 중과 대상이 되었으므로 '수정·중과·추징' 창에서 '중과' 버튼을 클릭한다. 해당 취득자 자료가 자동으로 복사된 후 '취득자 조회' 창에서 중과신고 대상인 당초 신고자료(2024. 1. 1. 신축 관련 취득자 자료)를 선택한다.

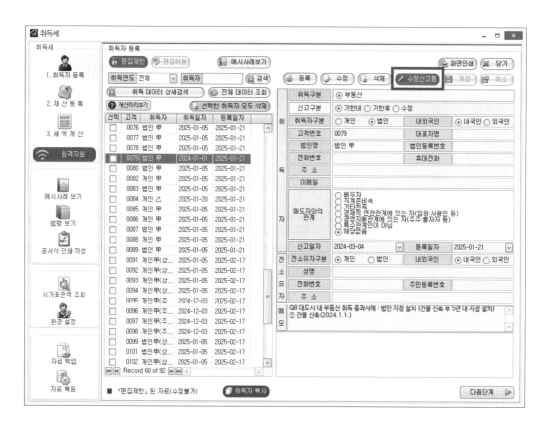

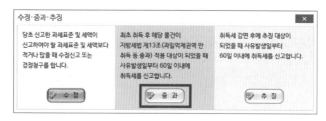

「취득자 등록」메뉴에서 복사된 취득자 자료가 선택된 상태로「재산 등록」메뉴로 이동하여 '재산수정'버튼을 클릭하여 이미 저장된 주택외건물 자료를 수정한다. 사유발생일에는 B지점 설치일인 '2025-01-05'를 입력하고, 중과 사유를 입력한다. 건축물 2~3층만 지점으로 사용하고 나머지 1층과 4~5층은 임대용이므로, '용도 세부입력'버튼을 클릭하여 '층별 용도 및 면적 입력'창에서 해당 건축물의 각 층별 용도 및 면적을 입력하고 취득세 중과(대도시 내 법인 설립 등(지방세법 제13조 ②))를 선택한다.

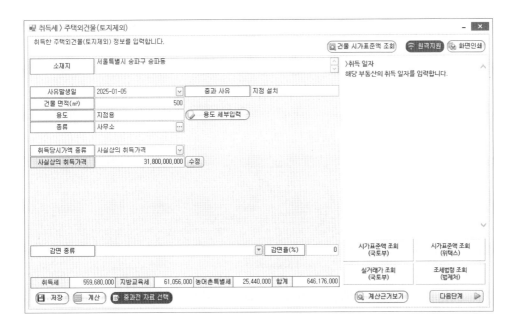

「세액 계산」 메뉴로 이동하여 취득세 과세표준신고서 내역을 살펴보면 총 건축물 면적인 500㎡ 중 중과신고 대상인 2~3층 면적(200㎡)에 대한 과세표준이 자동으로 구분되고, 해당 과세표준에 대한 취득세, 지방교육세, 농어촌특별세의 산출세액, 기납부세액 및 추가 납부세액이 계산된 점을 확인할 수 있다. 계산된 산출세액 및 기납부세액에 대한 자세한 계산근거는 하단의 '계산근거보기'를 통해 확인할 수 있으며, '취득세 서식인쇄'버튼을 클릭하여 당초 신고분과 중과신고분의 취득물건내역이 비교 목적으로 병기된 취득세 신고서 및 과세관청 실무 제출용 서식(부동산 사용계획서, 신축 건물 사용계획서 등)을 출력할 수 있다.

○ 취득세 계산근거(취득자 : 법인 甲)

■ 과세표준 안분

□ 중과분 과세표준 = 과세표준 × $\dfrac{\text{중과분 면적}}{\text{전체 면적}}$

$31,800,000,000 \times 200\text{m}^2/500\text{m}^2 = 12,720,000,000$원

■ 세액계산

1. 취득유형

   주택외건물(원시취득 – 신축 – 대도시 중과)

2. 취득세

   ① 과세표준 = 12,720,000,000원

   ② 세율 : 4.4%[(표준세율 2.8% × 3) – 4%, 지방세법 제13조 ②]

   ③ 산출세액 = 12,720,000,000 × 4.4% = 559,680,000원

   ④ 감면세액 = 0원

   ⑤ 기납부세액 = 890,400,000 × (200m²/500m²) = 356,160,000원

3. 지방교육세

   ① 과세표준 = 12,720,000,000 × [(2.8% – 2%) × 3] = 305,280,000원

   ② 세율 : 20%

   ③ 산출세액 = 305,280,000 × 20% = 61,056,000원

   ④ 기납부세액 = 50,880,000 × (200m²/500m²) = 20,352,000원

4. 농어촌특별세(부과분)

   ① 과세표준 = 12,720,000,000 × [(2% × 3) – 4%] = 254,400,000원

   ② 세율 : 10%

   ③ 산출세액 = 254,400,000 × 10% = 25,440,000원

   ④ 기납부세액 – 63,600,000 × (200m²/500m²) = 25,440,000원

5. 농어촌특별세(감면분)

   해당사항 없음

취득세 ([√]기한 내 / [ ]기한 후]) 신고서

(앞쪽)

관리번호		접수 일자		처리기간	즉시

신고인	취득자(신고자)	성명(법인명) 법인 甲	주민등록번호(외국인등록번호, 법인등록번호)
		주소	전화번호
	전 소유자	성명(법인명)	주민등록번호(외국인등록번호, 법인등록번호)
		주소	전화번호

매도자와의 관계	「지방세기본법」 제2조 제34호 가목에 따른 친족관계에 있는 자인 경우 (배우자[ ] 직계존비속[ ] 그 밖의 친족관계[ ])
	「지방세기본법」 제2조 제34호 나목에 따른 경제적 연관관계에 있는 자(임원·사용인 등)인 경우 [ ]
	「지방세기본법」 제2조 제34호 다목에 따른 경영지배관계에 있는 자(주주·출자자 등)인 경우 [ ]
	「지방세기본법」 제2조 제34호에 따른 특수관계인이 아닌 경우 [ ]

취 득 물 건 내 역

소재지	서울특별시 송파구 송파동					
취득물건	취득일	면적	종류(지목/차종)	용도	취득 원인 (중과사유)	취득가액
주택외건물(토지포함)	2024-01-01	500m²	사무소	임대용	신축	31,800,000,000
	2025-01-05	200m²	사무소	지점용	지점설치	12,720,000,000

「지방세법」 제10조의2 제2항 제2호에 따른 무상취득의 경우		시가인정액 [ ]	시가표준액 [ ]

	세목	과세표준액	세율	① 산출세액	② 감면세액	③ 기납부세액	가산세 무신고 또는 과소신고	납부지연	계 ④	신고세액합계 (①-②-③+④)
	합계			646,176,000		401,952,000				244,224,000
신고세액	취득세	12,720,000,000	4.4%	559,680,000		356,160,000				203,520,000
	지방교육세	305,280,000	20%	61,056,000		20,352,000				40,704,000
	농어촌특별세 부과분	254,400,000	10%	25,440,000		25,440,000				
	농어촌특별세 감면분									

「지방세법」 제20조 제1항, 제152조 제1항, 같은 법 시행령 제33조 제1항, 「농어촌특별세법」 제7조에 따라 위와 같이 신고합니다.

2025년   03월   06일

	접수(영수)일자 (인)

신고인
대리인

법인 甲 (서명 또는 인)
(서명 또는 인)

송파구청장 귀하

첨부 서류	1. 매매계약서, 증여계약서, 부동산거래계약 신고필증 또는 법인 장부 등 취득가액 및 취득일 등을 증명할 수 있는 서류 사본 1부 2. 「지방세특례제한법 시행규칙」 별지 제1호 서식의 지방세 감면 신청서 1부 3. 별지 제4호 서식의 취득세 납부서 납세자 보관용 영수증 사본 1부 4. 별지 제8호 서식의 취득세 비과세 확인서 1부 5. 근로소득 원천징수영수증 또는 소득금액증명원 1부 6. 사실상의 잔금지급일을 확인할 수 있는 서류(사실상의 잔금지급일과 계약상의 잔금지급일이 다른 경우만 해당합니다) 1부	수수료 없음

위임장

위의 신고인 본인은 위임받는 사람에게 취득세 신고에 관한 일체의 권리와 의무를 위임합니다.

위임자(신고인)   (서명 또는 인)

위임받는 사람	성명	위임자와의 관계
	생년월일	전화번호
	주소	

*위임장은 별도 서식을 사용할 수 있습니다.

··· 자르는 선 ···

접수증(취득세 신고서)

신고인(대리인)	취득물건 신고내용	접수 일자	접수번호
「지방세법」 제20조 제1항, 제152조 제1항, 같은 법 시행령 제33조 제1항, 「농어촌특별세법」 제7조에 따라 신고한 신고서의 접수증입니다.			접수자 (서명 또는 인)

210㎜×297㎜[백상지 80g/㎡(재활용품)]

부동산 사용계획서

취득법인	법인명	법인 甲	법인설립일	
	법인등록번호		전화번호	
	주소			

취득물건내역				

소재지	취득일	취득원인	면적(m²)	
			건물	토지
서울특별시 송파구 송파동	2025-01-05	지점설치	200	

부동산 이용 목적 및 계획

☐ 본점사용여부   사용 ☐   미사용 ☑

☐ 지점설치여부   설치 ☑   미설치 ☐

☐ 거래당사자간의 특수관계 여부   예 ☐   아니오 ☑

☐ 기타 사용목적 및 계획 : 2~3층(200m²)을 임대용에서 지점 사업용으로 전용

※ 상기 부동산 취득세 신고시 중과제외적용 후 사용 계획과 다르게 본점용(대도시 내 법인 설립 후 5년 경과제외)으로 사용하거나 지점 설치 및 본점·지점 등을 전입하는 경우 추징될 수 있습니다(신고·납부불성실가산세 포함).

위와 같이 부동산을 취득하여 이용할 계획입니다.

2025년   03월   06일

신고인(법인명)   법인 甲 (인)

송파구청장 귀하

신축 건물 사용계획서

(단위 : m²)

층별	업무시설			사용계획		사용용도
	전용면적	공용면적	면적합계	직접사용	임대	
1	100		100		100	근린생활시설
2	100		100	100		사무소
3	100		100	100		사무소
4	100		100		100	근린생활시설
5	100		100		100	근린생활시설
지상층계	500		500	200	300	
지하층계						
계	500		500	200	300	

※ 사용용도란에 비고 기재(○○부서, ○○매장, 공실, 임차인명 등)

2025년 03월 06일

신고자: 법인 甲 (인)

송파구청장 귀하

사치성재산 취득 중과 사례 : 고급주택

개인 甲은 2025. 1. 5. 조정대상지역 내에서 아래와 같이 공동주택을 신축하여 개인 乙 외 9명에게 분양하였다.

- 공동주택(10호) 건축 내역
  - 총 건축비용 150억 원(법인 丙에게 일괄도급 건축, 직·간접비용 합계액)
  - 세대별 전용면적 280㎡(10개호 동일, 복층형)
  - 세대별 주택공시가격 18억 원(건물+토지)
  - 부속토지 취득일 2010. 12. 31.
- 공동주택(10호) 분양내역 : 개인 乙 외 9명
  - 세대별 분양가격 25억 원(건물 + 토지)
  - 분양 취득일 2025. 1. 20.

1 개인 甲이 공동주택 신축 취득에 따라 신고 납부할 취득세

(1) 취득세 과세표준

개인 갑의 공동주택 건축에 따라 소요된 직·간접비용 합계액이 총 150억 원이므로 이 금액이 취득세 과세표준액이 된다. 또한 위 사례에서 부속토지의 경우 취득일로부터 5년을 경과하였으므로 과세표준에서 이를 고려할 필요는 없다(지법 제16조 제1항).

(2) 세율

공동주택 신축에 따른 취득세 표준세율은 2.8%이지만, 위 공동주택은 세대별 전용면적이 274㎡를 초과할 뿐 아니라 시가표준액이 9억 원을 초과하므로 「지방세법」 제13조 제5항에 의한 고급주택 중과요건에 해당된다. 따라서 취득세 표준세율(2.8%)에 중과기준세율(2%)의 4배를 합한 중과세율(10.8%)을 적용하여야 한다. 이는 취득세 통·폐합 이전의 종전 취득세(2%) 5배에 종전 등록세(0.8%)를 합한 세율과 동일한 수준이다. 취득세의 부가세(sur-tax)로서 농어촌특별세는 취득세 표준세율을 2%로 하여 지방세법에 따라 산출한 세액을 과세표준으로 하므로 1.0%[=(2% + 2%×4배)×10%]의 세율을 적용한다. 또한 지방교육세는 0.16%[=(2.8%-2%)×20%]의 세율을 적용하면 된다.

(3) 납부세액

취득세 납부세액은 1,620,000,000원(=15,000,000,000×10.8%)이고, 농어촌특별세는 150,000,000원(=15,000,000,000×1.0%), 지방교육세는 24,000,000원(=15,000,000,000×0.16%)으로 총 납부세액은 1,794,000,000원이다.

(4) 취득박사 프로그램을 통한 계산

공동주택을 신축한 경우로 재산 등록 〉「공동주택」에서 입력한다. 취득 유형-'원시취득', 취득 원인-'신축'을 선택하면 취득당시가액 종류는 '사실상의 취득가격'으로 자동 선택된다. 해당 주택이 중과대상인 고급주택에 해당되므로 주택 구분-'고급주택'을 선택한다. 사실상의 취득가격 금액란 오른쪽의 '수정'버튼을 클릭하여 해당 주택 취득에 소요된 일괄도급계약금액 150억 원을 입력하면 취득세, 지방교육세 및 농어촌특별세의 납부세액이 계산된다.

세액 계산 〉「취득세 서식인쇄」에서 입력된 자료를 토대로 생성된 취득세 신고서 및 과세관청 실무 제출용 서식(건축물 공사비용 명세서, 신축 건물 사용계획서 등)을 출력할 수 있다.

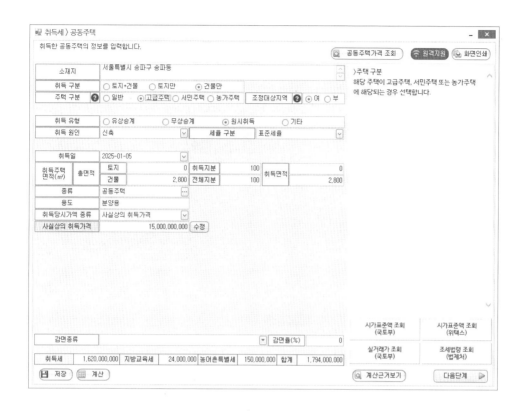

취득세 〉 공동주택											

취득한 공동주택의 정보를 입력합니다.

공동주택가격 조회　원격지원　화면인쇄

소재지	서울특별시 송파구 송파동				
취득 구분	○ 토지+건물　○ 토지만　● 건물만				
주택 구분 ❓	○ 일반　● 고급주택 ○ 서민주택 ○ 농가주택	조정대상지역 ❓ ● 여 ○ 부			

〉주택 구분
해당 주택이 고급주택, 서민주택 또는 농가주택
에 해당되는 경우 선택합니다.

취득 유형	○ 유상승계　○ 무상승계　● 원시취득　○ 기타			
취득 원인	신축	세율 구분	표준세율	

취득일		2025-01-05					
취득주택 면적(㎡)	총면적	토지	0	취득지분	100	취득면적	0
		건물	2,800	전체지분	100		2,800
종류	공동주택						
용도	분양용						
취득당시가액 종류	사실상의 취득가격						
사실상의 취득가격	15,000,000,000	수정					

감면종류		감면율(%)	0

시가표준액 조회
(국토부)

시가표준액 조회
(위택스)

실거래가 조회
(국토부)

조세법령 조회
(법제처)

취득세	1,620,000,000	지방교육세	24,000,000	농어촌특별세	150,000,000	합계	1,794,000,000

저장　계산　계산근거보기　다음단계 ▷

건축물 총 취득원가 세부 입력

원격지원　화면인쇄

구 분	지급처	금액(VAT 제외)
일괄도급계약금액 (A)	법인 丙	15,000,000,000
일괄도급계약금액 외 취득비용 (B)	…	0
총취득가액 (= A + B)		15,000,000,000

저장　삭제

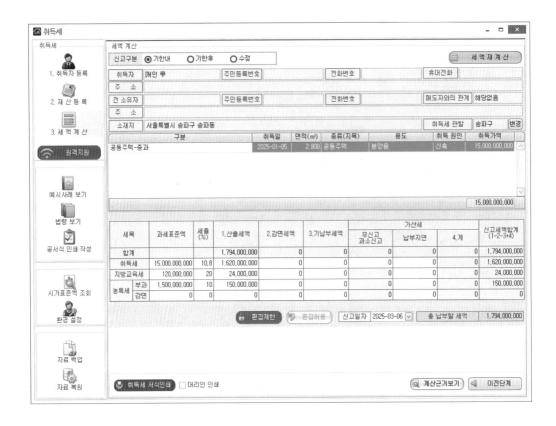

지방세법 시행규칙[별지 제3호 서식] 〈개정 2024.12.31.〉

취득세 ([√]기한 내 / [ ]기한 후]) 신고서

(앞쪽)

관리번호		접수 일자		처리기간	즉시

신고인	취득자(신고자)	성명(법인명) 개인 甲	주민등록번호(외국인등록번호, 법인등록번호)
		주소	전화번호
	전 소유자	성명(법인명)	주민등록번호(외국인등록번호, 법인등록번호)
		주소	전화번호
매도자와의 관계		「지방세기본법」 제2조 제34호 가목에 따른 친족관계에 있는 자인 경우 (배우자[ ] 직계존비속[ ] 그 밖의 친족관계[ ])	
		「지방세기본법」 제2조 제34호 나목에 따른 경제적 연관관계에 있는 자(임원·사용인 등)인 경우 [ ]	
		「지방세기본법」 제2조 제34호 다목에 따른 경영지배관계에 있는 자(주주·출자자 등)인 경우 [ ]	
		「지방세기본법」 제2조 제34호에 따른 특수관계인이 아닌 경우 [ ]	

취 득 물 건 내 역

소재지	서울특별시 송파구 송파동					
취득물건	취득일	면적	종류(지목/차종)	용도	취득 원인	취득가액
공동주택	2025-01-05	2,800m²	공동주택	분양용	신축	15,000,000,000
「지방세법」 제10조의2 제2항 제2호에 따른 무상취득의 경우					시가인정액 [ ]	시가표준액 [ ]

세목		과세표준액	세율	① 산출 세액	② 감면 세액	③ 기납부 세액	가산세 무신고 또는 과소신고	납부 지연	계 ④	신고세액 합 계 (①-②-③+④)
합계				1,794,000,000						1,794,000,000
신고 세액	취득세	15,000,000,000	10.8%	1,620,000,000						1,620,000,000
	지방교육세	120,000,000	20%	24,000,000						24,000,000
	농어촌 특별세 부과분	1,500,000,000	10%	150,000,000						150,000,000
	농어촌 특별세 감면분									

「지방세법」 제20조 제1항, 제152조 제1항, 같은 법 시행령 제33조 제1항, 「농어촌특별세법」 제7조에 따라 위와 같이 신고합니다.

2025년 03월 06일

신고인
대리인

개인 甲 (서명 또는 인)
(서명 또는 인)

접수(영수)일자 (인)

송파구청장 귀하

첨부 서류	1. 매매계약서, 증여계약서, 부동산거래계약 신고필증 또는 법인 장부 등 취득가액 및 취득일 등을 증명할 수 있는 서류 사본 1부 2. 「지방세특례제한법 시행규칙」 별지 제1호 서식의 지방세 감면 신청서 1부 3. 별지 제4호 서식의 취득세 납부서 납세자 보관용 영수증 사본 1부 4. 별지 제8호 서식의 취득세 비과세 확인서 1부 5. 근로소득 원천징수영수증 또는 소득금액증명원 1부 6. 사실상의 잔금지급일을 확인할 수 있는 서류(사실상의 잔금지급일과 계약상의 잔금지급일이 다른 경우만 해당합니다) 1부	수수료 없음

위임장

위의 신고인 본인은 위임받는 사람에게 취득세 신고에 관한 일체의 권리와 의무를 위임합니다.

위임자(신고인)   (서명 또는 인)

위임받는 사람	성명	위임자와의 관계
	생년월일	전화번호
	주소	

*위임장은 별도 서식을 사용할 수 있습니다.

------------------------------- 자르는 선 -------------------------------

접수증(취득세 신고서)

신고인(대리인)	취득물건 신고내용	접수 일자	접수번호
「지방세법」 제20조 제1항, 제152조 제1항, 같은 법 시행령 제33조 제1항, 「농어촌특별세법」 제7조에 따라 신고한 신고서의 접수증입니다.			접수자 (서명 또는 인)

210mm×297mm[백상지 80g/㎡ (재활용품)]

건축물 공사비용 명세서

◎ 소재지 : 서울특별시 송파구 송파동
◎ 연면적 : 2,800m^2
◎ 건축주 : 개인 甲
◎ 시공사 : 법인 丙

항목		지급처	공급가액	비 고
도급공사비		법인 丙	15,000,000,000	
재료비				
노무비				
설계비				
감리비				
부대공사비	전기			
	소방			
	수도			
	냉난방			
	통신			
	승강기			
기존건축물 철거비				
인테리어 비용				
건설자금이자				
건축공사관련 조세	세금(면허세, 인지세 등)			
	보험료(고용보험료 등)			
부담금	상수도 원인자 부담금			
	하수도 원인자 부담금			
	도로 원인자 부담금			
	광역교통시설 부담금			
	기타 부담금			
상수도, 전화, 전기, 임시 사용료				
국민주택채권매각차손				
기타공사비용				
총 계			15,000,000,000	
비과세 계				
합계(비과세 제외금액)			15,000,000,000	

위의 공사비용 내역을 제출하며, 추후 누락된 비용이 확인되어 추징하여도 이의가 없습니다.

2025년 03월 06일

제출(확인)자: 개인 甲 (인)　　　　송파구청장 귀하

> 첨부　1. 공사별 도급계약서(공사내역)　2. 설계·감리계약서　3. 기타 비용 계약서　4. 세금계산서, 기타계산서, 영수증

신축 건물 사용계획서

(단위 : m²)

층별	업무시설			사용계획		사용용도
	전용면적	공용면적	면적합계	직접사용	임대	
1	280		280	280		공동주택(분양용)
1	280		280	280		공동주택(분양용)
2	280		280	280		공동주택(분양용)
2	280		280	280		공동주택(분양용)
3	280		280	280		공동주택(분양용)
3	280		280	280		공동주택(분양용)
4	280		280	280		공동주택(분양용)
4	280		280	280		공동주택(분양용)
5	280		280	280		공동주택(분양용)
5	280		280	280		공동주택(분양용)
지상층계	2,800		2,800	2,800		
지하층계						
계	2,800		2,800	2,800		

※ 사용용도란에 비고 기재(○○부서, ○○매장, 공실, 임차인명 등)

2025년 03월 06일

신고자:　　　　　개인 甲 (인)

송파구청장 귀하

2 만약 甲이 설립후 5년 미만 법인으로 대도시 내 법인 중과에 동시에 해당될 경우 납부할 취득세

(1) 취득세 과세표준

甲법인의 공동주택 건축에 따라 소요된 직·간접비용 합계액이 총 150억 원이므로 이 금액이 취득세 과세표준액이 된다. 또한 앞 부속토지의 경우 취득일로부터 5년을 경과하였으므로 과세표준에서 이를 고려할 필요는 없다(지법 제16조 제1항).

(2) 세율

위 신축주택은 고급주택이면서 「지방세법」 제13조 제2항에 의한 대도시 내 법인 중과에 동시에 해당되는 과세물건이므로 동법 제7항에 따라 표준세율의 100분의 300에 중과기준세율의 100분의 200을 합한 세율을 적용한다. 따라서 표준세율 2.8%의 3배인 8.4%에 2%의 2배를 합하면 12.4%의 중과세율이 산출된다. 이는 취득세 통·폐합 이전의 종전 취득세(2%) 5배 중과에 종전 등록세(0.8%) 3배를 합한 세율과 동일하다. 취득세의 부가세(sur-tax)로서 농어촌특별세는 취득세 표준세율을 2%로 하여 지방세법에 따라 산출한 세액을 과세표준으로 하므로 1.0%[=(2%×3배)+(2%×2배)의 10%]의 세율을 적용한다. 또한 지방교육세는 취득세 표준세율에서 2%를 뺀 세율의 3배에 20%를 곱해 산출하므로 0.48%[=(2.8%-2%)×3배×20%]의 세율을 적용하면 된다.

(3) 납부세액

취득세 납부세액은 1,860,000,000원(=15,000,000,000×12.4%)이고, 농어촌특별세는 150,000,000원(=15,000,000,000×1.0%), 지방교육세는 72,000,000원(=15,000,000,000×0.48%)으로 총 납부세액은 2,082,000,000원이다.

(4) 취득박사 프로그램을 통한 계산

공동주택을 신축한 경우로 재산 등록 〉「공동주택」에서 입력한다. 취득 유형-'원시취득', 취득 원인-'신축'을 선택하면 취득당시가액 종류는 '사실상의 취득가격'으로 자동 선택된다. 해당 주택이 중과대상인 고급주택이면서 대도시 내 법인 중과에도 해당되므로 주택 구분-'고급주택'을 선택하고, 세율 구분-'고급주택+대도시 내 법인 중과(지방세법 제13

조 ②, ⑤ 동시적용)'을 선택한다. 사실상의 취득가격 금액란 오른쪽의 '수정'버튼을 클릭하여 해당 주택 취득에 소요된 일괄도급계약금액 150억 원을 입력하면 취득세, 지방교육세 및 농어촌특별세의 납부세액이 계산된다.

세액 계산 〉「취득세 서식인쇄」에서 입력된 자료를 토대로 생성된 취득세 신고서 및 과세관청 실무 제출용 서식(부동산 사용계획서, 건축물 공사비용 명세서 및 신축 건물 사용계획서 등)을 출력할 수 있다.

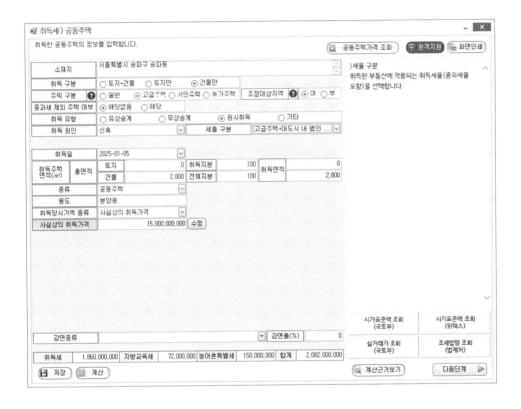

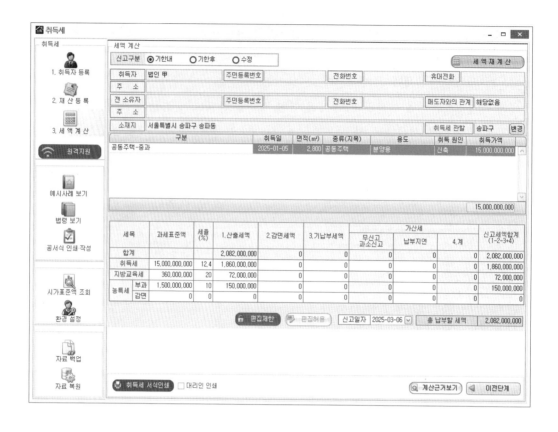

취득세 ([√]기한 내 / [ ]기한 후]) 신고서

(앞쪽)

관리번호			접수 일자			처리기간	즉시	
신고인	취득자(신고자)	성명(법인명) 법인 甲			주민등록번호(외국인등록번호, 법인등록번호)			
		주소			전화번호			
	전 소유자	성명(법인명)			주민등록번호(외국인등록번호, 법인등록번호)			
		주소			전화번호			
매도자와의 관계		「지방세기본법」 제2조 제34호 가목에 따른 친족관계에 있는 자인 경우 (배우자[ ] 직계존비속[ ] 그 밖의 친족관계[ ])						
		「지방세기본법」 제2조 제34호 나목에 따른 경제적 연관관계에 있는 자(임원·사용인 등)인 경우 [ ]						
		「지방세기본법」 제2조 제34호 다목에 따른 경영지배관계에 있는 자(주주·출자자 등)인 경우 [ ]						
		「지방세기본법」 제2조 제34호에 따른 특수관계인이 아닌 경우 [ ]						

취 득 물 건 내 역

소재지		서울특별시 송파구 송파동					
취득물건	취득일	면적	종류(지목/차종)	용도	취득 원인	취득가액	
공동주택	2025-01-05	2,800m²	공동주택	분양용	신축	15,000,000,000	

「지방세법」 제10조의2 제2항 제2호에 따른 무상취득의 경우		시가인정액 [ ]	시가표준액 [ ]

	세목		과세표준액	세율	① 산출 세액	② 감면 세액	③ 기납부 세액	가산세			신고세액 합 계 (①-②-③+④)
								무신고 또는 과소신고	납부 지연	계 ④	
	합계				2,082,000,000						2,082,000,000
신고 세액	취득세		15,000,000,000	12.4%	1,860,000,000						1,860,000,000
	지방교육세		360,000,000	20%	72,000,000						72,000,000
	농어촌 특별세	부과분	1,500,000,000	10%	150,000,000						150,000,000
		감면분									

「지방세법」 제20조 제1항, 제152조 제1항, 같은 법 시행령 제33조 제1항, 「농어촌특별세법」 제7조에 따라 위와 같이 신고합니다.

2025년 03월 06일

신고인
대리인

법인 甲 (서명 또는 인)
(서명 또는 인)

접수(영수)일자
(인)

송파구청장 귀하

첨부 서류	1. 매매계약서, 증여계약서, 부동산거래계약 신고필증 또는 법인 장부 등 취득가액 및 취득일 등을 증명할 수 있는 서류 사본 1부 2. 「지방세특례제한법 시행규칙」 별지 제1호 서식의 지방세 감면 신청서 1부 3. 별지 제4호 서식의 취득세 납부서 납세자 보관용 영수증 사본 1부 4. 별지 제8호 서식의 취득세 비과세 확인서 1부 5. 근로소득 원천징수영수증 또는 소득금액증명원 1부 6. 사실상의 잔금지급일을 확인할 수 있는 서류(사실상의 잔금지급일과 계약상의 잔금지급일이 다른 경우만 해당합니다) 1부	수수료 없음

위임장

위의 신고인 본인은 위임받는 사람에게 취득세 신고에 관한 일체의 권리와 의무를 위임합니다.

위임자(신고인)　　　　　　　　　　　　　　　(서명 또는 인)

위임받는 사람	성명		위임자와의 관계	
	생년월일		전화번호	
	주소			

*위임장은 별도 서식을 사용할 수 있습니다.

··· 자르는 선 ·····························

접수증(취득세 신고서)

신고인(대리인)	취득물건 신고내용	접수 일자	접수번호
「지방세법」 제20조 제1항, 제152조 제1항, 같은 법 시행령 제33조 제1항, 「농어촌특별세법」 제7조에 따라 신고한 신고서의 접수증입니다.			접수자
			(서명 또는 인)

210mm×297mm[백상지 80g/㎡(재활용품)]

부동산 사용계획서

취득법인	법인명	법인 甲	법인설립일	
	법인등록번호		전화번호	
	주소			

취득물건내역					
소재지	취득일	취득원인	면적(m²)		
			건물	토지	
서울특별시 송파구 송파동	2025 – 01 – 05	신축	2,800		

부동산 이용 목적 및 계획

□ 본점사용여부   사용 ☑   미사용 □

□ 지점설치여부   설치 □   미설치 ☑

□ 거래당사자간의 특수관계 여부   예 □   아니오 ☑

□ 기타 사용목적 및 계획 : 분양용(대도시 내 설립 후 5년 미만 법인 해당)

※ 상기 부동산 취득세 신고시 중과제외적용 후 사용 계획과 다르게 본점용(대도시 내 법인 설립 후 5년 경과제외)으로 사용하거나 지점 설치 및 본점·지점 등을 전입하는 경우 추징될 수 있습니다(신고·납부불성실가산세 포함).

위와 같이 부동산을 취득하여 이용할 계획입니다.

2025년   03월   06일

신고인(법인명)   법인 甲   (인)

송파구청장 귀하

건축물 공사비용 명세서

◎ 소재지 : 서울특별시 송파구 송파동
◎ 연면적 : 2,800m^2
◎ 건축주 : 법인 甲
◎ 시공사 : 법인 丙

항목		지급처	공급가액	비 고
도급공사비		법인 丙	15,000,000,000	
재료비				
노무비				
설계비				
감리비				
부대공사비	전기			
	소방			
	수도			
	냉난방			
	통신			
	승강기			
기존건축물 철거비				
인테리어 비용				
건설자금이자				
건축공사관련 조세	세금(면허세, 인지세 등)			
	보험료(고용보험료 등)			
부담금	상수도 원인자 부담금			
	하수도 원인자 부담금			
	도로 원인자 부담금			
	광역교통시설 부담금			
	기타 부담금			
상수도, 전화, 전기, 임시 사용료				
국민주택채권매각차손				
기타공사비용				
총 계			15,000,000,000	
비과세 계				
합계(비과세 제외금액)			15,000,000,000	

위의 공사비용 내역을 제출하며, 추후 누락된 비용이 확인되어 추징하여도 이의가 없습니다.

2025년 03월 06일

제출(확인)자 :　　　법인 甲 (인)　　　　　송파구청장 귀하

첨부 1. 공사별 도급계약서(공사내역) 2. 설계·감리계약서 3. 기타 비용 계약서 4. 세금계산서, 기타계산서, 영수증

신축 건물 사용계획서

(단위 ; m²)

층별	업무시설			사용계획		사용용도
	전용면적	공용면적	면적합계	직접사용	임대	
1	280		280	280		공동주택(분양용)
1	280		280	280		공동주택(분양용)
2	280		280	280		공동주택(분양용)
2	280		280	280		공동주택(분양용)
3	280		280	280		공동주택(분양용)
3	280		280	280		공동주택(분양용)
4	280		280	280		공동주택(분양용)
4	280		280	280		공동주택(분양용)
5	280		280	280		공동주택(분양용)
5	280		280	280		공동주택(분양용)
지상층계	2,800		2,800	2,800		
지하층계						
계	2,800		2,800	2,800		

※ 사용용도란에 비고 기재(○○부서, ○○매장, 공실, 임차인명 등)

2025년 03월 06일

신고자: 법인 甲 (인)

송파구청장 귀하

3 개인 乙이 1세대 2주택으로 공동주택 분양 취득에 따라 신고 납부할 취득세

(1) 취득세 과세표준

개인 乙은 공동주택 1호를 25억 원에 분양 취득하였으므로 25억 원이 취득세 과세표준액이 된다. 물론 이 금액은 건물과 토지 가액을 합한 취득가액이다.

(2) 세율

유상거래를 원인으로 조정대상지역 내 주택을 취득하여 1세대 2주택에 해당되는 경우 4%를 표준세율로 하여 중과기준세율(2%)의 2배를 합한 세율을 적용한다(지법 제13조의2 제1항 제2호). 즉, 이 경우 취득세는 8%의 세율이 적용된다. 또한 분양 취득하는 주택이 고급주택에도 동시에 해당되므로 「지방세법」 제13조의2 제3항에 의거 8% 세율에 중과기준세율(2%)의 100분의 400을 합한 세율을 적용한다. 따라서 8%에 8%(2%×4배)를 더해 16%의 세율을 적용하는 것이다. 취득세의 부가세(sur-tax)로서 농어촌특별세는 취득세 표준세율을 2%로 하여 지방세법에 따라 산출한 세액을 과세표준으로 하므로 1.4%[=(2%+2%×2배)+(2%×4배)의 10%]의 세율을 적용한다. 또한 지방교육세는 0.4%[=(4%−2%)×20%]의 세율을 적용하면 된다(지법 제151조 제1항 제1호 나목).

(3) 납부세액

취득세 납부세액은 400,000,000원(=2,500,000,000×16%)이고, 농어촌특별세는 35,000,000원(=2,500,000,000×1.4%), 지방교육세는 10,000,000원(=2,500,000,000×0.4%)으로 총 납부세액은 445,000,000원이다.

(4) 취득박사 프로그램을 통한 계산

공동주택을 분양으로 취득한 경우로 재산 등록 〉「공동주택」에서 입력한다. 취득 유형 – '유상승계', 취득 원인 – '분양'을 선택하면 취득당시가액 종류는 '사실상의 취득가격'으로 자동 선택된다. 해당 주택이 중과대상인 고급주택에 해당되므로 주택 구분 – '고급주택'을 선택한다. 사실상의 취득가격 금액란 오른쪽의 '수정'버튼을 클릭하여 해당 주택 취득에 소요된 직접비용 25억 원을 입력한다. '1세대 소유주택 현황 입력'을 통해 취득자 기준의 세대

현황 및 1세대 소유주택 현황(신규로 취득하는 주택 포함)을 입력하면 취득자 기준의 소유주택수(2주택)가 자동 선택된다. 입력된 정보를 토대로 고급주택 및 조정대상지역 2주택자의 중과세율이 적용되어 취득세, 지방교육세 및 농어촌특별세의 납부세액이 계산된다.

세액 계산 〉「취득세 서식인쇄」에서 입력된 자료를 토대로 생성된 취득세 신고서 및 주택 취득 상세 명세서(취득세 신고서 부표)를 출력할 수 있다.

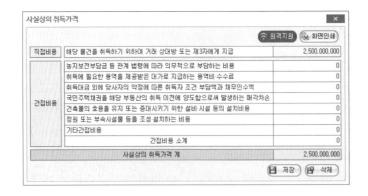

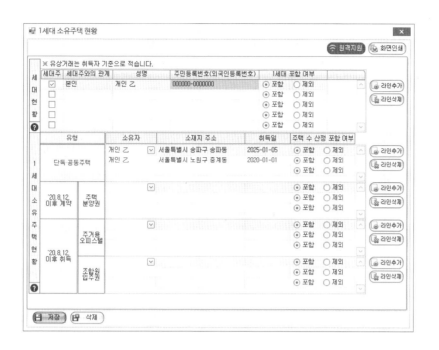

취득세 ([√]기한 내 / [ ]기한 후]) 신고서

(앞쪽)

| 관리번호 | | | 접수 일자 | | | 처리기간 | 즉시 |

신고인	취득자(신고자)	성명(법인명) 개인 乙	주민등록번호(외국인등록번호, 법인등록번호)
		주소	전화번호
	전 소유자	성명(법인명) 개인 甲	주민등록번호(외국인등록번호, 법인등록번호)
		주소	전화번호
매도자와의 관계		「지방세기본법」 제2조 제34호 가목에 따른 친족관계에 있는 자인 경우 (배우자[ ] 직계존비속[ ] 그 밖의 친족관계[ ]) 「지방세기본법」 제2조 제34호 나목에 따른 경제적 연관관계에 있는 자(임원·사용인 등)인 경우 [ ] 「지방세기본법」 제2조 제34호 다목에 따른 경영지배관계에 있는 자(주주·출자자 등)인 경우 [ ] 「지방세기본법」 제2조 제34호에 따른 특수관계인이 아닌 경우 [√]	

취 득 물 건 내 역

소재지	서울특별시 송파구 송파동					
취득물건	취득일	면적	종류(지목/차종)	용도	취득 원인	취득가액
공동주택	2025-01-20	280m²	공동주택	주거용	분양	2,500,000,000

「지방세법」 제10조의2 제2항 제2호에 따른 무상취득의 경우	시가인정액 [ ]	시가표준액 [ ]

세목		과세표준액	세율	① 산출세액	② 감면세액	③ 기납부세액	가산세			신고세액 합계 (①-②-③+④)
							무신고 또는 과소신고	납부지연	계 ④	
합계				445,000,000						445,000,000
신고세액	취득세	2,500,000,000	16%	400,000,000						400,000,000
	지방교육세	50,000,000	20%	10,000,000						10,000,000
	농어촌특별세 부과분	350,000,000	10%	35,000,000						35,000,000
	감면분									

「지방세법」 제20조 제1항, 제152조 제1항, 같은 법 시행령 제33조 제1항, 「농어촌특별세법」 제7조에 따라 위와 같이 신고합니다.

2025년 03월 21일

접수(영수)일자
(인)

신고인
대리인

개인 乙 (서명 또는 인)

(서명 또는 인)

송파구청장 귀하

첨부 서류	1. 매매계약서, 증여계약서, 부동산거래계약 신고필증 또는 법인 장부 등 취득가액 및 취득일 등을 증명할 수 있는 서류 사본 1부 2. 「지방세특례제한법 시행규칙」 별지 제1호 서식의 지방세 감면 신청서 1부 3. 별지 제4호 서식의 취득세 납부서 납세자 보관용 영수증 사본 1부 4. 별지 제8호 서식의 취득세 비과세 확인서 1부 5. 근로소득 원천징수영수증 또는 소득금액증명원 1부 6. 사실상의 잔금지급일을 확인할 수 있는 서류(사실상의 잔금지급일과 계약상의 잔금지급일이 다른 경우만 해당합니다) 1부	수수료 없음

위임장

위의 신고인 본인은 위임받는 사람에게 취득세 신고에 관한 일체의 권리와 의무를 위임합니다.

위임자(신고인)　　　　　　　(서명 또는 인)

위임받는 사람	성명		위임자와의 관계	
	생년월일		전화번호	
	주소			

*위임장은 별도 서식을 사용할 수 있습니다.

・・・・・・・・・・・・・・・・・・・・・・ 자르는 선 ・・・・・・・・・・・・・・・・・・・・・・

접수증(취득세 신고서)

신고인(대리인)	취득물건 신고내용	접수 일자	접수번호
「지방세법」 제20조 제1항, 제152조 제1항, 같은 법 시행령 제33조 제1항, 「농어촌특별세법」 제7조에 따라 신고한 신고서의 접수증입니다.			접수자 (서명 또는 인)

210mm×297mm[백상지 80g/㎡(재활용품)]

주택 ([ ]무상 / [√]유상거래) 취득 상세 명세서

① 주택 (증여자[ ] / 취득자[√]) 세대 현황

① 취득자 구분		☑ 개인		□ 법인 또는 단체		
② 세대 현황 ※ 무상취득은 증여자 기준으로, 유상거래는 취득자 기준으로 적습니다.	구 분	세대주와의 관계	성명	주민등록번호(외국인등록번호)	1세대 포함 여부	
	세대주	본인	개인 乙	○○○○○○ - ○○○○○○○	☑ 포함	□ 제외
	세대원				□ 포함	□ 제외
					□ 포함	□ 제외
					□ 포함	□ 제외

② 신규 취득 주택 현황

③ 취득 주택 소재지 및 고급주택 여부	주 소					
	조정대상지역	☑ 여	□ 부	고급주택	☑ 여	□ 부
④ 중과세 제외 주택 여부	☑ 해당 없음	□ 해당 (「지방세법 시행령」 제28조의2 제( )호의 주택)				
⑤ 취득 원인	□ 무상취득 / 유상거래 (□ 매매 ☑ 분양권에 의한 취득)					
⑥ 계약일			⑦ 취득일		2025 - 01 - 20	
⑧ 취득 가격					2,500,000,000	

⑨ 취득주택 면적(㎡)	총면적	토 지		취득지분	100%	취득면적	토 지		㎡
		건 물	280㎡		100%		건 물		280㎡

⑩ 일시적 2주택 여부	□ 일시적 2주택	☑ 해당 없음

③ 1세대 소유주택 현황 ※ 신규로 취득하는 주택을 포함합니다.

⑪ 1세대 소유주택 현황	소유주택 현황 ※ 기재사항이 많을 경우 별지로 작성할 수 있습니다.	소유주택 수	□ 1주택	□ 일시적 2주택	☑ 2주택	□ 3주택	□ 4주택 이상	
		유 형		소유자	소재지 주소	취득일	주택 수 산정 포함 여부*	
		단독·공동주택		개인 乙	서울특별시 송파구 송파동	2025 - 01 - 05	☑ 포함	□ 제외
				개인 乙	서울특별시 노원구 중계동	2020 - 01 - 01	☑ 포함	□ 제외
		'20.8.12. 이후 계약	주택 분양권				□ 포함	□ 제외
							□ 포함	□ 제외
		'20.8.12. 이후 취득	주거용 오피스텔				□ 포함	□ 제외
			조합원 입주권				□ 포함	□ 제외
							□ 포함	□ 제외

* 「지방세법 시행령」 제28조의4 제6항 각 호의 어느 하나에 해당하는 주택은 주택 수 산정 시 제외합니다.

④ 신규 주택 적용 취득세율

취득구분	중과세 제외 주택		무상취득			유상거래						
							개인					
규제구분			조정대상지역		조정대상지역 외 지역	법인 및 단체	조정대상지역			조정대상지역 외 지역		
총 소유주택 수 (신규 주택 포함)	무상 취득	유상 거래	3억 이상	3억 미만			1주택 일시적 2주택	2주택	3주택 이상	2주택 이하	3주택	4주택 이상
⑫ 취득세율	3.5%	1~3%	12%	3.5%		12%	1~3%	8%	12%	1~3%	8%	12%
	□	□	□	□		□	□	☑	□	□	□	□
고급주택			☑ ⑫ 취득세율에 8% 가산									

※ 향후 세대별 주택 수 확인 결과 신고내용과 다르거나 일시적 2주택으로 신고했으나 종전 주택을 기한 내에 처분하지 않은 경우 가산세를 포함하여 추가로 취득세가 부과될 수 있음을 확인합니다.

신고인 : 개인 乙 (서명 또는 인)

취득세 간주취득 사례 : 과점주주

> 개인 甲과 특수관계인은 2025. 1. 5. 乙법인의 주식을 양수하여 乙법인의 과점주주가 되었다.
> - 甲과 특수관계인의 주식 양수내역 : 70,000주(전체의 70%)
>   - 종전 주식 소유자인 ○○○(20,000주, 20%), ○○○(30,000주, 30%), ○○○(20,000주, 20%)로부터 70,000주(70%)를 양수
> - 乙법인 자산총액 : 100억 원(2025. 1. 5. 기준 장부가액)
>   - 당좌자산 10억 원
>   - 토지 20억 원
>   - 건물 30억 원
>   - 차량운반구 10억 원
>   - 공구·기구·비품 15억 원
>   - 기타 유형자산 15억 원

1 乙법인의 과점주주가 된 개인 甲과 특수관계인이 신고 납부해야 할 취득세

(1) 취득세 과세표준

과점주주로서 간주 취득세에 대한 과세표준액은 乙법인이 소유한 취득세 과세대상 물건의 장부가액에 과점비율을 곱한 금액이다. 따라서 토지와 건물, 차량운반구 등 취득세 과세

대상 물건의 장부가액 60억 원에 과점비율 70%를 곱하면 42억 원이 과세표준액이다(지법 제10조의6 제4항). 다만, 감가상각누계액이 있을 경우에는 장부가액에서 이를 차감한 금액이 과세표준액이 된다.

(2) 세율

「지방세법」 제15조 제2항 제3호에 의해 중과기준세율(2%)를 적용한다. 이는 2011년 이전 취득세 통·폐합 이전에 과점주주에 대한 등록세는 과세하지 않고 취득세(2%)만 과세하였기 때문에 동일한 부담 수준을 유지하기 위한 차원이라고 이해하면 된다. 마찬가지로 취득세의 부가세(sur-tax)로서 농어촌특별세가 있는데 취득세 납부세액의 10%가 해당되나, 자동차 취득에 따른 취득세분에 대하여는 농어촌특별세는 비과세된다(농특세법 제4조 제10호의2). 또한 지방교육세는 과세되지 않는데(지법 제151조 제1항 제1호), 이는 과점주주에 대하여는 종전의 등록세를 과세하지 않았기 때문에 그에 대한 지방교육세도 과세하지 않는 것으로 이해하면 쉽다.

(3) 납부세액

취득세 납부세액은 84,000,000원(=4,200,000,000×2%)이고, 농어촌특별세는 7,000,000원(=3,500,000,000[67]×2%×10%)이며, 지방교육세는 과세금액이 없다. 따라서 총 납부세액은 91,000,000원이다.

(4) 취득박사 프로그램을 통한 계산

과점주주로서 간주 취득한 경우로 재산 등록 〉「토지」에서 입력한다. 취득 유형–'기타', 취득 원인–'과점주주'를 선택하면 세율 구분은 '중과기준세율', 취득당시가액 종류는 '사실상의 취득가격'으로 자동 선택된다. 사실상의 취득가격 금액란 오른쪽의 '수정'버튼을 클릭하여 '과점주주의 부동산등 취득당시가액'창에서 乙법인의 부동산 장부가액 50억 원(토지 20억 원, 건물 30억 원) 및 차량운반구 장부가액 10억 원을 항목별로 입력하고, 과점주주 취득주식수 70,000주 및 해당 법인의 발행주식총수 100,000주를 입력하면 과점주주의 부동산등 취득당시가액이 자동으로 계산된다. 입력된 정보를 토대로 중과기준세율이 적용되어

---

67) 자동차 취득에 따른 취득세분에 대한 농어촌특별세는 비과세되므로 과세표준은 42억 원이 아닌 35억 원[=(60억 원–10억 원)×70%]을 기준으로 하여 농어촌특별세를 산출하였다.

취득세, 지방교육세 및 농어촌특별세의 납부세액이 계산된다.

　세액 계산 〉「취득세 서식인쇄」에서 입력된 자료를 토대로 생성된 취득세 신고서를 출력할 수 있다.

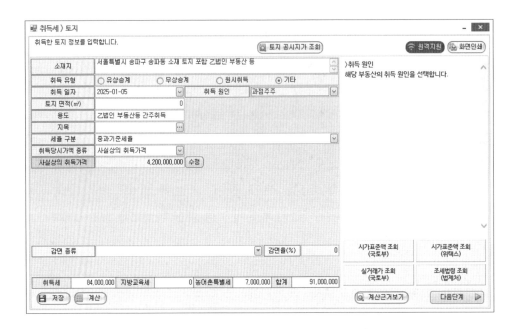

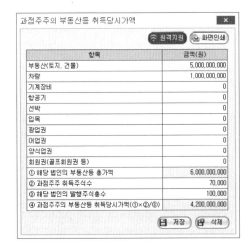

세목		과세표준액	세율(%)	1.산출세액	2.감면세액	3.기납부세액	가산세			신고세액합계 (1-2-3+4)
							무신고 과소신고	납부지연	4.계	
합계				91,000,000	0	0	0	0	0	91,000,000
취득세		4,200,000,000	2	84,000,000	0	0	0	0	0	84,000,000
지방교육세		0	0	0	0	0	0	0	0	0
농특세	부과	70,000,000	10	7,000,000	0	0	0	0	0	7,000,000
	감면	0	0	0	0	0	0	0	0	0

취득세 ([√]기한 내 / [ ]기한 후]) 신고서

(앞쪽)

관리번호		접수 일자		처리기간 즉시	

신고인	취득자(신고자)	성명(법인명) 개인 甲	주민등록번호(외국인등록번호, 법인등록번호)
		주소	전화번호
	전 소유자	성명(법인명)	주민등록번호(외국인등록번호, 법인등록번호)
		주소	전화번호
매도자와의 관계		「지방세기본법」 제2조 제34호 가목에 따른 친족관계에 있는 자인 경우 (배우자[ ] 직계존비속[ ] 그 밖의 친족관계[ ])	
		「지방세기본법」 제2조 제34호 나목에 따른 경제적 연관관계에 있는 자(임원·사용인 등)인 경우 [ ]	
		「지방세기본법」 제2조 제34호 다목에 따른 경영지배관계에 있는 자(주주·출자자 등)인 경우 [ ]	
		「지방세기본법」 제2조 제34호에 따른 특수관계인이 아닌 경우 [ ]	

취 득 물 건 내 역

소재지		서울특별시 송파구 송파동 소재 토지 포함 乙법인 부동산 등					
취득물건	취득일	면적	종류(지목/차종)	용도		취득 원인	취득가액
토지	2025-01-05	0m²		乙법인 부동산등 간주 취득		과점주주	4,200,000,000

「지방세법」 제10조의2 제2항 제2호에 따른 무상취득의 경우			시가인정액 [ ]	시가표준액 [ ]

세목			과세표준액	세율	① 산출 세액	② 감면 세액	③ 기납부 세 액	가산세			신고세액 합 계 (①-②-③+④)
								무신고 또는 과소신고	납부 지연	계 ④	
신고 세액	합계				91,000,000						91,000,000
	취득세		4,200,000,000	2%	84,000,000						84,000,000
	지방교육세										
	농어촌 특별세	부과분	70,000,000	10%	7,000,000						7,000,000
		감면분									

「지방세법」 제20조 제1항, 제152조 제1항, 같은 법 시행령 제33조 제1항, 「농어촌특별세법」 제7조에 따라 위와 같이 신고합니다.

2025년 03월 06일

신고인
대리인

개인 甲 (서명 또는 인)
(서명 또는 인)

접수(영수)일자
(인)

송파구청장 귀하

첨부 서류	1. 매매계약서, 증여계약서, 부동산거래계약 신고필증 또는 법인 장부 등 취득가액 및 취득일 등을 증명할 수 있는 서류 사본 1부 2. 「지방세특례제한법 시행규칙」 별지 제1호 서식의 지방세 감면 신청서 1부 3. 별지 제4호 서식의 취득세 납부서 납세자 보관용 영수증 사본 1부 4. 별지 제8호 서식의 취득세 비과세 확인서 1부 5. 근로소득 원천징수영수증 또는 소득금액증명원 1부 6. 사실상의 잔금지급일을 확인할 수 있는 서류(사실상의 잔금지급일과 계약상의 잔금지급일이 다른 경우만 해당합니다) 1부	수수료 없음

위임장

위의 신고인 본인은 위임받는 사람에게 취득세 신고에 관한 일체의 권리와 의무를 위임합니다.

위임자(신고인)   (서명 또는 인)

위임받는 사람	성명	위임자와의 관계
	생년월일	전화번호
	주소	

*위임장은 별도 서식을 사용할 수 있습니다.

·····································자르는 선·····································

접수증(취득세 신고서)

신고인(대리인)	취득물건 신고내용	접수 일자	접수번호
「지방세법」 제20조 제1항, 제152조 제1항, 같은 법 시행령 제33조 제1항, 「농어촌특별세법」 제7조에 따라 신고한 신고서의 접수증입니다.			접수자 (서명 또는 인)

210mm×297mm[백상지 80g/㎡(재활용품)]

취득세 감면신청 사례(1) : 임대주택 감면

개인 甲은 임대사업자 등록한 후 乙법인과 도급계약을 맺고 임대할 목적으로 2025. 1. 5. 공동주택을 신축하였다.
- 주택규모 : 전용면적 60㎡인 공동주택(10개호)
- 건축비용 : 도급공사비 15억 원
- 위 도급금액 외 지출한 비용
  - 건설자금이자 1억 원

1 개인 甲이 임대사업자로서 신축한 공동주택에 대한 취득세 감면액과 납부할 금액

(1) 취득세 과세표준

법인이 아닌 자가 공동주택을 건축하는 경우로서 사실상의 취득가격이 취득세 과세표준이 된다(지법 제10조의4 제1항). 따라서 일괄도급비 15억 원이 취득세 과세표준액이 되며, 건설자금이자는 제외된다(지령 제18조 제1항·제2항).

(2) 세율

「지방세법」 제11조 제1항 제3호에 의한 원시취득에 해당되어 2.8% 세율이 해당되나, 「지방세특례제한법」 제31조의3 제1항에 따른 건축하는 임대주택 감면대상에 해당될 경우 취

득세가 면제된다. 다만, 취득세가 100% 면제대상일 경우 최소납부 원칙에 따라 그 감면율을 85%만 적용하고 15%는 과세하도록 하고 있다(지특법 제177조의2 제1항). 따라서 취득세로 납부할 세율은 0.42%(=2.8%×15%)가 적용된다. 취득세의 부가세(sur-tax)로서 농어촌특별세는 취득세 감면세액의 20%와 취득세 납부세액의 10%를 합한 금액이다. 여기에서 취득세 감면세액의 20%는 「지방세특례제한법」 등에 따라 감면받는 취득세를 말하므로 표준세율(2.8%)를 기준으로 하는 반면, 취득세 납부세액의 10%는 표준세율을 2%를 기준으로 하여 산출한다. 다만, 농어촌특별세 중 임대주택 등에 대한 취득세 감면세액분은 「농어촌특별세법 시행령」 제4조 제7항 제5호에 의해 비과세되고, 취득세 납부세액분은 전용면적 85㎡ 이하 주택이므로 취득세 감면세액과 납부세액에 대한 농어촌특별세는 모두 비과세된다. 또한 지방교육세는 취득세 표준세율(2.8%)에서 2%를 뺀 세율에 20%를 곱하여 산출한 지방교육세액을 해당 취득세 감면율로 감면하고 남은 금액에 대해 과세한다(지법 제151조 제1항 제1호 다목).

(3) 납부세액

취득세 감면세액은 35,700,000원(=1,500,000,000×2.8%×85%)이고, 취득세 납부세액은 6,300,000원(=1,500,000,000×2.8%×15%)이다. 농어촌특별세는 취득세 감면세액과 납부세액분 모두 비과세된다. 지방교육세는 360,000원[=1,500,000,000×(2.8%-2%)×15%×20%]이다. 따라서 총 납부세액은 6,660,000원이 된다.

(4) 취득박사 프로그램을 통한 계산

공동주택을 신축한 경우로 재산 등록 〉「공동주택」에서 입력한다. 취득 유형-'원시취득', 취득 원인-'신축'을 선택하면 취득당시가액 종류는 '사실상의 취득가격'으로 자동 선택된다. 전용면적 85㎡ 이하인 서민주택에 해당되므로 주택 구분-'서민주택'을 선택한다. 사실상의 취득가격 금액란 오른쪽의 '수정'버튼을 클릭하여 해당 주택 취득에 소요된 일괄 도급계약금액 15억 원을 입력한다. 또한, 건축하는 임대주택 감면대상에 해당되므로 '감면 종류'를 클릭하여 해당되는 감면항목(공공임대주택 등에 대한 감면-공동주택사업자 및 임대사업자가 임대 목적으로 전용면적 60㎡ 이하 공동주택을 건축(지방세특례제한법 제31조 제1항 제1호))을 선택한 후 '감면적용'을 클릭하여 취득세 감면을 적용한다. 입력된 정보를 토대로 취득세, 지방교육세 및 농어촌특별세의 감면 후 납부세액이 계산된다.

세액 계산 〉「취득세 서식인쇄」에서 입력된 자료를 토대로 생성된 취득세 신고서, 지방세 감면 신청서 및 과세관청 실무 제출용 서식(건축물 공사비용 명세서, 신축 건물 사용계획서 등)을 출력할 수 있다.

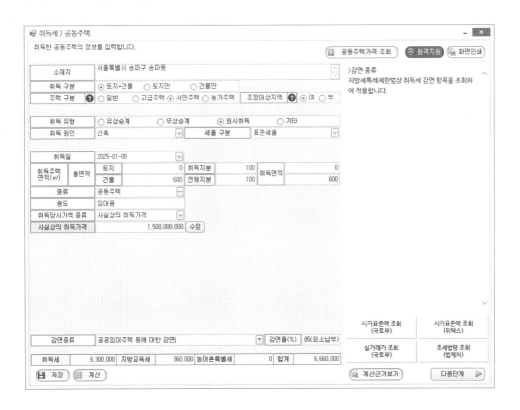

취득세 ([√]기한 내 / [ ]기한 후]) 신고서

(앞쪽)

관리번호		접수 일자			처리기간	즉시		
신고인	취득자(신고자)	성명(법인명) 개인 甲			주민등록번호(외국인등록번호, 법인등록번호)			
		주소			전화번호			
	전 소유자	성명(법인명)			주민등록번호(외국인등록번호, 법인등록번호)			
		주소			전화번호			
매도자와의 관계		「지방세기본법」 제2조 제34호 가목에 따른 친족관계에 있는 자인 경우 (배우자[ ] 직계존비속[ ] 그 밖의 친족관계[ ])						
		「지방세기본법」 제2조 제34호 나목에 따른 경제적 연관관계에 있는 자(임원·사용인 등)인 경우 [ ]						
		「지방세기본법」 제2조 제34호 다목에 따른 경영지배관계에 있는 자(주주·출자자 등)인 경우 [ ]						
		「지방세기본법」 제2조 제34호에 따른 특수관계인이 아닌 경우 [ ]						

취 득 물 건 내 역

소재지	서울특별시 송파구 송파동						
취득물건	취득일	면적	종류(지목/차종)	용도	취득 원인	취득가액	
공동주택	2025-01-05	600㎡	공동주택	임대용	신축	1,500,000,000	

「지방세법」 제10조의2 제2항 제2호에 따른 무상취득의 경우		시가인정액 [ ]	시가표준액 [ ]

세목		과세표준액	세율	① 산출 세액	② 감면 세액	③ 기납부 세 액	가산세 무신고 또는 과소신고	가산세 납부 지연	계 ④	신고세액 합 계 (①-②-③+④)
합계				42,360,000	35,700,000					6,660,000
신고 세액	취득세	1,500,000,000	2.8%	42,000,000	35,700,000					6,300,000
	지방교육세	1,800,000	20%	360,000						360,000
	농어촌 특별세 부과분									
	농어촌 특별세 감면분									

「지방세법」 제20조 제1항, 제152조 제1항, 같은 법 시행령 제33조 제1항, 「농어촌특별세법」 제7조에 따라 위와 같이 신고합니다.

접수(영수)일자 (인)

2025년 03월 06일

신고인
대리인

개인 甲 (서명 또는 인)
(서명 또는 인)

송파구청장 귀하

첨부 서류	1. 매매계약서, 증여계약서, 부동산거래계약 신고필증 또는 법인 장부 등 취득가액 및 취득일 등을 증명할 수 있는 서류 사본 1부 2. 「지방세특례제한법 시행규칙」 별지 제1호 서식의 지방세 감면 신청서 1부 3. 별지 제4호 서식의 취득세 납부서 납세자 보관용 영수증 사본 1부 4. 별지 제8호 서식의 취득세 비과세 확인서 1부 5. 근로소득 원천징수영수증 또는 소득금액증명원 1부 6. 사실상의 잔금지급일을 확인할 수 있는 서류(사실상의 잔금지급일과 계약상의 잔금지급일이 다른 경우만 해당합니다) 1부	수수료 없음

위임장

위의 신고인 본인은 위임받는 사람에게 취득세 신고에 관한 일체의 권리와 의무를 위임합니다.

위임자(신고인)　　　　　　　　　(서명 또는 인)

위임받는 사람	성명		위임자와의 관계	
	생년월일		전화번호	
	주소			

*위임장은 별도 서식을 사용할 수 있습니다.

- 자르는 선 -

접수증(취득세 신고서)

신고인(대리인)	취득물건 신고내용	접수 일자	접수번호
「지방세법」 제20조 제1항, 제152조 제1항, 같은 법 시행령 제33조 제1항, 「농어촌특별세법」 제7조에 따라 신고한 신고서의 접수증입니다.			접수자 (서명 또는 인)

210㎜×297㎜[백상지 80g/㎡(재활용품)]

지방세 감면 신청서

※ 뒤쪽의 작성방법을 참고하시기 바라며, 색상이 어두운 난은 신청인이 적지 않습니다.　(앞쪽)

접수번호		접수일	처리기간	5일

신청인	성명(대표자) 개인 甲		주민(법인)등록번호	
	상호(법인명)		사업자등록번호	
	주소 또는 영업소			
	전자우편주소		전화번호 (휴대전화번호)	

감면대상	종류　공동주택	면적(수량)	600m^2
	소재지　서울시 송파구 송파동		

감면세액	감면세목 　　취득세	과세연도 　　2025	기분	
	과세표준액 　　1,500,000,000	감면구분 　　85% 세액감면(최소납부세제)		
	당초 산출세액 　　42,000,000	감면받으려는 세액 　　　　　35,700,000		

감면 신청 사유	임대사업자가 임대 목적으로 전용면적 60㎡ 이하 공동주택 건축

감면 근거규정	「지방세특례제한법」 제31조의3 ①

관계 증명 서류	

감면 안내 방법	직접교부〔√〕　등기우편〔 〕　전자우편〔 〕

　신청인은 본 신청서의 유의사항 등을 충분히 검토했고, 향후에 신청인이 기재한 사항과 사실이 다른 경우에는 감면된 세액이 추징되며 별도의 이자상당액 및 가산세가 부과됨을 확인했습니다.
　「지방세특례제한법」 제4조 및 제183조, 같은 법 시행령 제2조 제6항 및 제126조 제1항, 같은 법 시행규칙 제2조에 따라 위와 같이 지방세 감면을 신청합니다.

2025년　03월　06일

신청인　　　　　　개인 甲　　(서명 또는 인)

송파구청장　귀하

첨부서류	감면받을 사유를 증명하는 서류	수수료 없음

210mm×297mm [백상지(80/㎡) 또는 중질지(80/㎡)]

건축물 공사비용 명세서

◎ 소재지 : 서울특별시 송파구 송파동
◎ 연면적 : 600m^2
◎ 건축주 : 개인 甲
◎ 시공사 : 법인 乙

항목		지급처	공급가액	비 고
도급공사비		법인 乙	1,500,000,000	
재료비				
노무비				
설계비				
감리비				
부대공사비	전기			
	소방			
	수도			
	냉난방			
	통신			
	승강기			
기존건축물 철거비				
인테리어 비용				
건설자금이자				
건축공사관련 조세	세금(면허세, 인지세 등)			
	보험료(고용보험료 등)			
부담금	상수도 원인자 부담금			
	하수도 원인자 부담금			
	도로 원인자 부담금			
	광역교통시설 부담금			
	기타 부담금			
상수도, 전화, 전기, 임시 사용료				
국민주택채권매각차손				
기타공사비용				
총 계			1,500,000,000	
비과세 계				
합계(비과세 제외금액)			1,500,000,000	

위의 공사비용 내역을 제출하며, 추후 누락된 비용이 확인되어 추징하여도 이의가 없습니다.

2025년 03월 06일

제출(확인)자: 개인 甲 (인) 송파구청장 귀하

첨부 1. 공사별 도급계약서(공사내역) 2. 설계·감리계약서 3. 기타 비용 계약서 4. 세금계산서, 기타계산서, 영수증

신축 건물 사용계획서

(단위 : m²)

층별	업무시설			사용계획		사용용도
	전용면적	공용면적	면적합계	직접사용	임대	
1	60		60		60	공동주택(임대용)
1	60		60		60	공동주택(임대용)
2	60		60		60	공동주택(임대용)
2	60		60		60	공동주택(임대용)
3	60		60		60	공동주택(임대용)
3	60		60		60	공동주택(임대용)
4	60		60		60	공동주택(임대용)
4	60		60		60	공동주택(임대용)
5	60		60		60	공동주택(임대용)
5	60		60		60	공동주택(임대용)
지상층계	600		600		600	
지하층계						
계	600		600		600	

※ 사용용도란에 비고 기재(○○부서, ○○매장, 공실, 임차인명 등)

2025년 03월 06일

신고자: 　　　개인 甲 (인)

송파구청장 귀하

2 만약 甲이 법인인 경우 임대사업자로서 신축한 공동주택에 대한 취득세 감면액과 납부할 금액

(1) 취득세 과세표준

취득자가 법인이므로 사실상의 취득가격이 취득세 과세표준이 된다(지법 제10조의4 제1항). 따라서 일괄도급비와 건설자금이자 등 도급금액 외 지출한 비용을 합한 16억 원이 취득세 과세표준액이 된다(지령 제18조 제1항).

(2) 세율

「지방세법」제11조 제1항 제3호에 의한 원시취득에 해당되어 2.8% 세율이 해당[68]되나, 「지방세특례제한법」제31조의3 제1항에 따른 건축하는 임대주택 감면대상에 해당될 경우 취득세가 면제된다. 다만, 취득세가 100% 면제대상일 경우 최소납부 원칙에 따라 그 감면율을 85%만 적용하고 15%는 과세하도록 하고 있다(지특법 제177조의2 제1항). 따라서 취득세로 납부할 세율은 0.42%(=2.8%×15%)가 적용된다. 취득세의 부가세(sur-tax)로서 농어촌특별세는 취득세 감면세액의 20%와 취득세 납부세액의 10%를 합한 금액이다. 여기에서 취득세 감면세액의 20%는「지방세특례제한법」등에 따라 감면받는 취득세를 말하므로 표준세율(2.8%)를 기준으로 하는 반면, 취득세 납부세액의 10%는 표준세율을 2%를 기준으로 하여 산출한다. 다만, 농어촌특별세 중 임대주택 등에 대한 취득세 감면세액분은「농어촌특별세법 시행령」제4조 제7항 제5호에 의해 비과세되고, 취득세 납부세액분은 전용면적 85㎡ 이하 주택이므로 취득세 감면세액과 납부세액에 대한 농어촌특별세는 모두 비과세된다. 또한 지방교육세는 취득세 표준세율(2.8%)에서 2%를 뺀 세율에 20%를 곱하여 산출한 지방교육세액을 해당 취득세 감면율로 감면하고 남은 금액에 대해 과세한다(지법 제151조 제1항 제1호 다목).

(3) 납부세액

취득세 감면세액은 38,080,000원(=1,600,000,000×2.8%×85%)이고, 취득세 납부세액은 6,720,000원(=1,600,000,000×2.8%×15%)이다. 농어촌특별세는 취득세 감면세액과 납부세

---

[68] 납세자가 법인이므로 법인설립 후 5년 미만 등인 경우에는 대도시 내 취득세 중과세율이 적용될 수 있다. 다만, 등록한 임대사업자의 경우에는 중과 예외 업종으로 인정된다(지령 제26조 제1항 제31호).

액분 모두 비과세된다. 지방교육세는 384,000원[=1,600,000,000×(2.8%−2%)×15%×20%]이다. 따라서 총 납부세액은 7,104,000원이 된다.

(4) 취득박사 프로그램을 통한 계산

공동주택을 신축한 경우로 재산 등록 〉「공동주택」에서 입력한다. 취득 유형−'원시취득', 취득 원인−'신축'을 선택하면 취득당시가액 종류는 '사실상의 취득가격'으로 자동 선택된다. 전용면적 85㎡ 이하인 서민주택에 해당되므로 주택 구분−'서민주택'을 선택한다. 사실상의 취득가격 금액란 오른쪽의 '수정' 버튼을 클릭하여 해당 주택 취득에 소요된 일괄도급계약금액 15억 원 및 일괄도급계약금액 외 취득비용 1억 원(건설자금이자)을 입력한다. 또한, 건축하는 임대주택 감면대상에 해당되므로 '감면종류'를 클릭하여 해당되는 감면항목[공공임대주택 등에 대한 감면−공동주택사업자 및 임대사업자가 임대 목적으로 전용면적 60㎡ 이하 공동주택을 건축(지방세특례제한법 제31조 제1항 제1호)]을 선택한 후 '감면적용'을 클릭하여 취득세 감면을 적용한다. 입력된 정보를 토대로 취득세, 지방교육세 및 농어촌특별세의 감면 후 납부세액이 계산된다.

세액 계산 〉「취득세 서식인쇄」에서 입력된 자료를 토대로 생성된 취득세 신고서, 지방세 감면 신청서 및 과세관청 실무 제출용 서식(부동산 사용계획서, 건축물 공사비용 명세서, 신축 건물 사용계획서 등)을 출력할 수 있다.

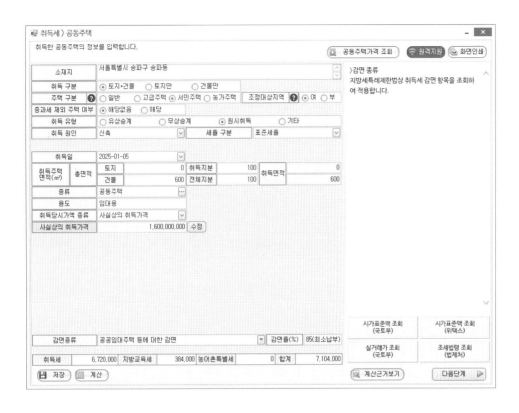

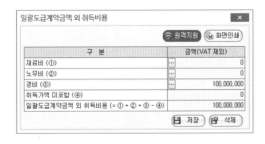

| 취득세 | | | | | | | | | | _ □ ✕ |

세액 계산

신고구분 ⦿ 기한내   ○ 기한후   ○ 수정   🔲 세 액 재 계 산

취득자	법인 甲	주민등록번호		전화번호		휴대전화	
주 소							
전 소유자		주민등록번호		전화번호		매도자와의 관계	해당없음
주 소							
소재지	서울특별시 송파구 송파동				취득세 관할	송파구	변경

구분	취득일	면적(㎡)	종류(지목)	용도	취득 원인	취득가액
공동주택	2025-01-05	600	공동주택	임대용	신축	1,600,000,000

| | | | | | | | 1,600,000,000 |

세목		과세표준액	세율 (%)	1.산출세액	2.감면세액	3.기납부세액	가산세			신고세액합계 (1-2-3+4)
							무신고 과소신고	납부지연	4.계	
합계				45,184,000	38,080,000	0	0	0	0	7,104,000
취득세		1,600,000,000	2.8	44,800,000	38,080,000	0	0	0	0	6,720,000
지방교육세		1,920,000	20	384,000	0	0	0	0	0	384,000
농특세	부과	0	0	0	0	0	0	0	0	0
	감면	0	0	0	0	0	0	0	0	0

🔒 편집제한   ✏ 편집허용   신고일자 2025-03-06 ▾   총 납부할 세액   7,104,000

🖶 취득세 서식인쇄   ☐ 대리인 인쇄   🔍 계산근거보기   ◀ 이전단계

[왼쪽 메뉴]

취득세
1. 취득자 등록
2. 재 산 등 록
3. 세 액 계 산
📶 원격지원
예시사례 보기
법령 보기
공부식 인쇄·작성
시가표준액 조회
환경 설정
자료 백업
자료 복원

취득세 ([√]기한 내 / [ ]기한 후]) 신고서

(앞쪽)

관리번호		접수 일자			처리기간 즉시	

신고인	취득자(신고자)	성명(법인명) 법인 甲		주민등록번호(외국인등록번호, 법인등록번호)	
		주소		전화번호	
	전 소유자	성명(법인명)		주민등록번호(외국인등록번호, 법인등록번호)	
		주소		전화번호	
매도자와의 관계		「지방세기본법」 제2조 제34호 가목에 따른 친족관계에 있는 자인 경우 (배우자[ ] 직계존비속[ ] 그 밖의 친족관계[ ])			
		「지방세기본법」 제2조 제34호 나목에 따른 경제적 연관관계에 있는 자(임원·사용인 등)인 경우 [ ]			
		「지방세기본법」 제2조 제34호 다목에 따른 경영지배관계에 있는 자(주주·출자자 등)인 경우 [ ]			
		「지방세기본법」 제2조 제34호에 따른 특수관계인이 아닌 경우 [ ]			

취 득 물 건 내 역

소재지	서울특별시 송파구 송파동					
취득물건	취득일	면적	종류(지목/차종)	용도	취득 원인	취득가액
공동주택	2025-01-05	600m²	공동주택	임대용	신축	1,600,000,000
「지방세법」 제10조의2 제2항 제2호에 따른 무상취득의 경우					시가인정액 [ ]	시가표준액 [ ]

세목			과세표준액	세율	① 산출세액	② 감면세액	③ 기납부세액	가산세			신고세액 합계 (①-②-③+④)
								무신고 또는 과소신고	납부지연	계 ④	
합계					45,184,000	38,080,000					7,104,000
신고세액	취득세		1,600,000,000	2.8%	44,800,000	38,080,000					6,720,000
	지방교육세		1,920,000	20%	384,000						384,000
	농어촌특별세	부과분									
		감면분									

「지방세법」 제20조 제1항, 제152조 제1항, 같은 법 시행령 제33조 제1항, 「농어촌특별세법」 제7조에 따라 위와 같이 신고합니다.

2025년   03월   06일

신고인
대리인

접수(영수)일자
(인)

법인 甲 (서명 또는 인)
(서명 또는 인)

송파구청장   귀하

첨부 서류	1. 매매계약서, 증여계약서, 부동산거래계약 신고필증 또는 법인 장부 등 취득가액 및 취득일 등을 증명할 수 있는 서류 사본 1부 2. 「지방세특례제한법 시행규칙」 별지 제1호 서식의 지방세 감면 신청서 1부 3. 별지 제4호 서식의 취득세 납부서 납세자 보관용 영수증 사본 1부 4. 별지 제8호 서식의 취득세 비과세 확인서 1부 5. 근로소득 원천징수영수증 또는 소득금액증명원 1부 6. 사실상의 잔금지급일을 확인할 수 있는 서류(사실상의 잔금지급일과 계약상의 잔금지급일이 다른 경우만 해당합니다) 1부	수수료 없음

위임장

위의 신고인 본인은 위임받는 사람에게 취득세 신고에 관한 일체의 권리와 의무를 위임합니다.

위임자(신고인)   (서명 또는 인)

위임받는 사람	성명		위임자와의 관계	
	생년월일		전화번호	
	주소			

*위임장은 별도 서식을 사용할 수 있습니다.

- - - - - - - - - - - 자르는 선 - - - - - - - - - - -

접수증(취득세 신고서)

신고인(대리인)	취득물건 신고내용	접수 일자	접수번호
「지방세법」 제20조 제1항, 제152조 제1항, 같은 법 시행령 제33조 제1항, 「농어촌특별세법」 제7조에 따라 신고한 신고서의 접수증입니다.			접수자 (서명 또는 인)

210㎜×297㎜[백상지 80g/㎡(재활용품)]

지방세특례제한법 시행규칙[별지 제1호 서식] 〈개정 2020.12.31.〉

지방세 감면 신청서

※ 뒤쪽의 작성방법을 참고하시기 바라며, 색상이 어두운 난은 신청인이 적지 않습니다.   (앞쪽)

접수번호		접수일		처리기간	5일
신청인	성명(대표자)			주민(법인)등록번호	
	상호(법인명) 법인 甲			사업자등록번호	
	주소 또는 영업소				
	전자우편주소			전화번호 (휴대전화번호)	
감면대상	종류 공동주택			면적(수량)	600m^2
	소재지 서울시 송파구 송파동				

감면세액	감면세목 　　　취득세	과세연도 　　　2025	기분
	과세표준액 　　　1,600,000,000	감면구분 　　85% 세액감면(최소납부세제)	
	당초 산출세액 　　　44,800,000	감면받으려는 세액 　　　38,080,000	

감면 신청 사유	임대사업자가 임대 목적으로 전용면적 60m^2 이하 공동주택 건축
감면 근거규정	「지방세특례제한법」 제31조의3 ①
관계 증명 서류	
감면 안내 방법	직접교부〔√〕 등기우편〔 〕 전자우편〔 〕

　신청인은 본 신청서의 유의사항 등을 충분히 검토했고, 향후에 신청인이 기재한 사항과 사실이 다른 경우에는 감면된 세액이 추징되며 별도의 이자상당액 및 가산세가 부과됨을 확인했습니다.
　「지방세특례제한법」 제4조 및 제183조, 같은 법 시행령 제2조 제6항 및 제126조 제1항, 같은 법 시행규칙 제2조에 따라 위와 같이 지방세 감면을 신청합니다.

2025년 03월 06일

신청인　　　　　　　　　　　법인 甲　(서명 또는 인)

송파구청장 귀하

첨부서류	감면받을 사유를 증명하는 서류	수수료 없음

210mm×297mm〔백상지(80/㎡) 또는 중질지(80/㎡)〕

부동산 사용계획서

취득법인	법인명	법인 甲	법인설립일	
	법인등록번호		전화번호	
	주소			

취득물건내역					

소재지	취득일	취득원인	면적(m²)	
			건물	토지
서울특별시 송파구 송파동	2025 - 01 - 05	신축	600	

부동산 이용 목적 및 계획

□ 본점사용여부   사용 □   미사용 ☑

□ 지점설치여부   설치 □   미설치 ☑

□ 거래당사자간의 특수관계 여부   예 □   아니오 ☑

□ 기타 사용목적 및 계획 : 임대용

※ 상기 부동산 취득세 신고시 중과제외적용 후 사용 계획과 다르게 본점용(대도시 내 법인 설립 후 5년 경과제외)으로 사용하거나 지점 설치 및 본점·지점 등을 전입하는 경우 추징될 수 있습니다(신고·납부불성실가산세 포함).

위와 같이 부동산을 취득하여 이용할 계획입니다.

2025년   03월   06일

신고인(법인명)   법인 甲 (인)

송파구청장 귀하

건축물 공사비용 명세서

◎ 소재지 : 서울특별시 송파구 송파동
◎ 연면적 : 600m^2
◎ 건축주 : 법인 甲
◎ 시공사 : 법인 乙

항목		지급처	공급가액	비 고
도급공사비		법인 乙	1,500,000,000	
재료비				
노무비				
설계비				
감리비				
부대공사비	전기			
	소방			
	수도			
	냉난방			
	통신			
	승강기			
기존건축물 철거비				
인테리어 비용				
건설자금이자			100,000,000	
건축공사관련 조세	세금(면허세, 인지세 등)			
	보험료(고용보험료 등)			
부담금	상수도 원인자 부담금			
	하수도 원인자 부담금			
	도로 원인자 부담금			
	광역교통시설 부담금			
	기타 부담금			
상수도, 전화, 전기, 임시 사용료				
국민주택채권매각차손				
기타공사비용				
총 계			1,600,000,000	
비과세 계				
합계(비과세 제외금액)			1,600,000,000	

위의 공사비용 내역을 제출하며, 추후 누락된 비용이 확인되어 추징하여도 이의가 없습니다.

2025년 03월 06일

제출(확인)자:　　　법인 甲 (인)　　　　　송파구청장 귀하

첨부　1. 공사별 도급계약서(공사내역)　2. 설계·감리계약서　3. 기타 비용 계약서　4. 세금계산서, 기타계산서,
　　　영수증

신축 건물 사용계획서

(단위 ; m²)

층별	업무시설			사용계획		사용용도
	전용면적	공용면적	면적합계	직접사용	임대	
1	60		60		60	공동주택(임대용)
1	60		60		60	공동주택(임대용)
2	60		60		60	공동주택(임대용)
2	60		60		60	공동주택(임대용)
3	60		60		60	공동주택(임대용)
3	60		60		60	공동주택(임대용)
4	60		60		60	공동주택(임대용)
4	60		60		60	공동주택(임대용)
5	60		60		60	공동주택(임대용)
5	60		60		60	공동주택(임대용)
지상층계	600		600		600	
지하층계						
계	600		600		600	

※ 사용용도란에 비고 기재(○○부서, ○○매장, 공실, 임차인명 등)

2025년 03월 06일

신고자: 법인 甲 (인)

송파구청장 귀하

◦ **신축 임대주택 취득세 감면신청 필요서류**

1. 취득세 신고서: 지방세법 시행규칙[별지 제3호 서식]
2. 지방세 감면 신청서: 지방세특례제한법 시행규칙[별지 제1호 서식]
3. 임대사업자 등록증
4. 신축관련 서류 등

취득세 감면신청 사례(2) : 지식산업센터 분양입주 감면

개인 甲은 2025. 1. 5. 乙법인으로부터 지식산업센터(건물 연면적 100㎡)를 최초 분양받아 취득하고 입주하였다.

• 지식산업센터 분양계약 금액 : 4억 원
  – 시가표준액 2억 5천만 원(토지·건물)
• 위 분양대금 외 지출한 비용
  – 할부계약에 따른 이자 상당액 및 연체료 1천만 원
  – 「공인중개사법」에 따른 공인중개사에게 지급한 중개보수 1천만 원

① 개인 甲의 지식산업센터 최초 분양에 대한 취득세 감면액과 납부할 금액

(1) 취득세 과세표준

분양계약 금액이 취득가액이 되고(지법 제10조의3 제1항), 법인이 아닌 자가 취득하는 경우 할부계약에 따른 이자 상당액과 연체료, 중개보수는 취득가격에서 제외되므로 취득세 과세 표준액은 4억 원이 된다(지령 제18조 제1항 제2호 및 제7호).

(2) 세율

「지방세법」 제11조 제1항에 따라 승계취득에 해당되어 4% 세율이 적용되나, 「지방세특례제한법」 제58조의2 제2항에 의해 지식산업센터 설립자로부터 최초로 지식산업센터를 분양받아 입주하는 자에 대하여는 취득세가 35% 경감된다. 따라서 취득세로 납부할 세율은 2.6%(=4%×65%)가 된다. 취득세의 부가세(sur-tax)로서 농어촌특별세는 취득세 감면세액의 20%와 취득세 납부세액의 10%를 합한 금액이다. 여기에서 취득세 감면세액의 20%는 「지방세특례제한법」 등에 따라 감면받는 취득세를 말하므로 표준세율(4%)을 기준으로 하는 반면 취득세 납부세액의 10%는 표준세율을 2%를 기준으로 하여 산출한다. 다만, 농어촌특별세 중 지식산업센터 등 취득세 감면세액분에 대하여는 「농어촌특별세법 시행령」 제4조 제7항 제5호에 의해 비과세된다. 또한 지방교육세는 취득세 표준세율(4%)에서 2%를 뺀 세율에 20%를 곱하여 산출한 지방교육세액을 해당 취득세 감면율로 감면하고 남은 금액에 대해 과세하도록 규정하고 있다(지법 제151조 제1항 제1호 다목).

(3) 납부세액

취득세 감면세액은 5,600,000원(=400,000,000×4%×35%)이고, 납부세액은 10,400,000원(=400,000,000×4%×65%)이다. 농어촌특별세는 ① 취득세 감면세액분은 비과세되고, ② 취득세 납부세액분은 520,000원(=400,000,000×2%×65%×10%)이다. 지방교육세는 1,040,000원[=400,000,000×(4%-2%)×65%×20%]이다. 따라서 총 납부세액은 11,960,000원이 된다.

(4) 취득박사 프로그램을 통한 계산

지식산업센터를 분양으로 취득한 경우로 재산 등록 〉「주택외건물(토지포함)」에서 입력한다. 취득 유형 - '유상승계', 취득 원인 - '분양'을 선택하면 취득당시가액 종류는 '사실상의 취득가격'으로 자동 선택된다. 사실상의 취득가격 금액란 오른쪽의 '수정'버튼을 클릭하여 해당 건물 취득에 소요된 직접비용 4억 원을 입력한다. 또한, 지식산업센터 설립자로부터 최초로 지식산업센터를 분양받아 입주하는 자에 대한 감면에 해당되므로 '감면종류'를 클릭하여 해당되는 감면항목[지식산업센터 등에 대한 감면 - 지식산업센터 설립자로부터 최초 분양받은 입주자가 사업시설용으로 부동산 취득(지방세특례제한법 제58조의2 제2항)]을 선택한 후 '감면적용'을 클릭하여 취득세 감면을 적용한다. 입력된 정보를 토대로 취득세, 지방교육세 및 농어촌특별세의 감면 후 납부세액이 계산된다.

세액 계산 〉「취득세 서식인쇄」에서 입력된 자료를 토대로 생성된 취득세 신고서 및 지방세 감면 신청서를 출력할 수 있다.

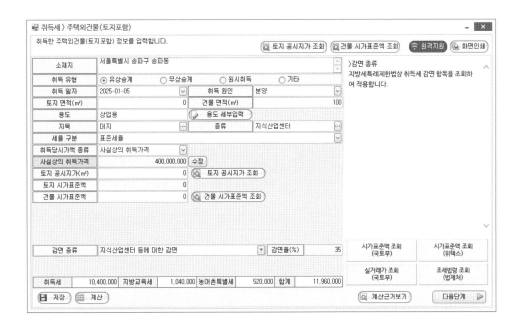

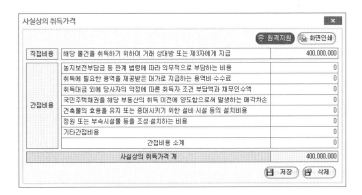

취득세 ([√]기한 내 / [ ]기한 후]) 신고서

(앞쪽)

관리번호		접수 일자			처리기간	즉시	
신고인	취득자(신고자)	성명(법인명) 개인 甲			주민등록번호(외국인등록번호, 법인등록번호)		
		주소			전화번호		
	전 소유자	성명(법인명) 법인 乙			주민등록번호(외국인등록번호, 법인등록번호)		
		주소			전화번호		
매도자와의 관계		「지방세기본법」 제2조 제34호 가목에 따른 친족관계에 있는 자인 경우 (배우자[ ] 직계존비속[ ] 그 밖의 친족관계[ ])					
		「지방세기본법」 제2조 제34호 나목에 따른 경제적 연관관계에 있는 자(임원·사용인 등)인 경우 [ ]					
		「지방세기본법」 제2조 제34호 다목에 따른 경영지배관계에 있는 자(주주·출자자 등)인 경우 [ ]					
		「지방세기본법」 제2조 제34호에 따른 특수관계인이 아닌 경우 [√]					

취 득 물 건 내 역

소재지	서울특별시 송파구 송파동						
취득물건	취득일	면적	종류(지목/차종)	용도	취득 원인	취득가액	
주택외건물(토지포함)	2025-01-05	100m²	지식산업센터	상업용	분양	400,000,000	

「지방세법」 제10조의2 제2항 제2호에 따른 무상취득의 경우	시가인정액 [ ]	시가표준액 [ ]

세목		과세표준액	세율	① 산출세액	② 감면세액	③ 기납부세액	가산세			신고세액 합계 (①-②-③+④)
							무신고 또는 과소신고	납부지연	계 ④	
합계				17,560,000	5,600,000					11,960,000
신고세액	취득세	400,000,000	4%	16,000,000	5,600,000					10,400,000
	지방교육세	5,200,000	20%	1,040,000						1,040,000
	농어촌특별세 부과분	5,200,000	10%	520,000						520,000
	농어촌특별세 감면분									

「지방세법」 제20조 제1항, 제152조 제1항, 같은 법 시행령 제33조 제1항, 「농어촌특별세법」 제7조에 따라 위와 같이 신고합니다.

2025년 03월 06일

신고인
대리인

접수(영수)일자 (인)
개인 甲 (서명 또는 인)
(서명 또는 인)

송파구청장 귀하

첨부 서류	1. 매매계약서, 증여계약서, 부동산거래계약 신고필증 또는 법인 장부 등 취득가액 및 취득일 등을 증명할 수 있는 서류 사본 1부 2. 「지방세특례제한법 시행규칙」 별지 제1호 서식의 지방세 감면 신청서 1부 3. 별지 제4호 서식의 취득세 납부서 납세자 보관용 영수증 사본 1부 4. 별지 제8호 서식의 취득세 비과세 확인서 1부 5. 근로소득 원천징수영수증 또는 소득금액증명원 1부 6. 사실상의 잔금지급일을 확인할 수 있는 서류(사실상의 잔금지급일과 계약상의 잔금지급일이 다른 경우만 해당합니다) 1부	수수료 없음

위임장

위의 신고인 본인은 위임받는 사람에게 취득세 신고에 관한 일체의 권리와 의무를 위임합니다.

위임자(신고인)   (서명 또는 인)

위임받는 사람	성명	위임자와의 관계
	생년월일	전화번호
	주소	

*위임장은 별도 서식을 사용할 수 있습니다.

-------------------------- 자르는 선 --------------------------

접수증(취득세 신고서)

신고인(대리인)	취득물건 신고내용	접수 일자	접수번호
「지방세법」 제20조 제1항, 제152조 제1항, 같은 법 시행령 제33조 제1항, 「농어촌특별세법」 제7조에 따라 신고한 신고서의 접수증입니다.			접수자 (서명 또는 인)

210mm×297mm[백상지 80g/㎡(재활용품)]

지방세특례제한법 시행규칙[별지 제1호 서식] 〈개정 2020.12.31.〉

지방세 감면 신청서

※ 뒤쪽의 작성방법을 참고하시기 바라며, 색상이 어두운 난은 신청인이 적지 않습니다.

(앞쪽)

접수번호		접수일		처리기간	5일

신청인	성명(대표자) 개인 甲		주민(법인)등록번호	
	상호(법인명)		사업자등록번호	
	주소 또는 영업소			
	전자우편주소		전화번호 (휴대전화번호)	

감면대상	종류 주택외건물(토지 포함)		면적(수량)	100m²
	소재지 서울시 송파구 송파동			

감면세액	감면세목
	   취득세
		과세연도
		   2025
			기분	

	과세표준액
	   400,000,000
		감면구분
		   35% 세액감면		

	당초 산출세액
	   16,000,000
		감면받으려는 세액
		   5,600,000		

감면 신청 사유	사업시설용으로 지식산업센터 최초 분양 취득

감면 근거규정	「지방세특례제한법」 제58조의 2 ②

관계 증명 서류	

감면 안내 방법	직접교부〔√〕 등기우편〔 〕 전자우편〔 〕

　　신청인은 본 신청서의 유의사항 등을 충분히 검토했고, 향후에 신청인이 기재한 사항과 사실이 다른 경우에는 감면된 세액이 추징되며 별도의 이자상당액 및 가산세가 부과됨을 확인했습니다.
　　「지방세특례제한법」 제4조 및 제183조, 같은 법 시행령 제2조 제6항 및 제126조 제1항, 같은 법 시행규칙 제2조에 따라 위와 같이 지방세 감면을 신청합니다.

2025년 03월 06일

신청인　　　　　　　개인甲　(서명 또는 인)

송파구청장 귀하

첨부서류	감면받을 사유를 증명하는 서류	수수료 없음

210mm×297mm [백상지(80/㎡) 또는 중질지(80/㎡)]

2 甲이 법인으로서 최초 분양받아 입주한 지식산업센터에 대한 취득세 감면액과 납부할 금액(해당 과세물건이 취득세 중과대상이 아닐 경우)

(1) 취득세 과세표준

취득자가 법인이므로 사실상의 취득가격이 취득세 과세표준이 된다(지법 제10조의3 제1항). 취득가격은 직접·간접비용의 합계액으로 취득자가 법인인 경우 할부계약에 따른 이자 상당액과 연체료, 중개보수는 취득가격에 포함되므로 취득세 과세표준액은 420,000,000원이 된다(지령 제18조 제1항 제2호 및 제7호).

(2) 세율

「지방세법」제11조 제1항에 따라 승계취득에 해당되어 4% 세율이 적용되나, 「지방세특례제한법」제58조의2 제2항에 의해 지식산업센터 설립자로부터 최초로 지식산업센터를 분양받아 입주하는 자에 대하여는 취득세가 35% 경감된다. 따라서 취득세로 납부할 세율은 2.6%(=4%×65%)가 된다. 취득세의 부가세(sur-tax)로서 농어촌특별세는 취득세 감면세액의 20%와 취득세 납부세액의 10%를 합한 금액이다. 여기에서 취득세 감면세액의 20%는 「지방세특례제한법」등에 따라 감면받는 취득세를 말하므로 표준세율(4%)을 기준으로 하는 반면 취득세 납부세액의 10%는 표준세율을 2%를 기준으로 하여 산출한다. 다만, 농어촌특별세 중 지식산업센터 등 취득세 감면세액분에 대하여는 「농어촌특별세법 시행령」제4조 제7항 제5호에 의해 비과세된다. 또한 지방교육세는 취득세 표준세율(4%)에서 2%를 뺀 세율에 20%를 곱하여 산출한 지방교육세액을 해당 취득세 감면율로 감면하고 남은 금액에 대해 과세하도록 규정하고 있다(지법 제151조 제1항 제1호 다목).

(3) 납부세액

취득세 감면세액은 5,880,000원(=420,000,000×4%×35%)이고, 납부세액은 10,920,000원(=420,000,000×4%×65%)이다. 농어촌특별세는 ① 취득세 감면세액분은 비과세되고, ② 취득세 납부세액분은 546,000원(=420,000,000×2%×65%×10%)이다. 지방교육세는 1,092,000원[=420,000,000×(4%-2%)×65%×20%]이다. 따라서 총 납부세액은 12,558,000원이 된다.

(4) 취득박사 프로그램을 통한 계산

지식산업센터를 분양으로 취득한 경우로 재산 등록 〉「주택외건물(토지포함)」에서 입력한다. 취득 유형 - '유상승계', 취득 원인 - '분양'을 선택하면 취득당시가액 종류는 '사실상의 취득가격'으로 자동 선택된다. 사실상의 취득가격 금액란 오른쪽의 '수정'버튼을 클릭하여 해당 건물 취득에 소요된 직접비용 4억 원 및 간접비용 2천만 원(이자 상당액 및 연체료 1천만 원, 중개보수 1천만 원)을 항목별로 입력한다. 또한, 지식산업센터 설립자로부터 최초로 지식산업센터를 분양받아 입주하는 자에 대한 감면에 해당되므로 '감면종류'를 클릭하여 해당되는 감면항목[지식산업센터 등에 대한 감면 - 지식산업센터 설립자로부터 최초 분양받은 입주자가 사업시설용으로 부동산 취득(지방세특례제한법 제58조의2 제2항)]을 선택한 후 '감면적용'을 클릭하여 취득세 감면을 적용한다. 입력된 정보를 토대로 취득세, 지방교육세 및 농어촌특별세의 감면 후 납부세액이 계산된다.

세액 계산 〉「취득세 서식인쇄」에서 입력된 자료를 토대로 생성된 취득세 신고서, 지방세 감면 신청서 및 부동산 사용계획서(과세관청 실무 제출용)를 출력할 수 있다.

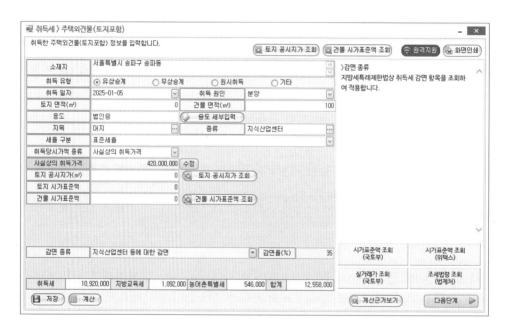

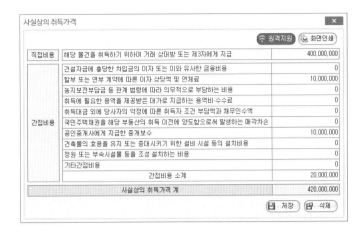

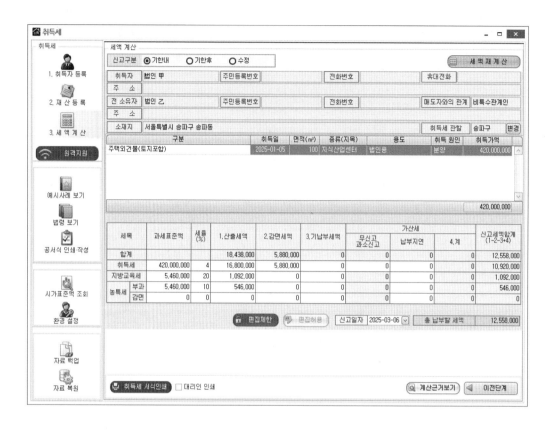

지방세법 시행규칙[별지 제3호 서식] 〈개정 2024.12.31.〉

취득세 ([√]기한 내 / [ ]기한 후]) 신고서

(앞쪽)

관리번호		접수 일자		처리기간	즉시

신고인	취득자(신고자)	성명(법인명) 법인 甲		주민등록번호(외국인등록번호, 법인등록번호)	
		주소		전화번호	
	전 소유자	성명(법인명) 법인 乙		주민등록번호(외국인등록번호, 법인등록번호)	
		주소		전화번호	

매도자와의 관계	「지방세기본법」 제2조 제34호 가목에 따른 친족관계에 있는 자인 경우 (배우자[ ] 직계존비속[ ] 그 밖의 친족관계[ ])
	「지방세기본법」 제2조 제34호 나목에 따른 경제적 연관관계에 있는 자(임원·사용인 등)인 경우 [ ]
	「지방세기본법」 제2조 제34호 다목에 따른 경영지배관계에 있는 자(주주·출자자 등)인 경우 [ ]
	「지방세기본법」 제2조 제34호에 따른 특수관계인이 아닌 경우 [√]

취 득 물 건 내 역

소재지	서울특별시 송파구 송파동					
취득물건	취득일	면적	종류(지목/차종)	용도	취득 원인	취득가액
주택외건물(토지포함)	2025-01-05	100㎡	지식산업센터	법인용	분양	420,000,000

「지방세법」 제10조의2 제2항 제2호에 따른 무상취득의 경우	시가인정액 [ ]	시가표준액 [ ]

세목			과세표준액	세율	① 산출세액	② 감면세액	③ 기납부세액	가산세			신고세액 합계 (①-②-③+④)
								무신고 또는 과소신고	납부지연	계 ④	
합계					18,438,000	5,880,000					12,558,000
신고세액	취득세		420,000,000	4%	16,800,000	5,880,000					10,920,000
	지방교육세		5,460,000	20%	1,092,000						1,092,000
	농어촌특별세	부과분	5,460,000	10%	546,000						546,000
		감면분									

「지방세법」 제20조 제1항, 제152조 제1항, 같은 법 시행령 제33조 제1항, 「농어촌특별세법」 제7조에 따라 위와 같이 신고합니다.

2025년 03월 06일

신고인
대리인

송파구청장 귀하

법인 甲 (서명 또는 인)
(서명 또는 인)

접수(영수)일자 (인)

첨부 서류	1. 매매계약서, 증여계약서, 부동산거래계약 신고필증 또는 법인 장부 등 취득가액 및 취득일 등을 증명할 수 있는 서류 사본 1부 2. 「지방세특례제한법 시행규칙」 별지 제1호 서식의 지방세 감면 신청서 1부 3. 별지 제4호 서식의 취득세 납부서 납세자 보관용 영수증 사본 1부 4. 별지 제8호 서식의 취득세 비과세 확인서 1부 5. 근로소득 원천징수영수증 또는 소득금액증명원 1부 6. 사실상의 잔금지급일을 확인할 수 있는 서류(사실상의 잔금지급일과 계약상의 잔금지급일이 다른 경우만 해당합니다) 1부	수수료 없음

위임장

위의 신고인 본인은 위임받는 사람에게 취득세 신고에 관한 일체의 권리와 의무를 위임합니다.

위임자(신고인)　　　　　　　　　　　　　　　　　　　　　　(서명 또는 인)

위임받는 사람	성명	위임자와의 관계
	생년월일	전화번호
	주소	

*위임장은 별도 서식을 사용할 수 있습니다.

- 자르는 선 -

접수증(취득세 신고서)

신고인(대리인)	취득물건 신고내용	접수 일자	접수번호
「지방세법」 제20조 제1항, 제152조 제1항, 같은 법 시행령 제33조 제1항, 「농어촌특별세법」 제7조에 따라 신고한 신고서의 접수증입니다.			접수자
			(서명 또는 인)

210㎜×297㎜[백상지 80g/㎡ (재활용품)]

지방세 감면 신청서

※ 뒤쪽의 작성방법을 참고하시기 바라며, 색상이 어두운 난은 신청인이 적지 않습니다.　(앞쪽)

접수번호		접수일		처리기간	5일
신청인	성명(대표자)			주민(법인)등록번호	
	상호(법인명) 법인 甲			사업자등록번호	
	주소 또는 영업소				
	전자우편주소			전화번호 (휴대전화번호)	
감면대상	종류　주택외건물(토지포함)			면적(수량)	100m^2
	소재지　서울시 송파구 송파동				
감면세액	감면세목 　　취득세	과세연도 　　2025		기분	
	과세표준액 420,000,000	감면구분 　　　　　　　　35% 세액감면			
	당초 산출세액 16,800,000	감면받으려는 세액 　　　　　　　　　　　　　　5,880,000			
감면 신청 사유	사업시설용으로 지식산업센터 최초 분양 취득				
감면 근거규정	「지방세특례제한법」 제58조의 2 ②				
관계 증명 서류					
감면 안내 방법	직접교부〔√〕　등기우편〔 〕　전자우편〔 〕				

　　신청인은 본 신청서의 유의사항 등을 충분히 검토했고, 향후에 신청인이 기재한 사항과 사실이 다른 경우에는 감면된 세액이 추징되며 별도의 이자상당액 및 가산세가 부과됨을 확인했습니다.
　　「지방세특례제한법」 제4조 및 제183조, 같은 법 시행령 제2조 제6항 및 제126조 제1항, 같은 법 시행규칙 제2조에 따라 위와 같이 지방세 감면을 신청합니다.

2025년　03월　06일

신청인　　　　　　　　법인 甲　(서명 또는 인)

송파구청장　귀하

첨부서류	감면받을 사유를 증명하는 서류	수수료 없음

210mm×297mm〔백상지(80/㎡) 또는 중질지(80/㎡)〕

부동산 사용계획서

취득법인	법인명	법인 甲	법인설립일	
	법인등록번호		전화번호	
	주소			

취득물건내역					

소재지	취득일	취득원인	면적(m²)	
			건물	토지
서울특별시 송파구 송파동	2025-01-05	분양	100	

부동산 이용 목적 및 계획

☐ 본점사용여부   사용 ☐   미사용 ☑

☐ 지점설치여부   설치 ☐   미설치 ☑

☐ 거래당사자간의 특수관계 여부   예 ☐   아니오 ☑

☐ 기타 사용목적 및 계획 : 법인 사업용

※ 상기 부동산 취득세 신고시 중과제외적용 후 사용 계획과 다르게 본점용(대도시 내 법인 설립 후 5년 경과제외)으로 사용하거나 지점 설치 및 본점·지점 등을 전입하는 경우 추징될 수 있습니다(신고·납부불성실가산세 포함).

위와 같이 부동산을 취득하여 이용할 계획입니다.

2025년 03월 06일

신고인(법인명)   법인 甲 (인)

송파구청장 귀하

연번	제출서류	비 고
1	취득세신고서	
2	감면신청서	
3	분양계약서 사본 및 잔금납부영수증	검인 필수
4	법인등기부등본(말소사항 포함)	중과여부확인
5	사업자등록증 사본	업종목록확인
6	건물사용계획서	구체적인 사용목적 기재
7	손익계산서(직전년도)	감면업종 매출확인
8	조정후수입금액명세서(직전년도)	감면업종 매출확인
9	수입금액조정명세서(직전년도)	감면업종 매출확인
10	공인중개사 비용 세금계산서	
11	법인장부	계정별원장 등
12	중소기업확인서	중소기업여부 확인
13	(분양권 전매 시) 전매 계약서 등	프리미엄 확인

※ 기타 입증서류
 - 벤처기업확인서: 벤처기업인 경우 제출
 - 제조원가명세서: 제조업 감면인 경우 제출
 - 기타 입증서류: 위 서류 외 감면대상임을 증명할 서류가 있는 경우 제출(사업계획서 등)

☞ 만약 법인이 아닌 개인인 경우 취득세 신고서, 감면신청서, 부동산사용계획서, 사업자
등록증사본, 중소기업확인서, 분양계약서 및 잔금납부확인서 등 필요

 참고 2   부동산 사용계획서(실무 제출용)

부동산 사용계획서

법인명: (전화:)
법인등록번호:
법인소재지:
업 종:
취득부동산:

■ 감면대상인 경우

과세감면 : ① 일반세율 감면(4.6% ▶ 2.99%)□   ② 중과세율 감면(9.4% ▶ 6.11%)□
감면업종 : 지방세특례제한법 제58조의2 제2항에 의한 부동산(지식산업센터)을 최초
  로 분양받아 「산업집적활성화 및 공장설립에 관한 법률」 제28조의5 제1항

제1호 및 제2호에 따른 시설용으로 사용

※ 해당업종: 제조업, 지식기반산업, 정보통신산업 등

사용계획 : ① 사용할 감면 업종: _____

② 본점, 지점, 기타: _____

【감면세액 추징 규정】지방세특례제한법 제58조의2 제2항

1. 정당한 사유없이 그 취득일부터 1년이 경과할 때까지 해당 용도로 직접 사용하지 아니하는 경우
2. 해당 용도로 직접 사용한 기간이 4년 미만인 상태에서 매각·증여하거나 다른 용도(임대 포함)로 사용하는 경우

■ 감면대상이 아닌 경우

과세일반 : ① 일반세율(4.6%)☐   ② 중과세율(9.4%)☐

사용계획 : ① 사용할 업종: _____

② 본점, 지점, 기타: _____

【중과제외 세액 추징 규정】지방세법 제13조 제3항 제1호, 제2호(일반세율 납세자만 해당)

1. 정당한 사유 없이 부동산 취득일부터 1년이 경과할 때까지 중과 제외 업종에 직접 사용하지 아니하는 경우
2. 부동산 취득일부터 1년 이내에 다른 업종이나 다른 용도에 사용·겸용하는 경우
3. 부동산 취득일부터 2년 이상 해당 업종 또는 용도에 직접 사용하지 아니하고 매각하는 경우
4. 부동산 취득일부터 2년 이상 해당 업종 또는 용도에 직접 사용하지 아니하고 다른 업종이나 다른 용도에 사용·겸용하는 경우

위 감면대상 업종으로 사용하지 않거나 중과제외 업종에 사용하지 아니하여 추징규정에 해당할 경우 감면된 취득세, 중과세액 등(가산세 포함)이 추징될 수 있음을 검토하였으며 이를 확인합니다.

년 월 일

법인명(확인자):   (인)

■ 천 명 철

[학력]
- 서울시립대학교 세무전문대학원(세무학박사)
- 서울시립대학교 도시과학대학원(부동산학석사)
- 서울시립대학교(세무학과)

[경력]
- (현) 법무법인(유한) 원 전문위원
- (전) 서울시 세제과장, 세무과장, 38세금징수과장
- (전) 서울시 민생사법경찰단 경제수사대장
- (현) 한국지방세연구원 초청연구위원
- (현) (사)한국지방세협회 부회장
- (전) 행정안전부 지방세법규해석심사위원 및 서울시 지방세심의위원회 위원
- (현) 서울시 강서구 지방세심의위원회 위원장
- 서울지방세무사회, 한국세무사고시회 등 강의
- 서울시립대학교 도시과학대학원 부동산학과 강사
- 서울시 용산구청·양천구청·마포구청 등 근무

[논문 및 기고]
- 인천시 세입확대를 위한 입장료 수입 유료화 방안, 한국지방세연구원, 2024.
- 재산세 부담의 공평성 실증연구: 서울지역 공동주택을 대상으로(『GRI 연구논총』, 2021. 2)
- 지방자치단체 간 이동성 있는 세원 유치경쟁 개선에 관한 연구(2020. 8.)
- 고급오락장 중과세율 적용이 제외되는 용도변경에 관한 고찰(『지방세 법령정보』, 2018. 5.)
- 지방세 부과 또는 감면 결정이 일시 유예되는 경우의 부과권 제척기간 기산점에 관한 연구(『한국조세연구포럼』, 2017. 9.)

■ 권 수

〔**학력**〕
• 한양대학교 행정대학원 세무행정 전공(석사)

〔**경력**〕
• 한영회계법인 전무/경영자문위원(현)
• (사)한국지방세협회 부회장(현)
• 한국지방세연구원 지방세상담위원(현)
• 서울특별시 ○○구 등 지방세심의위원장(현)
• 서울특별시 세제과 세무서송팀장(2020~2021)
• 서울특별시 세제과 이의신청팀장(2017~2019)
• 바른세금지킴이(국세청)
• 서울특별시 이의신청팀, 세무조사팀, 38세금징수팀
• 관악구청, 동작구청 지방세 부과징수(1994~2001)

〔**기고 및 강의**〕
• 기부채납을 조건으로 취득하는 부동산 판단 실무(『지방세 법령정보』, 2018.2월호)
• 지방세 중과세 실무 강의(한국지방세연구원)
• 지방세 중과세 및 불복청구 해설 강의(삼일아카데미)
• 지방세 중과세 및 판례해설 강의(한국지방세연구회)
• 지방세 중과세 및 불복청구 해설 강의(서울특별시 인재개발원)

■ 박 창 연

[학력]
• 연세대학교 경영학과 졸업

[경력]
• 한국공인회계사
• 소프트웨어 "취득박사" 개발
• (현) (주)네오아이시 이사
• (전) 안진회계법인 감사본부 및 재무자문본부
• (전) (주)LG생활건강 재무회계팀

■ 장 보 원

〔학력〕
• 서울시립대학교 세무학과 졸업
• 서울시립대학교 세무전문대학원 석사 졸업
• 서울시립대학교 세무전문대학원 박사 졸업(세무학 박사)

〔경력〕
• (현) 장보원세무회계사무소 대표
• (현) 한국세무사고시회 회장
• (현) 한국지방세협회 부회장
• (현) 법원행정처 전문위원
• (현) 한국지방세연구원 쟁송사무지원센터 자문위원
• (현) 중소기업중앙회 본부 세무자문위원
• (현) 서울시 마을세무사
• (현) 행정안전부 및 한국지방세연구원 직무교육강사
• (전) 서울시 지방세심의위원
• (전) 한국세무사회 지방세제도연구위원장
• (전) 우리경영아카데미 세법강사 및 온라인직무강사
• 한국세무사회장 공로상 수상
• 조세학술상 수상
• 행정안전부장관상 수상
• 국회 사회공헌대상 수상

〔저서 및 논문〕
• 취득세 실무와 중과세 해설(삼일인포마인)
• 주요 부담금의 쟁점과 해설(삼일인포마인)
• 재개발, 재건축 권리와 세금 뽀개기(삼일인포마인)
• 양도·상속·증여·금융 절세의 기초와 노하우(삼일인포마인)
• 창업·법인·개인사업자 절세의 기초와 노하우(삼일인포마인)
• 가지급금 죽이기(삼일인포마인)
• 부동산개발관련 부담금의 문제점과 개선방안(박사학위논문)

개정증보판 **취득세 신고실무와 중과세 해설**

2021년 1월 26일 초판 발행
2025년 3월 20일 4판 발행

	천	명	철	
저 자	권		수	
	박	창	연	
	장	보	원	

발 행 인 이 희 태
발 행 처 **삼일피더블유씨솔루션**

저자협의
인지생략

서울특별시 용산구 한강대로 273 용산빌딩 4층
등록번호 : 1995. 6. 26 제3-633호
전   화 : (02) 3489-3100
F A X : (02) 3489-3141
I S B N : 979-11-6784-360-9 93320

※ '삼일인포마인'은 '삼일피더블유씨솔루션'의 단행본 브랜드입니다.
※ 파본은 교환하여 드립니다.   정가 65,000원